浙江省城市轨道交通工程预算定额

（2018 版）

第一册　路基、围护结构工程
第二册　高架桥工程
第三册　地下区间工程
第四册　地下结构工程
第五册　轨道工程

中 国 计 划 出 版 社

2018　北　京

图书在版编目（CIP）数据

浙江省城市轨道交通工程预算定额 ：2018版 ：全3本 / 浙江省建设工程造价管理总站主编. -- 北京 ：中国计划出版社，2018.12（2019.2重印）
ISBN 978-7-5182-0950-7

Ⅰ. ①浙… Ⅱ. ①浙… Ⅲ. ①城市交通运输－轨道交通－交通工程－预算定额－标准－浙江 Ⅳ. ①U12-65

中国版本图书馆CIP数据核字(2018)第249281号

浙江省城市轨道交通工程预算定额
（2018 版）
浙江省建设工程造价管理总站　主编

中国计划出版社出版发行
网址：www. jhpress. com
地址：北京市西城区木樨地北里甲 11 号国宏大厦 C 座 3 层
邮政编码：100038　电话：（010）63906433（发行部）
北京市科星印刷有限责任公司印刷

880mm×1230mm　1/16　78.75 印张　2125 千字
2018 年 12 月第 1 版　2019 年 2 月第 3 次印刷
印数 4001—6000 册

ISBN 978-7-5182-0950-7
定价：396.00 元（全 3 本）

主编单位：浙江省建设工程造价管理总站

批准部门：浙江省住房和城乡建设厅

浙江省发展和改革委员会

浙 江 省 财 政 厅

施行日期：二〇一九年一月一日

浙江省城市轨道交通工程预算定额

(2018 版)

主　编　单　位:浙江省建设工程造价管理总站

专业主编单位:宁波市建设工程造价管理处

参　编　单　位:杭州市建设工程造价和投资管理办公室
绍兴市建设工程造价管理处
台州市建设工程造价管理处
浙江同济科技职业学院
杭州市地铁集团有限责任公司
宁波市轨道交通集团有限公司
绍兴市轨道交通集团有限公司
温州市铁路与轨道交通投资集团有限公司
浙江科信联合工程项目管理咨询有限公司
宁波德威工程造价投资咨询有限公司
宁波世明建设项目管理有限公司
中汇工程咨询有限公司
浙江华夏工程管理有限公司
浙江建诚工程管理咨询有限公司

主　　　　编:傅立群　沈　巍　秦　嘉

副　主　　编:陈飞玉　俞　刚　王明辉　应一可

参　　　　编:黄裕焕　童孟胜　吴　星　代　伟　朱晓敏　陈　努
陈福明　金　柳　方　微　赵列远　何　颖　沈　慧
陈　娣　洪　红　黄凤英　林　涛　郭佳佳　吴铁城
应　健　肖新颖　陈　秋　曾　瑜

顾　　　　问:周章海　李春云　王建荣

软　件　生　成:成都鹏业软件股份有限公司　杜彬

数　据　输　入:杭州擎洲软件有限公司　白炳利

审　核:浙江省建设工程计价依据(2018版)编制工作专家组

组　长:邓文华　浙江省建设工程造价管理总站站长

副组长:赵智敏　浙江省发展和改革委员会基综办副主任
马　勇　浙江省财政厅经济建设处副处长
贾利松　浙江省住房和城乡建设厅综合计划与财务处副处长
韩　英　浙江省建设工程造价管理总站副站长
汪亚峰　浙江省建设工程造价管理总站副站长
季　挺　浙江省建设工程造价管理总站副站长

成　员:李仲尧　浙江省公共资源交易中心主任
俞富桥　浙江省财政项目预算评审中心副主任
李　锋　浙江省建筑业管理局市场监管处处长
张实现　浙江省建设工程造价管理协会原会长
陆开林　杭州市建设工程造价和投资管理办公室原主任
傅立群　宁波市建设工程造价管理处处长
季胜杰　温州市建设工程造价管理处主任
胡建明　浙江省建设工程造价管理总站副总工程师
田忠玉　浙江省建设工程造价管理总站定额管理处处长
蔡临申　浙江省建设工程造价管理总站造价信息处处长
毛红卫　浙江省建设投资集团股份有限公司副总经济师
单国良　歌山建设集团有限公司总裁助理
陈建华　万邦工程管理咨询有限公司总经理
黄志挺　建经投资咨询有限公司董事长
华钟鑫　浙江中达工程造价事务所有限公司董事长
蒋　磊　浙江耀信工程咨询有限公司董事长
史文军　浙江省建工集团有限责任公司原总经济师

审　定:浙江省建设工程计价依据(2018版)编制工作领导小组

组　长:项永丹　浙江省住房和城乡建设厅厅长

副组长:朱永斌　浙江省住房和城乡建设厅党组成员、浙江省建筑业管理局局长
周华富　浙江省发展和改革委员会副主任
邢自霞　浙江省财政厅副厅长

成　员:方建新　浙江省发展和改革委员会基综办调研员
倪学军　浙江省财政厅经济建设处处长
叶军献　浙江省建筑业管理局副局长
施卫忠　浙江省住房和城乡建设厅综合与计划财务处处长
吴伟民　浙江省建筑业管理局副局长
邓文华　浙江省建设工程造价管理总站站长

关于颁发浙江省建设工程计价依据(2018版)的通知

浙建建〔2018〕61号

各市建委(建设局)、发展改革委、财政局:

为深化工程造价管理改革,完善工程计价依据体系,健全市场起决定性作用的工程造价管理机制,合理确定和有效控制工程造价,根据省住房城乡建设厅、省发展改革委、省财政厅联合印发的《关于组织编制〈浙江省建设工程计价依据(2018版)〉的通知》(建建发〔2017〕166号)要求,由省建设工程造价管理总站负责组织编制的《浙江省建设工程计价规则》(2018版)、《浙江省房屋建筑与装饰工程预算定额》(2018版)、《浙江省通用安装工程预算定额》(2018版)、《浙江省市政工程预算定额》(2018版)、《浙江省园林绿化及仿古建筑工程预算定额》(2018版)、《浙江省建设工程施工机械台班费用定额》(2018版)、《浙江省建筑安装材料基期价格》(2018版)、《浙江省城市轨道交通工程预算定额》(2018版)等8项工程计价成果(以下简称"2018版计价依据")通过审定,现予颁发,并就有关事项通知如下,请一并贯彻执行。

一、2018版计价依据是指导投资估算、设计概算、施工图预算、招标控制价、投标报价的编制以及工程合同价约定、竣工结算办理、工程计价纠纷调解处理、工程造价鉴定等的依据。规费取费标准是投资概算和招标控制价的编制依据,投标人根据国家法律法规及自身缴纳规费的实际情况,自主确定其投标费率,但在规费政策平稳过渡期内不得低于标准费率的30%。当规费相关政策发生变化时,再另行发文规定。

二、2018版计价依据自2019年1月1日起施行。《浙江省建设工程计价规则》(2010版)、《浙江省建筑工程预算定额》(2010版)、《浙江省安装工程预算定额》(2010版)、《浙江省市政工程预算定额》(2010版)、《浙江省园林绿化及仿古建筑工程预算定额》(2010版)、《浙江省建设工程施工费用定额》(2010版)、《浙江省施工机械台班费用定额》(2010版)、《浙江省建筑安装材料基期价格》(2010版)同时停止使用。

三、凡2018年12月31日前签订工程发承包合同的项目,或者虽然工程合同在2019年1月1日以后签订,但工程招投标的开标在2018年12月31日前完成的项目,除工程合同或招标文件有特别约定外,仍按2010版计价依据规定执行。涉及后续人工费动态调整的,统一采用人工综合价格指数进行调整。

四、各级建设、发展改革、财政等部门要高度重视2018版计价依据的贯彻实施工作,造价管理机构在2018版计价依据贯彻实施中要加强管理，有效地开展监督检查工作，确保2018版计价依据的正确执行。

2018版计价依据由省建设工程造价管理总站负责解释与管理。

浙江省住房和城乡建设厅
浙江省发展和改革委员会
浙 江 省 财 政 厅
2018年11月9日

总 说 明

一、《浙江省城市轨道交通工程预算定额》(2018 版)(以下简称本定额)是根据省建设厅、省发改委、省财政厅《关于组织编制〈浙江省建设工程计价依据(2018 版)〉的通知》(建建发〔2017〕166 号)、国家标准《建设工程工程量清单计价规范》GB 50500—2013 及有关规定,在《城市轨道交通工程工程量清单计算规范》GB 50861—2013、《城市轨道交通工程预算定额》GCG 103 - 2008 和《杭州市地铁工程预算定额》(2010 版)基础上,结合本省实际情况进行编制。

二、本定额共分十三册,包括:

第一册　路基、围护结构工程;

第二册　高架桥工程;

第三册　地下区间工程;

第四册　地下结构工程;

第五册　轨道工程;

第六册　通信工程;

第七册　信号工程;

第八册　供电工程;

第九册　智能与控制系统安装工程;

第十册　机电设备安装工程;

第十一册　车辆基地工艺设备;

第十二册　拆除工程;

第十三册　措施项目。

三、本定额是完成规定计量单位分部分项工程所需的人工、材料、施工机械台班的消耗量标准,是编制施工图预算的依据,是确定合同价、结算价、调解工程价款争议、工程造价鉴定以及编制本省城市轨道交通概算定额、估算指标与技术经济指标的基础,也是企业投标报价或编制企业定额的参考依据。

全部使用国有资金或国有资金投资为主的工程建设项目,编制招标控制价应执行本定额。

四、本定额适用于本省区域范围内城市轨道交通新建和改、扩建工程。

五、本定额是依据现行国家及本省城市轨道交通有关强制性标准、推荐性标准、设计规范、施工验收规范、技术操作规程、质量评定标准、产品标准和安全操作规程,根据合理的施工组织和正常的施工条件,并参考了有关地区和行业标准、定额,以及典型工程设计、施工和其他资料编制的,反映了本省区域的社会平均消耗量水平。

六、有关定额人工的说明和规定。

1. 本定额人工不分工种,但按定额用工的技术含量分为一类人工和二类人工,以综合工日表示,每工日按 8 小时工作制计算。内容包括基本用工、超运距用工、人工幅度差和辅助用工。其中土石方工程人工为一类人工,其余均为二类人工。

2. 本定额中人工单价,按一类人工 125 元/工日,二类人工 135 元/工日计取。

七、有关建筑材料、成品及半成品的说明和规定。

1. 本定额采用的材料(包括构配件、零件、半成品、成品)均为符合国家质量标准和相应设计要求的合格产品,定额中材料、成品及半成品的定额价格包括市场供应价、运杂费、运输损耗费和采购保管费,材料名称、规格型号及取定的价格详见附录三。

2. 本定额中的材料消耗量包括净用量和损耗量。损耗量包括:从工地仓库、现场集中堆放地点(或现场加工地点)至操作(或安装)地点的施工场内运输损耗、施工操作损耗、施工现场堆放损耗等,规范(设计文件)规定的预留量、搭接量不在损耗率中考虑。

3. 对于用量少、价值小的零星材料合并为其他材料费,在定额中以"其他材料费"形式表示。

4. 除各章另有说明外,定额中的周转性材料按摊销量编制,且已包括回库维修费及相关费用。

5. 本定额中的混凝土、沥青混凝土、砌筑砂浆、抹灰砂浆及各种胶泥等均按半成品考虑,消耗量以体积"m^3"表示。定额中混凝土的养护,除另有说明者外,均按自然养护考虑。

6. 本定额中使用的混凝土均按商品混凝土编制。采用泵送商品混凝土的,其单价包括泵送费用。若实际使用现场搅拌混凝土时,除按混凝土单价换算外,另每立方米混凝土增加:人工 0.392 工日,500L 双锥反转出料混凝土搅拌机 0.03 台班。

7. 定额中混凝土已按结构部位取定泵送或非泵送,若定额所列混凝土形式与实际不同时,除混凝土单价换算外,人工消耗量调整如下:

(1)泵送商品混凝土调整为非泵送商品混凝土:定额人工乘以 1.35;

(2)非泵送商品混凝土调整为泵送商品混凝土:定额人工乘以 0.75。

8. 本定额中所使用的砂浆均按干混预拌砂浆编制,若实际使用现拌砂浆或湿拌预拌砂浆时,按以下方法调整:

(1)使用现拌砂浆的,除将定额中的干混预拌砂浆调换为现拌砂浆外,另按相应定额中每立方米砂浆增加:人工 0.382 工日、200L 灰浆搅拌机 0.167 台班,并扣除定额中干混砂浆罐式搅拌机台班的数量。

(2)使用湿拌预拌砂浆的,除将定额中的干混预拌砂浆调换为湿拌预拌砂浆外,另按相应定额中每立方米砂浆扣除人工 0.20 工日,并扣除定额中干混砂浆罐式搅拌机台班数量。

八、有关机械的说明:

1. 本定额中的机械按常用机械、合理机械配备和施工企业的机械化装备程度,并结合本省工程实际编制的,台班价格按《浙江省施工机械台班费用定额》(2018 版)计算。

2. 本定额的机械台班消耗量是按正常机械施工工效考虑,每一台班按 8 小时工作制计算,并考虑了其他直接生产使用的机械幅度差。

3. 本定额中未包括大型施工机械场外运输及安、拆费用,发生时,应根据经批准的施工组织设计方案选用的实际机械种类及规格,按附录二及机械台班费用定额有关规定计算。

4. 凡单位价值 2000 元以内、使用年限在一年以内的不构成固定资产的施工机械,不列入机械台班消耗量,作为工具用具在建筑安装工程费中的企业管理费考虑,其消耗的燃料动力等已列入材料内。

九、本定额与其他现行定额的界定关系:

1. 本定额未包括的项目,可按本省其他相应专业工程计价定额执行。

2. 轨道工程地下车站的装饰、装修套用《浙江省房屋建筑与装饰工程预算定额》(2018 版)时,人工消耗量乘以系数 1.05;地下车站、区间的安装工程(除本定额已包括安装工程外)套用《浙江省通用安装工程预算定额》(2018 版)时,人工消耗量乘以系数 1.05。

十、本定额中的工作内容已说明了主要的施工工序,次要工序虽未说明,但均已包括在内。

十一、定额中用括号"( )"表示的消耗量,其价格均未计入基价。

十二、本定额中遇有两个或两个以上系数时,按连乘法计算。

十三、定额中注有"××以内"或"××以下"者均包括××本身,"××以外"或"××以上"者,则不包括××本身。

十四、凡本总说明未尽事宜,详见各册说明和附录。

十五、本定额由浙江省建设工程造价管理总站负责解释与管理。

目　　录

第一册　路基、围护结构工程

第二册　高架桥工程

第一章　桩 基 工 程

第二章　现浇混凝土

第三章　预制混凝土

第四章　箱 涵 工 程

第五章　砌 筑 工 程

第六章　钢 筋 工 程

第七章 钢 结 构

第八章 其 他 工 程

第三册 地下区间工程

第一章 矿山法隧道

第二章 盾构法隧道

第二章　铺道岔工程

第三章　铺道床工程

第四章　轨道加强设备及护轮轨

第五章　线路有关工程

第六章　其　　他

第一册　路基、围护结构工程

册 说 明

一、本册定额主要包括土石方工程、地基处理工程、基坑与边坡支护三章,共167个子目。

二、本册定额适用于城市轨道交通工程采用明挖法、盖挖法施工的土石方、地基处理,基坑及边坡围护、防护工程。

三、本册定额的主要编制依据:

1.《城市轨道交通工程工程量计算规范》GB 50861—2013;

2.《城市轨道交通工程预算定额》GCG 103 - 2008;

3.《浙江省市政工程预算定额》(2010版);

4.《浙江省建筑工程预算定额》(2010版);

5.《杭州市地铁工程预算定额》(2010版);

6. 现行的设计、施工验收规范,安全操作规程及质量评定标准。

四、本册定额中的大型机械是按《浙江省施工机械台班费用定额》中机械种类、型号、功率等考虑。定额中的施工机械是按常规、合理的施工组织或施工方案编制配备。

五、定额中的混凝土、砂浆强度等级是按常用标准编制,设计要求不同时,可进行换算。

六、未尽事宜见本册定额各章说明。

第一章

土石方工程

说　明

一、本章定额包括人工土方工程、机械土方工程、石方工程、大型支撑基坑土石方工程、土石方运输等五节，共99个子目。

二、同一工程的土石方类别不同，除另有规定外，应分别列项计算。土壤及岩石方分类：

1. 本章土壤分一、二类土，三类土，四类土，具体见下表土壤分类表。

土壤分类表

土壤分类	土壤名称	开挖方法
一、二类土	粉土、砂土(粉砂、细砂、中砂、粗砂、砾砂)、粉质黏土、弱中盐渍土、软土(淤泥质土、泥炭、泥炭质土)、软塑红黏土、冲填土	用锹、少许用镐、条锄开挖。机械能全部直接铲挖满载者
三类土	黏土、碎石土(圆砾、角砾)混合土、可塑红黏土、硬塑红黏土、强盐渍土、素填土、压实填土	主要用镐、条锄，少许用锹开挖。机械需部分刨松方能铲挖满载者，或可直接铲挖但不能满载者
四类土	碎石土(卵石、碎石、漂石、块石)、坚硬红黏土、超盐渍土、杂填土	全部用镐、条锄挖掘，少许用撬棍挖掘。机械须普遍刨松方能铲挖满载者

注：本表土的名称及其含义按现行国家标准《岩土工程勘察规范》GB 50021—2001(2009年局部修订版)定义。

2. 本章岩石分软质岩、硬质岩，具体见下表岩石分类表。

岩石分类表

岩石分类		定性鉴定	代表性岩石	岩石饱和单轴抗压强度(MPa)
软质岩	极软岩	锤击声哑，无回弹，有较深凹痕，手可捏碎；浸水后，可捏成团	1. 全风化的各种岩石； 2. 强风化的软岩； 3. 各种半成岩	≤5
	软岩	锤击声哑，无回弹，有凹痕，易击碎； 浸水后，手可掰开	1. 强风化的坚硬岩； 2. 中等(弱)风化～强风化的较坚硬岩； 3. 中等(弱)风化的较软岩； 4. 未风化的泥岩、泥质页岩、绿泥石片岩、绢云母片岩等	5～15
	较软岩	锤击声不清脆，无回弹，较易击碎； 浸水后，指甲可刻出印痕	1. 强风化的坚硬岩； 2. 中等(弱)风化的较坚硬岩； 3. 未风化～微风化的凝灰岩、千枚岩、砂质泥岩、泥灰岩、泥质砂岩、粉砂岩、砂质页岩等	15～30
硬质岩	较坚硬岩	锤击声较清脆，有轻微回弹，稍震手，较难击碎； 浸水后，有轻微吸水反应	1. 中等(弱)风化的坚硬岩； 2. 未风化～微风化的熔结凝灰岩、大理岩、板岩、白云岩、石灰岩、钙质砂岩、粗晶大理岩等	30～60
	坚硬岩	锤击声清脆，有回弹，震手，难击碎； 浸水后，大多无吸水反应	未风化～微风化的花岗岩、正长岩、闪长岩、辉绿岩、玄武岩、安山岩、片麻岩、硅质板岩、石英岩、硅质胶结的砾岩、石英砂岩、硅质石灰岩等	>60

注：本表依据《工程岩体分级标准》GB/T 50218—2014进行分类。

三、干、湿土的划分首先以地质勘察资料为准，含水率≥25%、不超过液限的为湿土；或以地下常水位为准，常水位以上为干土，常水位以下为湿土；含水率超过液限的为淤泥。本章定额挖土方除淤泥、流砂，均以干土为准。挖、运湿土除大型支撑基坑土方开挖定额子目外，人工和机械乘以系数1.18(机械运湿土除外)，干、湿土工程量分别计算。采用井点降水的土方按干土计算。

四、土石方、泥浆如发生外运(弃土外运或回填土外运),各市有规定的,从其规定,无规定的按本章相关定额执行;弃置土石方、泥浆的处置费等其他费用,按各市有关规定执行。

五、盖挖法施工时,以盖挖顶板下表面划分,顶板下表面以上的土石方套用明挖法的相应定额子目,以下的土石方套用盖挖法的相应定额子目。

六、盖挖法挖土石方,按顺作法施工考虑;逆做法施工挖土石方,相应定额子目乘以系数 1.2。

七、沟槽、基坑、平整场地与明挖法的划分:底宽≤7m 且底长 >3 倍底宽,按沟槽计算;底长≤3 倍底宽且基坑底面积≤150m^2,按基坑计算;厚度在 30cm 以内就地挖、填土按平整场地计算;超过上述范围土、石方则按明挖法计算。

八、人工挖沟槽基坑的淤泥、流砂,按套用明挖法人工挖淤泥、流砂定额子目。

九、机械土方、大型支撑基坑土石方工程的定额子目已综合考虑人机配合所需人工、机械挖不到的土方和修整底边、边坡等需人工开挖土方。

十、除大型支撑基坑土石方开挖外,挖掘机在垫板上作业时,相应定额子目的人工、机械乘以系数 1.25。挖掘机下铺设垫板、汽车运输道路上铺设材料时,其费用另行计算。

十一、除大型支撑基坑土石方开挖定额外,在支撑下挖土,人工乘以系数 1.43,机械乘以系数 1.20,先开挖后支撑不属于支撑下挖土。

十二、石方定额子目中除爆破定额子目外,其余均包括了基底找平、修边等需人工配合用工。

十三、石方爆破定额已综合考虑爆破所需覆盖的防护费用等。爆破按无地下水渗水、积水考虑,若出现地下渗水、积水时,其处理费用另行计算。

十四、静力爆破石方定额中,膨胀剂(破碎剂)的消耗量,遇设计不同时可以按实调整。

十五、爆破开挖区最外边缘到周边建(构)筑物或设施之间的距离在 200 ~ 300m 时,除乳化炸药外乘以系数 0.85;距离在 50 ~ 100m 时,除乳化炸药外乘以系数 1.15;距离在 30 ~ 50m 时,除乳化炸药外乘以系数 1.3;距离 15 ~ 30m 时除乳化炸药外乘以系数 1.5;距离 10 ~ 15m 时,除乳化炸药外乘以系数 1.8m,小于 10m 时,除乳化炸药外乘以系数 2.0。

十六、大型支撑基坑土石方开挖定额适用于地下连续墙、混凝土板桩、钢板桩等围护跨度大于 8m 且有横向大型支撑的深基坑开挖。定额中已包括湿土排水,若需采用井点降水或支撑安拆需打拔中心稳定桩等,其费用另行计算。计取井点排水费用后,需扣除定额中的污水泵数量。

大型支撑基坑土方定额子目中已综合考虑土方垂直运输的各种方法,施工方法不同一般不调整;挖淤泥、流砂与石方定额子目中未考虑垂直运输,应另套用本章相应定额子目。

十七、人工挖土方、石方工程的定额子目未考虑垂直运输,发生时,套用本章的相应定额子目。

十八、机械挖土发生挖土机转堆时,土方转堆次数按批准的施工方案确定次数计算;如未明确,挖土深度超过 4m 时,按每超过 4m 计算一次转堆,工程量为超过部分的土方。套用大型支撑基坑土方定额的不再另计算转堆费用。

十九、推土机推土,当土层平均厚度≤0.3m 时,推土机乘以系数 1.25。

工程量计算规则

一、土石方工程量计算除说明或另有规定以外，均按设计图示尺寸以“m^3”计算。修建机械上下坡的便道土方量并入土方工程量内。

二、土石方开挖及运输工程量均按天然密实体积（自然方）计算，回填土按碾压夯实后的体积（实方）计算。回填土体积应扣除基础、垫层及各种构筑物所占的体积。

土石方体积折算系数表

名　称	虚方	松填	天然密实	夯填
土方	1.00	0.83	0.77	0.67
	1.20	1.00	0.92	0.80
	1.30	1.08	1.00	0.87
	1.50	1.25	1.15	1.00
石方	1.00	0.85	0.65	—
	1.18	1.00	0.76	—
	1.54	1.31	1.00	—
块石	1.75	1.43	1.00	（码方）1.67
砂夹石	1.07	0.94	1.00	—

三、车站盖挖法土石方按设计结构外围断面面积乘以设计长度以“m^3”计算，其设计结构外围断面面积是指结构衬墙外侧之间的宽度乘以设计顶板底至底板（或垫层）底的高度。

四、车站暗挖土石方按设计初支结构面积乘以车站设计长度以“m^3”计算，其设计初支结构面积为设计图示衬墙外侧各增加10cm之间的宽度乘以顶板衬砌结构外放10cm至设计底板（或垫层）下表面的高度。

五、基础土方的放坡：

1. 土方放坡的起点深度和放坡坡度，按下表土方放坡起点深度和放坡系数表计算。

土方放坡起点深度和放坡系数表

土　类	起点深度（>m）	放坡系数		
		人工挖土	机械挖土	
			基坑内作业	基坑上作业
一、二类土	1.20	1:0.50	1:0.33	1:0.75
三类土	1.50	1:0.33	1:0.25	1:0.67
四类土	2.00	1:0.25	1:0.10	1:0.33

注：1. 淤泥、流砂及海涂工程不适用于本表；

2. 凡有围护或地下连续墙的部分，不再计算放坡系数。

2. 土方放坡，自基础（含垫层）底标高算起。

3. 同一槽、坑内土类不同时，分别按其放坡起点、放坡系数、依不同土类别厚度加权平均计算。

4. 土方支挡土板时，土方放坡不另行计算。

六、人工挖沟槽、基坑土方，如不设支撑时，开挖底宽度按设计规定计算；设计未明确，按基础垫层宽度每侧加300mm计算。

七、土石方运距应以挖土重心至填土重心或弃土重心最近距离计算。挖土重心、填土重心、弃土重心按施工组织设计确定。

八、人力车运土、石方土坡坡度在15%以上、推土机重车上坡坡度大于5%时,斜道运距按斜道长度乘以下表中系数调整:

调整系数表

项目	推土机				人力及人力车
坡度(%)	5~10	15以内	20以内	25以内	15以上
系数	1.75	2	2.25	25	5

九、爆破岩石以天然密实体积(自然方)以"m^3"计算。石方采用爆破开挖时,工程量按图纸尺寸加坡面允许超挖量,开挖坡面每侧允许超挖量:软质岩200mm,硬质岩150mm。底部超挖不计。

十、大型支撑基坑土石方开挖工程量按围护结构内围尺寸乘以基坑第一道支撑下表面以下深度以"m^3"计算。

十一、岩石表面找平按图示尺寸以"m^2"计算。

一、人工土方工程

1. 明　挖　法

工作内容:1、2、3. 挖土、抛土、修正底边、边坡;

4. 挖装淤泥、流砂、修理底边。

计量单位:100m³

定　额　编　号				1-1	1-2	1-3	1-4
项　　　　目				一、二类土	三类土	四类土	淤泥、流砂
基　　价　(元)				**1721.63**	**2394.75**	**3197.25**	**5502.00**
其中	人　　工　　费　(元)			1721.63	2394.75	3197.25	5502.00
	材　　料　　费　(元)			—	—	—	—
	机　　械　　费　(元)			—	—	—	—
名　　称		单位	单价(元)	消　耗　量			
人工	一类人工	工日	125.00	13.773	19.158	25.578	44.016

注:人工挖沟槽、基坑内淤泥、流砂,按本定额执行,但挖深超过 1.5m 时,超过部分工程量按垂直深度每 1m 折合水平运距 7m 增加工日,深度按全高计算。

2. 盖　挖　法

工作内容:1. 顺作法施工挖土、装土至洞口堆放、修整底边、边坡;

2. 挖装淤泥或流砂至洞口、修整边坡、修理底边。

计量单位:100m³

定　额　编　号				1-5	1-6	1-7	1-8
项　　　　目				顺作法			
				一、二类土	三类土	四类土	淤泥、流砂
基　　价　(元)				**3416.75**	**4752.25**	**6345.38**	**10918.50**
其中	人　　工　　费　(元)			3416.75	4752.25	6345.38	10918.50
	材　　料　　费　(元)			—	—	—	—
	机　　械　　费　(元)			—	—	—	—
名　　称		单位	单价(元)	消　耗　量			
人工	一类人工	工日	125.00	27.334	38.018	50.763	87.348

3. 暗　挖　法

工作内容:挖土方或挖淤泥,装土、运土至洞口、修整底边。

计量单位:100m³

定　额　编　号				1-9	1-10	1-11	1-12
项　　　　目				一、二类土	三类土	四类土	淤泥、流砂
基　　价　(元)				**4590.00**	**6120.00**	**7586.25**	**13068.75**
其中	人　　工　　费　(元)			4590.00	6120.00	7586.25	13068.75
	材　　料　　费　(元)			—	—	—	—
	机　　械　　费　(元)			—	—	—	—
名　　称		单位	单价(元)	消　耗　量			
人工	一类人工	工日	125.00	36.720	48.960	60.690	104.550

4. 挖沟槽、基坑土方

工作内容:挖土、装土或抛土于沟、槽边 1m 以外堆放,修整底边、边坡。 **计量单位:**$100m^3$

定额编号				1-13	1-14	1-15
项目				人工挖沟槽、基坑		
				深度 2m 以内		
				一、二类土	三类土	四类土
基价(元)				**1841.38**	**2722.00**	**4010.13**
其中	人工费(元)			1841.38	2722.00	4010.13
	材料费(元)			—	—	—
	机械费(元)			—	—	—
名称		单位	单价(元)	消耗量		
人工	一类人工	工日	125.00	14.731	21.776	32.081

注:一侧弃土时乘以系数 1.13。

工作内容:挖土、装土或抛土于沟、槽边 1m 以外堆放,修整底边、边坡。 **计量单位:**$100m^3$

定额编号				1-16	1-17	1-18
项目				人工挖沟槽、基坑		
				深度 4m 以内		
				一、二类土	三类土	四类土
基价(元)				**2303.13**	**3401.00**	**4666.63**
其中	人工费(元)			2303.13	3401.00	4666.63
	材料费(元)			—	—	—
	机械费(元)			—	—	—
名称		单位	单价(元)	消耗量		
人工	一类人工	工日	125.00	18.425	27.208	37.333

注:一侧弃土时乘以系数 1.13。

5. 人工平整场地、回填土方

工作内容：1. 厚度30cm内的就地挖填、找平；
2. 填土、洒水、夯土；
3. 5m内的就地取土、填土、铺平；
4、5. 填土、夯土。

定额编号				1-19	1-20	1-21	1-22	1-23
项目				平整场地	原土打夯	就地回填土	就地回填土	
						松填土	填土夯实	
							平地	槽、坑
计量单位				100m²		100m³		
基价（元）				**432.00**	**71.34**	**456.00**	**791.52**	**1029.31**
其中	人工费（元）			432.00	61.25	456.00	636.63	828.00
	材料费（元）			—	—	—	—	—
	机械费（元）			—	10.09	—	154.89	201.31
名称		单位	单价(元)	消耗量				
人工	一类人工	工日	125.00	3.456	0.490	3.648	5.093	6.624
机械	电动夯实机 250N·m	台班	28.03	—	0.360	—	5.526	7.182

注：槽、坑一侧填土时，乘以系数1.13。

二、机械土方工程

1. 明 挖 法

工作内容：挖土或淤泥、堆放、装车，清理机下余土，修理边坡。　　**计量单位**：1000m³

定额编号				1-24	1-25	1-26	1-27
项目				一、二类土	三类土	四类土	淤泥、流砂
基价（元）				**3230.74**	**3741.45**	**4263.84**	**6632.53**
其中	人工费（元）			480.00	480.00	480.00	2177.50
	材料费（元）			—	—	—	—
	机械费（元）			2750.74	3261.45	3783.84	4455.03
名称		单位	单价(元)	消耗量			
人工	一类人工	工日	125.00	3.840	3.840	3.840	17.420
机械	履带式单斗液压挖掘机 1m³	台班	914.79	1.940	2.310	2.630	4.870
	履带式推土机 90kW	台班	717.68	1.360	1.600	1.920	—

2.盖 挖 法

工作内容:挖土或淤泥、装运至洞口,清理机下余土,修理边坡。 计量单位:1000m³

定额编号				1-28	1-29	1-30	1-31
项目				一、二类土	三类土	四类土	淤泥、流砂
基价(元)				3972.88	4585.74	5893.22	13737.66
其中	人工费(元)			672.00	672.00	672.00	3049.25
	材料费(元)			—	—	—	—
	机械费(元)			3300.88	3913.74	5221.22	10688.41
名称		单位	单价(元)	消耗量			
人工	一类人工	工日	125.00	5.376	5.376	5.376	24.394
机械	履带式单斗液压挖掘机 1m³	台班	914.79	2.328	2.772	3.900	11.684
	履带式推土机 90kW	台班	717.68	1.632	1.920	2.304	—

3.机械平整场地

工作内容:1.厚度在 ±30cm 内就地挖、填、找平;

2.平土、碾压;

3.填土、平土、碾压。

定额编号				1-32	1-33	1-34
项目				平整场地	原土碾压二遍	填土碾压二遍
计量单位				1000m²		1000m³
基价(元)				444.25	156.98	2435.80
其中	人工费(元)			75.00	75.00	450.00
	材料费(元)			—	—	21.35
	机械费(元)			369.25	81.98	1964.45
名称		单位	单价(元)	消耗量		
人工	一类人工	工日	125.00	0.600	0.600	3.600
材料	水	m³	4.27	—	—	5.000
机械	履带式推土机 90kW	台班	717.68	0.458	—	0.284
	钢轮内燃压路机 12t	台班	455.44	—	0.180	3.394
	自行式铲运机 7m³	台班	811.03	0.050	—	—
	洒水车 4000L	台班	428.87	—	—	0.501

三、石方工程

1.人工凿石

工作内容：破碎岩石、弃碴于5m内、堆放整齐、基底找平、清底修边。　　**计量单位**：$100m^3$

定额编号				1-35	1-36	1-37	1-38	1-39
项目				极软岩	软岩	较软岩	较坚硬岩	坚硬岩
基价（元）				**4305.42**	**5111.88**	**7180.71**	**8210.47**	**13595.29**
其中	人工费（元）			2423.75	2423.75	4043.75	4625.00	7656.25
	材料费（元）			32.80	46.85	53.67	60.49	97.65
	机械费（元）			1848.87	2641.28	3083.29	3524.98	5841.39
名称		单位	单价(元)	消耗量				
人工	一类人工	工日	125.00	19.390	19.390	32.350	37.000	61.250
材料	六角空心钢 综合	kg	2.48	2.100	3.000	3.216	3.432	4.608
	合金钢钻头 一字型	个	8.62	3.108	4.440	5.148	5.856	9.714
	高压橡胶风管 φ25	m	12.93	0.062	0.088	0.102	0.116	0.192
机械	手持式风动凿岩机	台班	12.36	8.812	12.588	14.694	16.800	27.840
	内燃空气压缩机 $3m^3/min$	台班	329.10	5.287	7.553	8.817	10.080	16.704

2.机械凿石

工作内容：装拆凿岩机，破碎岩石；机下石碴清理，弃碴于5m内、堆放整齐；基底找平、清底修边。　**计量单位**：$100m^3$

定额编号				1-40	1-41	1-42	1-43	1-44	1-45
项目				明挖法			盖挖法		
				较软岩	较坚硬岩	坚硬岩	较软岩	较坚硬岩	坚硬岩
基价（元）				**2674.00**	**3750.23**	**5112.15**	**3530.32**	**4929.18**	**6699.92**
其中	人工费（元）			540.00	540.00	540.00	756.00	756.00	756.00
	材料费（元）			—	—	—	—	—	—
	机械费（元）			2134.00	3210.23	4572.15	2774.32	4173.18	5943.92
名称		单位	单价(元)	消耗量					
人工	一类人工	工日	125.00	4.320	4.320	4.320	6.048	6.048	6.048
机械	履带式单头岩石破碎机 105kW	台班	1231.39	1.733	2.607	3.713	2.253	3.389	4.827

3. 静力爆破石方

工作内容:工作面清理,布孔、钻孔、验孔、装膨胀剂、填色、风镐二次破碎、撬移。 **计量单位:**100m³

定额编号				1-46	1-47	1-48	1-49
项目				明挖法		盖挖法	
				较坚硬岩	坚硬岩	较坚硬岩	坚硬岩
基价(元)				**17943.12**	**25358.22**	**21231.33**	**27926.82**
其中	人工费(元)			4501.50	9928.50	6301.50	10329.75
	材料费(元)			8486.47	8204.20	8486.47	8204.20
	机械费(元)			4955.15	7225.52	6443.36	9392.87
	名称	单位	单价(元)	消耗量			
人工	一类人工	工日	125.00	36.012	79.428	50.412	82.638
材料	六角空心钢 综合	kg	2.48	9.700	17.840	9.700	17.840
	合金钢钻头 φ22~φ26	个	30.17	17.800	27.670	17.800	27.670
	膨胀剂(破碎剂)	kg	3.33	2352.000	2176.000	2352.000	2176.000
	其他材料费	元	1.00	93.23	79.07	93.23	79.07
机械	手持式风动凿岩机	台班	12.36	32.319	37.678	42.015	48.981
	气腿式风动凿岩机	台班	13.62	16.492	24.656	21.441	32.055
	电动空气压缩机 10m³/min	台班	394.85	9.058	13.413	11.779	17.436
	电动锻钎机	台班	114.32	6.600	9.866	8.582	12.826

4. 微差控制爆破石方

工作内容:工作面清理,布孔、钻孔、验孔、改装药包、装药、塞堵、联线、覆盖、警戒、起爆、检查、处理盲炮,撬开及破碎不规则的大石块。 **计量单位:**100m³

定额编号				1-50	1-51	1-52	1-53
项目				明挖法		盖挖法	
				较坚硬岩	坚硬岩	较坚硬岩	坚硬岩
基价(元)				**3779.11**	**4795.24**	**4284.11**	**5656.39**
其中	人工费(元)			1331.25	1597.50	1836.25	2205.00
	材料费(元)			1849.87	2349.93	1849.87	2349.73
	机械费(元)			597.99	847.81	597.99	1101.66
	名称	单位	单价(元)	消耗量			
人工	一类人工	工日	125.00	10.650	12.780	14.690	17.640
材料	六角空心钢 综合	kg	2.48	8.000	12.000	8.000	12.000
	黏土	m³	32.04	10.450	12.460	10.450	12.460
	合金钢钻头 一字型	个	8.62	4.900	7.480	4.900	7.480
	高压橡胶风管 φ25	m	12.93	0.670	0.950	0.670	0.950
	高压橡胶水管 13~22×1P	m	12.07	1.100	1.550	1.100	1.550
	电雷管	个	0.95	177.580	211.830	177.580	211.830
	乳化炸药	kg	9.11	51.470	67.380	51.470	67.380
	导火线 120s/m	m	0.34	348.200	415.360	348.200	415.360
	尼龙编织袋	只	1.58	348.200	445.360	348.200	445.360
	水	m³	4.27	13.110	18.420	13.110	18.420
	其他材料费	元	1.00	68.92	86.87	68.92	86.67
机械	气腿式风动凿岩机	台班	13.62	5.214	7.322	5.214	9.518
	电动空气压缩机 6m³/min	台班	224.45	2.084	2.926	2.084	3.802
	电动锻钎机	台班	114.32	0.518	0.799	0.518	1.038

5. 人工岩石表面找平

工作内容：岩石表面凿石平整，清理石碴。

计量单位：100m²

定额编号				1-54	1-55	1-56
项目				较软岩	较坚硬岩	坚硬岩
基价（元）				**1615.00**	**2037.50**	**4475.00**
其中	人工费（元）			1615.00	2037.50	4475.00
	材料费（元）			—	—	—
	机械费（元）			—	—	—
名称		单位	单价(元)	消耗量		
人工	一类人工	工日	125.00	12.920	16.300	35.800

注：适用于爆破后的岩石经断面修整后，表面须人工凿石找平等。

四、大型支撑基坑土石方工程

1. 土方开挖

工作内容：机械挖土、装车，人工推铲、扣挖支撑下土体，土方倒运至地面，基坑排水，人工整修底面。

计量单位：100m³

定额编号				1-57	1-58	1-59	1-60	1-61	1-62
项目				宽15m以内					
				深7m以内	深11m以内	深15m以内	深19m以内	深25m以内	深25m以外
基价（元）				**1879.62**	**2313.67**	**2769.20**	**3118.66**	**3692.59**	**4224.87**
其中	人工费（元）			564.75	742.50	1043.25	1252.50	1440.00	1583.75
	材料费（元）			—	—	—	—	—	—
	机械费（元）			1314.87	1571.17	1725.95	1866.16	2252.59	2641.12
名称		单位	单价(元)	消耗量					
人工	一类人工	工日	125.00	4.518	5.940	8.346	10.020	11.520	12.670
机械	履带式推土机 105kW	台班	798.23	0.290	0.320	0.350	0.220	0.220	0.220
	履带式起重机 15t	台班	702.00	0.747	1.134	1.359	—	—	—
	履带式起重机 25t	台班	757.92	—	—	—	1.369	1.666	1.916
	污水泵 100mm	台班	112.87	1.200	1.500	1.900	2.300	2.700	3.110
	履带式单斗液压挖掘机 1m³	台班	914.79	0.463	0.383	0.304	0.430	0.557	0.724

工作内容:操作机械引斗挖土、装车,人工推铲、扣挖支撑下土体,土方倒运至地面,基坑排水,人工整修底面。

计量单位:100m³

定额编号				1-63	1-64	1-65	1-66	1-67	1-68
项目				宽15m以外					
				深7m以内	深11m以内	深15m以内	深19m以内	深25m以内	深25m以外
基价(元)				**1910.89**	**2369.58**	**2843.69**	**3183.07**	**3745.11**	**4286.40**
其中	人工费(元)			554.25	735.00	1041.75	1250.13	1437.63	1581.25
	材料费(元)			—	—	—	—	—	—
	机械费(元)			1356.64	1634.58	1801.94	1932.94	2307.48	2705.15
名称		单位	单价(元)	消耗量					
人工	一类人工	工日	125.00	4.434	5.880	8.334	10.001	11.501	12.650
机械	履带式推土机 105kW	台班	798.23	0.290	0.320	0.350	0.220	0.220	0.220
	履带式起重机 25t	台班	757.92	0.747	1.134	1.359	1.369	1.666	1.916
	污水泵 100mm	台班	112.87	1.200	1.500	1.900	2.300	2.700	3.110
	履带式单斗液压挖掘机 1m³	台班	914.79	0.463	0.383	0.304	0.503	0.617	0.794

2. 淤泥、流砂开挖

工作内容:挖淤泥、流砂,装车,工作面排水,人工修整底面等。

计量单位:100m³

定额编号				1-69
项目				支撑下挖淤泥、流砂
基价(元)				**1227.76**
其中	人工费(元)			256.25
	材料费(元)			—
	机械费(元)			971.51
名称		单位	单价(元)	消耗量
人工	一类人工	工日	125.00	2.050
机械	履带式单斗液压挖掘机 1m³	台班	914.79	1.062

3. 石方开挖

工作内容:破碎岩石,装车,工作面排水,清理机下余碴;基底找平、清底修边。

计量单位:100m³

定额编号				1-70	1-71	1-72
项目				支撑下凿岩石		
				较软岩	较坚硬岩	坚硬岩
基价(元)				**3266.54**	**4449.91**	**5948.51**
其中	人工费(元)			567.00	567.00	567.00
	材料费(元)			—	—	—
	机械费(元)			2699.54	3882.91	5381.51
名称		单位	单价(元)	消耗量		
人工	一类人工	工日	125.00	4.536	4.536	4.536
机械	履带式单斗液压挖掘机 1m³	台班	914.79	0.384	0.384	0.384
	履带式单头岩石破碎机 105kW	台班	1231.39	1.907	2.868	4.085

五、土石方运输

1. 人工装运土石方

(1)土　　方

工作内容:人工装、人力车运、卸土方或淤泥、清理道路、铺拆走道板。　　**计量单位**:100m^3

定额编号				1-73	1-74	1-75
项目				人工装运土方		人工装汽车土方
				50m 以内	500m 以内每增 50m	
基价(元)				**1594.63**	**256.25**	**1127.50**
其中	人工费(元)			1594.63	256.25	1127.50
	材料费(元)			—	—	—
	机械费(元)			—	—	—
名称		单位	单价(元)	消耗量		
人工	一类人工	工日	125.00	12.757	2.050	9.020

工作内容:人工装、人力车运、卸土方或淤泥、清理道路、铺拆走道板。　　**计量单位**:100m^3

定额编号				1-76	1-77
项目				人工运淤泥、流砂	
				20m 以内	200m 以内每增 20m
基价(元)				**2175.25**	**751.25**
其中	人工费(元)			2175.25	751.25
	材料费(元)			—	—
	机械费(元)			—	—
名称		单位	单价(元)	消耗量	
人工	一类人工	工日	125.00	17.402	6.010

(2)石　　方

工作内容:人工装、机动翻斗车运、卸石方,推碴、集(弃)碴,清理道路。　　**计量单位**:100m^3

定额编号				1-78	1-79
项目				人工装、运石方	
				1km 以内	3km 以内每增 200m
基价(元)				**2017.10**	**146.05**
其中	人工费(元)			1028.13	—
	材料费(元)			—	—
	机械费(元)			988.97	146.05
名称		单位	单价(元)	消耗量	
人工	一类人工	工日	125.00	8.225	—
机械	机动翻斗车 1t	台班	197.36	5.011	0.740

2. 机械装运土石方

(1)水平运输

工作内容:机械推土、弃土、平整、空回、修整边坡。

计量单位:$1000m^3$

定额编号				1-80	1-81	1-82	1-83
项目				推土机推土方			
				一、二类土	三类土	四类土	100m以内每增加10m
				20m以内			
基价(元)				**2071.40**	**2286.70**	**2573.77**	**574.14**
其中	人工费(元)			492.50	492.50	492.50	—
	材料费(元)			—	—	—	—
	机械费(元)			1578.90	1794.20	2081.27	574.14
名称		单位	单价(元)	消耗量			
人工	一类人工	工日	125.00	3.940	3.940	3.940	—
机械	履带式推土机 90kW	台班	717.68	2.200	2.500	2.900	0.800

工作内容:1. 铲或挖土装车,人工清理机下余土;

2. 运土、卸土,人工清理机下余土。

计量单位:$1000m^3$

定额编号				1-84	1-85	1-86
项目				机械装车	自卸汽车运土	
					1km以内	运距每增1km
基价(元)				**2311.02**	**5241.65**	**1318.36**
其中	人工费(元)			300.00	—	—
	材料费(元)			—	—	—
	机械费(元)			2011.02	5241.65	1318.36
名称		单位	单价(元)	消耗量		
人工	一类人工	工日	125.00	2.400	—	—
机械	自卸汽车 15t	台班	794.19	—	6.600	1.660
	履带式单斗液压挖掘机 $1m^3$	台班	914.79	1.100	—	—
	履带式推土机 90kW	台班	717.68	1.400	—	—

工作内容：1. 推土机推石碴，集碴、弃碴、平整，清理道路；
2. 机械装车，平整，清理道路；
3. 自卸汽车运石方，卸碴，清理道路。

计量单位：1000m³

定额编号				1-87	1-88	1-89	1-90	1-91
项目				推土机推石碴		机械装车	自卸汽车运石方	
				20m 以内	每增 20m		运距 1km 以内	运距每增 1km
基价（元）				**4130.90**	**1248.76**	**4777.33**	**7631.55**	**1699.57**
其中	人工费（元）			542.50	—	420.00	325.00	—
	材料费（元）			—	—	—	—	—
	机械费（元）			3588.40	1248.76	4357.33	7306.55	1699.57
名称		单位	单价(元)	消耗量				
人工	一类人工	工日	125.00	4.340	—	3.360	2.600	—
机械	履带式推土机 90kW	台班	717.68	5.000	1.740	2.120	—	—
	履带式单斗液压挖掘机 1m³	台班	914.79	—	—	3.100	—	—
	自卸汽车 15t	台班	794.19	—	—	—	9.200	2.140

(2)垂直运输

工作内容：垂直提升土方至地面堆放、清理。

计量单位：1000m³

定额编号				1-92	1-93
项目				机械垂直运输土方	
				深度 20m 以内	深度 20m 以外
基价（元）				**6110.70**	**6946.94**
其中	人工费（元）			3232.50	3675.00
	材料费（元）			—	—
	机械费（元）			2878.20	3271.94
名称		单位	单价(元)	消耗量	
人工	一类人工	工日	125.00	25.860	29.400
机械	履带式起重机 15t	台班	702.00	4.100	—
	履带式起重机 25t	台班	757.92	—	4.317

工作内容：装、垂直提升石方至地面、清理。

计量单位：1000m³

定额编号				1-94	1-95
项目				垂直运输石方	
				20m 以内	20m 以外
基价（元）				**8828.55**	**11102.97**
其中	人工费（元）			4562.50	6225.00
	材料费（元）			—	—
	机械费（元）			4266.05	4877.97
名称		单位	单价(元)	消耗量	
人工	一类人工	工日	125.00	36.500	49.800
机械	履带式起重机 15t	台班	702.00	6.077	—
	履带式起重机 25t	台班	757.92	—	6.436

3. 转　堆

工作内容:挖土或石渣转运、堆放坑边,清理机下余土,修理边坡,工作面内排水。　　**计量单位:**$1000m^3$

				1-96	1-97	1-98	1-99
定额编号				1-96	1-97	1-98	1-99
项目				挖土机转堆(每次)			
				无支撑下		带支撑下	
				土方	石方	土方	石方
基价(元)				**1618.51**	**4272.83**	**1942.16**	**5142.16**
其中	人工费(元)			365.25	512.13	438.25	629.50
	材料费(元)			—	—	—	—
	机械费(元)			1253.26	3760.70	1503.91	4512.66
名称		单位	单价(元)	消耗量			
人工	一类人工	工日	125.00	2.922	4.097	3.506	5.036
机械	履带式单斗液压挖掘机 $1m^3$	台班	914.79	1.370	4.111	1.644	4.933

注:逆作法施工时乘以系数 1.2。

第二章
地基处理工程

说　明

一、本章定额包括高压旋喷桩、水泥搅拌桩、注浆地基、树根桩、塑料排水板、铺土工织物布、回填七节，共22个子目。

二、本章定额均未考虑施工前的场地平整、压实地表、地下障碍物处理等，发生时另行计算。

三、探桩位已综合考虑在各类桩基定额内，不另行计算。

四、高压旋喷桩。

1.旋喷桩的水泥掺量定额不分单重管、双重管、三重管统一按加固土重（$1800kg/m^3$）的21%编制；设计水泥掺量不同，定额水泥消耗量按比例调整，其他不变。单桩内设计水泥掺量不同，分段计算套用定额。

2.定额按不掺添加剂（如石膏粉、三乙醇胺、硅酸钙等）编制，如设计要求掺添加剂，则增加添加剂材料费。

3.定额已综合考虑了桩顶标高到交付地坪标高2.0m以内空钻，当空钻深度>2.0m时，超过部分每10m增加人工0.667工日，旋喷桩机0.285台班。

4.施工产生涌土、浮浆的清除，按成桩工程量乘以系数0.25，套用本册第一章“土石方工程”相应定额子目。

五、水泥搅拌桩。

1.单、双轴水泥搅拌桩、钉形水泥土双向搅拌桩定额的水泥掺量按加固土重（$1800kg/m^3$）的13%编制，三轴水泥搅拌桩定额的水泥掺量按加固土重（$1800kg/m^3$）的18%编制；设计水泥掺量不同，定额水泥消耗量按比例调整，其他不变。单桩内设计水泥掺量不同，分段计算套用定额。

2.定额按不掺添加剂（如石膏粉、三乙醇胺、硅酸钙等）编制，如设计要求掺添加剂，则增加添加剂材料费。

3.设计无水泥掺量的空搅部分，相应定额子目的人工及搅拌桩机台班乘以系数0.5计算，其他不变。

4.三轴水泥搅拌桩设计要求全断面套打时，相应定额的人工和机械乘以系数1.5，其他不变。

5.搅拌桩中如发生插拔型钢，套用本册第三章“基坑与边坡支护”相应定额子目。

6.单、双轴水泥搅拌桩施工产生涌土、浮浆的清除，按成桩工程量乘以系数0.2计算，三轴水泥搅拌桩施工产生涌土、浮浆的清除，按成桩工程量乘以系数0.25计算，套用本册第一章“土石方工程”相应定额子目。

六、水泥搅拌桩、高压旋喷桩的工程量$\leq 100m^3$时，其相应定额的人工、机械乘以系数1.25。

七、水泥搅拌桩、高压旋喷桩发生凿桩顶，套用本定额第十二册第一章“拆除混凝土工程”相应定额子目。

八、注浆地基。

1.注浆定额按其施工工艺划分为分层注浆和压密注浆两种。

2.定额所列的浆体材料品种、用量，设计不同应调整，其他不变。

3.施工产生废浆清除，按成桩工程量乘以系数0.1计算，套用本册第一章“土石方工程”相应定额子目。

工程量计算规则

一、高压旋喷桩工程量,按设计桩长乘以桩径截面积,以“m^3”计算,不扣除桩与桩之间的搭接。

二、水泥搅拌桩。

1. 水泥搅拌桩不分单轴、双轴和三轴,按设计桩长另加加灌长度乘以桩单个圆形截面积(不扣除重叠部分的面积,重叠扣除系数已在定额消耗量中综合考虑),以“m^3”计算。当发生单桩内设计有不同水泥掺量时应分段计算。

2. 加灌长度:设计有规定,按设计规定长度计算;设计无规定,加灌长度按 0.50m 计算。当设计桩顶标高至交付地坪标高≤0.50m 时,加灌长度计算至交付地坪标高。

3. 空搅部分的长度按设计桩顶标高至交付地坪标高减去加灌长度计算。

三、分层注浆:钻孔按交付地坪至设计深度以“m”计算,注浆工程量按设计图纸注明体积计算。

四、压密注浆:钻孔按交付地坪至设计深度以“m”计算,注浆工程量按以下规定:

1. 设计明确加固土体体积的,按设计图纸注明的体积计算。

2. 设计以布点形式图示土体加固范围的,则按两孔间距的一半作为每孔扩散半径,以布点边线各加扩散半径,形成计算平面,计算注浆体积。

3. 设计注浆点在钻孔灌注桩之间,按两注浆孔距的一半作为每孔的扩散半径,以此圆柱体体积计算注浆体积。

五、树根桩按设计桩长乘以桩外径截面积,以“m^3”计算。

六、塑料排水板按设计图示尺寸以“m”计算。

七、铺土工织物布按设计图示尺寸以“m^2”计算,当设计有特殊需要回折的,回折部分另行计算。

八、回填应按实际填筑体积以“m^3”计算。

一、高压旋喷桩

工作内容：准备机具，移动桩机，定位、校测，钻孔，调制水泥浆、喷射装置应位，分层喷射注浆。 **计量单位**：$10m^3$

定额编号				1-100	1-101	1-102
项目				单重管	双重管	三重管
基价（元）				**2727.70**	**2913.22**	**3503.97**
其中	人工费（元）			654.35	690.93	737.91
	材料费（元）			1590.42	1597.33	1611.04
	机械费（元）			482.93	624.96	1155.02
名称		单位	单价(元)	消耗量		
人工	二类人工	工日	135.00	4.847	5.118	5.466
材料	普通硅酸盐水泥 P·O 42.5 综合	kg	0.34	3818.000	3818.000	3818.000
	水	m^3	4.27	65.421	66.309	67.237
	其他材料费	元	1.00	12.95	16.07	25.82
机械	单重管旋喷机	台班	369.96	0.466	—	—
	双重管旋喷机	台班	394.70	—	0.589	—
	三重管旋喷机	台班	419.43	—	—	0.760
	液压注浆泵 HYB50/50－1 型	台班	75.11	0.466	0.589	0.760
	灰浆搅拌机 200L	台班	154.97	0.466	0.589	—
	灰浆搅拌机 400L	台班	161.27	—	—	0.760
	电动多级离心清水泵 ϕ100mm $h\leqslant$120m	台班	167.48	0.466	0.589	—
	电动多级离心清水泵 ϕ150mm $h\leqslant$180m	台班	283.02	—	—	0.760
	泥浆泵 50mm	台班	44.35	0.466	0.589	—
	泥浆泵 100mm	台班	205.25	—	—	0.760
	污水泵 100mm	台班	112.87	—	—	0.760
	交流弧焊机 32kV·A	台班	92.84	—	—	0.314
	电动空气压缩机 $6m^3$/min	台班	224.45	0.466	0.589	0.760

二、水泥搅拌桩

1. 深层水泥搅拌桩

工作内容:挖沟,桩机就位,预搅下沉,拌制水泥浆或筛水泥粉,喷水泥浆或水泥粉并搅拌上升,重复上、下搅拌,移位。

计量单位:$10m^3$

定额编号				1-103	1-104	1-105	1-106
项目				三轴水泥搅拌桩	双轴搅拌桩	单轴搅拌桩	
					喷浆		喷粉
基价(元)				**2154.81**	**1354.47**	**1577.15**	**1546.84**
其中	人工费(元)			170.24	190.89	352.49	352.49
	材料费(元)			1149.40	832.08	832.08	819.42
	机械费(元)			835.17	331.50	392.58	374.93
名称		单位	单价(元)	消耗量			
人工	二类人工	工日	135.00	1.261	1.414	2.611	2.611
材料	普通硅酸盐水泥 P·O 42.5 综合	kg	0.34	3272.000	2363.000	2363.000	2363.000
	水	m^3	4.27	4.430	3.200	3.200	—
	其他材料费	元	1.00	18.00	15.00	15.00	16.00
机械	单头搅拌桩机(喷浆)	台班	465.48	—	—	0.447	—
	三轴搅拌桩机 850 型	台班	2826.15	0.201	—	—	—
	双头搅拌桩机(喷浆)	台班	591.04	—	0.228	—	—
	灰浆搅拌机 200L	台班	154.97	0.201	0.466	0.447	—
	挤压式灰浆输送泵 $3m^3/h$	台班	55.46	0.201	0.228	0.181	—
	电动单级离心清水泵 50mm	台班	29.31	—	0.228	—	—
	单头搅拌桩机(喷粉)	台班	473.29	—	—	—	0.447
	偏心式振动筛 $12\sim16m^3/h$	台班	27.38	—	—	—	0.124
	电动空气压缩机 $3m^3/min$	台班	122.54	—	—	—	0.447
	电动空气压缩机 $10m^3/min$	台班	394.85	0.201	—	—	—
	履带式单斗液压挖掘机 $1m^3$	台班	914.79	0.159	0.115	0.115	0.115

2. 钉形水泥土双向搅拌桩

工作内容：挖沟，桩机就位，预搅下沉，拌制水泥浆，喷水泥浆并搅拌上升，重复上、下搅拌，移位。　**计量单位**：$10m^3$

定额编号					1-107
项目					钉形水泥土双向搅拌桩
					喷浆
基价（元）					**1717.04**
其中	人工费（元）				326.30
	材料费（元）				833.08
	机械费（元）				557.66
名称		单位	单价(元)		消耗量
人工	二类人工	工日	135.00		2.417
材料	普通硅酸盐水泥 P·O 42.5 综合	kg	0.34		2363.000
	水	m^3	4.27		3.200
	其他材料费	元	1.00		16.00
机械	DM－3 喷浆搅拌机	台班	660.00		0.523
	灰浆搅拌机 200L	台班	154.97		0.523
	挤压式灰浆输送泵 $3m^3/h$	台班	55.46		0.209
	履带式单斗液压挖掘机 $1m^3$	台班	914.79		0.131

三、注浆地基

1. 分层注浆

工作内容：1. 准备机具，移动桩机，定位、钻孔；

2. 注护壁泥浆、放置注浆阀管、配置浆液、插入注浆芯管、分层劈裂注浆、检测注浆效果。

定额编号				1-108	1-109
项目				钻孔	注浆
计量单位				m	m^3
基价（元）				**35.34**	**146.52**
其中	人工费（元）			9.86	31.19
	材料费（元）			17.30	107.05
	机械费（元）			8.18	8.28
名称		单位	单价(元)	消耗量	
人工	二类人工	工日	135.00	0.073	0.231
材料	普通硅酸盐水泥 P·O 42.5 综合	t	346.00	—	0.109
	粉煤灰	t	136.00	—	0.080
	膨润土	kg	0.47	11.232	—
	促进剂 KA	kg	4.61	—	10.300
	水	m^3	4.27	0.120	—
	硅酸钠 水玻璃	kg	0.70	—	5.670
	塑料注浆阀管	m	11.51	1.000	—
	其他材料费	元	1.00	—	7.00
机械	泥浆泵 50mm	台班	44.35	0.022	—
	液压注浆泵 HYB50/50－1 型	台班	75.11	—	0.036
	液压钻机 STE－1	台班	250.08	0.022	—
	灰浆搅拌机 200L	台班	154.97	0.011	0.036

2.压密注浆

工作内容:1.准备机具,移动桩机,定位、钻孔;

2.注护壁泥浆、配置浆液、插入注浆管,压密注浆,检测注浆效果。

定额编号				1-110	1-111
项目				压密注浆	
				钻孔	注浆
计量单位				m	m^3
基价(元)				**29.48**	**88.37**
其中	人工费(元)			24.03	29.16
	材料费(元)			4.82	50.96
	机械费(元)			0.63	8.25
名称		单位	单价(元)	消耗量	
人工	二类人工	工日	135.00	0.178	0.216
材料	普通硅酸盐水泥 P·O 42.5 综合	kg	0.34	—	144.000
	注浆管	kg	6.03	0.800	—
	其他材料费	元	1.00	—	2.00
机械	沉管设备	台班	12.40	0.051	0.017
	灰浆搅拌机 400L	台班	161.27	—	0.034
	液压注浆泵 HYB50/50-1 型	台班	75.11	—	0.034

四、树根桩

工作内容:定位、钻孔、注浆管定位、卸料、压浆、拔管、清理等。　　**计量单位**:$10m^3$

定额编号				1-112	1-113
项目				树根桩	
				围护	承重
基价(元)				**15283.55**	**16384.34**
其中	人工费(元)			5505.03	4207.55
	材料费(元)			5163.54	6027.35
	机械费(元)			4614.98	6149.44
名称		单位	单价(元)	消耗量	
人工	二类人工	工日	135.00	40.778	31.167
材料	普通硅酸盐水泥 P·O 42.5 综合	kg	0.34	8000.000	9600.000
	黄砂 毛砂	t	87.38	—	1.980
	碎石 综合	t	102.00	15.500	16.550
	黏土	m^3	32.04	0.890	0.890
	氯化钙	kg	2.97	200.000	230.000
	注浆管	kg	6.03	15.630	10.390
	水	m^3	4.27	29.970	29.970
	其他材料费	元	1.00	17.80	—
机械	电动单级离心清水泵 100mm	台班	36.22	11.628	8.892
	液压注浆泵 HYB50/50-1 型	台班	75.11	5.814	4.446
	灰浆搅拌机 400L	台班	161.27	5.814	4.446
	履带式起重机 10t	台班	589.37	—	4.446
	液压钻机 G-2A	台班	484.95	5.814	4.446

五、塑料排水板

工作内容:1. 轨道铺、拆、定位、穿塑料排水板，安装靴，打拔钢管，门架、桩机移位；
2. 定位，穿塑料排水板，安装靴，打拔钢管，起重机、桩机移位。

计量单位:100m

定额编号				1-114	1-115
项目				带门架	不带门架
基价（元）				**527.75**	**452.40**
其中	人工费（元）			95.58	64.80
	材料费（元）			371.10	281.14
	机械费（元）			61.07	106.46
名称		单位	单价(元)	消耗量	
人工	二类人工	工日	135.00	0.708	0.480
材料	枕木	m^3	2457.00	0.003	—
	钢轨	t	4138.00	0.004	—
	铁件	kg	3.71	0.450	—
	塑料排水板 SPB－100－A	m	2.50	107.100	107.100
	其他材料费	元	1.00	77.76	13.39
机械	袋装砂井机带门架	台班	492.53	0.124	—
	袋装砂井机不带门架	台班	418.76	—	0.100
	履带式起重机 15t	台班	702.00	—	0.092

六、铺土工织物布

工作内容:清理整平路基，挖填锚固沟，铺设土工布，缝合及锚固土工布。

计量单位:100m²

定额编号				1-116	1-117
项目				土工织物布	土工格栅
基价（元）				**646.69**	**902.48**
其中	人工费（元）			182.25	169.29
	材料费（元）			464.44	733.19
	机械费（元）			—	—
名称		单位	单价(元)	消耗量	
人工	二类人工	工日	135.00	1.350	1.254
材料	土工布	m^2	4.31	107.000	—
	土工格栅	m^2	6.81	—	107.000
	其他材料费	元	1.00	3.27	4.52

注:土工织物布定额按针缝考虑，如采用搭接，土工布乘以系数 1.05。

七、回　填

工作内容：铺筑、整平、冲撼、分层碾压。　　　计量单位：10m³

定额编号				1-118	1-119	1-120	1-121
项目				砂	塘渣	石屑	粉煤灰
基价（元）				1649.51	785.99	812.29	1948.31
其中	人工费（元）			94.77	31.59	95.04	94.77
	材料费（元）			1548.47	713.68	710.98	1832.53
	机械费（元）			6.27	40.72	6.27	21.01
名称		单位	单价(元)	消耗量			
人工	二类人工	工日	135.00	0.702	0.234	0.704	0.702
材料	黄砂 毛砂	t	87.38	17.680	—	—	—
	塘渣	t	34.95	—	20.420	—	—
	石屑	t	38.83	—	—	18.220	—
	粉煤灰	t	136.00	—	—	—	13.395
	水	m³	4.27	0.840	—	0.820	2.532
机械	履带式推土机 75kW	台班	625.55	—	0.029	—	—
	钢轮内燃压路机 8t	台班	353.82	—	—	—	0.029
	钢轮内燃压路机 15t	台班	537.56	—	0.042	—	0.020
	混凝土振捣器 平板式	台班	12.54	0.500	—	0.500	—

第三章

基坑与边坡支护

说　　明

一、本章定额包括地下连续墙,渠式切割水泥土连续墙,预应力锚杆、锚索,喷射混凝土支护,钻孔咬合桩五节,共46个子目。

二、地下连续墙。

1. 地下连续墙的导墙回填套用本定额第一册第一章"土石方工程"相应定额子目,泥浆池搭拆套用按本定额第二册第一章"桩基工程"相应定额子目,导墙及地下连续墙凿除套用本定额第十二册第一章"拆除混凝土工程"相应定额子目。

2. 挖土成槽的护壁泥浆容重为1.055t/m^3,若需要采用重金石泥浆可进行调整。护壁泥浆使用的废浆处理另行计算。

3. 地下连续墙混凝土的品种、强度等级当设计与定额不同时,应调整换算。

4. 入岩增加费的岩石层不包括极软岩、软岩。

5. 成槽机、地下连续墙钢筋笼吊装机械不能利用原有场地内路基需单独加固处理的,应另计。

三、渠式切割水泥土连续墙。

1. 渠式切割水泥土连续墙导墙挖土、导墙混凝土浇捣套用地下连续墙相应定额子目。

2. 渠式切割水泥土连续墙水泥掺量按加固土重(1800kg/m^3)的18%考虑,如设计水泥掺量不同时,水泥消耗量按比例调整,其他不变。

3. 导墙及渠式切割水泥土连续墙顶凿除套用本定额第十二册第一章"拆除混凝土工程"相应定额子目。

4. 渠式切割水泥土连续墙施工产生涌土、浮浆的清除,按成墙工程量乘以系数0.25计算,套用本定额第一册第一章"土石方工程"相应定额子目。

四、插、拔型钢定额已综合考虑了正常施工条件下的损耗量,插、拔型钢使用费另行计算。如要求只插不拔时,则每t工程量中扣除人工0.292工日、50t履带式起重机0.057台班、液压泵车0.214台班、200t立式油压千斤顶0.428台班,增加型钢950.0kg。

五、预应力锚杆、锚索。

1. 锚杆定额按水平施工编制,当设计为(≥750)垂直锚杆时钻孔定额人工及机械乘以系数0.85,其他不变。

2. 锚杆、锚索支护注浆材料定额按水泥砂浆编制,如设计不同价格换算,其余不变。

3. 定额未包括钢绞线锚索回收,发生时另行计算。

4. 钢筋锚杆制作、安装定额按预应力考虑,若采用非预应力锚杆,人工及机械乘以系数0.75。

六、钻孔灌注桩、人工挖孔桩等其他围护桩套用本定额第二册第一章"桩基工程"相应定额子目。

工程量计算规则

一、地下连续墙。

1. 导墙开挖工程量按设计长度乘以开挖宽度及深度以“m^3”计算;导墙混凝土浇捣工程量按设计图示尺寸以“m^3”计算。

2. 成槽工程量按设计图示墙中心线长乘以墙厚及成槽深度(交付地坪至连续墙底深度),以“m^3”计算。入岩增加费按设计图示墙中心线长乘以墙厚及入岩深度,以“m^3”计算。泥浆池建拆、泥浆外运工程量按成槽工程量乘以系数 0.2 计算;土方外运工程量按成槽工程量计算。

3. 工字钢封口的制作工程量按设计图示尺寸及施工规范以“t”计算。

4. 连续墙混凝土浇筑工程量按设计图示墙中心线长乘以墙厚及墙深以“m^3”计算。墙深包含加灌高度,加灌高度设计有规定按设计规定计算,设计无规定按 0.5m 计算。当设计墙顶标高至交付地坪标高≤0.50m 时,加灌高度计算至交付地坪标高。

5. 清底置换以“段”为单位(段指槽壁单元槽段),接头管(箱)吊拔按连续墙段数计算,定额中已包括接头管(箱)的摊销。

二、渠式切割水泥土连续墙按设计图示中心长度乘以墙厚及墙深以“m^3”计算。墙深包含加灌长度,加灌长度设计有规定按设计要求计算,设计无规定则按 0.5m 计算。当设计墙顶标高至交付地坪标高≤0.50m 时,加灌长度计算至交付地坪标高。

三、插、拔型钢的工程量按设计图示型钢规格以“t”计算。

四、锚杆、锚索。

1. 锚杆、锚索支护钻孔、注浆分不同孔径按设计图示入土长度以“m”计算。

2. 锚杆制作、安装按设计长度乘以单位理论重量以“t”计算。

3. 锚索制作、安装及张拉按设计长度乘以单位理论重量以“t”计算。

4. 锚墩、承压板制作、安装,按设计图示以“个”计算。

五、喷射混凝土工程量按设计图示尺寸以“m^2”计算。喷射混凝土钢筋网制作、安装按设计图示重量及施工规范以“t”计算。

六、钻孔咬合桩工程量按单个圆形截面积乘以桩长以“m^3”计算,不扣除重叠部分的面积。

一、地下连续墙

1. 导　墙

工作内容：1. 放样、机械挖土、装车、人工修整、浇筑混凝土基座、沟槽排水等；
2、3. 配模、立模、设置分隔板、浇筑混凝土、养护、拆模、清理堆放等。

定额编号				1-122	1-123	1-124
项目				导墙开挖	导墙浇捣	
					商品混凝土	模板
计量单位				10m³		100m²
基价（元）				**215.00**	**4844.64**	**5467.47**
其中	人工费（元）			153.90	303.75	2628.45
	材料费（元）			4.92	4538.00	2764.56
	机械费（元）			56.18	2.89	74.46
名称		单位	单价(元)	消耗量		
人工	二类人工	工日	135.00	1.140	2.250	19.470
材料	泵送商品混凝土 C25	m³	447.00	—	10.100	—
	木模板	m³	1445.00	—	—	0.700
	圆钉	kg	4.74	—	—	1.900
	钢模板	kg	5.96	—	—	285.000
	其他材料费	元	1.00	4.92	23.30	45.45
机械	木工圆锯机 500mm	台班	27.50	—	—	1.215
	汽车式起重机 5t	台班	366.47	—	—	0.112
	履带式单斗液压挖掘机 0.6m³	台班	624.26	0.090	—	—
	混凝土振捣器 插入式	台班	4.65	—	0.621	—

2. 挖土成槽

工作内容：机具定位、安放跑板导轨、制浆、输送、循环分离泥浆、钻孔、挖土成槽、护壁整修、测量、场内运输、堆土等。

计量单位：10m³

定额编号				1-125	1-126
项目				履带式液压抓斗成槽	
				25m 以内	35m 以内
基价（元）				**2258.01**	**2431.68**
其中	人工费（元）			595.35	673.11
	材料费（元）			365.60	365.60
	机械费（元）			1297.06	1392.97
名称		单位	单价(元)	消耗量	
人工	二类人工	工日	135.00	4.410	4.986
材料	护壁泥浆	m³	30.17	7.538	7.538
	水	m³	4.27	21.000	21.000
	其他材料费	元	1.00	48.51	48.51
机械	自卸汽车 5t	台班	455.85	0.270	0.290
	履带式液压抓斗成槽机 KH180MHL-800	台班	2617.54	0.270	0.290
	超声波测壁机	台班	228.58	0.158	0.169
	泥浆制作循环设备	台班	1596.76	0.270	0.290

工作内容:机具定位、安放跑板导轨、制浆、输送、循环分离泥浆、钻孔、挖土成槽、护壁整修测量、场内运输、堆土等。

计量单位:10m³

定额编号				1-127	1-128	1-129
项目				履带式液压抓斗成槽		
				45m 以内	55m 以内	55m 以上
基价(元)				**2799.88**	**3957.38**	**4681.02**
其中	人工费(元)			748.98	1259.55	1397.25
	材料费(元)			365.60	365.60	365.60
	机械费(元)			1685.30	2332.23	2918.17
名称		单位	单价(元)	消耗量		
人工	二类人工	工日	135.00	5.548	9.330	10.350
材料	护壁泥浆	m³	30.17	7.538	7.538	7.538
	水	m³	4.27	21.000	21.000	21.000
	其他材料费	元	1.00	48.51	48.51	48.51
机械	自卸汽车 5t	台班	455.85	0.350	0.402	0.503
	履带式液压抓斗成槽机 SG60A	台班	3817.79	—	0.382	0.478
	履带式液压抓斗成槽机 KH180MHL－800	台班	2617.54	0.350	—	—
	超声波测壁机	台班	228.58	0.222	0.213	0.266
	泥浆制作循环设备	台班	1596.76	0.350	0.402	0.503

工作内容:准备机具、成槽出渣、清孔等。

计量单位:10m³

定额编号				1-130
项目				入岩增加费
基价(元)				**9957.29**
其中	人工费(元)			3555.90
	材料费(元)			—
	机械费(元)			6401.39
名称		单位	单价(元)	消耗量
人工	二类人工	工日	135.00	26.340
机械	泥浆泵 100mm	台班	205.25	1.584
	冲击成孔机 CZ－30	台班	419.69	14.478

3. 工字钢封口

工作内容：放样，划线，截料，平整，焊接，成品校正，吊装，校正。　　　　**计量单位：**t

定额编号					1-131	1-132
项目					工字钢封口	
					制作	安装
基价（元）					**6248.33**	**300.46**
其中	人工费（元）				728.19	194.40
	材料费（元）				5176.80	22.72
	机械费（元）				343.34	83.34
名称			单位	单价(元)	消耗量	
人工	二类人工		工日	135.00	5.394	1.440
材料	枋木		m^3	776.00	—	0.003
	枕木		m^3	2457.00	—	0.005
	氯丁胶粘结剂		kg	12.24	6.180	—
	氧气		m^3	3.62	3.585	—
	乙炔气		m^3	8.90	2.689	—
	硬泡沫塑料板		m^3	474.00	1.360	—
	型钢 综合		t	3836.00	1.060	—
	电焊条		kg	4.31	75.910	1.630
	其他材料费		元	1.00	26.27	1.08
机械	履带式起重机 15t		台班	702.00	0.126	0.108
	交流弧焊机 32kV·A		台班	92.84	—	0.081
	交流弧焊机 42kV·A		台班	129.55	1.944	—
	电动空气压缩机 $1m^3/min$		台班	48.22	0.063	—

4. 浇筑混凝土连续墙

工作内容：1. 地下连续墙接缝清刷、空压机吹气搅拌吸泥、清底置换；
2. 浇筑架就位、导管安拆、混凝土浇筑、吸泥浆入池。

定额编号					1-133	1-134
项目					清底置换	浇筑商品混凝土
计量单位					段	$10m^3$
基价（元）					**1751.93**	**6000.53**
其中	人工费（元）				874.80	251.91
	材料费（元）				77.16	5664.44
	机械费（元）				799.97	84.18
名称			单位	单价(元)	消耗量	
人工	二类人工		工日	135.00	6.480	1.866
材料	护壁泥浆		m^3	30.17	2.500	—
	非泵送水下商品混凝土 C30		m^3	462.00	—	12.120
	水		m^3	4.27	—	6.000
	其他材料费		元	1.00	1.73	39.38
机械	履带式起重机 15t		台班	702.00	0.810	0.113
	泥浆泵 100mm		台班	205.25	0.810	—
	混凝土浇捣架		台班	18.54	—	0.207
	电动空气压缩机 $1m^3/min$		台班	48.22	1.350	—
	混凝土振捣器 插入式		台班	4.65	—	0.219

5. 安拔接头管

工作内容:接头管安、拔、冲刷和整理。 **计量单位:**段

定额编号					1-135	1-136
项目					安拔接头管	
					25m 内	35m 内
基价(元)					**2558.69**	**3220.56**
其中	人工费(元)				1458.00	1458.00
	材料费(元)				206.69	381.69
	机械费(元)				894.00	1380.87
名称			单位	单价(元)	消耗量	
人工	二类人工		工日	135.00	10.800	10.800
材料	水		m^3	4.27	3.000	4.000
	接头管		kg	3.88	48.160	90.950
	橡胶管		m	5.14	1.110	1.940
	钢丝绳 综合		kg	6.45	0.203	0.271
机械	履带式起重机 15t		台班	702.00	0.900	—
	履带式起重机 40t		台班	1242.97	—	0.900
	垂直顶升设备		台班	1456.65	0.180	0.180

工作内容:接头管安、拔、冲刷和整理。 **计量单位:**段

定额编号					1-137	1-138	1-139
项目					安拔接头管		
					45m 以内	55m 以内	55m 以上
基价(元)					**3410.44**	**4558.06**	**4641.14**
其中	人工费(元)				1458.00	1539.00	1539.00
	材料费(元)				510.47	539.15	622.23
	机械费(元)				1441.97	2479.91	2479.91
名称			单位	单价(元)	消耗量		
人工	二类人工		工日	135.00	10.800	11.400	11.400
材料	水		m^3	4.27	4.000	4.000	5.000
	接头管		kg	3.88	122.830	128.970	148.030
	橡胶条		m	5.26	2.780	3.620	4.460
	钢丝绳 综合		kg	6.45	0.339	0.407	0.475
机械	履带式起重机 60t		台班	1456.51	0.810	—	—
	履带式起重机 100t		台班	2737.92	—	0.810	0.810
	垂直顶升设备		台班	1456.65	0.180	0.180	0.180

6. 安拔接头箱

工作内容：接头箱安、拔、冲刷和整理。

计量单位：段

定额编号				1-140	1-141
项目				安拔接头箱	
				25m 内	35m 内
基价（元）				**2679.32**	**3398.43**
其中	人工费（元）			1458.00	1458.00
	材料费（元）			327.32	559.56
	机械费（元）			894.00	1380.87
名称		单位	单价（元）	消耗量	
人工	二类人工	工日	135.00	10.800	10.800
材料	水	m^3	4.27	3.000	4.000
	橡胶管	m	5.14	2.000	3.500
	接头箱	kg	4.31	70.040	120.960
	钢丝绳 综合	kg	6.45	0.366	0.488
机械	履带式起重机 15t	台班	702.00	0.900	—
	垂直顶升设备	台班	1456.65	0.180	0.180
	履带式起重机 40t	台班	1242.97	—	0.900

工作内容：接头箱安、拔、冲刷和整理。

计量单位：段

定额编号				1-142	1-143	1-144
项目				安拔接头箱		
				45m 以内	55m 以内	55m 以上
基价（元）				**3886.53**	**5330.39**	**5882.51**
其中	人工费（元）			1458.00	1458.00	1539.00
	材料费（元）			789.92	1014.97	1239.67
	机械费（元）			1638.61	2857.42	3103.84
名称		单位	单价（元）	消耗量		
人工	二类人工	工日	135.00	10.800	10.800	11.400
材料	水	m^3	4.27	5.000	5.500	6.000
	接头箱	kg	4.31	171.880	222.880	273.800
	橡胶条	m	5.26	4.500	5.000	5.500
	钢丝绳 综合	kg	6.45	0.635	0.709	0.782
机械	履带式起重机 60t	台班	1456.51	0.900	—	—
	履带式起重机 100t	台班	2737.92	—	0.900	0.990
	垂直顶升设备	台班	1456.65	0.225	0.270	0.270

二、渠式切割水泥土连续墙

1. 渠式切割水泥土连续墙

工作内容:桩机就位,挖沟、放护桶,定位,下切割箱体,拌制膨润土,上下左右移动切割,拌制水泥浆来回切割搅拌。

计量单位:10m³

定额编号				1-145
项目				渠式切割水泥土连续墙
基价(元)				**6164.70**
其中	人工费(元)			667.44
	材料费(元)			2140.44
	机械费(元)			3356.82
名称		单位	单价(元)	消耗量
人工	二类人工	工日	135.00	4.944
材料	普通硅酸盐水泥 P·O 42.5 综合	kg	0.34	3272.000
	水	m³	4.27	5.500
	金属周转材料	kg	3.95	128.880
	膨润土	kg	0.47	900.000
	材料摊销费	元	1.00	41.40
	其他材料费	元	1.00	31.00
机械	灰浆搅拌机 400L	台班	161.27	0.276
	挤压式灰浆输送泵 5m³/h	台班	77.66	0.276
	电动空气压缩机 20m³/min	台班	568.57	0.276
	履带式单斗液压挖掘机 1m³	台班	914.79	0.333
	履带式起重机 100t	台班	2737.92	0.152
	超声波测壁机	台班	228.58	0.124
	TRD 搅拌桩机	台班	5572.00	0.428

2. 插拔型钢

工作内容：准备工作，安、拆插桩机具，刷脱模剂，插型钢桩，安、拆拔桩机具，拔桩，堆放，清理。　　**计量单位：**t

定额编号				1-146
项目				插、拔型钢
基价（元）				**817.39**
其中	人工费（元）			96.12
	材料费（元）			484.39
	机械费（元）			236.88
名称		单位	单价(元)	消耗量
人工	二类人工	工日	135.00	0.712
材料	型钢 综合	kg	3.84	50.000
	氧气	m^3	3.62	2.580
	乙炔气	m^3	8.90	1.940
	电焊条 E43 系列	kg	4.74	5.170
	减磨剂	kg	15.52	14.000
	其他材料费	元	1.00	24.00
机械	履带式起重机 50t	台班	1364.92	0.138
	交流弧焊机 32kV·A	台班	92.84	0.080
	立式油压千斤顶 200t	台班	11.52	0.428
	液压泵车	台班	169.00	0.214

三、预应力锚杆、锚索

1. 钻　孔

工作内容：钻孔机具安、拆，钻孔，安、拔防护套管。　　**计量单位：**100m

定额编号				1-147	1-148	1-149	1-150	1-151
项目				土层机械钻孔			入岩层增加	
				孔径≤150mm	孔径≤200mm	孔径≤250mm	孔径≤200mm	孔径＞200mm
基价（元）				**2150.52**	**2414.75**	**2692.06**	**6223.30**	**7780.48**
其中	人工费（元）			1150.07	1293.84	1444.77	3306.15	4153.28
	材料费（元）			36.74	36.74	36.74	146.94	146.94
	机械费（元）			963.71	1084.17	1210.55	2770.21	3480.26
名称		单位	单价(元)	消耗量				
人工	二类人工	工日	135.00	8.519	9.584	10.702	24.490	30.765
材料	金属周转材料	kg	3.95	9.300	9.300	9.300	37.200	37.200
机械	锚杆钻孔机 MGL135	台班	454.58	2.120	2.385	2.663	6.094	7.656

2. 注　　浆

工作内容:搅拌灰浆、灌浆、浇捣端头锚固件保护混凝土。　　　　**计量单位:**100m

				1-152	1-153	1-154
定额编号				1-152	1-153	1-154
项目				锚孔注浆		
				孔径≤150mm	孔径≤200mm	孔径≤250mm
基价(元)				**1179.54**	**1901.96**	**2855.21**
其中	人工费(元)			355.32	549.32	818.51
	材料费(元)			671.22	1116.12	1684.22
	机械费(元)			153.00	236.52	352.48
名称		单位	单价(元)	消耗量		
人工	二类人工	工日	135.00	2.632	4.069	6.063
材料	非泵送商品混凝土 C25	m^3	421.00	0.129	0.169	0.227
	高压胶管 ϕ50	m	17.24	1.500	1.500	1.500
	水泥砂浆 1:1	m^3	294.20	2.009	3.464	5.312
机械	灰浆搅拌机 200L	台班	154.97	0.665	1.028	1.532
	液压注浆泵 HYB50/50-1 型	台班	75.11	0.665	1.028	1.532

3. 锚杆(索)制作安装

工作内容:1. 钢筋、钢管锚杆制作、安装;

2. 锚索制作、安装及张拉;

3. 锚墩、承压板制作、安装、锚固,防锈处理。

定额编号				1-155	1-156	1-157	1-158
项目				锚杆制作、安装		锚索制作、安装及张拉	锚墩、承压板制作、安装
				钢筋	钢管		
计量单位				t			10个
基价(元)				**4852.96**	**4793.10**	**10027.06**	**1982.22**
其中	人工费(元)			550.67	475.34	3077.19	1196.10
	材料费(元)			4267.86	4295.37	5905.63	786.12
	机械费(元)			34.43	22.39	1044.24	—
名称		单位	单价(元)	消耗量			
人工	二类人工	工日	135.00	4.079	3.521	22.794	8.860
材料	热轧带肋钢筋 HRB400 综合	t	3849.00	1.100	0.025	—	—
	碳素结构钢焊接钢管 综合	t	3879.00	—	1.075	—	—
	钢绞线	t	5336.00	—	—	1.030	—
	中厚钢板(综合)	kg	3.79	—	—	—	98.280
	铁件	kg	3.71	—	—	19.330	12.700
	板方材	m^3	1034.00	—	—	—	0.100
	非泵送商品混凝土 C30	m^3	438.00	—	—	—	0.430
	聚氯乙烯软管 $D20\times2.5$	m	0.33	—	—	233.900	—
	热轧光圆钢筋 HPB300ϕ10	kg	3.98	—	—	51.500	—
	低合金钢焊条 E43 系列	kg	4.74	4.000	3.000	8.710	—
	石油沥青	kg	2.67	—	—	—	19.000
	防锈漆 C53-1	kg	14.05	—	—	—	1.000
	其他材料费	元	1.00	15.00	15.00	14.39	10.00
机械	电动卷扬机-单筒慢速 10kN	台班	171.01	—	—	1.501	—
	半自动切割机 100mm	台班	92.61	—	—	0.162	—
	预应力钢筋拉伸机 650kN	台班	24.94	—	—	3.468	—
	高压油泵 80MPa	台班	184.68	—	—	3.468	—
	钢筋切断机 40mm	台班	43.28	0.285	—	—	—
	管子切断机 150mm	台班	29.76	—	0.219	—	—
	交流弧焊机 32kV·A	台班	92.84	0.238	0.171	0.491	—

四、喷射混凝土支护

工作内容:配料、投料、搅拌、混合料场内运输、基层清理、喷射机操作、喷射、收回弹料、喷试块等。 **计量单位:**$100m^2$

定额编号				1-159	1-160	1-161	1-162	1-163	1-164
项目				喷射混凝土					
				垂直面素喷		斜面素喷		垂直面网喷	
				初喷 5cm 厚	每增加 1cm	初喷 5cm 厚	每增加 1cm	初喷 5cm 厚	每增加 1cm
基价(元)				**4551.85**	**757.30**	**3795.02**	**617.60**	**5204.02**	**808.55**
其中	人工费(元)			1968.30	210.60	1352.70	145.80	2446.20	259.20
	材料费(元)			2029.56	417.63	1918.30	380.21	2090.91	419.21
	机械费(元)			553.99	129.07	524.02	91.59	666.91	130.14
名称		单位	单价(元)	消耗量					
人工	二类人工	工日	135.00	14.580	1.560	10.020	1.080	18.120	1.920
材料	喷射混凝土 1:2.5:2	m^3	337.71	5.800	1.200	5.500	1.100	5.900	1.200
	高压胶皮风管 ϕ25 - 6P - 20m	m	15.52	2.000	0.400	1.500	0.200	3.700	0.500
	其他材料费	元	1.00	39.80	6.17	37.61	5.62	41.00	6.20
机械	混凝土喷射机 $5m^3/h$	台班	203.74	0.810	0.180	0.720	0.180	0.990	0.180
	电动空气压缩机 $10m^3/min$	台班	394.85	0.720	0.180	0.720	0.090	0.900	0.180
	双锥反转出料混凝土搅拌机 500L	台班	215.37	0.486	0.099	0.432	0.090	0.510	0.104

工作内容:挂网,钢筋网制作、挂网、绑扎、点焊。 **计量单位:**t

定额编号				1-165
项目				喷射混凝土钢网制作安装
基价(元)				**6633.94**
其中	人工费(元)			2027.43
	材料费(元)			4227.85
	机械费(元)			378.66
名称		单位	单价(元)	消耗量
人工	二类人工	工日	135.00	15.018
材料	热轧光圆钢筋 综合	t	3966.00	1.030
	电焊条	kg	4.31	13.300
	镀锌铁丝 8# ~12#	kg	6.55	0.900
	预埋铁件	kg	3.75	20.000
	垫木	m^3	2328.00	0.002
机械	交流弧焊机 32kV·A	台班	92.84	2.970
	钢筋切断机 40mm	台班	43.28	0.171
	钢筋弯曲机 40mm	台班	26.38	0.171
	钢筋调直机 14mm	台班	37.97	0.171
	履带式起重机 40t	台班	1242.97	0.068

五、钻孔咬合桩

工作内容:1. 桩机移位、定位、成孔、固壁、套管拔除;

2. 清空、安装、拆除导管、浇筑、清理等。

计量单位:$10m^3$

定额编号				1-166	1-167
项目				钻孔灌注桩咬合钻孔	商品混凝土
基价(元)				**3740.41**	**5078.15**
其中	人工费(元)			961.61	204.12
	材料费(元)			137.24	4874.03
	机械费(元)			2641.56	—
名称		单位	单价(元)	消耗量	
人工	二类人工	工日	135.00	7.123	1.512
材料	枕木	m^3	2457.00	0.040	—
	铁件	kg	3.71	10.500	—
	非泵送水下商品混凝土 C25	m^3	448.00	—	10.747
	导管	kg	1.98	—	3.800
	六角螺栓	kg	8.75	—	0.410
	其他材料费	元	1.00	—	48.26
机械	钻孔咬合桩机	台班	1848.22	1.070	—
	电动多级离心清水泵 ϕ100mm $h\leqslant$120m	台班	167.48	1.070	—
	履带式起重机 40t	台班	1242.97	0.390	—

第二册　高架桥工程

册 说 明

一、本册定额包括桩基工程、现浇混凝土、预制混凝土、箱涵工程、砌筑工程、钢筋工程、钢结构、其他工程八章,共454个子目。

二、本册定额适用于城市轨道交通工程中单跨100m以内的高架桥工程、穿越城市道路的立交箱涵顶进。

三、本册定额的主要编制依据:

1.《城市轨道交通工程工程量计算规范》GB 50861—2013;

2.《城市轨道交通工程预算定额》GCG 103－2008;

3.《浙江省市政工程预算定额》(2010版);

4.《浙江省建筑工程预算定额》(2010版);

5.《杭州市地铁工程预算定额》(2010版);

6. 现行的设计、施工验收规范,安全操作规程及质量评定标准。

四、预制混凝土及钢筋混凝土构件均属现场预制,不适用于独立核算、执行产品出厂价格的构件厂所生产的构配件。

五、定额中混凝土及钢筋混凝土预制桩、小型预制构件等制作的工程量计算,应按施工图构件净用量另加1.5%损耗率。

六、定额中提升高度按原地面标高至梁底标高8m为界,若超过8m,超过部分可另行计算超高费(悬浇箱梁除外)。

1.按提升高度不同将全桥划分为若干段,以超高段承台顶面以上模板的工程量,按下表调整相应定额中起重机械的规格,且人工、起重机械台班的消耗量需分段计算。

模板、陆上安装梁人工及起重机消耗量调整表

项 目	模 板			陆上安装梁	
	人工	5t履带式电动起重机或8t汽车式起重机		人工	起重机械
提升高度 h(m)	消耗量系数	消耗量系数	规格调整为	消耗量系数	消耗量系数
$h\leq15$	1.02	1.02	15t履带式起重机	1.10	1.25
$h\leq22$	1.05	1.05	25t履带式起重机	1.25	1.60
$h>22$	1.10	1.10	40t履带式起重机	1.50	2.00

2.陆上安装梁可按上表调整相应定额中的人工及起重机械台班的消耗量,但起重机械的规格不作调整。

3.本册定额均未包括各类操作脚手架,发生时套用本定额第十三册《措施项目》第三章"脚手架"相关定额子目。

第一章
桩 基 工 程

说 明

一、本章定额包括打桩工程和灌注桩工程两节,共113个子目。

二、本章打桩工程和灌注桩工程定额子目,均不包括支架平台,若有需要套用本定额第十三册第四章“支架及挂篮”相关定额子目。

三、定额中未包括桩顶混凝土的截除,发生时套用本定额第十二册“拆除工程”相关定额子目。

四、打桩工程。

1. 打桩定额中已按土层类别综合取定,不包括钻孔中遇到的障碍清除,发生时另行计算。

2. 打桩定额均按垂直打桩编制,如打斜桩(包括俯打、仰打)斜率在1∶6以内时,人工乘以1.33系数,机械乘以1.43系数。

3. 船上打桩定额按两艘船只拼搭、捆绑考虑。

4. 非预应力混凝土预制桩。

(1)定额中成品桩按购入构件考虑;如采用现场预制,场内(单位工程内)供运桩套用场内供运桩定额子目;如采用场外(单位工程外)预制,桩运输费另行计算。桩的预制套用本册第三章相应定额。

(2)发生单桩单节长度>18m时,打、压桩相应定额(不含预制桩主材)乘1.20系数计算。

(3)定额已综合了接桩所需的打桩机械台班,但未包括接桩本身费用,发生时套用相应定额子目。

5. 预应力混凝土预制桩。

(1)定额中预应力混凝土预制桩按成品桩考虑,已包含了场内必需的就位供桩,发生时不另行计算。

(2)定额中预应力混凝土预制桩按圆桩直径不同编列子目,若为方桩,则按相近周长的圆桩定额套用子目。

(3)定额中已综合了电焊接桩。如采用机械连接件接桩,不增加机械连接件材料费,同时扣除定额中电焊条用量和交流弧焊机台班用量。

(4)桩顶灌芯套用本章钢管桩相应定额,如设计要求桩芯取土,则套用钢管桩内取土定额;当设计要求设置钢骨架、钢托板等则套用本册第六章“钢筋工程”相关定额子目。

(5)设计有桩尖时,应另计成品桩尖材料费。

6. 钢管桩。

(1)定额已包含了场内必需的就位供桩,发生时不另行计算。

(2)钢管内取土,灌芯按设计材质不同分别套用定额。

7. 陆上打桩采用履带式柴油打桩机时,如需填垫层则另行计算。

8. 混凝土预制桩与钢管桩发生送桩时,按沉桩相应定额的人工及打桩机械乘以下表中的系数,其余不计。

送桩调整系数表

送桩深度	系数
≤2m	1.20
≤4m	1.37
≤6m	1.56
>6m	1.78

五、钻孔灌注桩工程。

1. 本章定额所涉及砂土层、碎(卵)石层、岩石层,按以下标准鉴别:

(1)砂土层:粒径在 2 ~ 20mm 的颗粒质量≤50% 总质量的土层,包括黏土、粉质黏土、粉土、粉砂、细砂、中砂、粗砂、砾砂。

(2)碎(卵)石层:粒径在 2 ~ 20mm 的颗粒质量 > 50% 总质量的土层,包括角砾、圆砾及粒径 20 ~ 200mm 的碎石、卵石、块石、漂石,此外亦包括极软岩、软岩。

(3)岩石层:除极软岩、软岩以外的各类较软岩、较坚硬岩、坚硬岩。

2. 埋设钢护筒定额中,钢护筒按摊销量计算。若无法回收时,可按钢护筒实际用量(当实际用量不能确定时,可参考下表中重量)减去定额数量一次增列计算。

钢护筒定额每米重量表

桩径(mm)	600	800	1000	1200	1500	2000
每米护筒重量(kg/m)	120.28	155.37	184.96	286.06	345.09	554.99

3. 人工挖孔桩。

(1)人工挖孔桩按设计注明的桩芯直径及孔深套用定额;桩孔土方需外运时,按本定额第一册第一章“土石方工程”相应定额子目计算;挖孔时若遇淤泥、流砂、岩石层,可按实际挖、凿的工程量套用相应定额计算挖孔增加费。

(2)人工挖孔子目中,已综合考虑了孔内照明、通风。孔内垂直运输方式按人工考虑。

(3)护壁不分现浇或预制,均套用安设混凝土护壁定额。

4. 回旋钻机成孔定额按桩径划分子目,如设计要求进入岩石层时,套用相应定额计算入岩增加费。如设计要求穿越碎(卵)石层则按套用岩石层成孔增加费子目乘下表的系数计算穿越增加费。

穿越碎(卵)石层成孔增加费调整系数表

成孔方式	系数
回旋钻机成孔	0.35
旋挖钻机成孔	0.25

5. 桩孔空钻部分回填根据施工组织设计要求套用相应定额。填土套用土石方工程松填土定额,填碎石套用碎石垫层定额乘以系数 0.7。

6. 旋挖桩机成孔和冲孔桩机带冲抓锤成孔均按湿作业成孔工艺考虑,如实际采用干作业成孔工艺,相应定额扣除黏土、水用量和泥浆泵台班,并不计泥浆工程量。

7. 泥浆固化处理定额适用于钻孔灌注桩及地下连续墙的泥浆处理,顶管和盾构产生的泥浆按相应册的规定执行。

8. 泥浆、渣土处置。

(1)定额分泥浆池建拆、泥浆运输、泥浆固化,未考虑泥浆、渣土废弃处置费,发生时按各市有关规定执行。

(2)桩基施工产生的渣土和泥浆经过固化后的渣土外运,按本定额第一册第一章“土石方工程”相关定额子目计算。

9. 钻孔灌注桩钢筋笼、预埋铁件套用本册第六章“钢筋工程”相关定额子目。

10. 钻孔桩灌注混凝土定额均已包括混凝土灌注充盈量。

11. 注浆管埋设定额按桩底注浆考虑,如设计采用侧向注浆,则人工和机械乘以系数 1.2。

六、单项工程的桩基工程量少于下表对应数量时,相应定额人工、机械乘以系数 1.25。

桩基工程量调整系数表

项　目	单位工程的工程量	项　目	单位工程的工程量
混凝土预制桩	1000m	机械成孔灌注桩	$150m^3$
钢管桩	50t	人工挖孔灌注桩	$50m^3$

工程量计算规则

一、混凝土预制桩。

1. 非预应力混凝土预制桩按设计桩长(包括桩尖)以“m”计算,接桩按设计图示角钢或钢板的重量以“t”计算。

2. 预应力混凝土预制桩按设计桩长(不包括桩尖)以“m”计算,桩顶灌芯按设计长度乘以填芯截面积以“m^3”计算。

3. 送桩:

(1)陆上打桩时,以原地面平均标高增加 1m 为界线,界线以下至设计桩顶标高之间为送桩工程量。

(2)支架上打桩时,以当地施工期间的最高潮水位增加 0.5m 为界线,界线以下至设计桩顶标高之间为送桩工程量。

(3)船上打桩为当地施工期间的平均水位以上 1m 处,界线以下至设计桩顶标高之间为送桩工程量。

二、钢管桩。

1. 钢管桩按设计桩长(包括桩尖)以“m”计算。送桩深度按设计桩顶标高至打桩前的交付地坪标高另加 0.50m,以“m”计算。

2. 钢管桩接桩、内切割、精割盖帽按设计数量以“个”计算。

3. 钢管桩管内钻孔取土、填芯,按设计桩长(包括桩尖)乘以填芯截面积以“m^3”计算。

三、回旋钻孔桩、旋挖桩成孔工程量按成孔长度乘以设计桩截面积以“m^3”计算。成孔长度:陆上时,为原地面至设计桩底的长度;水上时,为水平面至设计桩底的长度减去水深。岩石层增加费工程量按实际入岩数量以“m^3”计算。

四、冲孔桩机成孔工程量分别按进入各类土层、岩石层的成孔长度乘以设计桩截面积以“m^3”计算。

五、人工挖孔灌注桩。

1. 人工挖孔灌注桩工程量按护壁外围截面积乘以孔深以“m^3”计算,孔深按打桩前的交付地坪标高至设计桩底标高的长度计算。

2. 挖淤泥、流砂、入岩增加费按实际挖、凿数量以“m^3”计算。

3. 护壁按设计图示截面积乘以护壁长度以“m^3”计算,护壁长度按打桩前的交付地坪标高至设计桩底标高(不含入岩长度)另加 0.20m 计算。

六、钻孔桩灌注混凝土工程量按设计桩截面积乘以桩长以“m^3”计算,桩长 = 设计桩长 + 加灌长度。加灌长度设计无规定时,按不同设计桩长确定:桩长 25m 以内按 0.5m、桩长 35m 以内按 0.8m、桩长 35m 以上按 1.2m 计算。

七、桩孔回填土工程量按加灌长度顶面至自然地坪的长度乘以桩孔截面积以“m^3”计算。

八、泥浆池建造和拆除、泥浆运输、泥浆固化工程量,根据钻孔灌注桩不同成孔方式按下页表计算泥浆(渣土)工程量。

九、灌注桩后注浆工程量按设计注浆量以“m^3”计算,注浆管工程量按打桩前的自然地坪标高至设计桩底标高的长度另加 0.2m 以“m”计算,但利用声测管注浆时不得重复计算。

十、声测管按设计图纸重量以“t”计算。

泥浆(渣土)工程量计算表

桩　　型	计算工程量	
	泥浆	渣土
回旋钻机成孔灌注桩	成孔工程量	—
旋挖钻机成孔灌注桩	成孔工程量乘以0.2	成孔工程量
冲抓锤成孔灌注桩	成孔工程量乘以0.2	成孔工程量
冲击锤成孔灌注桩	成孔工程量	—
人工挖孔灌注桩	—	挖孔工程量

一、打 桩 工 程

1. 非预应力混凝土预制桩

(1)打非预应力混凝土预制桩

工作内容:准备打桩机具,探桩位,行走打桩机,吊装定位,安卸桩垫、桩帽,校正,打桩。 **计量单位:**100m

定额编号				2-1	2-2	2-3
项目				$16m < L \leq 24m$		
				$0.125m^2 < S \leq 0.16m^2$		
				陆上	支架上	船上
基价(元)				**1812.08**	**2131.14**	**2289.42**
其中	人工费(元)			558.63	613.04	847.94
	材料费(元)			68.24	68.24	68.24
	机械费(元)			1185.21	1449.86	1373.24
	名称	单位	单价(元)	消耗量		
人工	二类人工	工日	135.00	4.138	4.541	6.281
材料	非预应力混凝土预制桩	m	—	(101.000)	(101.000)	(101.000)
	金属周转材料	kg	3.95	1.944	1.944	1.944
	垫木	m^3	2328.00	0.026	0.026	0.026
	其他材料费	元	1.00	0.03	0.03	0.03
机械	履带式柴油打桩机 2.5t	台班	734.62	0.825	—	—
	轨道式柴油打桩机 2.5t	台班	884.28	—	0.914	1.073
	履带式起重机 15t	台班	702.00	0.825	0.914	—
	木驳船 80t	t·d	3.29	—	—	129.000

注:规格中的 S 为桩截面积,空心桩不扣除空心面积。

工作内容:准备打桩机具,探桩位,行走打桩机,吊装定位,安卸桩垫、桩帽,校正,打桩。 **计量单位:**100m

定额编号				2-4	2-5	2-6
项目				$24m < L \leq 28m$		
				$0.16m^2 < S \leq 0.225m^2$		
				陆上	支架上	船上
基价(元)				**2878.52**	**3199.86**	**3450.10**
其中	人工费(元)			753.44	787.05	1064.61
	材料费(元)			113.35	113.35	113.35
	机械费(元)			2011.73	2299.46	2272.14
	名称	单位	单价(元)	消耗量		
人工	二类人工	工日	135.00	5.581	5.830	7.886
材料	非预应力混凝土预制桩	m	—	(101.000)	(101.000)	(101.000)
	金属周转材料	kg	3.95	3.373	3.373	3.373
	垫木	m^3	2328.00	0.041	0.041	0.041
	其他材料费	元	1.00	4.58	4.58	4.58
机械	步履式柴油打桩机 4t	台班	1400.59	0.932	—	—
	轨道式柴油打桩机 4t	台班	1269.82	—	1.134	1.320
	履带式起重机 25t	台班	757.92	0.932	1.134	—
	铁驳船 100t	t·d	3.01	—	—	198.000

注:规格中的 S 为桩截面积,空心桩不扣除空心面积。

工作内容：准备打桩机具，探桩位，行走打桩机，吊装定位，安卸桩垫、桩帽，校正，打桩。　　计量单位：100m

定额编号				2-7	2-8
项目				$28m < L \leq 32m$	$32m < L \leq 40m$
				$0.225m^2 < S \leq 0.25m^2$	$0.25m^2 < S \leq 0.30m^2$
				陆上	
基价（元）				**3350.41**	**4262.87**
其中	人工费（元）			938.25	1051.65
	材料费（元）			169.47	176.15
	机械费（元）			2242.69	3035.07
名称		单位	单价(元)	消耗量	
人工	二类人工	工日	135.00	6.950	7.790
材料	非预应力混凝土预制桩	m	—	(101.000)	(101.000)
	金属周转材料	kg	3.95	5.225	6.850
	垫木	m^3	2328.00	0.061	0.061
	其他材料费	元	1.00	6.82	7.08
机械	履带式起重机 25t	台班	757.92	1.039	—
	履带式起重机 30t	台班	865.31	—	1.188
	步履式柴油打桩机 4t	台班	1400.59	1.039	—
	步履式柴油打桩机 6t	台班	1689.46	—	1.188

注：规格中的 S 为桩截面积，空心桩不扣除空心面积。

(2)静压非预应力混凝土预制桩

工作内容：准备打桩机具，探桩位，行走打桩机，吊装定位，安卸桩垫、桩帽，校正，压桩。　　计量单位：100m

定额编号				2-9	2-10	2-11	2-12
项目				静压沉桩			
				桩断面周长(m)			
				≤1.3	≤1.6	≤1.9	>1.9
基价（元）				**2022.05**	**2538.84**	**3071.27**	**3943.26**
其中	人工费（元）			374.90	478.31	555.93	600.62
	材料费（元）			70.97	113.35	169.47	210.11
	机械费（元）			1576.18	1947.18	2345.87	3132.53
名称		单位	单价(元)	消耗量			
人工	二类人工	工日	135.00	2.777	3.543	4.118	4.449
材料	非预应力混凝土预制桩	m	—	(101.000)	(101.000)	(101.000)	(101.000)
	金属周转材料	kg	3.95	1.944	3.373	5.225	6.850
	垫木	m^3	2328.00	0.026	0.041	0.061	0.075
	其他材料费	元	1.00	2.76	4.58	6.82	8.45
机械	静力压桩机(液压) 2000kN	台班	2616.28	0.475	—	—	—
	静力压桩机(液压) 3000kN	台班	2801.82	—	0.547	0.659	—
	静力压桩机(液压) 4000kN	台班	3311.40	—	—	—	0.750
	履带式起重机 15t	台班	702.00	0.475	—	—	—
	履带式起重机 25t	台班	757.92	—	0.547	0.659	—
	履带式起重机 30t	台班	865.31	—	—	—	0.750

(3)场内供运桩

工作内容:工作准备,轻轨供桩。 计量单位:$10m^3$

定额编号				2-13
项目				场内供运桩
基价(元)				556.64
其中	人工费(元)			245.03
	材料费(元)			77.02
	机械费(元)			234.59
名称		单位	单价(元)	消耗量
人工	二类人工	工日	135.00	1.815
材料	金属周转材料	kg	3.95	19.498
机械	履带式起重机 25t	台班	757.92	0.247
	轨道平车 5t	台班	34.23	0.247
	电动卷扬机－单筒快速 5kN	台班	157.60	0.247

(4)接 桩

工作内容:准备工具,材料对准上下节桩,桩顶垫平,放置角铁、钢板,焊接。 计量单位:t

定额编号				2-14	2-15
项目				电焊接桩	
				包角钢	包钢板
基价(元)				7712.47	9410.00
其中	人工费(元)			1965.06	3007.53
	材料费(元)			4715.49	4768.58
	机械费(元)			1031.92	1633.89
名称		单位	单价(元)	消耗量	
人工	二类人工	工日	135.00	14.556	22.278
材料	角钢 Q235B 综合	t	3966.00	1.060	—
	中厚钢板 综合	t	3750.00	—	1.060
	钢锲(垫铁)	kg	5.95	6.100	4.100
	电焊条 E43 系列	kg	4.74	96.100	160.167
	其他材料费	元	1.00	19.72	9.99
机械	交流弧焊机 32kV·A	台班	92.84	11.115	17.599

2. 预应力钢筋混凝土预制桩

(1)打预应力钢筋混凝土预制桩

工作内容:准备打桩机具,探桩位,行走打桩机,吊装定位,安卸桩垫、桩帽,校正,打桩、接桩。　　**计量单位**:100m

定额编号				2-16	2-17	2-18
项目				打预应力钢筋混凝土预制桩		
				ϕ400		
				陆上	支架上	船上
基价(元)				**2115.77**	**2798.02**	**2908.84**
其中	人工费(元)			594.00	742.91	898.56
	材料费(元)			130.18	130.18	130.18
	机械费(元)			1391.59	1924.93	1880.10
名称		单位	单价(元)	消耗量		
人工	二类人工	工日	135.00	4.400	5.503	6.656
材料	预应力混凝土预制桩	m	—	(101.000)	(101.000)	(101.000)
	金属周转材料	kg	3.95	2.600	2.600	2.600
	垫木	m^3	2328.00	0.030	0.030	0.030
	电焊条 E43 系列	kg	4.74	9.300	9.300	9.300
	其他材料费	元	1.00	5.99	5.99	5.99
机械	履带式起重机 15t	台班	702.00	0.941	1.182	—
	履带式柴油打桩机 2.5t	台班	734.62	0.941	—	—
	轨道式柴油打桩机 2.5t	台班	884.28	—	1.182	1.422
	交流弧焊机 32kV·A	台班	92.84	0.428	0.538	0.647
	木驳船 80t	t·d	3.29	—	—	171.000

工作内容:准备打桩机具,探桩位,行走打桩机,吊装定位,安卸桩垫、桩帽,校正,打桩、接桩。　　**计量单位**:100m

定额编号				2-19	2-20	2-21
项目				打预应力钢筋混凝土预制桩		
				ϕ550		
				陆上	支架上	船上
基价(元)				**3591.12**	**3969.76**	**4228.21**
其中	人工费(元)			653.94	899.78	1083.78
	材料费(元)			199.86	199.86	199.86
	机械费(元)			2737.32	2870.12	2944.57
名称		单位	单价(元)	消耗量		
人工	二类人工	工日	135.00	4.844	6.665	8.028
材料	预应力混凝土预制桩	m	—	(101.000)	(101.000)	(101.000)
	金属周转材料	kg	3.95	4.000	4.000	4.000
	垫木	m^3	2328.00	0.050	0.050	0.050
	电焊条 E43 系列	kg	4.74	12.400	12.400	12.400
	其他材料费	元	1.00	8.88	8.88	8.88
机械	履带式起重机 15t	台班	702.00	1.036	1.426	—
	履带式柴油打桩机 5t	台班	1899.34	1.036	—	—
	轨道式柴油打桩机 4t	台班	1269.82	—	1.426	1.727
	交流弧焊机 32kV·A	台班	92.84	0.456	0.628	0.760
	木驳船 80t	t·d	3.29	—	—	207.000

工作内容:准备打桩机具,探桩位,行走打桩机,吊装定位,安卸桩垫、桩帽,校正,打桩、接桩。 **计量单位**:100m

定额编号				2-22	2-23	2-24	2-25
项目				打预应力钢筋混凝土预制桩			
				ϕ600 以内		ϕ800 以内	
				L≤25m	L≤50m	L≤25m	L≤50m
基价(元)				**3754.55**	**4936.73**	**4164.30**	**5970.92**
其中	人工费(元)			672.03	804.20	743.99	965.25
	材料费(元)			268.83	268.83	305.61	305.61
	机械费(元)			2813.69	3863.70	3114.70	4700.06
名称		单位	单价(元)	消耗量			
人工	二类人工	工日	135.00	4.978	5.957	5.511	7.150
材料	预应力混凝土预制桩	m	—	(101.000)	(101.000)	(101.000)	(101.000)
	桩帽	kg	4.03	5.800	5.800	6.500	6.500
	垫木	m^3	2328.00	0.070	0.070	0.080	0.080
	电焊条 E43 系列	kg	4.74	14.800	14.800	16.200	16.200
	其他材料费	元	1.00	12.34	12.34	16.39	16.39
机械	履带式起重机 15t	台班	702.00	1.064	1.274	1.178	1.550
	履带式柴油打桩机 5t	台班	1899.34	1.064	—	1.178	—
	履带式柴油打桩机 7t	台班	2287.59	—	1.274	—	1.550
	交流弧焊机 32kV·A	台班	92.84	0.494	0.592	0.542	0.713

工作内容:准备打桩机具,探桩位,行走打桩机,吊装定位,安卸桩垫、桩帽,校正,打桩、接桩。 **计量单位**:100m

定额编号				2-26	2-27
项目				打预应力钢筋混凝土预制桩	
				ϕ1000 以内	
				L≤25m	L≤50m
基价(元)				**5076.50**	**6659.00**
其中	人工费(元)			815.94	1064.61
	材料费(元)			343.33	343.33
	机械费(元)			3917.23	5251.06
名称		单位	单价(元)	消耗量	
人工	二类人工	工日	135.00	6.044	7.886
材料	预应力混凝土预制桩	m	—	(101.000)	(101.000)
	桩帽	kg	4.03	7.200	7.200
	垫木	m^3	2328.00	0.090	0.090
	电焊条 E43 系列	kg	4.74	17.600	17.600
	其他材料费	元	1.00	21.37	21.37
机械	履带式起重机 15t	台班	702.00	1.292	1.696
	履带式柴油打桩机 7t	台班	2287.59	1.292	—
	履带式柴油打桩机 8t	台班	2351.83	—	1.696
	交流弧焊机 32kV·A	台班	92.84	0.589	0.773

(2)静压预应力钢筋混凝土预制桩

工作内容:准备打桩机具,探桩位,行走打桩机,轻轨供桩、吊装定位,安卸桩垫、桩帽,校正,压桩、接桩。

计量单位:100m

定额编号				2-28	2-29	2-30	2-31
项目				静压沉桩			
				ϕ400 以内	ϕ500 以内	ϕ600 以内	ϕ600 以上
基价(元)				**1908.21**	**2293.91**	**2595.83**	**3615.44**
其中	人工费(元)			341.96	381.78	427.55	535.55
	材料费(元)			130.40	200.20	268.83	338.35
	机械费(元)			1435.85	1711.93	1899.45	2741.54
名称		单位	单价(元)	消耗量			
人工	二类人工	工日	135.00	2.533	2.828	3.167	3.967
材料	预应力混凝土预制桩	m	—	(101.000)	(101.000)	(101.000)	(101.000)
	桩帽	kg	4.03	2.600	4.000	5.800	7.200
	垫木	m^3	2328.00	0.030	0.050	0.070	0.090
	电焊条 E43 系列	kg	4.74	9.300	12.400	14.800	17.600
	其他材料费	元	1.00	6.00	8.90	12.34	16.39
机械	多功能压桩机 2000kN	台班	1873.85	0.542	—	—	—
	多功能压桩机 3000kN	台班	2044.05	—	0.608	0.675	—
	多功能压桩机 4000kN	台班	2418.03	—	—	—	0.846
	履带式起重机 15t	台班	702.00	0.542	0.608	0.675	—
	履带式起重机 25t	台班	757.92	—	—	—	0.846
	交流弧焊机 32kV·A	台班	92.84	0.428	0.456	0.494	0.589

3. 钢管桩

(1)打钢管桩

工作内容:准备工作:安拆桩帽;捆桩、吊桩、就位、打桩、校正;移动桩架;安置或更换衬垫;测量、记录等。

计量单位:100m

定额编号				2-32	2-33	2-34
项目				打钢管桩		
				ϕ406.40		
				$L\leqslant30$m	$L\leqslant50$m	$L\leqslant70$m
基价(元)				**2716.56**	**2911.55**	**2965.21**
其中	人工费(元)			979.29	630.05	646.52
	材料费(元)			53.41	79.98	113.70
	机械费(元)			1683.86	2201.52	2204.99
名称		单位	单价(元)	消耗量		
人工	二类人工	工日	135.00	7.254	4.667	4.789
材料	钢管桩	m	—	(101.000)	(101.000)	(101.000)
	垫木	m^3	2328.00	0.013	0.013	0.013
	金属周转材料	kg	3.95	4.580	10.671	18.400
	其他材料费	元	1.00	5.05	7.57	10.76
机械	履带式柴油打桩机 2.5t	台班	734.62	1.103	—	—
	履带式柴油打桩机 5t	台班	1899.34	—	0.818	—
	履带式柴油打桩机 7t	台班	2287.59	—	—	0.716
	履带式起重机 15t	台班	702.00	1.103	0.818	0.716
	风割机	台班	90.00	1.103	0.818	0.716

工作内容:准备工作:安拆桩帽;捆桩、吊桩、就位、打桩、校正;移动桩架;安置或更换衬垫;测量、记录等。

计量单位:100m

定额编号				2-35	2-36	2-37
项目				打钢管桩		
				ϕ609.60		
				$L \leqslant 30$m	$L \leqslant 50$m	$L \leqslant 70$m
基价(元)				**5484.17**	**4484.85**	**4243.24**
其中	人工费(元)			1318.95	863.87	878.45
	材料费(元)			165.89	187.24	249.25
	机械费(元)			3999.33	3433.74	3115.54
名称		单位	单价(元)	消耗量		
人工	二类人工	工日	135.00	9.770	6.399	6.507
材料	钢管桩	m	—	(101.000)	(101.000)	(101.000)
	垫木	m^3	2328.00	0.041	0.041	0.041
	金属周转材料	kg	3.95	15.300	20.378	35.129
	其他材料费	元	1.00	10.01	11.30	15.04
机械	履带式柴油打桩机 5t	台班	1899.34	1.486	—	—
	履带式柴油打桩机 7t	台班	2287.59	—	1.115	—
	履带式柴油打桩机 8t	台班	2351.83	—	—	0.991
	履带式起重机 15t	台班	702.00	1.486	1.115	0.991
	风割机	台班	90.00	1.486	1.115	0.991

工作内容:准备工作:安拆桩帽;捆桩、吊桩、就位、打桩、校正;移动桩架;安置或更换衬垫;测量、记录等。

计量单位:100m

定额编号				2-38	2-39	2-40
项目				打钢管桩		
				ϕ914.40		
				$L \leqslant 30$m	$L \leqslant 50$m	$L \leqslant 70$m
基价(元)				**8050.84**	**7198.09**	**6730.70**
其中	人工费(元)			1542.78	1283.58	1018.17
	材料费(元)			990.81	1218.14	1496.65
	机械费(元)			5517.25	4696.37	4215.88
名称		单位	单价(元)	消耗量		
人工	二类人工	工日	135.00	11.428	9.508	7.542
材料	钢管桩	m	—	(101.000)	(101.000)	(101.000)
	垫木	m^3	2328.00	0.284	0.284	0.284
	金属周转材料	kg	3.95	77.651	133.870	202.746
	其他材料费	元	1.00	22.94	28.20	34.65
机械	履带式柴油打桩机 5t	台班	1899.34	2.050	—	—
	履带式柴油打桩机 7t	台班	2287.59	—	1.525	—
	履带式柴油打桩机 8t	台班	2351.83	—	—	1.341
	履带式起重机 15t	台班	702.00	2.050	1.525	1.341
	风割机	台班	90.00	2.050	1.525	1.341

(2)钢管桩电焊接桩

工作内容:准备工作;磨焊接头;上、下节桩对接;焊接等。　　**计量单位**:个

定额编号				2-41	2-42	2-43
项目				钢管桩电焊接桩		
				ϕ406.40	ϕ609.60	ϕ914.40
基价(元)				**140.34**	**223.55**	**331.93**
其中	人工费(元)			58.32	58.32	68.04
	材料费(元)			23.10	32.93	48.18
	机械费(元)			58.92	132.30	215.71
名称		单位	单价(元)	消耗量		
人工	二类人工	工日	135.00	0.432	0.432	0.504
材料	焊丝 ϕ3.2	kg	10.78	1.720	2.590	3.860
	其他材料费	元	1.00	4.56	5.01	6.57
机械	自动埋弧焊机 500A	台班	110.61	0.063	0.063	0.162
	履带式柴油打桩机 2.5t	台班	734.62	0.063	—	—
	履带式柴油打桩机 5t	台班	1899.34	—	0.063	—
	履带式柴油打桩机 8t	台班	2351.83	—	—	0.081
	风割机	台班	90.00	0.063	0.063	0.081

(3)钢管桩内切割

工作内容:准备机具;测定标高;钢管桩内排水;内切割钢管;截除钢管、就地安放。　　**计量单位**:根

定额编号				2-44	2-45	2-46
项目				钢管桩内切割		
				ϕ406.40	ϕ609.60	ϕ914.40
基价(元)				**203.35**	**223.87**	**248.27**
其中	人工费(元)			67.23	74.52	81.81
	材料费(元)			20.95	21.38	25.69
	机械费(元)			115.17	127.97	140.77
名称		单位	单价(元)	消耗量		
人工	二类人工	工日	135.00	0.498	0.552	0.606
材料	氧气	m^3	3.62	3.180	3.250	3.900
	乙炔气	m^3	8.90	1.060	1.080	1.300
机械	内切割机	台班	56.97	0.081	0.090	0.099
	履带式起重机 50t	台班	1364.92	0.081	0.090	0.099

(4)钢管桩精割盖帽

工作内容:准备机具;测定标高划线、整圆;排水;精割;清泥;除锈;安放及焊接盖帽。 **计量单位:**根

定额编号				2-47	2-48	2-49
项目				精割盖帽		
				ϕ406.40	ϕ609.60	ϕ914.40
基价(元)				**194.22**	**247.25**	**332.61**
其中	人工费(元)			106.92	127.98	162.00
	材料费(元)			19.88	29.10	43.06
	机械费(元)			67.42	90.17	127.55
名称		单位	单价(元)	消耗量		
人工	二类人工	工日	135.00	0.792	0.948	1.200
材料	钢帽 ϕ400	个	—	(1.000)	—	—
	钢帽 ϕ600	个	—	—	(1.000)	—
	钢帽 ϕ1000	个	—	—	—	(1.000)
	焊丝 ϕ3.2	kg	10.78	1.720	2.590	3.860
	其他材料费	元	1.00	1.34	1.18	1.45
机械	风割机	台班	90.00	0.099	0.108	0.117
	自动埋弧焊机 500A	台班	110.61	0.072	0.099	0.144
	履带式起重机 15t	台班	702.00	0.072	0.099	0.144

(5)钢管桩管内钻孔取土

工作内容:准备钻孔机具;钻机就位,钻孔取土,土方现场 150m 运输。 **计量单位:**10m^3

定额编号				2-50
项目				管内钻孔取土
基价(元)				**2036.89**
其中	人工费(元)			814.86
	材料费(元)			—
	机械费(元)			1222.03
名称		单位	单价(元)	消耗量
人工	二类人工	工日	135.00	6.036
机械	长螺旋钻机 600mm	台班	567.93	0.720
	机动翻斗车 1t	台班	197.36	1.440
	履带式柴油打桩机 2.5t	台班	734.62	0.720

(6)钢管桩填心

工作内容:冲洗管桩内心,排水;混凝土等其他材料填心。　**计量单位**:$10m^3$

定额编号				2-51	2-52	2-53	2-54
项目				钢管桩填心			
				混凝土	土	黄砂	碎石
基价(元)				**5081.43**	**260.96**	**1651.68**	**1961.69**
其中	人工费(元)			689.31	246.24	149.85	248.67
	材料费(元)			4174.01	12.81	1499.92	1711.11
	机械费(元)			218.11	1.91	1.91	1.91
名称		单位	单价(元)	消耗量			
人工	二类人工	工日	135.00	5.106	1.824	1.110	1.842
材料	非泵送商品混凝土 C20	m^3	412.00	10.100	—	—	—
	黄砂 毛砂	t	87.38	—	—	16.970	—
	碎石 综合	t	102.00	—	—	—	16.650
	水	m^3	4.27	3.000	3.000	4.000	3.000
机械	潜水泵 100mm	台班	30.38	0.063	0.063	0.063	0.063
	混凝土振捣器 插入式	台班	4.65	3.330	—	—	—
	机动翻斗车 1t	台班	197.36	1.017	—	—	—

二、灌注桩工程

1.埋设钢护筒

工作内容:准备工作;挖土;吊桩、就位、埋设、接护筒;定位下沉;还土、夯实;拆除;清洗堆放等全部操作过程。　**计量单位**:10m

定额编号				2-55	2-56	2-57	2-58
项目				陆上			
				$\phi \leq 600$	$\phi \leq 800$	$\phi \leq 1000$	$\phi \leq 1200$
基价(元)				**1162.87**	**1540.76**	**1913.37**	**2421.93**
其中	人工费(元)			951.75	1268.46	1585.98	1947.24
	材料费(元)			156.11	198.25	234.29	360.44
	机械费(元)			55.01	74.05	93.10	114.25
名称		单位	单价(元)	消耗量			
人工	二类人工	工日	135.00	7.050	9.396	11.748	14.424
材料	钢护筒	t	5862.00	0.026	0.033	0.039	0.060
	其他材料费	元	1.00	3.70	4.80	5.67	8.72
机械	履带式电动起重机 5t	台班	235.09	0.234	0.315	0.396	0.486

工作内容:准备工作;挖土;吊桩、就位、埋设、接护筒;定位下沉;还土、夯实;拆除;清洗堆放等全部操作过程。

计量单位:10m

定额编号				2-59	2-60	2-61	2-62
项目				陆上		支架上	
				φ≤1500	φ≤2000	φ≤600	φ≤800
基价(元)				**3101.00**	**4019.26**	**1029.24**	**1330.23**
其中	人工费(元)			2512.62	3133.89	388.80	517.59
	材料费(元)			444.50	703.41	243.16	285.30
	机械费(元)			143.88	181.96	397.28	527.34
名称		单位	单价(元)	消耗量			
人工	二类人工	工日	135.00	18.612	23.214	2.880	3.834
材料	钢护筒	t	5862.00	0.074	0.117	0.026	0.033
	圆钉	kg	4.74	—	—	0.010	0.010
	扒钉	kg	3.73	—	—	0.310	0.310
	钢轨	kg	4.14	—	—	12.720	12.720
	原木	m^3	1552.00	—	—	0.004	0.004
	枋木	m^3	776.00	—	—	0.028	0.028
	板方材	m^3	1034.00	—	—	0.002	0.002
	其他材料费	元	1.00	10.71	17.56	6.88	7.99
机械	电动卷扬机-单筒快速 10kN	台班	172.88	—	—	0.423	0.558
	履带式电动起重机 5t	台班	235.09	0.612	0.774	—	—
	振动沉拔桩机 400kN	台班	851.02	—	—	0.270	0.360
	电动卷扬机-双筒慢速 50kN	台班	223.12	—	—	0.423	0.558

工作内容:准备工作;挖土;吊桩、就位、埋设、接护筒;定位下沉;还土、夯实;拆除;清洗堆放等全部操作过程。

计量单位:10m

定额编号				2-63	2-64	2-65	2-66
项目				支架上			
				φ≤1000	φ≤1200	φ≤1500	φ≤2000
基价(元)				**1546.33**	**1810.48**	**2350.41**	**3859.64**
其中	人工费(元)			605.88	659.34	856.98	1660.50
	材料费(元)			321.36	480.03	564.12	854.81
	机械费(元)			619.09	671.11	929.31	1344.33
名称		单位	单价(元)	消耗量			
人工	二类人工	工日	135.00	4.488	4.884	6.348	12.300
材料	钢护筒	t	5862.00	0.039	0.060	0.074	0.117
	圆钉	kg	4.74	0.010	0.010	0.010	0.010
	扒钉	kg	3.73	0.310	0.310	0.310	0.310
	钢轨	kg	4.14	12.720	20.350	20.350	27.980
	原木	m^3	1552.00	0.004	0.004	0.004	0.004
	枋木	m^3	776.00	0.028	0.028	0.028	0.028
	板方材	m^3	1034.00	0.002	0.002	0.002	0.002
	其他材料费	元	1.00	8.87	12.85	14.88	21.91
机械	电动卷扬机-单筒快速 10kN	台班	172.88	0.693	0.747	1.341	2.331
	振动沉拔桩机 400kN	台班	851.02	0.405	0.441	0.468	0.495
	电动卷扬机-双筒慢速 50kN	台班	223.12	0.693	0.747	1.341	2.331

2. 人工挖孔桩

(1)人工挖孔

工作内容:孔内挖土,提运土方,弃土于50m内,筑沟抽水,修整桩底;送风、照明及安拆安全设施等。

计量单位:$10m^3$

定额编号				2-67	2-68	2-69
项目				桩径1500mm以内		
				孔深m以内		
				10	15	20
基价(元)				**1062.20**	**1314.37**	**1536.39**
其中	人工费(元)			923.40	1150.20	1352.70
	材料费(元)			21.00	23.00	27.00
	机械费(元)			117.80	141.17	156.69
名称		单位	单价(元)	消耗量		
人工	二类人工	工日	135.00	6.840	8.520	10.020
材料	安全设施及照明费	元	1.00	21.00	23.00	27.00
机械	电动单级离心清水泵 50mm	台班	29.31	1.677	2.148	2.491
	吹风机 $4m^3/min$	台班	21.11	2.348	2.573	2.657
	电动葫芦-单速 5t	台班	31.49	0.606	0.759	0.876

注:桩径1000mm以内者套用桩径1500mm以内相应定额,人工和电动葫芦台班乘系数1.15,其余不变。

工作内容:孔内挖土,提运土方,弃土于50m内,筑沟抽水,修整桩底;送风、照明及安拆安全设施等。

计量单位:$10m^3$

定额编号				2-70	2-71	2-72
项目				桩径1500mm以上		
				孔深m以内		
				10	15	20
基价(元)				**929.88**	**1149.11**	**1346.02**
其中	人工费(元)			793.80	988.20	1166.40
	材料费(元)			21.00	23.00	27.00
	机械费(元)			115.08	137.91	152.62
名称		单位	单价(元)	消耗量		
人工	二类人工	工日	135.00	5.880	7.320	8.640
材料	安全设施及照明费	元	1.00	21.00	23.00	27.00
机械	电动单级离心清水泵 50mm	台班	29.31	1.676	2.147	2.491
	吹风机 $4m^3/min$	台班	21.11	2.347	2.572	2.657
	电动葫芦-单速 5t	台班	31.49	0.521	0.657	0.747

注:桩径1000mm以内者套用桩径1500mm以内相应定额,人工和电动葫芦台班乘系数1.15,其余不变。

(2)人工挖孔增加费、制作安设混凝土护壁

工作内容:1. 挖淤泥、流砂,堵漏、防塌;
2. 机械凿岩,表面修整;
3. 护壁制作安设、卷扬机吊运。

计量单位:$10m^3$

定额编号				2-73	2-74	2-75
项目				人工挖孔增加费		制作安设混凝土护壁
				挖淤泥、流砂	入岩石层	
基价(元)				**1010.10**	**1647.23**	**11770.49**
其中	人工费(元)			842.40	1571.40	5167.53
	材料费(元)			30.00	20.00	5718.42
	机械费(元)			137.70	55.83	884.54
名称		单位	单价(元)	消耗量		
人工	二类人工	工日	135.00	6.240	11.640	38.278
材料	泵送商品混凝土 C20	m^3	431.00	—	—	10.200
	木模板	m^3	1445.00	—	—	0.840
	圆钉	kg	4.74	—	—	17.600
	安全设施及照明费	元	1.00	—	—	25.00
	其他费用	元	1.00	30.00	20.00	—
机械	电动单级离心清水泵 50mm	台班	29.31	4.698	—	—
	气腿式风动凿岩机	台班	13.62	—	4.099	—
	混凝土振捣器 插入式	台班	4.65	—	—	1.710
	电动卷扬机 - 单筒慢速 50kN	台班	186.39	—	—	4.703

3. 回旋钻机钻孔

工作内容:安、拆泥浆系统并造浆;准备钻具,安、拆、移钻机;钻进、提钻、出碴、压泥浆、清孔、清碴;测量孔径、孔深等。

计量单位:$10m^3$

定额编号				2-76	2-77	2-78	2-79
项目				钻孔机成孔			
				桩径(mm 以内)			
				ϕ600	ϕ800	ϕ1000	ϕ1200
基价(元)				**3575.32**	**2653.99**	**1955.36**	**1596.62**
其中	人工费(元)			1598.94	1195.56	832.68	671.49
	材料费(元)			425.19	299.40	245.79	218.77
	机械费(元)			1551.19	1159.03	876.89	706.36
名称		单位	单价(元)	消耗量			
人工	二类人工	工日	135.00	11.844	8.856	6.168	4.974
材料	垫木	m^3	2328.00	0.120	0.070	0.050	0.040
	黏土	m^3	32.04	0.780	0.620	0.480	0.390
	水	m^3	4.27	28.300	27.300	26.700	26.500
机械	转盘钻孔机 800mm	台班	492.54	2.223	1.661	—	—
	泥浆泵 100mm	台班	205.25	2.223	1.661	1.157	0.932
	转盘钻孔机 1500mm	台班	552.65	—	—	1.157	0.932

注:1. 水上钻孔,定额人工和机械乘以 1.2。
2. 入岩增加费若桩径是大于 1500 小于或等于 2000,其转盘钻孔机孔径改为 ϕ2000 机械。

工作内容：安、拆泥浆系统并造浆；准备钻具，安、拆、移钻机；钻进、提钻、出碴、压泥浆、清孔、清碴；测量孔径、孔深等。

计量单位：10m³

定额编号				2-80	2-81	2-82	2-83
项目				钻孔机成孔		入岩增加费	
				桩径(mm 以内)		桩径(mm)	
				φ1500	φ2000	φ800 以内	φ800 以上
基价（元）				**1371.17**	**1108.35**	**12010.29**	**7576.68**
其中	人工费（元）			571.86	438.21	7130.43	4279.23
	材料费（元）			196.78	170.72	2.24	12.50
	机械费（元）			602.53	499.42	4877.62	3284.95
名称		单位	单价(元)	消耗量			
人工	二类人工	工日	135.00	4.236	3.246	52.818	31.698
材料	垫木	m³	2328.00	0.040	0.030	—	—
	黏土	m³	32.04	0.290	0.150	0.070	0.390
	水	m³	4.27	22.100	22.500	—	—
机械	转盘钻孔机 800mm	台班	492.54	—	—	9.903	—
	泥浆泵 100mm	台班	205.25	0.795	0.568	—	—
	转盘钻孔机 1500mm	台班	552.65	0.795	—	—	5.944
	转盘钻孔机 2000mm	台班	674.01	—	0.568	—	—

注：1. 水上钻孔，定额人工和机械乘以 1.2。

2. 入岩增加费如果桩径是大于 1500 小于或等于 2000，其转盘钻孔机孔径改为 φ2000 机械。

4. 旋挖桩机成孔

工作内容：钻机就位；钻孔、提钻、出渣、渣土清理堆放；造浆、压浆、清孔。

计量单位：10m³

定额编号				2-84	2-85	2-86	2-87
项目				旋挖桩机成孔			
				桩径(mm)			
				1000 以内	1500 以内	2000 以内	2000 以上
基价（元）				**3200.94**	**2233.88**	**2088.52**	**1802.99**
其中	人工费（元）			701.46	472.23	384.62	327.24
	材料费（元）			140.37	130.62	122.16	112.21
	机械费（元）			2359.11	1631.03	1581.74	1363.54
名称		单位	单价(元)	消耗量			
人工	二类人工	工日	135.00	5.196	3.498	2.849	2.424
材料	金属周转材料	kg	3.95	3.780	3.300	2.820	2.340
	黏土	m³	32.04	0.610	0.535	0.460	0.380
	水	m³	4.27	19.800	19.300	18.700	18.100
	其他材料费	元	1.00	21.35	18.03	16.43	13.50
机械	履带式旋挖钻机 SD－20	台班	2590.98	0.684	0.466	—	—
	履带式单斗液压挖掘机 1m³	台班	914.79	0.067	0.067	0.076	0.095
	履带式起重机 40t	台班	1242.97	0.371	0.257	0.209	0.171
	泥浆泵 100mm	台班	205.25	0.314	0.209	0.171	0.143
	履带式旋挖钻机 SR－25	台班	3203.52	—	—	0.380	0.323

工作内容:钻机就位;钻孔、提钻、出渣、渣土清理堆放;造浆、压浆、清孔。 **计量单位**:$10m^3$

定额编号				2-88	2-89	2-90	2-91
项目				岩石层成孔增加费			
				桩径(mm)			
				1000 以内	1500 以内	2000 以内	2000 以上
基价(元)				**12097.68**	**8374.72**	**8059.55**	**6904.61**
其中	人工费(元)			2254.23	1564.11	1255.23	1065.02
	材料费(元)			168.73	138.84	108.96	86.07
	机械费(元)			9674.72	6671.77	6695.36	5753.52
名称		单位	单价(元)	消耗量			
人工	二类人工	工日	135.00	16.698	11.586	9.298	7.889
材料	金属周转材料	kg	3.95	9.600	7.900	6.200	4.900
	黏土	m^3	32.04	1.140	0.938	0.736	0.581
	水	m^3	4.27	22.080	18.170	14.260	11.265
机械	履带式旋挖钻机 SD-20	台班	2590.98	3.734	2.575	—	—
	履带式旋挖钻机 SR-25	台班	3203.52	—	—	2.090	1.796

5. 冲孔桩机成孔

(1) 冲孔桩机带冲抓锤成孔

工作内容:准备抓锤,桩机就位;冲抓、提锤、出渣;加水、加黏土、清孔等。 **计量单位**:$10m^3$

定额编号				2-92	2-93	2-94	2-95
项目				$H≤30m$		$H>30m$	
				砂土层	碎、卵石层	砂土层	碎、卵石层
基价(元)				**2791.95**	**7038.65**	**3166.18**	**8061.71**
其中	人工费(元)			1007.37	2755.89	1170.45	3202.07
	材料费(元)			474.52	703.43	474.52	703.43
	机械费(元)			1310.06	3579.33	1521.21	4156.21
名称		单位	单价(元)	消耗量			
人工	二类人工	工日	135.00	7.462	20.414	8.670	23.719
材料	金属周转材料	kg	3.95	7.680	15.510	7.680	15.510
	黏土	m^3	32.04	11.490	17.436	11.490	17.436
	电焊条 E43 系列	kg	4.74	0.454	0.918	0.454	0.918
	水	m^3	4.27	17.304	18.540	17.304	18.540
机械	冲孔桩机带冲抓锤	台班	451.63	2.487	6.805	2.890	7.906
	交流弧焊机 32kV·A	台班	92.84	0.076	0.153	0.076	0.153
	泥浆泵 100mm	台班	205.25	0.876	2.396	1.018	2.784

(2)冲孔桩机带冲击锤成孔

工作内容:准备冲锤,桩机就位;循环冲锤、提锤;加水、加黏土、清孔等。　　**计量单位**:10m³

定额编号				2-96	2-97	2-98
项目				$H \leqslant 30$m		
				砂土层	碎、卵石层	岩石层
基价(元)				**2864.47**	**7236.56**	**25769.95**
其中	人工费(元)			1074.87	2940.57	11321.24
	材料费(元)			474.52	703.43	620.19
	机械费(元)			1315.08	3592.56	13828.52
名称		单位	单价(元)	消耗量		
人工	二类人工	工日	135.00	7.962	21.782	83.861
材料	金属周转材料	kg	3.95	7.680	15.510	56.400
	黏土	m³	32.04	11.490	17.436	9.192
	水	m³	4.27	17.304	18.540	20.394
	电焊条 E43 系列	kg	4.74	0.454	0.918	3.337
机械	泥浆泵 100mm	台班	205.25	0.946	2.587	9.962
	冲击成孔机 CZ-30	台班	419.69	2.654	7.261	27.954
	交流弧焊机 32kV·A	台班	92.84	0.076	0.153	0.558

工作内容:准备冲锤,桩机就位;循环冲锤、提锤;加水、加黏土、清孔等。　　**计量单位**:10m³

定额编号				2-99	2-100	2-101
项目				$H > 30$m		
				砂土层	碎、卵石层	岩石层
基价(元)				**3250.36**	**8291.70**	**29832.11**
其中	人工费(元)			1248.89	3416.58	13153.86
	材料费(元)			474.52	703.43	620.19
	机械费(元)			1526.95	4171.69	16058.06
名称		单位	单价(元)	消耗量		
人工	二类人工	工日	135.00	9.251	25.308	97.436
材料	金属周转材料	kg	3.95	7.680	15.510	56.400
	黏土	m³	32.04	11.490	17.436	9.192
	水	m³	4.27	17.304	18.540	20.394
	电焊条 E43 系列	kg	4.74	0.454	0.918	3.337
机械	泥浆泵 100mm	台班	205.25	1.099	3.006	11.574
	冲击成孔机 CZ-30	台班	419.69	3.084	8.436	32.478
	交流弧焊机 32kV·A	台班	92.84	0.076	0.153	0.558

6. 泥浆池建造、拆除和泥浆固化、运输

工作内容：1. 泥浆池建造、拆除；

2. 固化设备安装、调试，泥浆输送，固化土方集堆，场地清理；

3. 泥浆装卸、运输、清理场地等。

计量单位：$10m^3$

定额编号				2-102	2-103	2-104	2-105
项目				泥浆池建造、拆除	泥浆固化处理	泥浆运输	
						运距(km 以内)	
						5	每增减 1
基价(元)				**48.67**	**691.09**	**895.68**	**45.59**
其中	人工费(元)			28.49	33.89	361.26	—
	材料费(元)			19.40	226.56	—	—
	机械费(元)			0.78	430.64	534.42	45.59
名称		单位	单价(元)	消耗量			
人工	二类人工	工日	135.00	0.211	0.251	2.676	—
材料	生石灰	kg	0.30	—	32.468	—	—
	粉煤灰	kg	0.14	—	43.875	—	—
	聚酰胺 300#	kg	16.54	—	11.408	—	—
	混凝土实心砖 240×115×53 MU10	千块	388.00	0.050	—	—	—
	干混砌筑砂浆 DM M5.0	kg	0.24	0.020	—	—	—
	滤布	块	60.34	—	0.255	—	—
	其他材料费	元	1.00	—	6.60	—	—
机械	干混砂浆罐式搅拌机 20000L	台班	193.83	0.004	—	—	—
	泥浆泵 100mm	台班	205.25	—	—	0.342	—
	泥浆罐车 5000L	台班	460.54	—	—	1.008	0.099
	压滤机 XMYZG400/1500－UB	台班	416.11	—	0.713	—	—
	轮胎式装载机 $3.5m^3$	台班	936.72	—	0.143	—	—

注：固化剂种类和用量与定额不同时应按实换算。

7. 灌注混凝土

工作内容：安装、拆除导管、漏斗；混凝土浇捣等全部操作过程。

计量单位：$10m^3$

定额编号				2-106	2-107	2-108	2-109
项目				人工挖孔	回旋钻孔	旋挖钻孔	冲孔钻孔
				混凝土			
基价(元)				**4520.21**	**5875.19**	**5650.44**	**6451.07**
其中	人工费(元)			268.11	338.58	348.30	372.60
	材料费(元)			4252.10	5425.18	5196.35	5962.10
	机械费(元)			—	111.43	105.79	116.37
名称		单位	单价(元)	消耗量			
人工	二类人工	工日	135.00	1.986	2.508	2.580	2.760
材料	非泵送商品混凝土 C25	m^3	421.00	10.100	—	—	—
	非泵送水下商品混凝土 C25	m^3	448.00	—	12.000	11.500	13.190
	导管	kg	1.98	—	3.800	3.800	3.800
	螺栓	kg	5.69	—	0.410	—	—
	六角带帽螺栓	kg	5.47	—	—	0.410	0.410
	其他材料费	元	1.00	—	39.32	34.58	43.21
机械	履带式电动起重机 5t	台班	235.09	—	0.474	0.450	0.495

8. 注浆管埋设及桩底(侧)后注浆

工作内容:1. 注浆管:制作;焊接;埋设等;

2. 桩底注浆:机具准备;浆配置;压注浆等。

定额编号				2-110	2-111	2-112
项目				注浆管埋设	预留注浆孔注浆	
					水泥浆	水泥砂浆
计量单位				100m	m^3	
基价(元)				**1215.23**	**585.79**	**575.12**
其中	人工费(元)			291.60	111.11	111.11
	材料费(元)			892.45	456.02	452.90
	机械费(元)			31.18	18.66	11.11
名称		单位	单价(元)	消耗量		
人工	二类人工	工日	135.00	2.160	0.823	0.823
材料	无缝钢管 $\phi32\times2.5$	m	8.58	101.000	—	—
	普通硅酸盐水泥 P·O 42.5 综合	t	346.00	—	1.250	—
	干混砌筑砂浆 DM M10.0	m^3	413.73	—	—	1.020
	电焊条	kg	4.31	2.500	—	—
	枕木	m^3	2457.00	—	0.008	0.011
	水	m^3	4.27	—	0.905	0.905
	其他材料费	元	1.00	15.09	—	—
机械	交流弧焊机 32kV·A	台班	92.84	0.288	—	—
	管子切断机 250mm	台班	44.85	0.099	—	—
	电动灌浆机	台班	26.11	—	0.121	0.121
	灰浆搅拌机 200L	台班	154.97	—	0.100	—
	干混砂浆罐式搅拌机 20000L	台班	193.83	—	—	0.041

注:注浆管如遇材质、规格不同,材料单价换算,其余不变。

9. 声测管制作、安装

工作内容:切断;焊接;固定等。　　**计量单位**:t

定额编号				2-113
项目				声测管
基价(元)				**5787.86**
其中	人工费(元)			588.06
	材料费(元)			5092.20
	机械费(元)			107.60
名称		单位	单价(元)	消耗量
人工	二类人工	工日	135.00	4.356
材料	中厚钢板 综合	kg	3.71	1.000
	碳素结构钢流体无缝钢管	kg	4.74	1060.000
	电焊条	kg	4.31	3.400
	镀锌铁丝 8#~12#	kg	6.55	1.300
	其他材料费	元	1.00	40.92
机械	交流弧焊机 32kV·A	台班	92.84	1.159

第二章

现浇混凝土

说　明

一、本章包括基础，承台，支撑梁与横梁，墩身、台身，箱梁，板、梁，挡墙，其他构件，混凝土接头及灌缝，桥面铺装及桥头搭板，复合模板及定型钢模十一节，共55个子目。

二、定额中均未包括预埋铁件，如设计要求预埋铁件时，可按设计用量套用本册第六章钢筋工程相应定额子目。

三、承台分有底模及无底模两种，应按不同的施工方法套用相应定额子目。

四、混凝土按常用强度等级列出，如设计要求不同时可以换算。

五、本章定额中防撞护栏采用定型钢模，其他模板均按木模、工具式钢模综合取定。当设计对混凝土结构的外观有特殊要求时，模板费用可根据实际情况另行调整。

六、定型钢模板数量包括配件在内，接缝的橡胶板费用已摊入定型钢模板单价中。

七、现浇梁、板等模板子目中均未包括支架部分，如发生时可套用本定额第十三册相应定额。

八、桥面铺装混凝土不分垫层、面层，均套用同一子目，当混凝土标号不同时应分别计算。

工程量计算规则

一、混凝土工程量按设计尺寸以实体积“m^3”计算(不包括空心板、梁的空心体积),不扣除钢筋、铁丝、铁件、预留压浆孔道和螺栓所占的体积。

二、模板工程量按模板接触混凝土面积以“m^2”计算。

三、现浇混凝土墙、板上单孔面积在 0.3m^2 以内的孔洞体积不予扣除,洞侧壁模板面积亦不再计算;单孔面积在 0.3m^2 以上时,应予扣除,洞侧壁模板面积并入墙、板模板工程量之内计算。

一、基　　础

工作内容：1. 碎石：安放溜槽；碎石装运、找平；
2. 混凝土：浇筑、捣固、抹平、养生；
3. 模板：制作、安装、涂脱模剂；拆除、修理、整堆。

定额编号				2-114	2-115	2-116	2-117
项目				垫层		基础	
				碎石	混凝土		模板
计量单位				10m³			10m²
基价（元）				**2292.92**	**4499.66**	**4538.84**	**361.46**
其中	人工费（元）			528.93	222.75	263.25	163.62
	材料费（元）			1763.99	4169.11	4187.47	158.84
	机械费（元）			—	107.80	88.12	39.00
名称		单位	单价（元）	消耗量			
人工	二类人工	工日	135.00	3.918	1.650	1.950	1.212
材料	非泵送商品混凝土 C20	m³	412.00	—	10.100	10.100	—
	碎石 综合	t	102.00	17.294	—	—	—
	水	m³	4.27	—	1.853	1.659	—
	草袋	个	3.62	—	—	5.300	—
	钢模板	kg	5.96	—	—	—	6.370
	钢支撑	kg	3.97	—	—	—	2.510
	零星卡具	kg	5.88	—	—	—	13.010
	板方材	m³	1034.00	—	—	—	0.030
	圆钉	kg	4.74	—	—	—	0.240
	脱模剂	kg	1.54	—	—	—	1.000
	模板嵌缝料	kg	1.42	—	—	—	0.500
机械	履带式电动起重机 5t	台班	235.09	—	0.441	0.351	—
	混凝土振捣器 平板式	台班	12.54	—	0.329	0.257	—
	混凝土振捣器 插入式	台班	4.65	—	—	0.513	—
	载货汽车 4t	台班	369.21	—	—	—	0.067
	汽车式起重机 8t	台班	648.48	—	—	—	0.022

二、承　　台

工作内容:1. 混凝土:混凝土浇筑、捣固、抹平、养生;
2. 模板:模板制作、安装、涂脱模剂;模板拆除、修理、整堆。

定额编号				2-118	2-119	2-120
项目				承台		
				混凝土	模板	
					无底模	有底模
计量单位				$10m^3$	$10m^2$	
基价(元)				**4612.34**	**357.25**	**640.63**
其中	人工费(元)			214.65	203.31	258.39
	材料费(元)			4394.24	128.62	313.55
	机械费(元)			3.45	25.32	68.69
名称		单位	单价(元)	消耗量		
人工	二类人工	工日	135.00	1.590	1.506	1.914
材料	泵送商品混凝土 C20	m^3	431.00	10.100	—	—
	草袋	个	3.62	8.280	—	—
	水	m^3	4.27	2.615	—	—
	木模板	m^3	1445.00	—	0.036	0.208
	圆钉	kg	4.74	—	0.450	0.990
	脱模剂	kg	1.54	—	1.000	1.000
	铁件	kg	3.71	—	—	1.630
	钢模板	kg	5.96	—	6.370	—
	钢支撑	kg	3.97	—	4.820	—
	零星卡具	kg	5.88	—	2.570	—
	模板嵌缝料	kg	1.42	—	0.500	0.500
机械	履带式电动起重机 5t	台班	235.09	—	—	0.234
	木工圆锯机 500mm	台班	27.50	—	—	0.135
	混凝土振捣器 插入式	台班	4.65	0.742	—	—
	载货汽车 4t	台班	369.21	—	0.044	0.027
	汽车式起重机 8t	台班	648.48	—	0.014	—

三、支撑梁与横梁

工作内容:1. 混凝土:混凝土浇筑、捣固、抹平、养生;
2. 模板:模板制作、安装、涂脱模剂;模板拆除、修理、整堆。

定额编号				2-121	2-122	2-123	2-124
项目				支撑梁		横梁	
				混凝土	模板	混凝土	模板
计量单位				$10m^3$	$10m^2$	$10m^3$	$10m^2$
基价(元)				**4777.86**	**656.03**	**4689.38**	**655.97**
其中	人工费(元)			297.27	291.60	270.54	293.22
	材料费(元)			4476.80	308.43	4415.39	292.68
	机械费(元)			3.79	56.00	3.45	70.07
名称		单位	单价(元)	消耗量			
人工	二类人工	工日	135.00	2.202	2.160	2.004	2.172
材料	泵送商品混凝土 C20	m^3	431.00	10.100	—	10.100	—
	木模板	m^3	1445.00	—	0.209	—	0.194
	草袋	个	3.62	21.450	—	10.730	—
	圆钉	kg	4.74	—	0.880	—	2.130
	脱模剂	kg	1.54	—	1.000	—	1.000
	水	m^3	4.27	10.784	—	5.492	—
	模板嵌缝料	kg	1.42	—	0.500	—	0.500
机械	履带式电动起重机 5t	台班	235.09	—	0.180	—	0.243
	木工圆锯机 500mm	台班	27.50	—	0.135	—	0.135
	混凝土振捣器 插入式	台班	4.65	0.815	—	0.742	—
	载货汽车 4t	台班	369.21	—	0.027	—	0.025

四、墩身、台身

工作内容:1. 混凝土:混凝土浇筑、捣固、抹平、养生;
2. 模板:模板制作、安装、涂脱模剂;模板拆除、修理、整堆。

定额编号				2-125	2-126
项目				实体式桥台	
				混凝土	模板
计量单位				$10m^3$	$10m^2$
基价(元)				**4594.60**	**575.73**
其中	人工费(元)			225.99	321.57
	材料费(元)			4364.18	152.67
	机械费(元)			4.43	101.49
名称		单位	单价(元)	消耗量	
人工	二类人工	工日	135.00	1.674	2.382
材料	泵送商品混凝土 C20	m^3	431.00	10.100	—
	木模板	m^3	1445.00	—	0.032
	草袋	个	3.62	1.680	—
	水	m^3	4.27	1.171	—
	圆钉	kg	4.74	—	0.100
	铁件	kg	3.71	—	7.920
	脱模剂	kg	1.54	—	1.000
	模板嵌缝料	kg	1.42	—	0.500
	钢模板	kg	5.96	—	6.372
	零星卡具	kg	5.88	—	2.570
	钢支撑	kg	3.97	—	4.820
	尼龙帽	个	0.60	—	3.500
机械	履带式电动起重机 5t	台班	235.09	—	0.324
	混凝土振捣器 插入式	台班	4.65	0.952	—
	载货汽车 4t	台班	369.21	—	0.044
	汽车式起重机 8t	台班	648.48	—	0.014

工作内容:1. 混凝土:混凝土浇筑、捣固、抹平、养生;
2. 模板:模板制作、安装、涂脱模剂;模板拆除、修理、整堆。

定额编号				2-127	2-128	2-129	2-130
项目				柱式墩台身		墩帽	
				混凝土	模板	混凝土	模板
计量单位				$10m^3$	$10m^2$	$10m^3$	$10m^2$
基价(元)				**4791.78**	**852.13**	**4680.20**	**711.51**
其中	人工费(元)			416.34	521.64	271.35	331.29
	材料费(元)			4369.42	176.80	4404.01	290.61
	机械费(元)			6.02	153.69	4.84	89.61
名称		单位	单价(元)	消耗量			
人工	二类人工	工日	135.00	3.084	3.864	2.010	2.454
材料	泵送商品混凝土 C20	m^3	431.00	10.100	—	10.100	—
	草袋	个	3.62	1.200	—	9.740	—
	水	m^3	4.27	2.804	—	3.665	—
	木模板	m^3	1445.00	—	0.038	—	0.195
	圆钉	kg	4.74	—	0.350	—	1.390
	铁件	kg	3.71	—	6.870	—	—
	脱模剂	kg	1.54	—	1.000	—	1.000
	模板嵌缝料	kg	1.42	—	0.500	—	0.500
	钢模板	kg	5.96	—	6.370	—	—
	零星卡具	kg	5.88	—	2.570	—	—
	钢支撑	kg	3.97	—	9.390	—	—
	尼龙帽	个	0.60	—	3.570	—	—
机械	履带式电动起重机 5t	台班	235.09	—	0.513	—	0.324
	木工圆锯机 500mm	台班	27.50	—	—	—	0.153
	混凝土振捣器 插入式	台班	4.65	1.295	—	1.040	—
	载货汽车 4t	台班	369.21	—	0.058	—	0.025
	汽车式起重机 8t	台班	648.48	—	0.018	—	—

工作内容:1. 混凝土:混凝土浇筑、捣固、抹平、养生;
2. 模板:模板制作、安装、涂脱模剂;模板拆除、修理、整堆。

定额编号				2-131	2-132	2-133	2-134
项目				台帽		墩盖梁	
				混凝土	模板	混凝土	模板
计量单位				$10m^3$	$10m^2$	$10m^3$	$10m^2$
基价(元)				**4689.16**	**753.33**	**4697.41**	**683.52**
其中	人工费(元)			282.69	321.57	301.32	405.00
	材料费(元)			4401.82	344.17	4391.25	124.67
	机械费(元)			4.65	87.59	4.84	153.85
名称		单位	单价(元)	消耗量			
人工	二类人工	工日	135.00	2.094	2.382	2.232	3.000
材料	泵送商品混凝土 C20	m^3	431.00	10.100	—	10.100	—
	草袋	个	3.62	8.530	—	6.650	—
	水	m^3	4.27	4.179	—	3.297	—
	木模板	m^3	1445.00	—	0.234	—	0.033
	钢模板	kg	5.96	—	—	—	6.370
	钢支撑	kg	3.97	—	—	—	5.010
	零星卡具	kg	5.88	—	—	—	2.570
	圆钉	kg	4.74	—	0.800	—	0.310
	铁件	kg	3.71	—	—	—	0.080
	脱模剂	kg	1.54	—	1.000	—	1.000
	模板嵌缝料	kg	1.42	—	0.500	—	0.500
机械	履带式电动起重机 5t	台班	235.09	—	0.306	—	0.513
	木工圆锯机 500mm	台班	27.50	—	0.153	—	0.288
	混凝土振捣器 插入式	台班	4.65	1.000	—	1.040	—
	载货汽车 4t	台班	369.21	—	0.031	—	0.044
	汽车式起重机 8t	台班	648.48	—	—	—	0.014

工作内容:1. 混凝土:混凝土浇筑、捣固、抹平、养生;

2. 模板:模板制作、安装、涂脱模剂;模板拆除、修理、整堆。

定额编号				2-135	2-136
项目				台盖梁	
				混凝土	模板
计量单位				$10m^3$	$10m^2$
基价(元)				**4985.34**	**748.11**
其中	人工费(元)			285.12	445.50
	材料费(元)			4695.57	134.71
	机械费(元)			4.65	167.90
名称		单位	单价(元)	消耗量	
人工	二类人工	工日	135.00	2.112	3.300
材料	泵送商品混凝土 C30	m^3	461.00	10.100	—
	草袋	个	3.62	6.790	—
	水	m^3	4.27	3.486	—
	木模板	m^3	1445.00	—	0.040
	钢模板	kg	5.96	—	6.370
	钢支撑	kg	3.97	—	5.010
	零星卡具	kg	5.88	—	2.570
	圆钉	kg	4.74	—	0.200
	铁件	kg	3.71	—	0.200
	脱模剂	kg	1.54	—	1.000
	模板嵌缝料	kg	1.42	—	0.500
机械	履带式电动起重机 5t	台班	235.09	—	0.567
	木工圆锯机 500mm	台班	27.50	—	0.324
	混凝土振捣器 插入式	台班	4.65	1.000	—
	载货汽车 4t	台班	369.21	—	0.045
	汽车式起重机 8t	台班	648.48	—	0.014

五、箱　　梁

工作内容:1. 混凝土:混凝土浇筑、捣固、抹平、养生;
2. 模板:模板制作、安装、涂脱模剂;模板拆除、修理、整堆。

定额编号				2-137	2-138	2-139	2-140
项目				现浇混凝土 0 号块件		悬浇混凝土箱梁	
				混凝土	模板	混凝土	模板
计量单位				$10m^3$	$10m^2$	$10m^3$	$10m^2$
基价(元)				**6146.54**	**1134.61**	**6409.50**	**1076.75**
其中	人工费(元)			918.14	706.32	1148.58	646.38
	材料费(元)			5146.63	307.30	5161.91	319.18
	机械费(元)			81.77	120.99	99.01	111.19
	名称	单位	单价(元)	消耗量			
人工	二类人工	工日	135.00	6.801	5.232	8.508	4.788
材料	泵送商品混凝土 C40	m^3	503.00	10.100	—	10.100	—
	中厚钢板 综合	kg	3.71	4.000	—	5.000	—
	草袋	个	3.62	8.910	—	10.930	—
	水	m^3	4.27	4.504	—	5.502	—
	木模板	m^3	1445.00	—	0.205	—	0.215
	铁件	kg	3.71	—	1.036	—	0.592
	圆钉	kg	4.74	—	1.050	—	0.856
	脱模剂	kg	1.54	—	1.000	—	1.000
	模板嵌缝料	kg	1.42	—	0.500	—	0.500
机械	履带式电动起重机 5t	台班	235.09	—	0.372	—	0.338
	混凝土振捣器 平板式	台班	12.54	1.375	—	1.375	—
	混凝土振捣器 插入式	台班	4.65	2.750	—	2.750	—
	混凝土振捣器 附着式	台班	12.54	4.126	—	5.501	—
	木工圆锯机 500mm	台班	27.50	—	0.857	—	0.778
	载货汽车 4t	台班	369.21	—	0.027	—	0.028

注:当箱梁内模无法拆除时,按无法拆除的模板工程量每 $10m^2$ 增加板方材 $0.30m^3$。

工作内容:1. 混凝土:混凝土浇筑、捣固、抹平、养生;
2. 模板:模板制作、安装、涂脱模剂;模板拆除、修理、整堆。

定额编号				2-141	2-142
项目				支架上现浇混凝土箱梁	
				混凝土	模板
计量单位				$10m^3$	$10m^2$
基价(元)				**5978.78**	**863.05**
其中	人工费(元)			689.18	485.19
	材料费(元)			5173.36	293.35
	机械费(元)			116.24	84.51
名称		单位	单价(元)	消耗量	
人工	二类人工	工日	135.00	5.105	3.594
材料	泵送商品混凝土 C40	m^3	503.00	10.100	—
	中厚钢板 综合	kg	3.71	7.000	—
	草袋	个	3.62	11.660	—
	水	m^3	4.27	5.828	—
	木模板	m^3	1445.00	—	0.196
	铁件	kg	3.71	—	1.144
	圆钉	kg	4.74	—	0.768
	脱模剂	kg	1.54	—	1.000
	模板嵌缝料	kg	1.42	—	0.500
机械	履带式电动起重机 5t	台班	235.09	—	0.252
	混凝土振捣器 平板式	台班	12.54	1.375	—
	混凝土振捣器 插入式	台班	4.65	2.750	—
	混凝土振捣器 附着式	台班	12.54	6.875	—
	木工圆锯机 500mm	台班	27.50	—	0.583
	载货汽车 4t	台班	369.21	—	0.025

注:当箱梁内模无法拆除时,按无法拆除的模板工程量每 $10m^2$ 增加板方材 $0.30m^3$。

六、板、梁

工作内容:1. 混凝土:混凝土浇筑、捣固、抹平、养生;
2. 模板:模板制作、安装、涂脱模剂;模板拆除、修理、整堆。

定额编号				2-143	2-144
项目				空心板梁	
				混凝土	模板
计量单位				$10m^3$	$10m^2$
基价(元)				**5032.22**	**825.39**
其中	人工费(元)			298.08	509.49
	材料费(元)			4718.16	245.49
	机械费(元)			15.98	70.41
名称		单位	单价(元)	消耗量	
人工	二类人工	工日	135.00	2.208	3.774
材料	泵送商品混凝土 C30	m^3	461.00	10.100	—
	草袋	个	3.62	11.470	—
	水	m^3	4.27	4.809	—
	木模板	m^3	1445.00	—	0.164
	圆钉	kg	4.74	—	1.320
	脱模剂	kg	1.54	—	1.000
	模板嵌缝料	kg	1.42	—	0.500
机械	履带式电动起重机 5t	台班	235.09	—	0.166
	木工圆锯机 500mm	台班	27.50	—	0.846
	混凝土振捣器 平板式	台班	12.54	0.732	—
	混凝土振捣器 插入式	台班	4.65	1.463	—
	载货汽车 4t	台班	369.21	—	0.022

工作内容:1. 混凝土:混凝土浇筑、捣固、抹平、养生;
2. 模板:模板制作、安装、涂脱模剂;模板拆除、修理、整堆。

定额编号				2-145	2-146	2-147	2-148
项目				矩形实体连续板		矩形空心连续板	
				混凝土	模板	混凝土	模板
计量单位				$10m^3$	$10m^2$	$10m^3$	$10m^2$
基价(元)				**5028.66**	**372.15**	**5116.35**	**601.86**
其中	人工费(元)			272.97	178.20	327.24	313.47
	材料费(元)			4741.54	114.99	4773.13	226.16
	机械费(元)			14.15	78.96	15.98	62.23
名称		单位	单价(元)	消耗量			
人工	二类人工	工日	135.00	2.022	1.320	2.424	2.322
材料	泵送商品混凝土 C30	m^3	461.00	10.100	—	10.100	—
	草袋	个	3.62	18.400	—	21.430	—
	水	m^3	4.27	4.410	—	9.240	—
	钢模板	kg	5.96	—	6.370	—	—
	零星卡具	kg	5.88	—	2.570	—	—
	钢支撑	kg	3.97	—	5.010	—	—
	木模板	m^3	1445.00	—	0.027	—	0.147
	铁件	kg	3.71	—	—	—	2.600
	圆钉	kg	4.74	—	0.160	—	0.390
	脱模剂	kg	1.54	—	1.000	—	1.000
	模板嵌缝料	kg	1.42	—	0.500	—	0.500
机械	履带式电动起重机 5t	台班	235.09	—	0.225	—	0.198
	木工圆锯机 500mm	台班	27.50	—	0.027	—	0.315
	混凝土振捣器 平板式	台班	12.54	0.648	—	0.732	—
	混凝土振捣器 插入式	台班	4.65	1.296	—	1.463	—
	载货汽车 4t	台班	369.21	—	0.044	—	0.019
	汽车式起重机 8t	台班	648.48	—	0.014	—	—

七、挡　　墙

工作内容:1. 混凝土:混凝土浇筑、捣固、抹平、养生;
　　2. 模板:模板制作、安装、涂脱模剂;模板拆除、修理、整堆。

定额编号				2-149	2-150	2-151	2-152
项目				挡墙		压顶	
				混凝土	模板	混凝土	模板
计量单位				$10m^3$	$10m^2$	$10m^3$	$10m^2$
基价(元)				**4668.92**	**465.92**	**4643.67**	**388.56**
其中	人工费(元)			296.46	222.75	197.78	158.36
	材料费(元)			4363.40	157.50	4439.01	222.08
	机械费(元)			9.06	85.67	6.88	8.12
名称		单位	单价(元)	消耗量			
人工	二类人工	工日	135.00	2.196	1.650	1.465	1.173
材料	泵送商品混凝土 C20	m^3	431.00	10.100	—	10.100	—
	草袋	个	3.62	1.360	—	—	—
	无纺土工布	m^2	8.62	—	—	6.273	—
	水	m^3	4.27	1.260	—	7.455	—
	钢模板	kg	5.96	—	6.370	—	—
	零星卡具	kg	5.88	—	2.570	—	—
	钢支撑	kg	3.97	—	6.030	—	—
	铁件	kg	3.71	—	10.140	—	—
	木模板	m^3	1445.00	—	0.026	—	0.150
	圆钉	kg	4.74	—	0.190	—	0.180
	镀锌铁丝 $12^{\#}$	kg	5.38	—	—	—	0.833
	脱模剂	kg	1.54	—	1.000	—	—
	模板嵌缝料	kg	1.42	—	0.500	—	—
	尼龙帽	个	0.60	—	3.570	—	—
机械	履带式电动起重机 5t	台班	235.09	—	0.252	—	—
	混凝土振捣器 平板式	台班	12.54	0.415	—	—	—
	混凝土振捣器 插入式	台班	4.65	0.830	—	1.480	—
	载货汽车 4t	台班	369.21	—	0.047	—	0.022
	汽车式起重机 8t	台班	648.48	—	0.014	—	—

八、其 他 构 件

工作内容：1. 混凝土：混凝土浇筑、捣固、抹平、养生；
2. 模板：模板制作、安装、涂脱模剂；模板拆除、修理、整堆。

定额编号				2-153	2-154	2-155	2-156
项目				防撞护栏		立柱、端柱、灯柱	
				混凝土	模板	混凝土	模板
计量单位				$10m^3$	$10m^2$	$10m^3$	$10m^2$
基价（元）				**5057.62**	**633.52**	**5277.15**	**802.19**
其中	人工费（元）			371.79	355.59	962.28	537.84
	材料费（元）			4679.24	80.38	4314.87	241.37
	机械费（元）			6.59	197.55	—	22.98
名称		单位	单价(元)	消耗量			
人工	二类人工	工日	135.00	2.754	2.634	7.128	3.984
材料	泵送商品混凝土 C30	m^3	461.00	10.100	—	—	—
	非泵送商品混凝土 C25	m^3	421.00	—	—	10.100	—
	草袋	个	3.62	3.060	—	—	—
	水	m^3	4.27	2.825	—	14.700	—
	定型钢模板	kg	5.91	—	13.220	—	—
	木模板	m^3	1445.00	—	—	—	0.150
	铁件	kg	3.71	—	—	—	4.790
	圆钉	kg	4.74	—	—	—	0.970
	脱模剂	kg	1.54	—	1.000	—	1.000
	模板嵌缝料	kg	1.42	—	0.500	—	0.500
机械	木工圆锯机 500mm	台班	27.50	—	—	—	0.567
	混凝土振捣器 插入式	台班	4.65	1.418	—	—	—
	载货汽车 4t	台班	369.21	—	0.038	—	0.020
	汽车式起重机 8t	台班	648.48	—	0.283	—	—

工作内容:1. 混凝土:混凝土浇筑、捣固、抹平、养生;
2. 模板:模板制作、安装、涂脱模剂;模板拆除、修理、整堆。

定额编号				2-157	2-158	2-159
项目				地梁、侧石、缘石	支座垫石	模板
				混凝土		
计量单位				$10m^3$		$10m^2$
基价(元)				**5021.34**	**6075.38**	**460.85**
其中	人工费(元)			640.71	861.03	243.81
	材料费(元)			4367.85	5214.35	207.18
	机械费(元)			12.78	—	9.86
名称		单位	单价(元)	消耗量		
人工	二类人工	工日	135.00	4.746	6.378	1.806
材料	非泵送商品混凝土 C25	m^3	421.00	10.100	—	—
	泵送商品混凝土 C40	m^3	503.00	—	10.100	—
	草袋	个	3.62	21.460	25.000	—
	水	m^3	4.27	8.915	10.200	—
	木模板	m^3	1445.00	—	—	0.139
	圆钉	kg	4.74	—	—	0.860
	脱模剂	kg	1.54	—	—	1.000
	模板嵌缝料	kg	1.42	—	—	0.500
机械	木工圆锯机 500mm	台班	27.50	—	—	0.117
	混凝土振捣器 插入式	台班	4.65	2.748	—	—
	载货汽车 4t	台班	369.21	—	—	0.018

九、混凝土接头及灌缝

工作内容：1. 缝隙清理、混凝土浇筑、捣固、养生；
2. 混凝土浇筑、捣固、抹平、养生；
3. 模板制作、安装、涂脱模剂；模板拆除、修理、整堆；
4. 调制砂浆、勾缝、养护。

定额编号				2-160	2-161	2-162	2-163
项目				板梁间灌缝	梁与梁接头		板梁底砂浆勾缝
					混凝土	模板	
计量单位				10m³		10m²	10m
基价（元）				**6371.53**	**5270.55**	**779.99**	**194.99**
其中	人工费（元）			554.72	562.41	434.16	186.30
	材料费（元）			5816.81	4696.35	328.44	8.69
	机械费（元）			—	11.79	17.39	—
	名称	单位	单价(元)	消耗量			
人工	二类人工	工日	135.00	4.109	4.166	3.216	1.380
材料	泵送商品混凝土 C30	m³	461.00	10.100	10.100	—	—
	干混砌筑砂浆 DM M7.5	m³	413.73	—	—	—	0.021
	木模板	m³	1445.00	0.232	—	0.205	—
	镀锌铁丝 8# ~ 12#	kg	6.55	107.160	—	4.430	—
	草袋	个	3.62	24.960	3.120	—	—
	水	m³	4.27	7.780	6.780	—	—
	圆钉	kg	4.74	—	—	0.200	—
	脱模剂	kg	1.54	—	—	1.000	—
	模板嵌缝料	kg	1.42	—	—	0.500	—
机械	木工圆锯机 500mm	台班	27.50	—	—	0.270	—
	载货汽车 4t	台班	369.21	—	—	0.027	—
	混凝土振捣器 插入式	台班	4.65	—	2.535	—	—

十、桥面铺装及桥头搭板

工作内容:1. 混凝土:混凝土浇筑、捣固、抹平、养生;
2. 模板:模板制作、安装、涂脱模剂;模板拆除、修理、整堆。

定额编号				2-164	2-165	2-166
项目				桥面铺装	桥头搭板及枕梁	模板
				混凝土		
计量单位				$10m^3$		$10m^2$
基价(元)				**5370.13**	**4867.78**	**513.69**
其中	人工费(元)			248.67	311.85	364.50
	材料费(元)			5117.51	4549.44	125.62
	机械费(元)			3.95	6.49	23.57
名称		单位	单价(元)	消耗量		
人工	二类人工	工日	135.00	1.842	2.310	2.700
材料	泵送商品混凝土 C25	m^3	447.00	—	10.100	—
	泵送商品混凝土 C40	m^3	503.00	10.100	—	—
	水	m^3	4.27	6.000	4.410	—
	木模板	m^3	1445.00	—	—	0.027
	钢模板	kg	5.96	—	—	6.370
	零星卡具	kg	5.88	—	—	7.020
	圆钉	kg	4.74	—	—	0.160
	其他材料费	元	1.00	11.59	15.91	6.60
机械	木工圆锯机 500mm	台班	27.50	—	—	0.027
	混凝土振捣器 平板式	台班	12.54	0.315	0.297	—
	混凝土振捣器 插入式	台班	4.65	—	0.594	—
	载货汽车 4t	台班	369.21	—	—	0.039
	汽车式起重机 8t	台班	648.48	—	—	0.013

十一、复合模板及定型钢模

工作内容:模板及支撑制作;模板安装、涂刷隔离剂、脱模剂、模板拆除、修理、整堆等。　　**计量单位:**10m²

定额编号				2-167	2-168
项目				复合模板	定型钢模
基价(元)				**614.41**	**751.86**
其中	人工费(元)			284.31	308.07
	材料费(元)			259.65	303.39
	机械费(元)			70.45	140.40
	名称	单位	单价(元)	消耗量	
人工	二类人工	工日	135.00	2.106	2.282
材料	复合模板 综合	m^2	32.33	2.468	—
	定型钢模板	kg	5.91	—	35.409
	板枋材	m^3	2069.00	0.072	0.005
	钢支撑	kg	3.97	4.757	—
	圆钉	kg	4.74	0.179	—
	隔离剂	kg	4.67	1.000	—
	镀锌铁丝 $\phi0.7 \sim 1.0$	kg	6.74	0.018	—
	塑料粘胶带 20mm×50m	卷	15.37	0.400	—
	脱模剂	kg	1.54	—	1.000
	热轧光圆钢筋 综合	kg	3.97	—	0.300
	钢模零配件	kg	4.74	—	1.360
	碳素结构钢焊接钢管 综合	kg	3.88	—	0.300
	钢丝绳 综合	kg	6.45	—	7.600
	铁件	kg	3.71	—	5.300
	半硬塑料管 $\phi32$	m	3.20	—	1.030
	安全网	m^2	7.76	—	0.188
	水	m^3	4.27	0.050	—
机械	履带式起重机 15t	台班	702.00	0.100	0.200
	木工圆锯机 500mm	台班	27.50	0.009	—

第三章
预制混凝土

说　　明

一、本章定额包括预制方桩，预制梁，预制小型构件，安装梁，安装小型构件，先张法构件出槽堆放，预制构件运输，筑、拆地模，先张法预应力钢筋张拉台座、冷拉台座九节，共65个子目。

二、小型构件指单件混凝土体积小于或等于0.1m^3的构件。预制定额子目内已包括150m的场内运输费，当实际运距超过时可另行计算。

三、定额中均未包括预埋铁件，如设计要求预埋铁件时，可按设计用量套用本册第六章“钢筋工程”相应子目。

四、安装预制构件定额中，均未包括脚手架。如需要用脚手架时，可套用本定额第十三册第三章“脚手架”相应定额子目。

五、安装预制构件，应根据施工现场具体情况，采用合理的施工方法，套用相应定额。

六、水上安装梁均包括搭、拆木垛和组装、拆卸船排在内，但不包括船排压舱。驳船未包括进出场费，发生时应另行计算。

七、架桥机安装混凝土梁定额中不包括架桥机的安拆和调试，发生时应另行计算。

八、预制装配式防撞墙中不包括橡胶止水条及伸缩缝安装，发生时套用相关定额。

九、预制构件运输定额适用于15km内的预制混凝土构件场内运输，当运距超过15km时应另行计算。

十、平板拖车运输中龙门架装车子目，未列龙门架费用，套用时按具体情况补列。

十一、地模定额中，砖地模厚度为75mm。混凝土地模定额中未包括毛砂垫层，发生时按相应定额执行。

工程量计算规则

一、混凝土工程量计算:

1. 预制桩按桩长度(包括桩尖长度)乘以桩横断面面积以"m^3"计算。

2. 预制空心构件按设计图尺寸扣除空心体积,以"m^3"计算。空心板梁的堵头板体积不计入工程量内,其消耗量已在定额中考虑。

3. 预制空心板梁,凡采用橡胶囊做内膜的,考虑其压缩变形因素,可增加混凝土数量。当梁长在16m 以内时,可按设计计算体积增加 7% ;若梁长大于 16m 时,则增加 9% 计算。如设计图已注明考虑橡胶囊变形时,不得再增加计算。如采用钢模时,不考虑内膜压缩变形因素。

4. 预应力混凝土构件的封锚混凝土数量并入构件混凝土工程量计算。

二、模板工程量计算:

1. 预制构件中预应力混凝土构件均按模板接触混凝土面积(包括侧模、底模)以"m^2"计算。

2. 灯柱、端柱、栏杆等小型构件按平面投影面积以"m^2"计算。

3. 预制构件中非预应力构件按模板接触混凝土面积以"m^2"计算,不包括胎、地模。

4. 空心板梁中空心部分,本定额采用橡胶囊抽拔,其摊销量已包括在定额中,不再计算空心部分模板工程量;如采用钢模板时,模板工程量按其与混凝土的接触面积以"m^2"计算。

三、安装预制构件按构件混凝土实体积以"m^3"计算,不包括空心部分。

四、预制梁和长度大于 9m 的预制构件,场内运输时不计损耗。其他构件运输时,应按施工图构件净用量另加 1.5% 损耗率。

五、预制构件的场内运输按其重量及运输距离计算,实际运距不足 100m 按 100m 计算;当采用载货汽车或平板拖车运输时,实际运距不足 1km 按 1km 计算。

六、设计未明确时,砖地模按施工组织设计的面积以"m^2"为单位计算,混凝土地模工程量按施工组织设计的尺寸以"m^3"为单位计算。

一、预制方桩

工作内容:1. 混凝土:混凝土浇筑、捣固、抹平、养生;

2. 模板:模板制作、安装、涂脱模剂;模板拆除、修理、整堆。

定额编号				2-169	2-170
项目				方桩	
				混凝土	模板
计量单位				$10m^3$	$10m^2$
基价(元)				**5018.73**	**298.64**
其中	人工费(元)			481.14	206.55
	材料费(元)			4522.59	76.20
	机械费(元)			15.00	15.89
名称		单位	单价(元)	消耗量	
人工	二类人工	工日	135.00	3.564	1.530
材料	非泵送商品混凝土 C30	m^3	438.00	10.100	—
	草袋	个	3.62	16.120	—
	水	m^3	4.27	9.470	—
	板方材	m^3	1034.00	—	0.032
	钢模板	kg	5.96	—	2.130
	钢支撑	kg	3.97	—	5.010
	零星卡具	kg	5.88	—	1.270
	圆钉	kg	4.74	—	0.170
	脱模剂	kg	1.54	—	1.000
	模板嵌缝料	kg	1.42	—	0.500
机械	混凝土振捣器 平板式	台班	12.54	0.687	—
	混凝土振捣器 插入式	台班	4.65	1.374	—
	载货汽车 4t	台班	369.21	—	0.029
	汽车式起重机 8t	台班	648.48	—	0.008

二、预　制　梁

工作内容:1. 混凝土:混凝土浇筑、捣固、抹平、养生;

2. 模板:模板制作、安装、涂脱模剂;模板拆除、修理、整堆。

定　额　编　号				2-171	2-172	2-173	2-174	2-175
项　　　目				空心板梁				
				非预应力		预应力		钢模板
				混凝土	模板	混凝土	模板	
计　量　单　位				$10m^3$	$10m^2$	$10m^3$	$10m^2$	
基　　价　(元)				**5063.22**	**844.12**	**5202.57**	**958.37**	**619.60**
其中	人　　工　　费　(元)			464.13	637.47	431.73	725.76	482.76
	材　　料　　费　(元)			4584.56	94.72	4752.71	95.61	35.71
	机　　械　　费　(元)			14.53	111.93	18.13	137.00	101.13
名　　称		单位	单价(元)	消　耗　量				
人工	二类人工	工日	135.00	3.438	4.722	3.198	5.376	3.576
材料	非泵送商品混凝土 C20	m^3	412.00	0.067	—	0.070	—	—
	非泵送商品混凝土 C30	m^3	438.00	10.100	—	—	—	—
	非泵送商品混凝土 C40	m^3	455.00	—	—	10.100	—	—
	橡胶囊 $\phi36$	m	73.28	—	0.140	—	0.120	—
	橡胶囊 外套 $\phi60$	m	108.00	—	—	—	0.060	—
	草袋	个	3.62	20.800	—	14.960	—	—
	水	m^3	4.27	13.550	—	17.380	—	—
	板方材	m^3	1034.00	—	0.038	—	0.035	—
	圆钉	kg	4.74	—	0.740	—	0.390	—
	脱模剂	kg	1.54	—	1.000	—	1.000	1.000
	模板嵌缝料	kg	1.42	—	0.050	—	0.500	—
	钢模板	kg	5.96	—	2.130	—	2.130	2.130
	钢支撑	kg	3.97	—	5.010	—	5.010	1.770
	零星卡具	kg	5.88	—	1.270	—	1.270	1.270
	其他材料费	元	1.00	—	—	—	—	6.98
机械	电动卷扬机－单筒慢速 10kN	台班	171.01	—	—	—	—	0.540
	混凝土振捣器 平板式	台班	12.54	0.665	—	0.585	—	—
	混凝土振捣器 插入式	台班	4.65	1.332	—	2.322	—	—
	木工圆锯机 500mm	台班	27.50	—	0.045	—	0.045	—
	木工平刨床 500mm	台班	21.04	—	0.045	—	0.045	—
	载货汽车 4t	台班	369.21	—	0.030	—	0.029	0.015
	汽车式起重机 8t	台班	648.48	—	0.008	—	0.008	0.005
	电动卷扬机－单筒快速 5kN	台班	157.60	—	0.495	—	0.630	—
	电动空气压缩机 $0.6m^3/min$	台班	33.06	—	0.468	—	0.594	—

工作内容:1. 混凝土:混凝土浇筑、捣固、抹平、养生;

2. 模板:模板制作、安装、涂脱模剂;模板拆除、修理、整堆。

定额编号				2-176	2-177	2-178	2-179
项目				箱形梁		槽形梁	
				混凝土	模板	混凝土	模板
计量单位				$10m^3$	$10m^2$	$10m^3$	$10m^2$
基价(元)				**5802.49**	**962.31**	**5550.95**	**990.62**
其中	人工费(元)			935.55	678.78	797.04	698.22
	材料费(元)			4671.95	153.83	4662.05	160.45
	机械费(元)			194.99	129.70	91.86	131.95
名称		单位	单价(元)	消耗量			
人工	二类人工	工日	135.00	6.930	5.028	5.904	5.172
材料	非泵送商品混凝土 C40	m^3	455.00	10.100	—	10.100	—
	草袋	个	3.62	10.090	—	8.840	—
	水	m^3	4.27	9.350	—	8.090	—
	铁件	kg	3.71	—	1.832	—	1.408
	板方材	m^3	1034.00	—	0.134	—	0.142
	圆钉	kg	4.74	—	1.408	—	1.392
	脱模剂	kg	1.54	—	0.800	—	0.800
	模板嵌缝料	kg	1.42	—	0.400	—	0.400
机械	履带式电动起重机 5t	台班	235.09	—	0.302	—	0.310
	混凝土振捣器 平板式	台班	12.54	0.855	—	0.729	—
	混凝土振捣器 插入式	台班	4.65	2.574	—	2.169	—
	木工圆锯机 500mm	台班	27.50	—	1.080	—	1.080
	木工平刨床 500mm	台班	21.04	—	1.080	—	1.080
	载货汽车 4t	台班	369.21	—	0.017	—	0.018
	混凝土振捣器 附着式	台班	12.54	13.740	—	5.792	—

三、预制小型构件

工作内容:1. 混凝土:混凝土浇筑、捣固、抹平、养生;

2. 模板:模板制作、安装、涂脱模剂;模板拆除、修理、整堆。

定额编号				2-180	2-181	2-182	2-183
项目				缘石		其他小型构件	
				混凝土	模板	混凝土	模板
计量单位				10m³	10m²	10m³	10m²
基价(元)				**5726.96**	**506.18**	**5953.86**	**965.59**
其中	人工费(元)			1193.13	389.61	1484.73	766.26
	材料费(元)			4519.27	91.84	4446.11	147.12
	机械费(元)			14.56	24.73	23.02	52.21
名称		单位	单价(元)	消耗量			
人工	二类人工	工日	135.00	8.838	2.886	10.998	5.676
材料	非泵送商品混凝土 C25	m³	421.00	10.100	—	10.100	—
	草袋	个	3.62	50.260	—	38.790	—
	水	m³	4.27	19.960	—	12.550	—
	板方材	m³	1034.00	—	0.068	—	0.128
	圆钉	kg	4.74	—	0.600	—	2.640
	铁件	kg	3.71	—	4.430	—	—
	脱模剂	kg	1.54	—	1.000	—	1.000
	模板嵌缝料	kg	1.42	—	0.500	—	0.500
机械	混凝土振捣器 平板式	台班	12.54	1.161	—	1.836	—
	木工圆锯机 500mm	台班	27.50	—	0.441	—	0.954
	木工平刨床 500mm	台班	21.04	—	0.441	—	0.954
	载货汽车 4t	台班	369.21	—	0.009	—	0.016

四、安 装 梁

工作内容:构件整修;构件起吊、纵横移、落梁、就位、校正、锯吊环;起重机、架桥机纵移过墩;安、拆地锚;竖、拆扒杆及移动;搭、拆木垛;组装、拆卸船排;打拔缆风桩;安拆轨道、枕木、平车、卷扬机及索具安装、就位、固定等。

计量单位:10m³

定额编号				2-184	2-185	2-186
项目				陆上起重机安装板梁		
				$L\leq16m$	$L\leq20m$	$L\leq25m$
基价(元)				**330.59**	**371.82**	**454.92**
其中	人工费(元)			83.43	75.33	68.04
	材料费(元)			—	—	—
	机械费(元)			247.16	296.49	386.88
名称		单位	单价(元)	消耗量		
人工	二类人工	工日	135.00	0.618	0.558	0.504
机械	汽车式起重机 50t	台班	2353.88	0.105	—	—
	汽车式起重机 75t	台班	3154.17	—	0.094	—
	汽车式起重机 100t	台班	4718.03	—	—	0.082

工作内容:构件整修;构件起吊、纵横移、落梁、就位、校正、锯吊环;起重机、架桥机纵移过墩;安、拆地锚;竖、拆扒杆及移动;搭、拆木垛;组装、拆卸船排;打拔缆风桩;安拆轨道、枕木、平车、卷扬机及索具安装、就位、固定等。

计量单位:$10m^3$

定额编号				2-187	2-188	2-189
项目				水上安装板梁		
				$L≤16m$	$L≤20m$	$L≤25m$
基价(元)				**2482.99**	**2381.22**	**2313.33**
其中	人工费(元)			705.51	615.60	607.50
	材料费(元)			181.87	194.49	225.39
	机械费(元)			1595.61	1571.13	1480.44
	名称	单位	单价(元)	消耗量		
人工	二类人工	工日	135.00	5.226	4.560	4.500
材料	圆木桩	m^3	1379.00	0.002	0.002	0.002
	枋木	m^3	776.00	0.028	0.028	0.041
	板方材	m^3	1034.00	0.005	0.005	0.005
	圆钉	kg	4.74	0.009	0.009	0.003
	扒钉	kg	3.73	0.650	0.650	0.650
	钢丝绳 综合	kg	6.45	21.910	21.910	25.141
	白棕绳	kg	14.31	0.589	1.471	1.471
机械	履带式电动起重机 5t	台班	235.09	0.198	0.198	0.234
	电动卷扬机-单筒快速 10kN	台班	172.88	4.752	4.320	3.888
	电动卷扬机-双筒慢速 50kN	台班	223.12	2.376	1.440	1.296
	电动卷扬机-双筒慢速 100kN	台班	304.96	—	0.720	0.648
	木驳船 50t	t·d	3.29	60.000	—	—
	木驳船 80t	t·d	3.29	—	72.000	81.000

工作内容:构件整修;构件起吊、纵横移、落梁、就位、校正、锯吊环;起重机、架桥机纵移过墩;安、拆地锚;竖、拆扒杆及移动;搭、拆木垛;组装、拆卸船排;打拔缆风桩;安拆轨道、枕木、平车、卷扬机及索具安装、就位、固定等。

计量单位:$10m^3$

定额编号				2-190	2-191	2-192	2-193
项目				陆上起重机安装槽形梁		水上安装槽形梁	
				$L≤30m$	$L>30m$	$L≤30m$	$L>30m$
基价(元)				**1019.60**	**1275.21**	**3528.47**	**4451.26**
其中	人工费(元)			183.74	159.03	923.67	1016.01
	材料费(元)			—	—	214.23	282.72
	机械费(元)			835.86	1116.18	2390.57	3152.53
	名称	单位	单价(元)	消耗量			
人工	二类人工	工日	135.00	1.361	1.178	6.842	7.526
材料	板方材	m^3	1034.00	—	—	0.034	0.040
	圆钉	kg	4.74	—	—	0.009	—
	原木	m^3	1552.00	—	—	0.002	0.008
	扒钉	kg	3.73	—	—	3.635	4.003
	钢丝绳 综合	kg	6.45	—	—	21.910	29.916
	白棕绳	kg	14.31	—	—	1.471	1.471
机械	履带式起重机 15t	台班	702.00	—	—	0.244	0.345
	电动卷扬机-单筒快速 10kN	台班	172.88	—	—	5.466	6.013
	电动卷扬机-双筒慢速 100kN	台班	304.96	—	—	2.733	3.006
	汽车式起重机 75t	台班	3154.17	0.265	—	—	—
	汽车式起重机 150t	台班	8586.02	—	0.130	—	—
	木驳船 80t	t·d	3.29	—	—	134.000	290.000

工作内容: 构件整修;构件起吊、纵横移、落梁、就位、校正、锯吊环;起重机、架桥机纵移过墩;安、拆地锚;竖、拆扒杆及移动;搭、拆木垛;组装、拆卸船排;打拔缆风桩;安拆轨道、枕木、平车、卷扬机及索具安装、就位、固定等。

计量单位: $10m^3$

	定额编号			2-194	2-195	2-196
	项目			陆上起重机安装箱形梁		双导梁架桥机安装
				$L \leq 30m$	$L \leq 35m$	混凝土梁
	基价(元)			**1300.01**	**1273.09**	**551.05**
其中	人工费(元)			148.37	123.66	280.53
	材料费(元)			—	—	—
	机械费(元)			1151.64	1149.43	270.52
	名称	单位	单价(元)	消耗量		
人工	二类人工	工日	135.00	1.099	0.916	2.078
材料	预制钢筋混凝土箱形梁	m^3	—	(10.000)	(10.000)	(10.000)
机械	架桥机 160t	台班	999.37	—	—	0.230
	履带式起重机 10t	台班	589.37	—	—	0.069
	履带式起重机 250t	台班	5955.58	—	0.193	—
	履带式起重机 200t	台班	4985.45	0.231	—	—

五、安装小型构件

工作内容: 起吊设备就位;整修构件;起吊、安装、就位、校正、固定;砂浆及混凝土配、拌、运、捣固;焊接等。

计量单位: $10m^3$

	定额编号			2-197	2-198	2-199	2-200
	项目			端柱、灯桩	缘石	栏杆	装配式防撞墙
	基价(元)			**2147.60**	**1117.80**	**2054.04**	**1484.73**
其中	人工费(元)			1291.14	1117.80	1419.12	412.02
	材料费(元)			363.68	—	219.28	0.09
	机械费(元)			492.78	—	415.64	1072.62
	名称	单位	单价(元)	消耗量			
人工	二类人工	工日	135.00	9.564	8.280	10.512	3.052
材料	混凝土构件 小型	m^3	—	—	—	—	(10.000)
	干混砌筑砂浆 DM M10.0	kg	0.25	—	—	—	0.342
	板方材	m^3	1034.00	0.002	—	0.037	—
	电焊条	kg	4.31	83.900	—	42.000	—
机械	平台作业升降车 22m	台班	473.69	—	—	—	0.727
	千斤顶 20t	台班	1.41	—	—	—	0.727
	汽车式起重机 25t	台班	996.58	—	—	—	0.727
	汽车式起重机 8t	台班	648.48	0.144	—	0.333	—
	交流弧焊机 32kV·A	台班	92.84	4.302	—	2.151	—
	干混砂浆罐式搅拌机 20000L	台班	193.83	—	—	—	0.014

六、先张法构件出槽堆放

工作内容：行车起吊、运输、堆放等。　　计量单位：$10m^3$

定额编号				2-201	2-202	2-203
项目				构件重		
				20t 以内	40t 以内	60t 以内
基价（元）				**400.97**	**649.54**	**1046.66**
其中	人工费（元）			249.48	343.98	377.73
	材料费（元）			2.46	2.46	2.46
	机械费（元）			149.03	303.10	666.47
名称		单位	单价(元)	消耗量		
人工	二类人工	工日	135.00	1.848	2.548	2.798
材料	枕木	m^3	2457.00	0.001	0.001	0.001
机械	门式起重机 20t	台班	589.07	0.253	—	—
	门式起重机 40t	台班	873.49	—	0.347	0.763

七、预制构件运输

1. 垫滚子绞运

工作内容：构件垂直提升；铺垫、倒换、返回枕木、滚杠；绞运；安装、拆除卷扬机、地锚；清理等。　　计量单位：$10m^3$

定额编号				2-204	2-205	2-206	2-207
项目				构件重 10t 以内		构件重 40t 以内	
				100m	每增 50m	100m	每增 50m
基价（元）				**466.19**	**143.55**	**599.87**	**171.84**
其中	人工费（元）			250.97	40.10	316.85	40.10
	材料费（元）			201.20	96.44	263.76	122.11
	机械费（元）			14.02	7.01	19.26	9.63
名称		单位	单价(元)	消耗量			
人工	二类人工	工日	135.00	1.859	0.297	2.347	0.297
材料	板方材	m^3	1034.00	0.013	0.005	0.014	0.005
	枕木	m^3	2457.00	0.072	0.035	0.096	0.045
	碳素结构钢焊接钢管 综合	kg	3.88	1.435	0.720	1.435	0.720
	扒钉	kg	3.73	0.507	0.230	0.683	0.305
	其他材料费	元	1.00	3.40	1.62	5.30	2.44
机械	电动卷扬机－单筒慢速 10kN	台班	171.01	0.082	0.041	—	—
	电动卷扬机－单筒慢速 100kN	台班	234.87	—	—	0.082	0.041

工作内容:构件垂直提升;铺垫、倒换、返回枕木、滚杠;绞运;安装、拆除卷扬机、地锚;清理等。 **计量单位**:$10m^3$

定额编号				2-208	2-209
项目				构件重 60t 以内	
				100m	每增 50m
基价(元)				**767.81**	**216.65**
其中	人工费(元)			409.59	39.29
	材料费(元)			324.00	160.25
	机械费(元)			34.22	17.11
名称		单位	单价(元)	消耗量	
人工	二类人工	工日	135.00	3.034	0.291
材料	板方材	m^3	1034.00	0.014	0.005
	枕木	m^3	2457.00	0.119	0.060
	碳素结构钢焊接钢管 综合	kg	3.88	1.435	0.720
	扒钉	kg	3.73	1.366	0.455
	其他材料费	元	1.00	6.48	3.17
机械	电动卷扬机－单筒慢速 200kN	台班	417.32	0.082	0.041

2. 载货汽车运输

工作内容:装卸、绑扎构件;移动、安装、拆除装卸工具;汽车等待装卸,运行、掉头、空回。 **计量单位**:$10m^3$ 构件

定额编号				2-210	2-211	2-212
项目				第一个 1km		
				载货汽车载重量(t)		
				6t 以内	8t 以内	10t 以内
基价(元)				**372.66**	**333.35**	**307.81**
其中	人工费(元)			7.29	4.19	3.92
	材料费(元)			24.51	24.51	24.51
	机械费(元)			340.86	304.65	279.38
名称		单位	单价(元)	消耗量		
人工	二类人工	工日	135.00	0.054	0.031	0.029
材料	枋木	m^3	776.00	0.024	0.024	0.024
	其他材料费	元	1.00	5.89	5.89	5.89
机械	载货汽车 6t	台班	396.42	0.338	—	—
	载货汽车 8t	台班	411.20	—	0.293	—
	载货汽车 10t	台班	476.15	—	—	0.249
	汽车式起重机 8t	台班	648.48	0.319	0.284	0.248

工作内容:装卸、绑扎构件;移动、安装、拆除装卸工具;汽车等待装卸,运行、掉头、空回。　　**计量单位**:$10m^3$ 构件

定额编号				2-213	2-214	2-215
项目				每增运 1km		
				载货汽车载重量(t)		
				6t 以内	8t 以内	10t 以内
基价(元)				**24.97**	**19.74**	**17.14**
其中	人工费(元)			—	—	—
	材料费(元)			—	—	—
	机械费(元)			24.97	19.74	17.14
名称		单位	单价(元)	消耗量		
机械	载货汽车 6t	台班	396.42	0.063	—	—
	载货汽车 8t	台班	411.20	—	0.048	—
	载货汽车 10t	台班	476.15	—	—	0.036

3. 平板拖车运输

工作内容:挂钩、起吊、装车、固定构件;等待装卸;运走、掉头、空回。　　**计量单位**:$10m^3$ 构件

定额编号				2-216	2-217	2-218	2-219
项目				第一个 1km			
				龙门架装车			
				构件重量			
				10t 以内	15t 以内	25t 以内	40t 以内
基价(元)				**409.14**	**348.32**	**279.15**	**222.24**
其中	人工费(元)			87.35	73.98	56.16	37.40
	材料费(元)			36.73	28.13	19.47	11.88
	机械费(元)			285.06	246.21	203.52	172.96
名称		单位	单价(元)	消耗量			
人工	二类人工	工日	135.00	0.647	0.548	0.416	0.277
材料	枋木	m^3	776.00	0.033	0.025	0.017	0.010
	铁件	kg	3.71	0.462	0.330	0.187	0.110
	其他材料费	元	1.00	9.41	7.51	5.58	3.71
机械	平板拖车组 20t	台班	835.65	0.247	0.215	—	—
	平板拖车组 30t	台班	965.81	—	—	0.159	—
	平板拖车组 60t	台班	1360.78	—	—	—	0.103
	电动卷扬机-单筒慢速 50kN	台班	186.39	0.422	0.357	0.268	0.176

工作内容:挂钩、起吊、装车、固定构件;等待装卸;运走、掉头、空回。　　**计量单位:**$10m^3$ 构件

定额编号				2-220	2-221	2-222	2-223
项目				第一个1km			
				起重机装车			
				构件重量			
				10t以内	15t以内	25t以内	40t以内
基价(元)				**355.19**	**306.72**	**266.73**	**208.27**
其中	人工费(元)			39.15	27.68	21.33	14.31
	材料费(元)			35.97	27.41	18.81	11.30
	机械费(元)			280.07	251.63	226.59	182.66
名称		单位	单价(元)	消耗量			
人工	二类人工	工日	135.00	0.290	0.205	0.158	0.106
材料	枋木	m^3	776.00	0.033	0.025	0.017	0.010
	铁件	kg	3.71	0.462	0.330	0.187	0.110
	其他材料费	元	1.00	8.65	6.79	4.92	3.13
机械	平板拖车组 20t	台班	835.65	0.213	0.163	—	—
	平板拖车组 30t	台班	965.81	—	—	0.120	—
	平板拖车组 60t	台班	1360.78	—	—	—	0.080
	轮胎式起重机 8t	台班	583.30	0.175	—	—	—
	轮胎式起重机 20t	台班	938.37	—	0.123	—	—
	轮胎式起重机 40t	台班	1190.24	—	—	0.093	0.062

工作内容:挂钩、起吊、装车、固定构件;等待装卸;运走、掉头、空回。　　**计量单位:**$10m^3$ 构件

定额编号				2-224	2-225	2-226	2-227
项目				每增运1km			
				构件重量			
				10t以内	15t以内	25t以内	40t以内
基价(元)				**44.29**	**42.62**	**34.77**	**31.30**
其中	人工费(元)			—	—	—	—
	材料费(元)			—	—	—	—
	机械费(元)			44.29	42.62	34.77	31.30
名称		单位	单价(元)	消耗量			
机械	平板拖车组 20t	台班	835.65	0.053	0.051	—	—
	平板拖车组 30t	台班	965.81	—	—	0.036	—
	平板拖车组 60t	台班	1360.78	—	—	—	0.023

八、筑、拆地模

工作内容：平整场地；模板制作、安装、拆除；混凝土配、拌；筑、浇、砌、堆；拆除等。

定额编号				2-228	2-229	2-230
项目				砖地模	混凝土地模	
					混凝土	模板
计量单位				$100m^2$	$10m^3$	$10m^2$
基价（元）				**4295.62**	**5275.10**	**435.12**
其中	人工费（元）			1384.70	935.55	334.53
	材料费（元）			2900.45	4233.38	93.55
	机械费（元）			10.47	106.17	7.04
名称		单位	单价(元)	消耗量		
人工	二类人工	工日	135.00	10.257	6.930	2.478
材料	干混砌筑砂浆 DM M5.0	m^3	397.23	1.445	—	—
	干混抹灰砂浆 DP M20.0	m^3	446.95	2.050	—	—
	混凝土实心砖 240×115×53 MU10	千块	388.00	2.852	—	—
	草袋	个	3.62	64.000	43.000	—
	水	m^3	4.27	16.850	11.200	—
	非泵送商品混凝土 C15	m^3	399.00	—	10.100	—
	木模板	m^3	1445.00	—	—	0.056
	圆钉	kg	4.74	—	—	2.190
	脱模剂	kg	1.54	—	—	1.000
	模板嵌缝料	kg	1.42	—	—	0.500
机械	干混砂浆罐式搅拌机 20000L	台班	193.83	0.054	—	—
	混凝土振捣器 平板式	台班	12.54	—	0.576	—
	木工圆锯机 500mm	台班	27.50	—	—	0.162
	电动空气压缩机 $1m^3/min$	台班	48.22	—	2.052	—
	载货汽车 4t	台班	369.21	—	—	0.007

注：如实施的地模结构与定额不同，可另行组价。

九、先张法预应力钢筋张拉台座、冷拉台座

工作内容:1. 张拉台座:挖基、回填、夯实;铺碎石垫层;台面、压柱、横系梁的模板、钢筋、混凝土全部操作;安装钢横梁;

2. 冷拉台座:挖槽、修整;埋设地锚;模板、钢筋、混凝土的全部操作;钢板切割、安装、就位等。

计量单位:座

定额编号				2-231	2-232	2-233
项目				60m 张拉台座(KN)		45m 冷拉台座
				3000	6000	
基价(元)				**70304.74**	**120569.58**	**42404.20**
其中	人工费(元)			14959.08	23598.54	11165.04
	材料费(元)			53725.35	93752.80	31217.92
	机械费(元)			1620.31	3218.24	21.24
名称		单位	单价(元)	消耗量		
人工	二类人工	工日	135.00	110.808	174.804	82.704
材料	非泵送商品混凝土 C20	m^3	412.00	27.100	27.100	39.700
	非泵送商品混凝土 C40	m^3	455.00	37.800	75.600	—
	板方材	m^3	1034.00	1.992	3.984	1.330
	热轧光圆钢筋 综合	t	3966.00	0.629	1.258	0.663
	热轧带肋钢筋 HRB400 综合	t	3849.00	1.841	3.682	—
	型钢 综合	kg	3.84	2353.000	4706.000	—
	中厚钢板 综合	kg	3.71	220.000	440.000	1954.000
	电焊条	kg	4.31	179.900	359.800	—
	铁件	kg	3.71	27.800	55.600	4.200
	圆钉	kg	4.74	12.700	25.400	8.800
	镀锌铁丝 18#~22#	kg	6.55	12.300	24.600	—
	水	m^3	4.27	64.000	104.000	41.000
	碎石 40 以内	t	102.00	23.580	23.580	—
	原木	m^3	1552.00	—	—	1.429
	其他材料费	元	1.00	171.37	317.68	1157.33
机械	混凝土振捣器 插入式	台班	4.65	6.004	9.472	4.568
	交流弧焊机 32kV·A	台班	92.84	17.152	34.190	—

第四章
箱 涵 工 程

说 明

一、本章定额包括透水管铺设,箱涵制作,箱涵外壁及滑板面处理,气垫安拆及使用,箱涵顶进,箱涵内挖土,箱涵接缝处理,金属顶柱、护套及支架制作等八节,共39个子目。

二、顶进土质按一、二类土考虑,若实际土质与定额不同时,可进行调整。

三、箱涵顶进分空顶、无中继间实土顶和有中继间实土顶。

四、定额中未包括箱涵顶进的后背设施等,其发生时费用可另行计算。

五、定额中未包括深基坑开挖、支撑及排水的工作内容,发生时可套用有关定额。

工程量计算规则

一、透水管按设计图示尺寸以“m”计算。

二、箱涵混凝土工程量,按设计图示尺寸以“m^3”计算,不扣除单孔面积 0.3m^2 以下的预留孔洞所占体积。箱涵滑板下的肋楞,其工程量并入滑板内计算。

三、顶柱、中继间护套及挖土支架均属专用周转性金属构件,定额中已按摊销量计列,不得重复计算。

四、箱涵顶进分空顶、无中继间实土顶和有中继间实土顶三类,其工程量计算如下:

1. 空顶工程量按空顶的单节箱涵重量乘以箱涵位移距离计算;

2. 实土顶工程量按被顶箱涵的重量乘以箱涵位移距离以“t · m”分段累计计算;

3. 箱涵顶进中的自重指箱涵顶进时的总重量,应包括拖带的设备重量(按箱涵重量的 5% 计算),采用中继间接力顶进时,还应包括中继间的重量。

五、气垫只考虑在预制箱涵底板上使用,按箱涵底面积以“m^2”计算。气垫的使用天数由施工组织设计确定,但采用气垫后再套用顶进定额时乘以 0.7 系数。

六、箱涵顶进土方按设计结构外围尺寸乘以箱涵顶进土体长度以“m^3”计算。

一、透水管铺设

工作内容：钢管钻孔；涂防锈漆；钢管埋设；碎石充填。　　**计量单位：**10m

定额编号				2-234	2-235
项目				钢透水管	
				$\phi \leq 100$	$\phi \leq 200$
基价（元）				**1096.37**	**2408.34**
其中	人工费（元）			322.38	463.32
	材料费（元）			755.33	1920.45
	机械费（元）			18.66	24.57
	名称	单位	单价(元)	消耗量	
人工	二类人工	工日	135.00	2.388	3.432
材料	碳素结构钢流体无缝钢管 108×4.5	kg	4.74	104.650	—
	碳素结构钢流体无缝钢管 219×8	kg	4.74	—	321.500
	防锈漆 C53-1	kg	14.05	1.830	3.250
	碎石 综合	t	102.00	2.290	3.440
机械	立式钻床 50mm	台班	21.16	0.882	1.161

工作内容：浇捣管道垫层；透水管铺设；接口坞砂浆；填砂。　　**计量单位：**10m

定额编号				2-236	2-237	2-238	2-239
项目				混凝土透水管			
				$\phi \leq 200$	$\phi \leq 300$	$\phi \leq 380$	$\phi \leq 450$
基价（元）				**1110.69**	**1399.72**	**1654.44**	**2003.73**
其中	人工费（元）			248.94	283.23	338.18	403.65
	材料费（元）			859.67	1114.18	1313.53	1596.79
	机械费（元）			2.08	2.31	2.73	3.29
	名称	单位	单价(元)	消耗量			
人工	二类人工	工日	135.00	1.844	2.098	2.505	2.990
材料	非泵送商品混凝土 C15	m^3	399.00	0.914	1.066	1.188	1.451
	干混砌筑砂浆 DM M10.0	m^3	413.73	0.042	0.052	0.062	0.067
	混凝土透水管 $\phi 200$	m	22.67	10.250	—	—	—
	黄砂 毛砂	t	87.38	1.808	2.750	3.600	4.295
	热轧光圆钢筋 综合	t	3966.00	0.022	0.022	0.022	0.022
	混凝土透水管 $\phi 300$	m	33.15	—	10.250	—	—
	混凝土透水管 $\phi 380$	m	40.20	—	—	10.250	—
	混凝土透水管 $\phi 450$	m	51.47	—	—	—	10.250
机械	混凝土振捣器 平板式	台班	12.54	0.135	0.153	0.171	0.216
	干混砂浆罐式搅拌机 20000L	台班	193.83	0.002	0.002	0.003	0.003

二、箱 涵 制 作

工作内容:1. 混凝土:混凝土浇筑、捣固、抹平、养生;
2. 模板:模板制作、安装、涂脱模剂;模板拆除、整堆等。

定额编号				2-240	2-241	2-242
项目				滑板	底板	滑板、底板
				混凝土		模板
计量单位				$10m^3$		$10m^2$
基价(元)				**4821.92**	**5050.97**	**294.97**
其中	人工费(元)			382.32	364.50	192.78
	材料费(元)			4433.75	4680.93	82.50
	机械费(元)			5.85	5.54	19.69
名称		单位	单价(元)	消耗量		
人工	二类人工	工日	135.00	2.832	2.700	1.428
材料	泵送商品混凝土 C20	m^3	431.00	10.100	—	—
	泵送商品混凝土 C30	m^3	461.00	—	10.100	—
	草袋	个	3.62	19.937	5.522	—
	水	m^3	4.27	1.985	1.134	—
	板方材	m^3	1034.00	—	—	0.016
	钢模板	kg	5.96	—	—	6.470
	零星卡具	kg	5.88	—	—	2.540
	钢支撑	kg	3.97	—	—	2.260
	圆钉	kg	4.74	—	—	0.260
	脱模剂	kg	1.54	—	—	1.000
	模板嵌缝料	kg	1.42	—	—	0.500
机械	混凝土振捣器 平板式	台班	12.54	0.268	0.254	—
	混凝土振捣器 插入式	台班	4.65	0.536	0.507	—
	载货汽车 4t	台班	369.21	—	—	0.034
	汽车式起重机 8t	台班	648.48	—	—	0.011

工作内容:1. 混凝土:混凝土浇筑、捣固、抹平、养生;
2. 模板:模板制作、安装、涂脱模剂;模板拆除、整堆等。

定额编号				2-243	2-244	2-245	2-246
项目				侧墙		顶板	
				混凝土	模板	混凝土	模板
计量单位				$10m^3$	$10m^2$	$10m^3$	$10m^2$
基价(元)				**5173.15**	**375.72**	**5136.18**	**374.18**
其中	人工费(元)			490.86	206.55	437.40	217.08
	材料费(元)			4679.28	105.76	4692.73	95.81
	机械费(元)			3.01	63.41	6.05	61.29
名称		单位	单价(元)	消耗量			
人工	二类人工	工日	135.00	3.636	1.530	3.240	1.608
材料	泵送商品混凝土 C30	m^3	461.00	10.100	—	10.100	—
	草袋	个	3.62	2.402	—	6.521	—
	水	m^3	4.27	3.392	—	3.051	—
	铁件	kg	3.71	—	2.120	—	—
	板方材	m^3	1034.00	—	0.016	—	0.016
	钢模板	kg	5.96	—	6.370	—	6.370
	零星卡具	kg	5.88	—	2.540	—	2.540
	钢支撑	kg	3.97	—	5.680	—	5.680
	尼龙帽	个	0.60	—	3.470	—	—
	圆钉	kg	4.74	—	0.330	—	0.330
	脱模剂	kg	1.54	—	1.000	—	1.000
	模板嵌缝料	kg	1.42	—	0.500	—	0.500
机械	履带式电动起重机 5t	台班	235.09	—	0.162	—	0.153
	混凝土振捣器 插入式	台班	4.65	0.647	—	0.554	—
	混凝土振捣器 平板式	台班	12.54	—	—	0.277	—
	载货汽车 4t	台班	369.21	—	0.044	—	0.044
	汽车式起重机 8t	台班	648.48	—	0.014	—	0.014

三、箱涵外壁及滑板面处理

工作内容:1. 外壁面处理:外壁面清洗;拌制水泥砂浆、熬制沥青、配料;墙面刷涂;
2. 滑板面处理:石蜡加热;涂刷;铺塑料薄膜层。

计量单位:100m²

定额编号				2-247	2-248	2-249	2-250
项目				箱涵外壁		滑板面层	
				防水砂浆	沥青层	石蜡层	塑料薄膜层
基价(元)				**2347.24**	**1302.40**	**853.97**	**1017.60**
其中	人工费(元)			1155.60	230.85	667.44	929.88
	材料费(元)			1174.97	1071.55	186.53	87.72
	机械费(元)			16.67	—	—	—
名称		单位	单价(元)	消耗量			
人工	二类人工	工日	135.00	8.560	1.710	4.944	6.888
材料	干混抹灰砂浆 DP M20.0	m³	446.95	2.050	—	—	—
	防水剂	kg	3.65	58.600	—	—	—
	水	m³	4.27	10.500	10.500	—	—
	石油沥青	kg	2.67	—	376.000	—	—
	石蜡	kg	5.00	—	—	36.810	—
	煤	kg	0.60	—	37.000	4.000	—
	木柴	kg	0.16	—	3.700	0.530	—
	聚乙烯薄膜	m²	0.86	—	—	—	102.000
机械	干混砂浆罐式搅拌机 20000L	台班	193.83	0.086	—	—	—

四、气垫安拆及使用

工作内容：设备及管路安装、拆除；气垫起动及使用。

				定额编号	2-251	2-252
				项目	安拆	使用
				计量单位	$100m^2$	$100m^2$·天
				基价（元）	**4160.45**	**1320.41**
其中	人工费（元）				2601.72	205.74
	材料费（元）				1320.10	—
	机械费（元）				238.63	1114.67
	名称	单位	单价(元)		消耗量	
人工	二类人工	工日	135.00		19.272	1.524
材料	热轧薄钢板 Q235B 综合	kg	3.97		23.000	—
	碳素结构钢焊接钢管 综合	kg	3.88		87.000	—
	铁件	kg	3.71		1.010	—
	截止阀 J11T－16K *DN*50	个	112.00		0.100	—
	截止阀 J41T－16 *DN*80	个	431.00		1.540	—
	乙炔气	m^3	8.90		0.500	—
	氧气	m^3	3.62		1.490	—
	电焊条	kg	4.31		18.920	—
	防锈漆 C53－1	kg	14.05		8.623	—
机械	履带式电动起重机 5t	台班	235.09		0.585	—
	交流弧焊机 32kV·A	台班	92.84		1.089	—
	内燃空气压缩机 $12m^3$/min	台班	610.40		—	1.035
	内燃空气压缩机 $6m^3$/min	台班	417.52		—	1.035
	储气包 $4m^3$	台班	39.18		—	1.296

五、箱 涵 顶 进

工作内容:安装顶进设备及横梁垫块;操作液压系统;安放顶铁、顶进;顶进完毕后设备拆除。 **计量单位**:1000t·m

定额编号				2-253	2-254	2-255
项目				空顶		
				自重≤1000t	自重≤2000t	自重≤3000t
基价(元)				**2624.02**	**3084.94**	**3582.52**
其中	人工费(元)			1240.92	1468.53	1697.76
	材料费(元)			122.16	100.89	90.08
	机械费(元)			1260.94	1515.52	1794.68
名称		单位	单价(元)	消耗量		
人工	二类人工	工日	135.00	9.192	10.878	12.576
材料	液压控制系统	套	1897.00	0.021	0.014	0.010
	箱涵顶柱	kg	—	(275.000)	(268.180)	(260.760)
	板方材	m^3	1034.00	0.010	0.010	0.010
	千斤顶支架	kg	5.12	10.270	8.710	8.080
	枋木	m^3	776.00	0.025	0.025	0.025
机械	履带式起重机 15t	台班	702.00	1.315	1.566	1.773
	高压油泵 80MPa	台班	184.68	1.206	1.485	1.683
	立式油压千斤顶 200t	台班	11.52	9.990	12.321	—
	立式油压千斤顶 300t	台班	16.55	—	—	14.454

工作内容:安装顶进设备及横梁垫块;操作液压系统;安放顶铁、顶进;顶进完毕后设备拆除。 **计量单位**:1000t·m

定额编号				2-256	2-257	2-258
项目				无中继间实土顶		
				自重≤1000t	自重≤2000t	自重≤3000t
基价(元)				**3793.28**	**4623.29**	**5542.85**
其中	人工费(元)			1864.62	2264.76	2661.66
	材料费(元)			122.16	100.89	90.08
	机械费(元)			1806.50	2257.64	2791.11
名称		单位	单价(元)	消耗量		
人工	二类人工	工日	135.00	13.812	16.776	19.716
材料	液压控制系统	套	1897.00	0.021	0.014	0.010
	箱涵顶柱	kg	—	(275.000)	(268.000)	(261.000)
	板方材	m^3	1034.00	0.010	0.010	0.010
	千斤顶支架	kg	5.12	10.270	8.710	8.080
	枋木	m^3	776.00	0.025	0.025	0.025
机械	履带式起重机 15t	台班	702.00	1.954	2.385	2.817
	高压油泵 80MPa	台班	184.68	1.332	1.899	2.214
	立式油压千斤顶 200t	台班	11.52	16.389	20.196	—
	立式油压千斤顶 300t	台班	16.55	—	—	24.453

工作内容：安装顶进设备及横梁垫块；操作液压系统；安放顶铁、顶进；顶进完毕后设备拆除。　**计量单位**：1000t·m

定额编号				2-259	2-260	2-261
项目				有中继间实土项		
				自重≤1000t	自重≤2000t	自重≤3000t
基价（元）				**5101.64**	**5980.77**	**7421.40**
其中	人工费（元）			2585.52	2979.99	3808.62
	材料费（元）			206.41	167.87	147.83
	机械费（元）			2309.71	2832.91	3464.95
	名称	单位	单价(元)	消耗量		
人工	二类人工	工日	135.00	19.152	22.074	28.212
材料	液压控制系统	套	1897.00	0.042	0.028	0.020
	中继间护套	kg	—	(50.480)	(33.840)	(28.650)
	箱涵顶柱	kg	—	(412.340)	(402.800)	(391.100)
	板方材	m^3	1034.00	0.020	0.020	0.020
	千斤顶支架	kg	5.12	15.410	13.070	12.120
	枋木	m^3	776.00	0.035	0.035	0.035
机械	履带式起重机 15t	台班	702.00	2.466	2.943	3.474
	高压油泵 80MPa	台班	184.68	1.845	2.610	3.024
	立式油压千斤顶 200t	台班	11.52	20.646	24.732	5.472
	立式油压千斤顶 300t	台班	16.55	—	—	24.453

六、箱涵内挖土

工作内容：1. 人工挖土：安、拆挖土支架；铺钢轨、挖土、运土；机械配合吊土、出坑、堆放、清理；
2. 机械挖土：操作机械挖工，人工配合修底边；吊土、出坑、堆放、清理。　**计量单位**：$100m^3$

定额编号				2-262	2-263	2-264
项目				人工挖土		机械挖土
				人运机吊	机运机吊	
基价（元）				**9673.76**	**10459.15**	**4609.53**
其中	人工费（元）			5783.40	5334.66	1892.16
	材料费（元）			35.86	166.19	130.33
	机械费（元）			3854.50	4958.30	2587.04
	名称	单位	单价(元)	消耗量		
人工	二类人工	工日	135.00	42.840	39.516	14.016
材料	挖土支架	kg	—	(15.490)	(15.490)	—
	板方材	m^3	1034.00	0.025	0.025	—
	乙炔气	m^3	8.90	0.090	0.090	—
	氧气	m^3	3.62	0.271	0.271	—
	电焊条	kg	4.31	1.910	1.910	—
	钢轨	kg	4.14	—	27.000	27.000
	铁件	kg	3.71	—	5.000	5.000
机械	汽车式起重机 8t	台班	648.48	5.922	5.922	1.773
	交流弧焊机 32kV·A	台班	92.84	0.153	0.153	—
	履带式单斗液压挖掘机 $0.6m^3$	台班	624.26	—	—	1.773
	电动卷扬机－单筒慢速 50kN	台班	186.39	—	5.922	1.773

七、箱涵接缝处理

工作内容:混凝土表面处理;材料调制、涂料;嵌缝。

定额编号				2-265	2-266	2-267	2-268	2-269
项目				石棉水泥嵌缝	嵌防水膏	沥青二度	沥青封口	嵌沥青木丝板
计量单位				10m		$10m^2$		
基价(元)				**202.11**	**759.68**	**618.48**	**2327.46**	**354.00**
其中	人工费(元)			45.36	197.64	59.13	801.90	34.02
	材料费(元)			156.75	562.04	559.35	1525.56	319.98
	机械费(元)			—	—	—	—	—
名称		单位	单价(元)	消耗量				
人工	二类人工	工日	135.00	0.336	1.464	0.438	5.940	0.252
材料	油麻丝	kg	20.69	1.000	—	—	—	—
	石棉绒	kg	3.49	32.130	—	—	—	—
	复合硅酸盐水泥 PC 32.5R 综合	t	319.00	0.075	—	—	—	—
	沥青防水油膏	kg	6.90	—	79.800	—	—	—
	冷底子油	kg	5.57	—	2.050	5.130	—	—
	石油沥青	kg	2.67	—	—	194.000	556.000	82.000
	木柴	kg	0.16	—	—	80.000	54.000	8.000
	煤	kg	0.60	—	—	—	54.000	8.000
	木丝板 25×610×1830	m^2	9.31	—	—	—	—	10.200

八、金属顶柱、护套及支架制作

工作内容:选料、划线、切割、焊接、矫正、油漆;堆放。 **计量单位**:t

定额编号				2-270	2-271	2-272
项目				箱涵顶柱	中继电护套	挖土支架
基价(元)				**6557.38**	**7809.91**	**7260.06**
其中	人工费(元)			1251.45	1859.76	1757.70
	材料费(元)			4177.70	4354.81	4947.87
	机械费(元)			1128.23	1595.34	554.49
名称		单位	单价(元)	消耗量		
人工	二类人工	工日	135.00	9.270	13.776	13.020
材料	中厚钢板 综合	kg	3.71	1060.000	954.000	—
	电焊条	kg	4.31	21.500	36.330	41.160
	氧气	m^3	3.62	7.720	12.870	7.780
	乙炔气	m^3	8.90	2.760	4.500	2.780
	防锈漆 C53-1	kg	14.05	4.820	9.330	43.050
	溶剂油	kg	2.29	0.480	0.930	4.310
	型钢 综合	kg	3.84	—	106.000	1060.000
	其他材料费	元	1.00	31.10	31.99	32.44
机械	履带式起重机 15t	台班	702.00	1.350	1.638	0.090
	交流弧焊机 32kV·A	台班	92.84	1.935	4.671	5.292
	摇臂钻床 63mm	台班	32.79	0.027	0.360	—

注:本定额项目仅作调价用,摊销量已在定额中考虑。

第五章
砌 筑 工 程

说 明

一、本章定额包括浆砌片(块)石、浆砌料石、浆砌混凝土预制块、砖砌体、勾缝、挡墙滤层六节,共34个子目。

二、本章定额适用于砌筑高度在8m以内的桥涵砌筑工程。

三、砌筑定额中未包括脚手架、挖基、垫层、基坑回填、墙背回填、排水、抹面等项目,发生时可套用有关定额。

四、块石如需冲洗时(利用旧料),每立方米块石增加人工0.24工日,水0.5m^3。

五、砌体设有伸缩缝、沉降缝的,套用本册第八章“其他工程”相应子目。

工程量计算规则

一、砌筑工程量按设计图示尺寸以“m^3”计算,嵌入砌体中的钢管、沉降缝、伸缩缝以及单孔面积以0.3m^2以内的预留孔所占体积不予扣除。

二、台阶按设计断面的实砌体积以“m^3”计算。

三、挡墙背的滤层按设计图示尺寸以“m^3”计算。

四、块石护脚砌筑高度超过1.2m需搭设脚手架时,可按本定额第十三册“脚手架工程”相应定额计算,块石护脚在自然地面以下砌筑时,不计算脚手架费用。

一、浆砌片(块)石

工作内容:放样,安、拆样架、样桩,选修、冲洗石料,配拌砂浆、砌筑、湿治养生等。　　计量单位:$10m^3$

定额编号				2-273	2-274	2-275	2-276
项目				浆砌片石			
				基础、护底	护坡	台阶	墩、台、墙
基价(元)				3122.46	3604.73	4186.64	3650.77
其中	人工费(元)			700.79	787.86	1371.87	1050.84
	材料费(元)			2400.15	2794.00	2791.90	2382.87
	机械费(元)			21.52	22.87	22.87	217.06
名称		单位	单价(元)	消耗量			
人工	二类人工	工日	135.00	5.191	5.836	10.162	7.784
材料	片石	t	67.96	18.660	18.660	18.660	17.850
	干混砌筑砂浆 DM M7.5	m^3	413.73	2.700	3.670	3.670	2.750
	水	m^3	4.27	3.500	1.750	1.260	7.500
机械	干混砂浆罐式搅拌机 20000L	台班	193.83	0.111	0.118	0.118	0.113
	履带式起重机 15t	台班	702.00	—	—	—	0.278

工作内容:放样,安、拆样架、样桩,选修、冲洗石料,配拌砂浆、砌筑、湿治养生等。　　计量单位:$10m^3$

定额编号				2-277	2-278	2-279	2-280	2-281
项目				浆砌块石				
				基础、护底	护坡	台阶	墩、台、墙	挡墙
基价(元)				3303.65	3785.91	4367.83	3824.09	3900.09
其中	人工费(元)			700.79	787.86	1371.87	1050.84	904.50
	材料费(元)			2581.34	2975.18	2973.09	2556.19	2973.69
	机械费(元)			21.52	22.87	22.87	217.06	21.90
名称		单位	单价(元)	消耗量				
人工	二类人工	工日	135.00	5.191	5.836	10.162	7.784	6.700
材料	块石	t	77.67	18.660	18.660	18.660	17.850	18.660
	干混砌筑砂浆 DM M7.5	m^3	413.73	2.700	3.670	3.670	2.750	3.670
	水	m^3	4.27	3.500	1.750	1.260	7.500	1.400
机械	履带式起重机 15t	台班	702.00	—	—	—	0.278	—
	干混砂浆罐式搅拌机 20000L	台班	193.83	0.111	0.118	0.118	0.113	0.113

二、浆 砌 料 石

工作内容:放样,安、拆样架、样桩,选修、冲洗石料,配拌砂浆、砌筑、湿治养生等。　　**计量单位**:$10m^3$

定额编号				2-282	2-283	2-284	2-285
项目				浆砌料石			
				台阶	墩、台、墙	帽石、缘石	压顶
基价(元)				**4630.40**	**3779.37**	**4064.31**	**4253.95**
其中	人工费(元)			1775.52	1077.03	1483.65	1562.36
	材料费(元)			2843.06	2539.13	2573.29	2680.35
	机械费(元)			11.82	163.21	7.37	11.24
名称		单位	单价(元)	消耗量			
人工	二类人工	工日	135.00	13.152	7.978	10.990	11.573
材料	料石	t	97.09	21.770	22.056	22.056	20.300
	干混砌筑砂浆 DM M7.5	m^3	413.73	1.750	0.920	0.920	1.660
	水	m^3	4.27	1.260	4.000	12.000	5.300
机械	干混砂浆罐式搅拌机 20000L	台班	193.83	0.061	0.038	0.038	0.058
	履带式起重机 15t	台班	702.00	—	0.222	—	—

三、浆砌混凝土预制块

工作内容:放样,安、拆样架、样桩,选修预制块,配拌砂浆、砌筑、湿治养生等。　　**计量单位**:$10m^3$

定额编号				2-286	2-287	2-288	2-289
项目				浆砌混凝土预制块			
				护坡(无底浆)	护坡(有底浆)	台阶	墩、台、墙
基价(元)				**4885.16**	**5699.19**	**5118.59**	**5013.14**
其中	人工费(元)			1356.89	1598.94	1248.21	1031.94
	材料费(元)			3525.36	4088.04	3858.56	3778.51
	机械费(元)			2.91	12.21	11.82	202.69
名称		单位	单价(元)	消耗量			
人工	二类人工	工日	135.00	10.051	11.844	9.246	7.644
材料	混凝土预制块 综合	m^3	345.00	9.670	9.670	9.070	9.190
	干混砌筑砂浆 DM M7.5	m^3	413.73	0.440	1.800	1.750	1.390
	水	m^3	4.27	1.680	1.680	1.260	7.700
机械	履带式起重机 15t	台班	702.00	—	—	—	0.273
	干混砂浆罐式搅拌机 20000L	台班	193.83	0.015	0.063	0.061	0.057

工作内容：放样，安、拆样架、样桩，选修预制块，配拌砂浆、砌筑、湿治养生等。　　计量单位：10m³

定额编号				2-290	2-291	2-292
项目				浆砌混凝土预制块		
				挡墙	帽石、缘石	压顶
基价（元）				**4441.97**	**5114.88**	**5056.12**
其中	人工费（元）			771.12	1270.08	1416.15
	材料费（元）			3659.80	3833.36	3628.73
	机械费（元）			11.05	11.44	11.24
名称		单位	单价(元)	消耗量		
人工	二类人工	工日	135.00	5.712	9.408	10.490
材料	混凝土预制块 综合	m^3	345.00	7.730	9.190	8.440
	干混砌筑砂浆 DM M7.5	m^3	413.73	2.400	1.440	1.680
	水	m^3	4.27	—	15.700	5.120
机械	干混砂浆罐式搅拌机 20000L	台班	193.83	0.057	0.059	0.058

四、砖　砌　体

工作内容：放样，安、拆样架、样桩，浸砖，配拌砂浆、砌筑、湿治养生等。　　计量单位：10m³

定额编号				2-293	2-294	2-295	2-296
项目				砖砌体			
				基础、护底	墩、台、墙	帽石、缘石	挡墙
基价（元）				**3973.93**	**4203.22**	**4075.93**	**4256.15**
其中	人工费（元）			794.88	919.49	899.51	1089.72
	材料费（元）			3160.05	3093.95	3156.65	3147.24
	机械费（元）			19.00	189.78	19.77	19.19
名称		单位	单价(元)	消耗量			
人工	二类人工	工日	135.00	5.888	6.811	6.663	8.072
材料	混凝土实心砖 240×115×53 MU10	千块	388.00	5.230	5.310	5.310	5.230
	干混砌筑砂浆 DM M7.5	m^3	413.73	2.630	2.421	2.490	2.630
	水	m^3	4.27	10.000	7.500	15.500	7.000
机械	履带式起重机 15t	台班	702.00	—	0.243	—	—
	干混砂浆罐式搅拌机 20000L	台班	193.83	0.098	0.099	0.102	0.099

五、勾　　缝

工作内容:调制砂浆、清扫石面、勾缝、养护。　　　　**计量单位:**100m²

定额编号				2-297	2-298	2-299	2-300
项目				勾平缝			勾凸缝
				浆砌(片)块石面	浆砌料石面	浆砌预制块面	
基价(元)				**644.84**	**589.07**	**547.11**	**1209.33**
其中	人工费(元)			401.49	400.28	400.28	789.89
	材料费(元)			240.25	186.46	145.09	414.01
	机械费(元)			3.10	2.33	1.74	5.43
名称		单位	单价(元)	消耗量			
人工	二类人工	工日	135.00	2.974	2.965	2.965	5.851
材料	干混砌筑砂浆 DM M7.5	m³	413.73	0.520	0.390	0.290	0.940
	水	m³	4.27	5.880	5.880	5.880	5.880
机械	干混砂浆罐式搅拌机 20000L	台班	193.83	0.016	0.012	0.009	0.028

工作内容:调制砂浆、清扫石面、勾缝、养护。　　　　**计量单位:**100m²

定额编号				2-301	2-302	2-303
项目				勾凹缝		
				浆砌块石面	浆砌料石面	浆砌预制块面
基价(元)				**960.74**	**905.78**	**863.01**
其中	人工费(元)			717.39	716.99	716.18
	材料费(元)			240.25	186.46	145.09
	机械费(元)			3.10	2.33	1.74
名称		单位	单价(元)	消耗量		
人工	二类人工	工日	135.00	5.314	5.311	5.305
材料	干混砌筑砂浆 DM M7.5	m³	413.73	0.520	0.390	0.290
	水	m³	4.27	5.880	5.880	5.880
机械	干混砂浆罐式搅拌机 20000L	台班	193.83	0.016	0.012	0.009

六、挡墙滤层

工作内容:整平,填滤料成形,清理等。　　　　**计量单位**:$10m^3$

定额编号				2-304	2-305	2-306
项目				滤沟	滤层	
				砂石滤沟	砂滤层	碎石滤层
基价(元)				**2743.52**	**1888.70**	**1824.60**
其中	人工费(元)			1189.89	267.30	409.86
	材料费(元)			1553.63	1621.40	1414.74
	机械费(元)			—	—	—
名称		单位	单价(元)	消耗量		
人工	二类人工	工日	135.00	8.814	1.980	3.036
材料	黄砂 净砂	t	92.23	11.780	17.580	—
	碎石 综合	t	102.00	4.580	—	13.870

第六章
钢 筋 工 程

说　明

一、本章定额包括钢筋制作、安装，钢格栅制作、安装，预埋铁件及拉杆，预应力钢筋制作、安装，安装压浆管道和压浆五节，共93个子目。

二、定额中圆钢采用HPB300，带肋钢筋采用HRB400，钢板采用A3钢，预应力筋采用Ⅳ级钢、钢绞线和高强钢丝。当设计要求采用钢材与定额不符时，可做调整。

三、当设计的钢筋含量与定额子目中圆钢和带肋钢筋含量比例不同时，可做调整。

四、小型构件钢筋适用于单体体积小于或等于0.1m^3的混凝土构件。

五、定额中已包含钢筋调直，但未包括冷拉、冷拔。如设计要求冷拉、冷拔时，费用可另行计算。

六、钢筋制作安装定额中已综合考虑了钢筋主筋接头的搭接焊，当钢筋接头另套用机械连接或焊接定额时，人工消耗量应按每个钢筋接头扣减0.045工日。

七、当预埋铁件的单块重量在0.025t以上时，则其人工消耗量乘以系数0.7、机械消耗量乘以系数0.6、电焊条消耗量乘以系数0.6。预埋钢板套用预埋铁件定额，其中钢板、型钢、钢筋综合按实际材质及用量换算，其余不变。

八、钢筋笼制作已包括台座的摊销，地下连续墙钢筋笼（网片）的工字钢封口应套用本定额第一册相应子目另行计算。

九、植筋定额的植筋深度按10d考虑，如设计要求植筋深度与定额不同时，可按比例调整。植筋定额未包括钢筋。当采用化学螺栓时，按实增加化学螺栓的用量并扣除锚固胶的消耗量。

十、预应力钢筋定额中未列锚具消耗量，但已考虑锚具安装的人工费。

十一、后张法预应力张拉时未包括张拉脚手架，发生时另行计算。

十二、预应力钢绞线定额按两端张拉考虑，如设计采用单端张拉时，人工消耗量和机械消耗量乘以系数0.8计算。单端张拉或双端张拉应按设计规定确定，如果设计未规定，可按以下规则执行：直线20m以内的按单端张拉执行，直线20m以上和曲线预应筋均按双端张拉执行。横向预应力钢绞线张拉，按两端设置锚具、双端张拉编制。负弯矩预应力钢绞线定额未包含槽口钢筋及混凝土，需另行计算。

十三、压浆管道定额分列橡胶管、镀锌钢导管、波纹管三个子目，定额中已综合考虑套管、三通管的消耗量。定额中波纹管按ϕ50塑料波纹管考虑，当设计与定额不同时，主材可调整，消耗量不变。

十四、定额中集成压浆料为干料量，按照水胶比0.27编制。当采用压浆剂时，可将压浆料的消耗量替换成10%的压浆剂和90%的42.5号普通硅酸盐水泥。

工程量计算规则

一、钢筋、钢筋网片、钢绞线和高强钢丝分别按设计用量以“t”计算，吊筋钢筋、浇注混凝土中固定钢筋位置的支撑钢筋、马凳筋、双层钢筋用的架立筋(铁马)、伸出构件的锚固钢筋以及设计明确的钢筋搭接，均并入钢筋工程量内，损耗已包括在定额中。沉降观测点列入钢筋(或铁件)工程量内计算，采用成品的按成品价计算。

二、钢筋机械连接、焊接按设计图示以“个”计算。当设计未明确时，对直径 $\phi 10$ 以上带肋钢筋可按每 9m 计算一个接头。

三、钢筋笼按设计重量以“t”计算，地下连续墙钢筋笼(网片)的制作与安装不包括工字钢封口重量。

四、预埋铁件按设计重量以“t”计算。

五、植筋按设计图示以“个”计算。

六、钢筋格栅和型钢钢架的制作、安装按设计重量以“t”计算，包括连接件、法兰、螺栓、垫片(板)的重量，不包括(锁脚)锚杆重量。

七、预应力钢筋按规定长度乘以单位理论重量以“t”计算。计算规定如下：

1. 先张法钢筋(钢绞线)按构件外形尺寸计算长度，定额中已包括损耗及预制场构件间的工作长度及张拉工作长度；

2. 后张法钢筋(钢绞线)按设计图示的预应力钢筋孔道长度 + 工作长度计算；当设计未明确工作长度时，根据不同锚具类型分别按下列规定计算：

(1)钢筋两端采用螺栓锚时，预应力的钢筋按预留孔道长度减 0.35m，螺栓锚另行计算；

(2)钢筋一端采用镦头锚，另一端采用螺栓锚时，预应力钢筋长度按预留孔道长度计算，螺栓锚另行计算；

(3)低合金钢筋(钢绞线)采用 JM、XM、OVM、QM、BM 型锚具，孔道长度在 20m 以内时，预应力钢筋长度按孔道长度增加 1m；如设计采用单端张拉时，预应力钢筋长度按孔道长度增加 0.5m；孔道长度 20m 以上时，预应力钢筋(钢绞线)长度按孔道长度增加 1.8m；

(4)碳素钢丝束采用锥形锚具，孔道在 20m 以内时，钢丝束长度按孔道长度增加 1m；孔道长度在 20m 以上时，钢丝束长度按孔道长度增加 1.8m；

(5)碳素钢丝束采用镦头锚具时，钢丝束长度按孔道长度增加 0.35m。

八、锚具为外购成品，包括锚头、锚杯、夹片、锚垫板和螺旋筋，工程量按设计用量计算。

九、管道压浆按设计长度以“m”计算，压浆工程量按管道设计长度乘以管道标称直径所计算面积的 80% 以“m^3”计算。

一、钢筋制作、安装

1. 现浇混凝土钢筋

(1) 桥梁、箱涵钢筋

工作内容: 钢筋解捆、除锈;调直、下料、弯曲;焊接、除碴;绑扎或焊接成型;安装、定位、校正;浇捣时钢筋看护等。

计量单位:t

定额编号				2-307	2-308
项目				圆钢	带肋钢筋
基价(元)				**5124.42**	**4738.57**
其中	人工费(元)			944.46	656.91
	材料费(元)			4107.45	3987.56
	机械费(元)			72.51	94.10
名称		单位	单价(元)	消耗量	
人工	二类人工	工日	135.00	6.996	4.866
材料	热轧光圆钢筋 综合	t	3966.00	1.020	—
	热轧带肋钢筋 HRB400 综合	t	3849.00	—	1.020
	镀锌铁丝 18#~22#	kg	6.55	8.860	2.950
	电焊条	kg	4.31	—	8.880
	其他材料费	元	1.00	4.10	3.98
机械	电动卷扬机-单筒慢速 50kN	台班	186.39	0.288	0.171
	钢筋切断机 40mm	台班	43.28	0.117	0.090
	钢筋弯曲机 40mm	台班	26.38	0.522	0.189
	交流弧焊机 32kV·A	台班	92.84	—	0.459
	对焊机 75kV·A	台班	119.25	—	0.090

(2)隧道钢筋

工作内容:钢筋解捆、除锈;调直、下料、弯曲;焊接、除碴;绑扎或焊接成型;安装、定位、校正;浇捣时钢筋看护等。

计量单位:t

	定额编号			2-309	2-310	2-311
	项目			圆钢	带肋钢筋	钢筋网片
	基价(元)			**5308.22**	**4937.00**	**5404.41**
其中	人工费(元)			1198.80	882.90	1236.06
	材料费(元)			4083.26	3977.63	4098.20
	机械费(元)			26.16	76.47	70.15
	名称	单位	单价(元)	消耗量		
人工	二类人工	工日	135.00	8.880	6.540	9.156
材料	镀锌铁丝 18#~22#	kg	6.55	5.170	0.930	0.900
	热轧带肋钢筋 HRB400 综合	t	3849.00	—	1.020	—
	电焊条	kg	4.31	—	9.650	6.300
	热轧光圆钢筋 综合	t	3966.00	1.020	—	1.025
	其他材料费	元	1.00	4.08	3.97	—
机械	钢筋调直机 14mm	台班	37.97	0.187	—	0.180
	钢筋切断机 40mm	台班	43.28	0.176	0.162	0.090
	钢筋弯曲机 40mm	台班	26.38	0.307	0.118	0.225
	交流弧焊机 32kV·A	台班	92.84	—	0.563	0.540
	对焊机 75kV·A	台班	119.25	—	0.090	—
	电动卷扬机-双筒慢速 50kN	台班	223.12	0.015	0.015	0.015

(3)地下结构钢筋

①明挖法车站

工作内容:钢筋解捆、除锈;调直、下料、弯曲;焊接、除碴;绑扎或焊接成型;安装、定位、校正;浇捣时钢筋看护等。

计量单位:t

定额编号				2-312	2-313	2-314
项目				圆钢	带肋钢筋	钢筋网片
基价(元)				**5211.06**	**4673.45**	**6713.94**
其中	人工费(元)			835.92	415.53	2093.04
	材料费(元)			4112.62	3990.63	4102.19
	机械费(元)			262.52	267.29	518.71
名称		单位	单价(元)	消耗量		
人工	二类人工	工日	135.00	6.192	3.078	15.504
材料	镀锌铁丝 8# ~12#	kg	6.55	8.572	2.673	2.140
	热轧光圆钢筋 综合	t	3966.00	1.020	—	—
	水	m^3	4.27	0.018	0.112	—
	电焊条 E43 系列	kg	4.74	0.950	8.500	—
	热轧带肋钢筋 HRB400 综合	t	3849.00	—	1.020	—
	冷拔钢丝 综合	t	4006.00	—	—	1.020
	其他材料费	元	1.00	6.57	6.37	2.05
机械	电动卷扬机-单筒慢速 50kN	台班	186.39	0.324	0.178	0.063
	钢筋调直机 14mm	台班	37.97	0.099	—	0.657
	点焊机 长臂 75kV·A	台班	146.78	—	—	1.962
	钢筋切断机 40mm	台班	43.28	0.118	0.086	0.396
	钢筋弯曲机 40mm	台班	26.38	0.436	0.189	—
	直流弧焊机 32kW	台班	97.11	0.050	0.411	—
	对焊机 75kV·A	台班	119.25	—	0.072	—
	履带式起重机 15t	台班	702.00	0.252	0.252	0.252

②盖挖、暗挖法车站

工作内容:钢筋解捆、除锈;调直、下料、弯曲;焊接、除碴;绑扎或焊接成型;安装、定位、校正;浇捣时钢筋看护等。

计量单位:t

定额编号				2-315	2-316	2-317
项目				圆钢	带肋钢筋	钢筋网片
基价(元)				**5503.24**	**4884.26**	**7411.06**
其中	人工费(元)			1086.75	540.14	2720.93
	材料费(元)			4104.13	4015.17	4102.19
	机械费(元)			312.36	328.95	587.94
名称		单位	单价(元)	消耗量		
人工	二类人工	工日	135.00	8.050	4.001	20.155
材料	镀锌铁丝 8#~12#	kg	6.55	5.500	1.500	2.140
	电焊条 E43 系列	kg	4.74	3.406	15.290	—
	热轧光圆钢筋 综合	t	3966.00	1.020	—	—
	热轧带肋钢筋 HRB400 综合	t	3849.00	—	1.020	—
	水	m^3	4.27	0.018	0.112	—
	冷拔钢丝 综合	t	4006.00	—	—	1.020
	其他材料费	元	1.00	6.56	6.41	2.05
机械	电动卷扬机-单筒慢速 50kN	台班	186.39	0.356	0.196	0.069
	钢筋调直机 14mm	台班	37.97	0.099	—	0.723
	点焊机 长臂 75kV·A	台班	146.78	—	—	2.158
	钢筋切断机 40mm	台班	43.28	0.130	0.122	0.436
	钢筋弯曲机 40mm	台班	26.38	0.436	0.184	—
	直流弧焊机 32kW	台班	97.11	0.135	0.429	—
	对焊机 75kV·A	台班	119.25	—	0.240	—
	履带式起重机 15t	台班	702.00	0.302	0.302	0.302

(4)道床钢筋

工作内容:钢筋解捆、除锈;调直、下料、弯曲;焊接、除碴;绑扎或焊接成型;安装、定位、校正;浇捣时钢筋看护等。

计量单位:t

定额编号				2-318	2-319	2-320	2-321
项目				隧道内整体道床		桥面整体道床	
				圆钢	带肋钢筋	圆钢	带肋钢筋
基价(元)				**5017.13**	**4632.67**	**5175.46**	**4761.68**
其中	人工费(元)			745.74	436.73	901.80	572.94
	材料费(元)			4146.62	4019.92	4148.89	4020.47
	机械费(元)			124.77	176.02	124.77	168.27
名称		单位	单价(元)	消耗量			
人工	二类人工	工日	135.00	5.524	3.235	6.680	4.244
材料	热轧光圆钢筋 综合	t	3966.00	1.020	—	1.020	—
	热轧带肋钢筋 HRB400 综合	t	3849.00	—	1.020	—	1.020
	镀锌铁丝	kg	6.55	8.572	2.673	9.540	2.900
	电焊条	kg	4.31	0.950	8.500	—	8.280
	其他材料费	元	1.00	41.06	39.80	41.08	39.81
机械	钢筋调直机 14mm	台班	37.97	0.099	—	0.099	—
	钢筋切断机 40mm	台班	43.28	0.118	0.086	0.118	0.086
	钢筋弯曲机 40mm	台班	26.38	0.436	0.189	0.436	0.189
	电动卷扬机 - 单筒慢速 30kN	台班	177.60	—	0.360	—	0.360
	电动卷扬机 - 单筒慢速 50kN	台班	186.39	0.324	0.178	0.324	0.178
	直流弧焊机 32kW	台班	97.11	0.410	0.411	0.410	0.411
	对焊机 75kV·A	台班	119.25	—	0.072	—	0.007
	轨道平车 10t	台班	86.38	0.011	0.011	0.011	0.011
	汽车式起重机 8t	台班	648.48	0.005	0.032	0.005	0.032

工作内容:钢筋解捆、除锈;调直、下料、弯曲;焊接、除碴;绑扎或焊接成型;安装、定位、校正;浇捣时钢筋看护等。

计量单位:t

定额编号				2-322	2-323	2-324	2-325
项目				路基上整体道床		浮置板道床及承轨台	
				圆钢	带肋钢筋	圆钢	带肋钢筋
基价(元)				**5017.13**	**4633.97**	**5017.14**	**4633.97**
其中	人工费(元)			745.74	436.73	745.74	436.73
	材料费(元)			4146.62	4019.92	4146.63	4019.92
	机械费(元)			124.77	177.32	124.77	177.32
	名称	单位	单价(元)	消耗量			
人工	二类人工	工日	135.00	5.524	3.235	5.524	3.235
材料	热轧光圆钢筋 综合	t	3966.00	1.020	—	1.020	—
	热轧带肋钢筋 HRB400 综合	t	3849.00	—	1.020	—	1.020
	镀锌铁丝	kg	6.55	8.572	2.673	8.573	2.673
	电焊条	kg	4.31	0.950	8.500	0.950	8.500
	其他材料费	元	1.00	41.06	39.80	41.06	39.80
机械	钢筋切断机 40mm	台班	43.28	0.118	0.086	0.118	0.086
	钢筋调直机 14mm	台班	37.97	0.099	—	0.099	—
	钢筋弯曲机 40mm	台班	26.38	0.436	0.189	0.436	0.189
	电动卷扬机－单筒慢速 30kN	台班	177.60	—	0.360	—	0.360
	电动卷扬机－单筒慢速 50kN	台班	186.39	0.324	0.178	0.324	0.178
	直流弧焊机 32kW	台班	97.11	0.410	0.411	0.410	0.411
	对焊机 75kV·A	台班	119.25	—	0.072	—	0.072
	轨道平车 10t	台班	86.38	0.011	0.011	0.011	0.011
	汽车式起重机 8t	台班	648.48	0.005	0.034	0.005	0.034

工作内容:钢筋解捆、除锈;调直、下料、弯曲;焊接、除碴;绑扎或焊接成型;安装、定位、校正;浇捣时钢筋看护等。

计量单位:t

定额编号				2-326	2-327
项目				减振垫道床	
				圆钢	带肋钢筋
基价(元)				**5023.63**	**4611.92**
其中	人工费(元)			754.52	436.73
	材料费(元)			4146.63	4019.92
	机械费(元)			122.48	155.27
	名称	单位	单价(元)	消耗量	
人工	二类人工	工日	135.00	5.589	3.235
材料	热轧光圆钢筋 综合	t	3966.00	1.020	—
	热轧带肋钢筋 HRB400 综合	t	3849.00	—	1.020
	镀锌铁丝	kg	6.55	8.573	2.673
	电焊条	kg	4.31	0.950	8.500
	其他材料费	元	1.00	41.06	39.80
机械	钢筋切断机 40mm	台班	43.28	0.140	0.086
	钢筋调直机 14mm	台班	37.97	0.099	—
	钢筋弯曲机 40mm	台班	26.38	0.436	0.189
	电动卷扬机－单筒慢速 30kN	台班	177.60	—	0.360
	电动卷扬机－单筒慢速 50kN	台班	186.39	0.324	0.178
	直流弧焊机 32kW	台班	97.11	0.410	0.411
	对焊机 75kV·A	台班	119.25	—	0.072
	轨道平车 10t	台班	86.38	0.011	0.011

(5)道口面板钢筋

工作内容:钢筋解捆、除锈;调直、下料、弯曲;焊接、除碴;绑扎或焊接成型;安装、定位、校正;浇捣时钢筋看护等。

计量单位:t

定额编号				2-328	2-329
项目				单线道口	股道间道口
基价(元)				**6627.13**	**4921.91**
其中	人工费(元)			614.52	614.52
	材料费(元)			5907.94	4201.30
	机械费(元)			104.67	106.09
名称		单位	单价(元)	消耗量	
人工	二类人工	工日	135.00	4.552	4.552
材料	热轧光圆钢筋 HPB300 综合	kg	3.98	364.000	366.133
	热轧光圆钢筋 综合	kg	3.97	660.000	663.872
	槽钢 综合	t	4052.00	0.423	—
	镀锌铁丝	kg	6.55	5.960	5.994
	电焊条	kg	4.31	6.380	6.417
	其他材料费	元	1.00	58.49	41.60
机械	交流弧焊机 42kV·A	台班	129.55	0.702	0.712
	钢筋调直机 14mm	台班	37.97	0.099	0.099
	钢筋切断机 40mm	台班	43.28	0.126	0.132
	钢筋弯曲机 40mm	台班	26.38	0.171	0.166

2. 预制构件钢筋

(1)预制桩、柱、梁、板钢筋

工作内容:钢筋解捆、除锈;调直、下料、弯曲;焊接、除碴;绑扎或焊接成型;入模、定位、校正;浇捣时钢筋看护等。

计量单位:t

定额编号				2-330	2-331
项目				圆钢	带肋钢筋
基价(元)				**5201.23**	**4711.18**
其中	人工费(元)			1001.97	636.66
	材料费(元)			4111.92	3984.64
	机械费(元)			87.34	89.88
名称		单位	单价(元)	消耗量	
人工	二类人工	工日	135.00	7.422	4.716
材料	热轧光圆钢筋 综合	t	3966.00	1.020	—
	热轧带肋钢筋 HRB400 综合	t	3849.00	—	1.020
	镀锌铁丝 $18^{\#}\sim22^{\#}$	kg	6.55	9.540	2.900
	电焊条	kg	4.31	—	8.280
	其他材料费	元	1.00	4.11	3.98
机械	电动卷扬机-单筒慢速 50kN	台班	186.39	0.297	0.153
	钢筋调直机 14mm	台班	37.97	0.099	—
	钢筋切断机 40mm	台班	43.28	0.153	0.081
	钢筋弯曲机 40mm	台班	26.38	0.819	0.171
	交流弧焊机 32kV·A	台班	92.84	—	0.459
	对焊机 75kV·A	台班	119.25	—	0.090

(2)预制隧道管片钢筋

工作内容:钢筋解捆、除锈;调直、下料、弯曲;焊接、除碴;绑扎或焊接成型;预埋件安放;钢筋骨架入模、定位、校正;浇捣时钢筋看护等。

计量单位:t

定额编号				2-332	2-333
项目				圆形隧道管片	类矩形隧道管片
基价(元)				**5366.17**	**5637.45**
其中	人工费(元)			637.47	638.28
	材料费(元)			4185.81	4102.83
	机械费(元)			542.89	896.34
名称		单位	单价(元)	消耗量	
人工	二类人工	工日	135.00	4.722	4.728
材料	热轧带肋钢筋 HRB400 综合	t	3849.00	0.815	0.990
	铁件	kg	3.71	39.900	28.000
	热轧光圆钢筋 综合	t	3966.00	0.210	0.035
	电焊条	kg	4.31	6.160	7.250
	其他材料费	元	1.00	41.44	18.38
机械	钢筋调直机 14mm	台班	37.97	0.651	0.981
	钢筋切断机 40mm	台班	43.28	0.437	0.675
	钢筋弯曲机 40mm	台班	26.38	0.464	0.720
	交流弧焊机 32kV·A	台班	92.84	1.233	3.825
	点焊机 长臂 75kV·A	台班	146.78	0.270	0.837
	门式起重机 50t	台班	1113.02	0.184	0.184
	载货汽车 4t	台班	369.21	0.347	0.347

3. 小型构件钢筋

工作内容:钢筋解捆、除锈;调直、下料、弯曲;焊接、除碴;绑扎或焊接成型;入模、定位、校正;浇捣时钢筋看护等。

计量单位:t

定额编号				2-334
项目				小型构件钢筋
基价(元)				**5755.23**
其中	人工费(元)			1268.73
	材料费(元)			4018.59
	机械费(元)			467.91
名称		单位	单价(元)	消耗量
人工	二类人工	工日	135.00	9.398
材料	热轧光圆钢筋 综合	t	3966.00	0.224
	热轧带肋钢筋 HRB400 综合	t	3849.00	0.802
	镀锌铁丝 18# ~22#	kg	6.55	6.000
	其他材料费	元	1.00	4.01
机械	钢筋切断机 40mm	台班	43.28	0.710
	履带式起重机 10t	台班	589.37	0.710
	钢筋弯曲机 40mm	台班	26.38	0.710

4. 钢筋笼

工作内容：1. 钢筋解捆除锈；调直、下料、弯曲；焊接、除碴；绑扎成型；起吊、定位、安装、固定；

2、3. 切断、成型、焊接、安装、预埋铁件及泡沫塑料板、钢筋笼试拼装。 **计量单位**：t

定额编号				2-335	2-336	2-337
项目				灌注桩钢筋笼	地下连续墙钢筋笼(网片)制作	
					圆钢	带肋钢筋
基价(元)				**5196.73**	**5312.31**	**4811.12**
其中	人工费(元)			785.70	955.80	437.40
	材料费(元)			4015.80	4275.19	4178.02
	机械费(元)			395.23	81.32	195.70
	名称	单位	单价(元)	消耗量		
人工	二类人工	工日	135.00	5.820	7.080	3.240
材料	热轧光圆钢筋 综合	t	3966.00	0.170	1.020	—
	热轧带肋钢筋 HRB400 综合	t	3849.00	0.850	—	1.020
	电焊条	kg	4.31	13.490	—	6.899
	铁件	kg	3.71	—	30.000	30.000
	镀锌铁丝 8#～12#	kg	6.55	1.800	4.000	2.918
	硬泡沫塑料板	m^3	474.00	—	0.150	0.150
	其他材料费	元	1.00	—	21.27	20.79
机械	电动卷扬机－单筒慢速 50kN	台班	186.39	0.378	—	—
	钢筋调直机 14mm	台班	37.97	0.027	0.162	—
	钢筋切断机 40mm	台班	43.28	0.396	0.162	0.162
	钢筋弯曲机 40mm	台班	26.38	0.396	0.162	0.162
	交流弧焊机 32kV·A	台班	92.84	2.502	—	0.981
	对焊机 75kV·A	台班	119.25	—	—	0.247
	履带式起重机 15t	台班	702.00	0.091	0.091	0.091

工作内容：钢筋笼吊运就位、驳运吊入槽、钢筋校正对接、安装护铁、就位、固定。 **计量单位**：t

定额编号				2-338	2-339	2-340	2-341	2-342
项目				地下连续墙钢筋笼(网片)安装				
				安放深度				
				25m以内	35m以内	45m以内	55m以内	55m以上
基价(元)				**504.71**	**559.71**	**587.56**	**680.15**	**728.39**
其中	人工费(元)			307.80	315.09	321.57	328.05	334.53
	材料费(元)			45.38	45.68	49.85	54.05	58.27
	机械费(元)			151.53	198.94	216.14	298.05	335.59
	名称	单位	单价(元)	消耗量				
人工	二类人工	工日	135.00	2.280	2.334	2.382	2.430	2.478
材料	铁件	kg	3.71	8.912	8.922	9.910	10.900	11.890
	垫木	m^3	2328.00	0.002	0.002	0.002	0.002	0.002
	电焊条	kg	4.31	1.208	1.267	1.395	1.460	1.531
	其他材料费	元	1.00	2.45	2.46	2.42	2.66	2.90
机械	汽车式起重机 12t	台班	748.60	0.090	0.121	0.140	0.155	0.170
	履带式起重机 40t	台班	1242.97	0.045	—	—	—	—
	履带式起重机 60t	台班	1456.51	—	0.054	0.054	—	—
	交流弧焊机 32kV·A	台班	92.84	0.304	0.320	0.352	0.368	0.386
	履带式起重机 100t	台班	2737.92	—	—	—	0.054	0.063

5. 钢筋机械连接、焊接

(1)机 械 连 接

工作内容:钢筋墩头、挤压、套丝加工及拧紧一端连接套、另一端戴保护帽;现场取出保护帽将待连接钢筋紧固连接。

计量单位:10 个

				2-343	2-344	2-345
定额编号				2-343	2-344	2-345
项目				冷压套筒	锥螺纹套筒	直螺纹套筒
基价(元)				**248.16**	**106.56**	**84.03**
其中	人工费(元)			43.20	40.50	40.50
	材料费(元)			174.12	64.16	37.04
	机械费(元)			30.84	1.90	6.49
名称		单位	单价(元)	消耗量		
人工	二类人工	工日	135.00	0.320	0.300	0.300
材料	冷挤压套筒	套	17.24	10.100	—	—
	锥螺纹套筒	只	6.21	—	10.100	—
	直螺纹连接套筒	只	3.53	—	—	10.100
	其他材料费	元	1.00	—	1.44	1.39
机械	锥形螺纹车机 45mm	台班	18.23	—	0.104	—
	螺栓套丝机 39mm	台班	28.85	—	—	0.225
	高压油泵 80MPa	台班	184.68	0.167	—	—

(2)焊 接

工作内容:对接、除锈、熔焊、挤压、清渣等。

计量单位:10 个

定额编号				2-346	2-347
项目				电渣压力焊	气压焊
基价(元)				**53.38**	**73.90**
其中	人工费(元)			40.50	40.50
	材料费(元)			1.57	5.20
	机械费(元)			11.31	28.20
名称		单位	单价(元)	消耗量	
人工	二类人工	工日	135.00	0.300	0.300
材料	焊剂	kg	3.66	0.250	—
	氧气	m^3	3.62	—	0.700
	乙炔气	m^3	8.90	—	0.300
	石棉垫	kg	6.53	0.100	—
机械	电渣焊机 电流 1000A	台班	174.04	0.065	—
	气压焊机	台班	188.00	—	0.150

6. 植 筋

工作内容:钻孔、清孔、注胶、安放钢筋等。 **计量单位:**10 个

定额编号				2-348	2-349	2-350	2-351
项目				植筋钢筋直径(mm)			
				≤ϕ10	ϕ12~16	ϕ18~22	ϕ25~30
基价(元)				**83.13**	**140.05**	**235.59**	**366.51**
其中	人工费(元)			60.75	97.20	162.00	218.70
	材料费(元)			9.87	24.46	44.80	105.83
	机械费(元)			12.51	18.39	28.79	41.98
名称		单位	单价(元)	消耗量			
人工	二类人工	工日	135.00	0.450	0.720	1.200	1.620
材料	锚固胶	kg	27.59	0.152	0.590	1.112	3.197
	合金钢钻头 ϕ14	个	9.91	0.400	—	—	—
	合金钢钻头 ϕ16~ϕ20	个	15.52	—	0.400	—	—
	合金钢钻头 ϕ22~ϕ26	个	30.17	—	—	0.400	—
	合金钢钻头 ϕ28~ϕ34	个	38.79	—	—	—	0.400
	其他材料费	元	1.00	1.71	1.97	2.05	2.11
机械	电锤	台班	6.92	0.313	0.460	0.720	1.050
	电动空气压缩机 0.6m^3/min	台班	33.06	0.313	0.460	0.720	1.050

二、钢格栅制作、安装

工作内容:制作、安装、绑扎、焊接、加固等。 **计量单位:**t

定额编号				2-352	2-353
项目				钢筋格栅	型钢钢架
基价(元)				**7497.18**	**5580.05**
其中	人工费(元)			2643.03	1443.42
	材料费(元)			4697.94	4101.50
	机械费(元)			156.21	35.13
名称		单位	单价(元)	消耗量	
人工	二类人工	工日	135.00	19.578	10.692
材料	热轧带肋钢筋 HRB400 综合	t	3849.00	0.953	0.023
	热轧光圆钢筋 综合	t	3966.00	0.072	—
	型钢 综合	kg	3.84	153.000	1014.000
	电焊条	kg	4.31	15.000	9.000
	其他材料费	元	1.00	92.12	80.42
机械	钢筋切断机 40mm	台班	43.28	0.170	0.005
	钢筋弯曲机 40mm	台班	26.38	0.212	—
	交流弧焊机 32kV·A	台班	92.84	1.507	0.340
	电动卷扬机-双筒慢速 50kN	台班	223.12	0.015	0.015

三、预埋铁件及拉杆

工作内容:1. 预埋铁件:制作、除锈;钢板划线、切割;钢筋调直、下料、弯曲;安装、焊接、固定;
2. 拉杆:下料、挑扣、焊接;涂防锈漆、涂沥青、缠麻布;安装、张拉、放张、切断等。 **计量单位**:t

定额编号				2-354	2-355	2-356	2-357
项目				预埋铁件	拉杆 直径(mm)		
					φ20 以内	φ40 以内	φ40 以外
基价 (元)				**7298.40**	**10376.89**	**7489.81**	**5844.11**
其中	人工费 (元)			2792.88	3735.72	1985.31	783.27
	材料费 (元)			4159.77	6283.69	5294.84	4907.64
	机械费 (元)			345.75	357.48	209.66	153.20
名称		单位	单价(元)	消耗量			
人工	二类人工	工日	135.00	20.688	27.672	14.706	5.802
材料	中厚钢板 综合	kg	3.71	673.000	—	—	—
	型钢 综合	kg	3.84	139.000	27.000	27.000	15.000
	热轧带肋钢筋 HRB400 综合	t	3849.00	0.243	1.040	1.060	1.060
	电焊条	kg	4.31	29.160	11.850	12.650	13.670
	氧气	m^3	3.62	10.160	1.472	0.546	0.354
	乙炔气	m^3	8.90	3.530	0.490	0.180	0.120
	石油沥青	kg	2.67	—	624.000	310.500	209.000
	煤	kg	0.60	—	125.000	62.000	42.000
	木柴	kg	0.16	—	12.480	6.620	4.180
	防锈漆 C53-1	kg	14.05	—	13.420	6.680	4.490
	麻布	kg	8.99	—	20.540	10.230	6.880
机械	交流弧焊机 32kV·A	台班	92.84	3.699	—	—	—
	钢筋切断机 40mm	台班	43.28	0.054	0.087	0.075	0.075
	直流弧焊机 32kW	台班	97.11	—	3.609	2.106	1.530
	电焊条烘干箱 45×35×45cm^3	台班	8.99	—	0.361	0.211	0.153

四、预应力钢筋制作、安装

1.先　张　法

工作内容:调直、下料;进入台座、按夹具;张拉、切断;整修。　　**计量单位**:t

定额编号				2-358	2-359
项　目				低合金钢筋	钢绞线
基　价（元）				**5789.22**	**6975.67**
其中	人工费（元）			534.60	691.74
	材料费（元）			5095.55	6154.24
	机械费（元）			159.07	129.69
	名　称	单位	单价(元)	消耗量	
人工	二类人工	工日	135.00	3.960	5.124
材料	冷拉四级钢筋	t	4569.00	1.110	—
	钢绞线	t	5336.00	—	1.140
	中厚钢板 综合	kg	3.71	4.000	13.000
	铁件	kg	3.71	1.340	4.370
	氧气	m^3	3.62	0.630	1.030
	乙炔气	m^3	8.90	0.210	0.340
机械	钢筋切断机 40mm	台班	43.28	0.468	—
	预应力钢筋拉伸机 3000kN	台班	103.52	0.288	0.450
	对焊机 75kV·A	台班	119.25	0.468	—
	高压油泵 80MPa	台班	184.68	0.288	0.450

2.后　张　法

工作内容:调直、切断;编束、穿束;安装锚具、张拉、锚固;拆除、切割钢丝(束)、封锚等。　　**计量单位**:t

定额编号				2-360	2-361	2-362	2-363
项　目				螺栓锚	锥形锚	JM12 型锚	镦头锚
基　价（元）				**6371.52**	**7611.09**	**6410.91**	**8092.02**
其中	人工费（元）			1301.67	1695.33	1365.66	2037.96
	材料费（元）			4850.45	5746.70	4848.94	5743.72
	机械费（元）			219.40	169.06	196.31	310.34
	名　称	单位	单价(元)	消耗量			
人工	二类人工	工日	135.00	9.642	12.558	10.116	15.096
材料	冷拉四级钢筋	t	4569.00	1.060	—	1.060	—
	热轧光圆钢筋 综合	t	3966.00	—	0.021	—	0.020
	钢绞线	t	5336.00	—	1.060	—	1.060
	镀锌铁丝 18#~22#	kg	6.55	—	0.770	0.680	0.740
	氧气	m^3	3.62	1.110	0.340	0.200	0.520
	乙炔气	m^3	8.90	0.370	0.110	0.070	0.170
机械	钢筋切断机 40mm	台班	43.28	0.468	—	0.729	—
	预应力钢筋拉伸机 900kN	台班	41.55	1.251	1.062	1.035	1.935
	高压油泵 50MPa	台班	117.64	1.251	1.062	1.035	1.935
	钢筋镦头机 5mm	台班	42.74	—	—	—	0.054

3. 后张法群锚

工作内容:调直、切断;编束、穿束;安装锚具、张拉、锚固;拆除、切割钢丝(束)、封锚等。 **计量单位:**t

定额编号				2-364	2-365	2-366	2-367	2-368	2-369
项目				后张法群锚					
				束长 20m 以内			束长 40m 以内		
				3 孔以内	7 孔以内	12 孔以内	7 孔以内	12 孔以内	19 孔以内
基价(元)				**9120.55**	**7483.98**	**6943.47**	**6618.61**	**6399.11**	**6352.47**
其中	人工费(元)			2603.34	1389.96	1031.94	758.03	625.05	600.08
	材料费(元)			5661.07	5658.26	5657.34	5658.26	5657.34	5656.95
	机械费(元)			856.14	435.76	254.19	202.32	116.72	95.44
名称		单位	单价(元)	消耗量					
人工	二类人工	工日	135.00	19.284	10.296	7.644	5.615	4.630	4.445
材料	钢绞线	t	5336.00	1.060	1.060	1.060	1.060	1.060	1.060
	镀锌铁丝 $18^{\#}\sim22^{\#}$	kg	6.55	0.750	0.320	0.180	0.320	0.180	0.120
机械	高压油泵 80MPa	台班	184.68	3.528	1.512	0.882	0.702	0.405	0.261
	预应力钢筋拉伸机 1200kN	台班	57.99	3.528	—	—	—	—	—
	预应力钢筋拉伸机 3000kN	台班	103.52	—	1.512	0.882	0.702	0.405	—
	预应力钢筋拉伸机 5000kN	台班	181.00	—	—	—	—	—	0.261

工作内容:调直、切断;编束、穿束;安装锚具、张拉、锚固;拆除、切割钢丝(束)、封锚等。 **计量单位:**t

定额编号				2-370	2-371	2-372	2-373	2-374	2-375
项目				后张法群锚			横向预应力钢绞线	负弯矩预应力钢绞线	
				束长 40m 以外				束长 8m 以内	束长 16m 以内
				7 孔以内	12 孔以内	19 孔以内	3 孔	5 孔	4 孔
基价(元)				**6546.23**	**6350.81**	**6307.83**	**9009.40**	**10164.63**	**8631.94**
其中	人工费(元)			724.28	598.05	574.43	2646.27	3400.52	2192.81
	材料费(元)			5658.25	5657.37	5656.97	5662.06	5683.02	5672.54
	机械费(元)			163.70	95.39	76.43	701.07	1081.09	766.59
名称		单位	单价(元)	消耗量					
人工	二类人工	工日	135.00	5.365	4.430	4.255	19.602	25.189	16.243
材料	钢绞线	t	5336.00	1.060	1.060	1.060	1.060	1.060	1.060
	镀锌铁丝 $18^{\#}\sim22^{\#}$	kg	6.55	0.319	0.185	0.124	0.900	4.100	2.500
机械	高压油泵 80MPa	台班	184.68	0.568	0.331	0.209	2.889	4.455	3.159
	预应力钢筋拉伸机 1200kN	台班	57.99	—	—	—	2.889	4.455	3.159
	预应力钢筋拉伸机 3000kN	台班	103.52	0.568	0.331	—	—	—	—
	预应力钢筋拉伸机 5000kN	台班	181.00	—	—	0.209	—	—	—

4.智能张拉预应力钢绞线

工作内容:钢绞线束制作,穿束;安装锚具、智能程控张拉机安装、钢绞线张拉;切割钢绞线(束)头,封锚头等。

计量单位:t

定额编号				2-376	2-377	2-378	2-379
项目				束长20m内			
				3孔以内	7孔以内	12孔以内	19孔以内
基价(元)				**9156.99**	**7317.32**	**6927.28**	**6657.67**
其中	人工费(元)			2369.93	1156.14	937.85	746.82
	材料费(元)			5742.66	5702.84	5687.64	5682.53
	机械费(元)			1044.40	458.34	301.79	228.32
	名称	单位	单价(元)	消耗量			
人工	二类人工	工日	135.00	17.555	8.564	6.947	5.532
材料	钢绞线	t	5336.00	1.060	1.060	1.060	1.060
	镀锌铁丝 18# ~22#	kg	6.55	1.100	0.800	0.400	0.500
	其他材料费	元	1.00	79.29	41.44	28.86	23.09
机械	智能程控张拉机 LX-MSP型	台班	565.15	1.848	0.811	0.534	0.404

工作内容:钢绞线束制作,穿束;安装锚具、智能程控张拉机安装、钢绞线张拉;切割钢绞线(束)头,封锚头等。

计量单位:t

定额编号				2-380	2-381	2-382	2-383	2-384
项目				束长40m内				
				3孔以内	7孔以内	12孔以内	19孔以内	22孔以内
基价(元)				**7942.98**	**6656.33**	**6362.24**	**6179.43**	**6130.74**
其中	人工费(元)			1506.33	562.55	466.56	333.45	313.20
	材料费(元)			5734.73	5702.13	5691.66	5688.30	5679.64
	机械费(元)			701.92	391.65	204.02	157.68	137.90
	名称	单位	单价(元)	消耗量				
人工	二类人工	工日	135.00	11.158	4.167	3.456	2.470	2.320
材料	钢绞线	t	5336.00	1.060	1.060	1.060	1.060	1.060
	镀锌铁丝 18# ~22#	kg	6.55	1.100	0.700	0.400	0.500	0.500
	其他材料费	元	1.00	71.36	41.38	32.88	28.86	20.20
机械	智能程控张拉机 LX-MSP型	台班	565.15	1.242	0.693	0.361	0.279	0.244

工作内容:钢绞线束制作,穿束;安装锚具、智能程控张拉机安装、钢绞线张拉;切割钢绞线(束)头,封锚头等。

计量单位:t

定额编号				2-385	2-386	2-387	2-388	2-389
项目				束长 80m 内				束长 120m 内
				12 孔以内	19 孔以内	22 孔以内	31 孔以内	22 孔以内
基价(元)				**6367.79**	**6200.18**	**6175.66**	**6076.34**	**6110.93**
其中	人工费(元)			520.02	382.86	374.90	316.85	350.19
	材料费(元)			5691.22	5687.34	5679.25	5673.02	5678.23
	机械费(元)			156.55	129.98	121.51	86.47	82.51
名称		单位	单价(元)	消耗量				
人工	二类人工	工日	135.00	3.852	2.836	2.777	2.347	2.594
材料	钢绞线	t	5336.00	1.060	1.060	1.060	1.060	1.060
	镀锌铁丝 18# ~22#	kg	6.55	0.600	0.500	0.500	0.500	0.500
	其他材料费	元	1.00	31.13	27.90	19.81	13.58	18.79
机械	智能程控张拉机 LX - MSP 型	台班	565.15	0.277	0.230	0.215	0.153	0.146

工作内容:钢绞线束制作,穿束;安装锚具、智能程控张拉机安装、钢绞线张拉;切割钢绞线(束)头,封锚头等。

计量单位:t

定额编号				2-390	2-391	2-392	2-393	2-394
项目				束长 120m 内	束长 200m 内	横向预应力钢绞线	负弯矩预应力钢绞线	
							束长 8m 以内	束长 16m 以内
				31 孔以内		3 孔	5 孔	4 孔
基价(元)				**6062.12**	**6165.47**	**9194.99**	**10335.65**	**8876.27**
其中	人工费(元)			327.78	424.58	2443.64	3003.21	2026.35
	材料费(元)			5671.61	5669.12	5697.35	5739.85	5717.92
	机械费(元)			62.73	71.77	1054.00	1592.59	1132.00
名称		单位	单价(元)	消耗量				
人工	二类人工	工日	135.00	2.428	3.145	18.101	22.246	15.010
材料	钢绞线	t	5336.00	1.060	1.060	1.060	1.060	1.060
	镀锌铁丝 18# ~22#	kg	6.55	0.500	0.500	1.100	4.100	2.500
	其他材料费	元	1.00	12.17	9.68	33.98	56.83	45.38
机械	智能程控张拉机 LX - MSP 型	台班	565.15	0.111	0.127	1.865	2.818	2.003

五、安装压浆管道和压浆

1. 安装压浆管道

工作内容：1. 橡胶管：管内塞钢筋或充气、放样、安放定位、校正固定、缠裹接头、抽拔、清洗胶管、清孔等；
2. 镀锌钢导管、波纹管：放样、下料、安放定位、校正固定、三通管安装等。

计量单位：100m

定额编号					2-395	2-396	2-397
项目					压浆管道		
					橡胶管	镀锌钢导管	波纹管
基价（元）					**305.94**	**1363.95**	**1589.98**
其中	人工费（元）				269.19	503.82	503.82
	材料费（元）				36.75	860.13	1086.16
	机械费（元）				—	—	—
名称			单位	单价(元)	消耗量		
人工	二类人工		工日	135.00	1.994	3.732	3.732
材料	橡胶护套管		m	12.84	2.680	—	—
	JDG 镀锌钢导管 $\phi40\times1.6$		m	7.41	—	105.000	—
	波纹管 $\phi50$		m	10.00	—	—	107.840
	其他材料费		元	1.00	2.34	82.08	7.76

2. 压　　浆

工作内容：压浆料配制、拌和、运输和孔道清洗、压浆等。

计量单位：$10m^3$

定额编号				2-398	2-399
项目				纯水泥浆压浆	集成压浆料压浆
基价（元）				**13297.00**	**21995.28**
其中	人工费（元）			4284.90	4284.90
	材料费（元）			6419.25	15432.11
	机械费（元）			2592.85	2278.27
名称		单位	单价(元)	消耗量	
人工	二类人工	工日	135.00	31.740	31.740
材料	普通硅酸盐水泥 P·O 42.5 综合	t	346.00	14.635	—
	集成压浆料	t	862.00	—	17.874
	水	m^3	4.27	6.420	5.790
	混凝土外加剂	kg	3.63	365.874	—
机械	液压注浆泵 HYB50/50－1 型	台班	75.11	6.066	—
	灰浆搅拌机 200L	台班	154.97	6.066	—
	机动翻斗车 1t	台班	197.36	6.066	—
	自动真空压浆系统 LJ－YJA1 型	台班	375.58	—	6.066

第七章
钢　结　构

说　明

一、本章定额包括钢梁、柱安装，金属栏杆二节，共6个子目。

二、钢结构安装定额适用于工厂制作后运至现场吊装的钢结构。工厂加工的钢构件由制作工厂至安装现场的运输费用、检测费用、油漆等计入构件价格内，在现场焊接的焊缝无损探伤费用，发生时另行计算。

三、钢栏杆安装定额中不包括混凝土浇捣，需要时另行计算。有预埋件时，预埋件不计入钢结构重量中，另行套用本册第六章相应子目。

工程量计算规则

一、钢结构工程量按设计图纸的主材(不包括螺栓)质量,以“t”计算。

二、钢梁质量为钢梁(含横隔板)、桥面板、横肋、横梁及锚筋的重量之和。

三、钢立柱上节点板、加强环、内衬管、牛腿等并入钢立柱工程量内。

四、金属栏杆工程量按设计图纸的主材质量,以“t”计算。

一、钢梁、柱安装

工作内容：就位、安装、校正、现场焊接、固定等。　　　　**计量单位：**t

定额编号				2-400	2-401	2-402
项目				人行天桥		钢立柱
				钢主梁	钢盖梁	
基价（元）				**973.52**	**818.82**	**858.49**
其中	人工费（元）			297.68	519.75	480.60
	材料费（元）			461.56	145.62	210.38
	机械费（元）			214.28	153.45	167.51
名称		单位	单价(元)	消耗量		
人工	二类人工	工日	135.00	2.205	3.850	3.560
材料	钢立柱	t	—	—	—	(1.000)
	钢梁	t	—	(1.000)	(1.000)	—
	六角带帽螺栓 综合	kg	5.47	1.140	—	—
	热轧带肋钢筋 HRB400 综合	kg	3.85	11.400	—	—
	型钢 综合	kg	3.84	8.600	—	—
	板枋材	m^3	2069.00	—	—	0.024
	铆钉 综合	kg	7.86	—	—	0.124
	电焊条	kg	4.31	3.300	1.502	2.030
	氧气	m^3	3.62	42.000	20.670	21.900
	乙炔气	m^3	8.90	14.000	6.890	7.370
	铁件	kg	3.71	2.797	—	—
	砂轮片	片	7.08	10.000	—	—
	其他材料费	元	1.00	6.37	3.00	6.13
机械	交流弧焊机 32kV·A	台班	92.84	0.940	0.430	0.580
	汽车式起重机 75t	台班	3154.17	0.040	—	—
	汽车式起重机 20t	台班	942.85	—	0.120	0.120
	电焊条烘干箱 45×35×45cm^3	台班	8.99	0.094	0.043	0.058

二、金属栏杆

工作内容:选料、切口、挖孔、切割;安装、焊接、校正、固定等(不包括混凝土搞脚)。 计量单位:t

定额编号				2-403	2-404	2-405
项目				钢管栏杆	不锈钢栏杆	
					主桥栏杆	扶梯栏杆
基价(元)				**6236.21**	**19961.52**	**20881.10**
其中	人工费(元)			1873.53	3156.57	3840.21
	材料费(元)			4078.59	16260.40	16304.17
	机械费(元)			284.09	544.55	736.72
名称		单位	单价(元)	消耗量		
人工	二类人工	工日	135.00	13.878	23.382	28.446
材料	碳素结构钢焊接钢管 综合	kg	3.88	957.000	—	—
	中厚钢板 综合	kg	3.71	37.570	—	—
	热轧带肋钢筋 HRB400 综合	t	3849.00	0.027	—	—
	不锈钢管	t	13793.00	—	1.060	1.060
	不锈钢焊丝 1Cr18Ni9Ti	kg	47.41	—	9.180	9.727
	氩气	m^3	7.00	—	25.801	27.330
	氧气	m^3	3.62	5.750	—	—
	乙炔气	m^3	8.90	2.054	—	—
	电焊条	kg	4.31	19.263	—	—
	钨棒	kg	254.00	—	4.011	4.039
	其他材料费	元	1.00	—	5.20	5.22
机械	交流弧焊机 32kV·A	台班	92.84	3.060	1.995	3.702
	管子切断机 150mm	台班	29.76	—	7.789	8.921
	载货汽车 4t	台班	369.21	—	0.226	0.226
	汽车式起重机 8t	台班	648.48	—	0.068	0.068

第八章
其他工程

说 明

一、本章定额包括安装支座、安装排(泄)水孔、安装伸缩缝、安装沉降缝、隔声屏障、桥面防水层六节,共49个子目。

二、支座及伸缩缝均按成品考虑,成品费用另计。支座预埋件的安装费已在定额中综合考虑,不得另计。支座垫石套用本章“现浇混凝土工程”中支座垫石定额。

三、预留槽混凝土采用钢纤维混凝土,定额中钢纤维用量按每立方5kg考虑,设计用量不同时应按比例调整,其余不变。

四、安装排(泄)水孔定额中已包括集水斗安装内容,但集水斗的材料费需按实另计。

五、隔声屏障制作由金属构件和隔声屏板两部分组成。如设计采用型钢或含量与定额不符时,可以调整。钢构件的防锈处理、零星配件等已包括在定额中,不得另行计算。当隔音屏板设计材料与定额不同时,可以换算。

六、隔声屏障制作与安装定额不包括下部基础顶面的预埋铁件,预埋铁件应另行套用本册第六章“钢筋工程”相应定额子目。

七、隔声屏障安装如需要搭、拆脚手架或支架时,可套用本定额第十三册第三章“脚手架”相应定额子目。

工程量计算规则

一、钢支座按设计图示质量(含预埋件)以“t”计算,板式橡胶支座按设计图示尺寸以“cm^3”计算,橡胶组合支座按设计图示数量以“个”计算。

二、泄水孔按设计图示长度以“m”计算。

三、伸缩缝按设计图示长度以“m”计算。

四、隔声屏障制作的金属构件按设计图示构件的总质量以“t”为计算,隔音屏体按设计图示高度乘以长度以“m^2”计算。

一、安装支座

工作内容：预埋钢板、钢筋的预埋、电焊；支座安装；定位、固定、焊接等。

定额编号				2-406	2-407	2-408	2-409	2-410
项目				钢支座			橡胶支座	
				辊轴钢座	切线支座	摆式支座	板式橡胶支座	四氟板式橡胶支座
计量单位				t			$100cm^3$	
基价（元）				**1635.81**	**3939.74**	**3108.19**	**1.62**	**7.71**
其中	人工费（元）			1195.56	2029.05	2029.05	1.62	1.62
	材料费（元）			424.37	951.47	588.67	—	6.09
	机械费（元）			15.88	959.22	490.47	—	—
名称		单位	单价(元)	消耗量				
人工	二类人工	工日	135.00	8.856	15.030	15.030	0.012	0.012
材料	辊轴钢支座	t	—	(1.000)	—	—	—	—
	切线钢支座	t	—	—	(1.000)	—	—	—
	摆式钢支座	t	—	—	—	(1.000)	—	—
	板式橡胶支座	$100cm^3$	—	—	—	—	(1.000)	—
	四氟板式橡胶支座	$100cm^3$	—	—	—	—	—	(1.000)
	热轧带肋钢筋 HRB400 综合	t	3849.00	0.037	0.207	0.132	—	—
	型钢 综合	kg	3.84	60.000	—	—	—	—
	中厚钢板 综合	kg	3.71	—	—	—	—	1.100
	不锈钢板 304	kg	15.95	—	—	—	—	0.100
	电焊条	kg	4.31	0.600	35.900	18.700	—	0.010
	铁件	kg	3.71	13.200	—	—	—	0.100
机械	交流弧焊机 32kV·A	台班	92.84	0.171	10.332	5.283	—	—

工作内容:预埋钢板、钢筋的预埋、电焊;支座安装;定位、固定、焊接等。 **计量单位**:个

定额编号				2-411	2-412	2-413	2-414	2-415
项目				盆式金属橡胶组合支座				
				3000kN 以内	4000kN 以内	5000kN 以内	7000kN 以内	10000kN 以内
基价(元)				**414.62**	**509.53**	**571.11**	**845.02**	**1247.14**
其中	人工费(元)			202.50	267.30	299.70	542.70	720.90
	材料费(元)			61.98	79.33	95.75	119.31	167.73
	机械费(元)			150.14	162.90	175.66	183.01	358.51
	名称	单位	单价(元)	消耗量				
人工	二类人工	工日	135.00	1.500	1.980	2.220	4.020	5.340
材料	钢盆式橡胶支座	个	—	(1.000)	(1.000)	(1.000)	(1.000)	(1.000)
	电焊条	kg	4.31	0.900	1.000	1.100	1.300	1.600
	环氧树脂	kg	15.52	2.900	3.500	4.400	5.400	7.700
	黄砂 净砂(中粗砂)	m^3	158.00	0.010	0.020	0.020	0.020	0.030
	普通硅酸盐水泥 P·O 52.5 综合	kg	0.39	10.000	20.000	20.000	31.000	41.000
	其他材料费	元	1.00	7.61	9.74	11.76	14.65	20.60
机械	汽车式起重机 20t	台班	942.85	0.130	0.139	0.148	0.149	0.028
	交流弧焊机 32kV·A	台班	92.84	0.297	0.343	0.389	0.458	0.544
	汽车式起重机 32t	台班	1173.35	—	—	—	—	0.240

工作内容:预埋钢板、钢筋的预埋、电焊;支座安装;定位、固定、焊接等。 **计量单位**:个

定额编号				2-416	2-417	2-418	2-419
项目				盆式金属橡胶组合支座			
				15000kN 以内	20000kN 以内	25000kN 以内	30000kN 以内
基价(元)				**1637.84**	**1902.63**	**2338.33**	**2601.30**
其中	人工费(元)			1061.10	1223.10	1563.30	1757.70
	材料费(元)			231.82	306.40	384.47	435.83
	机械费(元)			344.92	373.13	390.56	407.77
	名称	单位	单价(元)	消耗量			
人工	二类人工	工日	135.00	7.860	9.060	11.580	13.020
材料	钢盆式橡胶支座	个	—	(1.000)	(1.000)	(1.000)	(1.000)
	电焊条	kg	4.31	1.900	2.200	2.500	2.700
	环氧树脂	kg	15.52	10.900	14.700	18.700	21.300
	黄砂 净砂(中粗砂)	m^3	158.00	0.050	0.060	0.080	0.090
	普通硅酸盐水泥 P·O 52.5 综合	kg	0.39	51.000	71.000	92.000	102.000
	其他材料费	元	1.00	26.67	31.60	34.95	39.62
机械	汽车式起重机 20t	台班	942.85	0.037	0.055	0.065	0.074
	交流弧焊机 32kV·A	台班	92.84	0.655	0.776	0.851	0.945
	汽车式起重机 30t	台班	1038.45	0.240	0.240	0.241	0.241

工作内容：预埋钢板、钢筋的预埋、电焊；支座安装；定位、固定、焊接等。　　计量单位：个

定额编号				2-420	2-421	2-422	2-423
项目				盆式金属橡胶组合支座			
				35000kN 以内	40000kN 以内	45000kN 以内	50000kN 以内
基价（元）				**3283.53**	**3469.64**	**4074.77**	**4406.23**
其中	人工费（元）			2308.50	2430.00	2786.40	3061.80
	材料费（元）			525.57	565.39	668.24	704.76
	机械费（元）			449.46	474.25	620.13	639.67
名称		单位	单价(元)	消耗量			
人工	二类人工	工日	135.00	17.100	18.000	20.640	22.680
材料	钢盆式橡胶支座	个	—	(1.000)	(1.000)	(1.000)	(1.000)
	电焊条	kg	4.31	2.900	3.100	3.400	3.500
	环氧树脂	kg	15.52	25.800	27.900	33.300	35.200
	普通硅酸盐水泥 P·O 52.5 综合	kg	0.39	133.000	143.000	163.000	173.000
	黄砂 净砂(中粗砂)	m^3	158.00	0.110	0.120	0.150	0.150
	其他材料费	元	1.00	43.40	44.29	49.50	52.20
机械	汽车式起重机 20t	台班	942.85	0.102	0.111	0.129	0.129
	交流弧焊机 32kV·A	台班	92.84	1.009	1.084	1.152	1.199
	汽车式起重机 30t	台班	1038.45	0.250	0.259	—	—
	汽车式起重机 40t	台班	1517.63	—	—	0.258	0.268

工作内容：预埋钢板、钢筋的预埋、电焊；支座安装；定位、固定、焊接等。　　计量单位：个

定额编号				2-424	2-425
项目				盆式金属橡胶组合支座	
				55000kN 以内	60000kN 以内
基价（元）				**4725.94**	**4939.14**
其中	人工费（元）			3231.90	3377.70
	材料费（元）			802.27	838.63
	机械费（元）			691.77	722.81
名称		单位	单价(元)	消耗量	
人工	二类人工	工日	135.00	23.940	25.020
材料	钢盆式橡胶支座	个	—	(1.000)	(1.000)
	电焊条	kg	4.31	3.700	3.800
	环氧树脂	kg	15.52	40.100	42.000
	普通硅酸盐水泥 P·O 52.5 综合	kg	0.39	204.000	214.000
	黄砂 净砂(中粗砂)	m^3	158.00	0.180	0.180
	其他材料费	元	1.00	55.97	58.51
机械	汽车式起重机 20t	台班	942.85	0.148	0.158
	交流弧焊机 32kV·A	台班	92.84	1.273	1.326
	汽车式起重机 40t	台班	1517.63	0.286	0.297

二、安装排(泄)水孔

工作内容:清孔、熬涂沥青;绑扎、安装等。 计量单位:10m

定额编号				2-426	2-427	2-428
项目				泄水孔		
				钢管	铸铁管	塑料管
基价(元)				**777.78**	**1167.01**	**456.74**
其中	人工费(元)			70.47	85.05	56.70
	材料费(元)			707.31	1081.96	400.04
	机械费(元)			—	—	—
名称		单位	单价(元)	消耗量		
人工	二类人工	工日	135.00	0.522	0.630	0.420
材料	碳素结构钢焊接钢管 *DN*150×4.5	m	62.41	10.200	—	—
	离心球墨铸铁上水管 综合	m	99.14	—	10.200	—
	硬塑料管 ϕ150	m	39.22	—	—	10.200
	石油沥青	kg	2.67	26.490	26.490	—

工作内容:划线、截料、打眼钻孔;安装管箍、集水斗、PVC 管、接口涂胶等。

定额编号				2-429	2-430
项目				高架桥排水管	高架桥进水口
计量单位				10m	套
基价(元)				**568.76**	**154.75**
其中	人工费(元)			109.89	53.19
	材料费(元)			458.87	101.56
	机械费(元)			—	—
名称		单位	单价(元)	消耗量	
人工	二类人工	工日	135.00	0.814	0.394
材料	硬塑料管 ϕ150	m	39.22	10.200	—
	塑料落水斗	个	11.21	1.010	—
	塑料管卡子 ϕ100mm 以外	个	0.69	4.040	—
	硬塑料管接头 *D*150	个	10.09	3.540	—
	高架进水口 铸铁	套	99.14	—	1.000
	干混抹灰砂浆 DP M10.0	m^3	430.35	—	0.001
	其他材料费	元	1.00	9.00	1.99

三、安装伸缩缝

工作内容：焊接、安装；切割临时接头；熬涂拌沥青及油浸；固定等。　　计量单位：10m

定额编号				2-431	2-432	2-433
项目				梳型钢板伸缩缝	型钢伸缩缝	橡胶板伸缩缝
基价（元）				**1260.27**	**882.19**	**873.38**
其中	人工费（元）			659.34	490.86	699.03
	材料费（元）			310.99	143.91	64.89
	机械费（元）			289.94	247.42	109.46
名称		单位	单价(元)	消耗量		
人工	二类人工	工日	135.00	4.884	3.636	5.178
材料	梳型钢板伸缩缝	m	—	(10.000)	—	—
	型钢伸缩缝	m	—	—	(10.000)	—
	橡胶板伸缩缝	m	—	—	—	(10.000)
	石油沥青	kg	2.67	50.000	—	—
	沥青砂	t	505.00	0.047	—	—
	热轧光圆钢筋 综合	t	3966.00	0.007	0.006	0.002
	环氧树脂	kg	15.52	—	—	0.500
	电焊条 E43 系列	kg	4.74	26.580	25.340	10.380
机械	交流弧焊机 32kV·A	台班	92.84	3.123	2.665	1.179

注：梳型钢板、型钢、橡胶板均按成品安装考虑，成品费用另计。

工作内容：焊接、安装；切割临时接头；固定等。　　计量单位：10m

定额编号				2-434	2-435
项目				毛勒伸缩缝	
				单组	双组
基价（元）				**843.22**	**1038.56**
其中	人工费（元）			345.06	413.91
	材料费（元）			36.12	46.55
	机械费（元）			462.04	578.10
名称		单位	单价(元)	消耗量	
人工	二类人工	工日	135.00	2.556	3.066
材料	毛勒伸缩缝	m	—	(10.000)	(20.000)
	电焊条	kg	4.31	8.380	10.800
机械	交流弧焊机 32kV·A	台班	92.84	0.702	1.072
	汽车式起重机 8t	台班	648.48	0.612	0.738

注：毛勒伸缩缝按成品安装考虑，成品费用另计。

工作内容:焊接、安装;切割临时接头;熬涂拌沥青及油浸;钢纤维混凝土配、拌、运、浇筑、养生;沥青玛琋脂嵌缝;铁皮加工;固定等。

定额编号				2-436	2-437	2-438
项目				沥青麻丝伸缩缝	镀锌铁皮沥青玛琋脂伸缩缝	预留槽混凝土
计量单位				10m		$10m^3$
基价(元)				**190.83**	**626.41**	**6482.08**
其中	人工费(元)			155.52	179.01	1531.17
	材料费(元)			35.31	447.40	4950.91
	机械费(元)			—	—	—
名称		单位	单价(元)	消耗量		
人工	二类人工	工日	135.00	1.152	1.326	11.342
材料	石油沥青	kg	2.67	1.600	—	—
	油麻丝	kg	20.69	1.500	—	—
	石油沥青玛琋脂	kg	2.67	—	92.400	—
	镀锌薄钢板 综合	m^2	38.97	—	5.150	—
	非泵送商品混凝土 C40	m^3	455.00	—	—	10.150
	钢纤维	t	4138.00	—	—	0.053
	木模板	m^3	1445.00	—	—	0.025
	水	m^3	4.27	—	—	16.000
	其他材料费	元	1.00	—	—	8.90

四、安装沉降缝

工作内容:截、铺油毡或木丝板;熬涂沥青;安装整修等。　　**计量单位**:$10m^2$

定额编号				2-439	2-440	2-441	2-442	2-443
项目				二毡三油	油毡		沥青板	沥青木丝板
					一毡	一油		
基价(元)				**247.10**	**25.28**	**75.37**	**977.27**	**392.85**
其中	人工费(元)			63.18	2.43	25.11	494.10	35.64
	材料费(元)			183.92	22.85	50.26	483.17	357.21
	机械费(元)			—	—	—	—	—
名称		单位	单价(元)	消耗量				
人工	二类人工	工日	135.00	0.468	0.018	0.186	3.660	0.264
材料	石油沥青油毡 350#	m^2	2.37	20.400	—	—	—	—
	油毛毡	m^2	2.24	—	10.200	—	—	—
	石油沥青	kg	2.67	48.670	—	18.360	33.000	96.000
	木板 δ20	m^3	1638.00	—	—	—	0.230	—
	木丝板 25×610×1830	m^2	9.31	—	—	—	—	10.200
	木柴	kg	0.16	24.340	—	0.210	79.560	1.080
	煤	kg	0.60	—	—	2.010	—	9.600
	圆钉	kg	4.74	—	—	—	0.050	—
	其他材料费	元	1.00	1.73	—	—	5.35	—

工作内容:截、铺油毡泡沫塑料或木丝板;热涂沥青;安装整修等。

定额编号					2-444	2-445
项目					发泡聚乙烯	橡胶止水带
计量单位					$10m^2$	10m
基价(元)					**124.19**	**528.40**
其中	人工费(元)				33.89	169.02
	材料费(元)				90.30	359.38
	机械费(元)				—	—
名称			单位	单价(元)	消耗量	
人工	二类人工		工日	135.00	0.251	1.252
材料	低密度聚乙烯泡沫塑料 $\delta 10$		m^2	8.60	10.500	—
	橡胶止水带		m	27.93	—	10.500
	木丝板 25×610×1830		m^2	9.31	—	3.825
	石油沥青		kg	2.67	—	0.030
	汽油 综合		kg	6.12	—	4.745
	胶粘剂 SY-19		kg	13.27	—	0.050
	其他材料费		元	1.00	—	0.72

五、隔声屏障

工作内容:1. 制作:划线、号料、切割、校正、焊接成型、镀锌、喷塑、编号、堆放;
2. 安装:放样、定位、安装。

定额编号				2-446	2-447	2-448	2-449
项目				制作		安装	
				金属构件	隔音屏体	金属构件	隔音屏体
计量单位				t	$10m^2$	t	$10m^2$
基价(元)				**9123.46**	**987.58**	**2918.23**	**170.22**
其中	人工费(元)			2450.25	137.70	611.69	131.36
	材料费(元)			6526.26	849.88	518.91	6.00
	机械费(元)			146.95	—	1787.63	32.86
名称		单位	单价(元)	消耗量			
人工	二类人工	工日	135.00	18.150	1.020	4.531	0.973
材料	H 型钢 125×125×6.5	t	3750.00	0.994	—	—	—
	型钢 综合	t	3836.00	0.032	—	—	—
	中厚钢板 Q235Bδ10	kg	3.71	86.390	—	—	—
	电焊条	kg	4.31	30.000	—	38.750	—
	氧气	m^3	3.62	6.000	—	1.200	—
	乙炔气	m^3	8.90	2.600	—	0.362	—
	铁件镀锌费(热镀)	t	1379.00	1.060	—	—	—
	铁件喷塑费	t	517.00	1.060	—	—	—
	PC 隔音板 10mm	m^2	70.69	—	10.500	—	—
	螺栓	kg	5.69	—	—	9.800	—
	抽芯铆钉	个	0.22	—	—	1097.250	—
	其他材料费	元	1.00	171.58	107.63	47.17	6.00
机械	摇臂钻床 63mm	台班	32.79	1.908	—	—	—
	交流弧焊机 32kV·A	台班	92.84	0.909	—	1.935	—
	汽车式起重机 8t	台班	648.48	—	—	0.968	—
	载货汽车 4t	台班	369.21	—	—	2.655	0.089

六、桥面防水层

工作内容:清理面层;熬、涂沥青;铺油毡或玻璃布;防水砂浆配拌、抹平;涂粘接剂;橡胶裁剪、铺设;喷涂防水料等。

计量单位:100m²

定额编号				2-450	2-451	2-452	2-453	2-454
项目				一涂沥青	一层油毡	防水砂浆 2cm	防水橡胶板 2cm	聚氨酯沥青防水涂料
基价(元)				**617.20**	**273.20**	**1611.47**	**3895.41**	**4084.29**
其中	人工费(元)			191.16	21.87	527.04	209.79	521.64
	材料费(元)			426.04	251.33	1067.76	3685.62	3550.93
	机械费(元)			—	—	16.67	—	11.72
名称		单位	单价(元)	消耗量				
人工	二类人工	工日	135.00	1.416	0.162	3.904	1.554	3.864
材料	煤沥青	t	1086.00	0.367	—	—	—	—
	煤	kg	0.60	43.000	—	—	—	—
	木柴	kg	0.16	10.500	—	—	—	—
	油毛毡	m²	2.24	—	112.200	—	—	—
	干混抹灰砂浆 DP M20.0	m³	446.95	—	—	2.050	—	—
	防水剂	kg	3.65	—	—	41.510	—	—
	橡胶板 δ2	m²	18.71	—	—	—	102.000	—
	氯丁橡胶粘接剂	kg	14.81	—	—	—	120.000	—
	单组份聚氨酯防水涂料 I型	kg	13.79	—	—	—	—	257.500
机械	300kg 柏油喷布器	台班	43.42	—	—	—	—	0.270
	干混砂浆罐式搅拌机 20000L	台班	193.83	—	—	0.086	—	—

注:采用二毡三油或其他结构时,可根据数量分别套用上述定额。

第三册　地下区间工程

册 说 明

一、本册定额包括矿山法隧道、盾构法隧道、矩形顶管三章,共 139 个子目。

二、本册定额适用于城市轨道交通工程中的单双线隧道矿山法施工、盾构法施工隧道以及矩形顶管施工工程。

三、本册定额的主要编制依据:

1.《城市轨道交通工程工程量计算规范》GB 50861—2013;

2.《城市轨道交通工程预算定额》GCG 103 - 2008;

3.《浙江省市政工程预算定额》(2010 版);

4.《浙江省建筑工程预算定额》(2010 版);

5.《杭州市地铁工程预算定额》(2010 版);

6. 现行的设计、施工验收规范,安全操作规程及质量评定标准。

四、本册定额未包括的项目发生时,应先执行本定额其他章的相应子目,若还有缺项的,则执行《浙江省市政工程预算定额》(2018 版)的相关子目。当隧道工程缺项子目执行省内其他专业定额(市政工程隧道分册除外)的有关子目时,定额的人工和机械应乘以系数 1.2。

五、材料垂直运输和洞内水平运输已包含在定额子目中,不得另计。

六、除隧道出渣外,定额中土、石方运输只考虑提升至井口,超过该范围的土石方运输应执行本定额第一册《路基、围护结构工程》第一章"土石方工程"的相关子目。

七、定额中的现浇混凝土工程,喷射混凝土支护采用现场拌制混凝土,其他的现浇混凝土工程采用商品混凝土;预制混凝土构件采用现场预制混凝土。

八、未尽事宜见本册定额各章说明。

第一章
矿山法隧道

说　明

一、本章定额包括矿山法隧道开挖、矿山法隧道初期支护、矿山法隧道防水工程、矿山法隧道衬砌混凝土、竖井工程、回填工程、拆除工程、土石方清理八节，共62个子目。

二、本章定额围岩分级，详见《公路隧道设计规范》JTGD 70—2004 中的“公路隧道围岩分级表”。

三、三线或三线以上大断面矿山法施工隧道，土、石方开挖套用双线隧道土、石方开挖相应定额子目。

四、隧道开挖与衬砌不分工程部位综合考虑。开挖及出渣是按常用的施工方法、机械化程度进行综合编制的。开挖及衬砌定额中已综合考虑超挖回填因素，不得另计允许超挖量。

五、开挖中的水泵台班数量，是按反坡排水每小时 $10m^3$ 的排水量制定的，超过时，水泵台班数量按下表中系数调整：

水泵台班数量调整表

涌水量（m^3/h）	≤10	≤15	≤20	>20
调整系数	1.00	1.20	1.35	根据治水措施另行分析计算

六、石方开挖定额按普通爆破与光面爆破综合编制，采用光面爆破发生的机械与材料消耗变化不得进行调整。

七、土石方清理定额仅适用于洞内塌方抢险等特殊情况，正常开挖中不得套用。

八、隧道喷射混凝土不分工程部位，根据设计结构形式执行相应定额子目，定额中已考虑喷射操作平台搭拆费用。喷射混凝土定额按素喷和网喷综合考虑，并已包括了回弹及填平补齐的消耗量。喷射混凝土材料设计配合比或钢纤维掺入量与定额不同时可换算调整。

九、临时支护喷射混凝土定额仅适用于施工过程中喷掌子面及临时中隔墙混凝土等支护项目，临时混凝土的拆除执行本章定额第七节“拆除工程”相应子目。

十、超前小导管及管棚定额不包括灌浆，发生时应根据设计浆液材料另行套用预留孔注浆定额。

十一、砂浆锚杆按 $\phi25$ 螺纹钢编制，设计锚杆直径不同时可调整钢筋用量。

十二、注浆定额适用于隧道开挖工作面围岩加固或初衬背后压浆，分为钻孔注浆和预留孔注浆两种形式。设计浆液配合比不同时，可换算调整。

十三、隧道衬砌按模板台车、钢模板和复合模板考虑划分定额子目，模板周转材料的消耗量已综合考虑在隧道衬砌混凝土定额内，编制预算时不得另计。

十四、竖井开挖定额不分深度综合考虑，石方分类详见本定额第一册第一章“土石方工程”中的“岩石分类表”。

十五、拆除洞内临时支护混凝土及拆除钢构件是按隧道内施工因素考虑的，定额中包括了废料的水平运输及垂直直运输，废料的地面运弃应按本定额第一册第一章“土石方工程”的相关定额子目另行计算。

工程量计算规则

一、矿山法隧道开挖土石方的工程量,按设计图示开挖断面面积乘以设计开挖长度以“m^3”计算。开挖断面允许超挖量已在定额中综合考虑,不得另行计算。

二、喷射混凝土的工程量,按设计喷射厚度乘以面积以“m^3”计算。

三、超前小导管和大管棚的制作、安装,均按设计图示长度以“m”计算。

四、各类锚杆的工程量均按设计图示长度以“m”计算。

五、注浆工程量根据设计图注明的注浆材料,分别按设计浆液体积以“m^3”计算。

六、隧道模筑衬砌混凝土的工程量,按设计厚度乘以面积以“m^3”计算。

七、竖井挖土、石方工程量按设计结构外围水平投影面积乘以高度以“m^3”计算。竖井高度指实际自然地面标高至竖井垫层底标高之差。

八、竖井喷射混凝土、衬砌混凝土,按设计图示断面尺寸乘以设计深度以“m^3”计算。锁口圈混凝土按设计图示尺寸以“m^3”计算。

九、竖井钢爬梯制作、安装,按设计图示重量以“t”计算。

十、隧道防水板、无纺布、找平层,按设计图示铺设面积以“m^2”计算。细石混凝土保护层按设计图示面积乘以厚度以“m^3”计算。

十一、止水带、止水条、塑料排水管按设计图示铺设长度以“m”计算。

十二、洞内回填和竖井回填均按设计图示回填体积以“m^3”计算。

十三、土石方清理按坍塌土石方虚方体积以“m^3”计算。

一、矿山法隧道开挖

1. 单线隧道开挖

工作内容：测量、领运料、钻眼、装药、爆破、排水、木支撑安拆等。　　　　**计量单位**：$10m^3$

定额编号				3-1	3-2	3-3
项目				机械开挖		
				围岩级别		
				Ⅰ级	Ⅱ级	Ⅲ级
基价（元）				**1290.31**	**1063.49**	**873.86**
其中	人工费（元）			552.56	495.05	487.89
	材料费（元）			301.71	240.40	169.67
	机械费（元）			436.04	328.04	216.30
名称		单位	单价(元)	消耗量		
人工	二类人工	工日	135.00	4.093	3.667	3.614
材料	六角空心钢 综合	kg	2.48	3.500	2.200	1.400
	杉原木 综合	m^3	1466.00	0.003	0.003	0.003
	松板枋材	m^3	1800.00	0.002	0.002	0.002
	非电毫秒雷管	个	1.29	19.800	18.600	17.200
	乳化炸药	kg	9.11	18.306	14.645	9.763
	铁件	kg	3.71	0.840	0.780	0.630
	镀锌铁丝 8#～12#	kg	6.55	0.250	—	—
	圆钉	kg	4.74	0.060	—	—
	合金钢钻头 一字型	个	8.62	1.560	1.240	0.840
	水	m^3	4.27	16.000	12.000	8.000
	其他材料费	元	1.00	5.92	4.71	3.33
机械	气腿式风动凿岩机	台班	13.62	1.449	1.089	0.729
	电动单级离心清水泵 50mm	台班	29.31	0.234	0.171	0.117
	电动空气压缩机 $10m^3/min$	台班	394.85	1.017	0.765	0.504
	风动锻钎机	台班	25.56	0.162	0.126	0.081
	钻头磨床	台班	23.11	0.162	0.126	0.081

工作内容:测量、领运料、钻眼、装药、爆破、排水、木支撑安拆等。 **计量单位:**10m³

定额编号				3-4	3-5	3-6
项目				机械开挖		
				围岩级别		
				Ⅳ级	Ⅴ级	Ⅵ级
基价(元)				**783.06**	**785.85**	**620.31**
其中	人工费(元)			480.87	496.53	548.64
	材料费(元)			148.18	120.29	25.00
	机械费(元)			154.01	169.03	46.67
名称		单位	单价(元)	消耗量		
人工	二类人工	工日	135.00	3.562	3.678	4.064
材料	六角空心钢 综合	kg	2.48	0.800	0.500	0.610
	杉原木 综合	m³	1466.00	0.003	0.003	0.003
	松板枋材	m³	1800.00	0.002	0.002	0.002
	非电毫秒雷管	个	1.29	15.100	12.000	—
	乳化炸药	kg	9.11	9.388	6.954	—
	铁件	kg	3.71	0.630	0.610	—
	合金钢钻头 一字型	个	8.62	0.270	0.230	—
	水	m³	4.27	6.000	6.000	3.000
	型钢 综合	kg	3.84	—	—	0.570
	其他材料费	元	1.00	2.91	2.36	0.49
机械	气腿式风动凿岩机	台班	13.62	0.504	0.603	0.218
	电动单级离心清水泵 50mm	台班	29.31	0.081	0.063	0.036
	电动空气压缩机 10m³/min	台班	394.85	0.360	0.396	0.108
	风动锻钎机	台班	25.56	0.054	0.045	—
	钻头磨床	台班	23.11	0.054	0.063	—

2. 双线隧道开挖

工作内容：测量、钻眼、领运料、爆破、排水、木支撑安折。　　计量单位：10m³

				3-7	3-8	3-9
定额编号				3-7	3-8	3-9
项目				机械开挖		
				围岩级别		
				Ⅰ级	Ⅱ级	Ⅲ级
基价（元）				**1114.85**	**924.05**	**783.34**
其中	人工费（元）			491.81	440.64	434.16
	材料费（元）			248.01	201.42	159.96
	机械费（元）			375.03	281.99	189.22
名称		单位	单价(元)	消耗量		
人工	二类人工	工日	135.00	3.643	3.264	3.216
材料	六角空心钢 综合	kg	2.48	3.000	1.900	1.100
	杉原木 综合	m^3	1466.00	0.003	0.003	0.003
	松板枋材	m^3	1800.00	0.002	0.002	0.002
	非电毫秒雷管	个	1.29	17.000	16.000	14.800
	乳化炸药	kg	9.11	13.888	11.110	9.258
	铁件	kg	3.71	0.710	0.660	0.620
	合金钢钻头 一字型	个	8.62	1.340	1.070	0.720
	水	m^3	4.27	16.000	12.000	8.000
	镀锌铁丝 8#～12#	kg	6.55	0.210	—	—
	圆钉	kg	4.74	0.050	—	—
	其他材料费	元	1.00	—	3.95	3.14
机械	气腿式风动凿岩机	台班	13.62	1.305	0.981	0.657
	电动单级离心清水泵 50mm	台班	29.31	0.189	0.135	0.090
	电动空气压缩机 10m³/min	台班	394.85	0.873	0.657	0.441
	风动锻钎机	台班	25.56	0.144	0.108	0.072
	钻头磨床	台班	23.11	0.144	0.108	0.072

工作内容:测量、钻眼、领运料、爆破、排水、木支撑安拆。 **计量单位:**$10m^3$

定额编号				3-10	3-11	3-12
项目				机械开挖		
				围岩级别		
				Ⅳ级	Ⅴ级	Ⅵ级
基价(元)				**705.41**	**688.09**	**556.13**
其中	人工费(元)			430.38	441.86	488.30
	材料费(元)			143.48	99.67	22.88
	机械费(元)			131.55	146.56	44.95
名称		单位	单价(元)	消耗量		
人工	二类人工	工日	135.00	3.188	3.273	3.617
材料	六角空心钢 综合	kg	2.48	0.700	0.400	0.500
	杉原木 综合	m^3	1466.00	0.003	0.002	0.002
	松板枋材	m^3	1800.00	0.002	0.002	0.002
	非电毫秒雷管	个	1.29	13.000	10.000	—
	乳化炸药	kg	9.11	7.122	5.275	—
	铁件	kg	3.71	0.530	0.510	—
	合金钢钻头 一字型	个	8.62	0.230	0.200	—
	水	m^3	4.27	6.000	6.000	3.000
	镀锌铁丝 8#~12#	kg	6.55	3.010	—	—
	型钢 综合	kg	3.84	—	—	0.480
	其他材料费	元	1.00	2.81	1.95	0.45
机械	气腿式风动凿岩机	台班	13.62	0.459	0.558	0.194
	电动单级离心清水泵 50mm	台班	29.31	0.063	0.045	0.029
	电动空气压缩机 $10m^3/min$	台班	394.85	0.306	0.342	0.105
	风动锻钎机	台班	25.56	0.054	0.045	—
	钻头磨床	台班	23.11	0.054	0.063	—

3.隧道出渣

工作内容:石渣装、运、卸,清理道路。 **计量单位:**$100m^3$

定额编号				3-13	3-14	3-15	3-16
项目				机械装渣、电瓶车运输		机械装渣、自卸汽车运输	
				运距 500m 内	每增运 200m	运距 500m 内	每增运 200m
基价(元)				**4662.43**	**434.76**	**1815.38**	**392.76**
其中	人工费(元)			1541.70	245.30	90.72	18.09
	材料费(元)			152.44	—	—	—
	机械费(元)			2968.29	189.46	1724.66	374.67
名称		单位	单价(元)	消耗量			
人工	二类人工	工日	135.00	11.420	1.817	0.672	0.134
材料	板方材	m^3	1034.00	0.140	—	—	—
	扒钉	kg	3.73	2.060	—	—	—
机械	电动装岩机 $0.2m^3$	台班	383.56	3.457	—	—	—
	轨道平车 5t	台班	34.23	10.924	1.821	—	—
	电瓶车 7t	台班	209.44	3.642	0.607	—	—
	硅整流充电机 90A/190V	台班	207.90	2.432	—	—	—
	轮胎式装载机 $2m^3$	台班	665.62	—	—	0.493	—
	自卸汽车 8t	台班	516.08	—	—	2.706	0.726

二、矿山法隧道初期支护

1. 隧道支护喷射混凝土

工作内容:搭、拆脚手架,安拆、转移机具设备,混凝土制作、输送、喷射、养护和清理。 **计量单位**:$10m^3$

定额编号				3-17	3-18	3-19
项目				喷射混凝土(洞内)		临时支护
				喷射混凝土	喷射钢纤维混凝土	喷射混凝土
基价(元)				**8856.23**	**11252.51**	**8215.04**
其中	人工费(元)			2720.12	3283.74	2406.38
	材料费(元)			4556.29	6367.65	4359.91
	机械费(元)			1579.82	1601.12	1448.75
名称		单位	单价(元)	消耗量		
人工	二类人工	工日	135.00	20.149	24.324	17.825
材料	松板枋材	m^3	1800.00	0.001	0.001	0.001
	高压胶皮风管 $\phi50$	m	17.24	2.500	3.500	2.500
	水	m^3	4.27	17.810	17.070	16.850
	喷射混凝土 1:2.5:2	m^3	337.71	13.000	13.000	12.500
	钢纤维	t	4138.00	—	0.430	—
	其他材料费	元	1.00	45.11	63.05	21.69
机械	皮带运输机 10×0.5m	台班	187.71	1.174	1.122	0.672
	混凝土喷射机 $5m^3/h$	台班	203.74	1.174	1.188	1.107
	双卧轴式混凝土搅拌机 350L	台班	245.41	0.570	0.594	0.558
	电动空气压缩机 $10m^3/min$	台班	394.85	1.174	1.188	1.188
	电瓶车 8t	台班	212.72	1.348	1.368	1.278
	硅整流充电机 90A/190V	台班	207.90	0.672	0.684	0.639
	电动卷扬机-双筒慢速 50kN	台班	223.12	0.405	0.450	0.387

2. 超前小导管、大管棚

工作内容:小导管及管棚制作、运输、钻孔、安装就位。　　**计量单位:**100m

定额编号				3-20	3-21
项目				小导管制作、安装 ϕ42	大管棚制作、安装 ϕ108
基价(元)				**4426.41**	**19849.31**
其中	人工费(元)			2025.00	4131.00
	材料费(元)			1712.03	7906.06
	机械费(元)			689.38	7812.25
名称		单位	单价(元)	消耗量	
人工	二类人工	工日	135.00	15.000	30.600
材料	碳素结构钢流体无缝钢管 42×3.5	kg	4.74	322.400	—
	碳素结构钢流体无缝钢管 108×4.5	kg	4.74	—	1539.500
	水	m^3	4.27	9.000	20.000
	镀锌铁丝 18#~22#	kg	6.55	1.000	19.000
	合金钢钻头 ϕ50	个	59.10	2.000	—
	合金钢钻头 ϕ150 以内	个	94.83	—	2.000
	六角空心钢 综合	kg	2.48	1.500	—
	钻杆	m	32.76	—	4.000
	其他材料费	元	1.00	16.95	78.28
机械	电动空气压缩机 10m^3/min	台班	394.85	1.440	8.800
	气腿式风动凿岩机	台班	13.62	2.790	—
	管子切断机 60mm	台班	16.62	0.270	—
	管子切断机 150mm	台班	29.76	—	0.360
	立式钻床 25mm	台班	5.80	0.540	2.160
	电瓶车 8t	台班	212.72	0.180	0.720
	硅整流充电机 90A/190V	台班	207.90	0.090	0.360
	钻头磨床	台班	23.11	0.450	2.070
	轨道平车 10t	台班	86.38	0.090	0.720
	电动卷扬机-双筒慢速 50kN	台班	223.12	—	0.090
	潜孔钻机(mm)38-115 液压	台班	449.57	—	8.800

3. 锚　杆

工作内容:搭拆脚手架、制作锚杆及垫板、运输、钻孔、砂浆制作、灌浆、安装锚杆、上垫板、锚固。　**计量单位**:100m

				3-22	3-23	3-24
定额编号				3-22	3-23	3-24
项目				锚杆		
				砂浆锚杆	中空注浆锚杆	自进式锚杆
基价(元)				**3939.98**	**4402.32**	**5652.80**
其中	人工费(元)			1458.00	1231.20	1289.93
	材料费(元)			2107.93	2977.11	4144.93
	机械费(元)			374.05	194.01	217.94
名称		单位	单价(元)	消耗量		
人工	二类人工	工日	135.00	10.800	9.120	9.555
材料	六角空心钢 综合	kg	2.48	2.800	5.100	—
	热轧带肋钢筋 HRB400 综合	t	3849.00	0.381	—	—
	中空注浆锚杆	m	25.86	—	101.000	—
	自进式锚杆	m	34.48	—	—	102.000
	松板枋材	m^3	1800.00	0.100	0.100	0.100
	干混抹灰砂浆 DP M5.0	m^3	413.85	0.942	0.240	0.942
	合金钢钻头 一字型	个	8.62	3.100	3.100	—
	水	m^3	4.27	4.000	4.000	4.000
	其他材料费	元	1.00	20.87	29.48	41.04
机械	气腿式风动凿岩机	台班	13.62	1.516	1.773	1.823
	钢筋切断机 40mm	台班	43.28	0.027	—	0.027
	电动空气压缩机 $10m^3/min$	台班	394.85	0.630	0.225	0.225
	电瓶车 8t	台班	212.72	0.180	0.180	0.180
	硅整流充电机 90A/190V	台班	207.90	0.090	0.090	0.090
	电动灌浆机	台班	26.11	0.450	0.270	0.270
	干混砂浆罐式搅拌机 20000L	台班	193.83	0.051	0.013	0.051
	钻头磨床	台班	23.11	0.450	—	0.450
	轨道平车 10t	台班	86.38	0.144	0.144	0.194
	电动卷扬机－双筒慢速 50kN	台班	223.12	0.009	0.009	0.009

4.注　浆

工作内容:1. 钻孔注浆:钻孔、运料、浆液制作、注浆、检查、封堵压浆孔等;
2. 预留孔注浆:运料、浆液制作、注浆、检查、封堵压浆孔等。

计量单位:m^3

定额编号				3-25	3-26	3-27	3-28
项目				水泥浆		水泥水玻璃双液浆	
				钻孔注浆	预留孔注浆	钻孔注浆	预留孔注浆
基价(元)				**492.18**	**429.83**	**713.69**	**641.70**
其中	人工费(元)			147.02	100.31	178.20	121.64
	材料费(元)			280.44	279.79	467.40	466.96
	机械费(元)			64.72	49.73	68.09	53.10
名称		单位	单价(元)	消耗量			
人工	二类人工	工日	135.00	1.089	0.743	1.320	0.901
材料	板方材	m^3	1034.00	0.008	0.008	0.010	0.010
	普通硅酸盐水泥 P·O 42.5 综合	t	346.00	0.765	0.765	0.441	0.441
	合金钢钻头 一字型	个	8.62	0.050	—	0.050	—
	硅酸钠 水玻璃	kg	0.70	—	—	390.000	390.000
	水	m^3	4.27	1.000	0.950	0.730	0.730
	磷酸二氢钠	kg	3.53	—	—	6.600	6.600
	其他材料费	元	1.00	2.78	2.77	4.63	4.62
机械	气腿式风动凿岩机	台班	13.62	0.086	—	0.086	—
	灰浆搅拌机 400L	台班	161.27	0.126	0.126	0.144	0.144
	电动空气压缩机 $10m^3/min$	台班	394.85	0.035	—	0.035	—
	电瓶车 8t	台班	212.72	0.054	0.054	0.054	0.054
	硅整流充电机 90A/190V	台班	207.90	0.034	0.034	0.034	0.034
	电动灌浆机	台班	26.11	0.126	0.126	0.144	0.144
	电动卷扬机 - 双筒慢速 50kN	台班	223.12	0.013	0.013	0.013	0.013
	轨道平车 10t	台班	86.38	0.054	0.054	0.054	0.054

工作内容:1. 钻孔注浆:钻孔、运料、浆液制作、注浆、检查、封堵压浆孔等;
2. 预留孔注浆:运料、浆液制作、注浆、检查、封堵压浆孔等。　　**计量单位**:m³

定额编号					3-29	3-30
项目					水泥砂浆	
					钻孔注浆	预留孔注浆
基价(元)					**639.56**	**577.42**
其中	人工费(元)				147.02	100.31
	材料费(元)				437.23	436.79
	机械费(元)				55.31	40.32
名称			单位	单价(元)	消耗量	
人工	二类人工		工日	135.00	1.089	0.743
材料	板方材		m^3	1034.00	0.010	0.010
	干混抹灰砂浆 DP M5.0		m^3	413.85	1.020	1.020
	合金钢钻头 一字型		个	8.62	0.050	—
	其他材料费		元	1.00	4.33	4.32
机械	气腿式风动凿岩机		台班	13.62	0.086	—
	干混砂浆罐式搅拌机 20000L		台班	193.83	0.055	0.055
	电动空气压缩机 10m³/min		台班	394.85	0.035	—
	电瓶车 8t		台班	212.72	0.054	0.054
	硅整流充电机 90A/190V		台班	207.90	0.034	0.034
	电动灌浆机		台班	26.11	0.127	0.127
	轨道平车 10t		台班	86.38	0.054	0.054
	电动卷扬机－双筒慢速 50kN		台班	223.12	0.014	0.014

三、矿山法隧道防水工程

工作内容:1. 防水卷材:搭拆工作平台、敷设、锚固及焊接防水板,材料洞内及垂直运输;
2. 细石混凝土保护层:基层清理、混凝土搅拌、浇筑及养护。

定额编号				3-31	3-32	3-33	3-34
项目				EVA 防水板	无纺布	防水找平层	细石混凝土保护层
计量单位				10m^2			10m^3
基价(元)				**413.20**	**289.09**	**517.88**	**6794.86**
其中	人工费(元)			126.90	126.90	64.80	2539.35
	材料费(元)			229.70	117.76	426.35	4028.08
	机械费(元)			56.60	44.43	26.73	227.43
名称		单位	单价(元)	消耗量			
人工	二类人工	工日	135.00	0.940	0.940	0.480	18.810
材料	EVA 防水板	m^2	17.07	11.600	—	—	—
	塑料焊条	kg	8.03	0.600	—	—	—
	无纺布 300g/m^2	m^2	7.93	—	11.600	—	—
	射钉	个	0.16	60.000	60.000	—	—
	垫片 30×30×3	个	0.30	50.000	50.000	—	—
	干混抹灰砂浆 DP M5.0	m^3	413.85	—	—	1.020	—
	预拌细石混凝土 C20	m^3	391.00	—	—	—	10.200
	其他材料费	元	1.00	2.27	1.17	4.22	39.88
机械	干混砂浆罐式搅拌机 20000L	台班	193.83	—	—	0.055	—
	电瓶车 8t	台班	212.72	0.105	0.105	—	0.360
	硅整流充电机 90A/190V	台班	207.90	0.053	0.053	—	0.180
	热熔焊接机 SHD-160C	台班	27.03	0.450	—	—	—
	轨道平车 10t	台班	86.38	0.105	0.105	—	0.360
	电动卷扬机-双筒慢速 50kN	台班	223.12	0.009	0.009	0.072	0.369

工作内容:运料、清理、制作、安装、检查。　　　　**计量单位**:10m

定额编号				3-35	3-36	3-37	3-38	3-39
项目				止水带		遇水膨胀橡胶止水条	塑料排水管	
				橡胶	250mmPVC		弹簧管	透水软管
基价（元）				**455.12**	**355.58**	**522.30**	**191.56**	**233.29**
其中	人工费（元）			130.01	130.01	130.01	83.97	83.97
	材料费（元）			310.30	210.76	377.48	100.34	142.07
	机械费（元）			14.81	14.81	14.81	7.25	7.25
名称		单位	单价(元)	消耗量				
人工	二类人工	工日	135.00	0.963	0.963	0.963	0.622	0.622
材料	橡胶止水带	m	27.93	11.000	—	—	—	—
	PVC 止水带 250mm	m	18.97	—	11.000	—	—	—
	遇水膨胀止水条	m	33.62	—	—	11.000	—	—
	塑料弹簧软管 $\phi50$	m	9.74	—	—	—	10.200	—
	塑料打孔波纹管 $\phi100$	m	13.79	—	—	—	—	10.200
	氯丁胶粘结剂	kg	12.24	—	—	0.320	—	—
	其他材料费	元	1.00	3.07	2.09	3.74	0.99	1.41
机械	电瓶车 8t	台班	212.72	0.037	0.037	0.037	0.018	0.018
	硅整流充电机 90A/190V	台班	207.90	0.018	0.018	0.018	0.009	0.009
	轨道平车 10t	台班	86.38	0.037	0.037	0.037	0.018	0.018

四、矿山法隧道衬砌混凝土

工作内容:脚手架及衬砌平台制作、安装和拆除;模板台车移动、刷油、加固或模板制作、运输、安装、拆除、清理;商品混凝土浇筑、振捣、清理及养护等。

计量单位:$10m^3$

	定额编号			3-40	3-41	3-42
	项目			隧道衬砌混凝土		
				模板台车	钢模板	复合模板
	基价(元)			**6972.41**	**7711.03**	**8912.11**
其中	人工费(元)			601.43	1705.05	2165.13
	材料费(元)			6249.37	5787.45	6638.29
	机械费(元)			121.61	218.53	108.69
	名称	单位	单价(元)	消耗量		
人工	二类人工	工日	135.00	4.455	12.630	16.038
材料	泵送商品混凝土 C30	m^3	461.00	11.700	11.700	11.700
	钢模板	kg	5.96	56.160	15.358	—
	零星卡具	kg	5.88	—	6.092	—
	钢支撑	kg	3.97	—	10.844	10.844
	圆钉	kg	4.74	—	0.400	1.015
	脱模剂	kg	1.54	2.000	2.000	—
	镀锌铁丝 8#～12#	kg	6.55	—	0.040	—
	钢拱架	kg	4.31	—	9.224	9.224
	木模板	m^3	1445.00	0.084	0.084	0.702
	胶合板 δ6	m^2	23.28	0.420	—	2.972
	隔离剂	kg	4.67	—	—	2.000
	嵌缝料	kg	1.42	—	—	2.000
	水	m^3	4.27	6.600	6.600	6.600
	设备材料费	元	1.00	236.00	—	—
	其他材料费	元	1.00	122.54	28.79	33.03
机械	混凝土振捣器 插入式	台班	4.65	2.394	2.394	2.394
	电瓶车 8t	台班	212.72	—	0.090	0.025
	硅整流充电机 90A/190V	台班	207.90	—	0.450	0.013
	汽车式起重机 8t	台班	648.48	0.067	0.052	0.023
	木工圆锯机 500mm	台班	27.50	0.005	0.005	0.515
	载货汽车 4t	台班	369.21	0.164	0.131	0.149
	轨道平车 10t	台班	86.38	—	0.090	0.025
	电动卷扬机－单筒慢速 100kN	台班	234.87	0.027	0.020	0.014

五、竖 井 工 程

1.竖 井 开 挖

工作内容:挖土、通风、出土、提升至井口。　　**计量单位**:$10m^3$

定额编号				3-43	3-44
项目				人工开挖	机械开挖
				土方	
基价(元)				**619.47**	**403.64**
其中	人工费(元)			526.50	191.16
	材料费(元)			—	—
	机械费(元)			92.97	212.48
	名称	单位	单价(元)	消耗量	
人工	二类人工	工日	135.00	3.900	1.416
机械	轴流通风机 30kW	台班	146.68	0.360	0.360
	气腿式风动凿岩机	台班	13.62	—	0.216
	电动空气压缩机 $10m^3/min$	台班	394.85	—	0.126
	电动卷扬机-双筒慢速 50kN	台班	223.12	0.180	0.225
	轮胎式单斗液压挖掘机 $0.2m^3$	台班	394.34	—	0.144

工作内容:测量、领运料、钻眼、爆破、通风、出渣、提升至井口。　　**计量单位**:$10m^3$

定额编号				3-45	3-46	3-47
项目				机械开挖		
				极软岩	软岩	较软岩
基价(元)				**595.29**	**709.64**	**914.31**
其中	人工费(元)			272.97	327.24	394.47
	材料费(元)			83.65	99.06	131.03
	机械费(元)			238.67	283.34	388.81
	名称	单位	单价(元)	消耗量		
人工	二类人工	工日	135.00	2.022	2.424	2.922
材料	六角空心钢 综合	kg	2.48	0.890	1.070	1.670
	合金钢钻头 一字型	个	8.62	0.560	0.670	1.050
	高压胶皮风管 $\phi50$	m	17.24	0.160	0.190	0.330
	高压胶皮水管 $\phi19-6P-20m$	m	12.07	0.270	0.320	0.540
	雷管	个	0.95	15.200	18.240	23.040
	乳化炸药	kg	9.11	4.447	5.203	6.087
	导火线 120s/m	m	0.34	15.690	18.830	23.770
	水	m^3	4.27	2.030	2.440	4.130
	其他材料费	元	1.00	1.64	1.94	2.57
机械	气腿式风动凿岩机	台班	13.62	0.756	0.909	1.485
	风动锻钎机	台班	25.56	0.018	0.027	0.036
	电动空气压缩机 $10m^3/min$	台班	394.85	0.270	0.360	0.585
	轴流通风机 30kW	台班	146.68	0.378	0.396	0.423
	轮胎式单斗液压挖掘机 $0.2m^3$	台班	394.34	0.036	0.045	0.054
	电动卷扬机-双筒慢速 50kN	台班	223.12	0.225	0.225	0.225
	磨砖机 4kW	台班	23.21	0.063	0.090	0.135

工作内容:测量、领运料、钻眼、爆破、通风、出渣、提升至井口。 **计量单位**:10m³

定额编号				3-48	3-49
项目				机械开挖	
				较坚硬岩	坚硬岩
基价(元)				**1196.24**	**1480.15**
其中	人工费(元)			544.32	689.99
	材料费(元)			166.90	204.99
	机械费(元)			485.02	585.17
名称		单位	单价(元)	消耗量	
人工	二类人工	工日	135.00	4.032	5.111
材料	六角空心钢 综合	kg	2.48	2.590	3.510
	合金钢钻头 一字型	个	8.62	1.630	2.260
	高压胶皮风管 ϕ50	m	17.24	0.470	0.610
	高压胶皮水管 ϕ19－6P－20m	m	12.07	0.770	1.020
	雷管	个	0.95	27.270	31.160
	乳化炸药	kg	9.11	7.122	8.333
	导火线 120s/m	m	0.34	28.140	32.120
	水	m³	4.27	5.950	7.850
	其他材料费	元	1.00	3.27	4.02
机械	气腿式风动凿岩机	台班	13.62	1.989	2.586
	风动锻钎机	台班	25.56	0.054	0.072
	电动空气压缩机 10m³/min	台班	394.85	0.783	0.986
	轴流通风机 30kW	台班	146.68	0.459	0.504
	轮胎式单斗液压挖掘机 0.2m³	台班	394.34	0.063	0.072
	电动卷扬机－双筒慢速 50kN	台班	223.12	0.225	0.225
	磨砖机 4kW	台班	23.21	0.216	0.270

2. 竖井支护和衬砌

工作内容:1. 搭、拆脚手架,安拆、转移机具设备,混凝土制作、输送、喷射及养护;

2、3. 混凝土浇注、振捣、养护、清理。 **计量单位**:10m³

定额编号				3-50	3-51	3-52
项目				竖井支护	竖井衬砌	竖井锁口圈混凝土
				喷射混凝土	商品混凝土	
基价(元)				**7844.81**	**5915.81**	**5653.10**
其中	人工费(元)			2485.08	1263.60	998.73
	材料费(元)			4550.33	4552.38	4554.54
	机械费(元)			809.40	99.83	99.83
名称		单位	单价(元)	消耗量		
人工	二类人工	工日	135.00	18.408	9.360	7.398
材料	喷射混凝土 1:2.5:2	m³	337.71	13.000	—	—
	非泵送商品混凝土 C30	m³	438.00	—	10.200	10.200
	高压胶皮风管 $\phi50$	m	17.24	2.500	—	—
	水	m³	4.27	16.850	9.300	9.800
	其他材料费	元	1.00	45.05	45.07	45.09
机械	混凝土喷射机 5m³/h	台班	203.74	1.008	—	—
	双卧轴式混凝土搅拌机 350L	台班	245.41	0.504	—	—
	电动空气压缩机 10m³/min	台班	394.85	1.008	—	—
	混凝土输送泵车 20m³/h	台班	821.32	—	0.108	0.108
	电动卷扬机-双筒慢速 50kN	台班	223.12	0.369	—	—
	混凝土振捣器 插入式	台班	4.65	—	2.394	2.394

3. 竖井衬砌模板

工作内容:模板及支撑倒运、安装、拆除、堆放、刷油、清理。　　**计量单位:**$10m^2$

定额编号				3-53	3-54
项目				钢模板	复合模板
基价(元)				**522.96**	**474.56**
其中	人工费(元)			378.27	263.25
	材料费(元)			101.33	186.39
	机械费(元)			43.36	24.92
名称		单位	单价(元)	消耗量	
人工	二类人工	工日	135.00	2.802	1.950
材料	钢模板	kg	5.96	7.668	—
	零星卡具	kg	5.88	3.294	—
	工字钢 Q235B 综合	kg	4.05	3.200	—
	脱模剂	kg	1.54	1.000	—
	板方材	m^3	1034.00	0.010	0.100
	胶合板 δ6	m^2	23.28	—	1.490
	铁件	kg	3.71	2.808	0.700
	镀锌铁丝 10#	kg	5.38	—	6.060
	圆钉	kg	4.74	—	1.090
	嵌缝料	kg	1.42	—	1.000
	隔离剂	kg	4.67	—	1.000
	其他材料费	元	1.00	1.00	1.85
机械	汽车式起重机 8t	台班	648.48	0.041	0.018
	木工圆锯机 500mm	台班	27.50	—	0.234
	载货汽车 4t	台班	369.21	0.040	0.013
	电动卷扬机 - 双筒慢速 50kN	台班	223.12	0.009	0.009

4. 竖井钢爬梯制作、安装

工作内容：钢梯制作、成品矫正、除锈、刷防锈漆、安装、固定、清理等。　　**计量单位**：t

定额编号				3-55
项目				钢爬梯制作、安装
基价（元）				**6681.05**
其中	人工费（元）			2801.79
	材料费（元）			3132.95
	机械费（元）			746.31
名称		单位	单价（元）	消耗量
人工	二类人工	工日	135.00	20.754
材料	角钢 Q235B 综合	t	3966.00	0.052
	槽钢 综合	t	4052.00	0.060
	钢筋 φ22	t	3043.00	0.161
	中厚钢板 综合	t	3750.00	0.469
	螺栓	kg	5.69	1.740
	电焊条	kg	4.31	26.500
	氧气	m^3	3.62	6.160
	乙炔气	kg	7.60	2.050
	防锈漆 C53－1	kg	14.05	11.600
	汽油 综合	kg	6.12	3.000
	镀锌铁丝	kg	6.55	6.090
	板方材	m^3	1034.00	0.020
	其他材料费	元	1.00	31.02
机械	门式起重机 10t	台班	447.22	0.405
	门式起重机 20t	台班	589.07	0.153
	轨道平车 10t	台班	86.38	0.252
	电动空气压缩机 $10m^3/min$	台班	394.85	0.072
	型钢剪断机 500mm	台班	82.19	0.099
	剪板机 20×4000mm	台班	208.48	0.018
	型钢矫正机 60×800mm	台班	67.49	0.099
	刨边机 9000mm	台班	288.92	0.027
	摇臂钻床 25mm	台班	8.50	0.126
	交流弧焊机 32kV·A	台班	92.84	4.257
	钢板校正机	台班	122.00	0.018

六、回 填 工 程

工作内容:1. 回填混凝土:混凝土泵送、浇筑、振捣及养护;
2. 回填砂石:运输、分层铺筑、平整、压实等。

计量单位:10m³

	定额编号			3-56	3-57	3-58
	项目			洞内回填		竖井回填
				片石混凝土	商品混凝土	人工级配砂石
	基价(元)			**4678.46**	**4785.77**	**1856.55**
其中	人工费(元)			522.45	442.80	271.89
	材料费(元)			3912.78	4219.63	1463.63
	机械费(元)			243.23	123.34	121.03
	名称	单位	单价(元)	消耗量		
人工	二类人工	工日	135.00	3.870	3.280	2.014
材料	非泵送商品混凝土 C20	m³	412.00	8.630	10.100	—
	块石	t	77.67	3.886	—	—
	砾石 40	t	67.96	—	—	13.982
	黄砂 毛砂	t	87.38	—	—	5.729
	水	m³	4.27	3.900	3.900	3.000
	其他材料费	元	1.00	38.74	41.78	—
机械	混凝土振捣器 插入式	台班	4.65	1.090	1.090	—
	电瓶车 8t	台班	212.72	0.207	—	—
	硅整流充电机 90A/190V	台班	207.90	0.108	—	—
	混凝土输送泵车 20m³/h	台班	821.32	0.099	0.144	—
	电动卷扬机-双筒慢速 50kN	台班	223.12	0.405	—	0.504
	电动夯实机 250N·m	台班	28.03	—	—	0.306

七、拆除工程

工作内容:1. 拆除混凝土、废料洞内运输及提升至地面;
2. 拆除、运输、清理。

定额编号				3-59	3-60
项目				拆除洞内临时支护混凝土	拆除钢构件
计量单位				$10m^3$	t
基价(元)				**2620.01**	**545.78**
其中	人工费(元)			1854.90	331.56
	材料费(元)			—	39.16
	机械费(元)			765.11	175.06
名称		单位	单价(元)	消耗量	
人工	二类人工	工日	135.00	13.740	2.456
材料	氧气	m^3	3.62	—	5.400
	乙炔气	m^3	8.90	—	2.160
	其他材料费	元	1.00	—	0.39
机械	电动空气压缩机 $3m^3/min$	台班	122.54	3.879	—
	手持式风动凿岩机	台班	12.36	7.740	—
	电动卷扬机－双筒慢速 50kN	台班	223.12	0.360	0.016
	电瓶车 8t	台班	212.72	0.359	0.426
	硅整流充电机 90A/190V	台班	207.90	0.180	0.212
	轨道平车 10t	台班	86.38	—	0.426

八、土石方清理

工作内容:撬移、撬落、钻眼、爆破、清理、洞内运输、垂直提升。　　　　**计量单位**:100m³

定额编号					3-61	3-62
项目					土石方清理	
					不需解小	需解小
基价(元)					**4259.28**	**8420.52**
其中	人工费(元)				2235.47	3517.83
	材料费(元)				11.27	469.18
	机械费(元)				2012.54	4433.51
名称		单位	单价(元)		消耗量	
人工	二类人工	工日	135.00		16.559	26.058
材料	六角空心钢 综合	kg	2.48		—	2.800
	乳化炸药	kg	9.11		—	17.600
	火雷管	个	0.95		—	62.000
	导火线 120s/m	m	0.34		—	88.000
	水	m³	4.27		2.587	47.748
	其他材料费	元	1.00		0.22	9.20
机械	气腿式风动凿岩机	台班	13.62		—	4.351
	电动空气压缩机 10m³/min	台班	394.85		—	3.008
	风动锻钎机	台班	25.56		—	0.483
	电瓶车 8t	台班	212.72		4.770	7.515
	硅整流充电机 90A/190V	台班	207.90		2.385	3.758
	电动卷扬机 - 双筒慢速 50kN	台班	223.12		2.250	3.510
	钻头磨床	台班	23.11		—	0.483

注:仅适用于洞内抢险等特殊情况。

第二章

盾构法隧道

说　明

一、本章定额包括盾构机安拆及掘进工程，衬砌壁后压浆，柔性接缝环，洞口钢筋混凝土环圈，管片，负环管片拆除，隧道内管线路拆除，盾构基座及反力架，手孔封堵，盾构调头、过站、平移，联络通道冻结加固十一节，共67个子目。

二、盾构及车架安装包括现场吊装及试运行，拆除包括拆卸、装车，适用于ϕ7000mm以内的圆形隧道施工和11.83m×7.27m的类矩形隧道施工。盾构机及车架的场外运输费用按实另计。

三、盾构机选型，应根据地质报告、隧道覆土层厚度、地表沉降量要求及掘进机技术性能等条件，由批准的施工组织设计确定。盾构掘进定额中各类型盾构机的台班费用是根据目前国内地铁工程施工使用机械综合考虑的，未包括盾构机有关需摊销费用因素，发生时该费用另计，并可在措施项目中计列。

四、如盾构掘进地层遇有下表情形时，相应定额的人工、机械、材料消耗量按下面两个表进行调整。

盾构掘进软硬不均、上软下硬段系数调整表

地质类型	强度、断面、长度	调整系数和说明
软硬不均、上软下硬	1.同一掘进断面强度、断面要求： (1)有单轴饱和抗压强度≥60MPa硬岩面，且硬岩面占掘进断面的比例≥25%； (2)有单轴饱和抗压强度≤20MPa软土(岩)面，且软土(岩)面占掘进断面的比例≥25%； 2.长度要求：符合以上掘进断面、强度要求的连续长度≥30m	人工和机械消耗量乘以系数1.4，不构成实体的损耗材料消耗量乘以系数2.0，另行增加4500元/延米的带压开仓费

注：1.断面单轴饱和抗压强度以地勘资料确认为准，硬岩占断面比和软土(岩)面占断面比均按"掘进断面中达到强度标准的地勘岩芯长度/掘进断面岩芯总长度"确定；

2.软硬不均、上软下硬地质影响长度指在盾构掘进线路方向上符合本表要求的地层累计长度，系数只在影响长度内调整；

3.如采取注浆加固等措施处理软硬不均地质，盾构掘进通过该受影响段，则采取措施的措施费另计，人工和机械消耗量乘以系数1.1，不构成实体的损耗材料消耗量乘以系数1.25；

4.不构成实体的损耗材料是指：水、电、各种油脂、泡沫添加剂、膨润土、盾构刀具费。

盾构掘进孤石段系数调整表

地质类型	强度、断面、长度	调整系数和说明
孤石	盾构机直接掘进受影响段	人工和机械消耗量乘以系数1.25，不构成实体的损耗材料消耗量乘以系数1.5
	采用了其他措施处理，如爆破解小孤石等，再盾构掘进受影响段	人工和机械消耗量乘以系数1.1，不构成实体的损耗材料消耗量乘以系数1.25，其他措施费用另计

注：1.孤石情况按地勘资料等确认；

2.一个孤立孤石影响长度按1倍盾构管片结构外径计；孤石在掘进方向上的间距大于1倍盾构管片结构外径的按孤立孤石考虑；孤石在掘进方向上的间距小于1倍盾构管片结构外径的连续孤石群，其影响长度按掘进线路上相距最远的孤石间距离加1倍盾构管片结构外径计；系数只在影响长度内调整；

3.不构成实体的损耗材料是指：水、电、各种油脂、泡沫添加剂、膨润土、盾构刀具费。

五、盾构掘进在穿越密集建筑群、古文物建筑或堤防，重要管线时，对地表升降有特殊要求者，按下表系数调整该区域的掘进人工费。

盾构掘进地表升降特殊段系数调整表

盾构直径(mm)	允许地表升降量(mm)	
	±150	±100
$\phi<7000$	1.0	1.2

注:允许地表升降量是指覆土层厚度 >1 倍盾构直径处的轴线上方地表升降量。

六、采用土压平衡盾构机掘进,其土方以吊出井口装车止。采用泥水平衡盾构机掘进,其排放的泥浆水以送至沉淀池止,水力出土所需的地面部分取水,排水的土建及土方外运费用另计。水力出土掘进用水按取用自然水源考虑,不计水费,若采用其他水源需计算水费时可另计。

七、采用泥水平衡盾构,地面泥水分离费用另行计算。

八、盾构掘进定额中已综合考虑了管片的宽度和成环块数等因素,除定额另有规定外,均不得调整。

九、预制混凝土管片及管片成环水平试拼装定额适用于施工单位现场预制管片。预制混凝土管片采用高精度钢模和高标号混凝土,定额中已含钢模摊销费,管片预制场地费及场外运费另计。管片的场内运输定额适用于管片预制场地驳运到中转场地堆放或预制管片自现场堆放场地运至吊装井口堆放。类矩形预制混凝土管片预埋球墨铸铁件设计不同时可调整。

十、衬砌壁后压浆定额适用于同步压浆,定额中的浆液比例设计不同时,可作调整。壁后二次压浆发生时,执行矿山法隧道支护中的预留孔注浆定额。

十一、盾构基座按一次摊销考虑,摊销次数不同时可调整。

十二、类矩形隧道内管线路拆除定额已包含了左右两线的拆除。

十三、联络通道开挖冷冻法加固已综合考虑冻结管路安装、冻结站标准制冷量的站型、冷冻站运转周期和材料摊销。

十四、冻结平台包括:端头井平台(上、下行线各 1 个)、钻孔平台及钻架(上、下行线各 1 个)、冻结站平台(1 个)共 3 个平台。

十五、本章定额不包括预埋铁件制作与安装,发生时执行本定额第二册“高架桥工程”第六章“钢筋工程”相应定额子目。

十六、盾构法施工的附属工程,如隧道端头、联络通道(泵房)开挖和结构等工程项目,应套用本册其他章节的相应子目计算。

工程量计算规则

一、掘进过程中的施工阶段划分：

1. 负环段掘进：从拼装后靠管片起至盾尾离开出洞井内壁止。

2. 出洞段（始发段）掘进：从盾尾离开出洞井内壁起至盾尾离开出洞井内壁 40m 止。

3. 正常段掘进：从出洞段掘进结束至进洞段掘进开始的全段掘进。

4. 进洞段（到达段）掘进：圆形隧道按盾构切口距进洞井外壁 5 倍盾构直径的长度计算；类矩形隧道按盾构切口距进洞井外壁 50m 的长度计算。

二、盾构机吊装、吊拆及盾构过站、调头、平移，以"台·次"为单位计算。车架安装、拆除以"节"计算。车架转换以"次"计算。

三、柔性接缝环适合于盾构工作井洞门与隧道接缝处理，长度按管片中心圆周长以"m"计算。

四、预制混凝土管片工程量按设计实体积加 1% 损耗以"m^3"计算。

五、管片成环水平试拼装、设置密封条、管片嵌缝的工程量以"环"计算。

六、负环管片拆除按长度以"延长米"计算，适用于工作井上方能直接吊拆的施工条件。如井口已封闭而必须在井内拆卸时，人工及机械费应乘以系数 2.0。

七、同步衬砌压浆工程量根据盾尾间隙所压的浆液量，按设计要求或批准的施工组织设计确定，以"m^3"计算。

八、盾构基座、反力架按设计图示重量以"t"计算。

九、联络通道冻结平台安装、拆除以"套"计算。

十、开挖冷冻法根据加固土体体积以"m^3"计算。

十一、融沉注浆钻孔总长度按注浆孔个数乘以 40m，以"m"计算。

十二、融沉注浆的范围为设计冻结壁厚度 + 冻结壁外延值（按 1m 计）；融沉注浆量按冻结体体积乘以 30%，以"m^3"计算。

十三、冻结监测系统以"套"计算。

一、盾构机安拆及掘进工程

1. 盾构整体吊装和吊拆

工作内容:1、3. 起吊机械设备及盾构车架就位,盾构吊入井底基座,盾构安装;

2、4. 拆除盾构与车垛连杆,起吊机械及附属设备就位,盾构整体吊出井口,上托架,装车。 **计量单位:**台·次

				3-63	3-64	3-65	3-66
定额编号				3-63	3-64	3-65	3-66
项目				圆形盾构整体吊装	圆形盾构整体吊拆	类矩形盾构吊装	类矩形盾构吊拆
				ϕ7000 以内		11.83m×7.27m	
基价(元)				**185252.45**	**147405.91**	**814183.77**	**598867.19**
其中	人工费(元)			30775.95	24579.45	46777.50	29868.75
	材料费(元)			14267.35	12066.07	45277.55	36132.61
	机械费(元)			140209.15	110760.39	722128.72	532865.83
名称		单位	单价(元)	消耗量			
人工	二类人工	工日	135.00	227.970	182.070	346.500	221.250
材料	型钢 综合	kg	3.84	760.000	530.000	3040.000	2040.000
	盾构托架	t	2178.00	0.920	0.740	3.310	2.605
	中厚钢板 综合	t	3750.00	0.550	0.330	1.930	0.925
	钢丝绳 综合	kg	6.45	190.000	190.000	502.520	502.520
	枕木	m^3	2457.00	1.960	1.960	5.280	5.280
	橡胶板	kg	5.09	32.500	—	—	—
	电焊条	kg	4.31	51.000	25.500	138.950	69.450
	机油 综合	kg	2.91	22.500	4.500	65.090	13.010
	柴油 0#	t	5086.00	0.050	0.060	0.130	0.142
	氧气	m^3	3.62	60.000	90.000	158.700	228.700
	乙炔气	m^3	8.90	20.000	30.000	52.900	78.350
	其他材料费	元	1.00	141.26	119.47	448.29	357.75
机械	履带式起重机 50t	台班	1364.92	16.200	12.960	—	—
	履带式起重机 100t	台班	2737.92	7.200	5.760	—	—
	交流弧焊机 32kV·A	台班	92.84	11.998	5.999	27.000	20.250
	履带式起重机 300t	台班	6588.97	14.202	11.367	—	—
	电动卷扬机-双筒慢速 100kN	台班	304.96	12.113	6.056	—	—
	汽车式起重机 150t	台班	8586.02	—	—	11.250	2.250
	汽车式起重机 500t	台班	14240.67	—	—	43.750	35.930

2. 盾构车架安装和拆除

工作内容:1、2、5. 车架吊入井底,井下组装就位与盾构连接,车架上设备安装、水电气管安装;
3、4. 车架地面安装、延长管线安装、延长管线拆除、车架吊入井底、车架隧道内安装。 **计量单位**:节

定额编号				3-67	3-68	3-69	3-70	3-71
项目				圆形盾构车架安装				类矩形盾构车架安装
				整体始发		分体始发		
				30t 以内	30t 以外	30t 以内	30t 以外	
基价(元)				**8582.94**	**10074.15**	**16477.74**	**26335.92**	**11961.84**
其中	人工费(元)			2581.88	3098.25	5163.75	9294.75	2961.36
	材料费(元)			2823.46	3162.37	4961.32	5603.62	7177.85
	机械费(元)			3177.60	3813.53	6352.67	11437.55	1822.63
名称		单位	单价(元)	消耗量				
人工	二类人工	工日	135.00	19.125	22.950	38.250	68.850	21.936
材料	中厚钢板 综合	t	3750.00	0.300	0.360	0.300	0.360	0.840
	轻轨 24kg/m	kg	4.03	127.500	130.000	127.500	130.000	—
	钢轨	kg	4.14	—	—	—	—	380.550
	枕木	m^3	2457.00	0.281	0.313	0.281	0.313	0.722
	螺栓带帽	kg	6.00	39.200	38.400	39.200	38.400	—
	电焊条	kg	4.31	3.978	4.590	7.650	13.770	11.180
	氧气	m^3	3.62	8.679	9.468	17.358	28.404	24.390
	乙炔气	m^3	8.90	2.893	3.156	5.786	9.468	8.130
	高压油管	m	15.52	—	—	96.000	105.600	—
	动力电缆	m	16.07	—	—	11.429	12.570	—
	电力电缆 VV 1×12	m	7.33	—	—	34.300	37.700	—
	其他材料费	元	1.00	184.71	206.88	324.57	366.59	469.58
机械	履带式起重机 100t	台班	2737.92	0.592	0.711	1.184	2.132	—
	门式起重机 50t	台班	1113.02	0.670	0.803	1.338	2.409	1.314
	交流弧焊机 32kV·A	台班	92.84	3.375	4.050	6.750	12.150	3.879
	电动卷扬机-双筒慢速 100kN	台班	304.96	1.632	1.958	3.263	5.873	—

工作内容:车架及附属设备拆除,吊出井口,装车安放。 **计量单位:**节

定额编号				3-72	3-73	3-74
项目				圆形盾构车架拆除		类矩形盾构车架拆除
				30t 以内	30t 以外	
基价(元)				**6784.90**	**8093.19**	**5536.99**
其中	人工费(元)			2323.76	2788.43	1458.00
	材料费(元)			1658.24	1941.86	1645.74
	机械费(元)			2802.90	3362.90	2433.25
名称		单位	单价(元)	消耗量		
人工	二类人工	工日	135.00	17.213	20.655	10.800
材料	中厚钢板 综合	t	3750.00	0.169	0.208	0.168
	枕木	m^3	2457.00	0.322	0.364	0.320
	氧气	m^3	3.62	11.286	12.312	10.830
	乙炔气	m^3	8.90	3.762	4.104	3.540
	电焊条	kg	4.31	1.913	2.295	2.130
	其他材料费	元	1.00	150.75	176.53	149.61
机械	履带式起重机 100t	台班	2737.92	0.563	0.675	0.603
	门式起重机 50t	台班	1113.02	0.635	0.763	0.603
	交流弧焊机 32kV·A	台班	92.84	1.688	2.025	1.197
	电动卷扬机 - 双筒慢速 100kN	台班	304.96	1.305	1.566	—

3. 圆形刀盘式泥水平衡盾构掘进

工作内容：操作盾构掘进机、水力出土；管片洞内运输和拼装，螺栓紧固；施工管路铺设、照明，供气通风，施工测量、通信；排泥水输出井口。

计量单位：m

定额编号				3-75	3-76	3-77	3-78
项目				$\phi \leq 7000$ 刀盘式泥水平衡盾构掘进			
				负环段	出洞段（始发段）	正常段	进洞段（到达段）
基价（元）				**17167.08**	**16478.67**	**9007.83**	**14148.77**
其中	人工费（元）			5217.21	3027.78	1270.89	2357.10
	材料费（元）			4127.24	3771.22	2912.66	3190.92
	机械费（元）			7822.63	9679.67	4824.28	8600.75
	名称	单位	单价(元)	消耗量			
人工	二类人工	工日	135.00	38.646	22.428	9.414	17.460
材料	管片连接螺栓	kg	6.98	50.350	100.700	100.700	100.700
	钢轨枕	kg	4.62	16.820	16.820	16.820	16.820
	钢轨	kg	4.14	7.510	7.510	7.510	7.510
	走道板	kg	8.62	17.930	17.930	17.930	17.930
	金属支架	kg	5.17	12.870	12.870	12.870	12.870
	碳素结构钢流体无缝钢管 219×6	kg	4.66	29.180	29.180	29.180	29.180
	风管	kg	2.59	15.900	15.900	15.900	15.900
	碳素结构钢流体无缝钢管 76×4	kg	4.74	4.890	4.890	4.890	4.890
	钢管栏杆	kg	6.90	13.670	13.670	13.670	13.670
	非泵送商品混凝土 C20	m^3	412.00	0.560	—	—	—
	钢支撑	kg	3.97	185.740	—	—	—
	电焊条	kg	4.31	5.600	—	—	—
	电	kW·h	0.78	2042.932	1951.254	1074.116	1350.388
	机油 20#	kg	3.84	49.560	48.510	23.420	33.180
	油脂	kg	12.59	—	31.190	31.190	31.190
	其他材料费	元	1.00	375.20	342.84	264.79	290.08
机械	刀盘式水力出土泥水平衡盾构掘进机 7000mm	台班	7020.28	0.491	0.912	0.455	0.788
	履带式起重机 25t	台班	757.92	1.078	0.241	0.099	0.186
	轴流通风机 100kW	台班	452.16	1.430	1.510	1.240	2.340
	电动单级离心清水泵 200mm	台班	93.34	1.720	3.610	1.490	2.800
	电动多级离心清水泵 ϕ150mm $h \leq 180$m	台班	283.02	1.720	3.610	1.490	2.800
	交流弧焊机 32kV·A	台班	92.84	3.690	1.940	0.800	1.510
	电动空气压缩机 10m^3/min	台班	394.85	0.978	—	—	—
	门式起重机 50t	台班	1113.02	1.380	0.309	0.127	0.238
	电瓶车 10t	台班	219.28	—	1.114	0.459	0.865
	轨道平车 5t	台班	34.23	—	2.228	0.918	1.730
	硅整流充电机 90A/190V	台班	207.90	—	1.003	0.413	0.779

4. 圆形刀盘式土压平衡盾构掘进

工作内容:操作盾构掘进机、干式出土;管片洞内运输和拼装,螺栓紧固;施工管路铺设、照明、运输,供气通风;施工测量、通信;井口土方装车。

计量单位:m

定额编号				3-79	3-80	3-81	3-82
项目				ϕ≤7000 刀盘式土压平衡盾构掘进			
				负环段	出洞段(始发段)	正常段	进洞段(到达段)
基价(元)				**16922.56**	**13598.63**	**9129.41**	**11152.72**
其中	人工费(元)			5307.93	2546.64	1424.79	1781.19
	材料费(元)			4330.43	3597.18	2799.19	3050.80
	机械费(元)			7284.20	7454.81	4905.43	6320.73
	名称	单位	单价(元)	消耗量			
人工	二类人工	工日	135.00	39.318	18.864	10.554	13.194
材料	管片连接螺栓	kg	6.98	50.350	100.700	100.700	100.700
	钢轨枕	kg	4.62	19.050	19.050	19.050	19.050
	钢轨	kg	4.14	8.510	8.510	8.510	8.510
	走道板	kg	8.62	20.310	20.310	20.310	20.310
	金属支架	kg	5.17	14.580	14.580	14.580	14.580
	非泵送商品混凝土 C20	m^3	412.00	0.560	—	—	—
	碳素结构钢流体无缝钢管 76×4	kg	4.74	5.530	5.530	5.530	5.530
	风管	kg	2.59	18.010	18.010	18.010	18.010
	钢管栏杆	kg	6.90	15.480	15.480	15.480	15.480
	钢支撑	kg	3.97	264.800	—	—	—
	电焊条	kg	4.31	5.600	—	—	—
	电	kW·h	0.78	1558.310	1488.380	819.315	1030.050
	水	m^3	4.27	70.040	58.490	32.130	40.430
	机油 20#	kg	3.84	55.020	52.500	28.800	36.330
	油脂	kg	12.59	—	31.900	31.900	31.900
	其他材料费	元	1.00	393.68	327.02	254.47	277.35
机械	刀盘式干出土土压平衡盾构掘进机 7000mm	台班	6687.80	0.497	0.830	0.525	0.650
	履带式起重机 25t	台班	757.92	1.097	0.220	0.121	0.154
	轴流通风机 100kW	台班	452.16	1.460	1.380	1.520	1.920
	电动单级离心清水泵 200mm	台班	93.34	1.750	1.650	0.910	1.150
	交流弧焊机 32kV·A	台班	92.84	3.760	1.750	0.980	1.240
	电动空气压缩机 $10m^3/min$	台班	394.85	0.997	—	—	—
	门式起重机 50t	台班	1113.02	1.404	0.282	0.155	0.197
	电瓶车 10t	台班	219.28	—	1.017	0.562	1.152
	轨道平车 5t	台班	34.23	—	2.034	1.124	2.304
	硅整流充电机 90A/190V	台班	207.90	—	0.915	0.506	1.037

5. 类矩形盾构掘进

工作内容：操作盾构掘进机、干式出土；管片洞内运输和拼装，螺栓紧固；施工管路铺设、照明、运输，供气通风；施工测量、通信；井口土方装车。

计量单位：m

定额编号				3-83	3-84	3-85	3-86
项目				11.83m×7.27m 类矩形盾构掘进			
				负环段	出洞段(始发段)	正常段	进洞段(到达段)
基价（元）				**80367.27**	**53173.88**	**44376.62**	**49785.40**
其中	人工费（元）			5316.03	3669.30	2992.95	3280.50
	材料费（元）			6975.69	7147.71	7285.92	5531.93
	机械费（元）			68075.55	42356.87	34097.75	40972.97
名称		单位	单价(元)	消耗量			
人工	二类人工	工日	135.00	39.378	27.180	22.170	24.300
材料	管片螺栓 M33	套	29.31	33.330	33.330	33.330	33.330
	管片螺栓 M30	套	29.31	25.000	25.000	25.000	25.000
	管片螺栓 M27	套	29.31	6.670	6.670	6.670	6.670
	钢轨枕	kg	4.62	28.870	28.870	28.870	28.870
	钢轨	kg	4.14	30.440	30.440	30.440	172.000
	走道板	kg	8.62	12.520	12.520	12.520	12.520
	风管	kg	2.59	18.010	15.010	15.610	0.740
	电焊条	kg	4.31	8.490	—	—	8.490
	钢管 $\phi100\times4$	kg	3.88	—	—	1.300	1.580
	电	kW·h	0.78	2277.110	2353.300	2514.600	1661.120
	水	m^3	4.27	17.510	17.590	17.590	1.250
	机油 $20^{\#}$	kg	3.84	—	—	1.730	2.110
	油脂	kg	12.59	208.330	208.330	208.330	83.330
	膨润土	kg	0.47	—	334.000	334.000	334.000
	高压皮龙管 $\phi150\times3$	根	151.00	—	0.007	0.007	0.007
	其他材料费	元	1.00	146.19	144.77	143.92	112.48
机械	土压平衡矩形盾构机 11830×7270	台班	22949.40	2.321	1.505	1.199	1.326
	轴流通风机 100kW	台班	452.16	4.923	3.177	2.547	2.817
	污水泵 200mm	台班	287.77	3.285	2.115	1.701	0.936
	交流弧焊机 32kV·A	台班	92.84	3.285	2.115	1.701	1.872
	电动空气压缩机 $10m^3/min$	台班	394.85	4.923	—	—	—
	门式起重机 50t	台班	1113.02	2.250	1.062	0.846	0.936
	硅整流充电机 90A/190V	台班	207.90	9.846	6.345	5.094	5.625
	平板拖车组 8t	台班	666.19	1.125	1.062	1.134	2.439
	平板拖车组 20t	台班	835.65	2.538	1.593	1.404	3.654
	电瓶车 25t	台班	291.59	6.750	3.177	2.547	6.260
	盾构同步压浆泵 D2.1m×7m	台班	565.15	—	0.105	0.105	0.105
	灰浆搅拌机 400L	台班	161.27	—	0.316	0.316	0.316

二、衬砌壁后压浆

工作内容:制浆、运浆、盾尾同步压浆。　　　　计量单位:10m³

定额编号				3-87	3-88	3-89	3-90
项目				衬砌壁后同步压浆			
				水泥粉煤灰	水泥砂浆	水泥、水玻璃	惰性浆
基价(元)				4647.75	6934.57	7241.58	3712.57
其中	人工费(元)			1530.90	1671.03	2170.80	1453.14
	材料费(元)			2128.56	4470.15	4082.49	1271.14
	机械费(元)			988.29	793.39	988.29	988.29
名称		单位	单价(元)	消耗量			
人工	二类人工	工日	135.00	11.340	12.378	16.080	10.764
材料	普通硅酸盐水泥 P·O 42.5 综合	t	346.00	1.593	—	3.000	—
	粉煤灰	t	136.00	9.269	—	—	6.400
	膨润土	kg	0.47	331.000	—	—	2.640
	干混抹灰砂浆 DP M5.0	m³	413.85	—	10.500	—	—
	硅酸钠 水玻璃	kg	0.70	—	—	3900.000	—
	磷酸二氢钠	kg	3.53	—	—	66.000	—
	黄砂 净砂(中粗砂)	t	102.00	—	—	—	2.800
	微沫剂	kg	37.41	1.000	—	—	—
	高压皮龙管 ϕ150×3	根	151.00	0.040	0.040	0.040	0.040
	盖堵 ϕ75 以内	个	10.78	0.360	0.360	0.360	0.360
	三乙醇胺	kg	12.93	—	2.100	—	—
	水	m³	4.27	7.500	—	7.300	7.500
	其他材料费	元	1.00	81.87	87.65	40.42	71.95
机械	盾构同步压浆泵 D2.1m×7m	台班	565.15	0.630	0.630	0.630	0.630
	门式起重机 5t	台班	356.69	0.918	0.918	0.918	0.918
	灰浆搅拌机 400L	台班	161.27	1.890	—	1.890	1.890
	干混砂浆罐式搅拌机 20000L	台班	193.83	—	0.567	—	—

三、柔性接缝环

1.施工阶段

工作内容:1.盾构出洞后接缝处淤泥处理,钢板环圈定位,焊接,预留压浆孔;

2.洞口安装止水带及防水圈,环板安装后堵压,防水材料封堵。

定额编号				3-91	3-92
项目				临时防水环板	临时止水缝
计量单位				t	m
基价(元)				**8374.98**	**2170.87**
其中	人工费(元)			1710.72	482.76
	材料费(元)			4959.19	1542.92
	机械费(元)			1705.07	145.19
名称		单位	单价(元)	消耗量	
人工	二类人工	工日	135.00	12.672	3.576
材料	环圈钢板	t	4181.00	1.060	—
	中厚钢板 综合	kg	3.71	4.700	—
	六角带帽螺栓	kg	5.47	4.660	1.310
	枕木	m^3	2457.00	0.070	—
	压浆孔螺钉	个	7.59	12.240	—
	氧气	m^3	3.62	4.710	—
	乙炔气	m^3	8.90	1.570	—
	电焊条	kg	4.31	32.340	—
	普通硅酸盐水泥 P·O 42.5 综合	t	346.00	—	0.090
	黄砂 净砂	t	92.23	—	0.117
	帘布橡胶条	kg	14.40	—	4.330
	聚氨酯粘合剂	kg	26.29	—	19.980
	聚氨酯泡沫塑料	kg	30.17	—	29.530
	其他材料费	元	1.00	49.10	15.28
机械	门式起重机 50t	台班	1113.02	0.934	0.104
	轴流通风机 7.5kW	台班	45.40	2.880	0.405
	交流弧焊机 32kV·A	台班	92.84	5.760	—
	电动灌浆机	台班	26.11	—	0.423

2. 正式阶段

工作内容:1. 钢板、环圈切割,吊拆堆放;
2. 拆卸连接螺栓,吊车配合拆除管片,凿除涂料,壁面清洗;
3. 钢环板分块吊装,焊接固定;
4. 壁面刷涂料,安放内外壁止水带,压乳胶水泥。

	定额编号			3-93	3-94	3-95	3-96
	项目			拆除临时钢环板	拆除洞口环管片	安装钢环板	柔性接缝环
	计量单位			t	m^3	t	m
	基价(元)			**2477.32**	**2797.86**	**9524.56**	**2608.45**
其中	人工费(元)			1368.90	1488.78	2052.54	830.25
	材料费(元)			215.10	14.97	5449.82	1475.39
	机械费(元)			893.32	1294.11	2022.20	302.81
	名称	单位	单价(元)	消耗量			
人工	二类人工	工日	135.00	10.140	11.028	15.204	6.150
材料	环圈钢板	t	4181.00	—	—	1.000	—
	型钢 综合	kg	3.84	1.620	—	—	—
	枕木	m^3	2457.00	0.050	—	0.080	—
	电焊条	kg	4.31	3.930	1.650	83.420	—
	氧气	m^3	3.62	9.720	1.170	4.950	—
	乙炔气	m^3	8.90	3.570	0.390	1.650	—
	六角带帽螺栓	kg	5.47	—	—	31.030	—
	防水橡胶圈	个	2.59	—	—	128.000	—
	压浆孔螺钉	个	7.59	—	—	6.000	—
	螺栓套管	个	0.62	—	—	128.000	—
	环氧树脂	kg	15.52	—	—	—	0.740
	乳胶水泥	kg	11.29	—	—	—	78.120
	外防水氯丁酚醛胶	kg	13.02	—	—	—	10.160
	橡胶止水带	m	27.93	—	—	—	1.050
	氯丁橡胶	kg	18.10	—	—	—	0.400
	结皮海绵橡胶板	kg	12.07	—	—	—	28.250
	双组份聚氨酯防水涂料 Ⅰ型	kg	9.48	—	—	—	2.520
	聚苯乙烯硬泡沫塑料	m^3	560.00	—	—	—	0.060
	其他材料费	元	1.00	2.13	0.15	53.96	14.61
机械	电动空气压缩机 $1m^3/min$	台班	48.22	—	0.596	—	—
	门式起重机 50t	台班	1113.02	0.659	0.407	1.121	0.229
	交流弧焊机 32kV·A	台班	92.84	0.663	0.416	6.754	—
	轴流通风机 7.5kW	台班	45.40	2.165	1.177	3.248	0.663
	电动灌浆机	台班	26.11	—	—	—	0.683
	电动卷扬机-双筒慢速 100kN	台班	304.96	—	2.362	—	—

四、洞口钢筋混凝土环圈

工作内容：洞口环圈混凝土浇筑、养护，模板制作、安装、拆除；钢筋制作、绑扎。 计量单位：m^3

定额编号				3-97
项目				洞口钢筋混凝土环圈
基价（元）				**3099.48**
其中	人工费（元）			996.30
	材料费（元）			1534.86
	机械费（元）			568.32
名称		单位	单价(元)	消耗量
人工	二类人工	工日	135.00	7.380
材料	泵送商品混凝土 C30	m^3	461.00	1.010
	钢模板	kg	5.96	10.530
	热轧光圆钢筋 综合	t	3966.00	0.070
	热轧带肋钢筋 HRB400 综合	t	3849.00	0.180
	电焊条	kg	4.31	1.380
	其他材料费	元	1.00	30.10
机械	门式起重机 50t	台班	1113.02	0.416
	交流弧焊机 32kV·A	台班	92.84	0.347
	轴流通风机 7.5kW	台班	45.40	1.215
	载货汽车 4t	台班	369.21	0.031
	汽车式起重机 8t	台班	648.48	0.010

五、管　　片

1. 预制钢筋混凝土管片

工作内容:钢模安装、拆卸清理、刷油;测量检验;混凝土拌制;吊运浇筑;入养护池蒸养;出槽堆放、抗渗质检。

计量单位:10m³

定额编号				3-98	3-99
项目				圆形隧道	类矩形隧道
				预制钢筋混凝土管片	
				管片 ϕ7000 以内	管片 11.83m×7.27m
基价(元)				**10139.93**	**14735.76**
其中	人工费(元)			2289.06	2349.00
	材料费(元)			4740.64	10666.89
	机械费(元)			3110.23	1719.87
名称		单位	单价(元)	消耗量	
人工	二类人工	工日	135.00	16.956	17.400
材料	现浇现拌混凝土 C40(40)	m³	330.72	10.100	10.100
	管片钢模精加工制作	kg	12.50	92.000	128.800
	外加剂 SN-2	kg	3.63	39.380	77.200
	球墨铸铁精加工件	t	9483.00	—	0.550
	压浆孔螺钉	个	7.59	10.000	20.000
	脱模剂	kg	1.54	5.150	10.300
	其他材料费	元	1.00	23.59	53.07
机械	门式起重机 50t	台班	1113.02	1.152	1.440
	双锥反转出料混凝土搅拌机 350L	台班	192.31	0.522	0.522
	工业锅炉 1t/h	台班	1015.23	0.900	—
	载货汽车 4t	台班	369.21	2.178	—
	混凝土振捣器 插入式	台班	4.65	2.108	3.600

注:3-98~3-99 定额仅适用于施工单位现场预制盾构管片,工厂化生产预制管片应按成品构件价格计入盾构掘进的定额基价中。

2. 管片成环水平试拼装

工作内容:钢制台座制作,校准;管片场内运输、吊拼装、拆除;管片成环量测检验及数据记录。 **计量单位**:环

定额编号				3-100	3-101
项目				圆形隧道管片	类矩形隧道管片
				ϕ7000 以内	11.83m×7.27m
基价(元)				**1976.30**	**2926.68**
其中	人工费(元)			976.32	648.00
	材料费(元)			317.43	545.01
	机械费(元)			682.55	1733.67
	名称	单位	单价(元)	消耗量	
人工	二类人工	工日	135.00	7.232	4.800
材料	钢制台座	kg	2.40	60.667	66.130
	管片连接螺栓	kg	6.98	24.168	54.570
	其他材料费	元	1.00	3.14	5.40
机械	履带式起重机 10t	台班	589.37	0.501	0.900
	门式起重机 50t	台班	1113.02	0.198	0.648
	载货汽车 6t	台班	396.42	0.421	—
	平板拖车组 40t	台班	1071.11	—	0.450

3. 钢筋混凝土管片场内运输

工作内容:从堆放起吊,行车配合、装车、驳运到中转场地;垫道木、吊车配合按类堆放。 **计量单位**:$10m^3$

定额编号				3-102	3-103
项目				圆形隧道管片	类矩形隧道管片
				ϕ7000 以内	11.83m×7.27m
基价(元)				**489.26**	**1171.96**
其中	人工费(元)			131.49	127.17
	材料费(元)			—	7.24
	机械费(元)			357.77	1037.55
	名称	单位	单价(元)	消耗量	
人工	二类人工	工日	135.00	0.974	0.942
材料	板方材	m^3	1034.00	—	0.007
机械	汽车式起重机 8t	台班	648.48	0.270	—
	履带式起重机 10t	台班	589.37	—	0.468
	门式起重机 50t	台班	1113.02	0.054	0.234
	平板拖车组 40t	台班	1071.11	—	0.468
	载货汽车 4t	台班	369.21	0.332	—

4. 管片设置密封条

工作内容:管片吊运、堆放;编号、表面清理、涂刷粘接剂;粘贴软木衬垫及防水橡胶条;管片边角嵌贴丁基腻子胶。

计量单位:环

定额编号					3-104	3-105
项目					三元乙丙密封条	
					圆形隧道管片	类矩形隧道管片
					ϕ7000 以内	11.83m×7.27m
基价(元)					**1775.29**	**2332.54**
其中	人工费(元)				461.43	91.53
	材料费(元)				1147.03	2208.88
	机械费(元)				166.83	32.13
名称			单位	单价(元)	消耗量	
人工	二类人工		工日	135.00	3.418	0.678
材料	三元乙丙密封胶条		m	10.78	56.000	104.000
	丁醛自粘腻子		kg	6.90	1.220	3.790
	A884 粘接剂		kg	6.50	2.440	7.580
	软木衬垫		m^2	68.97	7.200	14.050
	其他材料费		元	1.00	22.49	43.31
机械	门式起重机 50t		台班	1113.02	0.097	0.018
	组合烘箱		台班	134.40	0.438	0.090

注:管片宽度按 1.2m 考虑,厚度按 0.35m 考虑,管片尺寸不同,三元乙丙密封胶条和软木衬垫耗用量可调整。

5. 管片嵌缝

工作内容:管片嵌缝槽表面处理;配料嵌缝。

计量单位:环

定额编号				3-106	3-107
项目				圆形隧道	
				管片嵌缝(管片 ϕ7000 以内)	
				氯丁乳胶水泥	环氧聚氨酯嵌缝膏
基价(元)				**634.28**	**665.02**
其中	人工费(元)			493.16	493.16
	材料费(元)			79.92	106.21
	机械费(元)			61.20	65.65
名称		单位	单价(元)	消耗量	
人工	二类人工	工日	135.00	3.653	3.653
材料	钢平台	kg	6.28	9.100	9.100
	氯丁乳胶水泥	kg	0.69	29.090	—
	环氧聚胺酯嵌缝膏	kg	2.22	—	17.750
	其他材料费	元	1.00	2.70	9.66
机械	门式起重机 50t	台班	1113.02	0.023	0.027
	电动灌浆机	台班	26.11	1.116	1.116
	电瓶车 10t	台班	219.28	0.020	0.020
	硅整流充电机 90A/190V	台班	207.90	0.010	0.010

工作内容:管片嵌缝槽表面处理;配料嵌缝。　　**计量单位**:环

定额编号					3-108	3-109
项目					类矩形隧道	
					管片嵌缝(管片 11.83m×7.27m)	
					氯丁乳胶水泥	环氧聚氨酯嵌缝膏
基价(元)					**648.82**	**695.36**
其中	人工费(元)				493.16	493.16
	材料费(元)				94.46	136.55
	机械费(元)				61.20	65.65
名称			单位	单价(元)	消耗量	
人工	二类人工		工日	135.00	3.653	3.653
材料	钢平台		kg	6.28	9.100	9.100
	氯丁乳胶水泥		kg	0.69	49.453	—
	环氧聚胺酯嵌缝膏		kg	2.22	—	30.175
	其他材料费		元	1.00	3.19	12.41
机械	门式起重机 50t		台班	1113.02	0.023	0.027
	电动灌浆机		台班	26.11	1.116	1.116
	电瓶车 10t		台班	219.28	0.020	0.020
	硅整流充电机 90A/190V		台班	207.90	0.010	0.010

6.钢 管 片

工作内容:划线,号料,切割,校正,滚圆弧,刨边,刨槽,上模具焊接成型,焊接预埋件,钻孔,吊运油漆,试拼装等。

计量单位:t

定额编号				3-110
项目				钢管片制作
基价(元)				**10870.81**
其中	人工费(元)			3062.61
	材料费(元)			5067.46
	机械费(元)			2740.74
名称		单位	单价(元)	消耗量
人工	二类人工	工日	135.00	22.686
材料	型钢 综合	t	3836.00	0.130
	举重臂螺丝	个	5.70	1.080
	中厚钢板 综合	t	3750.00	1.020
	氧气	m^3	3.62	20.585
	乙炔气	kg	7.60	6.860
	电焊条	kg	4.31	59.860
	防锈漆 C53-1	kg	14.05	17.430
	活接头 ϕ50	个	4.24	1.440
	管堵 ϕ50	个	3.53	0.740
	其他材料费	元	1.00	99.36
机械	门式起重机 50t	台班	1113.02	0.772
	龙门刨床 1000×3000mm	台班	160.09	4.316
	板料校平机 16×2000mm	台班	896.18	0.504
	摇臂钻床 63mm	台班	32.79	1.917
	牛头刨床 650mm	台班	30.54	1.247
	卷板机 20×2500mm	台班	84.13	0.158
	交流弧焊机 32kV·A	台班	92.84	6.728

六、负环管片拆除

工作内容：拆除后盾钢支撑，清除管片内污垢杂物，拆除进内轨道，清除进内污泥，凿除后靠混凝土，切割连接螺栓，管片吊出井口，装车。

计量单位：m

定额编号				3-111	3-112
项目				圆形隧道管片	类矩形隧道管片
				ϕ7000 以内	11.83m×7.27m
基价（元）				**5580.58**	**3965.47**
其中	人工费（元）			4312.44	2209.95
	材料费（元）			227.12	328.57
	机械费（元）			1041.02	1426.95
名称		单位	单价（元）	消耗量	
人工	二类人工	工日	135.00	31.944	16.370
材料	氧气	m^3	3.62	2.850	4.590
	乙炔气	m^3	8.90	0.950	1.540
	电焊条	kg	4.31	3.850	6.400
	电	kW·h	0.78	210.100	338.750
	钢支撑	kg	3.97	5.901	—
	其他材料费	元	1.00	4.45	6.44
机械	汽车式起重机 50t	台班	2353.88	—	0.270
	门式起重机 50t	台班	1113.02	0.808	0.666
	交流弧焊机 32kV·A	台班	92.84	0.970	0.540
	电动空气压缩机 $1m^3/min$	台班	48.22	1.071	—

七、隧道内管线路拆除

工作内容:贯通后隧道内水管、风管、走道板、栏杆、钢轨、轨枕、各种施工支架拆除,吊运出井口,装车或堆放,隧道内淤泥清除。

计量单位:100m

定额编号					3-113	3-114	3-115
项目					圆形隧道内管线路拆除(干式出土盾构)	圆形隧道内管线路拆除(水力出土盾构)	类矩形隧道内管线路拆除
					ϕ7000 以内		11.83m×7.27m
基价(元)					**18860.86**	**17480.82**	**33554.56**
其中	人工费(元)				10181.70	9402.48	16200.00
	材料费(元)				1954.81	1807.55	3909.62
	机械费(元)				6724.35	6270.79	13444.94
名称			单位	单价(元)	消耗量		
人工	二类人工		工日	135.00	75.420	69.648	120.000
材料	氧气		m^3	3.62	8.300	8.300	16.600
	乙炔气		m^3	8.90	2.770	2.770	5.540
	电		kW·h	0.78	2399.000	2213.000	4798.000
	其他材料费		元	1.00	28.89	26.71	57.78
机械	门式起重机 50t		台班	1113.02	2.801	2.586	5.598
	轨道平车 5t		台班	34.23	12.636	11.745	25.272
	电动单级离心清水泵 100mm		台班	36.22	16.751	17.415	33.498
	电瓶车 10t		台班	219.28	6.318	5.778	12.636
	硅整流充电机 90A/190V		台班	207.90	5.686	5.256	11.376

八、盾构基座及反力架

工作内容：1. 制作：划线、号料、切割、拼装、校正、焊接成型、油漆、堆放等；

2. 安装：划线、吊运、安装就位、找正、焊接、矫正、拼装；

3. 拆除：吊运、运输、堆放、工作面清理。

计量单位：t

定额编号				3-116	3-117	3-118	3-119
项目				盾构基座制作	反力架制作	盾构基座、反力架安装	盾构基座、反力架拆除
基价（元）				**6634.92**	**8157.12**	**751.51**	**504.74**
其中	人工费（元）			1335.69	2734.56	270.41	356.54
	材料费（元）			4455.62	4825.07	254.12	6.90
	机械费（元）			843.61	597.49	226.98	141.30
名称		单位	单价（元）	消耗量			
人工	二类人工	工日	135.00	9.894	20.256	2.003	2.641
材料	反力架	t	3966.00	—	0.742	—	—
	防锈漆 C53－1	kg	14.05	17.000	17.000	—	—
	汽油 综合	kg	6.12	5.500	—	—	—
	中厚钢板 综合	t	3750.00	0.019	—	—	—
	型钢 综合	t	3836.00	1.041	—	—	—
	钢支撑	kg	3.97	—	318.000	25.000	—
	电焊条 E43 系列	kg	4.74	14.110	—	1.090	—
	枕木	m^3	2457.00	—	—	0.030	—
	中厚钢板 综合	kg	3.79	—	—	7.890	—
	预埋铁件	kg	3.75	—	—	11.620	—
	氧气	m^3	3.62	4.800	20.380	—	1.110
	乙炔气	kg	7.60	1.600	10.190	—	0.370
	其他材料费	元	1.00	22.17	229.77	2.52	0.07
机械	门式起重机 50t	台班	1113.02	0.553	—	—	—
	钢筋切断机 40mm	台班	43.28	—	0.133	—	—
	摇臂钻床 63mm	台班	32.79	—	2.100	—	—
	交流弧焊机 32kV·A	台班	92.84	2.457	5.632	0.200	—
	电动空气压缩机 $10m^3/min$	台班	394.85	—	—	0.033	—
	履带式起重机 25t	台班	757.92	—	—	0.231	—
	载货汽车 4t	台班	369.21	—	—	0.055	—
	立式油压千斤顶 100t	台班	10.22	—	—	—	0.114
	门式起重机 30t	台班	692.75	—	—	—	0.160
	气割设备	台班	37.35	—	—	—	0.592
	电动葫芦－单速 5t	台班	31.49	—	—	—	0.228

九、手孔封堵

工作内容:操作平台移动、定位、找平、手孔清理、材料运输、封堵材料搅拌、堵手孔、抹平等。　　计量单位:100 个

定额编号				3-120
项目				手孔封堵
基价(元)				**2311.97**
其中	人工费(元)			944.73
	材料费(元)			879.74
	机械费(元)			487.50
名称		单位	单价(元)	消耗量
人工	二类人工	工日	135.00	6.998
材料	复合硅酸盐水泥 PC 32.5R 综合	t	319.00	0.810
	外加剂 SN-2	kg	3.63	150.000
	钢平台	kg	6.28	9.490
	其他材料费	元	1.00	17.25
机械	门式起重机 50t	台班	1113.02	0.438

十、盾构调头、过站、平移

工作内容：1. 铺设黄砂，平台铺设钢板，钢轨，卷扬机定位，盾构与机架顶升，盾构拉上平台，盾构牵引转向调头、放低、就位；

2. 管线路拆除、安装，起重机定位吊装，临时转接设施就位。

定额编号				3-121	3-122
项目				盾构调头	车架转换
计量单位				台·次	次
基价（元）				**333563.16**	**136793.67**
其中	人工费（元）			83885.76	49950.00
	材料费（元）			187359.06	24483.94
	机械费（元）			62318.34	62359.73
名称		单位	单价(元)	消耗量	
人工	二类人工	工日	135.00	621.376	370.000
材料	中厚钢板 综合	t	3750.00	30.966	—
	钢材	kg	3.41	—	300.000
	型钢 综合	t	3836.00	4.020	—
	热轧光圆钢筋 综合	t	3966.00	1.374	—
	枕木	m^3	2457.00	0.012	—
	电焊条	kg	4.31	256.320	30.000
	液压油	kg	14.74	—	850.000
	高压油管	m	15.52	—	420.000
	电缆 $35mm^2$	m	17.24	—	200.000
	黄砂 净砂(中粗砂)	t	102.00	96.000	—
	防锈漆 C53－1	kg	14.05	102.000	—
	汽油 综合	kg	6.12	33.000	—
	钢滚筒	t	4483.00	2.450	—
	氧气	m^3	3.62	180.900	48.000
	乙炔气	kg	7.60	59.100	24.000
	钢质转向基座	t	4612.00	3.680	—
	重轨 38kg/m	t	4422.00	1.147	—
	其他材料费	元	1.00	3673.71	480.08
机械	电瓶车 25t	台班	291.59	—	14.400
	汽车式起重机 50t	台班	2353.88	—	7.200
	汽车式起重机 150t	台班	8586.02	—	4.800
	载货汽车 4t	台班	369.21	0.018	—
	履带式起重机 5t	台班	476.74	6.614	—
	履带式起重机 25t	台班	757.92	5.798	—
	履带式起重机 60t	台班	1456.51	6.000	—
	履带式起重机 300t	台班	6588.97	6.000	—
	钢筋切断机 40mm	台班	43.28	1.200	—
	摇臂钻床 63mm	台班	32.79	14.880	—
	交流弧焊机 32kV·A	台班	92.84	45.170	—
	交流弧焊机 42kV·A	台班	129.55	0.904	—
	电动卷扬机－双筒慢速 100kN	台班	304.96	5.380	—

工作内容:1. 站台铺设钢轨,卷扬机定位,盾构与发射架顶升,盾构拉上站台,铺设车架轨道,盾构牵引,放低,横移,连接管线,调试;

2. 站台布设预埋铁件,铺设钢轨,连接管线,卷扬机定位,铺设车架轨道,盾构机抬高,盾构牵引,放低,横移。

计量单位:台·次

	定额编号			3-123	3-124
	项目			盾构过站	盾构平移
	基价(元)			**388744.12**	**229237.76**
其中	人工费(元)			109350.00	37800.00
	材料费(元)			186537.33	167081.01
	机械费(元)			92856.79	24356.75
	名称	单位	单价(元)	消耗量	
人工	二类人工	工日	135.00	810.000	280.000
材料	轻轨 24kg/m	kg	4.03	2082.000	3373.000
	中厚钢板 综合	t	3750.00	1.960	21.690
	型钢 综合	t	3836.00	29.425	2.643
	枕木	m^3	2457.00	12.200	—
	电焊条	kg	4.31	503.800	503.800
	黄砂 净砂(中粗砂)	m^3	158.00	—	20.360
	钢滚筒	t	4483.00	—	2.450
	氧气	m^3	3.62	155.800	155.800
	乙炔气	kg	7.60	72.152	72.152
	钢质转向基座	t	4612.00	—	3.680
	扣件	只	5.69	—	6.000
	钢支撑	kg	3.97	—	6.800
	走道板	kg	8.62	—	13.450
	重轨 38kg/m	t	4422.00	—	4.590
	电	kW·h	0.78	5000.000	—
	钢丝绳 综合	kg	6.45	590.000	590.000
	其他材料费	元	1.00	16957.94	3276.10
机械	轨道平车 10t	台班	86.38	—	9.600
	电瓶车 25t	台班	291.59	—	4.800
	手电动葫芦	台班	9.33	—	240.000
	履带式起重机 25t	台班	757.92	—	7.200
	门式起重机 50t	台班	1113.02	34.052	—
	污水泵 100mm	台班	112.87	—	27.000
	交流弧焊机 32kV·A	台班	92.84	—	24.000
	交流弧焊机 42kV·A	台班	129.55	148.500	48.000
	电动卷扬机-双筒慢速 100kN	台班	304.96	110.927	—
	立式油压千斤顶 200t	台班	11.52	90.720	96.000
	半自动割刀	台班	8.69	97.200	—
	分离式油压千斤顶 50t	台班	8.91	—	48.000
	分离式油压千斤顶 10t	台班	8.81	—	48.000
	立式油压千斤顶 100t	台班	10.22	—	96.000

十一、联络通道冻结加固

工作内容:工字钢下料,场内运输,拼装焊接,木板铺设及固定。 **计量单位:**套

定额编号				3-125
项目				冻结平台制作、安装与拆除
基价(元)				**104099.02**
其中	人工费(元)			15390.00
	材料费(元)			81341.44
	机械费(元)			7367.58
名称		单位	单价(元)	消耗量
人工	二类人工	工日	135.00	114.000
材料	碳素结构钢焊接钢管 综合	t	3879.00	0.648
	六角带帽螺栓 M20×85－100	套	2.22	24.000
	木材(成材)	m^3	2802.00	15.160
	骑马钉	kg	6.90	121.000
	中厚钢板 综合	kg	3.71	4.600
	型钢 综合	kg	3.84	8386.370
	电焊条	kg	4.31	92.200
	氧气	m^3	3.62	332.700
	乙炔气	m^3	8.90	161.350
	其他材料费	元	1.00	202.85
机械	机动翻斗车 1t	台班	197.36	7.400
	汽车式起重机 30t	台班	1038.45	5.000
	交流弧焊机 32kV·A	台班	92.84	7.700

工作内容:钻机成孔,各种管路安装,配管焊接,阀门安装,连接试压,管路保温,拆除回收;开机运行充氨,溶化氯化钙;冻结站制冷、供冷设备运行操作、调节、维护等。

计量单位:m^3

	定额编号			3-126
	项目			冷冻法
	基价(元)			**1616.46**
其中	人工费(元)			628.29
	材料费(元)			835.21
	机械费(元)			152.96
	名称	单位	单价(元)	消耗量
人工	二类人工	工日	135.00	4.654
材料	钻杆 ϕ114	kg	3.32	0.370
	锁接头(公) ϕ156	kg	5.88	0.060
	护壁泥浆	m^3	30.17	0.497
	碳素结构钢流体无缝钢管 $D63.5\times5$	kg	4.74	0.562
	碳素结构钢流体无缝钢管 $\phi128\times8$	kg	4.74	3.427
	碳素结构钢流体无缝钢管 $\phi168\times8$	kg	4.74	5.418
	碳素结构钢流体无缝钢管 $\phi273\times8$	kg	4.74	8.153
	过滤管 ϕ127 ~ 168	kg	3.45	3.628
	加重管 ϕ178	kg	3.88	2.210
	异径接头 ϕ73 ~ 190	个	30.17	0.040
	精致六角带帽螺栓 M20 × 100	套	4.16	0.150
	精致六角带帽螺栓 M24 × 100	套	8.32	0.300
	闸阀 *DN*65	个	207.00	0.200
	钢法兰盘 *DN*150	个	41.81	0.078
	钢法兰盘 *DN*300	个	250.00	0.050
	高压胶管 $\phi64\times10$	m	47.41	0.040
	软塑料管 $\phi75\times7$	m	0.33	0.471
	厚胶皮板 δ3	kg	3.93	3.180
	牙轮接头 ϕ190	个	155.00	0.270
	管箍	只	3.16	1.472
	鱼鳞接头 ϕ51 ~ 63	kg	5.17	0.884
	氯化钙	kg	2.97	53.000
	氨水	kg	1.19	52.500
	氧气	m^3	3.62	0.148
	乙炔气	kg	7.60	0.284
	聚氯乙烯薄膜	kg	12.07	1.000
	温度计 ±50℃	块	23.41	0.500
	低碳钢焊条 结422 综合	kg	4.31	5.864
	电缆 YCW - 3 × 70WH500W	m	164.00	0.300
	电缆 YCW - 3 × 6WH500W	m	18.97	0.400
	电力电缆 YHC3 × 16 + 1 × 6	m	38.79	0.800
	水	m^3	4.27	5.105
	电	kW·h	0.78	166.700
	其他材料费	元	1.00	75.93
机械	灰浆搅拌机 200L	台班	154.97	0.036
	交流弧焊机 32kV·A	台班	92.84	0.085
	液压钻机 G - 2A	台班	484.95	0.027
	电动多级离心清水泵 ϕ100mm $h\leq$120m	台班	167.48	0.036
	泥浆泵 50mm	台班	44.35	0.027
	试压泵 6MPa	台班	20.91	0.009
	氨压缩机 BAS - 17 低	台班	122.00	0.180
	氨压缩机 BAS - 12.5 高	台班	122.00	0.180
	盐水泵 10SH - 6	台班	417.00	0.180

工作内容:1. 电锤开孔,安装球阀,钻孔;
2. 注浆材料场内搬运,浆液搅拌,注浆。

定额编号				3-127	3-128
项目				融沉注浆钻孔	融沉注浆
计量单位				m	m^3
基价(元)				**84.30**	**1537.09**
其中	人工费(元)			44.55	1098.90
	材料费(元)			3.09	407.46
	机械费(元)			36.66	30.73
	名称	单位	单价(元)	消耗量	
人工	二类人工	工日	135.00	0.330	8.140
材料	冲击钻头 $\phi18$	个	8.45	0.025	—
	球阀 Q11F-16T *DN*50	个	112.00	0.025	—
	硅酸钠 水玻璃	kg	0.70	—	361.800
	水	m^3	4.27	—	0.589
	普通硅酸盐水泥 P·O 42.5 综合	t	346.00	—	0.421
	其他材料费	元	1.00	0.08	6.02
机械	轻便钻机 XJ-100	台班	219.53	0.167	—
	灰浆搅拌机 400L	台班	161.27	—	0.130
	液压注浆泵 HYB50/50-1 型	台班	75.11	—	0.130

工作内容:冻结站测温、液位传感器安装;旁通道测温传感器安装;日常数据检测与记录;冻结监测系统拆除。

计量单位:套

定额编号				3-129
项目				冻结监测系统安装、监控与拆除
基价(元)				**14373.80**
其中	人工费(元)			10125.00
	材料费(元)			48.05
	机械费(元)			4200.75
	名称	单位	单价(元)	消耗量
人工	二类人工	工日	135.00	75.000
材料	温度传感器	套	—	(24.000)
	铜芯塑料绝缘线 BV1.0	m	0.60	80.000
	其他材料费	元	1.00	0.05
机械	多点远距离测温系统 CW-500	台班	18.67	225.000

第三章

矩 形 顶 管

说　明

一、本章定额适用于截面 32.25m^2 以内矩形顶管机施工的地铁车站出入口人行通道,包括矩形顶管机吊装和吊拆、安拆矩形顶管设备及附属设施、矩形顶管机顶进、矩形顶管顶进触变泥浆减阻、管节防水、注浆六节,共 10 个子目。

二、吊装指现场吊装及调试,吊拆指拆卸装车。矩形顶管机及附属设备场外运输另计。

三、单个顶管顶进距离≤20m 时,顶进定额中的人工及机械乘以 1.3 系数。

四、顶进时挖出的土方已吊出井口至集土坑为止,土方装车、场外运输费另计。

五、矩形顶管顶进定额中已综合考虑了管节吊装。

六、柔性接缝环套用其他相应定额。

七、预制管节按成品运送到现场考虑。

工程量计算规则

一、顶进距离以设计图示始发井与接收井内井壁之间的距离以“m”计算(即始发井与接收井外井壁间距加上内衬墙厚度计算)。

二、注浆以顶管机外壁与管节外径间隙的体积乘以 2 倍的填充系数以“m^3”计算。

一、矩形顶管机吊装和吊拆

工作内容:1.起吊设备、矩形顶管机吊入井,矩形顶管机安装、调试;

2.拆除矩形顶管与管节连杆、起吊机械及附属设备就位、矩形顶管机整体吊出井口,上液压轴线车装车。

计量单位:只

定额编号				3-130	3-131
项目				矩形顶管机吊装	矩形顶管机吊拆
基价(元)				**78157.15**	**66044.06**
其中	人工费(元)			18785.25	14088.60
	材料费(元)			36693.43	32175.62
	机械费(元)			22678.47	19779.84
名称		单位	单价(元)	消耗量	
人工	二类人工	工日	135.00	139.150	104.360
材料	橡胶板	kg	5.09	32.500	—
	柴油	kg	5.09	52.400	60.000
	电焊条	kg	4.31	51.000	25.500
	钢支架、平台及连接件	kg	4.86	4360.000	3950.000
	钢丝绳 综合	kg	6.45	190.000	190.000
	机油 综合	kg	2.91	22.500	4.500
	中厚钢板	kg	3.71	550.000	330.000
	型钢 综合	kg	3.84	760.000	530.000
	氧气	m^3	3.62	65.200	90.000
	乙炔气	m^3	8.90	24.100	30.000
	枕木	m^3	2457.00	1.960	1.960
	其他材料费	元	1.00	3335.77	2656.70
机械	汽车式起重机 500t	台班	14240.67	1.050	1.050
	电动卷扬机－双筒慢速 100kN	台班	304.96	13.459	6.729
	交流弧焊机 32kV·A	台班	92.84	13.331	6.665
	履带式起重机 25t	台班	757.92	3.145	2.845

二、安拆矩形顶管设备及附属设施

工作内容:1. 安拆顶进后座:模板制作、安拆,混凝土浇筑及养护,安拆钢板后靠、搭拆人工操作平台及千斤顶平台,拆除混凝土后座、现场清理;

2. 安拆工具管、千斤顶、钢后靠、基座、顶铁、集土坑、油泵、配电设备、进水泵、出泥泵、仪表操作台、油管闸阀、压力表、进水管、出泥管及梯笼等全部工序。

计量单位:套

定额编号				3-132	3-133
项目				安拆顶进后座	安拆矩形顶管附属设施
基价(元)				**20546.25**	**109162.67**
其中	人工费(元)			4217.40	30034.80
	材料费(元)			9517.75	37032.16
	机械费(元)			6811.10	42095.71
名称		单位	单价(元)	消耗量	
人工	二类人工	工日	135.00	31.240	222.480
材料	镀锌铁丝 综合	kg	5.40	0.095	—
	风镐凿子	根	4.31	0.600	—
	中厚钢板	kg	3.71	418.500	—
	木模板	m^3	1445.00	1.016	—
	水	m^3	4.27	0.429	—
	泵送商品混凝土 C20	m^3	431.00	4.500	—
	圆钉 25	kg	4.74	0.473	—
	槽型钢板桩	t	4828.00	—	0.028
	槽型钢板桩使用费	t·d	43.10	—	130.000
	钢管栏杆	kg	6.90	—	63.000
	骑马钉	kg	6.90	0.959	4.040
	槽钢 Q235B 18#以外	kg	3.97	—	2.400
	梯笼	只	560.00	—	6.000
	铁撑板	t	3578.00	0.550	0.500
	铁撑板使用费	t·d	38.79	—	50.000
	枕木	m^3	2457.00	1.010	1.189
	止水袜套 7.5m×4.8m	只	1166.00	—	1.000
	金属支架	kg	5.17	—	3800.000
	其他材料费	元	1.00	94.24	—
机械	电动空气压缩机 $6m^3/min$	台班	224.45	1.140	—
	混凝土振捣器 插入式	台班	4.65	0.200	—
	分离式油压千斤顶 50t	台班	8.91	—	4.120
	电动卷扬机-单筒慢速 30kN	台班	177.60	—	4.150
	矩形顶管附属设备 6900×4200	台班	2309.83	—	2.400
	履带式起重机 60t	台班	1456.51	4.500	9.400
	平板拖车组 60t	台班	1360.78	—	14.520
	潜水泵 100mm	台班	30.38	—	4.230
	电动葫芦-单速 5t	台班	31.49	—	24.200
	油泵车	台班	112.00	—	12.840

三、矩形顶管机顶进

工作内容：操作顶管机、安拆压浆管、电瓶车土箱出土、土方吊运集土坑、顶管照明、运输、通风、管节吊装、管路铺设、施工测量、通信。

计量单位：m

定额编号				3-134
项目				矩形顶管顶进
基价（元）				**22530.54**
其中	人工费（元）			6230.25
	材料费（元）			3402.62
	机械费（元）			12897.67
名称		单位	单价(元)	消耗量
人工	二类人工	工日	135.00	46.150
材料	电焊条	kg	4.31	8.200
	油脂	kg	12.59	65.750
	机油 综合	kg	2.91	14.060
	液压油	kg	14.74	78.450
	电	kW·h	0.78	1450.000
	水	m^3	4.27	11.520
	其他材料费	元	1.00	162.03
机械	履带式起重机 200t	台班	4985.45	0.850
	电动单级离心清水泵 200mm	台班	93.34	0.900
	电瓶车 10t	台班	219.28	0.920
	硅整流充电机 90A/190V	台班	207.90	0.860
	轨道平车 5t	台班	34.23	1.840
	交流弧焊机 32kV·A	台班	92.84	0.720
	矩形顶管设备 6900×4200	台班	8568.75	0.850
	轴流通风机 100kW	台班	452.16	1.730

四、矩形顶管顶进触变泥浆减阻

工作内容:1. 安拆操作机械、取料、拌浆、压浆、清理;
2. 束接拆除、闷头环氧树脂封洞。

定额编号				3-135	3-136
项目				顶进触变泥浆减阻	压浆孔封拆
计量单位				m	孔
基价(元)				**2725.04**	**110.17**
其中	人工费(元)			127.58	75.74
	材料费(元)			2483.00	34.43
	机械费(元)			114.46	—
名称		单位	单价(元)	消耗量	
人工	二类人工	工日	135.00	0.945	0.561
材料	膨润土	kg	0.47	456.000	—
	水	m^3	4.27	3.800	—
	镀锌管堵 *DN*50	个	3.93	—	1.000
	高分子材料 HS-1	kg	23.71	95.000	—
	镀锌束结 *DN*50	只	3.88	—	1.000
	环氧树脂	kg	15.52	—	1.715
机械	自动真空压浆系统 LJ-YJA1 型	台班	375.58	0.133	—
	灰浆搅拌机 400L	台班	161.27	0.400	—

五、管节防水

工作内容:1. 吊车配合、表面清理、涂刷粘接剂、粘贴泡沫挡土衬垫及防水橡胶条、管片边角嵌贴丁基腻子胶;
2. 管片嵌缝槽表面处理、配料嵌缝。

计量单位:环

定额编号				3-137	3-138
项目				橡胶止水条	管节嵌缝
基价(元)				**3054.51**	**1027.54**
其中	人工费(元)			435.78	821.88
	材料费(元)			2239.77	166.75
	机械费(元)			378.96	38.91
名称		单位	单价(元)	消耗量	
人工	二类人工	工日	135.00	3.228	6.088
材料	胶粉油毡衬垫	kg	5.83	4.860	—
	聚氨酯泡沫塑料	kg	30.17	0.450	—
	氯丁胶粘结剂	kg	12.24	2.440	—
	氯丁橡胶条	kg	46.21	45.140	—
	丁醛自粘腻子	kg	6.90	2.440	—
	钢平台	kg	6.28	—	11.500
	环氧聚氨酯嵌缝膏	kg	2.22	—	35.750
	其他材料费	元	1.00	65.24	15.16
机械	履带式起重机 25t	台班	757.92	0.500	—
	汽车式起重机 8t	台班	648.48	—	0.060

六、注　浆

工作内容:配置搅拌浆液、注浆、清理等。　　　　**计量单位**:m^3

定额编号				3-139
项目				注浆
基价（元）				**465.75**
其中	人工费（元）			135.00
	材料费（元）			283.47
	机械费（元）			47.28
名称		单位	单价(元)	消耗量
人工	二类人工	工日	135.00	1.000
材料	硅酸钠 水玻璃	kg	0.70	120.000
	磨细粉煤灰	t	282.00	0.200
	水	m^3	4.27	0.780
	普通硅酸盐水泥 P·O 42.5 综合	t	346.00	0.380
	其他材料费	元	1.00	8.26
机械	灰浆搅拌机 400L	台班	161.27	0.200
	液压注浆泵 HYB50/50－1 型	台班	75.11	0.200

第四册　地下结构工程

册　说　明

一、本册定额包括现浇混凝土结构和模板、防水工程二章，共152个子目。

二、本册定额的主要编制依据：

1.《城市轨道交通工程工程量计算规范》GB 50861—2013；

2.《城市轨道交通工程预算定额》GCG 103－2008；

3.《浙江省市政工程预算定额》(2010版)；

4.《浙江省建筑工程预算定额》(2010版)；

5.《杭州市地铁工程预算定额》(2010版)；

6. 现行的设计、施工验收规范，安全操作规程及质量评定标准。

三、本册定额不包括砌体工程，发生时可套用本定额第二册《高架桥工程》相关子目。

四、格构柱套用本定额第十三册《措施项目》第六章"临时支撑"相关子目。

第一章
现浇混凝土结构和模板

说　明

一、本章包括明挖法混凝土结构，盖挖、暗挖法混凝土结构，明挖法混凝土模板，盖挖、暗挖法混凝土模板四节，共121个子目。

二、混凝土结构工程。

1. 定额中混凝土已列出常用强度等级，如设计不同时可以换算调整。

2. 小型构件是指单件体积0.05m^3以内的未列出项目的构件。

三、模板工程。

1. 本定额模板以按钢模板为主、木模板为辅综合进行编制。

2. 模板定额已经综合考虑地面运输，洞内水平运输、垂直运输和模板的地面装卸费、回库维修费等。

3. 中板、中板梁、顶板、顶板梁模板下已考虑了支架安装、拆除的人工费用，但支架使用费另行计算。

4. 现浇混凝土柱、梁、板、墙的支模高度按层高6m以内编制，超过6m时，工程量包括6m以下部分，另按每增加1m的定额计算。

5. 混凝土墙、板的模板是按混凝土厚度划分600mm以内、600mm以上综合测算。

6. 定额中盖挖、暗挖法模板脱膜按常规脱模剂考虑，若实际不同时，材料可换算，其余不变。

工程量计算规则

一、混凝土。

1. 混凝土工程量除另有规定者外,均按图示尺寸的实体体积以“m^3”计算,不扣除构件内钢筋、预埋铁件及墙、板中 $0.3m^2$ 内的孔洞所占体积。

2. 箱式满堂基础分别按基础、柱、墙、梁、板有关规定套用相应定额计算。

3. 设备基础除块体以外,其他类型设备基础分别按基础,梁、柱、板、墙等有关规定,套用相应定额计算。

4. 柱工程量按设计图示截面尺寸乘以柱高以“m^3”计算。

(1)柱高自柱基(基础梁)上表面(或楼板上表面)至上一层楼板下表面之间的高度计算。

(2)构造柱高按设计高度计算,嵌接墙体部分并入柱身体积。

(3)依附柱上的牛腿和柱帽,并入柱身体积计算。

5. 梁工程量按设计图示截面尺寸乘以梁长以“m^3”计算。

(1)梁与柱连接时,梁长算至柱的内侧面;伸入墙内部分的梁头并入梁的体积计算。

(2)基础梁与柱连接时,基础梁通长计算。

(3)主梁与次梁连接时,次梁长度算至主梁的内侧面。

(4)梁高自梁底算至板底,反梁自板顶算至梁顶。

6. 板工程量按设计图示面积乘以板厚以“m^3”计算。靠墙的梗斜混凝土体积并入墙的混凝土体积计算,不靠墙的梗斜并入相邻顶板或底板混凝土体积计算。

7. 墙工程量按设计图示中心线长度乘以墙高、墙厚,以“m^3”计算。

(1)墙的体积应扣除门窗洞口及单个面积 $>0.3m^2$ 的孔洞所占体积。

(2)墙垛(附墙柱)、暗柱、暗梁及突出部分并入墙体体积计算。

(3)墙的体积中,板与墙相叠加部分按墙计算;柱或梁与墙相叠加部分,分别按柱或梁计算。

8. 整体楼梯的工程量按设计图示尺寸以“m^3”计算,包括休息平台、平台梁、楼梯段及楼梯与楼面板连接的梁,无梁连接时,算至最上一级踏步沿加 30cm,楼梯基础、梯柱、栏板、扶手另行计算。

二、模板。

1. 现浇混凝土及钢筋混凝土模板工程量,除另有特别注明外,均按混凝土与模板的接触面积以“m^2”计算。

2. 现浇钢筋混凝土墙、板上单孔面积在 $0.3m^2$ 以内孔洞不予扣除,洞侧壁模板也不增加,单孔面积在 $0.3m^2$ 以外应予扣除,洞侧壁模板面积并入相应项目计算。

3. 现浇钢筋混凝土框架分别按梁、板、柱、墙有关规定计算,附墙柱、暗梁、暗柱并入墙的工程量计算。

4. 梁与梁、梁与墙、梁与柱交接时,按净空长度计算,不扣减接合处的模板面积。

5. 构造柱,按设计图示外露部分计算模板面积,与墙咬接的马牙槎按柱高每侧模板 6cm 合并计算,套用矩形柱定额。

6. 现浇钢筋混凝土楼梯按水平投影面积以“m^2”计算,伸入墙内部分不计算,不扣除小于 500mm 宽度的楼梯所占面积,楼梯的踏步、踏步板、平台梁等的侧面模板不另行计算。

7. 现浇混凝土小型构件按构件外围表面积以“m^2”计算,池槽内、外侧及底部的模板不另行计算。

8. 中板、中板梁、顶板、顶板梁模板下支架使用费按各地实际价格确定,工程量按施工组织设计计算。

一、明挖法混凝土结构

1. 垫　　层

工作内容:1、2. 泵送混凝土浇捣、看护、养护等;

3、4、5、6. 基底夯实、拌和、铺设垫层、找平压实。

计量单位:10m³

定额编号				4-1	4-2	4-3	4-4	4-5	4-6
项目				C20 混凝土	毛石混凝土	碎石	块石		级配砂石
						干铺		浆砌	7:3
基价(元)				**4634.35**	**4723.70**	**2434.16**	**2564.63**	**3640.18**	**2692.13**
其中	人工费(元)			247.86	528.53	414.99	398.52	666.63	633.42
	材料费(元)			4380.40	3941.96	1758.63	1905.57	2679.54	1798.17
	机械费(元)			6.09	253.21	260.54	260.54	294.01	260.54
名称		单位	单价(元)	消耗量					
人工	二类人工	工日	135.00	1.836	3.915	3.074	2.952	4.938	4.692
材料	泵送商品混凝土 C20	m³	431.00	10.100	8.323	—	—	—	—
	碎石 40 以内	t	102.00	—	—	14.920	—	—	5.970
	块石	t	77.67	—	3.654	—	21.470	21.470	—
	黄砂 毛砂	t	87.38	—	—	2.570	2.570	—	13.300
	干混砌筑砂浆 DM M5.0	m³	397.23	—	—	—	—	2.500	—
	水	m³	4.27	1.900	6.000	—	—	—	3.000
	草袋	m²	3.62	5.300	4.200	—	—	—	—
	其他材料费	元	1.00	—	30.12	12.22	13.43	18.89	14.27
机械	电动卷扬机-单筒慢速 30kN	台班	177.60	—	1.413	1.467	1.467	1.467	1.467
	灰浆搅拌机 200L	台班	154.97	—	—	—	—	0.216	—
	混凝土振捣器 插入式	台班	4.65	—	0.486	—	—	—	—
	混凝土振捣器 平板式	台班	12.54	0.486	—	—	—	—	—

2. 柱

工作内容:泵送混凝土浇捣,看护,养护等。

计量单位:10m³

定额编号				4-7	4-8
项目				矩形柱、圆形柱、异形柱、钢管柱	构造柱
				商品混凝土	
基价(元)				**5166.72**	**5278.09**
其中	人工费(元)			529.74	622.89
	材料费(元)			4633.21	4628.58
	机械费(元)			3.77	26.62
名称		单位	单价(元)	消耗量	
人工	二类人工	工日	135.00	3.924	4.614
材料	泵送防水商品混凝土 C25/P6(20)坍落度 12±3cm	m³	453.00	10.100	10.100
	水	m³	4.27	6.140	4.720
	草袋	m²	3.62	1.500	1.400
	其他材料费	元	1.00	26.26	28.06
机械	混凝土振捣器 插入式	台班	4.65	0.810	5.724

3. 梁

工作内容:泵送混凝土浇捣、看护、养护等。　　　　**计量单位**:10m³

定额编号					4-9	4-10
项目					矩形梁、异形梁、拱梁、弧形梁	圈(过)梁、反梁、压顶梁
					商品混凝土	
基价(元)					**5053.22**	**5314.86**
其中	人工费(元)				418.77	648.00
	材料费(元)				4627.67	4661.17
	机械费(元)				6.78	5.69
名称			单位	单价(元)	消耗量	
人工	二类人工		工日	135.00	3.102	4.800
材料	泵送防水商品混凝土 C25/P6(20)坍落度 12±3cm		m³	453.00	10.100	10.100
	水		m³	4.27	6.840	8.580
	草袋		m²	3.62	6.400	13.600
机械	混凝土振捣器 插入式		台班	4.65	1.458	1.224

4. 墙

工作内容:泵送混凝土浇捣、看护、养护等。　　　　**计量单位**:10m³

定额编号					4-11	4-12
项目					直形墙、弧形墙	内衬墙
					商品混凝土	
基价(元)					**4971.42**	**4887.97**
其中	人工费(元)				361.26	264.06
	材料费(元)				4606.39	4620.14
	机械费(元)				3.77	3.77
名称			单位	单价(元)	消耗量	
人工	二类人工		工日	135.00	2.676	1.956
材料	泵送防水商品混凝土 C25/P6(20)坍落度 12±3cm		m³	453.00	10.100	10.100
	水		m³	4.27	5.670	5.670
	草袋		m²	3.62	1.900	1.500
	其他材料费		元	1.00	—	15.20
机械	混凝土振捣器 插入式		台班	4.65	0.810	0.810

5. 底板、中板、顶板、站台板、拱板

工作内容：泵送混凝土浇捣、看护、养护等。　　计量单位：10m³

定额编号				4-13	4-14	4-15	4-16
项目				底板	中板、顶板	站台板	弧形板、拱形板
				商品混凝土			
基价（元）				**4865.66**	**4982.06**	**5009.23**	**5165.44**
其中	人工费（元）			239.76	319.95	351.54	507.06
	材料费（元）			4619.81	4651.95	4647.53	4648.22
	机械费（元）			6.09	10.16	10.16	10.16
名称		单位	单价（元）	消耗量			
人工	二类人工	工日	135.00	1.776	2.370	2.604	3.756
材料	泵送防水商品混凝土 C25/P6(20)坍落度 12±3cm	m³	453.00	10.100	10.100	10.100	10.100
	水	m³	4.27	6.100	8.880	9.370	6.760
	草袋	m²	3.62	5.100	10.700	8.900	12.170
机械	混凝土振捣器 平板式	台班	12.54	0.486	0.810	0.810	0.810

6. 楼梯及台阶

工作内容：泵送混凝土浇捣、看护、养护等。　　计量单位：10m³

定额编号				4-17	4-18
项目				楼梯	台阶
				商品混凝土	
基价（元）				**5058.23**	**4746.25**
其中	人工费（元）			402.57	323.19
	材料费（元）			4648.84	4416.24
	机械费（元）			6.82	6.82
名称		单位	单价（元）	消耗量	
人工	二类人工	工日	135.00	2.982	2.394
材料	泵送防水商品混凝土 C25/P6(20)坍落度 12±3cm	m³	453.00	10.100	—
	泵送商品混凝土 C20	m³	431.00	—	10.100
	水	m³	4.27	8.270	9.590
	草袋	m²	3.62	10.560	6.130
机械	混凝土振捣器 插入式	台班	4.65	1.467	1.467

7. 其他混凝土工程

工作内容:泵送混凝土浇捣、看护、养护等。　　　　**计量单位**:10m³

定额编号				4-19	4-20	4-21
项目				风井、电梯井、电缆井	混凝土结构风管、电缆槽	电缆沟、水沟
				商品混凝土		
基价(元)				**4720.38**	**4901.35**	**4859.30**
其中	人工费(元)			290.52	437.40	364.50
	材料费(元)			4425.26	4458.26	4489.11
	机械费(元)			4.60	5.69	5.69
名称		单位	单价(元)	消耗量		
人工	二类人工	工日	135.00	2.152	3.240	2.700
材料	泵送商品混凝土 C20	m³	431.00	10.100	10.100	10.100
	水	m³	4.27	13.000	14.200	21.000
	草袋	m²	3.62	4.600	12.300	12.800
机械	混凝土振捣器 插入式	台班	4.65	0.990	1.224	1.224

工作内容:泵送混凝土浇捣、看护、养护等。　　　　**计量单位**:10m³

定额编号				4-22	4-23	4-24
项目				小型构件	回填混凝土	地下消防水池
				商品混凝土		防水商品混凝土
基价(元)				**5223.53**	**4713.30**	**5145.10**
其中	人工费(元)			651.24	273.38	487.62
	材料费(元)			4566.60	4437.66	4651.79
	机械费(元)			5.69	2.26	5.69
名称		单位	单价(元)	消耗量		
人工	二类人工	工日	135.00	4.824	2.025	3.612
材料	泵送商品混凝土 C20	m³	431.00	10.100	10.100	—
	泵送防水商品混凝土 C25/P6(20)坍落度 12±3cm	m³	453.00	—	—	10.100
	水	m³	4.27	27.450	11.240	11.300
	草袋	m²	3.62	26.600	10.100	7.800
机械	混凝土振捣器 插入式	台班	4.65	1.224	0.486	1.224

二、盖挖、暗挖法混凝土结构

1. 垫　　层

工作内容：泵送混凝土浇捣、看护、养护等。　　　　**计量单位**：$10m^3$

	定额编号			4-25	4-26
	项目			C20 混凝土	毛石混凝土
	基价（元）			**4712.80**	**5058.95**
其中	人工费（元）			284.99	607.77
	材料费（元）			4421.10	4134.78
	机械费（元）			6.71	316.40
	名称	单位	单价(元)	消耗量	
人工	二类人工	工日	135.00	2.111	4.502
材料	泵送商品混凝土 C20	m^3	431.00	10.100	8.630
	块石	t	77.67	—	4.270
	泵管	kg	3.97	8.100	—
	水	m^3	4.27	3.900	9.000
	草袋	m^2	3.62	5.300	4.200
	其他材料费	元	1.00	—	29.97
机械	电动卷扬机－单筒慢速 30kN	台班	177.60	—	1.767
	混凝土振捣器 插入式	台班	4.65	—	0.554
	混凝土振捣器 平板式	台班	12.54	0.535	—

工作内容：基底夯实、拌和、铺设垫层、找平压实。　　　　**计量单位**：$10m^3$

	定额编号			4-27	4-28	4-29	4-30
	项目			碎石	块石		级配砂石
				干铺		浆砌	7:3
	基价（元）			**2559.45**	**2687.49**	**3812.60**	**2850.22**
其中	人工费（元）			477.23	458.33	772.74	728.46
	材料费（元）			1758.63	1905.57	2679.54	1798.17
	机械费（元）			323.59	323.59	360.32	323.59
	名称	单位	单价(元)	消耗量			
人工	二类人工	工日	135.00	3.535	3.395	5.724	5.396
材料	碎石 40 以内	t	102.00	14.920	—	—	5.970
	块石	t	77.67	—	21.470	21.470	—
	黄砂 毛砂	t	87.38	2.570	2.570	—	13.300
	干混砌筑砂浆 DM M5.0	m^3	397.23	—	—	2.500	—
	水	m^3	4.27	—	—	—	3.000
	其他材料费	元	1.00	12.22	13.43	18.89	14.27
机械	电动卷扬机－单筒慢速 30kN	台班	177.60	1.822	1.822	1.822	1.822
	灰浆搅拌机 200L	台班	154.97	—	—	0.237	—

2. 柱

工作内容：泵送混凝土浇捣、看护、养护等。 计量单位：$10m^3$

定额编号					4-31	4-32
项目					矩形柱、圆形柱、异形柱、钢管柱	构造柱
					商品混凝土	
基价(元)					**5282.39**	**5414.57**
其中	人工费(元)				609.26	716.31
	材料费(元)				4668.99	4668.98
	机械费(元)				4.14	29.28
名称		单位	单价(元)		消耗量	
人工	二类人工	工日	135.00		4.513	5.306
材料	泵送防水商品混凝土 C25/P6(20)坍落度 12±3cm	m^3	453.00		10.100	10.100
	泵管	kg	3.97		8.100	8.100
	水	m^3	4.27		7.050	6.700
	草袋	m^2	3.62		1.500	1.400
	其他材料费	元	1.00		26.00	27.85
机械	混凝土振捣器 插入式	台班	4.65		0.891	6.296

3. 梁

工作内容：泵送混凝土浇捣、看护、养护等。 计量单位：$10m^3$

定额编号				4-33	4-34	4-35	4-36
项目				底梁	中顶梁	边顶梁	圈(过)梁、反梁、压顶梁
				商品混凝土			
基价(元)				**5141.45**	**5392.69**	**5256.20**	**5461.10**
其中	人工费(元)			460.62	711.86	575.37	745.20
	材料费(元)			4673.37	4673.37	4673.37	4709.64
	机械费(元)			7.46	7.46	7.46	6.26
名称		单位	单价(元)	消耗量			
人工	二类人工	工日	135.00	3.412	5.273	4.262	5.520
材料	泵送防水商品混凝土 C25/P6(20)坍落度 12±3cm	m^3	453.00	10.100	10.100	10.100	10.100
	泵管	kg	3.97	8.100	8.100	8.100	8.100
	水	m^3	4.27	10.010	10.010	10.010	12.400
	草袋	m^2	3.62	6.400	6.400	6.400	13.600
机械	混凝土振捣器 插入式	台班	4.65	1.604	1.604	1.604	1.346

4. 墙

工作内容：泵送混凝土浇捣、看护、养护等。　　　　计量单位：10m³

定额编号				4-37	4-38	4-39
项目				边墙	中隔墙	内衬墙
				商品混凝土		
基价（元）				5076.85	5123.83	5108.86
其中	人工费（元）			397.44	444.42	438.35
	材料费（元）			4675.27	4675.27	4666.37
	机械费（元）			4.14	4.14	4.14
名称		单位	单价(元)	消耗量		
人工	二类人工	工日	135.00	2.944	3.292	3.247
材料	泵送防水商品混凝土 C25/P6(20)坍落度12±3cm	m³	453.00	10.100	10.100	10.100
	泵管	kg	3.97	8.100	8.100	8.100
	水	m³	4.27	8.930	8.930	8.930
	草袋	m²	3.62	1.900	1.900	1.500
	其他材料费	元	1.00	22.80	22.80	15.35
机械	混凝土振捣器 插入式	台班	4.65	0.891	0.891	0.891

5. 底板、中板、顶板、站台板、拱板

工作内容：泵送混凝土浇捣、看护、养护等。　　　　计量单位：10m³

定额编号				4-40	4-41	4-42	4-43	4-44
项目				底板	中层板	盖挖顶板	站台板	弧形板、拱顶板
				商品混凝土				
基价（元）				4956.29	5015.96	4997.29	5107.31	5212.83
其中	人工费（元）			275.67	335.34	319.95	404.33	507.06
	材料费（元）			4673.91	4673.91	4666.17	4691.81	4694.60
	机械费（元）			6.71	6.71	11.17	11.17	11.17
名称		单位	单价(元)	消耗量				
人工	二类人工	工日	135.00	2.042	2.484	2.370	2.995	3.756
材料	泵送防水商品混凝土 C25/P6(20)坍落度12±3cm	m³	453.00	10.100	10.100	10.100	10.100	10.100
	泵管	kg	3.97	8.100	8.100	—	8.100	8.100
	水	m³	4.27	11.240	11.240	12.210	12.210	10.090
	草袋	m²	3.62	5.100	5.100	10.700	8.900	12.170
机械	混凝土振捣器 平板式	台班	12.54	0.535	0.535	0.891	0.891	0.891

6. 盖挖、暗挖车站钢管柱

工作内容:1、2. 下料、制作、螺栓连接、吊装、就位、材料场内运输;

3. 拆除、清理堆放等;

4. 就位、安装。

定额编号					4-45	4-46	4-47	4-48
项目					钢管柱工作套筒制作、安装		套筒拆除	定位器安装
					周转使用	一次性预埋		
计量单位					t			套
基价(元)					**2962.24**	**6876.90**	**361.32**	**292.08**
其中	人工费(元)				902.21	1002.38	69.93	48.60
	材料费(元)				809.06	4484.41	—	41.64
	机械费(元)				1250.97	1390.11	291.39	201.84
名称		单位	单价(元)		消耗量			
人工	二类人工	工日	135.00		6.683	7.425	0.518	0.360
材料	型钢 综合	kg	3.84		10.032	10.032	—	—
	中厚钢板 综合	t	3750.00		0.186	1.090	—	—
	法兰连接螺栓 20×80	套	3.81		2.570	2.570	—	—
	电焊条	kg	4.31		12.652	75.910	—	—
	定位器	套	39.66		—	—	—	1.000
	其他材料费	元	1.00		8.72	21.42	—	1.98
机械	载货汽车 4t	台班	369.21		1.013	1.125	0.045	—
	交流弧焊机 32kV·A	台班	92.84		4.406	4.896	—	—
	立式钻床 50mm	台班	21.16		0.113	0.126	—	—
	剪板机 40×3100mm	台班	374.59		0.089	0.099	—	—
	汽车式起重机 40t	台班	1517.63		0.170	0.189	0.180	—
	汽车式起重机 25t	台班	996.58		0.170	0.189	—	0.189
	卷板机 2×1600mm	台班	39.05		0.122	0.135	—	—
	鼓风机 $18m^3/min$	台班	41.62		—	—	—	0.324
	分离式油压千斤顶 50t	台班	8.91		—	—	0.180	—

工作内容:吊装、定位、螺栓连接及固定等。　　**计量单位**:t

定额编号				4-49	4-50	4-51
项目				钢管柱安装(厂制)		
				ϕ800 以内	ϕ1200 以内	ϕ1600 以内
基价(元)				**1771.66**	**1777.87**	**1802.49**
其中	人工费(元)			707.54	661.64	620.33
	材料费(元)			588.93	641.04	706.97
	机械费(元)			475.19	475.19	475.19
名称		单位	单价(元)	消耗量		
人工	二类人工	工日	135.00	5.241	4.901	4.595
材料	钢管柱(含法兰盘)	t	—	(1.000)	(1.000)	(1.000)
	型钢 综合	kg	3.84	3.000	2.000	1.800
	热轧光圆钢筋 综合	kg	3.97	1.000	1.500	2.250
	热轧带肋钢筋 HRB400 综合	kg	3.85	10.000	15.000	22.500
	高强螺栓	套	6.90	50.000	55.000	60.000
	法兰连接螺栓 20×80	套	3.81	3.000	3.000	3.000
	环氧富锌 底漆	kg	13.79	11.725	11.725	11.725
	其他材料费	元	1.00	16.82	17.04	17.38
机械	汽车式起重机 40t	台班	1517.63	0.189	0.189	0.189
	汽车式起重机 25t	台班	996.58	0.189	0.189	0.189

工作内容:1. 分层填筑、压实等;

2. 抽泥浆。　　**计量单位**:10m³

定额编号				4-52	4-53
项目				钢管柱外填砂	孔桩抽泥浆
基价(元)				**2158.41**	**354.56**
其中	人工费(元)			486.00	243.00
	材料费(元)			1672.41	—
	机械费(元)			—	111.56
名称		单位	单价(元)	消耗量	
人工	二类人工	工日	135.00	3.600	1.800
材料	黄砂 毛砂	t	87.38	18.950	—
	其他材料费	元	1.00	16.56	—
机械	潜水泵 100mm	台班	30.38	—	3.672

三、明挖法混凝土模板

1. 基础与底板模板

工作内容:模板制作安装、拆除、维护、整理、堆放及场内外运输,模板粘结物及模内杂物清理、刷隔离剂等。

计量单位:$100m^2$

定额编号				4-54
项目				底板
基价(元)				**4555.00**
其中	人工费(元)			1872.45
	材料费(元)			1469.22
	机械费(元)			1213.33
名称		单位	单价(元)	消耗量
人工	二类人工	工日	135.00	13.870
材料	木模板	m^3	1445.00	0.400
	钢模板	kg	5.96	64.300
	零星卡具	kg	5.88	8.999
	镀锌铁丝 8# ~12#	kg	6.55	34.920
	圆钉	kg	4.74	20.200
	复合硅酸盐水泥 PC 32.5R 综合	kg	0.32	7.000
	黄砂 净砂	t	92.23	0.017
	草板纸 80#	张	2.67	30.000
	隔离剂	kg	4.67	10.000
机械	汽车式起重机 5t	台班	366.47	0.068
	载货汽车 4t	台班	369.21	0.303
	木工圆锯机 500mm	台班	27.50	0.090
	履带式起重机 15t	台班	702.00	1.530

工作内容：模板制作安装、拆除、维护、整理、堆放及场内外运输，模板粘结物及模内杂物清理、刷隔离剂等。

定额编号				4-55	4-56	4-57	4-58	4-59
项目				混凝土垫层	电梯坑	设备基础（块体体积 $20m^3$ 以内）	设备基础螺栓套（长度 m）	
							1 以内	1 以外
计量单位				$100m^2$			10 个	
基价（元）				**3941.39**	**4714.79**	**4870.16**	**575.99**	**948.76**
其中	人工费（元）			1804.28	2714.31	2113.83	145.80	234.90
	材料费（元）			1299.76	1195.99	1756.52	291.64	505.23
	机械费（元）			837.35	804.49	999.81	138.55	208.63
名称		单位	单价(元)	消耗量				
人工	二类人工	工日	135.00	13.365	20.106	15.658	1.080	1.740
材料	木模板	m^3	1445.00	0.799	0.224	0.363	0.188	0.300
	圆钉	kg	4.74	19.730	10.580	11.860	0.600	9.600
	零星卡具	kg	5.88	—	—	18.340	—	—
	隔离剂	kg	4.67	10.000	10.000	10.000	0.850	1.105
	复合硅酸盐水泥 PC 32.5R 综合	kg	0.32	7.000	7.000	7.000	—	—
	复合木模板面板	m^2	56.03	—	7.500	13.990	—	—
	黄砂 净砂	t	92.23	0.017	0.017	0.017	—	—
	镀锌铁丝 8# ~12#	kg	6.55	0.180	37.590	23.430	2.010	3.216
	草板纸 80#	张	2.67	—	30.000	30.000	—	—
	铁件	kg	3.71	—	6.770	—	—	—
机械	载货汽车 4t	台班	369.21	0.124	0.035	0.564	0.029	0.047
	木工圆锯机 500mm	台班	27.50	1.215	1.215	1.215	0.054	0.063
	履带式起重机 15t	台班	702.00	1.080	1.080	1.080	0.180	0.270

2. 柱 模 板

工作内容:模板制作安装、拆除、维护、整理、堆放及场内外运输,模板粘结物及模内杂物清理、刷隔离剂等。

计量单位:100m²

定额编号				4-60	4-61	4-62	4-63
项目				矩形柱	圆形柱	异形柱	柱支模高度超过6m,每增加1m
基价(元)				**4921.67**	**7378.63**	**5842.12**	**315.21**
其中	人工费(元)			2887.52	4355.24	3760.29	190.76
	材料费(元)			1214.45	2309.27	1235.58	76.05
	机械费(元)			819.70	714.12	846.25	48.40
名称		单位	单价(元)	消耗量			
人工	二类人工	工日	135.00	21.389	32.261	27.854	1.413
材料	木模板	m^3	1445.00	0.133	0.776	0.150	0.040
	钢模板	kg	5.96	72.050	—	78.200	—
	复合木模板面板	m^2	56.03	—	9.660	—	—
	零星卡具	kg	5.88	27.900	30.690	19.010	—
	铁件	kg	3.71	12.560	—	—	—
	钢支撑	kg	3.97	62.900	41.926	66.880	4.000
	圆钉	kg	4.74	1.200	50.400	2.700	0.500
	草板纸 80#	张	2.67	30.000	—	18.000	—
	隔离剂	kg	4.67	10.000	10.000	10.000	—
	镀锌铁丝 8#~12#	kg	6.55	—	—	9.500	—
	嵌缝料	kg	1.42	—	10.000	4.000	—
机械	汽车式起重机 5t	台班	366.47	0.147	0.044	0.158	0.005
	载货汽车 4t	台班	369.21	0.527	0.278	0.587	0.023
	木工圆锯机 500mm	台班	27.50	0.096	0.972	0.109	0.006
	履带式起重机 15t	台班	702.00	0.810	0.810	0.810	0.054

3.梁模板

工作内容:模板制作安装、拆除、维护、整理、堆放及场内外运输,模板粘结物及模内杂物清理、刷隔离剂等。

计量单位:100m²

定额编号				4-64	4-65	4-66	4-67	4-68
项目				中、顶板梁	圈(过)梁、反梁、压顶梁	拱形梁	异形梁、弧形梁	梁支模高度超过6m,每增加1m
基价(元)				**5410.77**	**5057.24**	**7619.45**	**6452.59**	**478.08**
其中	人工费(元)			3670.92	3440.88	4764.69	4056.35	291.60
	材料费(元)			766.03	829.73	1919.22	1485.72	86.51
	机械费(元)			973.82	786.63	935.54	910.52	99.97
	名称	单位	单价(元)	消耗量				
人工	二类人工	工日	135.00	27.192	25.488	35.294	30.047	2.160
材料	木模板	m^3	1445.00	0.100	0.107	0.900	0.600	0.058
	钢模板	kg	5.96	77.300	73.800	—	—	—
	铁件	kg	3.71	4.570	—	—	—	—
	钢支撑	kg	3.97	—	43.200	85.760	85.760	—
	圆钉	kg	4.74	3.600	3.600	8.960	8.960	0.570
	草板纸 80#	张	2.67	30.000	—	—	—	—
	隔离剂	kg	4.67	10.000	10.000	10.000	10.000	—
	镀锌铁丝 8#~12#	kg	6.55	—	—	26.700	26.700	—
	嵌缝料	kg	1.42	—	—	10.000	10.000	—
机械	汽车式起重机 5t	台班	366.47	0.158	0.122	0.089	0.089	0.007
	载货汽车 4t	台班	369.21	0.585	0.455	0.462	0.415	0.036
	木工圆锯机 500mm	台班	27.50	0.180	0.193	1.359	1.080	0.072
	履带式起重机 15t	台班	702.00	0.990	0.810	0.990	0.990	0.117

4. 墙 模 板

工作内容:模板制作、安装、拆除、维护、整理、堆放及场内外运输,清理模板粘结物及模内杂物、刷隔离剂等。

计量单位:100m²

定额编号				4-69	4-70	4-71	4-72
项目				直形墙(高 6m 内)		弧形墙(高 6m 内)	
				墙厚(cm)			
				60 以内	60 以上	60 以内	60 以上
基价(元)				**4544.15**	**5020.28**	**6606.87**	**7180.91**
其中	人工费(元)			2268.00	2511.00	2758.86	3134.70
	材料费(元)			1460.93	1536.73	3046.88	3098.45
	机械费(元)			815.22	972.55	801.13	947.76
	名称	单位	单价(元)	消耗量			
人工	二类人工	工日	135.00	16.800	18.600	20.436	23.220
材料	木模板	m³	1445.00	—	—	1.500	1.500
	钢模板	kg	5.96	71.800	71.800	—	—
	零星卡具	kg	5.88	36.300	36.300	—	—
	铁件	kg	3.71	6.960	8.350	6.960	8.350
	钢支撑	kg	3.97	67.720	85.360	82.382	93.920
	镀锌铁丝 8# ~12#	kg	6.55	60.610	60.610	60.610	60.610
	圆钉	kg	4.74	0.230	0.360	0.570	0.700
	草板纸 80#	张	2.67	30.000	30.000	30.000	30.000
	隔离剂	kg	4.67	10.000	10.000	10.000	10.000
机械	汽车式起重机 5t	台班	366.47	0.146	0.164	0.086	0.098
	载货汽车 4t	台班	369.21	0.523	0.589	0.542	0.585
	木工圆锯机 500mm	台班	27.50	—	—	0.032	0.032
	履带式起重机 15t	台班	702.00	0.810	0.990	0.810	0.990

工作内容:模板制作、安装、拆除、维护、整理、堆放及场内外运输,清理模板粘结物及模内杂物、刷隔离剂等。

计量单位:100m²

定额编号				4-73	4-74	4-75
项目				内衬墙(厚度 cm)		墙支模高度超过6m,每增加1m
				60以内	60以上	
基价(元)				**4509.28**	**5085.30**	**415.77**
其中	人工费(元)			1992.20	2368.04	281.88
	材料费(元)			1819.70	1887.88	81.10
	机械费(元)			697.38	829.38	52.79
名称		单位	单价(元)	消耗量		
人工	二类人工	工日	135.00	14.757	17.541	2.088
材料	木模板	m^3	1445.00	0.400	0.400	0.038
	钢模板	kg	5.96	71.800	71.800	—
	铁件	kg	3.71	13.920	16.700	—
	钢支撑	kg	3.97	59.830	74.250	6.000
	镀锌铁丝 8#~12#	kg	6.55	60.610	60.610	—
	圆钉	kg	4.74	0.170	0.300	0.500
	草板纸 80#	张	2.67	30.000	30.000	—
	隔离剂	kg	4.67	10.000	10.000	—
机械	汽车式起重机 5t	台班	366.47	0.137	0.098	0.006
	载货汽车 4t	台班	369.21	0.555	0.609	0.029
	木工圆锯机 500mm	台班	27.50	—	—	0.072
	履带式起重机 15t	台班	702.00	0.630	0.810	0.054

5.板 模 板

工作内容:模板制作、安装、拆除、维护、整理、堆放及场内外运输,清理模板粘结物及模内杂物、刷隔离剂等。

计量单位:100m²

定额编号				4-76	4-77	4-78	4-79
项目				中板、顶板(厚度 cm)		板支模高度超过6m,每增加 1m	拱形板
				60 以内	60 以上		
基价(元)				**4509.51**	**4913.87**	**827.53**	**8982.42**
其中	人工费(元)			2597.67	2928.15	202.50	4676.94
	材料费(元)			701.96	702.58	106.30	3039.01
	机械费(元)			1209.88	1283.14	518.73	1266.47
名称		单位	单价(元)	消耗量			
人工	二类人工	工日	135.00	19.242	21.690	1.500	34.644
材料	木模板	m³	1445.00	0.100	0.100	0.063	1.100
	钢模板	kg	5.96	72.100	72.100	—	—
	圆钉	kg	4.74	0.200	0.330	3.220	2.900
	钢支撑	kg	3.97	—	—	—	150.640
	草板纸 80#	张	2.67	30.000	30.000	—	—
	隔离剂	kg	4.67	10.000	10.000	—	10.000
	复合木模板面板	m²	56.03	—	—	—	9.200
	镀锌铁丝 8# ~12#	kg	6.55	—	—	—	39.900
	嵌缝料	kg	1.42	—	—	—	10.000
机械	汽车式起重机 5t	台班	366.47	0.261	0.266	0.011	0.196
	载货汽车 4t	台班	369.21	0.951	0.970	0.050	0.877
	木工圆锯机 500mm	台班	27.50	0.180	0.225	0.125	1.800
	履带式起重机 15t	台班	702.00	1.080	1.170	0.702	1.170

6. 其他构件模板

工作内容：模板制作、安装、拆除、维护、整理、堆放及场内外运输，清理模板粘结物及模内杂物、刷隔离剂等。

定额编号				4-80	4-81	4-82	4-83	4-84
项目				地模		站台板	楼梯	台阶
				砖模	木模	高度1.5m内		
计量单位				$10m^3$	$100m^2$			
基价（元）				**5333.64**	**5780.50**	**4264.39**	**12477.90**	**3211.85**
其中	人工费（元）			751.95	2457.81	1652.40	7576.47	1671.84
	材料费（元）			2970.42	2472.34	2053.04	4151.52	1108.31
	机械费（元）			1611.27	850.35	558.95	749.91	431.70
名称		单位	单价（元）	消耗量				
人工	二类人工	工日	135.00	5.570	18.206	12.240	56.122	12.384
材料	干混砌筑砂浆 DM M5.0	m^3	397.23	2.300	—	—	—	—
	混凝土实心砖 240×115×53 MU10	千块	388.00	5.290	—	—	—	—
	木模板	m^3	1445.00	—	1.200	0.900	2.630	0.700
	复合木模板面板	m^2	56.03	—	8.330	8.330	—	—
	嵌缝料	kg	1.42	—	—	10.000	16.100	5.000
	圆钉	kg	4.74	—	30.550	30.550	53.400	14.000
	水	m^3	4.27	1.000	—	—	—	—
	草板纸 80#	张	2.67	—	30.000	30.000	—	—
	隔离剂	kg	4.67	—	10.000	10.000	16.100	5.000
机械	载货汽车 4t	台班	369.21	—	0.186	0.140	0.409	0.109
	灰浆搅拌机 200L	台班	154.97	0.205	—	—	—	—
	木工圆锯机 500mm	台班	27.50	—	0.855	1.215	2.250	0.450
	履带式起重机 15t	台班	702.00	2.250	1.080	0.675	0.765	0.540

工作内容:模板制作、安装、拆除、维护、整理、堆放及场内外运输,清理模板粘结物及模内杂物、刷隔离剂等。

计量单位:100m²

定额编号				4-85	4-86	4-87	4-88
项目				风井、电缆井	混凝土结构风管、电缆槽	地下消防水池	
						池底	矩形壁
基价(元)				**5210.93**	**6136.18**	**5551.08**	**4913.12**
其中	人工费(元)			2467.26	3056.13	2771.82	1806.30
	材料费(元)			2264.30	2526.43	2290.63	2538.86
	机械费(元)			479.37	553.62	488.63	567.96
名称		单位	单价(元)	消耗量			
人工	二类人工	工日	135.00	18.276	22.638	20.532	13.380
材料	木模板	m^3	1445.00	1.400	1.600	1.450	1.630
	镀锌铁丝 8# ~12#	kg	6.55	—	—	—	6.100
	圆钉	kg	4.74	21.160	32.390	28.340	13.820
	草板纸 80#	张	2.67	30.000	—	—	—
	隔离剂	kg	4.67	10.000	10.000	10.000	10.000
	嵌缝料	kg	1.42	10.000	10.000	10.000	10.000
	混凝土块 250×50×125	m	1.08	—	—	0.137	—
	钢支撑	kg	3.97	—	—	—	4.320
机械	载货汽车 4t	台班	369.21	0.218	0.248	0.225	0.254
	木工圆锯机 500mm	台班	27.50	0.720	0.720	0.459	0.657
	木工压刨床 单面 600mm	台班	31.42	—	—	0.441	0.441
	履带式起重机 15t	台班	702.00	0.540	0.630	0.540	0.630

工作内容:模板制作、安装、拆除、维护、整理、堆放及场内外运输,清理模板粘结物及模内杂物、刷隔离剂等。

计量单位:100m²

定额编号				4-89	4-90
项目				电缆沟、水沟	小型构件
基价(元)				**4071.17**	**6025.62**
其中	人工费(元)			1596.51	2646.27
	材料费(元)			2021.32	2757.99
	机械费(元)			453.34	621.36
名称		单位	单价(元)	消耗量	
人工	二类人工	工日	135.00	11.826	19.602
材料	木模板	m^3	1445.00	1.200	1.650
	铁件	kg	3.71	7.790	—
	镀锌铁丝 8# ~12#	kg	6.55	24.490	—
	圆钉	kg	4.74	7.830	66.000
	隔离剂	kg	4.67	10.000	10.000
	嵌缝料	kg	1.42	10.000	10.000
机械	载货汽车 4t	台班	369.21	0.186	0.257
	木工圆锯机 500mm	台班	27.50	0.203	0.765
	履带式起重机 15t	台班	702.00	0.540	0.720

四、盖挖、暗挖法混凝土模板

1. 基础与底板模板

工作内容：模板制作安装、拆除、维护、整理、堆放及场内外运输，模板粘结物及模内杂物清理、刷隔离剂等。

计量单位：$100m^2$

定额编号				4-91
项目				底板
基价（元）				**5496.01**
其中	人工费（元）			1966.14
	材料费（元）			1949.62
	机械费（元）			1580.25
名称		单位	单价(元)	消耗量
人工	二类人工	工日	135.00	14.564
材料	木模板	m^3	1445.00	0.700
	钢模板	kg	5.96	64.300
	零星卡具	kg	5.88	8.999
	镀锌铁丝 8#～12#	kg	6.55	34.920
	圆钉	kg	4.74	30.200
	复合硅酸盐水泥 PC 32.5R 综合	kg	0.32	7.000
	黄砂 净砂	t	92.23	0.017
	草板纸 80#	张	2.67	30.000
	脱模剂	kg	1.54	30.000
机械	汽车式起重机 5t	台班	366.47	0.088
	载货汽车 4t	台班	369.21	0.303
	木工圆锯机 500mm	台班	27.50	1.449
	履带式起重机 15t	台班	702.00	1.989

工作内容:模板制作安装、拆除、维护、整理、堆放及场内外运输,模板粘结物及模内杂物清理、刷隔离剂等。

定额编号				4-92	4-93	4-94	4-95	4-96
项目				混凝土垫层	电梯坑	设备基础(块体体积 $20m^3$ 以内)	设备基础螺栓套	
							1m 以内	1m 以外
计量单位				$100m^2$			10 个	
基价(元)				**4304.98**	**5064.02**	**5173.46**	**606.99**	**996.42**
其中	人工费(元)			1894.46	2714.31	2219.54	153.09	246.65
	材料费(元)			1299.18	1195.41	1755.94	288.98	501.77
	机械费(元)			1111.34	1154.30	1197.98	164.92	248.00
名称		单位	单价(元)	消耗量				
人工	二类人工	工日	135.00	14.033	20.106	16.441	1.134	1.827
材料	木模板	m^3	1445.00	0.799	0.224	0.363	0.188	0.300
	复合木模板面板	m^2	56.03	—	7.500	13.990	—	—
	零星卡具	kg	5.88	—	—	18.340	—	—
	铁件	kg	3.71	—	6.770	—	—	—
	圆钉	kg	4.74	19.730	10.580	11.860	0.600	9.600
	草板纸 80#	张	2.67	—	30.000	30.000	—	—
	脱模剂	kg	1.54	30.000	30.000	30.000	0.850	1.105
	镀锌铁丝 8#~12#	kg	6.55	0.180	37.590	23.430	2.010	3.216
	复合硅酸盐水泥 PC 32.5R 综合	kg	0.32	7.000	7.000	7.000	—	—
	黄砂 毛砂	t	87.38	0.017	0.017	0.017	—	—
机械	汽车式起重机 5t	台班	366.47	0.127	0.127	0.127	0.003	0.004
	载货汽车 4t	台班	369.21	0.124	0.035	0.564	0.029	0.047
	木工圆锯机 500mm	台班	27.50	1.215	1.215	1.215	0.054	0.063
	履带式起重机 15t	台班	702.00	1.404	1.512	1.296	0.216	0.324

2. 柱 模 板

工作内容：模板制作安装、拆除、维护、整理、堆放及场内外运输，模板粘结物及模内杂物清理、刷隔离剂等。

计量单位：$100m^2$

定额编号				4-97	4-98	4-99	4-100
项目				矩形柱	圆形柱	异形柱	柱支模高度超过6m，每增加1m
基价（元）				**5339.78**	**7932.49**	**6348.67**	**342.47**
其中	人工费（元）			3176.28	4790.75	4136.40	209.93
	材料费（元）			1213.95	2308.77	1235.08	76.05
	机械费（元）			949.55	832.97	977.19	56.49
	名称	单位	单价(元)	消耗量			
人工	二类人工	工日	135.00	23.528	35.487	30.640	1.555
材料	木模板	m^3	1445.00	0.133	0.776	0.150	0.040
	钢模板	kg	5.96	72.050	—	78.200	—
	复合木模板面板	m^2	56.03	—	9.660	—	—
	零星卡具	kg	5.88	27.900	30.690	19.010	—
	铁件	kg	3.71	12.560	—	—	—
	钢支撑	kg	3.97	62.900	41.926	66.880	4.000
	圆钉	kg	4.74	1.200	50.400	2.700	0.500
	草板纸 80#	张	2.67	30.000	—	18.000	—
	脱模剂	kg	1.54	30.000	30.000	30.000	—
	镀锌铁丝 8#～12#	kg	6.55	—	—	9.500	—
	嵌缝料	kg	1.42	—	10.000	4.000	—
机械	汽车式起重机 5t	台班	366.47	0.191	0.058	0.205	0.006
	载货汽车 4t	台班	369.21	0.527	0.278	0.587	0.023
	木工圆锯机 500mm	台班	27.50	0.096	0.972	0.109	0.006
	履带式起重机 15t	台班	702.00	0.972	0.972	0.972	0.065

3. 梁 模 板

工作内容:模板制作安装、拆除、维护、整理、堆放及场内外运输,模板粘结物及模内杂物清理、刷隔离剂等。

计量单位:100m²

定额编号				4-101	4-102	4-103	4-104	4-105
项目				底梁	中顶梁	边顶梁	圈(过)梁、反梁、压顶梁	梁支模高度超过6m,每增加1m
基价(元)				**5338.97**	**7575.71**	**6086.22**	**5717.23**	**524.12**
其中	人工费(元)			2802.60	4723.92	3939.84	3785.00	320.76
	材料费(元)			1407.46	1622.13	1029.71	1018.32	86.51
	机械费(元)			1128.91	1229.66	1116.67	913.91	116.85
名称		单位	单价(元)	消耗量				
人工	二类人工	工日	135.00	20.760	34.992	29.184	28.037	2.376
材料	木模板	m^3	1445.00	0.300	0.700	0.200	0.107	0.058
	钢模板	kg	5.96	63.700	78.400	68.500	73.800	—
	零星卡具	kg	5.88	27.800	—	—	—	—
	铁件	kg	3.71	4.570	—	—	—	—
	钢支撑	kg	3.97	75.900	—	—	43.200	—
	圆钉	kg	4.74	3.600	3.600	3.600	3.600	0.570
	草板纸 80#	张	2.67	30.000	30.000	30.000	—	—
	脱模剂	kg	1.54	10.000	30.000	30.000	30.000	—
	镀锌铁丝 8#~12#	kg	6.55	—	—	26.700	26.700	—
	嵌缝料	kg	1.42	—	—	10.000	10.000	—
机械	汽车式起重机 5t	台班	366.47	0.190	0.235	0.155	0.159	0.009
	载货汽车 4t	台班	369.21	0.570	0.758	0.585	0.455	0.036
	木工圆锯机 500mm	台班	27.50	0.540	1.080	0.360	0.193	0.072
	履带式起重机 15t	台班	702.00	1.188	1.188	1.188	0.972	0.140

4. 墙 模 板

工作内容：模板制作、安装、拆除、维护、整理、堆放及场内外运输，清理模板粘结物及模内杂物、刷隔离剂等。

计量单位：$100m^2$

定额编号				4-106	4-107	4-108	4-109
项目				边墙(高6m内)		中隔墙(高6m内)	
				墙厚(cm)			
				60以内	60以上	60以内	60以上
基价(元)				**5126.73**	**5678.93**	**5954.94**	**6608.24**
其中	人工费(元)			2721.60	3013.20	3310.61	3703.32
	材料费(元)			1460.43	1536.23	1677.34	1753.14
	机械费(元)			944.70	1129.50	966.99	1151.78
	名称	单位	单价(元)	消耗量			
人工	二类人工	工日	135.00	20.160	22.320	24.523	27.432
材料	木模板	m^3	1445.00	—	—	0.300	0.300
	钢模板	kg	5.96	71.800	71.800	65.300	65.300
	零星卡具	kg	5.88	36.300	36.300	—	—
	铁件	kg	3.71	6.960	8.350	6.960	8.350
	钢支撑	kg	3.97	67.720	85.360	76.280	93.920
	镀锌铁丝 8#～12#	kg	6.55	60.610	60.610	60.610	60.610
	圆钉	kg	4.74	0.230	0.360	0.570	0.700
	草板纸 80#	张	2.67	30.000	30.000	30.000	30.000
	脱模剂	kg	1.54	30.000	30.000	30.000	30.000
机械	汽车式起重机 5t	台班	366.47	0.189	0.213	0.193	0.216
	载货汽车 4t	台班	369.21	0.523	0.589	0.577	0.644
	木工圆锯机 500mm	台班	27.50	—	—	0.032	0.032
	履带式起重机 15t	台班	702.00	0.972	1.188	0.972	1.188

工作内容:模板制作、安装、拆除、维护、整理、堆放及场内外运输,清理模板粘结物及模内杂物、刷隔离剂等。

计量单位:100m²

定额编号				4-110	4-111	4-112
项目				内衬墙(厚度 cm)		墙支模高度超过6m,每增加 1m
				60 以内	60 以上	
基价(元)				**5010.64**	**5708.75**	**424.23**
其中	人工费(元)			2390.58	2841.62	281.88
	材料费(元)			1819.20	1887.38	81.10
	机械费(元)			800.86	979.75	61.25
名称		单位	单价(元)	消耗量		
人工	二类人工	工日	135.00	17.708	21.049	2.088
材料	木模板	m³	1445.00	0.400	0.400	0.038
	钢模板	kg	5.96	71.800	71.800	—
	铁件	kg	3.71	13.920	16.700	—
	钢支撑	kg	3.97	59.830	74.250	6.000
	镀锌铁丝 8#~12#	kg	6.55	60.610	60.610	—
	圆钉	kg	4.74	0.170	0.300	0.500
	草板纸 80#	张	2.67	30.000	30.000	—
	脱模剂	kg	1.54	30.000	30.000	—
机械	汽车式起重机 5t	台班	366.47	0.178	0.198	0.008
	载货汽车 4t	台班	369.21	0.555	0.609	0.029
	木工圆锯机 500mm	台班	27.50	—	—	0.072
	履带式起重机 15t	台班	702.00	0.756	0.972	0.065

5. 板 模 板

工作内容:模板制作、安装、拆除、维护、整理、堆放及场内外运输,清理模板粘结物及模内杂物、刷隔离剂等。

计量单位:100m²

定额编号				4-113	4-114	4-115	4-116
项目				中板(板厚 cm)		顶板(板厚 cm)	
				60 以内	60 以上	60 以内	60 以上
基价(元)				**5060.75**	**5530.35**	**4094.39**	**4483.69**
其中	人工费(元)			2857.41	3220.97	2597.67	2928.15
	材料费(元)			990.46	991.08	990.46	991.08
	机械费(元)			1212.88	1318.30	506.26	564.46
名称		单位	单价(元)	消耗量			
人工	二类人工	工日	135.00	21.166	23.859	19.242	21.690
材料	木模板	m³	1445.00	0.300	0.300	0.300	0.300
	钢模板	kg	5.96	72.100	72.100	72.100	72.100
	圆钉	kg	4.74	0.200	0.330	0.200	0.330
	草板纸 80#	张	2.67	30.000	30.000	30.000	30.000
	脱模剂	kg	1.54	30.000	30.000	30.000	30.000
机械	汽车式起重机 5t	台班	366.47	0.203	0.223	0.212	0.235
	载货汽车 4t	台班	369.21	0.606	0.663	0.634	0.697
	木工圆锯机 500mm	台班	27.50	0.180	0.225	0.180	0.225
	履带式起重机 15t	台班	702.00	1.296	1.404	0.270	0.306

工作内容：模板制作、安装、拆除、维护、整理、堆放及场内外运输，清理模板粘结物及模内杂物、刷隔离剂等。

计量单位：$100m^2$

定额编号					4-117	4-118
项目					拱顶板	板支模高度超过6m，每增加1m
基价（元）					**9543.76**	**947.16**
其中	人工费（元）				5099.09	222.75
	材料费（元）				2992.31	106.30
	机械费（元）				1452.36	618.11
名称		单位	单价(元)		消耗量	
人工	二类人工	工日	135.00		37.771	1.650
材料	木模板	m^3	1445.00		1.100	0.063
	复合木模板面板	m^2	56.03		9.200	—
	圆钉	kg	4.74		2.900	3.220
	钢支撑	kg	3.97		150.640	—
	镀锌铁丝	kg	6.55		39.900	—
	嵌缝料	kg	1.42		10.000	—
机械	汽车式起重机 5t	台班	366.47		0.255	0.014
	载货汽车 4t	台班	369.21		0.877	0.050
	木工圆锯机 500mm	台班	27.50		1.800	0.125
	履带式起重机 15t	台班	702.00		1.404	0.842

6. 其他构件模板

工作内容:模板制作、安装、拆除、维护、整理、堆放及场内外运输,清理模板粘结物及模内杂物、刷隔离剂等。

定额编号				4-119	4-120	4-121
项目				地模		站台板
				砖模	混凝土地模	高度 1.5m 内
计量单位				$10m^3$	$100m^2$	
基价(元)				**6371.52**	**11158.76**	**4591.60**
其中	人工费(元)			751.95	3097.44	1900.26
	材料费(元)			3692.40	6032.75	2021.74
	机械费(元)			1927.17	2028.57	669.60
名称		单位	单价(元)	消耗量		
人工	二类人工	工日	135.00	5.570	22.944	14.076
材料	现场预制混凝土 C20(20)	m^3	305.50	2.360	15.200	—
	混凝土实心砖 240×115×53 MU10	千块	388.00	5.290	—	—
	干混砌筑砂浆 DM M5.0	m^3	397.23	2.300	—	—
	电	kW·h	0.78	—	5.320	—
	木模板	m^3	1445.00	—	0.400	0.900
	泵管	kg	3.97	—	8.100	—
	复合木模板面板	m^2	56.03	—	8.330	8.330
	嵌缝料	kg	1.42	—	—	10.000
	草袋	m^2	3.62	—	32.000	—
	圆钉	kg	4.74	—	21.900	30.550
	水	m^3	4.27	1.000	1.960	—
	草板纸 80#	张	2.67	—	30.000	30.000
	回库维修费	元	1.00	1.00	—	—
	脱模剂	kg	1.54	—	—	10.000
机械	载货汽车 4t	台班	369.21	—	0.297	0.183
	灰浆搅拌机 200L	台班	154.97	0.205	—	—
	木工圆锯机 500mm	台班	27.50	—	0.855	1.215
	履带式起重机 15t	台班	702.00	2.700	2.700	0.810

第二章
防 水 工 程

说　　明

一、本章包括柔性防水、刚性防水、变形缝、堵漏四节，共31个子目。

二、柔性防水定额子目中，材料消耗量包含了所有的搭接、阴阳角加强层。

三、设计采用的卷材和防水材料的品种、厚度或重量与定额取定不同时，材料、价格和含量按实调整换算，其余不变。

四、变形缝适用于伸缩缝、沉降缝、抗震缝等。

五、变形缝、堵漏如设计用料不同时，主材用量可换算，其他不变。

工程量计算规则

一、柔性防水按设计图示主体结构外表面积以“m^2”计算,刚性防水按设计图示铺设面积以“m^2”计算。

二、变形缝按设计图示尺寸以“m”计算。

三、点堵漏按设计图示以“个”计算;缝堵漏按设计图示以“m”计算;墙面堵漏按设计图示以“m^2”计算。

一、柔性防水

工作内容:清理基层,铺贴(刷)防水材料,收头、清理等全部操作过程。 **计量单位**:100m²

定额编号				4-122	4-123	4-124
项目				单组份聚氨酯防水涂料		JS 防水涂料,厚 2mm
				厚 2mm	每增减 0.5mm	
基价(元)				**4725.10**	**1167.75**	**3938.52**
其中	人工费(元)			451.98	113.00	441.45
	材料费(元)			4239.57	1048.04	3463.52
	机械费(元)			33.55	6.71	33.55
	名称	单位	单价(元)	消耗量		
人工	二类人工	工日	135.00	3.348	0.837	3.270
材料	单组份聚氨酯防水涂料 Ⅰ型	kg	13.79	306.000	76.000	—
	聚合物水泥基复合防水涂料 JS Ⅰ型	kg	8.62	—	—	400.000
	其他材料费	元	1.00	19.83	—	15.52
机械	电动卷扬机-单筒慢速 50kN	台班	186.39	0.180	0.036	0.180

注:JS 防水涂料设计厚度与定额不同时,主材按比例换算,其余不变。

工作内容:清理基层,铺贴(刷)防水材料,收头、清理等全部操作过程。 **计量单位**:100m²

定额编号				4-125	4-126	4-127
项目				APP(SBS)卷材防水	APP(SBS)卷材防水,每增一层	LDPE 卷材防水
基价(元)				**3308.16**	**2980.78**	**6255.56**
其中	人工费(元)			635.85	476.28	1012.50
	材料费(元)			2638.76	2470.95	5209.51
	机械费(元)			33.55	33.55	33.55
	名称	单位	单价(元)	消耗量		
人工	二类人工	工日	135.00	4.710	3.528	7.500
材料	改性沥青卷材	m²	21.55	114.000	114.000	—
	冷底子油	kg	5.57	30.000	—	—
	LDPE 防水卷材 600g	m²	16.38	—	—	125.700
	PE 泡沫板 40mm	m²	26.55	—	—	105.000
	垫片 30×30×3	个	0.30	—	—	500.000
	塑料焊条	kg	8.03	—	—	6.000
	射钉弹	套	0.22	—	—	600.000
	其他材料费	元	1.00	14.96	14.25	32.61
机械	电动卷扬机-单筒慢速 50kN	台班	186.39	0.180	0.180	0.180

工作内容:清理基层,涂刷氯丁乳胶一遍,粘结剂铺贴卷材,收头、清理。　　**计量单位**:100m²

定额编号				4-128	4-129	4-130	4-131
项目				氯化聚乙烯橡胶共混卷材		三元乙丙橡胶卷材	
				平面	立面	平面	立面
基价(元)				3337.77	3543.51	4204.57	4420.39
其中	人工费(元)			503.82	709.56	539.46	754.92
	材料费(元)			2800.40	2800.40	3631.56	3631.92
	机械费(元)			33.55	33.55	33.55	33.55
	名称	单位	单价(元)	消耗量			
人工	二类人工	工日	135.00	3.732	5.256	3.996	5.592
材料	氯丁胶乳沥青防水涂料	kg	9.91	16.510	16.510	—	—
	氯化聚乙烯橡胶共混防水卷材 1.0mm GB 18173.1—2012 JL2	m²	21.38	112.000	112.000	—	—
	氯丁橡胶粘接剂	kg	14.81	16.280	16.280	—	—
	三元乙丙橡胶防水卷材 1.0mm JF1	m²	20.69	—	—	112.000	112.000
	三元乙丙橡胶防水卷材搭接带	m	11.21	—	—	115.140	115.140
	三元乙丙粘接剂	kg	1.38	—	—	16.280	16.280
	其他材料费	元	1.00	1.12	1.12	1.09	1.45
机械	电动卷扬机-单筒慢速 50kN	台班	186.39	0.180	0.180	0.180	0.180

工作内容:1. 清理基层,铺贴卷材,收头,清理;
2. 清理基层,刷防水涂料。　　**计量单位**:100m²

定额编号				4-132	4-133
项目				玻纤布加强层(28 克/m²)	锚杆头防水处理
基价(元)				1053.05	1160.08
其中	人工费(元)			422.82	528.12
	材料费(元)			613.45	598.41
	机械费(元)			16.78	33.55
	名称	单位	单价(元)	消耗量	
人工	二类人工	工日	135.00	3.132	3.912
材料	外加剂 SN-2	kg	3.63	104.000	—
	玻璃纤维布	m²	2.07	110.000	—
	丙酮	kg	8.16	—	5.500
	固化剂	kg	30.69	—	1.100
	促进剂 KA	kg	4.61	—	2.200
	聚氨酯甲组份	kg	20.69	—	1.000
	聚氨酯乙组份	kg	18.10	—	1.500
	EAA 环氧浆	kg	40.52	—	11.000
	其他材料费	元	1.00	8.23	16.07
机械	电动卷扬机-单筒慢速 50kN	台班	186.39	0.090	0.180

二、刚性防水

工作内容：1. 清理基层、调制混凝土、砂浆，抹混凝土、砂浆；
2. 铺灌混凝土或砂浆。

定额编号				4-134	4-135	4-136
项目				细石混凝土保护层	水泥砂浆保护层	
					2cm 厚	每增减 1cm
计量单位				$10m^3$	$100m^2$	
基价（元）				**9327.45**	**1623.05**	**516.47**
其中	人工费（元）			3155.09	518.00	40.37
	材料费（元）			5990.59	1033.12	448.14
	机械费（元）			181.77	71.93	27.96
名称		单位	单价(元)	消耗量		
人工	二类人工	工日	135.00	23.371	3.837	0.299
材料	泵送商品混凝土 C20	m^3	431.00	10.100	—	—
	干混地面砂浆 DS M15.0	m^3	443.08	2.040	2.020	1.010
	木模板	m^3	1445.00	0.240	—	—
	水	m^3	4.27	36.500	11.680	—
	草袋	m^2	3.62	60.000	24.000	—
	其他材料费	元	1.00	13.75	1.34	0.63
机械	电动卷扬机－单筒快速 10kN	台班	172.88	0.882	0.252	0.099
	灰浆搅拌机 200L	台班	154.97	0.189	0.183	0.070

工作内容：清理基层，调配及涂刷涂料。　　　　**计量单位**：$100m^2$

定额编号				4-137	4-138	4-139	4-140
项目				水泥基渗透结晶型防水涂料			
				1.0mm 厚		每增 0.1mm 厚	
				平面	立面	平面	立面
基价（元）				**2148.28**	**2361.28**	**134.81**	**149.09**
其中	人工费（元）			267.98	331.70	20.39	25.52
	材料费（元）			1880.30	2029.58	114.42	123.57
	机械费（元）			—	—	—	—
名称		单位	单价(元)	消耗量			
人工	二类人工	工日	135.00	1.985	2.457	0.151	0.189
材料	水泥基渗透结晶型防水涂料	kg	13.62	137.000	147.960	8.400	9.072
	水	m^3	4.27	0.038	0.038	0.003	0.003
	其他材料费	元	1.00	14.20	14.20	—	—

三、变 形 缝

工作内容:剪裁、制作、成型、安装。 **计量单位**:100m

定额编号				4-141	4-142	4-143	4-144
项目				紫铜板止水带	钢板止水带	不锈钢止水带	橡胶止水带
基价 (元)				**50159.77**	**6033.71**	**5313.30**	**3802.56**
其中	人工费 (元)			1817.64	1563.30	1563.30	743.58
	材料费 (元)			39487.80	4365.69	3645.28	3025.43
	机械费 (元)			104.72	104.72	104.72	33.55
名称		单位	单价(元)	消耗量			
人工	二类人工	工日	135.00	13.464	11.580	11.580	5.508
材料	紫铜板 δ2	kg	58.27	810.900	—	—	—
	铜焊条	kg	68.97	14.300	—	—	—
	热轧薄钢板 Q235Bδ3.0	t	3808.00	—	1.123	—	—
	电焊条	kg	4.31	—	20.720	—	—
	不锈钢焊条 奥 102	kg	31.90	—	—	20.720	—
	不锈钢板 0.8	m^2	94.74	—	—	31.500	—
	橡胶止水带	m	27.93	—	—	—	105.000
	丙酮	kg	8.16	—	—	—	3.040
	环氧树脂	kg	15.52	—	—	—	3.040
	甲苯	kg	6.81	—	—	—	2.400
	乙二胺	kg	18.53	—	—	—	0.240
机械	剪板机 20×2500mm	台班	128.07	0.099	0.099	0.099	—
	交流弧焊机 32kV·A	台班	92.84	0.630	0.630	0.630	—
	电动卷扬机-单筒慢速 50kN	台班	186.39	0.180	0.180	0.180	0.180

注:紫铜板止水带、钢板止水带展开宽度为 450mm,设计规格尺寸不同,主材用量换算,其余不变。

工作内容:基层处理、止水带的安装、缝隙填实、接头处理等。 **计量单位**:100m

定额编号				4-145
项目				中埋式钢边橡胶止水带
基价 (元)				**5833.59**
其中	人工费 (元)			743.58
	材料费 (元)			5056.46
	机械费 (元)			33.55
名称		单位	单价(元)	消耗量
人工	二类人工	工日	135.00	5.508
材料	钢边橡胶止水带	m	46.55	105.000
	PE 泡沫板 40mm	m^2	26.55	3.000
	聚氨酯嵌缝胶	kg	4.83	4.800
	其他材料费	元	1.00	65.88
机械	电动卷扬机-单筒慢速 50kN	台班	186.39	0.180

工作内容:基层处理、止水带的安装、缝隙填实、接头处理等。　　**计量单位:**100m

定额编号				4-146	4-147	4-148
项目				铁皮盖缝		镀锌铁皮接水槽
				平面	立面	
基价(元)				**3630.81**	**1344.97**	**3178.65**
其中	人工费(元)			1087.83	623.70	1750.41
	材料费(元)			2509.43	687.72	1394.69
	机械费(元)			33.55	33.55	33.55
	名称	单位	单价(元)	消耗量		
人工	二类人工	工日	135.00	8.058	4.620	12.966
材料	镀锌薄钢板 δ0.5	m^2	17.59	62.250	26.380	53.000
	松板枋材	m^3	1800.00	0.468	—	—
	杉木砖	m^3	595.00	0.146	0.152	—
	焊锡	kg	103.00	4.060	0.820	3.100
	防腐油	kg	1.28	6.760	3.400	—
	盐酸	kg	0.82	0.860	0.740	—
	圆钉	kg	4.74	2.100	0.790	—
	木炭	kg	2.41	18.020	15.270	—
	铁件	kg	3.71	—	—	35.150
	其他材料费	元	1.00	4.26	3.29	12.71
机械	电动卷扬机-单筒慢速 50kN	台班	186.39	0.180	0.180	0.180

注:金属板盖缝是按镀锌薄钢板编制,展开宽为:平面 590mm,立面 250mm,实际使用材料或规格不同时,材料换算。

四、堵　漏

工作内容:基层处理、止水带的安装、缝隙填实、接头处理等。

定额编号				4-149	4-150	4-151	4-152
项目				点堵漏	裂缝堵漏	变形缝堵漏	墙面堵漏
计量单位				10个点	100m		100m^2
基价(元)				**560.02**	**9935.49**	**8160.74**	**7964.33**
其中	人工费(元)			319.41	5184.00	2268.00	2361.15
	材料费(元)			235.58	4717.94	5859.19	5569.63
	机械费(元)			5.03	33.55	33.55	33.55
	名称	单位	单价(元)	消耗量			
人工	二类人工	工日	135.00	2.366	38.400	16.800	17.490
材料	复合硅酸盐水泥 PC 32.5R 综合	t	319.00	0.030	0.100	—	0.600
	丙酮	kg	8.16	1.000	56.000	32.000	28.000
	SH 掺加剂	kg	15.52	3.000	8.000	—	126.000
	EAA 环氧浆	kg	40.52	2.750	60.400	44.000	73.500
	铝管	kg	20.69	1.000	28.000	—	—
	耐压管	m	74.14	0.500	14.000	—	—
	杉板枋材	m^3	1625.00	—	—	—	0.100
	聚氨酯嵌缝膏 600mL	支	14.48	—	—	16.000	—
	遇水膨胀止水条	m	33.62	—	—	105.000	—
	其他材料费	元	1.00	2.10	40.23	53.41	53.51
机械	电动卷扬机-单筒慢速 50kN	台班	186.39	0.027	0.180	0.180	0.180

第五册　轨 道 工 程

册 说 明

一、本册定额包括铺轨工程、铺道岔工程、铺道床工程、轨道加强设备及护轮轨、线路有关工程、其他六章,共244个子目。

二、本册定额适用于城市轨道交通工程新建、扩建的正线、站线及车辆段、停车场工程。

三、本册定额的主要编制依据:

1.《城市轨道交通工程工程量计算规范》GB 50861—2013;

2.《城市轨道交通工程预算定额》GCG 103－2008;

3.《铁路工程预算定额 第五册 轨道工程》(2017版);

4.《杭州市地铁工程预算定额》(2010版);

5.现行的设计、施工验收规范,安全操作规程及质量评定标准。

四、本册定额中"站线"指包括全折返线、存车线及渡线、车辆段与综合基地库内外线、出入段线等线路。

五、本册定额中如没有特殊说明,均考虑100m以内材料水平运输。

六、铺轨定额中的钢轨,其工地搬运及操作损耗率按0.1%编制,仅适用于正线。当用于站线时,应增加0.1%的钢轨损耗。

七、本册定额中线路设计长度均为单线线路长度。

八、本册洞内临时设施套用本定额第十三册《措施项目》第五章"洞内临时设施"的相关定额子目。

第一章

铺 轨 工 程

说 明

一、本章定额包括轨节拼装、隧道内整体道床铺轨、地面碎石道床铺轨、桥面铺轨、道岔尾部无枕地段人工铺轨、库内人工铺轨、无缝线路、轨料运输八节,共88个子目。

二、轨节拼装、隧道内整体道床铺轨、地面碎石道床铺轨、桥面铺轨、道岔尾部无枕地段人工铺轨、库内人工铺轨等子目中均按照有缝线路编制,如用于无缝线路,则应扣除接头夹板、接头螺栓带帽、弹簧垫圈等材料。

三、轨节拼装定额仅适用于机械铺轨。轨节拼装按基地集中拼装考虑,如考虑现场人工散拼,则人工消耗量乘以系数1.5。

四、混凝土长枕轨节拼装定额按硫黄锚固考虑,如不用硫黄锚固工序,应扣除硫黄、水泥、黄砂、滑石粉、石油沥青、机械油、煤及石蜡材料消耗量。

五、铺轨定额按道床位置、道床类型和轨枕类型不同划分,按不同扣件型式列入定额子目,如所列扣件实际采用与定额不同时,可进行抽换。

六、铺轨定额已考虑因铺设短轨而引起接头增加所需接头夹板和螺栓的数量。

七、整体道床铺轨子目已综合钢轨支撑架的摊销费用。

八、轨枕系按工厂预制成品计列,轨枕中已综合高强塑料套管。

九、浮置板道床铺轨定额子目中,橡胶浮置板、凸形浮置板、钢弹簧浮置板购置价不含在定额中,需另行计算。

十、道岔尾部无枕地段铺轨,系指道岔根端至末根岔枕中心距离 L 已铺长岔枕地段的铺轨。长岔枕铺设的内容已综合在铺道岔定额子目中。

十一、无缝线路中换铺长钢轨定额应与铺设工具轨、无缝线路轨料定额配套使用。该定额包含工具轨的回收运输,不包括长轨焊接费用,发生时执行本章长轨焊接相应子目。

十二、钢轨焊接定额中包含焊头落锤试验内容及费用。

十三、工地钢轨焊接定额如用于道岔内钢轨焊接时,人工、机械消耗量乘以系数1.1。

十四、无缝线路接头定额按厂制胶结接头编制,包含接头钢轨数量,如接头钢轨轨型长度不同,可进行抽换。

工程量计算规则

一、铺轨工程量按设计图示每股道的中心线长度(不含道岔长度)以“km”计算。铺轨工程量不扣除接头轨缝处长度。道岔长度是指从基本轨前端至辙叉根端的距离。特殊道岔以设计图纸为准。

二、道岔尾部无枕地段人工铺轨,按道岔根端至末根岔枕的中心距离以“km”计算。

三、长轨压接焊作业线、长轨铺轨机安拆与调试定额,在一个铺轨基地仅按安拆一次计算。

四、换铺长钢轨按无缝线路设计长度以“km”计算。

五、长钢轨焊接按焊接工艺划分,以接头设计图示数量计算。

六、正线应力放散及锁定定额,按放散锁定长度和次数,以“km·次”计算,道岔应力放散定额,按放散道岔数量和次数,以“组 · 次”计算。

七、轨料运输按图示重量以“t”计算。

一、轨节拼装

工作内容：吊、散、摆、排轨枕，组装轨枕扣件、检配吊散轨及打印、方正轨枕，散布与安装钢轨配件和轨枕扣件，轨枕连接、检修、吊码、吊装轨节至平板车上，捆轨件，装配件，涂油等。

计量单位：km

定额编号				5-1	5-2	5-3	5-4
项目				混凝土短枕		混凝土长枕	
				1680 对	每增减 80 对	1680 根	每增减 80 根
基价（元）				**18103.49**	**521.24**	**26994.17**	**774.89**
其中	人工费（元）			13885.29	521.24	17434.04	521.24
	材料费（元）			—	—	5341.93	253.65
	机械费（元）			4218.20	—	4218.20	—
	名称	单位	单价(元)	消耗量			
人工	二类人工	工日	135.00	102.854	3.861	129.141	3.861
材料	复合硅酸盐水泥 PC 32.5R 综合	kg	0.32	—	—	727.270	34.630
	黄砂 毛砂	t	87.38	—	—	3.570	0.170
	滑石粉	kg	1.07	—	—	42.800	2.040
	石油沥青	kg	2.67	—	—	180.000	8.570
	煤	t	603.00	—	—	0.840	0.040
	机械油	kg	3.84	—	—	20.000	0.950
	白石蜡	kg	11.21	—	—	29.090	1.390
	硫黄 98%	kg	2.30	—	—	1454.550	69.260
	其他材料费	元	1.00	—	—	15.98	—
机械	门式起重机 10t	台班	447.22	5.400	—	5.400	—
	轨道车 210kW	台班	471.91	1.350	—	1.350	—
	轨道平车 10t	台班	86.38	13.500	—	13.500	—

二、隧道内整体道床铺轨

1. 整体道床人工铺轨

工作内容:选配、散布与安装钢轨配件和轨枕扣件,钢轨支撑架安拆,组装扣件,悬挂钢筋混凝土轨枕,调整、就位、上油、检修,龙门架轨道的铺折等。

计量单位:km

定额编号				5-5	5-6	5-7	5-8
项目				60kg 钢轨(扣件)			
				混凝土短枕		混凝土弹性短枕	
				1680 对	每增减 80 对	1680 对	每增减 80 对
基价(元)				**1576439.78**	**40150.95**	**1608515.39**	**40697.28**
其中	人工费(元)			69827.27	2314.58	88091.69	2204.55
	材料费(元)			1503311.65	37836.37	1517122.84	38492.73
	机械费(元)			3300.86	—	3300.86	—
名称		单位	单价(元)	消耗量			
人工	二类人工	工日	135.00	517.239	17.145	652.531	16.330
材料	钢轨 60kg 25m	根	8563.00	80.080	—	80.080	—
	接头夹板 60kg	块	77.84	164.160	—	164.160	—
	高强度接头螺栓带帽 60kg	套	5.46	496.920	—	496.920	—
	弹簧垫圈 60kg	个	0.45	501.840	—	501.840	—
	钢轨支撑架	套	861.00	5.000	—	5.000	—
	混凝土短枕	块	71.77	3370.080	160.480	—	—
	混凝土弹性短枕	块	62.07	—	—	3370.080	160.480
	钢轨扣件 SD-1 型	套	164.00	3370.080	160.480	3370.080	160.480
	橡胶包套 含微孔橡胶垫板	套	13.79	—	—	3370.080	160.480
	其他材料费	元	1.00	3000.62	—	3028.19	—
机械	轨道车 210kW	台班	471.91	1.800	—	1.800	—
	轨道平车 10t	台班	86.38	9.000	—	9.000	—
	铺轨龙门架 25m	台班	558.00	3.000	—	3.000	—

工作内容:选配、散布钢轨,检配、散布与安装钢轨扣配件,铺设钢筋混凝土轨枕,调整、就位、上油、检修,龙门架轨道的铺拆等。

计量单位:km

定额编号				5-9	5-10	5-11	5-12
项目				60kg 钢轨(扣件)			
				混凝土长枕		混凝土弹性长枕	
				1680 根	每增减 80 根	1680 对	每增减 80 对
基价(元)				**1552536.28**	**39275.43**	**1763901.03**	**48381.15**
其中	人工费(元)			66344.81	2204.55	83896.97	2099.52
	材料费(元)			1482890.61	37070.88	1676703.20	46281.63
	机械费(元)			3300.86	—	3300.86	—
名称		单位	单价(元)	消耗量			
人工	二类人工	工日	135.00	491.443	16.330	621.459	15.552
材料	钢轨 60kg 25m	根	8563.00	80.080	—	80.080	—
	接头夹板 60kg	块	77.84	164.160	—	164.160	—
	高强度接头螺栓带帽 60kg	套	5.46	496.920	—	496.920	—
	弹簧垫圈 60kg	个	0.45	501.840	—	501.840	—
	混凝土长枕	根	134.00	1685.040	80.240	—	—
	混凝土弹性长枕	根	235.00	—	—	1685.040	80.240
	钢轨扣件 DTⅢ型	套	164.00	3370.080	160.480	3370.080	160.480
	长轨枕橡胶包套 含微孔橡胶垫板	套	13.79	—	—	1685.040	80.240
	其他材料费	元	1.00	2959.86	—	3346.71	—
机械	轨道车 210kW	台班	471.91	1.800	—	1.800	—
	轨道平车 10t	台班	86.38	9.000	—	9.000	—
	铺轨龙门架 25m	台班	558.00	3.000	—	3.000	—

2. 整体道床机械铺轨

工作内容: 轨节运至铺轨工地(或前方作业站)后,轨节列车的调车,轨节的倒装拖拉、吊铺,合拢口据轨、钢轨钻孔,钢轨支撑架安拆,安装钢轨配件,拆除轨节连接件、检查,龙门架轨道的铺拆等。

计量单位:km

定额编号				5-13	5-14	5-15	5-16
项目				60kg 钢轨(扣件)			
				混凝土短枕		混凝土弹性短枕	
				1680 对	每增减 80 对	1680 对	每增减 80 对
基价(元)				**1554608.33**	**40052.53**	**1568419.52**	**40708.89**
其中	人工费(元)			46526.27	2216.16	46526.27	2216.16
	材料费(元)			1504123.27	37836.37	1517934.46	38492.73
	机械费(元)			3958.79	—	3958.79	—
名称		单位	单价(元)	消耗量			
人工	二类人工	工日	135.00	344.639	16.416	344.639	16.416
材料	钢轨 60kg 25m	根	8563.00	80.080	—	80.080	—
	接头夹板 60kg	块	77.84	164.160	—	164.160	—
	高强度接头螺栓带帽 60kg	套	5.46	496.920	—	496.920	—
	弹簧垫圈 60kg	个	0.45	501.840	—	501.840	—
	方钢 综合	kg	4.05	200.000	—	200.000	—
	钢轨支撑架	套	861.00	5.000	—	5.000	—
	混凝土短枕	块	71.77	3370.080	160.480	—	—
	混凝土弹性短枕	块	62.07	—	—	3370.080	160.480
	钢轨扣件 SD-1 型	套	164.00	3370.080	160.480	3370.080	160.480
	橡胶包套 含微孔橡胶垫板	套	13.79	—	—	3370.080	160.480
	其他材料费	元	1.00	3002.24	—	3029.81	—
机械	门式起重机 10t	台班	447.22	0.900	—	0.900	—
	轨道平车 10t	台班	86.38	13.500	—	13.500	—
	轨道车 210kW	台班	471.91	2.700	—	2.700	—
	铺轨龙门架 25m	台班	558.00	2.000	—	2.000	—

工作内容:轨节运至铺轨工地(或前方作业站)后,轨节列车的调车,轨节的倒装拖拉、吊铺,合拢口据轨、钢轨钻孔,安装钢轨配件,拆除轨节连接件、检查,龙门架轨道的铺拆等。　**计量单位:**km

定额编号				5-17	5-18	5-19	5-20
项目				60kg 钢轨(扣件)			
				混凝土长枕		混凝土弹性长枕	
				1680 根	每增减 80 根	1680 根	每增减 80 根
基　价　(元)				**1531002.77**	**39173.37**	**1724815.36**	**48384.12**
其中	人工费(元)			44153.37	2102.49	44153.37	2102.49
	材料费(元)			1482890.61	37070.88	1676703.20	46281.63
	机械费(元)			3958.79	—	3958.79	—
名称		单位	单价(元)	消耗量			
人工	二类人工	工日	135.00	327.062	15.574	327.062	15.574
材料	钢轨 60kg 25m	根	8563.00	80.080	—	80.080	—
	接头夹板 60kg	块	77.84	164.160	—	164.160	—
	高强度接头螺栓带帽 60kg	套	5.46	496.920	—	496.920	—
	弹簧垫圈 60kg	个	0.45	501.840	—	501.840	—
	混凝土长枕	根	134.00	1685.040	80.240	—	—
	混凝土弹性长枕	根	235.00	—	—	1685.040	80.240
	钢轨扣件 DTⅢ型	套	164.00	3370.080	160.480	3370.080	160.480
	橡胶包套 含微孔橡胶垫板	套	13.79	—	—	1685.040	80.240
	其他材料费	元	1.00	2959.86	—	3346.71	—
机械	轨道平车 10t	台班	86.38	13.500	—	13.500	—
	门式起重机 10t	台班	447.22	0.900	—	0.900	—
	轨道车 210kW	台班	471.91	2.700	—	2.700	—
	铺轨龙门架 25m	台班	558.00	2.000	—	2.000	—

3. 浮置板道床人工铺轨

工作内容:选配、散布与安装钢轨配件和轨枕扣件,钢轨支撑架安拆,组装扣件,悬挂钢筋混凝土轨枕,调整、就位、上油、检修,龙门架轨道的铺拆等。

计量单位:km

定额编号				5-21	5-22	5-23	5-24
项目				橡胶浮置板		凸型浮置板	
				60kg 钢轨(扣件)			
				1680 对	每增减 80 对	1680 对	每增减 80 对
基价(元)				**1549514.46**	**40093.30**	**1553634.80**	**40093.30**
其中	人工费(元)			41203.08	2256.93	45323.42	2256.93
	材料费(元)			1503311.65	37836.37	1503311.65	37836.37
	机械费(元)			4999.73	—	4999.73	—
名称		单位	单价(元)	消耗量			
人工	二类人工	工日	135.00	305.208	16.718	335.729	16.718
材料	钢轨 60kg 25m	根	8563.00	80.080	—	80.080	—
	接头夹板 60kg	块	77.84	164.160	—	164.160	—
	高强度接头螺栓带帽 60kg	套	5.46	496.920	—	496.920	—
	弹簧垫圈 60kg	个	0.45	501.840	—	501.840	—
	混凝土短枕	块	71.77	3370.080	160.480	3370.080	160.480
	钢轨扣件 SD-1 型	套	164.00	3370.080	160.480	3370.080	160.480
	钢轨支撑架	套	861.00	5.000	—	5.000	—
	其他材料费	元	1.00	3000.62	—	3000.62	—
机械	轨道车 210kW	台班	471.91	5.400	—	5.400	—
	轨道平车 10t	台班	86.38	9.000	—	9.000	—
	铺轨龙门架 25m	台班	558.00	3.000	—	3.000	—

工作内容:选配、散布与安装钢轨配件和轨枕扣件,钢轨支撑架安拆,组装扣件,悬挂钢筋混凝土轨枕,调整、就位、上油、检修,龙门架轨道的铺折等。

计量单位:km

定额编号				5-25	5-26
项目				钢弹簧浮置板	
				60kg 钢轨(扣件)	
				1680 对	每增减 80 对
基价(元)				**1557755.13**	**40093.30**
其中	人工费(元)			49443.75	2256.93
	材料费(元)			1503311.65	37836.37
	机械费(元)			4999.73	—
名称		单位	单价(元)	消耗量	
人工	二类人工	工日	135.00	366.250	16.718
材料	钢轨 60kg 25m	根	8563.00	80.080	—
	接头夹板 60kg	块	77.84	164.160	—
	高强度接头螺栓带帽 60kg	套	5.46	496.920	—
	弹簧垫圈 60kg	个	0.45	501.840	—
	混凝土短枕	块	71.77	3370.080	160.480
	钢轨扣件 SD－1 型	套	164.00	3370.080	160.480
	钢轨支撑架	套	861.00	5.000	—
	其他材料费	元	1.00	3000.62	—
机械	轨道车 210kW	台班	471.91	5.400	—
	轨道平车 10t	台班	86.38	9.000	—
	铺轨龙门架 25m	台班	558.00	3.000	—

4. 浮置板道床机械铺轨

工作内容:检配、散布与安装钢轨配件和轨枕扣件,钢轨支撑架安拆,组装扣件,悬挂钢筋混凝土轨枕,调整、就位、上油、检修,龙门架轨道的铺拆等。

计量单位:km

定额编号				5-27	5-28	5-29	5-30
项目				橡胶浮置板		凸型浮置板	
				60kg 钢轨(扣件)			
				1680 对	每增减 80 对	1680 对	每增减 80 对
基价(元)				**1544333.00**	**40093.30**	**1547821.27**	**40093.30**
其中	人工费(元)			35230.41	2256.93	38718.68	2256.93
	材料费(元)			1503311.65	37836.37	1503311.65	37836.37
	机械费(元)			5790.94	—	5790.94	—
名称		单位	单价(元)	消耗量			
人工	二类人工	工日	135.00	260.966	16.718	286.805	16.718
材料	钢轨 60kg 25m	根	8563.00	80.080	—	80.080	—
	接头夹板 60kg	块	77.84	164.160	—	164.160	—
	高强度接头螺栓带帽 60kg	套	5.46	496.920	—	496.920	—
	弹簧垫圈 60kg	个	0.45	501.840	—	501.840	—
	混凝土短枕	块	71.77	3370.080	160.480	3370.080	160.480
	钢轨支撑架	套	861.00	5.000	—	5.000	—
	钢轨扣件 SD-1 型	套	164.00	3370.080	160.480	3370.080	160.480
	其他材料费	元	1.00	3000.62	—	3000.62	—
机械	门式起重机 10t	台班	447.22	0.900	—	0.900	—
	轨道平车 10t	台班	86.38	13.500	—	13.500	—
	轨道车 210kW	台班	471.91	5.400	—	5.400	—
	铺轨龙门架 25m	台班	558.00	3.000	—	3.000	—

工作内容：检配、散布与安装钢轨配件和轨枕扣件，钢轨支撑架安拆，组装扣件，悬挂钢筋混凝土轨枕，调整、就位、上油、检修，龙门架轨道的铺拆等。

计量单位：km

定额编号				5-31	5-32
项目				钢弹簧浮置板	
				60kg 钢轨(扣件)	
				1680 对	每增减 80 对
基价（元）				**1551349.63**	**40093.30**
其中	人工费（元）			42247.04	2256.93
	材料费（元）			1503311.65	37836.37
	机械费（元）			5790.94	—
名称		单位	单价(元)	消耗量	
人工	二类人工	工日	135.00	312.941	16.718
材料	钢轨 60kg 25m	根	8563.00	80.080	—
	接头夹板 60kg	块	77.84	164.160	—
	高强度接头螺栓带帽 60kg	套	5.46	496.920	—
	弹簧垫圈 60kg	个	0.45	501.840	—
	混凝土短枕	块	71.77	3370.080	160.480
	钢轨支撑架	套	861.00	5.000	—
	钢轨扣件 SD－1 型	套	164.00	3370.080	160.480
	其他材料费	元	1.00	3000.62	—
机械	门式起重机 10t	台班	447.22	0.900	—
	轨道平车 10t	台班	86.38	13.500	—
	轨道车 210kW	台班	471.91	5.400	—
	铺轨龙门架 25m	台班	558.00	3.000	—

5. 减振垫道床人工铺轨

工作内容:选配、散布钢轨,检配、散布与安装钢轨扣配件,钢轨支撑架安拆,悬挂钢筋混凝土轨枕,调整、就位、上油、检修,龙门架轨道的铺拆等。

计量单位:km

定额编号				5-33	5-34
项目				60kg 钢轨(扣件)	
				混凝土短枕	
				1680 对	每增减 80 对
基价(元)				**1554826.41**	**40093.30**
其中	人工费(元)			48213.90	2256.93
	材料费(元)			1503311.65	37836.37
	机械费(元)			3300.86	—
名称		单位	单价(元)	消耗量	
人工	二类人工	工日	135.00	357.140	16.718
材料	钢轨 60kg 25m	根	8563.00	80.080	—
	接头夹板 60kg	块	77.84	164.160	—
	高强度接头螺栓带帽 60kg	套	5.46	496.920	—
	弹簧垫圈 60kg	个	0.45	501.840	—
	钢轨支撑架	套	861.00	5.000	—
	混凝土短枕	块	71.77	3370.080	160.480
	钢轨扣件 SD-1 型	套	164.00	3370.080	160.480
	其他材料费	元	1.00	3000.62	—
机械	轨道车 210kW	台班	471.91	1.800	—
	轨道平车 10t	台班	86.38	9.000	—
	铺轨龙门架 25m	台班	558.00	3.000	—

6. 减振垫道床机械铺轨

工作内容:轨节运至铺轨工地(或前方作业站)后,轨节列车的调车,轨节的倒装拖拉、吊铺,合拢口锯轨、钢轨钻孔,钢轨支撑架安折,安装钢轨配件,拆除轨节连接件、检查,龙门架轨道的铺拆等。

计量单位:km

定额编号				5-35	5-36
项目				60kg 钢轨(扣件)	
				混凝土短枕	
				1680 对	每增减 80 对
基价(元)				**1550177.49**	**40052.53**
其中	人工费(元)			42095.43	2216.16
	材料费(元)			1504123.27	37836.37
	机械费(元)			3958.79	—
	名称	单位	单价(元)	消耗量	
人工	二类人工	工日	135.00	311.818	16.416
材料	钢轨 60kg 25m	根	8563.00	80.080	—
	接头夹板 60kg	块	77.84	164.160	—
	高强度接头螺栓带帽 60kg	套	5.46	496.920	—
	弹簧垫圈 60kg	个	0.45	501.840	—
	钢轨支撑架	套	861.00	5.000	—
	混凝土短枕	块	71.77	3370.080	160.480
	钢轨扣件 SD-1 型	套	164.00	3370.080	160.480
	方钢 综合	kg	4.05	200.000	—
	其他材料费	元	1.00	3002.24	—
机械	门式起重机 10t	台班	447.22	0.900	—
	轨道平车 10t	台班	86.38	13.500	—
	轨道车 210kW	台班	471.91	2.700	—
	铺轨龙门架 25m	台班	558.00	2.000	—

三、地面碎石道床铺轨

1. 地面碎石道床人工铺轨

工作内容:选配钢轨,挂线散枕,摆、排轨枕,涂绝缘膏,吊散钢轨,合拢口据轨,钢轨钻孔,钢轨划印,方正轨枕,散布与安装钢轨配件和轨枕扣件,上油,检查,拔荒道等。

计量单位:km

定额编号				5-37	5-38	5-39	5-40
项目				混凝土枕			
				50kg 钢轨 25m		60kg 钢轨 25m	
				1680 根	每增减 80 根	1680 根	每增减 80 根
基价(元)				**1010225.06**	**20012.38**	**1131466.82**	**20183.02**
其中	人工费(元)			35759.61	1651.86	39684.60	1822.50
	材料费(元)			972413.87	18360.52	1089730.64	18360.52
	机械费(元)			2051.58	—	2051.58	—
名称		单位	单价(元)	消耗量			
人工	二类人工	工日	135.00	264.886	12.236	293.960	13.500
材料	混凝土长枕	根	134.00	1685.040	80.240	1685.040	80.240
	接头夹板 50kg	块	61.21	164.160	—	—	—
	接头夹板 60kg	块	77.84	—	—	164.160	—
	接头螺栓带帽 50kg	套	5.46	496.920	—	—	—
	接头螺栓带帽 60kg	套	5.46	—	—	496.920	—
	弹簧垫圈 50kg	个	0.41	501.820	—	—	—
	弹簧垫圈 60kg	个	0.45	—	—	501.820	—
	钢轨 50kg 25m	根	7136.00	80.080	—	—	—
	钢轨 60kg 25m	根	8563.00	—	—	80.080	—
	钢轨扣件 弹条Ⅰ型	套	47.41	3370.080	160.480	3370.080	160.480
	其他材料费	元	1.00	2424.97	—	2717.53	—
机械	轨道车 210kW	台班	471.91	2.700	—	2.700	—
	轨道平车 10t	台班	86.38	9.000	—	9.000	—

工作内容:选配钢轨,挂线散枕,摆、排轨枕,涂绝缘膏,吊散钢轨,合拢口锯轨,钢轨钻孔,钢轨划印,方正轨枕,散布与安装钢轨配件和轨枕扣件,上油,检修,拔荒道等。

计量单位:km

定额编号				5-41	5-42	5-43	5-44
项目				异形轨			
				50~60kg 轨长 6.25m 混凝土枕		50~60kg 轨长 12.5m 混凝土枕	
				1680 根	每增减 80 根	1680 根	每增减 80 根
基价(元)				**1115740.03**	**20362.54**	**1089667.38**	**20362.54**
其中	人工费(元)			44501.81	1822.50	42458.45	1822.50
	材料费(元)			1069186.64	18540.04	1045157.35	18540.04
	机械费(元)			2051.58	—	2051.58	—
名称		单位	单价(元)	消耗量			
人工	二类人工	工日	135.00	329.643	13.500	314.507	13.500
材料	异形钢轨 50~60kg 6.25m	根	1941.00	320.320	—	—	—
	异形钢轨 50~60kg 12.5m	根	3907.00	—	—	160.160	—
	接头夹板 50kg	块	61.21	320.320	—	160.160	—
	接头夹板 60kg	块	77.84	320.320	—	160.160	—
	接头螺栓带帽 50kg	套	5.46	969.600	—	484.800	—
	高强度接头螺栓带帽 60kg	套	5.46	969.600	—	484.800	—
	弹簧垫圈 50kg	个	0.41	979.200	—	489.600	—
	弹簧垫圈 60kg	个	0.45	979.200	—	489.600	—
	混凝土长枕	根	134.00	1685.040	80.240	1685.040	80.240
	平垫圈 25×45×4	个	0.55	6854.400	326.400	6854.400	326.400
	钢轨扣件 弹条 I 型	套	47.41	3370.080	160.480	3370.080	160.480
	其他材料费	元	1.00	2134.11	—	2086.14	—
机械	轨道车 210kW	台班	471.91	2.700	—	2.700	—
	轨道平车 10t	台班	86.38	9.000	—	9.000	—

2. 地面碎石道床机械铺轨

工作内容:轨节运至铺轨工地(或前方作业站)后,轨节列车的调车,轨节的倒装拖拉、吊、铺,合拢口锯轨、钢轨钻孔,安装钢轨配件,检查、拔荒道,龙门架轨道的铺拆等。 **计量单位**:km

定额编号				5-45	5-46	5-47	5-48
项目				混凝土枕			
				50kg 钢轨 25m		60kg 钢轨 25m	
				1680 根	每增减 80 根	1680 根	每增减 80 根
基价(元)				**984976.08**	**18360.52**	**1102234.34**	**18360.52**
其中	人工费(元)			9258.30	—	9258.30	—
	材料费(元)			971928.88	18360.52	1089187.14	18360.52
	机械费(元)			3788.90	—	3788.90	—
	名称	单位	单价(元)	消耗量			
人工	二类人工	工日	135.00	68.580	—	68.580	—
材料	钢轨 50kg 25m	根	7136.00	80.080	—	—	—
	钢轨 60kg 25m	根	8563.00	—	—	80.080	—
	接头夹板 50kg	块	61.21	164.160	—	—	—
	接头夹板 60kg	块	77.84	—	—	164.160	—
	接头螺栓带帽 50kg	套	5.46	496.920	—	—	—
	接头螺栓带帽 60kg	套	5.46	—	—	496.920	—
	弹簧垫圈 50kg	个	0.41	501.820	—	—	—
	弹簧垫圈 60kg	个	0.45	—	—	501.820	—
	混凝土长枕	根	134.00	1685.040	80.240	1685.040	80.240
	钢轨扣件 弹条Ⅰ型	套	47.41	3370.080	160.480	3370.080	160.480
	其他材料费	元	1.00	1939.98	—	2174.03	—
机械	门式起重机 10t	台班	447.22	0.900	—	0.900	—
	轨道平车 10t	台班	86.38	13.500	—	13.500	—
	轨道车 210kW	台班	471.91	2.340	—	2.340	—
	铺轨龙门架 25m	台班	558.00	2.000	—	2.000	—

四、桥面铺轨

工作内容：清理桥面，吊运钢轨、轨枕及配件，散布钢轨、轨枕、配件，钢轨支撑架安拆，安装钢轨配件及轨枕扣件，上油检修，龙门架轨道铺拆等。

计量单位：km

定额编号				5-49	5-50	5-51	5-52
项目				60kg 钢轨(扣件)			
				混凝土短枕		混凝土弹性短轨枕	
				1680 对	每增减 80 对	1680 对	每增减 80 对
基价（元）				**1625785.76**	**43463.38**	**1639596.94**	**44119.74**
其中	人工费（元）			46084.41	2256.93	46084.41	2256.93
	材料费（元）			1574224.88	41206.45	1588036.06	41862.81
	机械费（元）			5476.47	—	5476.47	—
名称		单位	单价(元)	消耗量			
人工	二类人工	工日	135.00	341.366	16.718	341.366	16.718
材料	钢轨 60kg 25m	根	8563.00	80.080	—	80.080	—
	接头夹板 60kg	块	77.84	164.160	—	164.160	—
	高强度接头螺栓带帽 60kg	套	5.46	496.920	—	496.920	—
	弹簧垫圈 60kg	个	0.45	501.840	—	501.840	—
	钢轨支撑架	套	861.00	5.000	—	5.000	—
	混凝土短枕	块	71.77	3370.080	160.480	—	—
	混凝土弹性短枕	块	62.07	—	—	3370.080	160.480
	钢轨扣件 WJ－2 型	套	185.00	3370.080	160.480	3370.080	160.480
	橡胶包套 含微孔橡胶垫板	套	13.79	—	—	3370.080	160.480
	其他材料费	元	1.00	3142.17	—	3169.73	—
机械	汽车式起重机 8t	台班	648.48	2.700	—	2.700	—
	轨道平车 10t	台班	86.38	9.000	—	9.000	—
	轨道车 210kW	台班	471.91	2.700	—	2.700	—
	铺轨龙门架 25m	台班	558.00	3.000	—	3.000	—

工作内容:清理桥面,吊运钢轨、轨枕及配件,散布钢轨、轨枕、配件,安装钢轨配件及轨枕扣件,上油检修,龙门架轨道铺拆等。

计量单位:km

定额编号				5-53	5-54
项目				60kg 钢轨(扣件)	
				混凝土长枕	
				1680 根	每增减 80 根
基价(元)				**1606227.90**	**42919.56**
其中	人工费(元)			46947.60	2478.60
	材料费(元)			1553803.83	40440.96
	机械费(元)			5476.47	—
名称		单位	单价(元)	消耗量	
人工	二类人工	工日	135.00	347.760	18.360
材料	钢轨 60kg 25m	根	8563.00	80.080	—
	接头夹板 60kg	块	77.84	164.160	—
	高强度接头螺栓带帽 60kg	套	5.46	496.920	—
	弹簧垫圈 60kg	个	0.45	501.840	—
	混凝土长枕	根	134.00	1685.040	80.240
	钢轨扣件 WJ-2 型	套	185.00	3370.080	160.480
	其他材料费	元	1.00	3101.40	—
机械	汽车式起重机 8t	台班	648.48	2.700	—
	轨道平车 10t	台班	86.38	9.000	—
	轨道车 210kW	台班	471.91	2.700	—
	铺轨龙门架 25m	台班	558.00	3.000	—

五、道岔尾部无枕地段人工铺轨

工作内容：选配钢轨，涂绝缘膏，吊散钢轨，钢轨划印，方正轨枕，散布与安装钢轨配件和轨枕扣件，上油，检修等。

计量单位：km

				5-55	5-56	5-57
定额编号				5-55	5-56	5-57
项目				混凝土岔枕地段		
				50kg 钢轨		60kg 钢轨
				轨长 12.5m	轨长 25m	
基价（元）				**799771.45**	**786895.21**	**905330.76**
其中	人工费（元）			27880.61	27680.81	28925.24
	材料费（元）			771155.15	758478.71	875669.83
	机械费（元）			735.69	735.69	735.69
	名称	单位	单价(元)	消耗量		
人工	二类人工	工日	135.00	206.523	205.043	214.261
材料	钢轨 50kg 12.5m	根	3568.00	160.160	—	—
	钢轨 50kg 25m	根	7136.00	—	80.080	—
	钢轨 60kg 25m	根	8563.00	—	—	80.080
	接头夹板 50kg	块	61.21	320.320	160.160	—
	接头夹板 60kg	块	77.84	—	—	160.160
	接头螺栓带帽 50kg	套	5.46	969.600	484.800	—
	高强度接头螺栓带帽 60kg	套	5.46	—	—	484.800
	弹簧垫圈 50kg	个	0.41	979.200	489.600	—
	弹簧垫圈 60kg	个	0.45	—	—	489.600
	钢轨扣件 弹条Ⅰ型	套	47.41	3530.560	3530.560	3530.560
	复合硅酸盐水泥 PC 32.5R 综合	kg	0.32	718.100	718.100	718.100
	黄砂 毛砂	t	87.38	2.990	2.990	2.990
	滑石粉	kg	1.07	44.900	44.900	44.900
	石油沥青	kg	2.67	164.700	164.700	164.700
	煤	t	603.00	0.880	0.880	0.880
	机械油	kg	3.84	19.800	19.800	19.800
	硫黄 98%	kg	2.30	1429.100	1429.100	1429.100
	白石蜡	kg	11.21	54.100	54.100	54.100
	其他材料费	元	1.00	1539.23	1513.93	1747.84
机械	轨道车 210kW	台班	471.91	0.900	0.900	0.900
	轨道平车 10t	台班	86.38	3.600	3.600	3.600

六、库内人工铺轨

工作内容:检配、散布、安装钢轨及配件,悬挂轨枕,调整、就位、上油、检修,龙门架轨道的铺拆等。 **计量单位:**km

定额编号				5-58	5-59
项目				整体道床	
				50kg 钢轨	60kg 钢轨
				轨长 25m	
				1440 对	
基价(元)				**1330590.64**	**1450226.50**
其中	人工费(元)			58452.71	61374.51
	材料费(元)			1268412.35	1385670.61
	机械费(元)			3725.58	3181.38
名称		单位	单价(元)	消耗量	
人工	二类人工	工日	135.00	432.983	454.626
材料	钢轨 50kg 25m 中锰钢	根	7136.00	80.080	—
	钢轨 60kg 25m 中锰钢	根	8563.00	—	80.080
	接头夹板 60kg	块	77.84	—	164.160
	接头夹板 50kg	块	61.21	164.160	—
	接头螺栓带帽 50kg	套	5.46	496.920	—
	接头螺栓带帽 60kg	套	5.46	—	496.920
	弹簧垫圈 50kg	个	0.41	501.840	—
	弹簧垫圈 60kg	个	0.45	—	501.840
	混凝土短枕	块	71.77	2890.370	2890.370
	钢轨扣件 SD－1 型	套	164.00	2890.370	2890.370
	其他材料费	元	1.00	2531.76	2765.81
机械	轨道平车 10t	台班	86.38	9.000	2.700
	轨道车 210kW	台班	471.91	2.700	2.700
	铺轨龙门架 25m	台班	558.00	3.000	3.000

工作内容:检配、散布、安装钢轨及配件,悬挂轨枕,调整、就位、上油、检修,龙门架轨道的铺拆等。 **计量单位**:km

定额编号				5-60	5-61
项目				检查坑有轨枕	检查坑无轨枕
				50kg 钢轨	50kg 钢轨
				轨长 25m	轨长 25m
				1440 对	
基价(元)				1331935.18	1133843.56
其中	人工费(元)			60205.95	41261.40
	材料费(元)			1268003.65	1088856.58
	机械费(元)			3725.58	3725.58
名称		单位	单价(元)	消耗量	
人工	二类人工	工日	135.00	445.970	305.640
材料	钢轨 50kg 25m	根	7136.00	80.080	—
	钢轨 50kg 25m 中锰钢	根	7136.00	—	80.080
	接头夹板 50kg	块	61.21	164.160	164.160
	高强度接头螺栓带帽 50kg	套	5.46	496.920	496.920
	弹簧垫圈 50kg	个	0.41	501.840	501.840
	混凝土短枕	块	71.77	2888.640	—
	钢轨扣件 SD-1 型	套	164.00	2888.640	2890.370
	高强塑料套管	个	4.40	—	6419.200
	其他材料费	元	1.00	2530.95	2173.37
机械	轨道平车 10t	台班	86.38	9.000	9.000
	轨道车 210kW	台班	471.91	2.700	2.700
	铺轨龙门架 25m	台班	558.00	3.000	3.000

七、无 缝 线 路

1. 大型机械安拆与调试

工作内容:安装、调试、试运转,施工完成后拆除。 **计量单位:**1 次

定额编号				5-62	5-63
项目				长轨压接焊作业线安拆、调试	长轨铺轨机安拆、调试
基价(元)				**98351.10**	**17749.69**
其中	人工费(元)			43559.91	5490.05
	材料费(元)			30854.32	4610.72
	机械费(元)			23936.87	7648.92
名称		单位	单价(元)	消耗量	
人工	二类人工	工日	135.00	322.666	40.667
材料	钢轨 60kg 25m	根	8563.00	1.760	—
	角钢 Q235B 50×50×5	kg	3.97	39.000	—
	铁件	kg	3.71	709.600	72.000
	木枕 Ⅱ类	根	172.00	75.200	25.200
	其他材料费	元	1.00	61.59	9.20
机械	汽车式起重机 8t	台班	648.48	3.033	—
	汽车式起重机 20t	台班	942.85	5.625	—
	长轨压接焊作业线	台班	22222.00	0.750	—
	铺轨机组	台班	21247.00	—	0.360

2. 场内焊接长钢轨(接触焊)

工作内容:选配轨、除锈、焊接、正火及风冷、粗打磨、水冷、调直、精磨、探伤、吊轨、编号、分类堆码,焊头落锤试验。 **计量单位:**10 个接头

定额编号				5-64
项目				场内焊接长钢轨(接触焊)
基价(元)				**6417.56**
其中	人工费(元)			737.78
	材料费(元)			705.82
	机械费(元)			4973.96
名称		单位	单价(元)	消耗量
人工	二类人工	工日	135.00	5.465
材料	钢轨 60kg 25m	根	8563.00	0.050
	水	m^3	4.27	3.100
	氧气	m^3	3.62	7.800
	乙炔气	kg	7.60	15.600
	其他材料费	元	1.00	117.64
机械	长轨压接焊作业线	台班	22222.00	0.170
	门式起重机 5t	台班	356.69	2.970
	门式起重机 10t	台班	447.22	0.306

3. 铺设长钢轨

工作内容：检配、散布与安装钢轨配件，钢轨支撑架安拆，组装扣件，悬挂钢筋混凝土轨枕，调整、就位、上油、检修，龙门架轨道的铺拆等。

计量单位：km

定额编号					5-65	5-66
项目					一次性人工铺无缝线路(整体道床)(混凝土短枕)	
					1680 对	每增减 80 对
基价（元）					**1564607.07**	**40266.10**
其中	人工费（元）				73318.50	2429.73
	材料费（元）				1487562.99	37836.37
	机械费（元）				3725.58	—
名称			单位	单价(元)	消耗量	
人工	二类人工		工日	135.00	543.100	17.998
材料	钢轨 60kg 25m		根	8563.00	80.080	—
	钢轨支撑架		套	861.00	5.000	—
	混凝土短枕		块	71.77	3370.080	160.480
	钢轨扣件 SD－1 型		套	164.00	3370.080	160.480
	其他材料费		元	1.00	2969.19	—
机械	轨道车 210kW		台班	471.91	2.700	—
	轨道平车 10t		台班	86.38	9.000	—
	铺轨龙门架 25m		台班	558.00	3.000	—

工作内容：检配、散布与安装钢轨配件，钢轨支撑架安拆，组装扣件，悬挂钢筋混凝土轨枕，调整、就位、上油、检修，龙门架轨道的铺拆等。

计量单位：km

定额编号					5-67	5-68
项目					一次性机械铺无缝线路(碎石道床)	
					1680 根	每增减 80 根
基价（元）					**1490469.17**	**37398.93**
其中	人工费（元）				7195.23	328.05
	材料费（元）				1467141.95	37070.88
	机械费（元）				16131.99	—
名称			单位	单价(元)	消耗量	
人工	二类人工		工日	135.00	53.298	2.430
材料	钢轨 60kg 25m		根	8563.00	80.080	—
	混凝土长枕		根	134.00	1685.040	80.240
	钢轨扣件 DTⅢ型		套	164.00	3370.080	160.480
	其他材料费		元	1.00	2928.43	—
机械	长轨铺轨机		台班	4716.00	2.000	—
	轨道车 210kW		台班	471.91	2.700	—
	长轨运输平车		台班	171.00	31.730	—

工作内容:施工准备、工具轨轨节拼装、铺设轨节(含钢轨、轨枕),龙门架轨道的铺拆等。 **计量单位:**km

定额编号				5-69	5-70
项目				铺设工具轨	
				混凝土长枕	混凝土短枕
基价(元)				**82216.76**	**81852.53**
其中	人工费(元)			61587.41	60411.56
	材料费(元)			12070.12	12881.74
	机械费(元)			8559.23	8559.23
	名称	单位	单价(元)	消耗量	
人工	二类人工	工日	135.00	456.203	447.493
材料	工具轨	t	3448.00	1.776	1.776
	接头夹板 60kg	块	77.84	0.160	0.160
	高强度接头螺栓带帽 60kg	套	5.46	4.800	4.800
	弹簧垫圈 60kg	个	0.45	9.600	9.600
	钢轨支撑架	套	861.00	5.000	5.000
	钢轨扣件 DTⅢ型	套	164.00	9.600	—
	钢轨扣件 SD-1 型	套	164.00	—	9.600
	方钢 综合	kg	4.05	—	200.000
	其他材料费	元	1.00	24.09	25.71
机械	轨道平车 10t	台班	86.38	27.000	27.000
	门式起重机 10t	台班	447.22	6.300	6.300
	轨道车 210kW	台班	471.91	4.860	4.860
	铺轨龙门架 25m	台班	558.00	2.000	2.000

工作内容:施工准备、拆除扣件、拆除工具轨、换铺长钢轨、上扣件、紧固扣件、检查、整修,回收倒用轨料。

计量单位:km

定额编号				5-71
项目				换铺长钢轨
基价(元)				**16777.29**
其中	人工费(元)			11853.54
	材料费(元)			789.17
	机械费(元)			4134.58
	名称	单位	单价(元)	消耗量
人工	二类人工	工日	135.00	87.804
材料	钢轨扣件 DTⅢ型	套	164.00	4.800
	其他材料费	元	1.00	1.97
机械	长轨运输平车	台班	171.00	10.500
	轨道车 210kW	台班	471.91	1.350
	轨道式内燃起重机 16t	台班	567.00	3.000
	其他机械费	元	1.00	1.00

工作内容：钢轨、轨枕及扣配件。 **计量单位**：km

定额编号				5-72	5-73	5-74	5-75
项目				无缝线路轨料			
				混凝土长枕		混凝土短枕	
				1680 根	每增减 80 根	1680 对	每增减 80 对
基价（元）				**1464213.52**	**37070.88**	**1480288.80**	**33960.79**
其中	人工费（元）			—	—	—	—
	材料费（元）			1464213.52	37070.88	1480288.80	33960.79
	机械费（元）			—	—	—	—
名称		单位	单价(元)	消耗量			
材料	钢轨 60kg 25m	根	8563.00	80.080	—	80.080	—
	混凝土长枕	根	134.00	1685.040	80.240	—	—
	混凝土短枕	块	71.77	—	—	3370.080	106.480
	钢轨扣件 DTⅢ型	套	164.00	3370.080	160.480	—	—
	钢轨扣件 SD－1 型	套	164.00	—	—	3370.080	160.480

4. 工地钢轨焊接

工作内容：焊轨前的准备、拆除扣件，轨端打磨、对轨、焊轨、打磨、探伤，安装扣件，清理现场，焊头落锤试验。 **计量单位**：1 个接头

定额编号				5-76	5-77	5-78
项目				铝热焊	气压焊	接触焊
基价（元）				**1284.04**	**896.30**	**956.69**
其中	人工费（元）			341.15	577.40	229.23
	材料费（元）			774.35	151.47	60.63
	机械费（元）			168.54	167.43	666.83
名称		单位	单价(元)	消耗量		
人工	二类人工	工日	135.00	2.527	4.277	1.698
材料	钢轨 60kg 25m	根	8563.00	0.005	0.005	0.005
	封箱泥	kg	0.27	5.183	—	—
	密封膏	支	2.63	0.518	—	—
	坩埚	个	267.00	1.037	—	—
	预热装置及支架	套	10310.00	0.002	—	—
	助燃助剂	根	2.67	1.037	—	—
	液压油	kg	14.74	—	0.052	0.135
	乙炔气	kg	7.60	2.488	3.555	1.555
	铝热焊剂	套	376.00	1.037	—	—
	氧气	m^3	3.62	1.244	1.783	0.777
	碗型砂轮	个	68.90	—	1.037	—
	其他材料费	元	1.00	15.18	2.97	1.19
机械	长轨铝热焊机组	台班	343.00	0.205	—	—
	移动式焊轨机组	台班	5369.62	—	—	0.124
	长轨气压焊机组	台班	286.00	—	0.219	—
	汽油发电机组 10kW	台班	270.44	0.205	0.219	—
	超声波探伤机 CTS－22	台班	198.94	0.205	0.219	—
	其他机械费	元	1.00	2.00	2.00	1.00

5. 无缝线路绝缘接头

工作内容:胶结绝缘接头制作、安装。　　　　**计量单位**:1 个接头

定额编号				5-79
项目				60kg 钢轨 25m
基价(元)				**3502.34**
其中	人工费(元)			389.34
	材料费(元)			3113.00
	机械费(元)			—
名称		单位	单价(元)	消耗量
人工	二类人工	工日	135.00	2.884
材料	胶结绝缘接头	套	3113.00	1.000

6. 应力放散及锁定

工作内容:1. 应力放散:施工准备、扒道碴、松扣件、安拆滚轮支撑钢轨、安拆拉伸器落轨、长钢轨应力放散、紧扣件、整理道床;

2. 锁定:方正接头轨枕、拧紧螺栓、测量放散量、标写锁定轨温及日期。

定额编号				5-80	5-81	5-82	5-83
项目				应力放散	应力放散		锁定
				正线	道岔		
					9#	12#	
计量单位				km·次	组·次		km·次
基价(元)				**7381.13**	**3470.04**	**4374.00**	**2496.39**
其中	人工费(元)			7381.13	3470.04	4374.00	2041.20
	材料费(元)			—	—	—	—
	机械费(元)			—	—	—	455.19
名称		单位	单价(元)	消耗量			
人工	二类人工	工日	135.00	54.675	25.704	32.400	15.120
机械	钢轨拉伸机	台班	33.92	—	—	—	0.648
	柴油发电机组 50kW	台班	668.54	—	—	—	0.648

八、轨料运输

1. 水平运输

工作内容：施工准备、轨料装车、场内调车、运输、卸车、返回。　　计量单位：t

定额编号				5-84	5-85	5-86	5-87
项目				长钢轨		标准轨及道岔	
				10km 以内装、运、卸	增运 10km	10km 以内装、运、卸	增运 10km
基价（元）				**1002.22**	**5.35**	**203.17**	**6.39**
其中	人工费（元）			14.58	0.95	15.26	0.95
	材料费（元）			942.13	—	169.58	—
	机械费（元）			45.51	4.40	18.33	5.44
名称		单位	单价(元)	消耗量			
人工	二类人工	工日	135.00	0.108	0.007	0.113	0.007
材料	热轧带肋钢筋 HRB400 综合	t	3849.00	0.240	—	—	—
	卡轨器	个	25.86	0.013	—	0.011	—
	碳素结构钢焊接钢管 *DN*50×3.8	m	12.62	0.690	—	—	—
	垫木	m^3	2328.00	—	—	0.072	—
	其他材料费	元	1.00	9.33	—	1.68	—
机械	轨道车 210kW	台班	471.91	0.023	0.001	0.021	0.001
	长轨运输平车	台班	171.00	0.090	0.023	—	—
	门式起重机 5t	台班	356.69	0.054	—	—	—
	轨道平板吊车 16t	台班	216.00	—	—	0.039	0.023

2. 垂直运输

工作内容：施工准备、轨料垂直运输。　　计量单位：t

定额编号				5-88
项目				轨料
基价（元）				**6.99**
其中	人工费（元）			2.97
	材料费（元）			—
	机械费（元）			4.02
名称		单位	单价(元)	消耗量
人工	二类人工	工日	135.00	0.022
机械	门式起重机 10t	台班	447.22	0.009

第二章
铺道岔工程

说　　明

一、本章定额包括单开道岔、复式交分道岔、交叉渡线三节，共19个子目。

二、碎石道床地段铺设道岔，岔枕按钢筋混凝土枕考虑；整体道床地段铺设道岔，岔枕按钢筋混凝土短枕考虑。

三、本章整体道床铺道岔采用支撑法编制，定额所采用的支撑架类型、数量按施工组织设计计算的，其支撑架的摊销及安拆整修用工已含在定额内。

四、定额中道岔轨枕扣件按分开式弹性扣件计列，如设计类型与定额不同时，相应扣件类型按设计数量进行换算。

五、道岔内已综合扣件、非金属件（如橡胶垫板）等材料。

六、铺道岔按人工铺设编制。

工程量计算规则

铺道岔按道岔类型、岔枕及扣件型号、道床形式划分,以“组”计算。

一、单 开 道 岔

1. 碎石道床混凝土岔枕

工作内容:整平路面、选配与吊散道岔及岔枕、散布与安装道岔配件和岔枕扣件、紧固扣件、整修等。　**计量单位:**组

定额编号				5-89	5-90
项目				50kg	
				9#	12#
基价(元)				**142388.55**	**143148.10**
其中	人工费(元)			7328.21	9552.60
	材料费(元)			134538.38	133018.34
	机械费(元)			521.96	577.16
名称		单位	单价(元)	消耗量	
人工	二类人工	工日	135.00	54.283	70.760
材料	混凝土岔枕 50kg 9#(单开道岔用)	组	28994.00	1.003	—
	混凝土岔枕 50kg 12#(单开道岔用)	组	29483.00	—	1.003
	单开道岔 50kg 9# AT(混凝土枕用)	组	105323.00	1.000	—
	单开道岔 50kg 12# AT(混凝土枕用)	组	103314.00	—	1.000
	其他材料费	元	1.00	134.40	132.89
机械	门式起重机 10t	台班	447.22	0.689	0.765
	轨道车 210kW	台班	471.91	0.383	0.421
	轨道平车 10t	台班	86.38	0.383	0.421

工作内容:整平路面、选配与吊散道岔及岔枕、散布与安装道岔配件和岔枕扣件、紧固扣件、整修等。　**计量单位:**组

定额编号				5-91	5-92	5-93
项目				60kg		
				9#	12#	
					固定辙岔	可动心辙岔
基价(元)				**142255.35**	**200371.94**	**288091.57**
其中	人工费(元)			8347.73	14541.53	14541.53
	材料费(元)			133281.96	185165.54	272885.17
	机械费(元)			625.66	664.87	664.87
名称		单位	单价(元)	消耗量		
人工	二类人工	工日	135.00	61.835	107.715	107.715
材料	单开道岔 60kg 9# AT(混凝土枕用)	组	106130.00	1.000	—	—
	单开道岔 60kg 12# AT(混凝土枕用)	组	156709.00	—	1.000	—
	可动心单开道岔 60kg 12# AT(混凝土枕用)	组	244341.00	—	—	1.000
	混凝土岔枕 60kg 9#(单开道岔用)	组	26938.00	1.003	—	—
	混凝土岔枕 60kg 12#(单开道岔用)	组	28187.00	—	1.003	1.003
	其他材料费	元	1.00	133.15	184.98	272.61
机械	门式起重机 10t	台班	447.22	0.826	0.855	0.855
	轨道车 210kW	台班	471.91	0.459	0.506	0.506
	轨道平车 10t	台班	86.38	0.459	0.506	0.506

2. 碎石道床混凝土合成轨枕

工作内容:整平路面、选配与吊散道岔及岔枕、散布与安装道岔配件和岔枕扣件、紧固扣件、整修等。 **计量单位:**组

定额编号				5-94	5-95
项目				50kg	
				9#	12#
基价(元)				**136241.08**	**138833.11**
其中	人工费(元)			9477.00	13122.00
	材料费(元)			126242.12	125133.95
	机械费(元)			521.96	577.16
	名称	单位	单价(元)	消耗量	
人工	二类人工	工日	135.00	70.200	97.200
材料	合成轨枕 50kg 9#(单开道岔用)	组	20222.00	1.003	—
	合成轨枕 50kg 12#(单开道岔用)	组	21101.00	—	1.003
	单开道岔 50kg 9# AT(混凝土枕用)	组	105323.00	1.000	—
	单开道岔 50kg 12# AT(混凝土枕用)	组	103314.00	—	1.000
	塑料保护膜	m^2	1.96	187.878	195.687
	合金钻头	个	5.31	4.000	4.179
	胶带	m	0.19	405.000	416.000
	电	kW·h	0.78	56.280	58.800
	其他材料费	元	1.00	126.12	125.01
机械	门式起重机 10t	台班	447.22	0.689	0.765
	轨道车 210kW	台班	471.91	0.383	0.421
	轨道平车 10t	台班	86.38	0.383	0.421

工作内容:整平路面、选配与吊散道岔及岔枕、散布与安装道岔配件和岔枕扣件、紧固扣件、整修等。 **计量单位:**组

定额编号				5-96	5-97	5-98
项目				60kg		
				9#	12#	
					固定辙岔	可动心辙岔
基价(元)				**118161.83**	**173152.05**	**16286.34**
其中	人工费(元)			10789.20	15090.30	15090.30
	材料费(元)			106746.97	157396.88	531.17
	机械费(元)			625.66	664.87	664.87
	名称	单位	单价(元)	消耗量		
人工	二类人工	工日	135.00	79.920	111.780	111.780
材料	单开道岔 60kg 9# AT(混凝土枕用)	组	106130.00	1.000	—	—
	单开道岔 60kg 12# AT(混凝土枕用)	组	156709.00	—	1.000	—
	塑料保护膜	m^2	1.96	187.878	195.687	195.687
	合金钻头	个	5.31	4.000	4.179	4.179
	胶带	m	0.19	405.000	416.000	416.000
	电	kW·h	0.78	56.280	58.800	58.800
	其他材料费	元	1.00	106.64	157.24	0.53
机械	门式起重机 10t	台班	447.22	0.826	0.855	0.855
	轨道车 210kW	台班	471.91	0.459	0.506	0.506
	轨道平车 10t	台班	86.38	0.459	0.506	0.506

3. 整体道床混凝土岔枕

工作内容:整平路面,选配与吊散道岔,道岔支撑架的安拆、倒运,散布与安装道岔配件和岔枕扣件,整修等。

计量单位:组

定额编号				5-99	5-100
项目				60kg	
				9#	12#
基价(元)				**144328.22**	**200458.91**
其中	人工费(元)			10206.00	14288.40
	材料费(元)			133412.43	185306.88
	机械费(元)			709.79	863.63
	名称	单位	单价(元)	消耗量	
人工	二类人工	工日	135.00	75.600	105.840
材料	混凝土岔枕 60kg 9#(单开道岔用)	组	26938.00	1.003	—
	混凝土岔枕 60kg 12#(单开道岔用)	组	28187.00	—	1.003
	单开道岔 60kg 9#(整体道床)	组	106130.00	1.000	—
	单开道岔 60kg 12#(整体道床)	组	156709.00	—	1.000
	9#道岔钢轨支撑架	组	6517.00	0.020	—
	12#道岔钢轨支撑架	组	7060.00	—	0.020
	其他材料费	元	1.00	133.28	185.12
机械	门式起重机 10t	台班	447.22	0.918	1.071
	轨道车 210kW	台班	471.91	0.536	0.689
	轨道平车 10t	台班	86.38	0.536	0.689

二、复式交分道岔

1. 整体道床混凝土岔枕

工作内容: 整平路面,选配与吊散道岔,道岔支撑架的安拆、倒运,散布与安装道岔配件和岔枕扣件,整修等。

计量单位:组

定额编号				5-101	5-102	5-103
项目				60kg		
				9#	12#	
					固定辙岔	可动心辙岔
基价(元)				**237405.33**	**354215.48**	**420888.29**
其中	人工费(元)			18954.00	22744.80	25019.28
	材料费(元)			217603.54	330436.87	394835.20
	机械费(元)			847.79	1033.81	1033.81
名称		单位	单价(元)	消耗量		
人工	二类人工	工日	135.00	140.400	168.480	185.328
材料	复式交分道岔 60kg 9#	组	190237.00	1.000	—	—
	混凝土岔枕 60kg 9#(复式交分)	组	26938.00	1.003	—	—
	混凝土岔枕 60kg 12#(复式交分)	组	28187.00	—	1.003	1.003
	复式交分道岔 60kg 12#(固定辙岔整体道床)	组	301694.00	—	1.000	—
	复式交分道岔 60kg 12#(可动心辙岔整体道床)	组	366028.00	—	—	1.000
	9#道岔钢轨支撑架	组	6517.00	0.020	—	—
	12#道岔钢轨支撑架	组	7060.00	—	0.020	0.020
	其他材料费	元	1.00	217.39	330.11	394.44
机械	门式起重机 10t	台班	447.22	1.098	1.278	1.278
	轨道车 210kW	台班	471.91	0.639	0.828	0.828
	轨道平车 10t	台班	86.38	0.639	0.828	0.828

三、交叉渡线

1. 碎石道床混凝土岔枕

工作内容：整平路面，选配与吊散道岔，道岔支撑架的安拆、倒运，散布与安装道岔配件和岔枕扣件，整修等。

计量单位：组

定额编号				5-104	5-105
项目				60kg 9#	60kg 12#
基价（元）				**736475.52**	**927859.07**
其中	人工费（元）			28058.54	32853.06
	材料费（元）			707372.13	893961.16
	机械费（元）			1044.85	1044.85
	名称	单位	单价(元)	消耗量	
人工	二类人工	工日	135.00	207.841	243.356
材料	交叉渡线 60kg 9#间距 5.0m(混凝土岔枕)	组	539159.00	1.000	—
	交叉渡线 60kg 12#间距 5.0m(混凝土岔枕)	组	724066.00	—	1.000
	混凝土岔枕（交叉渡线 60kg 9#间距 5.0m)	组	167710.00	1.003	—
	混凝土岔枕（交叉渡线 60kg 12#间距 5.0m)	组	169387.00	—	1.003
机械	门式起重机 10t	台班	447.22	0.957	0.957
	轨道车 210kW	台班	471.91	0.957	0.957
	轨道平车 10t	台班	86.38	1.913	1.913

2. 整体道床混凝土岔枕

工作内容：整平路面，选配与吊散道岔，道岔支撑架的安拆、倒运，散布与安装道岔配件和岔枕扣件，整修等。

计量单位：组

定额编号				5-106	5-107
项目				60kg 9#	60kg 12#
基价（元）				**739771.66**	**932622.76**
其中	人工费（元）			30107.70	36172.31
	材料费（元）			708209.97	894996.46
	机械费（元）			1453.99	1453.99
	名称	单位	单价(元)	消耗量	
人工	二类人工	工日	135.00	223.020	267.943
材料	交叉渡线 60kg 9#间距 5.0m(整体道床)	组	539159.00	1.000	—
	交叉渡线 60kg 12#间距 5.0m(整体道床)	组	724066.00	—	1.000
	混凝土岔枕（交叉渡线 60kg 9#间距 5.0m)	组	167710.00	1.003	—
	混凝土岔枕（交叉渡线 60kg 12#间距 5.0m)	组	169387.00	—	1.003
	9#交叉渡线道岔 钢轨支撑架	组	6517.00	0.020	—
	12#交叉渡线道岔 钢轨支撑架	组	7060.00	—	0.020
	其他材料费	元	1.00	707.50	894.10
机械	门式起重机 10t	台班	447.22	1.913	1.913
	轨道车 210kW	台班	471.91	0.918	0.918
	轨道平车 10t	台班	86.38	1.913	1.913

第三章
铺道床工程

说　明

一、本章定额包括整体道床、粒料道床、沉落整修三节,共34个子目。

二、定额中混凝土按C30商品混凝土编制,如设计要求不同时,可进行换算。

三、粒料道床适用于石质、级配碎石、级配砾石基床和桥梁、隧道地段。当用于土质基床地段时,定额人工、材料、机械消耗量乘以系数1.05。

四、道床伸缩缝定额适用于所有整体道床。

五、沉落整修定额仅适用于人工铺设面渣地段,定额中已包含的人工机械消耗,不含补渣的道渣材料消耗。

六、加强沉落整修项目适用于线路开通后,其行车速度要求达到45km/h以上时使用,当无此要求时,则应按规定采用沉落整修项目,两个项目不能同时使用。

工程量计算规则

一、整体道床按设计图示断面面积乘以设计图示长度以“m^3”计算,道床变形缝如为预留,应扣除其预留体积,如道床整体施工后再予以切割分设的,则不予扣除。

二、模板工程按模板与混凝土的实际接触面积以“m^2”计算。

三、道床伸缩缝按设计图示长度乘以道床宽度以“m^2”计算。

四、混凝土洞内运输按设计图示混凝土道床数量以“m^3”计算。

五、铺粒料道床底渣、线间石渣按设计断面面积乘以设计长度以“m^3”计算。

六、铺粒料道床面渣应按设计断面面积乘以设计长度,并扣除轨枕所占道床体积以“m^3”计算。

七、沉落整修需补渣的数量按设计图示数量计算,并计2%的操作损耗。

八、线路沉落整修按线路设计长度扣除道岔所占长度以“m”计算。

九、道岔沉落整修以“组”计算。

十、加强沉落整修按正线线路设计长度(含道岔)以“正线公里”计算。

一、整体道床

1.整体道床

工作内容:1. 凿毛、清理、清理道床基底,混凝土浇筑、振捣、抹平、养护等;
2. 制作、安装、刷油清理、拆除、堆放等。

定额编号				5-108	5-109
项目				隧道内	
				商品混凝土	模板
计量单位				$10m^3$	$10m^2$
基价(元)				**5004.97**	**293.34**
其中	人工费(元)			275.13	171.32
	材料费(元)			4721.15	102.42
	机械费(元)			8.69	19.60
	名称	单位	单价(元)	消耗量	
人工	二类人工	工日	135.00	2.038	1.269
材料	泵送商品混凝土 C30	m^3	461.00	10.100	—
	钢模板	kg	5.96	—	10.018
	钢支撑	kg	3.97	—	3.320
	钢配件	kg	5.19	—	3.030
	圆钉	kg	4.74	—	2.450
	镀锌铁丝	kg	6.55	—	0.180
	水	m^3	4.27	3.240	—
	电	kW·h	0.78	5.740	—
	其他材料费	元	1.00	46.74	1.01
机械	混凝土振捣器 平板式	台班	12.54	0.693	—
	汽车式起重机 8t	台班	648.48	—	0.012
	载货汽车 4t	台班	369.21	—	0.032

工作内容:1. 凿毛、清理、清理道床基底,混凝土浇筑、振捣、抹平、养护等;
2. 制作、安装、刷油清理、拆除、堆放等。

定额编号				5-110	5-111
项目				桥面	
				商品混凝土	模板
计量单位				$10m^3$	$10m^2$
基价(元)				**4991.88**	**262.96**
其中	人工费(元)			262.04	140.94
	材料费(元)			4721.15	102.42
	机械费(元)			8.69	19.60
名称		单位	单价(元)	消耗量	
人工	二类人工	工日	135.00	1.941	1.044
材料	泵送商品混凝土 C30	m^3	461.00	10.100	—
	钢模板	kg	5.96	—	10.018
	钢支撑	kg	3.97	—	3.320
	钢配件	kg	5.19	—	3.030
	圆钉	kg	4.74	—	2.450
	镀锌铁丝	kg	6.55	—	0.180
	水	m^3	4.27	3.240	—
	电	kW·h	0.78	5.740	—
	其他材料费	元	1.00	46.74	1.01
机械	混凝土振捣器 平板式	台班	12.54	0.693	—
	汽车式起重机 8t	台班	648.48	—	0.012
	载货汽车 4t	台班	369.21	—	0.032

工作内容:1. 凿毛、清理、清理道床基底,混凝土浇筑、振捣、抹平、养护等;
2. 制作、安装、刷油清理、拆除、堆放等。

定额编号				5-112	5-113
项目				路基上	
				商品混凝土	模板
计量单位				$10m^3$	$10m^2$
基价（元）				**4979.86**	**256.48**
其中	人工费（元）			250.02	134.46
	材料费（元）			4721.15	102.42
	机械费（元）			8.69	19.60
	名称	单位	单价(元)	消耗量	
人工	二类人工	工日	135.00	1.852	0.996
材料	泵送商品混凝土 C30	m^3	461.00	10.100	—
	钢模板	kg	5.96	—	10.018
	钢支撑	kg	3.97	—	3.320
	钢配件	kg	5.19	—	3.030
	圆钉	kg	4.74	—	2.450
	镀锌铁丝	kg	6.55	—	0.180
	水	m^3	4.27	3.240	—
	电	kW·h	0.78	5.740	—
	其他材料费	元	1.00	46.74	1.01
机械	混凝土振捣器 平板式	台班	12.54	0.693	—
	汽车式起重机 8t	台班	648.48	—	0.012
	载货汽车 4t	台班	369.21	—	0.032

2. 浮置板减振道床

工作内容:1. 凿毛、清理、清理道床基底,混凝土浇筑、振捣、抹平、养护等;
2. 制作、安装、刷油清理、拆除、堆放等。

定额编号				5-114	5-115
项目				浮置板道床及承轨台	
				商品混凝土	模板
计量单位				$10m^3$	$10m^2$
基价(元)				**5284.15**	**392.22**
其中	人工费(元)			554.04	265.95
	材料费(元)			4721.42	104.09
	机械费(元)			8.69	22.18
名称		单位	单价(元)	消耗量	
人工	二类人工	工日	135.00	4.104	1.970
材料	泵送商品混凝土 C30	m^3	461.00	10.100	—
	钢模板	kg	5.96	—	10.018
	钢支撑	kg	3.97	—	3.320
	钢配件	kg	5.19	—	3.030
	圆钉	kg	4.74	—	2.800
	镀锌铁丝	kg	6.55	—	0.180
	水	m^3	4.27	3.300	—
	电	kW·h	0.78	5.740	—
	其他材料费	元	1.00	46.75	1.03
机械	混凝土振捣器 平板式	台班	12.54	0.693	—
	汽车式起重机 8t	台班	648.48	—	0.012
	载货汽车 4t	台班	369.21	—	0.039

工作内容:1. 浮置板现场预制及养护;

2、3. 浮置板顶升、就位浮置板道床、支撑块制作和安装、橡胶制作或弹簧减振器安装等。

	定额编号			5-116	5-117	5-118
	项目			预制浮置板道床	安装浮置板道床	安装浮置板道床弹簧减震器
	计量单位			$10m^3$	延长米	个
	基价(元)			**6724.43**	**951.48**	**5655.50**
其中	人工费(元)			1483.52	460.76	486.00
	材料费(元)			4878.64	349.24	5169.50
	机械费(元)			362.27	141.48	—
	名称	单位	单价(元)	消耗量		
人工	二类人工	工日	135.00	10.989	3.413	3.600
材料	泵送商品混凝土 C30	m^3	461.00	10.100	—	—
	钢模板	kg	5.96	16.100	—	—
	钢支撑	kg	3.97	5.920	—	—
	钢配件	kg	5.19	7.530	—	—
	圆钉	kg	4.74	0.340	—	—
	铁件	kg	3.71	—	6.180	—
	环氧树脂	kg	15.52	—	7.482	—
	橡胶支座	个	47.41	—	1.880	—
	纵向支座	个	287.00	—	0.173	—
	8U 预埋栓	个	8.62	—	5.413	—
	厚垫板	个	1.02	—	6.670	—
	侧向支座	块	8.62	—	1.680	—
	塑料保护膜	m^2	1.96	—	—	2.000
	弹簧隔振器	套	4819.00	—	—	1.000
	限位器	个	64.66	—	—	0.300
	剪力铰	个	690.00	—	—	0.400
	水	m^3	4.27	3.300	—	—
	其他材料费	元	1.00	48.30	3.46	51.18
机械	门式起重机 10t	台班	447.22	—	0.107	—
	汽车式起重机 16t	台班	875.04	0.414	0.107	—

工作内容:1. 运输、散布、安装、调整等;
2. 运输、散布、安装、调整;
3. 伸缩缝基层清理、备料、熬涂沥青、调制半成品、填塞或灌注。

定额编号				5-119	5-120	5-121
项目				钢轨降噪阻尼板	道床吸音板	伸缩缝
计量单位				km	m^2	$10m^2$
基价(元)				**1528542.39**	**1701.61**	**1285.24**
其中	人工费(元)			54000.00	59.81	247.86
	材料费(元)			1472853.38	1601.76	1037.38
	机械费(元)			1689.01	40.04	—
名称		单位	单价(元)	消耗量		
人工	二类人工	工日	135.00	400.000	0.443	1.836
材料	钢轨降噪阻尼板	km	1465517.00	1.003	—	—
	道床吸音板	m^2	1552.00	—	1.030	—
	煤沥青	t	1086.00	—	—	0.315
	青麻	kg	5.06	—	—	137.000
	其他材料费	元	1.00	2939.83	3.20	2.07
机械	门式起重机 10t	台班	447.22	0.800	0.030	—
	轨道平车 30t	台班	207.79	3.000	0.060	—
	轨道车 210kW	台班	471.91	1.500	0.030	—

工作内容:1. 水沟盖板运输、剪裁、安装、调整等;
2、3. 料斗整理,运输。

定额编号				5-122	5-123	5-124
项目				浮置板水沟盖板	混凝土洞内运输	
					1km 以内	每增 500m
计量单位				m	m^3	
基价(元)				**50.52**	**28.96**	**4.62**
其中	人工费(元)			27.00	18.09	2.43
	材料费(元)			10.17	1.01	—
	机械费(元)			13.35	9.86	2.19
名称		单位	单价(元)	消耗量		
人工	二类人工	工日	135.00	0.200	0.134	0.018
材料	热轧薄钢板 Q235Bδ3.0	m^2	20.30	0.500	—	—
	泵管	m	5.39	—	0.188	—
	其他材料费	元	1.00	0.02	—	—
机械	门式起重机 10t	台班	447.22	0.010	—	—
	轨道平车 30t	台班	207.79	0.020	0.027	0.006
	轨道车 210kW	台班	471.91	0.010	0.009	0.002

3. 减振垫道床

工作内容：1. 凿毛、清理、清理道床基底，混凝土浇筑、振捣、抹平、养护等；

2. 制作、安装、刷油清理、拆除、堆放等。

定额编号				5-125	5-126
项目				减振垫道床及承轨台	
				商品混凝土	模板
计量单位				$10m^3$	$10m^2$
基价（元）				**5196.67**	**293.94**
其中	人工费（元）			466.56	167.67
	材料费（元）			4721.42	104.09
	机械费（元）			8.69	22.18
名称		单位	单价(元)	消耗量	
人工	二类人工	工日	135.00	3.456	1.242
材料	泵送商品混凝土 C30	m^3	461.00	10.100	—
	钢模板	kg	5.96	—	10.018
	钢支撑	kg	3.97	—	3.320
	钢配件	kg	5.19	—	3.030
	圆钉	kg	4.74	—	2.800
	镀锌铁丝	kg	6.55	—	0.180
	水	m^3	4.27	3.300	—
	电	kW·h	0.78	5.740	—
	其他材料费	元	1.00	46.75	1.03
机械	混凝土振捣器 平板式	台班	12.54	0.693	—
	汽车式起重机 8t	台班	648.48	—	0.012
	载货汽车 4t	台班	369.21	—	0.039

工作内容：铺设减振垫。　　　　**计量单位：**m^2

定额编号				5-127
项目				减振垫敷设
基价（元）				**1153.82**
其中	人工费（元）			36.45
	材料费（元）			1117.37
	机械费（元）			—
名称		单位	单价(元)	消耗量
人工	二类人工	工日	135.00	0.270
材料	减振道床垫	m^2	1103.00	1.010
	其他材料费	元	1.00	3.34

二、粒 料 道 床

工作内容:装、运、卸、铺平、压实。 计量单位:1000m³

定额编号				5-128	5-129	5-130
项目				底渣		线间石渣
				混凝土枕线路		
				砂	碎石	
基价(元)				194896.77	135630.20	144055.26
其中	人工费(元)			6912.41	8376.21	19364.40
	材料费(元)			185421.23	124690.86	124690.86
	机械费(元)			2563.13	2563.13	—
名称		单位	单价(元)	消耗量		
人工	二类人工	工日	135.00	51.203	62.046	143.440
材料	黄砂 毛砂	t	87.38	2101.000	—	—
	碎石道碴 底碴	t	68.97	—	1790.000	1790.000
	其他材料费	元	1.00	1835.85	1234.56	1234.56
机械	钢轮振动压路机 12t	台班	692.85	1.287	1.287	—
	轮胎式装载机 0.5m³	台班	460.83	3.627	3.627	—

工作内容:回填并均匀道渣、起道、串渣、方正轨枕、捣固、拔道、整理道床。 计量单位:1000m³

定额编号				5-131
项目				人工铺设面渣
基价(元)				161477.05
其中	人工费(元)			35126.19
	材料费(元)			124690.86
	机械费(元)			1660.00
名称		单位	单价(元)	消耗量
人工	二类人工	工日	135.00	260.194
材料	碎石道碴 面碴	t	68.97	1790.000
	其他材料费	元	1.00	1234.56
机械	液压起拔道机 15kW	台班	195.00	4.000
	液压捣固机 240 根/h	台班	110.00	8.000

工作内容：回填并均匀道渣、起道、串渣、方正轨枕、捣固、拔道、整理道床。　　计量单位：1000m³

定额编号				5-132
项目				机械铺设面渣
基价（元）				**142811.49**
其中	人工费（元）			8390.79
	材料费（元）			124690.86
	机械费（元）			9729.84
名称		单位	单价(元)	消耗量
人工	二类人工	工日	135.00	62.154
材料	碎石道碴 面碴	t	68.97	1790.000
	其他材料费	元	1.00	1234.56
机械	起拨道捣固车 1100m/h	台班	5473.94	0.857
	配渣整形车 1200m/h	台班	1626.22	0.392
	动力稳定车	台班	4562.65	0.534
	线路铺渣机	台班	3411.00	0.576

三、沉落整修

1. 线路沉落整修

工作内容：起道细线、捣固、串道心、细木枕木、细拔道、均匀石碴、整理道床、线路整理（调整轨缝、轨距、轨距杆、防爬器、紧螺栓、打浮钉）。

计量单位：km

定额编号				5-133	5-134
项目				线路沉落整修（碎石道碴）	
				正线	站线
				混凝土枕	
基价（元）				**21696.82**	**17817.95**
其中	人工费（元）			12684.60	11809.80
	材料费（元）			9012.22	6008.15
	机械费（元）			—	—
名称		单位	单价(元)	消耗量	
人工	二类人工	工日	135.00	93.960	87.480
材料	碎石道碴 面碴	t	68.97	129.375	86.250
	其他材料费	元	1.00	89.23	59.49

2. 道岔沉落整修

工作内容:起道细线、捣固、串道心、细方枕木、细拔道、均匀石渣、整理道床、线路整理(调整轨缝、轨距、轨距杆、防爬器、紧螺栓、打浮钉)。

计量单位:组

定额编号				5-135	5-136	5-137	5-138
项目				单开道岔		复式交分	
				9#	12#	9#	12#
基价(元)				**2725.70**	**3276.28**	**3752.62**	**4854.01**
其中	人工费(元)			1964.66	2309.45	2902.91	3752.87
	材料费(元)			615.79	800.39	693.11	901.39
	机械费(元)			145.25	166.44	156.60	199.75
名称		单位	单价(元)	消耗量			
人工	二类人工	工日	135.00	14.553	17.107	21.503	27.799
材料	碎石道碴 面碴	t	68.97	8.840	11.490	9.950	12.940
	其他材料费	元	1.00	6.10	7.92	6.86	8.92
机械	液压起拔道机 15kW	台班	195.00	0.350	0.400	0.380	0.480
	液压捣固机 240 根/h	台班	110.00	0.700	0.804	0.750	0.965

工作内容:起道细线、捣固、串道心、细方枕木、细拔道、均匀石渣、整理道床、线路整理(调整轨缝、轨距、轨距杆、防爬器、紧螺栓、打浮钉)。

计量单位:组

定额编号				5-139	5-140
项目				交叉渡线	
				9#	12#
基价(元)				**8579.96**	**7690.24**
其中	人工费(元)			5350.86	3752.87
	材料费(元)			2637.31	3164.64
	机械费(元)			591.79	772.73
名称		单位	单价(元)	消耗量	
人工	二类人工	工日	135.00	39.636	27.799
材料	碎石道碴 面碴	t	68.97	37.860	45.430
	其他材料费	元	1.00	26.11	31.33
机械	液压起拔道机 15kW	台班	195.00	1.426	1.862
	液压捣固机 240 根/h	台班	110.00	2.852	3.724

3. 加强沉落整修

工作内容：起道、填碴、捣固、线路及道岔改道、方枕、拨道、调整轨缝、压道整修等。　　**计量单位**：km

定额编号				5-141
项目				加强沉落整修
基价（元）				**30368.46**
其中	人工费（元）			17860.50
	材料费（元）			10448.96
	机械费（元）			2059.00
名称		单位	单价(元)	消耗量
人工	二类人工	工日	135.00	132.300
材料	碎石道碴 面碴	t	68.97	150.000
	其他材料费	元	1.00	103.46
机械	内燃机车 ≤210kW	台班	2059.00	1.000

第四章
轨道加强设备及护轮轨

说　明

一、本章定额包括安装轨道加强设备、钢轨伸缩调节器、安装防脱护轨三节,共 27 个子目。

二、定额中安装轨距杆、防爬器、防爬支撑是按厂家成套产品安装考虑的。

三、铺设护轮轨定额系按单侧编制，双侧安装时按实际长度折合为单侧工作量。

工程量计算规则

一、安装绝缘轨距杆按直径、设计数量以“根”计算。

二、安装防爬支撑按设计数量以“个”计算。

三、安装防爬器按设计数量以“个”计算。

四、安装钢轨伸缩调节器分桥面、桥头引线以“对”为单位计算。

五、安装护轮轨工程量,按图示长度以“延长米”计算。

六、铺设弯轨及梭头按图示数量以“处”计算,每处含头尾两侧。

一、安装轨道加强设备

1. 轨 距 杆

工作内容：螺栓涂油、安装轨距杆、调整轨距。

计量单位：100 根

定额编号				5-142	5-143	5-144	5-145	5-146
项目				轨距杆				
				绝缘				
				$\phi32$	$\phi34$	$\phi36$	$\phi38$	粘接式
基价（元）				**14900.49**	**12292.68**	**12894.48**	**18912.50**	**18912.50**
其中	人工费（元）			758.16	758.16	758.16	758.16	758.16
	材料费（元）			14142.33	11534.52	12136.32	18154.34	18154.34
	机械费（元）			—	—	—	—	—
	名称	单位	单价(元)	消耗量				
人工	二类人工	工日	135.00	5.616	5.616	5.616	5.616	5.616
材料	绝缘轨距杆 $\phi32$	根	141.00	100.200	—	—	—	—
	绝缘轨距杆 $\phi34$	根	115.00	—	100.200	—	—	—
	绝缘轨距杆 $\phi36$	根	121.00	—	—	100.200	—	—
	绝缘轨距杆 $\phi38$	根	181.00	—	—	—	100.200	—
	绝缘轨距杆粘接式	根	181.00	—	—	—	—	100.200
	其他材料费	元	1.00	14.13	11.52	12.12	18.14	18.14

工作内容：螺栓涂油、安装轨距杆、调整轨距。

计量单位：100 根

定额编号				5-147	5-148	5-149	5-150
项目				轨距杆			
				普通			
				$\phi32$	$\phi34$	$\phi36$	$\phi38$
基价（元）				**12994.78**	**14499.29**	**15502.29**	**16605.59**
其中	人工费（元）			758.16	758.16	758.16	758.16
	材料费（元）			12236.62	13741.13	14744.13	15847.43
	机械费（元）			—	—	—	—
	名称	单位	单价(元)	消耗量			
人工	二类人工	工日	135.00	5.616	5.616	5.616	5.616
材料	普通轨距杆 $\phi32$	根	122.00	100.200	—	—	—
	普通轨距杆 $\phi34$	根	137.00	—	100.200	—	—
	普通轨距杆 $\phi36$	根	147.00	—	—	100.200	—
	普通轨距杆 $\phi38$	根	158.00	—	—	—	100.200
	其他材料费	元	1.00	12.22	13.73	14.73	15.83

2. 轨撑垫板

工作内容:轨木划印、钻孔、注油、安装轨撑垫板。

计量单位:1000 个

定额编号				5-151
项目				轨撑垫板
				50kg
基价(元)				**36115.47**
其中	人工费(元)			1676.70
	材料费(元)			34438.77
	机械费(元)			—
名称		单位	单价(元)	消耗量
人工	二类人工	工日	135.00	12.420
材料	轨撑垫板 50kg	个	34.37	1001.000
	其他材料费	元	1.00	34.40

3. 防爬设备

工作内容:扒开枕木间道渣、安装。

计量单位:1000 个

定额编号				5-152	5-153
项目				防爬设备	
				防爬器(穿销式)	
				50kg	60kg
基价(元)				**16355.41**	**18085.74**
其中	人工费(元)			729.68	729.68
	材料费(元)			15625.73	17356.06
	机械费(元)			—	—
名称		单位	单价(元)	消耗量	
人工	二类人工	工日	135.00	5.405	5.405
材料	垫木	m^3	2328.00	0.899	0.899
	防爬器 50kg	个	13.45	1005.000	—
	防爬器 60kg	个	15.17	—	1005.000
	其他材料费	元	1.00	15.61	17.34

工作内容：扒开枕木间道渣、安装，包括防爬支撑的制作。　　**计量单位**：1000 个

定额编号				5-154	5-155
项目				防爬设备(防爬支撑)	
				木制	混凝土制
				混凝土枕	
基价(元)				**3547.01**	**4531.26**
其中	人工费(元)			1363.23	1589.22
	材料费(元)			2183.78	2942.04
	机械费(元)			—	—
	名称	单位	单价(元)	消耗量	
人工	二类人工	工日	135.00	10.098	11.772
材料	防爬支撑(木)	个	2.16	1010.000	—
	防爬支撑(混凝土)	个	2.91	—	1010.000
	其他材料费	元	1.00	2.18	2.94

二、钢轨伸缩调节器

工作内容：检配轨料，木枕打印、钻孔、注油，散布钢轨伸缩调节器，安装配件及扣件，整修等。　　**计量单位**：对

定额编号				5-156	5-157	5-158	5-159
项目				50kg 钢轨			
				伸缩量 600mm		伸缩量 1000mm	
				桥面	桥头引线	桥面	桥头引线
基价(元)				**24265.46**	**24985.10**	**28902.73**	**27045.25**
其中	人工费(元)			1574.64	1363.23	1771.47	1436.13
	材料费(元)			22396.80	23327.85	26837.24	25315.10
	机械费(元)			294.02	294.02	294.02	294.02
	名称	单位	单价(元)	消耗量			
人工	二类人工	工日	135.00	11.664	10.098	13.122	10.638
材料	道钉 16×16×165	个	3.02	66.700	48.500	66.700	42.400
	钢轨伸缩调节器(桥面用) 50kg 0.6m	对	22173.00	1.000	—	—	—
	钢轨伸缩调节器(桥头用) 50kg 0.6m	对	19956.00	—	1.000	—	—
	钢轨伸缩调节器(桥面用) 50kg 1m	对	26609.00	—	—	1.000	—
	钢轨伸缩调节器(桥头用) 50kg 1m	对	21286.00	—	—	—	1.000
	木枕 Ⅰ类	根	168.00	—	19.060	—	23.070
	其他材料费	元	1.00	22.37	23.30	26.81	25.29
机械	轨道式内燃起重机 16t	台班	567.00	0.450	0.450	0.450	0.450
	轨道平车 10t	台班	86.38	0.450	0.450	0.450	0.450

工作内容:检配轨料,木枕打印、钻孔、注油,散布钢轨伸缩调节器,安装配件及扣件,整修等。 **计量单位**:对

定额编号				5-160	5-161	5-162	5-163
项目				60kg 钢轨			
				伸缩量 600mm		伸缩量 1000mm	
				桥面	桥头引线	桥面	桥头引线
基价(元)				**25664.26**	**19482.81**	**31552.76**	**33119.28**
其中	人工费(元)			1909.98	1771.47	1982.88	1771.47
	材料费(元)			23460.26	17417.32	29275.86	31053.79
	机械费(元)			294.02	294.02	294.02	294.02
	名称	单位	单价(元)	消耗量			
人工	二类人工	工日	135.00	14.148	13.122	14.688	13.122
材料	道钉 16×16×165	个	3.02	66.700	48.500	66.700	42.400
	钢轨伸缩调节器(桥面用) 60kg 0.6m	对	23212.00	1.000	—	—	—
	钢轨伸缩调节器(桥头用) 60kg 0.6m	对	14034.00	—	1.000	—	—
	钢轨伸缩调节器(桥面用) 60kg 1m	对	29016.00	—	—	1.000	—
	钢轨伸缩调节器(桥头用) 60kg 1m	对	26988.00	—	—	—	1.000
	木枕 Ⅰ类	根	168.00	—	19.060	—	23.070
	其他材料费	元	1.00	46.83	34.77	58.43	61.98
机械	轨道式内燃起重机 16t	台班	567.00	0.450	0.450	0.450	0.450
	轨道平车 10t	台班	86.38	0.450	0.450	0.450	0.450

工作内容:检配轨料,木枕打印、钻孔、注油,散布钢轨伸缩调节器,安装配件及扣件,整修等。 **计量单位**:对

定额编号				5-164	5-165	5-166
项目				60kg 钢轨		
				伸缩量 ±500mm		伸缩量 ±1000mm
				单向曲线型	双向曲线型	
				整体道床		
基价(元)				**27658.93**	**31634.48**	**34290.78**
其中	人工费(元)			1516.32	1691.28	1691.28
	材料费(元)			25848.59	29649.18	32305.48
	机械费(元)			294.02	294.02	294.02
	名称	单位	单价(元)	消耗量		
人工	二类人工	工日	135.00	11.232	12.528	12.528
材料	单向曲线型调节器(伸缩量 ±500mm)	对	25797.00	1.000	—	—
	双向曲线型调节器(伸缩量 ±500mm)	对	29590.00	—	1.000	—
	双向曲线型调节器(伸缩量 ±1000mm)	对	32241.00	—	—	1.000
	其他材料费	元	1.00	51.59	59.18	64.48
机械	轨道式内燃起重机 16t	台班	567.00	0.450	0.450	0.450
	轨道平车 10t	台班	86.38	0.450	0.450	0.450

三、安装防脱护轨

工作内容：散布钢轨，钻孔注油，散布与安装钢轨配件和轨枕扣件、整修等。　　**计量单位**：100 单侧延长米

定额编号				5-167
项目				铺设护轮轨
				混凝土枕
				50kg
基价（元）				**36949.63**
其中	人工费（元）			729.00
	材料费（元）			36128.36
	机械费（元）			92.27
名称		单位	单价(元)	消耗量
人工	二类人工	工日	135.00	5.400
材料	护轨 槽钢	t	4983.00	5.155
	中间扣板 50kg	块	2.73	321.000
	接头夹板 38kg	块	60.43	16.015
	接头夹板 50kg	块	61.21	32.095
	塑料垫板 护轨	块	2.48	1760.000
	复合硅酸盐水泥 PC 32.5R 综合	kg	0.32	35.700
	白石蜡	kg	11.21	2.700
	煤	t	603.00	0.045
	接头螺栓带帽 50kg	套	5.46	48.500
	螺旋道钉带帽	套	3.88	355.500
	弹簧垫圈 双层	个	0.28	359.050
	弹簧垫圈 50kg	个	0.41	48.500
	平垫圈 25×45×4	个	0.55	359.050
	硫黄 98%	kg	2.30	71.550
	其他材料费	元	1.00	72.11
机械	轨道车 210kW	台班	471.91	0.039
	轨道平车 10t	台班	86.38	0.306
	铺轨龙门架 25m	台班	558.00	0.085

工作内容:弯曲护轮轨、制造梭头、护轮轨与梭头连接、安装固定。 计量单位:处

定额编号				5-168
项目				铺设弯轨及梭头 混凝土枕 50kg
基价(元)				8729.30
其中	人工费(元)			2105.33
	材料费(元)			6595.77
	机械费(元)			28.20
名称		单位	单价(元)	消耗量
人工	二类人工	工日	135.00	15.595
材料	护轨 槽钢	t	4983.00	1.121
	接头夹板 50kg	块	61.21	4.000
	接头螺栓带帽 50kg	套	5.46	12.100
	弹簧垫圈 50kg	个	0.41	12.200
	塑料垫板 护轨	块	2.48	68.700
	螺旋道钉带帽	套	3.88	68.700
	平垫圈 25×45×4	个	0.55	69.400
	弹簧垫圈 双层	个	0.28	69.400
	中间扣板 50kg	块	2.73	56.170
	接头扣板 50kg	块	2.73	12.040
	其他材料费	元	1.00	13.17
机械	交流弧焊机 21kV·A	台班	63.33	0.090
	刨床 ≤650	台班	74.87	0.200
	四柱万能液压机 1000kN	台班	75.26	0.100

第五章
线路有关工程

说　明

一、本章定额包括平交道口、线路及信号标志、车档、线路涂油器、机车压道、轨道常备材料六节，共54个子目。

二、铺设平交道口项目，其计量单位“10m宽”系指道路面宽度，夹角系指铁路与道路中心线相交之锐角。该项目是按木枕地段50kg钢轨、板厚100mm、夹角90°设立的。

三、单线道口采用混凝土、钢筋、道口卧轨定额子目组合使用；股道间道口采用钢筋混凝土及道口栏目定额子目组合使用。

四、线路及信号标志中的洞内标志按成品考虑。定额中所列标志材质与设计要求不同时，可进行抽换。

五、机车压道项目仅适用于碎石道床人工铺轨线路。

六、备料项目为验收后运营部门所使用。

七、备料中标准轨定额适用于50kg/m 25m和60kg/m 25m的有孔轨，焊接轨、道岔基本轨，可根据设计要求不同进行抽换。如设计要求备料为小于25m的短轨，材料进行抽换，人机消耗量乘以系数0.8。

工程量计算规则

一、平交道口中单线道口和股道间道口,均按道口路面宽度以“10m 宽”为单位计算。遇有多个股道间道口时,应按累加宽度计算。

1. 单线道口面板混凝土按设计图示尺寸以“m^3”计算。

2. 单线道口面板道口卧轨按道口通行宽度以“m”计算。

3. 股道间混凝土按设计图示尺寸以“m^3”计算。

4. 股道间道口栏木按线路间道口面积以“m^2”计算。道口面积计算公式为:道口面积 = 道口宽度(道口铺面宽) × 道口长度(相邻两股道枕木头之间距离)。

5. 橡胶道口按设计图示尺寸以“m^2”计算。

二、线路及信号标志按设计数量以“个”计算。

三、车挡、挡车器、线路涂油器均按设计图示数量以“处”计算。

四、机车压道按线路设计长度(含道岔)以“km”计算。

五、备料中标准轨按设计图示数量以“根”计算。

六、备料中长、短轨枕按设计图示以“根、块”计算。

七、轨道常备材料中铺道岔备料以“组”为单位计算。

一、平 交 道 口

1. 单 线 道 口

工作内容：1. 模板制作、安装、拆除，混凝土浇筑、振捣、抹平、养护，道口清理浮碴，铺砌道口等；
2. 制作、安装护轨，木料涂防腐油，安装，清理等。

定额编号				5-169	5-170
项目				单线道口面板	
				商品混凝土	道口卧轨
计量单位				$10m^3$	10m 宽
基价（元）				**7457.27**	**4334.94**
其中	人工费（元）			2437.02	341.15
	材料费（元）			4947.85	3993.79
	机械费（元）			72.40	—
名称		单位	单价(元)	消耗量	
人工	二类人工	工日	135.00	18.052	2.527
材料	泵送商品混凝土 C30	m^3	461.00	10.100	—
	钢模板	kg	5.96	39.800	—
	水	m^3	4.27	1.300	—
	木头	kg	68.97	—	0.510
	麻筋	kg	5.06	—	87.460
	废(旧)轨	t	3103.00	—	1.080
	铆钉 综合	kg	7.86	—	15.940
	其他材料费	元	1.00	48.99	39.54
机械	轨道车 210kW	台班	471.91	0.135	—
	混凝土振捣器 平板式	台班	12.54	0.693	—

2. 股道间道口

工作内容:1. 模板制作、安装、拆除,混凝土浇筑、振捣、抹平、养护,道口清理浮碴,铺砌道口等;
2. 木料涂防腐油、安装,清理,填铺垫层等。

定额编号				5-171	5-172
项目				股道间道口	
				商品混凝土	道口栏木
计量单位				$10m^3$	$10m^2$
基价(元)				**7843.38**	**1102.60**
其中	人工费(元)			2886.84	437.40
	材料费(元)			4947.85	665.20
	机械费(元)			8.69	—
名称		单位	单价(元)	消耗量	
人工	二类人工	工日	135.00	21.384	3.240
材料	泵送商品混凝土 C30	m^3	461.00	10.100	—
	钢模板	kg	5.96	39.800	—
	水	m^3	4.27	1.300	—
	碎石 5~15	t	102.00	—	2.900
	松锯材	m^3	1121.00	—	0.300
	膨润土	kg	0.47	—	0.080
	石油沥青	kg	2.67	—	5.350
	铆钉 综合	kg	7.86	—	1.550
	其他材料费	元	1.00	48.99	6.59
机械	混凝土振捣器 平板式	台班	12.54	0.693	—

3. 橡胶道口

工作内容：制作橡胶道口板、清理底面、制作安装护轨、填铺垫层、铺砌道口、防腐隔板制作、安装清理等。

计量单位：m^2

定额编号				5-173	5-174
项目				橡胶道口	
				碎石道床用	
				股道内	两线间
基价（元）				**1828.89**	**1589.04**
其中	人工费（元）			234.50	182.12
	材料费（元）			1589.37	1403.32
	机械费（元）			5.02	3.60
名称		单位	单价(元)	消耗量	
人工	二类人工	工日	135.00	1.737	1.349
材料	橡胶道口 宽2.5m	m^2	1121.00	1.136	1.071
	碎石 5～15	t	102.00	0.805	0.665
	碎石道碴 底碴	t	68.97	—	1.290
	板方材	m^3	1034.00	0.027	—
	木材防腐油	kg	7.41	0.210	—
	水	m^3	4.27	0.130	0.096
	组合钢模板	kg	3.71	0.673	0.523
	钢模零配件	kg	4.74	0.172	0.135
	钢支撑	kg	3.97	0.302	0.234
	废(旧)轨	t	3103.00	0.048	—
	泵送商品混凝土 C30	m^3	461.00	0.075	0.061
	其他材料费	元	1.00	15.74	13.89
机械	汽车式起重机 10t	台班	709.76	0.007	0.005
	其他机械费	元	1.00	0.05	0.05

二、线路及信号标志

工作内容：木模制作、安装、拆除，钢筋制作及绑扎，混凝土灌筑、振捣及养护，标志涂油两遍及油漆写字，挖坑埋设等。

计量单位：100 个

定额编号				5-175	5-176	5-177
项目				地面、桥面及高架		
				百米标	公里标	曲线标
基价（元）				**11487.49**	**44818.29**	**44805.06**
其中	人工费（元）			3432.11	3432.11	3432.11
	材料费（元）			8029.78	41326.79	41312.85
	机械费（元）			25.60	59.39	60.10
名称		单位	单价(元)	消耗量		
人工	二类人工	工日	135.00	25.423	25.423	25.423
材料	泵送商品混凝土 C30	m^3	461.00	1.210	5.858	5.860
	木模板	m^3	1445.00	0.019	0.077	0.082
	热轧光圆钢筋 HPB300 综合	kg	3.98	630.518	1014.797	1005.150
	镀锌铁丝	kg	6.55	2.623	4.222	4.181
	铁件	kg	3.71	0.100	0.600	0.600
	汽油 综合	kg	6.12	0.200	1.100	1.300
	油性调和漆 蓝、白、灰	kg	7.72	2.000	10.500	12.000
	FG Ⅰ型复合材料底板系列反光标	m^2	502.00	9.600	66.000	66.000
	碳钢气焊条 φ4	kg	4.57	—	2.172	2.151
	水	m^3	4.27	0.500	3.000	4.000
	其他材料费	元	1.00	79.50	1203.69	1203.29
机械	交流弧焊机 21kV·A	台班	63.33	0.148	0.238	0.235
	钢筋调直机 14mm	台班	37.97	0.081	0.128	0.127
	钢筋切断机 40mm	台班	43.28	0.079	0.128	0.127
	钢筋弯曲机 40mm	台班	26.38	0.108	0.174	0.172
	木工圆锯机 500mm	台班	27.50	0.108	0.432	0.459
	木工压刨床 单面 600mm	台班	31.42	0.036	0.126	0.135
	混凝土振捣器 平板式	台班	12.54	0.222	1.076	1.076

工作内容：木模制作、安装、拆除，钢筋制作及绑扎，混凝土灌筑、振捣及养护，标志涂油两遍及油漆写字，挖坑埋设等。

计量单位：100 个

定额编号				5-178	5-179	5-180	5-181
项目				地面、桥面及高架			
				曲线始终点标	警冲标	坡度标	桥号标
基价（元）				**15668.18**	**7449.73**	**34215.36**	**43464.67**
其中	人工费（元）			1603.80	2718.50	3432.11	2790.59
	材料费（元）			14045.43	4703.04	30729.10	40613.27
	机械费（元）			18.95	28.19	54.15	60.81
名称		单位	单价(元)	消耗量			
人工	二类人工	工日	135.00	11.880	20.137	25.423	20.671
材料	泵送商品混凝土 C30	m^3	461.00	0.910	1.310	3.940	6.060
	木模板	m^3	1445.00	0.014	0.004	0.086	0.083
	热轧光圆钢筋 HPB300 综合	kg	3.98	464.770	815.450	918.270	1005.150
	镀锌钢丝 $\phi3\sim6$	kg	5.34	1.933	3.392	3.820	4.181
	铁件	kg	3.71	0.100	—	0.600	0.600
	汽油 综合	kg	6.12	0.400	—	1.400	2.151
	油性调和漆 蓝、白、灰	kg	7.72	4.200	—	12.900	12.900
	FG I 型复合材料底板系列反光标	m^2	502.00	22.500	1.540	48.000	66.000
	碳钢气焊条 $\phi4$	kg	4.57	0.995	1.745	0.003	2.151
	水	m^3	4.27	0.400	0.500	2.800	4.200
	其他材料费	元	1.00	409.09	46.56	895.02	402.11
机械	交流弧焊机 21kV·A	台班	63.33	0.109	0.191	0.215	0.235
	钢筋调直机 14mm	台班	37.97	0.059	0.103	0.116	0.127
	钢筋切断机 40mm	台班	43.28	0.059	0.103	0.116	0.127
	钢筋弯曲机 40mm	台班	26.38	0.079	0.140	0.157	0.172
	木工圆锯机 500mm	台班	27.50	0.081	0.027	0.486	0.468
	木工压刨床 单面 600mm	台班	31.42	0.027	0.009	0.144	0.135
	混凝土振捣器 平板式	台班	12.54	0.167	0.240	0.724	1.113

工作内容:木模制作、安装、拆除,钢筋制作及绑扎,混凝土灌筑、振捣及养护,标志涂油两遍及油漆写字,挖坑埋设等。

计量单位:100 个

定额编号				5-182	5-183
项目				水准基点标	停车位置标
基价(元)				**20465.43**	**9862.39**
其中	人工费(元)			8204.22	5934.06
	材料费(元)			12077.86	3825.86
	机械费(元)			183.35	102.47
	名称	单位	单价(元)	消耗量	
人工	二类人工	工日	135.00	60.772	43.956
材料	泵送商品混凝土 C30	m^3	461.00	4.750	3.100
	木模板	m^3	1445.00	0.010	0.202
	防腐帮桩 φ(160~200)×2000	根	22.90	420.000	—
	热轧光圆钢筋 HPB300 综合	kg	3.98	—	322.800
	角钢 Q235-A (50~140)×(5~14)	kg	3.71	—	1.343
	镀锌铁丝	kg	6.55	—	1.500
	铁件	kg	3.71	21.000	1.900
	汽油 综合	kg	6.12	0.600	17.800
	油性调和漆 蓝、白、灰	kg	7.72	5.400	13.240
	六角头螺栓带帽 M16	kg	5.69	—	95.900
	碳钢气焊条 φ4	kg	4.57	—	0.691
	水	m^3	4.27	3.000	0.096
	其他材料费	元	1.00	119.58	37.88
机械	汽车式起重机 8t	台班	648.48	0.216	0.076
	交流弧焊机 21kV·A	台班	63.33	—	0.041
	钢筋调直机 14mm	台班	37.97	—	0.055
	木工圆锯机 500mm	台班	27.50	0.549	1.134
	木工压刨床 单面 600mm	台班	31.42	0.549	0.324
	混凝土振捣器 平板式	台班	12.54	0.872	0.569

工作内容:标志膨胀螺栓安装固定。

计量单位:100 个

定额编号				5-184
项目				洞内 线路标志
基价(元)				**876.07**
其中	人工费(元)			801.90
	材料费(元)			74.17
	机械费(元)			—
	名称	单位	单价(元)	消耗量
人工	二类人工	工日	135.00	5.940
材料	标志牌	块	—	(100.000)
	金属膨胀螺栓 M6×50	套	0.18	404.000
	其他材料费	元	1.00	1.45

工作内容:木模制作、安装、拆除,钢筋制作及绑扎,混凝土灌筑、振捣及养护,标志涂油两遍及油漆写字,挖坑埋设等。

计量单位:100 个

定额编号				5-185
项目				位移观测桩
基价(元)				**4103.95**
其中	人工费(元)			2413.67
	材料费(元)			1685.39
	机械费(元)			4.89
名称		单位	单价(元)	消耗量
人工	二类人工	工日	135.00	17.879
材料	泵送商品混凝土 C30	m^3	461.00	2.121
	木模板	m^3	1445.00	0.217
	热轧光圆钢筋 综合	kg	3.97	90.640
	水	m^3	4.27	0.270
	其他材料费	元	1.00	33.05
机械	混凝土振捣器 平板式	台班	12.54	0.390

工作内容:木模制作、安装、拆除,钢筋制作及绑扎,混凝土灌筑、振捣及养护,标志涂油两遍及油漆写字,挖坑埋设等。

计量单位:100 个

定额编号				5-186
项目				轨道基标
基价(元)				**26844.53**
其中	人工费(元)			7290.00
	材料费(元)			19371.80
	机械费(元)			182.73
名称		单位	单价(元)	消耗量
人工	二类人工	工日	135.00	54.000
材料	泵送商品混凝土 C30	m^3	461.00	10.000
	木模板	m^3	1445.00	2.490
	原木	m^3	1552.00	0.185
	热轧光圆钢筋 综合	kg	3.97	156.000
	防腐帮桩 $\phi(160\sim200)\times2000$	根	22.90	420.000
	水	m^3	4.27	46.590
	调和漆	kg	11.21	5.400
	其他材料费	元	1.00	379.84
机械	汽车式起重机 8t	台班	648.48	0.216
	木工圆锯机 500mm	台班	27.50	0.549
	木工压刨床 单面 600mm	台班	31.42	0.144
	混凝土振捣器 平板式	台班	12.54	1.837

三、车　　档

1. 车　　档

工作内容:基础开挖、浆砌片石、挖运土填筑、车档标制作、埋没、涂油。　　计量单位:处

定额编号				5-187	5-188
项目				车档	
				弯轨式	
				甲式	乙式
基价(元)				**9133.89**	**6347.66**
其中	人工费(元)			1320.98	540.14
	材料费(元)			7812.91	5807.52
	机械费(元)			—	—
名称		单位	单价(元)	消耗量	
人工	二类人工	工日	135.00	9.785	4.001
材料	硬木板(方)	m^3	2414.00	0.039	—
	热轧光圆钢筋 综合	kg	3.97	4.200	—
	中厚钢板	kg	3.71	8.200	—
	铸铁花纹板	t	4203.00	0.129	—
	废(旧)轨	t	3103.00	1.190	0.845
	接头夹板 50kg	块	61.21	8.010	8.020
	接头螺栓带帽 50kg	套	5.46	24.200	21.780
	弹簧垫圈 50kg	个	0.41	24.500	22.050
	铁垫板 50kg	块	21.55	20.100	18.090
	道钉 16×16×165	个	3.02	80.800	72.700
	普通轨距杆 ϕ32	根	122.00	2.000	2.000
	木枕 Ⅱ类	根	172.00	10.030	9.270
	六角头螺栓带帽 M12×(60～65)	套	1.23	4.000	4.000
	其他材料费	元	1.00	153.19	113.87

工作内容:工作准备、安装。　　计量单位:处

定额编号				5-189	5-190
项目				车档	
				CDKN 型库内车档	钢轨架车档
基价(元)				**13976.94**	**4792.47**
其中	人工费(元)			787.32	619.65
	材料费(元)			13189.62	4172.82
	机械费(元)			—	—
名称		单位	单价(元)	消耗量	
人工	二类人工	工日	135.00	5.832	4.590
材料	CDKN 型库内车挡	个	12931.00	1.000	—
	钢轨架车挡	个	4091.00	—	1.000
	其他材料费	元	1.00	258.62	81.82

2. 挡　车　器

工作内容：工作准备、安装。　　　　计量单位：处

定额编号				5-191	5-192
项目				挡车器	
				滑动式	月牙式
基价（元）				14531.67	14207.27
其中	人工费（元）			486.27	161.87
	材料费（元）			14045.40	14045.40
	机械费（元）			—	—
名称		单位	单价(元)	消耗量	
人工	二类人工	工日	135.00	3.602	1.199
材料	滑动式挡车器	个	13770.00	1.000	—
	月牙式挡车器	个	13770.00	—	1.000
	其他材料费	元	1.00	275.40	275.40

工作内容：工作准备、安装。　　　　计量单位：处

定额编号				5-193
项目				挡车器
				DDCQY 型液压缓冲挡车器
基价（元）				115097.70
其中	人工费（元）			787.32
	材料费（元）			114310.38
	机械费（元）			—
名称		单位	单价(元)	消耗量
人工	二类人工	工日	135.00	5.832
材料	DDCQY 型液压缓冲挡车器	个	112069.00	1.000
	其他材料费	元	1.00	2241.38

四、线路涂油器

工作内容:工作准备、安装。 计量单位:处

定额编号				5-194
项目				线路涂油器
基价(元)				13410.79
其中	人工费(元)			145.80
	材料费(元)			13189.62
	机械费(元)			75.37
名称		单位	单价(元)	消耗量
人工	二类人工	工日	135.00	1.080
材料	线路涂油器	个	12931.00	1.000
	其他材料费	元	1.00	258.62
机械	轨道平车 10t	台班	86.38	0.135
	轨道车 210kW	台班	471.91	0.135

五、机车压道

工作内容:机车压道(正线 50 次以上,站线 30 次以上)。 计量单位:km

定额编号				5-195	5-196
项目				内燃机车	
				正线	站线
基价(元)				2059.00	1235.40
其中	人工费(元)			—	—
	材料费(元)			—	—
	机械费(元)			2059.00	1235.40
名称		单位	单价(元)	消耗量	
机械	内燃机车 ≤210kW	台班	2059.00	1.000	0.600

六、轨道常备材料

1. 标　准　轨

工作内容：埋设钢轨架、放置备用材料。　　　　计量单位：根

定额编号				5-197	5-198
项目				标准轨	
				50kg/m	60kg/m
基价（元）				7665.52	9119.52
其中	人工费（元）			243.00	270.00
	材料费（元）			7422.52	8849.52
	机械费（元）			—	—
名称		单位	单价(元)	消耗量	
人工	二类人工	工日	135.00	1.800	2.000
材料	钢轨 50kg 25m	根	7136.00	1.000	—
	钢轨 60kg 25m	根	8563.00	—	1.000
	钢轨架	个	71.63	4.000	4.000

2. 混凝土枕

工作内容：埋设钢轨架、放置备用材料。

定额编号				5-199	5-200	5-201	5-202
项目				混凝土长枕	混凝土弹性长枕	混凝土短枕	混凝土弹性短枕
计量单位				根		块	
基价（元）				331.26	432.26	242.03	232.33
其中	人工费（元）			54.00	54.00	27.00	27.00
	材料费（元）			277.26	378.26	215.03	205.33
	机械费（元）			—	—	—	—
名称		单位	单价(元)	消耗量			
人工	二类人工	工日	135.00	0.400	0.400	0.200	0.200
材料	混凝土长枕	根	134.00	1.000	—	—	—
	混凝土弹性长枕	根	235.00	—	1.000	—	—
	混凝土短枕	块	71.77	—	—	1.000	—
	混凝土弹性短枕	块	62.07	—	—	—	1.000
	钢轨架	个	71.63	2.000	2.000	2.000	2.000

工作内容:放置备用材料。 计量单位:套

定额编号				5-203	5-204	5-205	5-206
项目				接头夹板		扣件	急救器
				50kg	60kg		
基价(元)				**126.95**	**143.66**	**166.70**	**412.85**
其中	人工费(元)			54.00	54.00	2.70	27.00
	材料费(元)			72.95	89.66	164.00	385.85
	机械费(元)			—	—	—	—
名称		单位	单价(元)	消耗量			
人工	二类人工	工日	135.00	0.400	0.400	0.020	0.200
材料	接头夹板 50kg	块	61.21	1.000	—	—	—
	接头夹板 60kg	块	77.84	—	1.000	—	—
	高强度接头螺栓带帽 50kg	套	5.46	2.000	—	—	—
	高强度接头螺栓带帽 60kg	套	5.46	—	2.000	—	—
	弹簧垫圈 50kg	个	0.41	2.000	—	—	—
	弹簧垫圈 60kg	个	0.45	—	2.000	—	—
	钢轨扣件 SD-1 型	套	164.00	—	—	1.000	—
	防爬器 60kg	个	15.17	—	—	—	5.000
	断轨急救器	套	310.00	—	—	—	1.000

3. 单开道岔

工作内容:放置备用材料。 计量单位:组

定额编号				5-207	5-208	5-209	5-210
项目				混凝土岔枕			
				50kg		60kg	
				$9^{\#}$	$12^{\#}$	$9^{\#}$	$12^{\#}$
基价(元)				**138472.30**	**138191.60**	**137442.00**	**190582.20**
其中	人工费(元)			4155.30	5394.60	4374.00	5686.20
	材料费(元)			134317.00	132797.00	133068.00	184896.00
	机械费(元)			—	—	—	—
名称		单位	单价(元)	消耗量			
人工	二类人工	工日	135.00	30.780	39.960	32.400	42.120
材料	单开道岔 50kg $9^{\#}$ AT(混凝土枕用)	组	105323.00	1.000	—	—	—
	单开道岔 50kg $12^{\#}$高锰钢(混凝土枕用)	组	103314.00	—	1.000	—	—
	单开道岔 60kg $9^{\#}$ AT(混凝土枕用)	组	106130.00	—	—	1.000	—
	单开道岔 60kg $12^{\#}$ AT(混凝土枕用)	组	156709.00	—	—	—	1.000
	混凝土岔枕 50kg $9^{\#}$(单开道岔用)	组	28994.00	1.000	—	—	—
	混凝土岔枕 50kg $12^{\#}$(单开道岔用)	组	29483.00	—	1.000	—	—
	混凝土岔枕 60kg $9^{\#}$(单开道岔用)	组	26938.00	—	—	1.000	—
	混凝土岔枕 60kg $12^{\#}$(单开道岔用)	组	28187.00	—	—	—	1.000

工作内容：放置备用材料。

计量单位：组

定额编号				5-211	5-212	5-213	5-214
项目				合成轨枕		整体道床	
				60kg			
				9#	12#	9#	12#
基价（元）				132642.00	186158.20	137442.00	190582.20
其中	人工费（元）			4374.00	5686.20	4374.00	5686.20
	材料费（元）			128268.00	180472.00	133068.00	184896.00
	机械费（元）			—	—	—	—
名称		单位	单价(元)	消耗量			
人工	二类人工	工日	135.00	32.400	42.120	32.400	42.120
材料	单开道岔 60kg 9# AT(混凝土枕用)	组	106130.00	1.000	—	—	—
	单开道岔 60kg 12# AT(混凝土枕用)	组	156709.00	—	1.000	—	—
	单开道岔 60kg 9#(整体道床)	组	106130.00	—	—	1.000	—
	单开道岔 60kg 12#(整体道床)	组	156709.00	—	—	—	1.000
	合成轨枕 60kg 9#(单开道岔用)	组	22138.00	1.000	—	—	—
	合成轨枕 60kg 12#(单开道岔用)	组	23763.00	—	1.000	—	—
	混凝土岔枕 60kg 9#(单开道岔用)	组	26938.00	—	—	1.000	—
	混凝土岔枕 60kg 12#(单开道岔用)	组	28187.00	—	—	—	1.000

4. 复式交分道岔

工作内容：放置备用材料。

计量单位：组

定额编号				5-215	5-216
项目				整体道床	
				60kg	
				9#	12#
基价（元）				220747.10	334167.52
其中	人工费（元）			3572.10	4286.52
	材料费（元）			217175.00	329881.00
	机械费（元）			—	—
名称		单位	单价(元)	消耗量	
人工	二类人工	工日	135.00	26.460	31.752
材料	复式交分道岔 60kg 9#	组	190237.00	1.000	—
	复式交分道岔 60kg 12#(固定辙岔整体道床)	组	301694.00	—	1.000
	混凝土岔枕 60kg 9#(复式交分)	组	26938.00	1.000	—
	混凝土岔枕 60kg 12#(复式交分)	组	28187.00	—	1.000

5.交叉渡线

工作内容:放置备用材料。 计量单位:组

定额编号				5-217	5-218	5-219	5-220
项目				混凝土岔枕		合成轨枕	
				60kg			
				9#	12#	9#	12#
基价(元)				**721449.00**	**910949.00**	**687790.00**	**908033.00**
其中	人工费(元)			14580.00	17496.00	13122.00	14580.00
	材料费(元)			706869.00	893453.00	674668.00	893453.00
	机械费(元)			—	—	—	—
名称		单位	单价(元)	消耗量			
人工	二类人工	工日	135.00	108.000	129.600	97.200	108.000
材料	交叉渡线 60kg 9#间距 5.0m(混凝土岔枕)	组	539159.00	1.000	—	—	—
	交叉渡线 60kg 12#间距 5.0m(混凝土岔枕)	组	724066.00	—	1.000	—	—
	混凝土岔枕(交叉渡线 60kg 9#间距 5.0m)	组	167710.00	1.000	—	—	—
	混凝土岔枕(交叉渡线 60kg 12#间距 5.0m)	组	169387.00	—	1.000	—	—
	合成轨枕(交叉渡线 60kg 9#间距 5.0m)	组	135509.00	—	—	1.000	—
	合成轨枕(交叉渡线 60kg 12#间距 5.0m)	组	169387.00	—	—	—	1.000
	交叉渡线 60kg 9#间距 5.0m(合成轨枕)	组	539159.00	—	—	1.000	—
	交叉渡线 60kg 12#间距 5.0m(合成轨枕)	组	724066.00	—	—	—	1.000

工作内容:放置备用材料。 计量单位:组

定额编号				5-221	5-222
项目				整体道床	
				60kg	
				9#	12#
基价(元)				**721449.00**	**910949.00**
其中	人工费(元)			14580.00	17496.00
	材料费(元)			706869.00	893453.00
	机械费(元)			—	—
名称		单位	单价(元)	消耗量	
人工	二类人工	工日	135.00	108.000	129.600
材料	交叉渡线 60kg 9#间距 5.0m(整体道床)	组	539159.00	1.000	—
	交叉渡线 60kg 12#间距 5.0m(整体道床)	组	724066.00	—	1.000
	混凝土岔枕(交叉渡线 60kg 9#间距 5.0m)	组	167710.00	1.000	—
	混凝土岔枕(交叉渡线 60kg 12#间距 5.0m)	组	169387.00	—	1.000

第六章
其　　他

说　明

一、本章定额包括拆除工程、通车后线路养护、其他三节,共22个子目。

二、拆除工程定额均按正常施工编制,若与运营、既有线同时作业,其干扰降效费另行计算。

三、拆除线路定额适用于非运营线路局部道床线路拆除。整体道床拆除包括凿除道床混凝土及钢筋;粒料道床拆除包括拆除轨距拉杆、防爬器、防爬支撑。

四、轨道CPIII测设包括精密测量控制网建立及CPIII网测量内容。机械费中未列的部分辅助仪器费用已综合考虑在已列的测量仪器台班消耗量中,该项目未考虑沉降监测与评估费用及所用测量软件购置费用。不含CPIII复测费用。

五、轨道精细调整按铺轨施工过程中的一次精调和轨道锁定前的一次精调考虑,如设计要求增加精调次数则另外计列。

工程量计算规则

一、拆除线路工程按设计图示长度以“km”计算。

二、拆除道岔工程按设计图示数量以“组”计算。

三、拆除道床按设计图示长度乘以设计断面以“m^3”计算。

四、拆除车档工程按图示数量以“处”位计算。

五、通车后线路养护线路按设计图示长度以“每月每公里”计算。

六、通车后道岔养护按设计图示数量以“每月每组”计算。

七、轨道 CPIII 测设按设计轨道线路中心线长度以“km”计算。

八、轨道精细调整按设计轨道线路中心线长度及精调次数以“km・次”计算。

一、拆除工程

1. 拆除轨枕

工作内容:拆除线路接头,拆卸加强设备,起道钉,卸螺栓,撤出钢轨、轨枕,材料30m内分类集中。 **计量单位:**km

定额编号				5-223	5-224
项目				混凝土枕	混凝土宽枕
基价(元)				**8179.10**	**14671.40**
其中	人工费(元)			8164.80	14652.90
	材料费(元)			14.30	18.50
	机械费(元)			—	—
名称		单位	单价(元)	消耗量	
人工	二类人工	工日	135.00	60.480	108.540
材料	其他材料费	元	1.00	14.30	18.50

2. 拆除道岔

工作内容:拆除线路接头,拆卸加强设备,起道钉,卸螺栓,撤出钢轨、轨枕,材料30m内分类集中。 **计量单位:**组

定额编号				5-225	5-226	5-227
项目				交叉渡线	单开道岔	
					9号	12号
					混凝土岔枕	
基价(元)				**2208.87**	**809.19**	**1071.63**
其中	人工费(元)			2208.87	809.19	1071.63
	材料费(元)			—	—	—
	机械费(元)			—	—	—
名称		单位	单价(元)	消耗量		
人工	二类人工	工日	135.00	16.362	5.994	7.938

3. 拆除道床

工作内容:1. 工作准备、拆除、废料 30m 内分类集中等;

2. 工作准备、钢筋混凝土结构破除、清理、废料 30m 内分类集中等。 **计量单位**:$10m^3$

定额编号				5-228	5-229
项目				碎石道床	整体道床
基价(元)				**464.13**	**1348.59**
其中	人工费(元)			464.13	510.30
	材料费(元)			—	23.87
	机械费(元)			—	814.42
	名称	单位	单价(元)	消耗量	
人工	二类人工	工日	135.00	3.438	3.780
材料	合金钢钻头 ϕ16~20	个	15.52	—	0.800
	乙炔气	m^3	8.90	—	0.460
	氧气	m^3	3.62	—	1.840
	其他材料费	元	1.00	—	0.70
机械	手持式风动凿岩机	台班	12.36	—	2.000
	电动空气压缩机 $10m^3$/min	台班	394.85	—	2.000

4. 其他拆除工程

工作内容:1. 拆除护轨、方木、道口板及各种配件,材料 20m 内分类集中;

2. 拆除标志、开挖装运卸土及 10m 内运输。

定额编号				5-230	5-231
项目				单线或股道间道口 轨下混凝土枕	车档
计量单位				10m	处
基价(元)				**539.46**	**539.46**
其中	人工费(元)			539.46	539.46
	材料费(元)			—	—
	机械费(元)			—	—
	名称	单位	单价(元)	消耗量	
人工	二类人工	工日	135.00	3.996	3.996

工作内容:1. 拆除接头、起道钉、掀出钢轨、材料 30 内分类运输;

2、3. 划线、钻孔、人工锯断钢轨。

定额编号				5-232	5-233	5-234
项目				防脱护轨	钢轨钻孔	锯钢轨
计量单位				双侧 100m	100 孔	10 个锯口
基价(元)				**599.06**	**197.83**	**201.83**
其中	人工费(元)			597.78	196.83	196.83
	材料费(元)			1.28	1.00	5.00
	机械费(元)			—	—	—
	名称	单位	单价(元)	消耗量		
人工	二类人工	工日	135.00	4.428	1.458	1.458
材料	其他材料费	元	1.00	1.28	1.00	5.00

二、通车后线路养护

1. 正　　线

工作内容：起道，捣固，改道，调整轨缝、轨距杆及防爬设备，打浮钉，更换配件及涂油，紧螺栓，方枕，整理道路肩等线路上作业。

计量单位：每月每公里

定额编号					5-235	5-236	5-237
项目					正线		
					三个月以内	三个月以上至六个月	六个月以上
基价（元）					**12142.37**	**7755.17**	**4023.38**
其中	人工费（元）				8383.50	5248.80	2770.20
	材料费（元）				3758.87	2506.37	1253.18
	机械费（元）				—	—	—
名称			单位	单价(元)	消耗量		
人工	二类人工		工日	135.00	62.100	38.880	20.520
材料	碎石道碴 面碴		t	68.97	54.500	36.340	18.170

2. 站　　线

工作内容：起道，捣固，改道，调整轨缝、轨距杆及防爬设备，打浮钉，更换配件及涂油，紧螺栓，方枕，整理道路肩等线路上作业。

计量单位：每月每公里

定额编号					5-238	5-239	5-240
项目					站线		
					三个月以内	三个月以上至六个月	六个月以上
基价（元）					**8775.77**	**4387.88**	**2302.95**
其中	人工费（元）				6269.40	3134.70	1676.70
	材料费（元）				2506.37	1253.18	626.25
	机械费（元）				—	—	—
名称			单位	单价(元)	消耗量		
人工	二类人工		工日	135.00	46.440	23.220	12.420
材料	碎石道碴 面碴		t	68.97	36.340	18.170	9.080

工作内容：起道，捣固，改道，调整轨缝、轨距杆及防爬设备，打浮钉，更换配件及涂油，紧螺栓，方枕，整理道路肩等线路上作业。

计量单位：每月每组

定额编号					5-241	5-242
项目					道岔	
					六个月以内	六个月以上
基价（元）					**1615.19**	**770.80**
其中	人工费（元）				1239.30	583.20
	材料费（元）				375.89	187.60
	机械费（元）				—	—
名称			单位	单价(元)	消耗量	
人工	二类人工		工日	135.00	9.180	4.320
材料	碎石道碴 面碴		t	68.97	5.450	2.720

三、其　　他

工作内容:1. CPIII 控制网复测及加密测量、二等水准测量、三角高程上桥测量、钻孔及 CPIII 杆件埋设、CPIII 网测量、数据整理;

2. 工作准备、轨检小车测量、轨道调整等。

定额编号				5-243	5-244
项目				轨道 CPIII 测设	轨道精细调整
计量单位				km	km.次
基价(元)				12739.31	44158.62
其中	人工费(元)			10886.13	16615.80
	材料费(元)			96.09	16458.26
	机械费(元)			1757.09	11084.56
	名称	单位	单价(元)	消耗量	
人工	二类人工	工日	135.00	80.638	123.080
材料	CPIII 预埋件	个	—	(46.667)	—
	测钉	个	4.31	6.389	—
	连接杆	个	17.24	2.100	—
	强力植筋胶	L	58.45	0.003	—
	手喷漆	kg	12.93	2.415	—
	铁垫板 60kg	块	25.86	—	420.420
	轨距挡板 60kg	块	6.90	—	797.727
	其他材料费	元	1.00	0.95	81.88
机械	全站仪	台班	49.03	12.620	—
	电子水准仪	台班	22.01	12.620	—
	手提冲击钻	台班	84.69	6.250	—
	柴油发电机 3kW	台班	53.00	6.250	—
	液压起拔道机 15kW	台班	195.00	—	17.727
	钢轨拉伸机	台班	33.92	—	17.727
	轨道平车 30t	台班	207.79	—	8.864
	轨检小车	台班	113.00	—	8.864
	轨道车 210kW	台班	471.91	—	8.864

浙江省城市轨道交通工程预算定额

（2018 版）

第六册　通信工程
第七册　信号工程
第八册　供电工程

中 国 计 划 出 版 社

2018　北　　京

总 说 明

一、《浙江省城市轨道交通工程预算定额》(2018 版)(以下简称本定额)是根据省建设厅、省发改委、省财政厅《关于组织编制〈浙江省建设工程计价依据(2018 版)〉的通知》(建建发〔2017〕166 号)、国家标准《建设工程工程量清单计价规范》GB 50500—2013 及有关规定,在《城市轨道交通工程工程量清单计算规范》GB 50861—2013、《城市轨道交通工程预算定额》GCG 103－2008 和《杭州市地铁工程预算定额》(2010 版)基础上,结合本省实际情况进行编制。

二、本定额共分十三册,包括:

第一册　路基、围护结构工程;

第二册　高架桥工程;

第三册　地下区间工程;

第四册　地下结构工程;

第五册　轨道工程;

第六册　通信工程;

第七册　信号工程;

第八册　供电工程;

第九册　智能与控制系统安装工程;

第十册　机电设备安装工程;

第十一册　车辆基地工艺设备;

第十二册　拆除工程;

第十三册　措施项目。

三、本定额是完成规定计量单位分部分项工程所需的人工、材料、施工机械台班的消耗量标准,是编制施工图预算的依据,是确定合同价、结算价、调解工程价款争议、工程造价鉴定以及编制本省城市轨道交通概算定额、估算指标与技术经济指标的基础,也是企业投标报价或编制企业定额的参考依据。

全部使用国有资金或国有资金投资为主的工程建设项目,编制招标控制价应执行本定额。

四、本定额适用于本省区域范围内城市轨道交通新建和改、扩建工程。

五、本定额是依据现行国家及本省城市轨道交通有关强制性标准、推荐性标准、设计规范、施工验收规范、技术操作规程、质量评定标准、产品标准和安全操作规程,根据合理的施工组织和正常的施工条件,并参考了有关地区和行业标准、定额,以及典型工程设计、施工和其他资料编制的,反映了本省区域的社会平均消耗量水平。

六、有关定额人工的说明和规定。

1. 本定额人工不分工种,但按定额用工的技术含量分为一类人工和二类人工,以综合工日表示,每工日按 8 小时工作制计算。内容包括基本用工、超运距用工、人工幅度差和辅助用工。其中土石方工程人工为一类人工,其余均为二类人工。

2. 本定额中人工单价,按一类人工 125 元/工日,二类人工 135 元/工日计取。

七、有关建筑材料、成品及半成品的说明和规定。

1. 本定额采用的材料(包括构配件、零件、半成品、成品)均为符合国家质量标准和相应设计要求的合格产品,定额中材料、成品及半成品的定额价格包括市场供应价、运杂费、运输损耗费和采购保管费,材料名称、规格型号及取定的价格详见附录三。

2. 本定额中的材料消耗量包括净用量和损耗量。损耗量包括：从工地仓库、现场集中堆放地点（或现场加工地点）至操作（或安装）地点的施工场内运输损耗、施工操作损耗、施工现场堆放损耗等，规范（设计文件）规定的预留量、搭接量不在损耗率中考虑。

3. 对于用量少、价值小的零星材料合并为其他材料费，在定额中以“其他材料费”形式表示。

4. 除各章另有说明外，定额中的周转性材料按摊销量编制，且已包括回库维修费及相关费用。

5. 本定额中的混凝土、沥青混凝土、砌筑砂浆、抹灰砂浆及各种胶泥等均按半成品考虑，消耗量以体积“m^3”表示。定额中混凝土的养护，除另有说明者外，均按自然养护考虑。

6. 本定额中使用的混凝土均按商品混凝土编制。采用泵送商品混凝土的，其单价包括泵送费用。若实际使用现场搅拌混凝土时，除按混凝土单价换算外，另每立方米混凝土增加：人工 0.392 工日，500L 双锥反转出料混凝土搅拌机 0.03 台班。

7. 定额中混凝土已按结构部位取定泵送或非泵送，若定额所列混凝土形式与实际不同时，除混凝土单价换算外，人工消耗量调整如下：

（1）泵送商品混凝土调整为非泵送商品混凝土：定额人工乘以 1.35；

（2）非泵送商品混凝土调整为泵送商品混凝土：定额人工乘以 0.75。

8. 本定额中所使用的砂浆均按干混预拌砂浆编制，若实际使用现拌砂浆或湿拌预拌砂浆时，按以下方法调整：

（1）使用现拌砂浆的，除将定额中的干混预拌砂浆调换为现拌砂浆外，另按相应定额中每立方米砂浆增加：人工 0.382 工日、200L 灰浆搅拌机 0.167 台班，并扣除定额中干混砂浆罐式搅拌机台班的数量。

（2）使用湿拌预拌砂浆的，除将定额中的干混预拌砂浆调换为湿拌预拌砂浆外，另按相应定额中每立方米砂浆扣除人工 0.20 工日，并扣除定额中干混砂浆罐式搅拌机台班数量。

八、有关机械的说明：

1. 本定额中的机械按常用机械、合理机械配备和施工企业的机械化装备程度，并结合本省工程实际编制的，台班价格按《浙江省施工机械台班费用定额》（2018 版）计算。

2. 本定额的机械台班消耗量是按正常机械施工工效考虑，每一台班按 8 小时工作制计算，并考虑了其他直接生产使用的机械幅度差。

3. 本定额中未包括大型施工机械场外运输及安、拆费用，发生时，应根据经批准的施工组织设计方案选用的实际机械种类及规格，按附录二及机械台班费用定额有关规定计算。

4. 凡单位价值 2000 元以内、使用年限在一年以内的不构成固定资产的施工机械，不列入机械台班消耗量，作为工具用具在建筑安装工程费中的企业管理费考虑，其消耗的燃料动力等已列入材料内。

九、本定额与其他现行定额的界定关系：

1. 本定额未包括的项目，可按本省其他相应专业工程计价定额执行。

2. 轨道工程地下车站的装饰、装修套用《浙江省房屋建筑与装饰工程预算定额》（2018 版）时，人工消耗量乘以系数 1.05；地下车站、区间的安装工程（除本定额已包括安装工程外）套用《浙江省通用安装工程预算定额》（2018 版）时，人工消耗量乘以系数 1.05。

十、本定额中的工作内容已说明了主要的施工工序，次要工序虽未说明，但均已包括在内。

十一、定额中用括号“（ ）”表示的消耗量，其价格均未计入基价。

十二、本定额中遇有两个或两个以上系数时，按连乘法计算。

十三、定额中注有“××以内”或“××以下”者均包括××本身，“××以外”或“××以上”者，则不包括××本身。

十四、凡本总说明未尽事宜，详见各册说明和附录。

十五、本定额由浙江省建设工程造价管理总站负责解释与管理。

目　　录

第六册　通 信 工 程

第七册　信号工程

第一章　挖、填电缆沟与电缆敷设、防护

第二章　信号机及室外箱、盒安装

第三章　室外设备基础

第四章　道岔电动转辙机安装

第五章　轨道检测装置安装

第六章　电源设备安装

第七章　室内设备安装

第八章　车载设备安装及调试

第九章　系统调试

第十章　其　他

第八册　供电工程

第一章　变　电　所

第二章　杂散电流

第三章　电力监控

第四章　柔性接触网

第五章　刚性接触网

第六章　动力照明

第七章　电　缆

第八章　配 管 配 线

第九章　接 地 装 置

第十章　感　应　板

第十一章　其　　他

第六册　通 信 工 程

册　说　明

一、本册定额包括挖、填光(电)缆沟及敷设通信管道,光(电)缆敷设、接续及防护,站内线路、线缆工程,程控电话交换机、闭路电视、广播等系统设备安装,站内无线通信、光纤数字传播等系统安装五章,共494个子目。

二、本册定额适用于新建、改扩建的城市轨道交通通信工程。

三、本册定额的主要编制依据:

1.《城市轨道交通通信工程质量验收规范》GB 50382—2006;

2.《通信管道与通道工程设计规范》GB 50373—2006;

3.《城市轨道交通工程工程量计算规范》GB 50861—2013;

4.《通信电源设备安装工程设计规范》YD/T 5040—2005;

5.《固定电话交换设备安装工程设计规范》YD/T 5076—2005;

6.《基于SDH的多种业务传送节点(MSTP)本地网光缆传输工程设计规范》YD/T 5119—2005;

7.《城市轨道交通工程预算定额》GCG 103－2008;

8.《信息通信建设工程预算定额》(工信部通信〔2016〕451号);

9.《杭州市地铁工程预算定额》(2010版)。

四、设备安装除另有规定外,均包括设备本身的安装固定,引入引出端子板的接线、端子的压接全部工作内容。不包括设备引出端子板以外的电缆、电线敷设及设备接地。

五、定额中各种钢管、塑料管的敷设、光(电)缆和电线的敷设以及设备安装的操作高度,均按5m以下编制;若设计超过5m时,其超过部分的人工工日乘以下表系数执行。

超高调整系数

操作高度	10m以下	20m以下	20m以上
超高系数	1.25	1.40	1.60

六、通信光(电)缆预留长度规定。

1.光缆预留量见下表。

光缆预留长度表

序号	项　　目	预留长度(m)
1	接续处	3.0
2	引入设备处	5.0
3	中继站两侧引入口处	5.0
4	接续装置内光纤收容余长(每侧)	≥0.8
5	托架光缆敷设每200m	3.0
6	进出平拉隧道隔断门(或立转门)	5.0
7	跨越绕行增加计算长度	12/2.5
8	其他特殊情况	按设计规定执行

2. 电缆预留量见下表。

电缆预留长度表

序号	项　　目	预留长度(m)
1	接续处	2.0
2	引入设备处	2.0
3	总配线架成端预留量	
3.1	100 对成端(采用 1 条 100 对电缆成端)	3.5
3.2	200 对成端(采用 1 条 200 对电缆成端)	4.5
3.3	300 对成端(采用 1 条 300 对电缆成端)	5.5
3.4	400 对成端(采用 2 条 200 对电缆成端)	9.0
4	组线箱成端(50 对以下)	1.5
5	交接箱接头排(100 对电缆以上)	5.0
6	分线箱(盒)预留(50 对以下)	2.5
7	托架电缆敷设每 200m	3.0
8	进出平拉隧道隔断门(或立转门)	5.0
9	跨越绕行增加计算长度	12/2.5
10	其他特殊情况	按设计规定执行

七、定额中使用的线、缆等材料与设计不符时允许换算。

八、安装与生产同时进行的工作,安装工程的人工费增加 10%,本费用为降效增加费。

九、在有害环境(高温、多尘、噪声超标、有害气体)中施工时,安装工程的人工费增加 10%,本费用为降效增加费。

第一章

挖、填光（电）缆沟及敷设通信管道

说　明

一、本章包括挖、填光(电)缆沟,敷设通信管道,人(手)孔砌筑,地下定向钻敷管四节,共79个子目。

二、人(手)孔工作按标准图编制。

三、挖、填光(电)缆沟及管道沟长度,应减去光(电)缆过桥涵、隧道及人(手)孔坑的长度。

四、挖、填光(电)缆沟定额按土、石质及沟深0.8m、1.2m分别编制,不包括地下、地上障碍物处理,发生时可另行计列。

五、通信管道沟和人孔坑抽水定额按用水泵抽水及人工将水淘干后,在施工中仍需继续淘水编制的,管道沟抽水系以两个人孔之间为一段。

六、地下定向钻敷管定额中当设计管材与定额不同时,材料可做调整,其他不变。当地下土层为以下情况时,人工、机械消耗量进行调整:

(1)地下土层为回填垃圾时,人工、机械消耗量乘以系数1.2;

(2)地下土层为黏性土夹碎石土时,人工、机械消耗量乘以系数1.5;

(3)地下土层为纯砂层或碎石土时,人工、机械消耗量乘以系数2.0。

工程量计算规则

一、挖、填光(电)缆沟、挖、砌光(电)槽道、混凝土管道基础及底基、铺设管道等按设计图示长度以“m”计算。

二、挖管道沟及人孔坑、回填夯实按设计图示尺寸以“m^3”计算。

三、清理路基道渣按设计图示以“m^3”计算。

四、铺设引上混凝土管块、钢管、弯管按设计图示数量以“根”计算。

五、砌筑人(手)孔按“个”计算。

六、光(电)缆标桩按设计图示数量以“根”计算。

七、地下定向钻敷管按设计图示管道长度以“m”计算,即人(手)孔中心—人(手)孔中心计算,不扣除人(手)孔所占长度。

一、挖、填光(电)缆沟

工作内容:划线定位,开挖光(电)缆沟、接头坑,清理,松填。　　计量单位:100m

定额编号				6-1	6-2	6-3	6-4	6-5	6-6
项目				挖、填光(电)缆沟					
				土(沟深0.8m以内)			土(沟深1.2m以内)		
				2根以内	4根以内	4根以外	2根以内	4根以内	4根以外
基价(元)				**1182.16**	**1337.68**	**1492.39**	**1960.71**	**2464.80**	**2968.75**
其中	人工费(元)			1159.92	1315.44	1470.15	1938.47	2442.56	2946.51
	材料费(元)			22.24	22.24	22.24	22.24	22.24	22.24
	机械费(元)			—	—	—	—	—	—
名称		单位	单价(元)	消耗量					
人工	二类人工	工日	135.00	8.592	9.744	10.890	14.359	18.093	21.826
材料	塑料彩条编织布	m^2	1.21	17.500	17.500	17.500	17.500	17.500	17.500
	其他材料费	元	1.00	1.06	1.06	1.06	1.06	1.06	1.06

工作内容:划线定位,人力凿石,开挖光(电)缆沟、接头坑,清理,松填,铺、盖土(砂)。　　计量单位:100m

定额编号				6-7	6-8	6-9
项目				挖、填光(电)缆沟		
				石(沟深0.8m以内)		
				2根以内	4根以内	4根以外
基价(元)				**6841.12**	**8612.99**	**10384.87**
其中	人工费(元)			6814.94	8586.81	10358.69
	材料费(元)			26.18	26.18	26.18
	机械费(元)			—	—	—
名称		单位	单价(元)	消耗量		
人工	二类人工	工日	135.00	50.481	63.606	76.731
材料	塑料彩条编织布	m^2	1.21	17.500	17.500	17.500
	其他材料费	元	1.00	5.00	5.00	5.00

工作内容:1. 人力夯实;

2. 挖、砌光(电)缆槽道:划线定位,挖槽道沟、夯实,木模制作、安装、拆除,钢筋配料绑扎,灌注,预制盖板,做槽道基础,砌砖,抹水泥砂浆,养护,回填土;

3. 清理路基道渣;

4. 挖坑、埋设、回填、夯实。

定额编号				6-10	6-11	6-12	6-13	6-14
项目				光(电)缆沟回填后夯实	挖、砌光(电)缆槽道地平式		清理路基道渣	光(电)缆标桩
					300×300mm	600×300mm		
计量单位				$10m^3$	100m		m^3	10 根
基价(元)				**89.10**	**18348.34**	**24791.61**	**24.30**	**215.94**
其中	人工费(元)			89.10	6441.80	8854.65	24.30	202.50
	材料费(元)			—	11601.22	15484.90	—	13.44
	机械费(元)			—	305.32	452.06	—	—
名称		单位	单价(元)	消耗量				
人工	二类人工	工日	135.00	0.660	47.717	65.590	0.180	1.500
材料	砖地膜	m^2	—	—	(0.660)	(1.030)	—	—
	电缆标桩 120×120×1200	根	—	—	—	—	—	(10.100)
	热轧光圆钢筋 综合	kg	3.97	—	438.240	681.560	—	—
	泵送商品混凝土 C20	m^3	431.00	—	12.650	18.770	—	—
	泵送商品混凝土 C15	m^3	422.00	—	4.090	4.090	—	—
	水泥砂浆 M5.0	m^3	212.41	—	4.090	4.690	—	—
	标准砖 240×115×53	千块	388.00	—	3.890	3.890	—	—
	松锯材	m^3	1121.00	—	0.200	0.300	—	—
	草帘	m^2	2.76	—	13.750	21.280	—	—
	镀锌铁丝	kg	6.55	—	3.310	5.140	—	—
	醇酸调和漆 各色	kg	8.44	—	—	—	—	1.000
	铁线钉	kg	6.90	—	2.320	3.410	—	—
	电	kW·h	0.78	—	0.470	0.650	—	—
	其他材料费	元	1.00	—	5.00	5.00	—	5.00
机械	混凝土振捣器 平板式	台班	12.54	—	0.520	0.820	—	—
	机动翻斗车 1t	台班	197.36	—	1.380	2.030	—	—
	钢筋切断机 40mm	台班	43.28	—	0.360	0.560	—	—
	钢筋弯曲机 40mm	台班	26.38	—	0.360	0.560	—	—
	钢筋调直机 14mm	台班	37.97	—	0.036	0.056	—	—

二、敷设通信管道

工作内容:1. 划线定位、开挖、修正、清理、找平,测量高程;
2. 划线定位,打(钻)孔、防护、爆破、清理、找平,测量高程;
3. 划线定位,人力凿石,清理,修整、找平,测量高程;
4. 回填、人力夯实、找平。

计量单位:$10m^3$

定额编号				6-15	6-16	6-17	6-18
项目				挖管道沟及人孔坑、土,2m以内	爆破开挖管道沟及人孔坑、石	人力开挖管道沟及人孔坑、石	管道沟及人孔坑回填夯实
基价(元)				**353.03**	**1306.05**	**1685.03**	**169.29**
其中	人工费(元)			346.68	1192.32	1669.14	169.29
	材料费(元)			6.35	113.73	15.89	—
	机械费(元)			—	—	—	—
名称		单位	单价(元)	消耗量			
人工	二类人工	工日	135.00	2.568	8.832	12.364	1.254
材料	工具钢	kg	7.33	—	1.213	—	—
	硝铵炸药	kg	9.26	—	7.158	—	—
	雷管	个	0.95	—	18.963	—	—
	塑料彩条编织布	m^2	1.21	5.000	12.500	12.500	—
	其他材料费	元	1.00	0.30	5.42	0.76	—

工作内容:制、支、撑挡土板,锯撑木,拆除、集中堆放、清理。

定额编号				6-19	6-20
项目				管道沟支、拆挡土板	人孔坑支、拆挡土板
计量单位				100m	个
基价(元)				**1294.41**	**385.49**
其中	人工费(元)			810.00	278.64
	材料费(元)			484.41	106.85
	机械费(元)			—	—
名称		单位	单价(元)	消耗量	
人工	二类人工	工日	135.00	6.000	2.064
材料	杉原木 综合	m^3	1466.00	0.070	0.035
	松锯材	m^3	1121.00	0.320	0.045
	其他材料费	元	1.00	23.07	5.09

工作内容:装拆水泵或手动抽水工具、抽水。

定额编号				6-21	6-22	6-23	6-24
项目				管道沟抽水	人孔坑抽水	布缆时人孔内抽水	
						积水	流水
计量单位				段	个		
基价(元)				**330.93**	**110.31**	**22.06**	**55.16**
其中	人工费(元)			243.00	81.00	16.20	40.50
	材料费(元)			—	—	—	—
	机械费(元)			87.93	29.31	5.86	14.66
名称		单位	单价(元)	消耗量			
人工	二类人工	工日	135.00	1.800	0.600	0.120	0.300
机械	电动单级离心清水泵 50mm	台班	29.31	3.000	1.000	0.200	0.500

工作内容:木模制作、安装、拆除,钢筋配料绑扎,灌注、养护。

计量单位:100m

定额编号				6-25	6-26	6-27	6-28
项目				混凝土管道基础(基础厚 0.08m)			
				2 孔宽	3 孔宽	4 孔宽	6 孔宽(平铺)
基价(元)				**2490.52**	**3188.10**	**3970.29**	**5292.54**
其中	人工费(元)			1108.89	1408.59	1614.33	2133.54
	材料费(元)			1381.63	1779.51	2355.96	3159.00
	机械费(元)			—	—	—	—
名称		单位	单价(元)	消耗量			
人工	二类人工	工日	135.00	8.214	10.434	11.958	15.804
材料	热轧光圆钢筋 综合	kg	3.97	9.020	11.320	15.800	20.440
	泵送商品混凝土 C10	m^3	403.00	2.860	3.750	5.020	6.810
	松锯材	m^3	1121.00	0.094	0.099	0.104	0.114
	草帘	m^2	2.76	8.000	10.000	15.000	20.000
	其他材料费	元	1.00	65.79	84.74	112.19	150.43

工作内容:铺碎石、找平、拍实,面层铺砂、找平。

计量单位:100m

定额编号				6-29	6-30	6-31	6-32	6-33	6-34
项目				管道碎石底基(管群 12 孔以下)				管道碎石底基(管群 12 孔以上)	
				2 孔宽	3 孔宽	4 孔宽	6 孔宽(平铺)	4 孔宽	6 孔宽(平铺)
基价(元)				**1708.49**	**2043.19**	**2425.38**	**3063.19**	**3230.39**	**3866.54**
其中	人工费(元)			443.88	563.76	645.57	853.74	864.27	1072.44
	材料费(元)			1264.61	1479.43	1779.81	2209.45	2366.12	2794.10
	机械费(元)			—	—	—	—	—	—
名称		单位	单价(元)	消耗量					
人工	二类人工	工日	135.00	3.288	4.176	4.782	6.324	6.402	7.944
材料	碎石 综合	m^3	153.00	6.550	7.660	9.220	11.440	12.250	14.470
	黄砂 净砂(中粗砂)	m^3	158.00	1.280	1.500	1.800	2.240	2.400	2.830
	其他材料费	元	1.00	60.22	70.45	84.75	105.21	112.67	133.05

工作内容:刷洗、抬运、铺设混凝土管,试通,抹接口、抹八字、填缝、抹边缝,养护。　　**计量单位**:100m

定额编号				6-35	6-36	6-37	6-38	6-39
项目				铺设混凝土通信管道				
				6孔		12孔		
				甲式	乙式	甲式	乙式	丙式
基价(元)				**1120.57**	**1235.56**	**2864.43**	**2303.60**	**2950.13**
其中	人工费(元)			874.80	955.80	2349.00	1806.30	2349.81
	材料费(元)			245.77	279.76	515.43	497.30	600.32
	机械费(元)			—	—	—	—	—
名称		单位	单价(元)	消耗量				
人工	二类人工	工日	135.00	6.480	7.080	17.400	13.380	17.406
材料	混凝土通信管块6孔600	块	—	(167.000)	(167.000)	(334.000)	(334.000)	(334.000)
	水泥砂浆 M7.5	m^3	215.81	0.880	1.030	2.070	1.990	2.240
	草帘	m^2	2.76	16.000	16.000	16.000	16.000	32.000
	其他材料费	元	1.00	11.70	13.32	24.54	23.68	28.59

工作内容:刷洗、抬运、铺设混凝土管,试通,抹接口、抹八字、填缝、抹边缝,养护。　　**计量单位**:100m

定额编号				6-40	6-41	6-42
项目				铺设混凝土通信管道		
				24孔		
				甲式	乙式	丙式
基价(元)				**5554.93**	**5618.38**	**4534.55**
其中	人工费(元)			4592.57	4592.57	3507.17
	材料费(元)			962.36	1025.81	1027.38
	机械费(元)			—	—	—
名称		单位	单价(元)	消耗量		
人工	二类人工	工日	135.00	34.019	34.019	25.979
材料	混凝土通信管块6孔600	块	—	(668.000)	(668.000)	(668.000)
	水泥砂浆 M7.5	m^3	215.81	3.940	4.220	3.920
	草帘	m^2	2.76	24.000	24.000	48.000
	其他材料费	元	1.00	45.83	48.85	48.92

工作内容:木模制作、安装、拆除,洗刷管身、基础及模块,灌注、养护。 **计量单位**:100m

定额编号				6-43	6-44	6-45	6-46
项目				包封混凝土通信管道			
				管道两侧 2 孔高	管道两侧 3 孔高	管道两侧 4 孔高	管道两侧 6 孔高
基价(元)				**4038.73**	**5386.72**	**7503.04**	**10038.94**
其中	人工费(元)			1667.79	2155.41	2825.96	3785.00
	材料费(元)			2370.94	3231.31	4677.08	6253.94
	机械费(元)			—	—	—	—
名称		单位	单价(元)	消耗量			
人工	二类人工	工日	135.00	12.354	15.966	20.933	28.037
材料	泵送商品混凝土 C10	m^3	403.00	4.570	6.370	9.470	12.730
	松锯材	m^3	1121.00	0.332	0.406	0.510	0.658
	草帘	m^2	2.76	16.000	20.000	24.000	32.000
	其他材料费	元	1.00	112.90	153.87	222.72	297.81

工作内容:1、2. 划线定位,挖沟(不包括开凿路面)、抄平,人孔壁凿口,铺管、封窗口,养护;
3、4. 定位、安装、接续、加固、缠沥青麻布;
5、6. 定位、安装、接续、加固、加热涂沥青。 **计量单位**:根

定额编号				6-47	6-48	6-49	6-50	6-51
项目				铺设引上混凝土管块		安装引上钢管		安装引上弯管
				1 孔	2 孔	杆上	墙上	
基价(元)				**29.05**	**39.58**	**134.91**	**195.89**	**65.29**
其中	人工费(元)			25.11	35.64	40.50	56.70	60.75
	材料费(元)			3.94	3.94	94.41	139.19	4.54
	机械费(元)			—	—	—	—	—
名称		单位	单价(元)	消耗量				
人工	二类人工	工日	135.00	0.186	0.264	0.300	0.420	0.450
材料	混凝土通信管块 1 孔 600	块	—	(1.010)	—	—	—	—
	混凝土通信管块 2 孔 600	块	—	—	(1.010)	—	—	—
	铸铁弯管 $DN\,70\times90°\ L=2000$	根	—	—	—	—	—	(1.010)
	碳素结构钢焊接钢管 综合	kg	3.88	—	—	20.930	20.930	—
	金属膨胀螺栓 M6	10 套	1.90	—	—	—	6.000	—
	拉线抱箍	套	4.31	—	—	2.020	—	—
	镀锌管箍 *DN*80	个	12.93	—	—	—	3.090	—
	水泥砂浆 M7.5	m^3	215.81	0.011	0.011	—	—	0.020
	草帘	m^2	2.76	0.500	0.500	—	—	—
	其他材料费	元	1.00	0.19	0.19	4.50	6.63	0.22

工作内容:钢筋支架加工、绑扎,挫管内口,铺设、接续塑料管,管缝间填充水泥砂浆,试通。 **计量单位**:100m

定额编号				6-52	6-53	6-54	6-55
项目				铺设塑料通信管道			
				2孔(2×1)	3孔(3×1)	4孔(2×2)	6孔(3×2)
基价(元)				**348.53**	**482.30**	**758.29**	**957.07**
其中	人工费(元)			307.80	421.20	518.40	615.60
	材料费(元)			40.73	61.10	239.89	341.47
	机械费(元)			—	—	—	—
名称		单位	单价(元)	消耗量			
人工	二类人工	工日	135.00	2.280	3.120	3.840	4.560
材料	硬聚氯乙烯管 D100	m	—	(202.000)	(303.000)	(404.000)	(606.000)
	镀锌圆钢 ϕ10~14	kg	4.67	—	—	32.310	44.720
	PVC 胶水	kg	25.86	1.500	2.250	3.000	4.500
	其他材料费	元	1.00	1.94	2.91	11.42	16.26

工作内容:钢筋支架加工、绑扎,挫管内口,铺设、接续塑料管,管缝间填充水泥砂浆,试通。 **计量单位**:100m

定额编号				6-56	6-57	6-58	6-59
项目				铺设塑料通信管道			
				9孔(3×3)	12孔(4×3)	18孔(6×3)	24孔(6×4)
基价(元)				**1382.64**	**1805.42**	**2629.31**	**3436.38**
其中	人工费(元)			891.81	1169.64	1696.14	2222.64
	材料费(元)			490.83	635.78	933.17	1213.74
	机械费(元)			—	—	—	—
名称		单位	单价(元)	消耗量			
人工	二类人工	工日	135.00	6.606	8.664	12.564	16.464
材料	硬聚氯乙烯管 D100	m	—	(909.000)	(1212.000)	(1818.000)	(2424.000)
	镀锌圆钢 ϕ10~14	kg	4.67	62.720	79.820	115.550	147.850
	PVC 胶水	kg	25.86	6.750	9.000	13.500	18.000
	其他材料费	元	1.00	23.37	30.28	44.44	57.80

工作内容:挫管内口、切管套丝、铺设、接续、试通等。 计量单位:100m

定额编号				6-60	6-61	6-62
项目				铺设镀锌钢管通信管道		
				6 孔(3×2)	12 孔(4×3)	24 孔(6×4)
基价(元)				**3849.26**	**7628.03**	**15123.09**
其中	人工费(元)			1284.66	2498.85	4864.73
	材料费(元)			2303.41	4606.81	9213.62
	机械费(元)			261.19	522.37	1044.74
	名称	单位	单价(元)	消耗量		
人工	二类人工	工日	135.00	9.516	18.510	36.035
材料	碳素结构钢镀锌焊接钢管 *DN*100×4.0	m	—	(618.000)	(1236.000)	(2472.000)
	镀锌钢管接头管件 *DN*100	个	18.10	121.200	242.400	484.800
	其他材料费	元	1.00	109.69	219.37	438.74
机械	普通车床 400×2000mm	台班	49.85	4.200	8.400	16.800
	管子切断套丝机 159mm	台班	21.59	2.400	4.800	9.600

三、人(手)孔砌筑

工作内容:木模制作、安装、拆除,钢筋配料绑扎,灌注,砌砖,安装人孔口圈、电缆托架,勾缝、抹面,养护,清刷、涂防水层。 计量单位:个

定额编号				6-63	6-64	6-65	6-66	6-67
项目				砌筑人孔 24 孔以内			砌筑手孔	
				直通型	三通型	四通型	900×1200mm	1200×1700mm
基价(元)				**4652.95**	**6820.07**	**6992.55**	**2065.57**	**2982.67**
其中	人工费(元)			1797.39	2577.29	2629.13	1015.74	1377.00
	材料费(元)			2855.56	4242.78	4363.42	1049.83	1605.67
	机械费(元)			—	—	—	—	—
	名称	单位	单价(元)	消耗量				
人工	二类人工	工日	135.00	13.314	19.091	19.475	7.524	10.200
材料	电缆人孔口圈车行道用	套	—	(1.010)	(1.010)	(1.010)	(1.010)	(1.010)
	热轧光圆钢筋 综合	kg	3.97	44.700	85.700	88.000	11.260	25.110
	拉力环	个	17.24	2.020	3.030	4.040	2.020	2.020
	积水罐带盖	个	13.79	1.010	1.010	1.010	1.010	1.010
	电缆托架(甲)	套	16.38	8.080	12.120	10.100	4.040	4.040
	电缆托架(乙)	套	7.91	—	4.040	6.060	—	—
	标准砖 240×115×53	千块	388.00	1.830	2.560	2.600	0.720	1.080
	泵送商品混凝土 C15	m^3	422.00	2.500	3.920	4.040	0.550	0.970
	水泥砂浆 M10.0	m^3	222.61	1.870	2.290	2.400	0.810	1.250
	松锯材	m^3	1121.00	0.030	0.040	0.050	0.060	0.100
	草帘	m^2	2.76	10.000	10.000	10.000	10.000	10.000
	防水剂	kg	3.65	25.020	31.590	32.580	9.720	13.740
	电缆托架穿钉 M16	套	2.24	12.120	26.260	26.260	8.080	8.080
	其他材料费	元	1.00	135.98	202.04	207.78	49.99	76.46

四、地下定向钻敷管

工作内容：设备就位、现场组装、检验管材、打磨内口、(管材接续)、挖(填)工作坑、测位钻孔、回拖扩孔、敷设管材、封堵管口等。

定额编号				6-68	6-69	6-70	6-71
项目				地下定向钻敷管			
				工作孔径 ϕ120mm 以下		工作孔径 ϕ240mm 以下	
				30m 以下	每增加 10	30m 以下	每增加 10
计量单位				处	10m	处	10m
基价（元）				**4156.69**	**824.59**	**5800.67**	**1159.84**
其中	人工费（元）			767.21	153.90	1051.79	210.06
	材料费（元）			—	—	—	—
	机械费（元）			3389.48	670.69	4748.88	949.78
名称		单位	单价(元)	消耗量			
人工	二类人工	工日	135.00	5.683	1.140	7.791	1.556
材料	中密度聚乙烯管	m	—	(1.010)	(1.010)	(1.010)	(1.010)
机械	载货汽车 12t	台班	587.20	1.000	0.200	1.400	0.280
	汽车式起重机 16t	台班	875.04	1.000	0.200	1.400	0.280
	定向钻机非开挖铺管钻机 ST－25 型	台班	1801.16	1.070	0.210	1.500	0.300

注：路由长度超过 300m 时，定向钻机非开挖铺管机采用 ST－35 型。

工作内容：设备就位、现场组装、检验管材、打磨内口、(管材接续)、挖(填)工作坑、测位钻孔、回拖扩孔、敷设管材、封堵管口等。

定额编号				6-72	6-73	6-74	6-75
项目				地下定向钻敷管			
				工作孔径 ϕ360mm 以下		工作孔径 ϕ600mm 以下	
				30m 以下	每增加 10	30m 以下	每增加 10
计量单位				处	10m	处	10m
基价（元）				**8107.51**	**1618.90**	**12696.79**	**2546.73**
其中	人工费（元）			1459.08	292.14	2034.18	406.76
	材料费（元）			—	—	—	—
	机械费（元）			6648.43	1326.76	10662.61	2139.97
名称		单位	单价(元)	消耗量			
人工	二类人工	工日	135.00	10.808	2.164	15.068	3.013
材料	中密度聚乙烯管	m	—	(1.010)	(1.010)	(1.010)	(1.010)
机械	载货汽车 12t	台班	587.20	1.960	0.390	2.740	0.550
	汽车式起重机 16t	台班	875.04	1.960	0.390	2.740	0.550
	定向钻机非开挖铺管钻机 ST－25 型	台班	1801.16	2.100	0.420	—	—
	定向钻机非开挖铺管钻机 ST－35 型	台班	2263.97	—	—	2.940	0.590

注：路由长度超过 300m 时，定向钻机非开挖铺管机采用 ST－35 型。

工作内容:设备就位、现场组装、检验管材、打磨内口、(管材接续)、挖(填)工作坑、测位钻孔、回拖扩孔、敷设管材、封堵管口等。

定额编号				6-76	6-77	6-78	6-79
项目				地下定向钻敷管			
				工作孔径 ϕ840mm 以下		工作孔径 ϕ950mm 以下	
				30m 以下	每增加 10	30m 以下	每增加 10
计量单位				处	10m	处	10m
基价(元)				**18027.99**	**3599.06**	**22666.63**	**4873.43**
其中	人工费(元)			3085.43	616.68	4107.78	833.09
	材料费(元)			—	—	—	—
	机械费(元)			14942.56	2982.38	18558.85	4040.34
名称		单位	单价(元)	消耗量			
人工	二类人工	工日	135.00	22.855	4.568	30.428	6.171
材料	中密度聚乙烯管	m	—	(1.010)	(1.010)	(1.010)	(1.010)
机械	载货汽车 12t	台班	587.20	3.840	0.770	4.610	1.060
	汽车式起重机 16t	台班	875.04	3.840	0.770	4.610	1.060
	定向钻机非开挖铺管钻机 ST-35 型	台班	2263.97	4.120	0.820	5.220	1.100

第二章

光（电）缆敷设、接续及防护

说　明

一、本章包括敷设管道光缆,敷设托架光缆,控制中心、车辆段、车站的光缆引入,敷设埋式电缆,敷设管道电缆,敷设托架电缆及电线,电缆及电线钉固(吊挂),控制中心、车辆段、车站的电缆引入,光(电)缆接续,光(电)缆测试,光(电)缆保护,光(电)缆防护,光(电)缆终端设备安装,光缆检测设备安装十四节,共104个子目。

二、敷设管道光(电)缆定额已包括管孔清刷,若管孔堵塞、沉陷、断裂等另行计列。管道敷设塑料子管,系指管道每一孔内,布放塑料子管的数量。

三、管道光缆接续不包括光缆接头托架,需要时另行计列。

四、光缆敷设芯数超出144芯以外,按每增加24芯,人工增加0.8个工日计算。光缆接续144芯以外,每增加24芯,人工增加8个工日,光纤熔接机增加0.4个台班,光时域反射仪增加0.4个台班。

五、光缆测试144芯以外,每增加24芯,人工增加4个工日,光时域反射仪增加0.7个台班。

六、光中继段测试的“段”是光缆端站至中继站或两个中继站之间的距离。

七、电缆全程测试的配线电缆,是从总配线架至配线区的分线设备端子,包括测试中因施工原因而造成的障碍线对修复。

八、安装光(电)缆终端设备中,光缆终端盒按光缆芯数划分。

工程量计算规则

一、敷设管道光缆、托架光缆、塑料子管按设计图示长度以“m”计算,预留长度按册说明增加。

二、控制中心、车辆段及车站的光缆引入以“条”计算。

三、敷设埋式、管道、托架、钉固电缆及电线等按设计图示长度以“m”计算,预留长度按册说明增加。

四、控制中心、车辆段及车站的电缆引入以“条”计算。

五、光缆接续、电缆封灌充油膏套管、安装漏泄同轴电缆接头按设计数量以“个”计算,电缆芯数接续以“100 对”计算。

六、光中继段测试以“段”计算,电缆全程测试以“条”计算。

七、光(电)缆保护、防雷、防蚀、防白蚁以“处”计算。

八、电缆排流器以“个”计算。

九、光(电)缆终端盒、方向盒按设计数量以“个”计算。

十、光缆监测设备(监测站、监测中心)以“站”计算。

十一、光缆监测设备开通、测试以“系统”计算。

一、敷设管道光缆

工作内容:清刷管孔、塑料管外观检查、敷设塑料管并试通、固定堵头及塞子、管头做标记。　　**计量单位**:100m

定额编号				6-80	6-81	6-82	6-83
项目				敷设塑料子管			
				1孔	2孔	3孔	4孔
基价(元)				**1497.96**	**2933.83**	**4345.41**	**5756.99**
其中	人工费(元)			121.50	194.40	243.00	291.60
	材料费(元)			1376.46	2739.43	4102.41	5465.39
	机械费(元)			—	—	—	—
名称		单位	单价(元)	消耗量			
人工	二类人工	工日	135.00	0.900	1.440	1.800	2.160
材料	橡胶护套管	m	12.84	101.000	202.000	303.000	404.000
	镀锌铁丝	kg	6.55	0.305	0.305	0.305	0.305
	镀锌钢丝 $\phi3\sim6$	kg	5.34	2.030	2.030	2.030	2.030
	聚乙烯管固定堵头	个	0.43	1.220	2.430	3.650	4.860
	聚乙烯管塞子	个	0.29	2.450	4.900	7.350	9.800
	其他材料费	元	1.00	65.55	130.45	195.35	260.26

工作内容:检查测试光缆、光缆配盘、清刷管孔、穿放引线、布放光缆安装托板、人孔中光缆包保护管、盘余长等。　　**计量单位**:100m

定额编号				6-84	6-85	6-86	6-87
项目				人工敷设管道光缆			
				48芯以内	60芯以内	72芯以内	84芯以内
基价(元)				**624.27**	**632.53**	**727.66**	**727.66**
其中	人工费(元)			437.40	437.40	502.20	502.20
	材料费(元)			60.00	60.00	60.00	60.00
	机械费(元)			126.87	135.13	165.46	165.46
名称		单位	单价(元)	消耗量			
人工	二类人工	工日	135.00	3.240	3.240	3.720	3.720
材料	光缆	m	—	(102.000)	(102.000)	(102.000)	(102.000)
	电缆托板	块	7.81	4.850	4.850	4.850	4.850
	镀锌钢丝 $\phi3\sim6$	kg	5.34	2.030	2.030	2.030	2.030
	镀锌铁丝	kg	6.55	0.305	0.305	0.305	0.305
	橡胶护套管	m	12.84	0.500	0.500	0.500	0.500
	其他材料费	元	1.00	2.86	2.86	2.86	2.86
机械	汽车式起重机 5t	台班	366.47	0.150	0.150	0.180	0.180
	载货汽车 4t	台班	369.21	0.150	0.150	0.180	0.180
	光时域反射仪 HP8146A	台班	826.00	0.020	0.030	0.040	0.040

工作内容:检查测试光缆、光缆配盘、清刷管孔、穿放引线、布放光缆安装托板、人孔中光缆包保护管、盘余长等。

计量单位:100m

定额编号					6-88	6-89	6-90
项目					人工敷设管道光缆		
					96 芯以内	120 芯以内	144 芯以内
基价(元)					**800.72**	**889.98**	**944.55**
其中	人工费(元)				567.00	648.00	694.31
	材料费(元)				60.00	60.00	60.00
	机械费(元)				173.72	181.98	190.24
	名称		单位	单价(元)	消耗量		
人工	二类人工		工日	135.00	4.200	4.800	5.143
材料	光缆		m	—	(102.000)	(102.000)	(102.000)
	电缆托板		块	7.81	4.850	4.850	4.850
	镀锌铁丝		kg	6.55	0.305	0.305	0.305
	镀锌钢丝 $\phi3\sim6$		kg	5.34	2.030	2.030	2.030
	橡胶护套管		m	12.84	0.500	0.500	0.500
	其他材料费		元	1.00	2.86	2.86	2.86
机械	汽车式起重机 5t		台班	366.47	0.180	0.180	0.180
	光时域反射仪 HP8146A		台班	826.00	0.050	0.060	0.070
	载货汽车 4t		台班	369.21	0.180	0.180	0.180

二、敷设托架光缆

工作内容:检验光缆、敷设托架光缆,绑扎和固定光缆、安装标牌、光缆接续、接头防护及光缆测试等。

计量单位:100m

定额编号					6-91	6-92	6-93	6-94
项目					敷设托架光缆			
					48 芯以内	60 芯以内	72 芯以内	84 芯以内
基价(元)					**879.39**	**972.67**	**1104.21**	**1188.14**
其中	人工费(元)				482.76	534.74	588.20	639.09
	材料费(元)				1.34	1.34	1.34	1.34
	机械费(元)				395.29	436.59	514.67	547.71
	名称		单位	单价(元)	消耗量			
人工	二类人工		工日	135.00	3.576	3.961	4.357	4.734
材料	光缆		m	—	(102.000)	(102.000)	(102.000)	(102.000)
	镀锌铁丝		kg	6.55	0.100	0.100	0.100	0.100
	标牌		个	0.26	2.400	2.400	2.400	2.400
	其他材料费		元	1.00	0.06	0.06	0.06	0.06
机械	光时域反射仪 HP8146A		台班	826.00	0.270	0.320	0.370	0.410
	轨道车 210kW		台班	471.91	0.195	0.195	0.195	0.195
	轨道平车 5t		台班	34.23	0.195	0.195	0.195	0.195
	载货汽车 4t		台班	369.21	0.100	0.100	0.150	0.150
	汽车式起重机 5t		台班	366.47	0.100	0.100	0.150	0.150

工作内容:检验光缆、敷设托架光缆,绑扎和固定光缆、安装标牌、光缆接续、接头防护及光缆测试等。

计量单位:100m

定额编号				6-95	6-96	6-97
项目				敷设托架光缆		
				96 芯以内	120 芯以内	144 芯以内
基价(元)				**1342.06**	**1775.19**	**2188.68**
其中	人工费(元)			743.45	1069.20	1400.09
	材料费(元)			1.34	1.34	1.34
	机械费(元)			597.27	704.65	787.25
名称		单位	单价(元)	消耗量		
人工	二类人工	工日	135.00	5.507	7.920	10.371
材料	光缆	m	—	(102.000)	(102.000)	(102.000)
	镀锌铁丝	kg	6.55	0.100	0.100	0.100
	标牌	个	0.26	2.400	2.400	2.400
	其他材料费	元	1.00	0.06	0.06	0.06
机械	光时域反射仪 HP8146A	台班	826.00	0.470	0.600	0.700
	轨道车 210kW	台班	471.91	0.195	0.195	0.195
	轨道平车 5t	台班	34.23	0.195	0.195	0.195
	载货汽车 4t	台班	369.21	0.150	0.150	0.150
	汽车式起重机 5t	台班	366.47	0.150	0.150	0.150

三、控制中心、车辆段、车站的光缆引入

工作内容:光缆引入至室内、安装光缆盘留架、在光缆架上绑扎固定。

计量单位:条

定额编号				6-98
项目				控制中心或车辆段以及车站的光缆引入
基价(元)				**289.63**
其中	人工费(元)			230.85
	材料费(元)			58.78
	机械费(元)			—
名称		单位	单价(元)	消耗量
人工	二类人工	工日	135.00	1.710
材料	碳素结构钢镀锌焊接钢管 $DN15\times2.8$	m	6.07	6.500
	镀锌电缆卡子 3×100	套	3.51	2.000
	绑扎带	根	0.95	10.000
	其他材料费	元	1.00	2.80

四、敷设埋式电缆

工作内容:检查测试电缆、清理沟底、布放电缆等。　　计量单位:100m

定额编号				6-99	6-100	6-101	6-102	6-103
项目				敷设埋式电缆(市话电缆)				
				50×2×0.5mm 以内	100×2×0.5mm 以内	200×2×0.5mm 以内	300×2×0.5mm 以内	400×2×0.5mm 以内
基价(元)				**604.24**	**899.49**	**1064.75**	**1108.54**	**1108.54**
其中	人工费(元)			224.51	272.70	308.34	308.34	308.34
	材料费(元)			0.95	0.95	0.95	1.54	1.54
	机械费(元)			378.78	625.84	755.46	798.66	798.66
名称		单位	单价(元)	消耗量				
人工	二类人工	工日	135.00	1.663	2.020	2.284	2.284	2.284
材料	市话电缆	m	—	(102.000)	(102.000)	(102.000)	(102.000)	(102.000)
	热缩端帽不带气门	个	2.80	0.202	0.202	0.202	0.404	0.404
	镀锌铁丝	kg	6.55	0.051	0.051	0.051	0.051	0.051
	其他材料费	元	1.00	0.05	0.05	0.05	0.07	0.07
机械	电缆测试仪 JH5132	台班	10.42	0.003	0.003	0.003	0.003	0.003
	载重汽车 2.5t	台班	216.00	0.650	1.200	1.800	2.000	2.000
	汽车式起重机 5t	台班	366.47	0.650	1.000	1.000	1.000	1.000
	数字兆欧表 BM-206 1000MΩ	台班	14.22	0.010	0.010	0.011	0.011	0.011

五、敷设管道电缆

工作内容:检查测试电缆、电缆配盘、清刷管孔、穿放引线、布放电缆、锯缆封头、安装托板等。　　计量单位:100m

定额编号				6-104	6-105	6-106	6-107	6-108
项目				敷设管道电缆(市话电缆)				
				50×2×0.5mm 以内	100×2×0.5mm 以内	200×2×0.5mm 以内	300×2×0.5mm 以内	400×2×0.5mm 以内
基价(元)				**638.50**	**910.81**	**1040.43**	**1124.67**	**1124.67**
其中	人工费(元)			199.26	224.51	224.51	265.55	265.55
	材料费(元)			60.46	60.46	60.46	60.46	60.46
	机械费(元)			378.78	625.84	755.46	798.66	798.66
名称		单位	单价(元)	消耗量				
人工	二类人工	工日	135.00	1.476	1.663	1.663	1.967	1.967
材料	市话电缆	m	—	(102.000)	(102.000)	(102.000)	(102.000)	(102.000)
	电缆托板	块	7.81	3.535	3.535	3.535	3.535	3.535
	热缩端帽不带气门	个	2.80	0.505	0.505	0.505	0.505	0.505
	镀锌钢丝 φ3~6	kg	5.34	4.974	4.974	4.974	4.974	4.974
	镀锌铁丝	kg	6.55	0.305	0.305	0.305	0.305	0.305
	其他材料费	元	1.00	2.88	2.88	2.88	2.88	2.88
机械	数字兆欧表 BM-206 1000MΩ	台班	14.22	0.010	0.010	0.011	0.011	0.011
	电缆测试仪 JH5132	台班	10.42	0.003	0.003	0.003	0.003	0.003
	汽车式起重机 5t	台班	366.47	0.650	1.000	1.000	1.000	1.000
	载重汽车 2.5t	台班	216.00	0.650	1.200	1.800	2.000	2.000

六、敷设托架电缆及电线

工作内容:电缆检验、敷设托架电缆、绑扎、固定、整理、预留电缆固定、挂标牌、芯线校通、绝缘测试、封电缆头、标识、记录等。

计量单位:100m

定额编号				6-109	6-110	6-111	6-112
项目				敷设托架电缆(市话电缆)			
				50×2×0.5mm 以内	100×2×0.5mm 以内	300×2×0.5mm 以内	400×2×0.5mm 以内
基价(元)				**695.33**	**959.01**	**1196.75**	**1277.75**
其中	人工费(元)			210.60	226.80	291.60	372.60
	材料费(元)			5.69	5.69	5.69	5.69
	机械费(元)			479.04	726.52	899.46	899.46
名称		单位	单价(元)	消耗量			
人工	二类人工	工日	135.00	1.560	1.680	2.160	2.760
材料	通信电缆	m	—	(102.000)	(102.000)	(102.000)	(102.000)
	镀锌铁丝	kg	6.55	0.600	0.600	0.600	0.600
	标牌	个	0.26	2.400	2.400	2.400	2.400
	其他材料费	元	1.00	1.14	1.14	1.14	1.14
机械	电缆测试仪 JH5132	台班	10.42	0.030	0.070	0.070	0.070
	轨道车 210kW	台班	471.91	0.195	0.195	0.195	0.195
	汽车式起重机 5t	台班	366.47	0.650	1.000	1.000	1.000
	载重汽车 2.5t	台班	216.00	0.650	1.200	2.000	2.000
	数字兆欧表 BM-206 1000MΩ	台班	14.22	0.100	0.100	0.110	0.110
	轨道平车 5t	台班	34.23	0.195	0.195	0.195	0.195

工作内容:1、2. 绝缘测试、量裁、布放、绑扎、整理、挂标牌、导线剥头、固定防护标识;
3. 电缆检验、划线、定位、敷设钉固(吊挂)电缆、整理、标识、记录等。

计量单位:100m

定额编号				6-113	6-114	6-115
项目				敷设托架电线($2.5mm^2$ 以内)		架设漏泄同轴电缆
				铜芯塑料屏蔽电线	铜芯塑料护套软电线	
基价(元)				**297.33**	**224.43**	**2910.52**
其中	人工费(元)			170.10	97.20	1458.00
	材料费(元)			8.25	8.25	542.70
	机械费(元)			118.98	118.98	909.82
名称		单位	单价(元)	消耗量		
人工	二类人工	工日	135.00	1.260	0.720	10.800
材料	线缆	m	—	(102.000)	(102.000)	—
	漏泄同轴电缆 400MHz	m	—	—	—	(102.000)
	漏缆固定接头 LGQ－339A	个	—	—	—	(1.010)
	金属膨胀螺栓 M6	套	0.19	—	—	40.400
	镀锌电缆卡子 3×50	套	1.48	—	—	37.000
	漏缆洞内防火吊夹	个	14.65	—	—	3.333
	接头支架	套	12.93	—	—	0.212
	电缆接头	个	76.50	—	—	0.061
	调相座 L27Q－K338A	个	438.00	—	—	0.414
	调相头 L27－J114	个	219.00	—	—	0.404
	漏缆终端头 L16Q－J104	个	76.50	—	—	0.202
	漏缆终端座 L16Q－50K339	个	177.00	—	—	0.202
	漏缆终端负载 TZ－10	个	310.00	—	—	0.010
	射频电缆 50－9－4	m	33.53	—	—	0.250
	调相电缆 75－9－4	m	33.53	—	—	0.600
	标牌	个	0.26	2.400	2.400	2.400
	镀锌铁丝	kg	6.55	1.000	1.000	—
	其他材料费	元	1.00	1.08	1.08	70.79
机械	轨道车 210kW	台班	471.91	0.120	0.120	0.220
	轨道平车 5t	台班	34.23	0.120	0.120	0.220
	载重汽车 2.5t	台班	216.00	0.100	0.100	2.000
	汽车式起重机 5t	台班	366.47	0.100	0.100	1.000

七、电缆及电线钉固(吊挂)

工作内容:安装固定物、检查测试电缆、布放紧固电缆、端头处理、芯线较通、绝缘测试、标识、记录、电缆和电线钉固等。

计量单位:100m

定额编号				6-116	6-117	6-118	6-119	6-120	6-121
项目				钉固敷设电缆(市话电缆)		钉固敷设同轴电缆		钉固敷设电线($2.5mm^2$ 以内)	
				50×2×0.5 mm 以内	100×2×0.5 mm 以内	SYV-75-5	SYV-75-9	铜芯塑料屏蔽线	铜芯塑料护套软电线
基价(元)				**576.61**	**576.76**	**287.44**	**327.94**	**343.83**	**270.93**
其中	人工费(元)			540.27	540.27	251.10	291.60	307.80	234.90
	材料费(元)			34.61	34.61	34.61	34.61	34.61	34.61
	机械费(元)			1.73	1.88	1.73	1.73	1.42	1.42
名称		单位	单价(元)	消耗量					
人工	二类人工	工日	135.00	4.002	4.002	1.860	2.160	2.280	1.740
材料	市话电缆	m	—	(102.000)	(102.000)	—	—	—	—
	同轴电缆	m	—	—	—	(102.000)	(102.000)	—	—
	线缆	m	—	—	—	—	—	(102.000)	(102.000)
	电缆卡钩 25	个	0.16	206.000	206.000	206.000	206.000	206.000	206.000
	其他材料费	元	1.00	1.65	1.65	1.65	1.65	1.65	1.65
机械	数字兆欧表 BM-206 1000MΩ	台班	14.22	0.100	0.110	0.100	0.100	0.100	0.100
	电缆测试仪 JH5132	台班	10.42	0.030	0.030	0.030	0.030	—	—

八、控制中心、车辆段、车站的电缆引入

工作内容:检查测试电缆,穿放引线、电缆,固定、绑扎电缆,封焊缆头,安装光(电)缆盘留架,引上管口保护等。

计量单位:条

定额编号				6-122	6-123
项目				电缆引上 200 对一下	电缆引上 200 对以上
基价(元)				**90.56**	**127.08**
其中	人工费(元)			79.38	115.02
	材料费(元)			11.18	12.06
	机械费(元)			—	—
名称		单位	单价(元)	消耗量	
人工	二类人工	工日	135.00	0.588	0.852
材料	热缩端帽带气门	个	2.66	1.010	1.010
	热缩端帽不带气门	个	2.80	1.010	1.010
	镀锌铁丝	kg	6.55	0.100	0.100
	电缆卡钩 55	个	0.64	7.000	—
	电缆卡钩 65	个	0.76	—	7.000
	其他材料费	元	1.00	0.53	0.57

九、光(电)缆接续

工作内容:检验器材、确定接头位置、纤芯焊接、加强芯接续、盘绕固定余纤、复测衰减、包封外护套、安装接头盒托架或保护盒等。

计量单位:个

定额编号				6-124	6-125	6-126	6-127
项目				光缆接续			
				12 芯以内	24 芯以内	36 芯以内	48 芯以内
基价(元)				**1224.52**	**1585.51**	**1945.70**	**2378.81**
其中	人工费(元)			438.21	687.69	935.55	1256.31
	材料费(元)			1.68	1.68	1.68	1.68
	机械费(元)			784.63	896.14	1008.47	1120.82
名称		单位	单价(元)	消耗量			
人工	二类人工	工日	135.00	3.246	5.094	6.930	9.306
材料	光缆接头盒	套	—	(1.010)	(1.010)	(1.010)	(1.010)
	增强保护管	个	1.16	1.020	1.020	1.020	1.020
	酒精 工业用 99.5%	kg	7.07	0.030	0.030	0.030	0.030
	专用清洁纸	张	0.04	5.100	5.100	5.100	5.100
	其他材料费	元	1.00	0.08	0.08	0.08	0.08
机械	汽油发电机组 10kW	台班	270.44	0.511	0.584	0.657	0.730
	光功率计 GH-2491	台班	10.19	0.015	0.018	0.021	0.025
	光纤熔接机 AV33119 0.05db	台班	207.00	0.700	0.800	0.900	1.000
	光时域反射仪 HP8146A	台班	826.00	0.607	0.693	0.780	0.867

工作内容:检验器材、确定接头位置、纤芯焊接、加强芯接续、盘绕固定余纤、复测衰减、包封外护套、安装接头盒托架或保护盒等。

计量单位:个

定额编号				6-128	6-129	6-130	6-131	6-132	6-133
项目				光缆接续					
				60 芯以内	72 芯以内	84 芯以内	96 芯以内	120 芯以内	144 芯以内
基价(元)				**2881.44**	**3439.42**	**3914.79**	**4555.37**	**5413.47**	**6678.45**
其中	人工费(元)			1568.16	1880.01	2191.86	2503.71	3198.29	3772.17
	材料费(元)			1.68	1.68	1.68	1.68	1.68	1.68
	机械费(元)			1311.60	1557.73	1721.25	2049.98	2213.50	2904.60
名称		单位	单价(元)	消耗量					
人工	二类人工	工日	135.00	11.616	13.926	16.236	18.546	23.691	27.942
材料	光缆接头盒	套	—	(1.010)	(1.010)	(1.010)	(1.010)	(1.010)	(1.010)
	增强保护管	个	1.16	1.020	1.020	1.020	1.020	1.020	1.020
	专用清洁纸	张	0.04	5.100	5.100	5.100	5.100	5.100	5.100
	酒精 工业用 99.5%	kg	7.07	0.030	0.030	0.030	0.030	0.030	0.030
	其他材料费	元	1.00	0.08	0.08	0.08	0.08	0.08	0.08
机械	光纤熔接机 AV33119 0.05db	台班	207.00	1.200	1.400	1.600	1.800	2.000	2.500
	光时域反射仪 HP8146A	台班	826.00	1.000	1.200	1.300	1.600	1.700	2.300
	汽油发电机组 10kW	台班	270.44	0.876	1.022	1.168	1.314	1.460	1.800
	光功率计 GH-2491	台班	10.19	0.029	0.033	0.037	0.041	0.045	0.050

工作内容:确定位置、检验电缆、芯线接续、复测对号等。　　**计量单位**:100 对

定额编号				6-134	6-135
项目				电缆芯线接续	
				塑隔电缆模块式	成端电缆
基价(元)				**53.46**	**97.20**
其中	人工费(元)			53.46	97.20
	材料费(元)			—	—
	机械费(元)			—	—
名称		单位	单价(元)	消耗量	
人工	二类人工	工日	135.00	0.396	0.720
材料	接线模块 25 回线	条	—	(4.040)	(4.040)

工作内容:套管整形、定位、清洁电缆、芯线处理、连接屏蔽线、灌注油膏、接口处理、固定套管、现场清理。　　**计量单位**:个

定额编号				6-136	6-137	6-138	6-139
项目				电缆封灌充油膏套管			
				直通头			
				50 对以内	100 对以内	200 对以内	400 对以内
基价(元)				**82.28**	**82.28**	**103.96**	**133.05**
其中	人工费(元)			68.85	68.85	88.29	116.64
	材料费(元)			13.43	13.43	15.67	16.41
	机械费(元)			—	—	—	—
名称		单位	单价(元)	消耗量			
人工	二类人工	工日	135.00	0.510	0.510	0.654	0.864
材料	充油膏接头套管	套	—	(1.010)	(1.010)	(1.010)	(1.010)
	填充油膏剂	kg	—	(0.900)	(0.900)	(1.740)	(1.740)
	尼龙卡带	个	0.70	2.020	2.020	2.020	2.020
	汽油 综合	kg	6.12	0.200	0.200	0.250	0.300
	丙酮	kg	8.16	0.200	0.200	0.250	0.300
	塑料带 20mm×40m	卷	7.41	0.900	0.900	1.050	1.050
	塑料粘胶带	盘	3.08	0.600	0.600	0.700	0.700
	其他材料费	元	1.00	0.64	0.64	0.75	0.78

工作内容:套管整形、定位、清洁电缆、芯线处理、连接屏蔽线、灌注油膏、接口处理、固定套管、现场清理。

计量单位:个

定额编号				6-140	6-141	6-142	6-143
项目				电缆封灌充油膏套管			
				分歧头			
				50 对以内	100 对以内	200 对以内	400 对以内
基价(元)				**112.54**	**112.54**	**127.95**	**161.55**
其中	人工费(元)			93.15	93.15	105.30	137.70
	材料费(元)			19.39	19.39	22.65	23.85
	机械费(元)			—	—	—	—
	名称	单位	单价(元)	消耗量			
人工	二类人工	工日	135.00	0.690	0.690	0.780	1.020
材料	填充油膏剂	kg	—	(0.900)	(1.250)	(1.740)	(1.740)
	塑料带 20mm×40m	卷	7.41	1.350	1.350	1.570	1.570
	汽油 综合	kg	6.12	0.300	0.300	0.370	0.450
	丙酮	kg	8.16	0.300	0.300	0.370	0.450
	塑料粘胶带	盘	3.08	0.900	0.900	1.050	1.050
	尼龙卡带	个	0.70	2.020	2.020	2.020	2.020
	充油膏接头套管	套	—	(1.010)	(1.010)	(1.010)	(1.010)
	其他材料费	元	1.00	0.92	0.92	1.08	1.14

工作内容:套管整形、定位、清洁电缆、芯线处理、连接屏蔽线、灌注油膏、接口处理、固定套管、现场清理。

计量单位:个

定额编号				6-144	6-145	6-146	6-147	6-148
项目				电缆封灌充油膏套管				安装漏泄同轴电缆接头
				成端头				
				50 对以内	100 对以内	200 对以内	400 对以内	
基价(元)				**113.72**	**125.87**	**161.52**	**195.12**	**197.16**
其中	人工费(元)			93.15	105.30	137.70	170.10	162.00
	材料费(元)			20.57	20.57	23.82	25.02	35.16
	机械费(元)			—	—	—	—	—
	名称	单位	单价(元)	消耗量				
人工	二类人工	工日	135.00	0.690	0.780	1.020	1.260	1.200
材料	充油膏接头套管	套	—	(1.010)	(1.010)	(1.010)	(1.010)	—
	填充油膏剂	kg	—	(0.900)	(1.250)	(1.740)	(3.350)	—
	电缆固定接头 LGQ-339A	个	—	—	—	—	—	(1.010)
	汽油 综合	kg	6.12	0.300	0.300	0.370	0.450	—
	丙酮	kg	8.16	0.300	0.300	0.370	0.450	—
	塑料带 20mm×40m	卷	7.41	1.350	1.350	1.570	1.570	—
	塑料粘胶带	盘	3.08	0.900	0.900	1.050	1.050	—
	终端头卡子 1.5×20	个	0.86	1.010	1.010	1.010	1.010	—
	电缆卡环	个	0.55	3.030	3.030	3.030	3.030	—
	金属膨胀螺栓 M12	套	0.64	—	—	—	—	4.040
	钢线卡子 ϕ10~20	个	2.59	—	—	—	—	4.040
	接头支架	套	12.93	—	—	—	—	1.010
	蝶式绝缘子 ED-1	个	2.59	—	—	—	—	2.020
	铝芯橡皮绝缘线 BLX2.5	m	0.43	—	—	—	—	5.000
	其他材料费	元	1.00	0.98	0.98	1.13	1.19	1.67

十、光(电)缆测试

工作内容:含"双窗口"1310mm 及 1550mm 光线特性测试、记录、整理资料等。　　**计量单位:**段

定额编号				6-149	6-150	6-151	6-152	6-153
项目				光中继段测试				
				12 芯以内	24 芯以内	36 芯以内	48 芯以内	60 芯以内
基价(元)				**2873.55**	**4404.02**	**6031.47**	**8113.12**	**9821.82**
其中	人工费(元)			1692.90	2539.22	3385.67	4232.12	5078.57
	材料费(元)			0.90	0.90	0.90	0.90	0.90
	机械费(元)			1179.75	1863.90	2644.90	3880.10	4742.35
名称		单位	单价(元)	消耗量				
人工	二类人工	工日	135.00	12.540	18.809	25.079	31.349	37.619
材料	酒精 工业用99.5%	kg	7.07	0.050	0.050	0.050	0.050	0.050
	清洗剂	kg	7.48	0.040	0.040	0.040	0.040	0.040
	专用清洁纸	张	0.04	5.100	5.100	5.100	5.100	5.100
	其他材料费	元	1.00	0.04	0.04	0.04	0.04	0.04
机械	光时域反射仪 HP8146A	台班	826.00	0.900	1.200	1.600	2.600	3.100
	光纤测试仪	台班	285.00	1.350	2.700	4.100	5.400	6.750
	视频分析仪	台班	129.00	0.400	0.800	1.200	1.500	2.000

工作内容:含"双窗口"1310mm 及 1550mm 光线特性测试、记录、整理资料等。

定额编号				6-154	6-155	6-156	6-157	6-158
项目				光中继段测试				电缆全程测试
				72 芯以内	84 芯以内	96 芯以内	128 芯以内	
计量单位				段				条
基价(元)				**11613.51**	**13433.61**	**14432.56**	**17116.02**	**122.47**
其中	人工费(元)			5925.02	6816.02	7306.07	8269.83	121.50
	材料费(元)			0.59	0.59	0.59	0.59	0.66
	机械费(元)			5687.90	6617.00	7125.90	8845.60	0.31
名称		单位	单价(元)	消耗量				
人工	二类人工	工日	135.00	43.889	50.489	54.119	61.258	0.900
材料	酒精 工业用99.5%	kg	7.07	0.050	0.050	0.050	0.050	0.060
	专用清洁纸	张	0.04	5.100	5.100	5.100	5.100	5.100
	其他材料费	元	1.00	0.03	0.03	0.03	0.03	0.03
机械	光纤测试仪	台班	285.00	6.300	8.600	9.000	12.000	—
	光时域反射仪 HP8146A	台班	826.00	4.400	4.700	5.100	6.100	—
	视频分析仪	台班	129.00	2.000	2.200	2.700	3.000	—
	电缆测试仪 JH5132	台班	10.42	—	—	—	—	0.030

十一、光(电)缆保护

工作内容:硬塑料管、钢筋混凝土槽及盖板;接头保护、安装管(槽)、缠绕塑料袋、堵端口。 计量单位:处

定额编号				6-159	6-160	6-161	6-162
项目				光(电)缆接头保护	光(电)缆接头保护	光(电)缆接头保护(光缆接头盒)	
				硬塑料管	钢筋混凝土槽		钢筋混凝土盖板
					直通头小分歧头	光缆接头盒	
基价(元)				40.53	62.57	54.34	45.43
其中	人工费(元)			35.64	56.70	44.55	35.64
	材料费(元)			4.89	5.87	9.79	9.79
	机械费(元)			—	—	—	—
名称		单位	单价(元)	消耗量			
人工	二类人工	工日	135.00	0.264	0.420	0.330	0.264
材料	硬聚氯乙烯管 D110(带套肩)	套	—	(1.010)	—	—	—
	钢筋混凝土接头槽(带盖板) 槽宽 180	套	—	—	(1.010)	—	—
	钢筋混凝土接头槽(带盖板)槽宽 250	套	—	—	—	(1.010)	—
	双电缆槽盖板 1000×210×45	块	—	—	—	—	(1.010)
	塑料带 50	卷	4.66	1.000	1.200	2.000	2.000
	其他材料费	元	1.00	0.23	0.28	0.47	0.47

十二、光(电)缆防护

工作内容:1. 挖沟、做地线、布线、回填土、安装避雷针;
2. 铅(铜)条整形、刮除氧化膜、焊接;
3. 量裁导线、导线端子及电缆连接点处理、焊接;
4. 制作支撑物铁件、开箱检查、安装排流器。

定额编号				6-163	6-164	6-165	6-166
项目				光(电)缆防雷设施	光(电)缆防蚀设施(连接电缆均压条)		光(电)缆防蚀设施
				安装避雷针	管道电缆	埋式电缆	安装电缆排流器
计量单位				处			个
基价(元)				**1510.00**	**21.18**	**35.76**	**1251.09**
其中	人工费(元)			1215.00	8.10	24.30	405.00
	材料费(元)			295.00	13.08	11.46	846.09
	机械费(元)			—	—	—	—
	名称	单位	单价(元)	消耗量			
人工	二类人工	工日	135.00	9.000	0.060	0.180	3.000
材料	防腐木电杆 $\phi140\times5000$	根	—	(2.002)	—	—	—
	角钢 Q235-A	kg	—	(30.200)	—	—	(18.000)
	铜芯塑料软线 500V 1.5mm^2	m	—	—	—	(0.500)	—
	电缆排流器(有外护箱)	个	786.00	—	—	—	1.000
	镀锌穿钉带帽 M12×160	套	2.45	—	—	—	8.080
	镀锌扁钢 综合	kg	3.93	44.000	—	—	—
	镀锌钢绞线 综合	kg	6.65	5.330	—	—	—
	镀锌铁丝	kg	6.55	2.530	—	—	—
	汽油 综合	kg	6.12	0.500	0.050	0.100	—
	焊锡	kg	103.00	0.500	0.050	0.100	—
	铅皮条	m	23.36	—	0.300	—	—
	机油 综合	kg	2.91	0.500	—	—	—
	其他材料费	元	1.00	14.05	0.62	0.55	40.29

工作内容:1. 安装恒电位仪及附属设施、挖坑、做地线、回填土;
2、3. 挖坑、连接电极、回填土。

计量单位:处

定额编号				6-167	6-168	6-169
项目				光(电)缆防蚀设施		
				安装阴极站	安装阳极站(低水位)	安装阴极站(高水位)
基价(元)				**2154.56**	**868.80**	**852.99**
其中	人工费(元)			745.20	324.00	324.00
	材料费(元)			1388.93	544.80	528.99
	机械费(元)			20.43	—	—
名称		单位	单价(元)	消耗量		
人工	二类人工	工日	135.00	5.520	2.400	2.400
材料	石墨电极 $\phi150\times1500$	根	—	(7.070)	—	—
	聚氯乙烯绝缘屏蔽电线	m	—	(101.000)	—	—
	铜芯塑料软线 500V 1.5mm²	m	—	—	—	(1.000)
	铝合金电极 $\phi110\times600$	根	—	—	(3.030)	(3.030)
	铜芯塑料绝缘线 BVR2.5	m	1.55	304.500	30.450	30.450
	电源板包括闸刀插座	套	50.08	1.000	—	—
	焦炭	kg	0.71	1000.000	—	—
	监测标石	根	353.00	—	1.010	1.010
	熟石灰	kg	0.34	20.600	30.000	126.000
	石油沥青	kg	2.67	1.000	1.000	1.000
	汽油 综合	kg	6.12	0.500	0.500	0.500
	氯化钠	kg	0.53	50.000	90.000	—
	焊锡	kg	103.00	0.500	0.500	0.500
	其他材料费	元	1.00	66.14	25.94	25.19
机械	变压器直流电阻测试仪	台班	20.43	1.000	—	—

工作内容:1、2. 挖坑、安装检测标石、焊接电缆检测线、回填土,开剥光(电)缆、安装;
3、4. 调配药剂,分三次喷洒。

计量单位:处

定额编号				6-170	6-171	6-172	6-173
项目				光(电)缆防蚀设施		光(电)缆防白蚁设施	
				安装电缆绝缘节	安装光缆绝缘盒	喷洒绿丹防蚁药剂	喷洒砷铜合剂
基价(元)				**176.24**	**315.17**	**2728.79**	**5320.50**
其中	人工费(元)			40.50	40.50	1377.00	2065.50
	材料费(元)			135.74	274.67	1351.79	3255.00
	机械费(元)			—	—	—	—
名称		单位	单价(元)	消耗量			
人工	二类人工	工日	135.00	0.300	0.300	10.200	15.300
材料	电缆绝缘节	个	128.00	1.010	—	—	—
	光缆绝缘盒	个	259.00	—	1.010	—	—
	甲苯	kg	6.81	—	—	24.000	—
	氧丹原油	kg	28.50	—	—	30.000	—
	乳化剂 吹光缆专用	kg	44.83	—	—	6.000	—
	砷铜合计	kg	3.10	—	—	—	1000.000
	其他材料费	元	1.00	6.46	13.08	64.37	155.00

十三、光(电)缆终端设备安装

工作内容:挖沟、埋设基础、安装盒和保护管,连接、灌注、涂油、回填。 计量单位:个

定额编号				6-174	6-175	6-176	6-177	6-178
项目				安装光缆终端盒				
				20芯以内	48芯以内	60芯以内	72芯以内	96芯以内
基价(元)				**1409.83**	**2212.17**	**2717.23**	**3222.83**	**4232.15**
其中	人工费(元)			665.82	1283.04	1603.80	1925.10	2565.00
	材料费(元)			5.99	5.99	5.99	5.99	5.99
	机械费(元)			738.02	923.14	1107.44	1291.74	1661.16
名称		单位	单价(元)	消耗量				
人工	二类人工	工日	135.00	4.932	9.504	11.880	14.260	19.000
材料	光缆终端盒	套	—	(1.000)	(1.000)	(1.000)	(1.000)	(1.000)
	镀锌穿钉带帽 M16×60	套	1.41	4.040	4.040	4.040	4.040	4.040
	其他材料费	元	1.00	0.29	0.29	0.29	0.29	0.29
机械	光时域反射仪 HP8146A	台班	826.00	0.693	0.867	1.040	1.213	1.560
	光纤熔接机 AV33119 0.05db	台班	207.00	0.800	1.000	1.200	1.400	1.800

工作内容:挖沟、埋设基础、安装盒和保护管,连接、灌注、涂油、回填。 计量单位:个

定额编号				6-179	6-180
项目				终端电缆盒	方向电缆盒
基价(元)				**211.87**	**179.52**
其中	人工费(元)			81.00	40.50
	材料费(元)			130.87	139.02
	机械费(元)			—	—
名称		单位	单价(元)	消耗量	
人工	二类人工	工日	135.00	0.600	0.300
材料	终端电缆盒 HZ-6 附配线连接管及一个基础	套	—	(1.000)	—
	方向电缆盒 HZ-4 附配线连接管及一个基础	套	—	—	(1.000)
	环氧树脂	kg	15.52	1.000	1.500
	汽油 综合	kg	6.12	1.000	1.000
	焊锡	kg	103.00	1.000	1.000
	其他材料费	元	1.00	6.23	6.62

十四、光缆检测设备安装

工作内容:1. 开箱检验,安装光纤检测单元、连接光纤、测试光纤传输损耗特性曲线;

2. 开箱检验,安装、连接各光纤检测单元,各光纤检测子系统联网测试、绘制光纤传输损耗曲线;

3. 对各光纤监测段进行监测、绘制光纤传输损耗曲线。

定额编号				6-181	6-182	6-183
项目				监测站	监测中心	开通测试
计量单位				站		系统
基价(元)				**2079.85**	**4262.67**	**3058.41**
其中	人工费(元)			757.35	2940.17	1735.70
	材料费(元)			0.90	0.90	1.11
	机械费(元)			1321.60	1321.60	1321.60
	名称	单位	单价(元)	消耗量		
人工	二类人工	工日	135.00	5.610	21.779	12.857
材料	酒精 工业用99.5%	kg	7.07	0.050	0.050	0.050
	清洗剂	kg	7.48	0.040	0.040	0.040
	专用清洁纸	张	0.04	5.100	5.100	10.200
	其他材料费	元	1.00	0.04	0.04	0.05
机械	光时域反射仪 HP8146A	台班	826.00	1.600	1.600	1.600

第三章
站内线路、线缆工程

说　　明

一、本章包括安装抗震基座，安装走线槽道、走线架，安装配线电缆线槽，安装总配线架，天棚内光（电）缆和电线敷设，暗管光（电）缆和电线穿放，线槽内光（电）缆和电线敷设，布放设备电缆，布放设备导线，布放尾纤，镀锌钢管敷设，托板托架、桥架及吊架安装，零星小型金属构件制作、安装，吊棚内镀锌电线钢管安装，阻燃型 PVC 硬塑料管敷设十五节，共 106 个子目。

二、制作、安装走线架定额按单层活动结构编制，包括主梁、走线架、梯铁及连接固定等内容；走线架如为双层，按相应定额乘以系数 2 计算。本定额也适用于固定结构。

三、安装槽道、走线架不包括通过沉降（伸缩）和需做特殊处理的内容，如需要另行计列。

四、站内光（电）缆和电线敷设的长度应计算到箱、架设备中心。

五、布放设备电缆和导线定额只适用于电缆走道、槽道及机房内地槽，不适用于穿管等。

六、布放设备电缆按焊接编制，绕接时可采用相应子目。

七、中间配线架架间跳线按 2 架编制，每增加 1 架增加跳线 60m，其他数量不变。

八、布放总配线架跳线按 1 架编制，每增加 1 架增加跳线 70m，其他数量不变。

九、钢管、硬塑料暗敷设，按在砖墙、混凝土结构内及地面垫层内暗敷设编制。

十、钢管埋设，按在土中直埋编制。钢管埋设的挖、填土方，按本定额的挖、填光（电）缆沟的相应子目执行。

十一、托板、托架安装，按每套 1 副托架、6 块托板组成。

十二、吊架安装，包括吊架本身以及连接固定电缆的卡扣。

十三、电线管在吊棚内安装，其高度按 5m 以下编制。

十四、过线（路）盒、信息插座底盒等按智能控制与信息系统册相应子目套用。

工程量计算规则

一、制作、安装抗震基座以“个”计算,机架加固连接以“架”计算。

二、安装走线槽道、走线架以“m”计算,安装总配线架以“架”计算。

三、站内光(电)缆、电线敷设和射频、漏泄同轴电缆敷设,均按设计图示长度以“m”计算。

四、布放设备电缆按设计图示长度以“m”计算,布放/改线总配线架跳线、交接箱跳线以“用户数”计算,布放信号线以“条”计算,布放尾纤以“根”计算。

五、钢管、电线管、硬塑料管、通信桥架等按设计图示长度以“m”计算。

六、托板、托架及吊架以“套”计算。

一、安装抗震基座

工作内容：1. 清洁地面、制作、钻孔、除锈涂漆、安装固定；
　　2. 制作连接件、除锈涂漆、连接固定。

定额编号				6-184	6-185
项目				制作、安装抗震基座	机架加固连接
计量单位				个	架
基价（元）				**352.50**	**142.71**
其中	人工费（元）			339.39	121.50
	材料费（元）			13.11	21.21
	机械费（元）			—	—
名称		单位	单价(元)	消耗量	
人工	二类人工	工日	135.00	2.514	0.900
材料	角钢 Q235－A	kg	—	(25.630)	(6.220)
	镀锌六角螺栓带帽 M12×150	套	1.28	6.060	8.080
	扁钢 Q235B 综合	kg	3.96	—	2.490
	酚醛磁漆	kg	12.07	0.200	—
	酚醛防锈漆(各种颜色)	kg	7.76	0.200	—
	金属膨胀螺栓 M6	套	0.19	4.040	—
	其他材料费	元	1.00	0.62	1.01

二、安装走线槽道、走线架

工作内容：开箱检验、安装固定、调整垂直与水平。　　计量单位：m

定额编号				6-186	6-187	6-188	6-189
项目				安装走线槽			
				210×120mm	210×450mm	210×650mm	210×800mm
基价（元）				**64.80**	**64.80**	**64.80**	**64.80**
其中	人工费（元）			64.80	64.80	64.80	64.80
	材料费（元）			—	—	—	—
	机械费（元）			—	—	—	—
名称		单位	单价(元)	消耗量			
人工	二类人工	工日	135.00	0.480	0.480	0.480	0.480
材料	槽道	m	—	(1.000)	(1.000)	(1.000)	(1.000)

工作内容:开箱检验、安装固定、调整垂直与水平。 **计量单位:**m

定额编号				6-190	6-191	6-192	6-193
项目				安装走线槽			
				270×120mm	270×450mm	270×650mm	270×800mm
基价(元)				**64.80**	**64.80**	**64.80**	**64.80**
其中	人工费(元)			64.80	64.80	64.80	64.80
	材料费(元)			—	—	—	—
	机械费(元)			—	—	—	—
名称		单位	单价(元)	消耗量			
人工	二类人工	工日	135.00	0.480	0.480	0.480	0.480
材料	槽道	m	—	(1.000)	(1.000)	(1.000)	(1.000)

工作内容:制作、组装、钻孔、防锈涂漆、安装固定、调整垂直与水平。 **计量单位:**m

定额编号				6-194	6-195	6-196
项目				制作、安装走线架		
				200mm	300mm	400mm
基价(元)				**115.95**	**150.05**	**186.32**
其中	人工费(元)			89.10	121.50	153.90
	材料费(元)			26.85	28.55	32.42
	机械费(元)			—	—	—
名称		单位	单价(元)	消耗量		
人工	二类人工	工日	135.00	0.660	0.900	1.140
材料	角钢 Q235-A	kg	—	(4.050)	(4.050)	(4.050)
	走线架	m	—	(1.010)	(1.010)	(1.010)
	扁钢 Q235B 综合	kg	3.96	3.710	4.120	5.050
	热轧薄钢板 Q235B 综合	kg	3.97	0.760	0.760	0.760
	酚醛磁漆	kg	12.07	0.100	0.100	0.100
	酚醛防锈漆(各种颜色)	kg	7.76	0.100	0.100	0.100
	镀锌六角螺栓带帽 M12×150	套	1.28	4.040	4.040	4.040
	半圆头螺钉 M10×100	10个	7.07	0.100	0.100	0.100
	其他材料费	元	1.00	1.28	1.36	1.54

三、安装配线电缆线槽

工作内容：量裁线槽、槽板，安装、固定。　　计量单位：m

定额编号				6-197	6-198	6-199	6-200	6-201
项目				安装配线电缆线槽				
				塑料线槽				塑料二线槽板
				VCX-25	VCX-40	VCX-60	VCX-80	
基价（元）				**8.10**	**8.10**	**8.10**	**8.10**	**8.10**
其中	人工费（元）			8.10	8.10	8.10	8.10	8.10
	材料费（元）			—	—	—	—	—
	机械费（元）			—	—	—	—	—
名称		单位	单价(元)	消耗量				
人工	二类人工	工日	135.00	0.060	0.060	0.060	0.060	0.060
材料	塑料线槽	m	—	(1.010)	(1.010)	(1.010)	(1.010)	—
	塑料线槽二线	m	—	—	—	—	—	(1.010)

四、安装总配线架

工作内容：开箱检验、安装固定、安装告警信号装置、调整清理。　　计量单位：架

定额编号				6-202	6-203	6-204	6-205
项目				安装总配线架			
				500 回线以内	1000 回线以内	2000 回线以内	4000 回线以内
基价（元）				**978.24**	**1172.64**	**1551.72**	**1936.75**
其中	人工费（元）			972.00	1166.40	1545.48	1927.80
	材料费（元）			6.24	6.24	6.24	8.95
	机械费（元）			—	—	—	—
名称		单位	单价(元)	消耗量			
人工	二类人工	工日	135.00	7.200	8.640	11.448	14.280
材料	镀锌六角螺栓带帽 M12×150	套	1.28	4.040	4.040	4.040	6.060
	金属膨胀螺栓 M6	套	0.19	4.040	4.040	4.040	4.040
	其他材料费	元	1.00	0.30	0.30	0.30	0.43

五、天棚内光(电)缆和电线敷设

工作内容:敷设及穿放光(电)缆和电线,固定防护、连接、测试等。　　计量单位:100m

定额编号				6-206	6-207	6-208	6-209	6-210	6-211
项目				配线电缆				铜芯塑料电线(2.5 mm² 以内)	光缆(12~36)芯
				HPVV(HPYY)(10-30)×2×0.5mm	HPVV(HPYY)50×2×0.5mm	HPVV(HPYY)100×2×0.5mm	HPVV(HPYY)200×2×0.5mm		
基价(元)				147.63	193.80	270.83	386.34	97.89	527.30
其中	人工费(元)			146.21	192.38	269.33	384.75	97.20	311.85
	材料费(元)			0.69	0.69	0.69	0.69	0.69	0.69
	机械费(元)			0.73	0.73	0.81	0.90	—	214.76
	名称	单位	单价(元)	消耗量					
人工	二类人工	工日	135.00	1.083	1.425	1.995	2.850	0.720	2.310
材料	线缆	m	—	(102.000)	(102.000)	(102.000)	(102.000)	(102.000)	—
	光缆	m	—	—	—	—	—	—	(102.000)
	镀锌铁丝	kg	6.55	0.100	0.100	0.100	0.100	0.100	0.100
	其他材料费	元	1.00	0.03	0.03	0.03	0.03	0.03	0.03
机械	光时域反射仪 HP8146A	台班	826.00	—	—	—	—	—	0.260
	电缆测试仪 JH5132	台班	10.42	0.030	0.030	0.030	0.030	—	—
	数字万用表	台班	4.16	0.100	0.100	0.120	0.140	—	—

工作内容:敷设及穿放光(电)缆和电线,固定防护、连接、测试等。　　计量单位:100m

定额编号				6-212	6-213	6-214	6-215
项目				同轴电缆		射频同轴电缆	
				SYV-75-5	SYV-75-9	线径 ϕ9 以下(1/2~7/8)	线径 ϕ9 以上(1-1/4~1-5/8)
基价(元)				122.19	126.24	128.07	158.85
其中	人工费(元)			121.50	125.55	127.04	157.82
	材料费(元)			0.69	0.69	1.03	1.03
	机械费(元)			—	—	—	—
	名称	单位	单价(元)	消耗量			
人工	二类人工	工日	135.00	0.900	0.930	0.941	1.169
材料	同轴电缆	m	—	(102.000)	(102.000)	—	—
	线缆	m	—	—	—	(102.000)	(102.000)
	镀锌铁丝	kg	6.55	0.100	0.100	0.150	0.150
	其他材料费	元	1.00	0.03	0.03	0.05	0.05

六、暗管光(电)缆和电线穿放

工作内容:清刷暗管、穿放引线、检查测试电缆、布放电缆、端头处理、衬垫管口;敷设及穿放光(电)缆和电线,接续、测试等。

计量单位:100m

定额编号				6-216	6-217	6-218	6-219	6-220	6-221
项目				配线电缆				铜芯塑料电线(2.5 mm^2 以内)	光缆(12~36)芯
				HPVV(HPYY)(10-30)×2×0.5mm	HPVV(HPYY)50×2×0.5mm	HPVV(HPYY)100×2×0.5mm	HPVV(HPYY)200×2×0.5mm		
基价(元)				**174.65**	**174.65**	**174.94**	**175.22**	**75.33**	**1442.30**
其中	人工费(元)			162.00	162.00	162.00	162.00	75.33	348.30
	材料费(元)			10.92	10.92	10.92	10.92	—	879.24
	机械费(元)			1.73	1.73	2.02	2.30	—	214.76
名称		单位	单价(元)	消耗量					
人工	二类人工	工日	135.00	1.200	1.200	1.200	1.200	0.558	2.580
材料	配线电缆	m	—	(102.000)	(102.000)	(102.000)	(102.000)	—	—
	线缆	m	—	—	—	—	—	(102.000)	—
	光缆	m	—	—	—	—	—	—	(102.000)
	光缆护套	m	8.62	—	—	—	—	—	102.000
	镀锌钢丝 $\phi3\sim6$	kg	5.34	1.800	1.800	1.800	1.800	—	—
	镀锌铁丝	kg	6.55	0.120	0.120	0.120	0.120	—	—
	其他材料费	元	1.00	0.52	0.52	0.52	0.52	—	—
机械	数字兆欧表 BM-206 1000MΩ	台班	14.22	0.100	0.100	0.120	0.140	—	—
	电缆测试仪 JH5132	台班	10.42	0.030	0.030	0.030	0.030	—	—
	光时域反射仪 HP8146A	台班	826.00	—	—	—	—	—	0.260

工作内容:清刷暗管、穿放引线、检查测试电缆、布放电缆、端头处理、衬垫管口;敷设及穿放光(电)缆和电线,接续、测试等。

计量单位:100m

定额编号				6-222	6-223	6-224	6-225
项目				射频/泄漏同轴电缆		塑料电线	
				线径 ϕ9 以下(1/2~7/8)	线径 ϕ9 以上(1-1/4~1-5/8)	500V 截面≤95mm^2	500V 截面≤120mm^2
基价(元)				**111.65**	**142.43**	**283.91**	**283.91**
其中	人工费(元)			111.65	142.43	283.91	283.91
	材料费(元)			—	—	—	—
	机械费(元)			—	—	—	—
名称		单位	单价(元)	消耗量			
人工	二类人工	工日	135.00	0.827	1.055	2.103	2.103
材料	线缆	m	—	(102.000)	(102.000)	(105.000)	(105.000)

七、线槽内光(电)缆和电线敷设

工作内容：装设槽板、检查测试电缆、布放电缆、端头处理、装槽盖板。　　**计量单位：**100m

定额编号				6-226	6-227	6-228	6-229	6-230	6-231
项目				配线电缆					
				HPVV(HPYY)(10－30)×2×0.5mm	HPVV(HPYY)50×2×0.5mm	HPVV(HPYY)100×2×0.5mm	HPVV(HPYY)200×2×0.5mm	HPVV(HPYY)300×2×0.5mm	HPVV(HPYY)400×2×0.5mm
基价(元)				**714.64**	**714.64**	**714.78**	**716.20**	**812.12**	**812.12**
其中	人工费(元)			696.60	696.60	696.60	696.60	793.80	793.80
	材料费(元)			17.30	17.30	17.30	17.30	17.30	17.30
	机械费(元)			0.74	0.74	0.88	2.30	1.02	1.02
	名称	单位	单价(元)	消耗量					
人工	二类人工	工日	135.00	5.160	5.160	5.160	5.160	5.880	5.880
材料	塑料墙壁槽板 30×50×10	m	—	(101.000)	(101.000)	(101.000)	(101.000)	(101.000)	(101.000)
	配线电缆	m	—	(102.000)	(102.000)	(102.000)	(102.000)	(102.000)	(102.000)
	射钉	个	0.16	103.000	103.000	103.000	103.000	103.000	103.000
	其他材料费	元	1.00	0.82	0.82	0.82	0.82	0.82	0.82
机械	电缆测试仪 JH5132	台班	10.42	0.030	0.030	0.030	0.030	0.030	0.030
	数字兆欧表 BM－206 1000MΩ	台班	14.22	0.030	0.030	0.040	0.140	0.050	0.050

工作内容：敷设、布放走线槽内电缆和电线，固定防护、连接、测试等。　　**计量单位：**100m

定额编号				6-232	6-233	6-234	6-235	6-236
项目				光缆			射频/泄漏同轴电缆	
				60 芯以内	84 芯以内	96 芯以内	线径 φ9 以下(1/2～7/8)	线径 φ9 以上(1－1/4～1－5/8)
基价(元)				**549.31**	**700.02**	**807.77**	**121.10**	**149.72**
其中	人工费(元)			291.60	356.40	421.20	121.10	149.72
	材料费(元)			—	—	—	—	—
	机械费(元)			257.71	343.62	386.57	—	—
	名称	单位	单价(元)	消耗量				
人工	二类人工	工日	135.00	2.160	2.640	3.120	0.897	1.109
材料	光缆	m	—	(102.000)	(102.000)	(102.000)	—	—
	线缆	m	—	—	—	—	(102.000)	(102.000)
机械	光时域反射仪 HP8146A	台班	826.00	0.312	0.416	0.468	—	—

工作内容：量裁、布放、终端剥头、焊压接线端子、缠绝缘带、固定。　　计量单位：100m

定额编号				6-237	6-238	6-239	6-240
项目				铜芯塑料电缆			
				500V 截面			
				$16mm^2$	$25mm^2$	$35mm^2$	$50mm^2$
基价（元）				**291.06**	**291.06**	**291.06**	**291.06**
其中	人工费（元）			202.50	202.50	202.50	202.50
	材料费（元）			88.56	88.56	88.56	88.56
	机械费（元）			—	—	—	—
名称		单位	单价(元)	消耗量			
人工	二类人工	工日	135.00	1.500	1.500	1.500	1.500
材料	铜芯电缆	m	—	(102.000)	(102.000)	(102.000)	(102.000)
	铜接线端子 DT－2.5	个	1.55	20.000	20.000	20.000	20.000
	焊锡	kg	103.00	0.500	0.500	0.500	0.500
	汽油 综合	kg	6.12	0.300	0.300	0.300	0.300
	其他材料费	元	1.00	4.22	4.22	4.22	4.22

工作内容：量裁、布放、终端剥头、焊压接线端子、缠绝缘带、固定。　　计量单位：100m

定额编号				6-241	6-242	6-243
项目				铜芯塑料电缆		
				500V 截面		
				$70mm^2$	$95mm^2$	$120mm^2$
基价（元）				**332.20**	**405.78**	**486.78**
其中	人工费（元）			243.00	283.50	364.50
	材料费（元）			89.20	122.28	122.28
	机械费（元）			—	—	—
名称		单位	单价(元)	消耗量		
人工	二类人工	工日	135.00	1.800	2.100	2.700
材料	铜芯电缆	m	—	(102.000)	(102.000)	(102.000)
	铜接线端子 DT－2.5	个	1.55	20.000	20.000	20.000
	焊锡	kg	103.00	0.500	0.800	0.800
	汽油 综合	kg	6.12	0.400	0.500	0.500
	其他材料费	元	1.00	4.25	5.82	5.82

工作内容:敷设、布放走线槽内电缆和电线,固定防护、接续、测试等。 **计量单位**:100m

定额编号				6-244	6-245	6-246
项目				1kV 铜芯电缆		铜芯塑料电缆
				10mm² 以内	25mm² 以内	2.5mm² 以内
基价(元)				**369.57**	**413.69**	**77.76**
其中	人工费(元)			202.50	202.50	77.76
	材料费(元)			127.60	171.72	—
	机械费(元)			39.47	39.47	—
名称		单位	单价(元)	消耗量		
人工	二类人工	工日	135.00	1.500	1.500	0.576
材料	电力电缆	m	—	(102.000)	(102.000)	(102.000)
	铜接线端子 DT-2.5	个	1.55	—	60.000	—
	铜接线端子 50A	个	0.86	80.000	20.000	—
	焊锡	kg	103.00	0.500	0.500	—
	汽油 综合	kg	6.12	0.200	0.300	—
	其他材料费	元	1.00	6.08	8.18	—
机械	绝缘电阻测试仪 BM12	台班	29.52	1.000	1.000	—
	数字兆欧表 BM-206 1000MΩ	台班	14.22	0.700	0.700	—

八、布放设备电缆

工作内容:测试、量裁、布放、编绑、剖头、分线、对线、焊(绕、卡)接、二次对线、整理。 **计量单位**:10m

定额编号				6-247	6-248	6-249	6-250	6-251
项目				25 对音频电缆	金属(音频)隔离线			
					SBHP 型		SBVVP 型	
					2×1.5	2×2.5	2×1.5	2×0.5
基价(元)				**71.70**	**36.54**	**36.54**	**36.54**	**36.54**
其中	人工费(元)			70.47	35.64	35.64	35.64	35.64
	材料费(元)			0.90	0.90	0.90	0.90	0.90
	机械费(元)			0.33	—	—	—	—
名称		单位	单价(元)	消耗量				
人工	二类人工	工日	135.00	0.522	0.264	0.264	0.264	0.264
材料	局用电缆 HJVV42×0.5	m	—	(10.200)	—	—	—	—
	聚氯乙烯绝缘屏蔽电线	m	—	—	(10.200)	(10.200)	(10.200)	(10.200)
	焊锡丝	kg	86.21	0.010	0.010	0.010	0.010	0.010
	其他材料费	元	1.00	0.04	0.04	0.04	0.04	0.04
机械	电缆测试仪 JH5132	台班	10.42	0.020	—	—	—	—
	数字万用表 F-87	台班	6.14	0.020	—	—	—	—

工作内容:测试、量裁、布放、编绑、剖头、分线、对线、焊(绕、卡)接、二次对线、整理。 **计量单位**:10m

定额编号				6-252	6-253	6-254	6-255
项目				同轴软线 SFF 型	同轴射频电缆 SYV 型	数据电缆 8 芯双绞线	
				75-2	75-5	非屏蔽	屏蔽
基价(元)				**36.54**	**36.54**	**19.53**	**19.53**
其中	人工费(元)			35.64	35.64	18.63	18.63
	材料费(元)			0.90	0.90	0.90	0.90
	机械费(元)			—	—	—	—
名称		单位	单价(元)	消耗量			
人工	二类人工	工日	135.00	0.264	0.264	0.138	0.138
材料	同轴软线 SFF-75-2	m	—	(10.200)	—	—	—
	同轴射频电缆 SYV-75-5-1	m	—	—	(10.200)	—	—
	非屏蔽双绞线 8 芯	m	—	—	—	(10.200)	—
	屏蔽双绞线	m	—	—	—	—	(10.200)
	焊锡丝	kg	86.21	0.010	0.010	0.010	0.010
	其他材料费	元	1.00	0.04	0.04	0.04	0.04

九、布放设备导线

工作内容:放线、焊接、核对、改线、清理端子、整理、试通。

定额编号				6-256	6-257	6-258	6-259	6-260
项目				总配线架跳线		交接箱跳线		信号线
				布放	改线	布放	改线	
计量单位				100 户				条
基价(元)				**115.31**	**263.54**	**83.72**	**124.22**	**8.10**
其中	人工费(元)			112.59	260.82	81.00	121.50	8.10
	材料费(元)			2.72	2.72	2.72	2.72	—
	机械费(元)			—	—	—	—	—
名称		单位	单价(元)	消耗量				
人工	二类人工	工日	135.00	0.834	1.932	0.600	0.900	0.060
材料	铜芯塑料线 2 芯 $0.5mm^2$	m	—	(316.000)	(158.000)	—	—	—
	铜芯塑料线 1 芯 $0.2mm^2$(彩色)	m	—	—	—	(102.000)	(51.000)	—
	铜芯塑料线 500V $1mm^2$	m	—	—	—	—	—	(102.000)
	焊锡丝	kg	86.21	0.030	0.030	0.030	0.030	—
	其他材料费	元	1.00	0.13	0.13	0.13	0.13	—

十、布 放 尾 纤

工作内容:光纤焊接、测试衰耗、固定光纤连接器、盘余固定。 **计量单位:**根

定 额 编 号				6-261	6-262	6-263
项 目				终端盒至光纤配线架	光纤配线架至设备	光纤配线架架内跳线
基 价 (元)				**180.54**	**114.84**	**98.64**
其中	人 工 费 (元)			64.80	40.50	24.30
	材 料 费 (元)			—	—	—
	机 械 费 (元)			115.74	74.34	74.34
名 称		单位	单价(元)	消 耗 量		
人工	二类人工	工日	135.00	0.480	0.300	0.180
材料	尾纤	m	—	(1.000)	—	—
	尾纤(双端头)	条	—	—	(1.000)	(1.000)
机械	光纤熔接机 AV33119 0.05db	台班	207.00	0.200	—	—
	光时域反射仪 HP8146A	台班	826.00	0.090	0.090	0.090

十一、镀锌钢管敷设

工作内容:配管、敷设、固定、接地等。 **计量单位:**100m

定 额 编 号				6-264	6-265	6-266	6-267	6-268
项 目				镀锌钢管(砖墙、混凝土结构内暗敷设)				
				公称直径(mm 以内)				
				20	32	40	50	80
基 价 (元)				**863.82**	**1153.14**	**1595.00**	**1600.83**	**3176.42**
其中	人 工 费 (元)			850.50	1134.00	1571.40	1571.40	3126.47
	材 料 费 (元)			5.17	5.17	5.17	5.17	6.26
	机 械 费 (元)			8.15	13.97	18.43	24.26	43.69
名 称		单位	单价(元)	消 耗 量				
人工	二类人工	工日	135.00	6.300	8.400	11.640	11.640	23.159
材料	碳素结构钢镀锌焊接钢管	m	—	(103.000)	(103.000)	(103.000)	(103.000)	(103.000)
	铜芯塑料绝缘线 BV1.5	m	0.78	6.312	6.312	6.312	6.312	7.635
	其他材料费	元	1.00	0.25	0.25	0.25	0.25	0.30
机械	管子切断套丝机 159mm	台班	21.59	0.230	0.470	0.470	0.740	1.020
	钢材电动煨弯机 500~1800mm	台班	63.74	0.050	0.060	0.130	0.130	0.340

注:如有开槽,套用相应子目。

工作内容:配管、敷设、接地、堵管口等。　　　　**计量单位**:100m

定额编号				6-269	6-270	6-271
项目				镀锌钢管(埋设)		
				公称直径(mm 以内)		
				50	80	100
基价(元)				**634.86**	**881.71**	**1225.04**
其中	人工费(元)			600.21	807.98	1146.56
	材料费(元)			4.34	5.21	5.21
	机械费(元)			30.31	68.52	73.27
名称		单位	单价(元)	消耗量		
人工	二类人工	工日	135.00	4.446	5.985	8.493
材料	碳素结构钢镀锌焊接钢管	m	—	(103.000)	(103.000)	(103.000)
	铜芯塑料绝缘线 BV1.5	m	0.78	5.294	6.363	6.363
	其他材料费	元	1.00	0.21	0.25	0.25
机械	管子切断套丝机 159mm	台班	21.59	1.020	2.170	2.390
	钢材电动煨弯机 500~1800mm	台班	63.74	0.130	0.340	0.340

十二、托板托架、桥架及吊架安装

工作内容:安装与紧固、调整托板、托架和吊架等。　　　　**计量单位**:套

定额编号				6-272	6-273	6-274
项目				托板、托架(隧道正常区间)6 层	托板托架(隧道拐角处)6 层,拐角深度 200~250mm	吊架
基价(元)				**40.50**	**194.45**	**24.30**
其中	人工费(元)			40.50	173.61	24.30
	材料费(元)			—	20.84	—
	机械费(元)			—	—	—
名称		单位	单价(元)	消耗量		
人工	二类人工	工日	135.00	0.300	1.286	0.180
材料	镀锌托板托架 6 层	套	—	(1.050)	(4.200)	—
	角钢 63 以内	kg	—	—	(12.260)	—
	镀锌吊架	套	—	—	—	(1.010)
	热轧光圆钢筋 综合	kg	3.97	—	5.000	—
	其他材料费	元	1.00	—	0.99	—

十三、零星小型金属构件制作、安装

工作内容:基座制作、安装、清理、检查。　　　　计量单位:架

定额编号				6-275	6-276	6-277
项目				制作安装抗震基座		
				800×600×300	600×600×300	1000×600×300
基价(元)				**370.82**	**370.82**	**370.82**
其中	人工费(元)			339.39	339.39	339.39
	材料费(元)			12.89	12.89	12.89
	机械费(元)			18.54	18.54	18.54
名称		单位	单价(元)	消耗量		
人工	二类人工	工日	135.00	2.514	2.514	2.514
材料	镀锌角钢 Q235－A50×5	kg	—	(41.650)	(36.750)	(46.550)
	镀锌六角螺栓带帽 M12×150	套	1.28	8.080	8.080	8.080
	金属膨胀螺栓 M10	套	0.48	4.040	4.040	4.040
	其他材料费	元	1.00	0.61	0.61	0.61
机械	半自动切割机 100mm	台班	92.61	0.130	0.130	0.130
	交流弧焊机 32kV·A	台班	92.84	0.070	0.070	0.070

工作内容:镀锌喷塑无孔托盘式桥架。　　　　计量单位:100m

定额编号				6-278	6-279
项目				镀锌喷塑无孔托盘式桥架(mm 以内)	
				200×150	400×150
基价(元)				**6074.87**	**8099.73**
其中	人工费(元)			6074.87	8099.73
	材料费(元)			—	—
	机械费(元)			—	—
名称		单位	单价(元)	消耗量	
人工	二类人工	工日	135.00	44.999	59.998
材料	电缆桥架 综合	m	—	(102.000)	(102.000)

十四、吊棚内镀锌电线钢管安装

工作内容：测位、打眼、下胀管、安装吊杆、配管、固定、绑扎、刷漆等。　　　　**计量单位**：100m

定额编号				6-280	6-281	6-282	6-283
项目				镀锌电线管			
				工程直径(mm以内)			
				20	25	32	50
基价(元)				**881.37**	**1154.93**	**1192.56**	**1484.05**
其中	人工费(元)			677.97	949.59	949.59	1221.08
	材料费(元)			195.46	195.46	232.45	232.45
	机械费(元)			7.94	9.88	10.52	30.52
名称		单位	单价(元)	消耗量			
人工	二类人工	工日	135.00	5.022	7.034	7.034	9.045
材料	镀锌电线管	m	—	(103.000)	(103.000)	(103.000)	(103.000)
	角钢63以内	kg	—	(8.330)	(8.330)	(10.100)	(10.100)
	热轧光圆钢筋 HPB300 综合	kg	3.98	41.650	41.650	50.500	50.500
	调和漆	kg	11.21	0.500	0.500	0.500	0.500
	防锈漆 C53-1	kg	14.05	0.600	0.600	0.600	0.600
	铜芯塑料绝缘线 BV1.5	m	0.78	8.144	8.144	8.144	8.144
	其他材料费	元	1.00	9.31	9.31	11.07	11.07
机械	管子切断套丝机 159mm	台班	21.59	0.220	0.310	0.310	1.030
	钢材电动煨弯机 500~1800mm	台班	63.74	0.050	0.050	0.060	0.130

十五、阻燃型PVC硬塑料管敷设

工作内容：1. 测位、划线、打眼、下胀管、断管、连接管件、装管卡等；
2. 配管、敷设、固定、连接管件等。　　　　**计量单位**：100m

定额编号				6-284	6-285	6-286	6-287	6-288	6-289
项目				阻燃PVC硬塑料管,墙上明敷设			阻燃PVC硬塑料管,墙内暗敷设		
				公称直径(mm以内)					
				25	32	50	25	32	50
基价(元)				**785.53**	**833.78**	**885.94**	**652.41**	**696.21**	**736.47**
其中	人工费(元)			777.20	824.85	876.42	645.57	688.77	728.73
	材料费(元)			—	—	—	—	—	—
	机械费(元)			8.33	8.93	9.52	6.84	7.44	7.74
名称		单位	单价(元)	消耗量					
人工	二类人工	工日	135.00	5.757	6.110	6.492	4.782	5.102	5.398
材料	阻燃塑料管	m	—	(106.420)	(106.420)	(107.360)	(106.070)	(106.420)	(106.420)
机械	管子切断机 150mm	台班	29.76	0.280	0.300	0.320	0.230	0.250	0.260

注：暗敷如需开槽，套用相关定额。

第四章

程控电话交换机、闭路电视、广播等系统设备安装

说　　明

一、本章包括程控电话交换机及附属设备安装、时钟系统设备安装、摄像设备安装、彩色监视器安装、视频控制设备安装、模拟(数字)传输设备安装、录像设备安装、中心广播设备安装、车站及车辆段广播设备安装九节,共87个子目。

二、程控电话交换价系统设备安装:

1. 程控电话交换机及远端用户模块的安装、调试,包括硬件、软件的安装调试等。

2. 维护终端、打印机及告警设备安装包括:终端设备、打印机及告警设备的安装调试及随机附属线、缆的连接。

3. 微机查号系统、计费系统安装调试包括:计算机、显示器、打印机、电源、鼠标、键盘的安装调试和随机线缆、进出线缆的连接。

4. 卡接模块安装,以10×10回线模块编制;卡接保安装置,以安装在卡接模块每回线上的保安装置编制。

三、时钟系统设备安装:

1. 中心母钟安装调试包括:机柜、调制解调器、自动校时钟、多功能时码转换器、卫星校频校时钟、高稳定时钟(2台)、时码切换器、时码中继器、中心监测接口、时码定时通信器、计算机接口装置、直流电源的安装调试,随机进出线缆的连接。

2. 二级母钟安装调试包括;机柜、高稳定时钟、车站监测接口、时码分配中继器的安装调试、随机、进(出)线缆的连接。

3. 子钟安装,站厅、站台的数显式子钟是以8″~12″(或指针式子钟600mm)双面悬挂式;站台数显式发车子钟以5″单面墙挂式;室内数显式子钟以3″(或指针式子钟300mm)单面墙挂式综合编制。

4. 车站时钟系统调试按每台二级母钟带35块子钟计列。

5. 全线时钟系统调测按1台中心母钟、10台二级母钟为一个系统综合计列。

6. 设备安装带有机内(或机间)连接线缆综合编制。设备到端子架(箱)的连接线缆的敷设,另行计列。

四、闭路电视监视系统设备安装:

1. 云台式摄像机按彩色CCD含半球(或全球)、自动光圈和镜头等综合编制。

2. 系统调试指摄像系统和电视监控系统进行的全系统的检测、调试,包括前端摄像、信号传输和终端控制、监视器及录像、灯光、警铃等设备的联动调试。

3. 电视监控设备安装,其综合工日应根据系统中摄像机台数和距离(摄像机与控制器之间电缆实际长度)分别乘以下表中折算系数。

彩色摄像机折算系数

距离(m)	台数				
	1~8	9~16	17~32	33~64	65~128
	折算系数				
71~200	1.6	1.9	2.1	2.3	2.5
200~400	1.9	2.1	2.3	2.5	2.7

五、广播系统设备安装:

1. 中心广播控制台/车站广播控制台包括前级、话筒、键盘的安装调试以及随机线缆安装和进、出线缆的连接等。

2. 中心广播控制机柜按 20 个回路输出设备综合编制。

3. 车站广播控制机柜按 10 个回路输出、总功率为 2500W 综合编制。包括:功率放大器、广播控制单元、数字和音频汇接模块、功放检测和切换模块、电源时序模块的安装、调试及随机线缆安装,进、出线缆的连接。

4. 车站广播控制盒(防灾和客运)按具有放音卡座及语音存储器功能的设备综合编制。

5. 设备安装与调试按带有机内(或机间)连接线缆综合考虑。设备到端子架(箱)的连接线缆另行计取。

工程量计算规则

一、所有系统调试均以“系统”计算。

二、程控电话交换机以“部”计算。

三、维护终端设备、计费系统设备、微机查号系统以“套”计算。

四、卡接保安模块以“只”计算，卡接模块以“个”计算。

五、中心母钟、二级母钟、监控计算机，均以“套”计算，数显式室内子钟、指针式子钟以“台”计算，时钟插销盒以“个”计算。

六、云台式和固定式摄像机、摄像机支架、中心数字视频控制终端、中心数字视频网管服务器等以“套”计算。

七、电动云台、摄像机防护罩、彩色监视器、视频切换控制、多画面分割器、汉子字符发生器、时间信号发生器、视频分配放大器、云台控制器、隔离地变压器、控制机柜、模拟视频光发送/接收端机、数字视频编码/解码器、录像机等以“台”计算。

八、彩色监视器电视墙按垂直投影面积以“m^2”计算，彩色监视器支架按“套”计算。

九、中心广播控制台、广播控制机柜、广播系统网管终端、车站广播控制台、广播机柜、广播控制盒等以“套”计算。

十、扩音转接机以“台”计算，扩音通话柱、扬声器、室外音柱、噪声监测器等以“个”计算，话筒扬声器（隧道内安装）以“对”计算。

一、程控电话交换机及附属设备安装

工作内容:安装固定于调测程控电话交换机,布防跳线、引接设备主电源线等。 **计量单位**:部

定额编号					6-290	6-291	6-292
项目					程控电话交换机		
					400 线以内	700 线以内	1000 线以内
基价(元)					**27294.76**	**41545.30**	**60738.46**
其中	人工费(元)				25066.40	38502.27	56345.36
	材料费(元)				1762.05	2445.10	3694.79
	机械费(元)				466.31	597.93	698.31
名称		单位	单价(元)		消耗量		
人工	二类人工	工日	135.00		185.677	285.202	417.373
材料	配线电缆	m	—		(160.000)	(250.000)	(280.000)
	通信电缆	m	—		(15.000)	(15.000)	(20.000)
	电力电缆 VV1×16mm^2	m	—		(20.000)	(20.000)	(30.000)
	电力电缆 VV1×35mm^2	m	—		(30.000)	(30.000)	(30.000)
	电力电缆 VV1×50mm^2	m	—		—	—	(28.000)
	插头 48 芯	个	58.62		25.000	36.000	56.000
	镀锌电缆卡子 2×35	套	0.97		35.000	40.000	45.000
	铜芯塑料绝缘线 VV 1×4	m	4.31		10.000	10.000	10.000
	酚醛防锈漆	kg	6.90		3.000	3.000	3.500
	酚醛调和漆	kg	11.29		3.000	3.000	3.000
	跳线 100m	盘	0.43		8.000	10.000	12.000
	塑料胶带 20m	卷	17.24		4.500	4.500	5.000
	其他材料费	元	1.00		83.91	116.43	175.94
机械	用户模拟呼叫器	台班	134.00		1.600	2.400	3.000
	PCM 呼叫分析仪 300~3400Hz,频偏 ±5%	台班	20.31		1.000	1.000	1.000
	PCM 话路特性测试仪 200~4000Hz,-60~6dBm	台班	110.00		1.500	1.500	1.500
	中继线模拟呼叫器	台班	111.00		0.600	0.820	1.000

工作内容：安装固定于调测程控电话交换机，布防跳线、引接设备主电源线等。　　**计量单位**：部

定额编号				6-293	6-294
项目				程控电话交换机	
				3000线以内	5000线以内
基价（元）				**106420.88**	**166734.16**
其中	人工费（元）			97612.97	152358.57
	材料费（元）			7730.60	12785.28
	机械费（元）			1077.31	1590.31
	名称	单位	单价(元)	消耗量	
人工	二类人工	工日	135.00	723.059	1128.582
材料	配线电缆	m	—	(360.000)	(450.000)
	通信电缆	m	—	(30.000)	(60.000)
	电力电缆 VV1 × 16mm²	m	—	(30.000)	(50.000)
	电力电缆 VV1 × 35mm²	m	—	(30.000)	(30.000)
	电力电缆 VV1 × 50mm²	m	—	(30.000)	(30.000)
	电力电缆 VV1 × 150mm²	m	—	(30.000)	(50.000)
	插头 48 芯	个	58.62	120.000	200.000
	镀锌电缆卡子 2 × 35	套	0.97	70.000	100.000
	铜芯塑料绝缘线 VV 1 × 4	m	4.31	14.000	20.000
	酚醛防锈漆	kg	6.90	4.000	5.000
	酚醛调和漆	kg	11.29	3.500	4.000
	跳线 100m	盘	0.43	28.000	40.000
	塑料胶带 20m	卷	17.24	7.000	10.000
	其他材料费	元	1.00	368.12	608.82
机械	用户模拟呼叫器	台班	134.00	5.000	8.000
	PCM 呼叫分析仪 300 ~ 3400Hz，频偏 ± 5%	台班	20.31	1.000	1.000
	PCM 话路特性测试仪 200 ~ 4000Hz，- 60 ~ 6dBm	台班	110.00	1.500	1.500
	中继线模拟呼叫器	台班	111.00	2.000	3.000

工作内容：安装固定于调测程控电话交换机，布防跳线、引接设备主电源线等。　　**计量单位**：部

定额编号				6-295	6-296	6-297
项目				维护终端、打印机及告警设备	计费系统设备	微机查号系统设备(话务台)
基价（元）				**162.00**	**5528.31**	**1419.12**
其中	人工费（元）			162.00	4859.87	1419.12
	材料费（元）			—	16.13	—
	机械费（元）			—	652.31	—
	名称	单位	单价(元)	消耗量		
人工	二类人工	工日	135.00	1.200	35.999	10.512
材料	铜芯双绞线 2 × 1.0mm²	m	—	(7.000)	—	—
	通信电缆	m	—	—	—	(10.000)
	镀锌六角螺栓带帽 M12 × 150	套	1.28	—	8.000	—
	金属膨胀螺栓 M12	套	0.64	—	8.000	—
	其他材料费	元	1.00	—	0.77	—
机械	用户模拟呼叫器	台班	134.00	—	1.000	—
	中继线模拟呼叫器	台班	111.00	—	3.000	—
	PCM 话路特性测试仪 200 ~ 4000Hz，- 60 ~ 6dBm	台班	110.00	—	1.500	—
	PCM 呼叫分析仪 300 ~ 3400Hz，频偏 ± 5%	台班	20.31	—	1.000	—

工作内容:安装远程用户模块,卡接保安模块、总配线架等。

定额编号				6-298	6-299	6-300	6-301
项目				增减中继线	远程用户模块	卡接保安装置	卡接模块
计量单位				回线	架	只	个
基价(元)				**66978.00**	**72383.87**	**16.20**	**3.24**
其中	人工费(元)			648.00	5831.87	16.20	3.24
	材料费(元)			—	—	—	—
	机械费(元)			66330.00	66552.00	—	—
名称		单位	单价(元)	消耗量			
人工	二类人工	工日	135.00	4.800	43.199	0.120	0.024
材料	铜芯双绞线 $2\times1.0mm^2$	m	—	(3.500)	—	—	—
	卡接模块	个	—	—	(1.000)	—	(1.000)
	卡接保安装置	只	—	—	—	(1.000)	—
机械	通信性能分析仪 2MB/s ~ 2.5GB/s	台班	2211.00	30.000	30.000	—	—
	中继线模拟呼叫器	台班	111.00	—	2.000	—	—

二、时钟系统设备安装

工作内容:开箱检验、清洁搬运、安装设备、机件检查与测试。 **计量单位**:套

定额编号				6-302	6-303	6-304
项目				中心母钟设备	二级母钟	监控计算机(含软件)
基价(元)				**1944.00**	**648.00**	**1667.23**
其中	人工费(元)			1944.00	648.00	1620.00
	材料费(元)			—	—	47.23
	机械费(元)			—	—	—
名称		单位	单价(元)	消耗量		
人工	二类人工	工日	135.00	14.400	4.800	12.000
材料	网线 - 超五类线	m	—	—	—	(20.000)
	铜芯橡皮绝缘线 BX 2.5	m	1.29	—	—	20.000
	插座板	个	19.18	—	—	1.000
	其他材料费	元	1.00	—	—	2.25

工作内容：开箱检验、清洁搬运、安装设备、机件检查与调试、安装与调测数显式子钟等。

定额编号				6-305	6-306	6-307	6-308	6-309	6-310
项目				数显式子钟			数显式室内子钟	指针式子钟	
				8″~12″、单面、悬挂式	8″~12″、双面、悬挂式	(站台发车钟)5″、单面、墙挂式	3″、单面、墙挂式	600mm、双面、悬挂式	300mm、单面、壁挂式
计量单位				套		台			
基价（元）				**517.77**	**598.77**	**87.24**	**135.84**	**978.24**	**208.74**
其中	人工费（元）			486.00	567.00	81.00	129.60	972.00	202.50
	材料费（元）			31.77	31.77	6.24	6.24	6.24	6.24
	机械费（元）			—	—	—	—	—	—
名称		单位	单价(元)	消耗量					
人工	二类人工	工日	135.00	3.600	4.200	0.600	0.960	7.200	1.500
材料	角钢 Q235 - A	kg	—	(8.160)	(8.160)	(3.500)	(1.500)	(5.100)	(1.700)
	钩头螺栓 M18×300	个	6.21	4.040	4.040	—	—	—	—
	金属膨胀螺栓 M6	套	0.19	—	—	4.040	4.040	4.040	4.040
	镀锌六角螺栓带帽 M12×150	套	1.28	4.040	4.040	4.040	4.040	4.040	4.040
	其他材料费	元	1.00	1.51	1.51	0.30	0.30	0.30	0.30

工作内容：安装时钟插销盒、时钟系统开通调试等。

定额编号				6-311	6-312	6-313
项目				时钟插销盒	车站时钟系统调试	全线时钟系统调试
计量单位				个	系统	
基价（元）				**9.14**	**648.00**	**1215.00**
其中	人工费（元）			8.51	648.00	1215.00
	材料费（元）			0.63	—	—
	机械费（元）			—	—	—
名称		单位	单价(元)	消耗量		
人工	二类人工	工日	135.00	0.063	4.800	9.000
材料	插销盒	个	—	(1.020)	—	—
	铜芯塑料绝缘线 BV1.5	m	0.78	0.763	—	—
	其他材料费	元	1.00	0.03	—	—

三、摄像设备安装

工作内容:开箱检查、组装设备、安装与调测云台和固定式摄像机等。

定额编号				6-314	6-315	6-316	6-317	6-318	6-319
项目				云台式摄像机	云台式摄像机		固定式摄像机	电动/快速云台	
				彩色 CCD 含半球和镜头	彩色 CCD 含球和镜头		彩色 CCD,含自动光圈镜头	8kg 以内,含球	25kg 以内,含球
					室内型	室外型			
计量单位				套				台	
基价(元)				**171.85**	**215.35**	**256.10**	**64.38**	**123.62**	**154.13**
其中	人工费(元)			167.67	212.90	253.40	60.89	121.91	152.42
	材料费(元)			1.63	1.63	1.63	1.63	1.63	1.63
	机械费(元)			2.55	0.82	1.07	1.86	0.08	0.08
	名称	单位	单价(元)	消耗量					
人工	二类人工	工日	135.00	1.242	1.577	1.877	0.451	0.903	1.129
材料	脱脂棉	kg	38.79	0.040	0.040	0.040	0.040	0.040	0.040
	其他材料费	元	1.00	0.08	0.08	0.08	0.08	0.08	0.08
机械	彩色监视器	台班	4.93	0.500	0.150	0.200	0.360	—	—
	数字万用表	台班	4.16	0.020	0.020	0.020	0.020	0.020	0.020

工作内容:开箱检查、组装设备、安装与调测云台和固定式摄像机等。

定额编号				6-320	6-321	6-322	6-323	6-324
项目				摄像机防护罩			摄像机支架	
				普通型(室内)	全天候(室外)	放酸型/防爆型	壁式	吊挂式
计量单位				台			套	
基价(元)				**27.70**	**50.51**	**96.28**	**76.28**	**114.35**
其中	人工费(元)			22.82	45.63	91.40	76.28	114.35
	材料费(元)			4.88	4.88	4.88	—	—
	机械费(元)			—	—	—	—	—
	名称	单位	单价(元)	消耗量				
人工	二类人工	工日	135.00	0.169	0.338	0.677	0.565	0.847
材料	多功能上光清洁剂	盒	25.86	0.120	0.120	0.120	—	—
	脱脂棉	kg	38.79	0.040	0.040	0.040	—	—
	其他材料费	元	1.00	0.23	0.23	0.23	—	—

四、彩色监视器安装

工作内容：开箱检查、组装设备、安装与调测彩色监视器等。　　　　计量单位：台

定额编号				6-325	6-326	6-327	6-328	6-329
项目				彩色监视器(台面上)370 以内	彩色监视器(台面上)560 以内	彩色监视器(台面上)560 以外	彩色监视器(吊装式)560 以内	彩色监视器(吊装式)560 以外
基价（元）				**64.56**	**76.18**	**84.32**	**152.79**	**160.92**
其中	人工费（元）			45.63	50.49	54.68	126.77	130.95
	材料费（元）			6.11	6.11	6.11	6.11	6.11
	机械费（元）			12.82	19.58	23.53	19.91	23.86
名称		单位	单价(元)	消耗量				
人工	二类人工	工日	135.00	0.338	0.374	0.405	0.939	0.970
材料	多功能上光清洁剂	盒	25.86	0.150	0.150	0.150	0.150	0.150
	脱脂棉	kg	38.79	0.050	0.050	0.050	0.050	0.050
	其他材料费	元	1.00	0.29	0.29	0.29	0.29	0.29
机械	电视信号发生器 彩色、黑白图像带伴音	台班	16.47	0.770	1.180	1.420	1.200	1.440
	数字兆欧表 BM－206 1000MΩ	台班	14.22	0.010	0.010	0.010	0.010	0.010

工作内容：开箱检查、组装设备，安装与调测彩色监视器等。　　　　计量单位：套

定额编号				6-330	6-331
项目				彩色监视器支架	
				壁挂式	吊挂式
基价（元）				**149.97**	**149.97**
其中	人工费（元）			115.70	115.70
	材料费（元）			34.27	34.27
	机械费（元）			—	—
名称		单位	单价(元)	消耗量	
人工	二类人工	工日	135.00	0.857	0.857
材料	成品抗震支架	付	—	(1.000)	(1.000)
	不锈钢六角螺栓带螺母 M14×120	套	4.76	6.000	6.000
	其他材料费	元	1.00	5.71	5.71

工作内容:1. 开箱检验、基础检查、安装调试、试运行;
2. 开箱检查、组装设备、安装与调彩色监视器等。

定额编号				6-332	6-333	6-334
项目				彩色监视屏(电视墙上)	彩色背投(电视墙上)	监视器防护罩
计量单位				m^2	台	
基价(元)				**438.55**	**2252.87**	**492.11**
其中	人工费(元)			307.80	2245.32	486.00
	材料费(元)			114.20	7.47	6.11
	机械费(元)			16.55	0.08	—
名称		单位	单价(元)	消耗量		
人工	二类人工	工日	135.00	2.280	16.632	3.600
材料	监视器防护外罩	个	—	—	—	(1.000)
	多功能上光清洁剂	盒	25.86	0.600	0.200	0.150
	脱脂棉	kg	38.79	0.200	0.050	0.050
	洗涤剂	kg	5.92	0.040	—	—
	塑料带 20mm×40m	卷	7.41	0.500	—	—
	视频接线端子	个	13.59	6.000	—	—
	其他材料费	元	1.00	5.44	0.36	0.29
机械	电视信号发生器 彩色、黑白图像带伴音	台班	16.47	1.000	—	—
	数字万用表	台班	4.16	0.020	0.020	—

五、视频控制设备安装

工作内容:安装与调测视频切换控制设备、网管设备及系统开通调试等。 **计量单位**:台

定额编号				6-335	6-336	6-337	6-338	6-339
项目				视频控制键盘,摇杆式	视频切换控制设备			
					模拟信号			
					16 路以内	32 路以内	64 路以内	64 路以外
基价(元)				**91.40**	**237.12**	**391.67**	**626.51**	**935.49**
其中	人工费(元)			91.40	228.56	380.97	609.39	914.09
	材料费(元)			—	—	—	—	—
	机械费(元)			—	8.56	10.70	17.12	21.40
名称		单位	单价(元)	消耗量				
人工	二类人工	工日	135.00	0.677	1.693	2.822	4.514	6.771
机械	电视信号发生器 彩色、黑白图像带伴音	台班	16.47	—	0.400	0.500	0.800	1.000
	彩色监视器	台班	4.93	—	0.400	0.500	0.800	1.000

工作内容：安装与调测视频切换控制设备、网管设备及系统开通调试等。　　**计量单位**：台

定额编号				6-340	6-341	6-342	6-343	6-344	6-345
项目				多画面分割器	汉字字符发生器	时间信号发生器	视频分配放大器,6路以内	云台控制器	隔离地变压器
基价（元）				**96.75**	**49.91**	**49.91**	**137.89**	**93.17**	**60.89**
其中	人工费（元）			91.40	45.63	45.63	114.35	91.40	60.89
	材料费（元）			—	—	—	—	—	—
	机械费（元）			5.35	4.28	4.28	23.54	1.77	—
名称		单位	单价(元)	消耗量					
人工	二类人工	工日	135.00	0.677	0.338	0.338	0.847	0.677	0.451
机械	电视信号发生器 彩色、黑白图像带伴音	台班	16.47	0.250	0.200	0.200	1.100	—	—
	彩色监视器	台班	4.93	0.250	0.200	0.200	1.100	0.360	—

工作内容：安装与调测视频切换控制设备、网管设备及系统开通调试等。

定额编号				6-346	6-347	6-348	6-349
项目				控制机柜	中心视频系统网管设备	车站闭路电视系统开通调试	中心闭路电视系统开通调试
计量单位				台	系统		
基价（元）				**194.40**	**2268.00**	**1296.00**	**5021.87**
其中	人工费（元）			194.40	2268.00	1296.00	5021.87
	材料费（元）			—	—	—	—
	机械费（元）			—	—	—	—
名称		单位	单价(元)	消耗量			
人工	二类人工	工日	135.00	1.440	16.800	9.600	37.199

六、模拟(数字)传输设备安装

工作内容:开箱检查、组装设备、安装与调测模拟、数字视频光发送、接收终端机设备等。

定额编号				6-350	6-351	6-352	6-353	6-354
项目				模拟视频光发送/接收端机		数字视频编码/解码器	中心数字视频控制终端	中心数字视频网管服务器
				8 路以内	8 路以外	4 路		
计量单位				台			套	
基价(元)				**377.93**	**539.93**	**636.72**	**2593.92**	**6272.57**
其中	人工费(元)			324.00	486.00	527.31	2591.87	6269.27
	材料费(元)			53.93	53.93	109.41	1.22	1.22
	机械费(元)			—	—	—	0.83	2.08
名称		单位	单价(元)	消耗量				
人工	二类人工	工日	135.00	2.400	3.600	3.906	19.199	46.439
材料	尾纤(双端头)	条	—	(1.010)	(1.010)	—	—	—
	同轴视频电缆 SYV-75-3	m	—	(20.400)	(20.400)	(20.400)	—	—
	铜芯塑料绝缘线 BV1.5	m	0.78	65.850	65.850	65.850	—	—
	屏蔽线二芯	m	2.59	—	—	20.400	—	—
	脱脂棉	kg	38.79	—	—	—	0.030	0.030
	其他材料费	元	1.00	2.57	2.57	5.21	0.06	0.06
机械	数字万用表	台班	4.16	—	—	—	0.200	0.500

七、录像设备安装

工作内容:安装与调测数字录像机、时滞录像机、磁带录像机等。　　计量单位:台

定额编号				6-355	6-356	6-357	6-358	6-359
项目				数字录像机			服务器+磁盘阵列	磁带录像机
				8 路以内	16 路以内	PC 机		
基价(元)				**324.00**	**486.00**	**486.00**	**1458.00**	**45.63**
其中	人工费(元)			324.00	486.00	486.00	1458.00	45.63
	材料费(元)			—	—	—	—	—
	机械费(元)			—	—	—	—	—
名称		单位	单价(元)	消耗量				
人工	二类人工	工日	135.00	2.400	3.600	3.600	10.800	0.338

八、中心广播设备安装

工作内容：安装、固定于调测中心行车、防灾广播控制台、广播系统网管终端设备以及全线广播系统调试开通等。

定额编号				6-360	6-361	6-362	6-363
项目				中心行车/防灾广播控制台	中心广播控制机柜	广播系统网络终端	全线广播系统调试
计量单位				套			系统
基价（元）				**1235.14**	**2612.01**	**2918.62**	**7451.87**
其中	人工费（元）			1215.00	2591.87	2834.87	7451.87
	材料费（元）			20.14	20.14	83.75	—
	机械费（元）			—	—	—	—
名称		单位	单价(元)	消耗量			
人工	二类人工	工日	135.00	9.000	19.199	20.999	55.199
材料	控制线 $2\times0.5mm^2$	m	—	—	(30.000)	—	—
	网线－超五类线	m	—	—	—	(20.000)	—
	插座板	个	19.18	1.000	1.000	2.000	—
	铜芯塑料绝缘线 BV1.5	m	0.78	—	—	20.000	—
	铜芯橡皮绝缘线 BX 2.5	m	1.29	—	—	20.000	—
	其他材料费	元	1.00	0.96	0.96	3.99	—

九、车站及车辆段广播设备安装

工作内容：安装与调测车站及车辆段行车、防灾广播控制台（盒）、功率放大器机柜、扩音转接机、扩音通话柱等。

定额编号				6-364	6-365	6-366	6-367	6-368
项目				广播控制台（含前级、话筒、键盘等）	广播机柜（含控制及功放器设备等）	客运/防灾广播控制盒	扩音转接机	扩音通话柱
计量单位				套		台		个
基价（元）				**1404.20**	**1579.50**	**569.93**	**324.00**	**283.50**
其中	人工费（元）			1377.00	1579.50	162.00	324.00	283.50
	材料费（元）			27.20	—	407.93	—	—
	机械费（元）			—	—	—	—	—
名称		单位	单价(元)	消耗量				
人工	二类人工	工日	135.00	10.200	11.700	1.200	2.400	2.100
材料	低频电缆 RVVP $14\times0.4mm^2$	m	—	(20.000)	—	—	—	—
	低频电缆 RVVP $7\times0.4mm^2$	m	—	—	—	(100.000)	—	—
	扩音通话柱基础	个	—	—	—	—	—	(1.000)
	扩音通话柱	个	—	—	—	—	—	(1.000)
	屏蔽线二芯	m	2.59	10.000	—	150.000	—	—
	其他材料费	元	1.00	1.30	—	19.43	—	—

工作内容:安装与调测扬声设备及噪声监测器等。

定额编号				6-369	6-370	6-371	6-372	6-373
项目				吸顶扬声器	室外音柱	号筒式扬声器		噪声监测器
				5W 以内悬挂式	15W 以内壁挂式			
计量单位				个		对		个
基价(元)				**121.50**	**283.50**	**162.00**	**210.60**	**121.50**
其中	人工费(元)			121.50	283.50	162.00	210.60	121.50
	材料费(元)			—	—	—	—	—
	机械费(元)			—	—	—	—	—
名称		单位	单价(元)	消耗量				
人工	二类人工	工日	135.00	0.900	2.100	1.200	1.560	0.900
材料	转线盒及配线连接管	套	—	(1.000)	(1.000)	(1.000)	(1.000)	(1.000)
	吸顶扬声器托盘	套	—	(1.000)	—	—	—	(1.000)
	室外音柱安装架	个	—	—	(1.000)	—	—	—
	号筒扬声器安装版 15W	块	—	—	—	(1.000)	—	—
	号筒扬声器安装版 5W	对	—	—	—	—	(1.000)	—

工作内容:安装与调测中央控制设备等。

定额编号				6-374	6-375	6-376
项目				无线移动手持机(含充电器)	无线移动广播接收机(含无线、自动转控接口)	车站/车辆段广播系统调试
计量单位				套		系统
基价(元)				**40.50**	**2050.38**	**2430.00**
其中	人工费(元)			40.50	1944.00	2430.00
	材料费(元)			—	106.38	—
	机械费(元)			—	—	—
名称		单位	单价(元)	消耗量		
人工	二类人工	工日	135.00	0.300	14.400	18.000
材料	热轧光圆钢筋 HPB300ϕ10	kg	3.98	—	5.180	—
	扁钢 Q235B 综合	kg	3.96	—	10.800	—
	碳素结构钢镀锌焊接钢管	t	4741.00	—	0.008	—
	其他材料费	元	1.00	—	5.07	—

第五章

站内无线通信、光纤数字传播等系统安装

说　　明

一、本章包括集群移动通信天线铁塔架设、集群移动通信天线和馈线安装与调测、集群移动通信设备安装与调测、辅助设备安装、光纤数字传输设备安装与调测、网管系统安装与调测、数字通信通道调测、同步数字网络设备安装与调测、专用通信设备安装、配线设备安装、蓄电池安装及充放电、电源系统设备安装、接地装置安装、计算机网络及附属设备安装十四节，共118个子目。

二、无线通信系统设备安装。

1. 安装通信天线：

(1)铁塔上安装天线，不论有、无操作平台均执行本定额。

(2)安装天线的高度指天线底部距塔(杆)座的高度。

(3)天线在楼顶铁塔上的吊装，按楼顶距地面20m以下考虑，超过部分另行计列。

2. 中央控制设备安装包括：中央控制设备、网管设备、无线交换机的安装与调试以及随机线缆安装、进出线缆的连接。不包括进出线、缆的敷设。

3. 安装基站设备按每架为2个载频的单基站编制。多基站按单基站定额乘以基站数计列。

4. 固定台安装包括：主机、天线的安装与调试，以及进、出线缆的连接。

5. 机车电台安装包括：主机(含有设备箱的一体化结构电台)、控制盒(含送受话器)、机车天线的安装与调试，以及进出线、缆的连接。

6. 设备安装调试按带有机内(或机间)连接线缆综合考虑，设备到端子架(箱)的连接线缆，另行计列。

三、光纤数字传输设备安装。

1. 光纤传输设备的安装与调测按2.5GB/s、622MB/s系统，1+1状态编制。当系统为1+0状态时，TM终端复用器每端减少2个工日，ADM分插复用器每端减少4个工日。

2. 光纤数字传输设备的安装与调测包括：安装加固机架，安装与调测SDH/MSTP、PCM、接入网设备以及进、出线缆的连接等，不包括进、出线缆的敷设。

3. 设备安装与调测按带有机内(或机间)连接线缆综合编制。设备到配线架(箱)的连接线缆，另行计列。

4. 安装光纤配线架定额，按100芯以下综合编制。

四、专用通信设备及配线设备安装。

1. 交换机设备、调度操作台、调度/专用/自动电话分机/数字话机(或接口)包括：设备本身的安装调试及附属接线盒的安装和线、缆的连接。

2. 中心维护管理终端包括：终端设备、打印机的安装调试及随机附属线、缆的连接。

3. 电缆交接箱的安装，以100回线为一个卡接式接线模块综合编制。

4. 落地式电缆交接箱安装不包括箱体基座。需箱体基座时，另行计列。

5. 安装电缆分线盒不包括电缆的成端。

五、通信电源设备及接地装置安装。

1. 蓄电池安装按其额定工作电压、容量大小划分，以蓄电池组为计量单位综合测算，适用于48V高频开关电源和UPS不间断电源的蓄电池组安装及蓄电池组按规程进行充、放电。

2. 蓄电池电极连接按蓄电池带有紧固螺栓、螺母、垫片编制。如采用焊接方式连接另行计列。

3. 电源设备的安装与调测包括进、出线缆的连接,不包括进、出线缆的敷设。

4. 充、放电设备安装与调测包括监测控制设备、变阻设备、电源设备的安装、调试与连接线缆的敷设。

六、计算机网络及附属设备安装:计算机网络及附属设备安装中,以太网交换机安装定额不包括机柜的安装。

工程量计算规则

一、架设天线铁塔、安装馈线、站内小天线、隧道口定向天线以“处”计算。

二、中央控制设备、调度控制台、基站设备、直放站设备、机车电台、便携电台、固定电台以“套”计算,中央控制设备、基站设备、直放站设备的调测以及场强测试(单基站 2 载频)、全线无线系统调试与开通以“系统”计算。

三、漏缆功分器以“个”计算,漏缆调整测试以“100m”计算。

四、无线局域网接入点(AP)设备安装按“套”计算,设备中的机架、配线架以“架”计算,配线子架以“个”计算。

五、光纤数字传输设备以“端”为单位计算,接入网设备、网络管理系统设备、同步系统设备以“套”计算。

六、光中继段测试以“系统”计算,通路对端调测以“系统/站”计算。

七、稳定观测及光、电缆调测中间站配合以“站”计算,综合定时供给、铯钟以及 GPS 接收机设备以“台”计算。

八、中心/车站调度专用交换机、中心维护管理终端、多轨迹数字记录仪等设备等以“套”计算,中心调度操作台(PC 机)、中心/车站调度操作台、调度/专用/自动/数字电话分机设备以“台”计算。

九、综合设备柜、室内电缆交接箱、电缆分线盒、电话出线盒、轨旁电话插销盒等以“个”计算。

十、蓄电池以“组”计算,蓄电池柜以“架”计算。

十一、充、放电设备、高频开关电源及 UPS 不间断电源设备等以“台”计算,双路电源切换屏以“套”计算,高频开关电源和 UPS 不间断电源的网络终端等以“套”计算。

十二、车站电源系统、中心电源系统等设备的联调以“系统”计算。

十三、接地装置以“处”计算,三层、二层以太网交换机、网管设备以“套”计算,计算机终端、VOIP 网管设备、VOIP 模块以“台”计算。

一、集群移动通信天线铁塔架设

工作内容:基坑开挖、基础灌注、架设铁塔,安装天线铁塔地网、接地极、避雷针、消雷器、防空障碍灯及电源线等。

计量单位:处

定额编号					6-377	6-378	6-379	6-380	6-381
项目					地面天线铁塔(坑深 2.5m 以内,综合土)				
					地面塔高(m 以内)				
					30	40	50	60	80
基价(元)					**39981.53**	**58535.05**	**118219.06**	**139895.66**	**162520.78**
其中	人工费(元)				14577.17	20670.66	41369.67	53200.13	61855.65
	材料费(元)				21449.28	32369.83	69831.45	73227.67	81885.56
	机械费(元)				3955.08	5494.56	7017.94	13467.86	18779.57
名称		单位	单价(元)		消耗量				
人工	二类人工	工日	135.00		107.979	153.116	306.442	394.075	458.190
材料	防空障碍灯	套	—		(2.000)	(2.000)	(2.000)	(2.000)	(2.000)
	天线铁塔	t	—		(8.000)	(12.000)	(15.500)	(28.000)	(42.000)
	天线铁塔消雷器	套	—		(1.000)	(1.000)	(1.000)	(1.000)	(1.000)
	镀锌角钢 Q235 - A50 ×5	kg	—		(77.040)	(77.040)	(124.260)	(124.260)	(124.260)
	电力电缆	m	—		(51.100)	(60.600)	(70.700)	(80.800)	(101.000)
	镀锌扁钢 16 ×0.5	m	—		(51.440)	(51.440)	(70.080)	(70.080)	(70.080)
	热轧光圆钢筋 HPB300 综合	kg	3.98		890.000	1733.000	3365.920	3497.760	3873.240
	泵送商品混凝土 C30	m^3	461.00		32.000	45.760	102.240	107.200	120.000
	泵送商品混凝土 C20	m^3	431.00		2.800	3.600	7.200	7.600	9.200
	接地标	根	12.33		1.010	1.010	1.010	1.010	1.010
	镀锌扁钢抱箍 -40 ×4	副	6.81		4.420	5.630	7.800	9.100	11.000
	板方材	m^3	1034.00		0.844	1.177	2.680	2.905	3.048
	松垫木	m^3	2328.00		0.005	0.007	0.016	0.020	0.020
	其他材料费	元	1.00		1021.39	1541.42	3325.31	3487.03	3899.31
机械	电焊机 综合	台班	115.00		1.400	1.590	1.640	1.640	1.640
	汽车式起重机 40t	台班	1517.63		2.500	3.500	4.500	8.750	12.250

工作内容:基坑开挖、基础灌注、架设铁塔,安装天线铁塔地网、接地极、避雷针、消雷器、防空障碍灯及电源线等。

计量单位:处

定额编号				6-382	6-383
项目				楼顶天线铁塔	
				塔高 10m 以内	塔高 20m 以内
基价（元）				**4744.85**	**7411.89**
其中	人工费（元）			2437.29	4345.52
	材料费（元）			1.21	1.21
	机械费（元）			2306.35	3065.16
名称		单位	单价(元)	消耗量	
人工	二类人工	工日	135.00	18.054	32.189
材料	天线铁塔	t	—	(3.100)	(9.100)
	电力电缆	m	—	(40.400)	(50.500)
	中厚钢板 综合	kg	3.71	0.310	0.310
	其他材料费	元	1.00	0.06	0.06
机械	电焊机 综合	台班	115.00	0.260	0.260
	汽车式起重机 40t	台班	1517.63	1.500	2.000

二、集群移动通信天线和馈线安装与调测

工作内容:安装天线、馈线、调测天线系统等。

计量单位:处

定额编号				6-384	6-385	6-386	6-387
项目				安装通信天、馈线(地面天线铁塔)			
				塔高 10m 以内	塔高 20m 以内	塔高 30m 以内	塔高 40m 以内
基价（元）				**4104.43**	**4447.22**	**5113.95**	**5438.00**
其中	人工费（元）			1174.50	1417.50	1984.50	2211.30
	材料费（元）			2845.38	2900.67	2955.90	3004.20
	机械费（元）			84.55	129.05	173.55	222.50
名称		单位	单价(元)	消耗量			
人工	二类人工	工日	135.00	8.700	10.500	14.700	16.380
材料	碳素结构钢镀锌焊接钢管	t	4741.00	0.500	0.500	0.500	0.500
	拉线调整螺丝 大型 300	个	39.66	4.040	4.040	4.040	4.040
	单根馈线固定卡子	套	6.48	17.720	24.820	31.920	39.020
	镀锌钢绞线 综合	kg	6.65	4.000	5.000	5.990	5.990
	三眼单槽夹板	套	9.34	4.040	4.040	4.040	4.040
	其他材料费	元	1.00	135.49	138.13	140.76	143.06
机械	小功率计	台班	8.90	9.500	14.500	19.500	25.000

工作内容:安装天线、馈线、调测天线系统等。　　计量单位:处

定额编号				6-388	6-389	6-390
项目				安装通信天、馈线(地面天线铁塔)		
				塔高 50m 以内	塔高 60m 以内	塔高 80m 以内
基价(元)				**5863.38**	**6247.19**	**6918.81**
其中	人工费(元)			2519.10	2834.87	3320.87
	材料费(元)			3077.28	3100.82	3197.44
	机械费(元)			267.00	311.50	400.50
	名称	单位	单价(元)	消耗量		
人工	二类人工	工日	135.00	18.660	20.999	24.599
材料	碳素结构钢镀锌焊接钢管	t	4741.00	0.500	0.500	0.500
	镀锌钢绞线 综合	kg	6.65	6.590	5.990	5.990
	拉线调整螺丝 大型 300	个	39.66	4.440	4.040	4.040
	三眼单槽夹板	套	9.34	4.440	4.040	4.040
	单根馈线固定卡子	套	6.48	46.120	53.220	67.420
	其他材料费	元	1.00	146.54	147.66	152.26
机械	小功率计	台班	8.90	30.000	35.000	45.000

三、集群移动通信设备安装与调测

工作内容:安装与调测中央控制设备、基站设备、直放站设备、调度控制台、机车电台等。　　计量单位:套

定额编号				6-391	6-392	6-393	6-394
项目				中央控制设备(含网络管理终端设备)	调度控制台	基站设备	光纤/射频直放站设备
基价(元)				**6875.57**	**888.96**	**2473.43**	**4954.29**
其中	人工费(元)			5747.63	766.26	1859.76	4727.03
	材料费(元)			122.70	122.70	263.20	218.36
	机械费(元)			1005.24	—	350.47	8.90
	名称	单位	单价(元)	消耗量			
人工	二类人工	工日	135.00	42.575	5.676	13.776	35.015
材料	铜芯塑料软线 500V $2.5mm^2$	m	—	(200.000)	—	(30.300)	(30.300)
	局用电缆 HJVV48×0.5	m	—	—	—	(30.600)	—
	角钢 63 以内	kg	—	—	—	(20.250)	(20.250)
	铜芯塑料绝缘线 BV8.0	m	7.76	10.000	10.000	10.000	10.000
	地线盘	个	38.87	1.010	1.010	1.010	1.010
	中厚钢板 综合	kg	3.71	—	—	23.000	22.000
	碳素结构钢焊接钢管 *DN*50×3.8	m	12.62	—	—	3.090	—
	酚醛防锈漆	kg	6.90	—	—	0.500	0.500
	酚醛磁漆	kg	12.07	—	—	0.500	0.500
	其他材料费	元	1.00	5.84	5.84	12.53	10.40
机械	交流弧焊机 21kV·A	台班	63.33	—	—	0.500	—
	小功率计	台班	8.90	—	—	2.000	1.000
	汽车式起重机 5t	台班	366.47	0.500	—	—	—
	逻辑分析仪	台班	139.00	3.000	—	—	—
	PCM 数字通道分析仪 2MB/s	台班	208.00	0.500	—	—	—
	无线电综合测试仪 100kHz～1.15GHz	台班	301.00	1.000	—	1.000	—

工作内容：安装与调测中央控制设备、基站设备、直放站设备、调度控制台、机车电台等。　　**计量单位**：套

定额编号				6-395	6-396
项目				车载电台	便携电台设备
基价（元）				**1457.70**	**81.60**
其中	人工费（元）			1385.10	36.45
	材料费（元）			27.27	—
	机械费（元）			45.33	45.15
	名称	单位	单价(元)	消耗量	
人工	二类人工	工日	135.00	10.260	0.270
材料	同轴电缆	m	—	(12.000)	—
	中厚钢板 综合	kg	3.71	7.000	—
	其他材料费	元	1.00	1.30	—
机械	交流弧焊机 21kV·A	台班	63.33	0.100	—
	小功率计	台班	8.90	1.000	—
	无线电综合测试仪 100kHz ~ 1.15GHz	台班	301.00	0.100	0.150

工作内容：安装固定电台、便携电台漏缆功分器以及系统调测等。

定额编号				6-397	6-398	6-399	6-400
项目				固定电台	漏缆功分器	站内小天线	无线局域网接入点(AP)设备
计量单位				套	个	处	套
基价（元）				**1277.06**	**665.65**	**783.50**	**723.07**
其中	人工费（元）			1215.00	162.00	648.00	675.00
	材料费（元）			24.91	503.65	108.97	25.07
	机械费（元）			37.15	—	26.53	23.00
	名称	单位	单价(元)	消耗量			
人工	二类人工	工日	135.00	9.000	1.200	4.800	5.000
材料	铜芯塑料线 500V 10mm^2	m	—	(9.050)	—	—	—
	射频电缆 SYV - 75 - 9 - 4	m	—	—	(20.000)	—	—
	热轧光圆钢筋 HPB300ϕ10	kg	3.98	—	—	5.180	6.000
	扁钢 Q235B 综合	kg	3.96	—	—	21.000	—
	接头支架	套	12.93	—	1.010	—	—
	塑料胶带	m	3.02	—	1.000	—	—
	插座板	个	19.18	1.010	—	—	—
	电缆接头	个	76.50	—	6.060	—	—
	熔断器 220V/100A	个	4.31	1.010	—	—	—
	其他材料费	元	1.00	1.19	23.98	5.19	1.19
机械	电焊机 综合	台班	115.00	—	—	0.200	0.200
	通过式功率计 450kHz ~ 2.3GHz, 0.1 ~ 1000W	台班	7.05	1.000	—	0.500	—
	无线电综合测试仪 100kHz ~ 1.15GHz	台班	301.00	0.100	—	—	—

工作内容:安装固定电台、便携电台漏缆功分器以及系统调测等。 **计量单位**:系统

定额编号				6-401	6-402	6-403
项目				中央控制设备调测	集群基站设备调测	直放站设备调测
基价(元)				**4690.81**	**9666.41**	**5585.56**
其中	人工费(元)			3401.87	5588.87	3118.37
	材料费(元)			—	—	—
	机械费(元)			1288.94	4077.54	2467.19
名称		单位	单价(元)	消耗量		
人工	二类人工	工日	135.00	25.199	41.399	23.099
机械	通过式功率计 450kHz~2.3GHz,0.1~1000W	台班	7.05	1.000	1.000	—
	无线电综合测试仪 100kHz~1.15GHz	台班	301.00	3.000	4.000	1.500
	标准信号发生器 0.05~1040MHz	台班	7.57	1.000	1.000	—
	场强仪 300MHz~10GHz,20~130dBuV	台班	182.00	2.000	4.000	2.000
	通用计数器 1Hz~1GHz,30mV	台班	7.32	1.000	1.000	—
	轨道车 210kW	台班	471.91	—	4.500	3.500

工作内容:安装隧道口定向天线、漏缆调整调试、全线场强测试。

定额编号				6-404	6-405	6-406	6-407
项目				全线无线系统调试与开通	隧道口定向无线	漏缆调整测试	场强测试(单基站2载频)
计量单位				系统	处	100m	系统
基价(元)				**5644.76**	**1304.80**	**150.10**	**2463.70**
其中	人工费(元)			5644.76	1150.20	24.30	810.00
	材料费(元)			—	120.28	—	—
	机械费(元)			—	34.32	125.80	1653.70
名称		单位	单价(元)	消耗量			
人工	二类人工	工日	135.00	41.813	8.520	0.180	6.000
材料	扁钢 Q235B 综合	kg	3.96	—	10.800	—	—
	碳素结构钢镀锌焊接钢管	t	4741.00	—	0.012	—	—
	热轧光圆钢筋 HPB300ϕ10	kg	3.98	—	5.180	—	—
机械	电焊机 综合	台班	115.00	—	0.200	—	—
	钢筋切断机 40mm	台班	43.28	—	0.180	—	—
	通过式功率计 450kHz~2.3GHz,0.1~1000W	台班	7.05	—	0.500	—	—
	场强仪 300MHz~10GHz,20~130dBuV	台班	182.00	—	—	0.100	2.500
	轨道车 210kW	台班	471.91	—	—	0.200	2.500
	标准信号发生器 0.05~1040MHz	台班	7.57	—	—	0.200	2.500
	无馈线分析仪 300MHz~10GHz,20~130dBuV	台班	117.00	—	—	0.100	—

四、辅助设备安装

工作内容：开箱检验、组装、划线定位、安装加固。

定额编号					6-408	6-409	6-410	6-411
项目					安装端机机架(宽架120mm以上)	安装端机机架(窄架120mm以下)	安装光纤配线架	安装光纤配线子架
计量单位					架			个
基价(元)					**243.00**	**162.00**	**243.59**	**40.94**
其中	人工费(元)				243.00	162.00	243.00	40.50
	材料费(元)				—	—	0.59	0.44
	机械费(元)				—	—	—	—
名称		单位	单价(元)		消耗量			
人工	二类人工	工日	135.00		1.800	1.200	1.800	0.300
材料	酒精 工业用99.5%	kg	7.07		—	—	0.050	0.030
	专用清洁纸	张	0.04		—	—	5.100	5.100
	其他材料费	元	1.00		—	—	0.03	0.02

工作内容：开箱检验、组装、划线定位、安装加固。

定额编号				6-412	6-413	6-414
项目				安装数字配线架	安装数字配线子架	安装光纤与数字配线架
计量单位				架	个	架
基价(元)				**243.00**	**81.00**	**243.44**
其中	人工费(元)			243.00	81.00	243.00
	材料费(元)			—	—	0.44
	机械费(元)			—	—	—
名称		单位	单价(元)	消耗量		
人工	二类人工	工日	135.00	1.800	0.600	1.800
材料	酒精 工业用99.5%	kg	7.07	—	—	0.030
	专用清洁纸	张	0.04	—	—	5.100
	其他材料费	元	1.00	—	—	0.02

五、光纤数字传输设备安装与调测

工作内容:开箱检验,安装 SDH/MSTP、PCM、接入网设备,设备调测等。 **计量单位:**端

定额编号				6-415	6-416	6-417	6-418	6-419	6-420
项目				安装与调测 SDH/MSTP(终端复用器 TM)			安装与调测 SDH/MSTP(分插复用器 ADM)		
				2.5GB/s	622MB/s	155MB/s	2.5GB/s	622MB/s	155MB/s
基价(元)				**7434.46**	**3430.59**	**3025.59**	**9118.06**	**7590.06**	**7185.06**
其中	人工费(元)			5507.87	2025.00	1620.00	5264.87	4778.87	4373.87
	材料费(元)			—	—	—	—	—	—
	机械费(元)			1926.59	1405.59	1405.59	3853.19	2811.19	2811.19
名称		单位	单价(元)	消耗量					
人工	二类人工	工日	135.00	40.799	15.000	12.000	38.999	35.399	32.399
机械	误码率测试仪 2.5GB/s	台班	1611.00	0.500	—	—	1.000	—	—
	误码率测试仪	台班	569.00	—	0.500	0.500	—	1.000	1.000
	数字存储示波器 HP-54603B	台班	55.01	0.250	0.250	0.250	0.500	0.500	0.500
	数字万用表 F-87	台班	6.14	0.300	0.300	0.300	0.600	0.600	0.600
	通信性能分析仪 2MB/s~2.5GB/s	台班	2211.00	0.500	0.500	0.500	1.000	1.000	1.000

工作内容:开箱检验,安装 SDH/MSTP、PCM、接入网设备,设备调测等。

定额编号				6-421	6-422	6-423	6-424
项目				安装与调测 PCM 设备	安装与调测接入网		
					局端设备	网络单元设备	信令转换设备
计量单位				端	套		
基价(元)				**861.00**	**4728.24**	**4018.74**	**2710.60**
其中	人工费(元)			648.00	2227.50	2138.40	1960.20
	材料费(元)			—	—	—	—
	机械费(元)			213.00	2500.74	1880.34	750.40
名称		单位	单价(元)	消耗量			
人工	二类人工	工日	135.00	4.800	16.500	15.840	14.520
机械	PCM 话路特性测试仪 200~4000Hz,-60~6dBm	台班	110.00	1.000	1.000	1.000	—
	数据传输分析仪	台班	103.00	1.000	—	—	—
	数字万用表 F-87	台班	6.14	—	0.250	0.250	—
	通信性能分析仪 2MB/s~2.5GB/s	台班	2211.00	—	0.800	0.800	—
	通用规程测试仪 V5 规程,ISDN 规程	台班	517.00	—	1.200	—	0.800
	模拟信令测试仪	台班	421.00	—	—	—	0.800

六、网管系统安装与调测

工作内容：开箱检查、设备及软件的安装和调试，性能测试和功能测试。　　计量单位：套

定额编号				6-425	6-426	6-427	6-428
项目				安装与调测中心网络管理系统	安装与调测本地维护终端	安装与调测同步网络系统	安装与调测接入网网络管理系统
基价（元）				**7310.01**	**911.14**	**4880.01**	**2612.01**
其中	人工费（元）			7289.87	891.00	4859.87	2591.87
	材料费（元）			20.14	20.14	20.14	20.14
	机械费（元）			—	—	—	—
名称		单位	单价(元)	消耗量			
人工	二类人工	工日	135.00	53.999	6.600	35.999	19.199
材料	插座板	个	19.18	1.000	1.000	1.000	1.000
	其他材料费	元	1.00	0.96	0.96	0.96	0.96

七、数字通信通道调测

工作内容：各种特性及性能的调测。

定额编号				6-429	6-430	6-431	6-432
项目				光中继段测试	通路对端调测	稳定观测	光、电调测中间站配合
计量单位				系统	系统/站	站	
基价（元）				**358.32**	**362.70**	**2025.00**	**729.00**
其中	人工费（元）			324.00	40.50	2025.00	729.00
	材料费（元）			—	—	—	—
	机械费（元）			34.32	322.20	—	—
名称		单位	单价(元)	消耗量			
人工	二类人工	工日	135.00	2.400	0.300	15.000	5.400
机械	光功率计	台班	61.68	0.500	—	—	—
	手持式万用表 50000 计数	台班	6.96	0.500	—	—	—
	误码率测试仪 2.5GB/s	台班	1611.00	—	0.200	—	—

八、同步数字网络设备安装与调测

工作内容:开箱检验、安装加固、插装机盘、本机检查、数字同步设备及本地监控终端安装与调测、GPS 接收机及天线安装。

计量单位:台

定额编号				6-433	6-434	6-435
项目				安装与调测综合定时供给设备 BITS	铯钟	GPS 接收机
基价(元)				**810.00**	**243.00**	**243.00**
其中	人工费(元)			810.00	243.00	243.00
	材料费(元)			—	—	—
	机械费(元)			—	—	—
名称		单位	单价(元)	消耗量		
人工	二类人工	工日	135.00	6.000	1.800	1.800

九、专用通信设备安装

工作内容：安装与调测中心调度专用交换机、操作台等设备，布防和焊接电线等。

定额编号				6-436	6-437	6-438	6-439
项目				中心调度专用交换机	中心调度操作台（PC机）	中心维护管理终端	多轨迹数字记录仪
计量单位				套	台	套	
基价（元）				**60125.39**	**2655.91**	**2898.91**	**2494.04**
其中	人工费（元）			56345.36	2591.87	2834.87	2430.00
	材料费（元）			1835.02	64.04	64.04	64.04
	机械费（元）			1945.01	—	—	—
名称		单位	单价（元）	消耗量			
人工	二类人工	工日	135.00	417.373	19.199	20.999	18.000
材料	电力电缆 VV1×16mm^2	m	—	(30.000)	—	—	—
	通信电缆	m	—	(20.000)	—	—	—
	电力电缆 VV1×35mm^2	m	—	(30.000)	—	—	—
	电力电缆 VV1×50mm^2	m	—	(28.000)	—	—	—
	配线电缆	m	—	(280.000)	—	—	—
	非屏蔽双绞线 8 芯	m	—	—	(20.200)	(20.200)	—
	市话电缆 HYAT23 30×2×0.5	m	—	—	—	—	(20.200)
	插座板	个	19.18	—	1.000	1.000	1.000
	插头 48 芯	个	58.62	28.000	—	—	—
	铜芯塑料绝缘线 VV 1×4	m	4.31	10.000	—	—	—
	酚醛防锈漆	kg	6.90	3.500	—	—	—
	酚醛调和漆	kg	11.29	3.000	—	—	—
	跳线 100m	盘	0.43	12.000	—	—	—
	铜芯塑料绝缘线 BV1.5	m	0.78	—	20.200	20.200	20.200
	铜芯橡皮绝缘线 BX 2.5	m	1.29	—	20.200	20.200	20.200
	其他材料费	元	1.00	87.38	3.05	3.05	3.05
机械	PCM 呼叫分析仪 300～3400Hz，频偏 ±5%	台班	20.31	1.000	—	—	—
	PCM 通道测试仪 20～4000Hz，-60～10dBmo	台班	686.00	1.500	—	—	—
	用户模拟呼叫器 16000 呼/h	台班	409.00	2.000	—	—	—
	中继线模拟呼叫器	台班	111.00	0.700	—	—	—

工作内容:1. 开箱检验、安装机架、装配机盘及附件、本机检查及调测;
2. 开箱检验、安装调测单机,连续、装机、试通。区间电话挖坑埋住、布防电缆、涂漆;
3. 开箱检验、安装设备、设备测试、连接测试、通话测试、调整。

定额编号				6-440	6-441	6-442	6-443
项目				综合设备柜	中心/车站调度操作台	车站调度专用交换机	调度/专用/自动/数字电话分机
计量单位				个	台	套	台
基价(元)				**331.47**	**189.47**	**7388.18**	**121.50**
其中	人工费(元)			324.00	162.00	5669.87	121.50
	材料费(元)			7.47	27.47	—	—
	机械费(元)			—	—	1718.31	—
	名称	单位	单价(元)	消耗量			
人工	二类人工	工日	135.00	2.400	1.200	41.999	0.900
材料	镀锌六角螺栓带帽 M12×150	套	1.28	4.040	—	—	—
	金属膨胀螺栓 M10×80	套	0.48	4.040	—	—	—
	铜芯橡皮绝缘线 BXH 2×23/0.15	m	2.59	—	10.100	—	—
	其他材料费	元	1.00	0.36	1.31	—	—
机械	PCM 呼叫分析仪 300~3400Hz,频偏±5%	台班	20.31	—	—	1.000	—
	PCM 通道测试仪 20~4000Hz,-60~10dBmo	台班	686.00	—	—	1.500	—
	用户模拟呼叫器 16000 呼/h	台班	409.00	—	—	1.500	—
	中继线模拟呼叫器	台班	111.00	—	—	0.500	—

十、配线设备安装

工作内容:安装端子板和模板连接。

定额编号				6-444	6-445
项目				连接排	连线模块
计量单位				列	块
基价(元)				**67.53**	**33.80**
其中	人工费(元)			40.50	32.40
	材料费(元)			27.03	1.40
	机械费(元)			—	—
	名称	单位	单价(元)	消耗量	
人工	二类人工	工日	135.00	0.300	0.240
材料	端子板 A1-10×2	块	—	(10.100)	—
	卡接式接线模块 100 线	块	—	—	(1.010)
	市话电缆	m	—	(5.000)	(5.000)
	汽油 综合	kg	6.12	0.200	—
	焊锡	kg	103.00	0.200	—
	焊锡丝	kg	86.21	0.030	—
	镀锌穿钉带帽 M4×20	套	0.66	2.020	2.020
	其他材料费	元	1.00	1.29	0.07

工作内容：划线定位、安装箱体、组装接线排、固定尾巴电缆、安设底板、封闭箱底、连接地线。　　**计量单位：**个

定额编号				6-446	6-447	6-448	6-449	6-450	6-451
项目				电缆交接箱(接线排)			电缆交接箱(接线模块)		
				300对以内	600对以内	1200对以内	300对以内	600对以内	1200对以内
基价（元）				**334.65**	**415.65**	**480.75**	**283.25**	**323.75**	**364.55**
其中	人工费（元）			291.60	372.60	437.40	243.00	283.50	324.00
	材料费（元）			43.05	43.05	43.35	40.25	40.25	40.55
	机械费（元）			—	—	—	—	—	—
名称		单位	单价(元)	消耗量					
人工	二类人工	工日	135.00	2.160	2.760	3.240	1.800	2.100	2.400
材料	电缆交接箱	台	—	(1.000)	(1.000)	(1.000)	(1.000)	(1.000)	(1.000)
	裸铜线 10	kg	50.00	0.120	0.120	0.120	0.120	0.120	0.120
	拉紧绝缘子 J-2	个	6.90	1.010	1.010	1.010	1.010	1.010	1.010
	地线夹板	套	4.18	1.010	1.010	1.010	1.010	1.010	1.010
	地线棒 $\phi 12 \times 100$	根	7.59	1.010	1.010	1.010	1.010	1.010	1.010
	普通硅酸盐水泥 P·O 52.5 综合	kg	0.39	4.000	4.000	4.000	4.000	4.000	4.000
	石油沥青	kg	2.67	3.000	3.000	3.000	2.000	2.000	2.000
	机油 综合	kg	2.91	0.300	0.300	0.400	0.300	0.300	0.400
	镀锌穿钉带帽 M16×60	套	1.41	4.040	4.040	4.040	4.040	4.040	4.040
	其他材料费	元	1.00	2.05	2.05	2.06	1.92	1.92	1.93

工作内容：电缆芯线对号、测试、芯线焊接、绑扎、安装电缆分线盒、连接地线。　　**计量单位：**个

定额编号				6-452	6-453	6-454	6-455
项目				室外电缆分线盒、外墙上	室内电缆分线盒，内墙上		
				30对以内		50对以内	100对
基价（元）				**170.07**	**170.07**	**203.37**	**253.88**
其中	人工费（元）			120.69	120.69	153.09	200.88
	材料费（元）			49.38	49.38	50.28	53.00
	机械费（元）			—	—	—	—
名称		单位	单价(元)	消耗量			
人工	二类人工	工日	135.00	0.894	0.894	1.134	1.488
材料	市话电缆	m	—	(2.300)	(2.300)	(2.700)	(3.200)
	室外分线盒 WF-1 30对	只	—	(1.000)	—	—	—
	室内分线盒	只	—	—	(1.000)	(1.000)	(1.000)
	焊锡丝	kg	86.21	0.020	0.020	0.030	0.060
	分线设备背板	块	14.42	1.010	1.010	1.010	1.010
	背板U形抱箍	副	8.95	2.020	2.020	2.020	2.020
	拉紧绝缘子 J-2	个	6.90	1.010	1.010	1.010	1.010
	镀锌穿钉带帽 M16×60	套	1.41	4.040	4.040	4.040	4.040
	其他材料费	元	1.00	2.35	2.35	2.39	2.52

工作内容:安装电缆交接箱、电缆分线盒设备,布防电缆和跳线等。　　**计量单位:**个

定 额 编 号				6-456	6-457	6-458	6-459	6-460	6-461
项 目				室内电缆分线盒,内墙嵌入式					
				10 对	20 对	30 对	50 对	100 对	200 对
基 价 (元)				**78.88**	**103.18**	**120.28**	**145.49**	**188.70**	**269.70**
其中	人 工 费 (元)			56.70	81.00	97.20	121.50	162.00	243.00
	材 料 费 (元)			22.18	22.18	23.08	23.99	26.70	26.70
	机 械 费 (元)			—	—	—	—	—	—
	名 称	单位	单价(元)	消 耗 量					
人工	二类人工	工日	135.00	0.420	0.600	0.720	0.900	1.200	1.800
材料	市话电缆	m	—	(2.200)	(2.300)	(2.300)	(2.700)	(3.200)	(3.200)
	室内电缆分线盒	个	—	(1.000)	(1.000)	(1.000)	(1.000)	(1.000)	(1.000)
	焊锡丝	kg	86.21	0.010	0.010	0.020	0.030	0.060	0.060
	分线设备背板	块	14.42	1.010	1.010	1.010	1.010	1.010	1.010
	镀锌穿钉带帽 M16×60	套	1.41	4.040	4.040	4.040	4.040	4.040	4.040
	其他材料费	元	1.00	1.06	1.06	1.10	1.14	1.27	1.27

工作内容:安装电缆交接箱、电缆分线盒设备,布防电缆和跳线等。安装与调测扩音转接机等。

定 额 编 号				6-462	6-463	6-464
项 目				电话出线盒	轨旁电话插销盒	扩音对讲终端
计 量 单 位				个		套
基 价 (元)				**9.59**	**142.77**	**401.73**
其中	人 工 费 (元)			9.59	81.00	324.00
	材 料 费 (元)			—	61.77	77.73
	机 械 费 (元)			—	—	—
	名 称	单位	单价(元)	消 耗 量		
人工	二类人工	工日	135.00	0.071	0.600	2.400
材料	电话单口插座面板 含模块	m	—	(1.020)	—	—
	塑料接线盒 86HS	个	—	(1.020)	—	—
	隧道电话插销	个	—	—	(1.000)	—
	硬塑料管 ϕ150	m	39.22	—	1.500	—
	热轧薄钢板 Q235B δ3.5	kg	3.77	—	—	4.180
	碳素结构钢镀锌焊接钢管 *DN*15×2.8	m	6.07	—	—	9.600
	其他材料费	元	1.00	—	2.94	3.70

十一、蓄电池安装及充放电

工作内容：开箱检验、安装、调整、固定连线、电池标志、充电、放点、测试记录、清洁整理；安装蓄电池、抗震铁架、蓄电池柜，测试记录、清洁整理、电池标志等。

计量单位：组

定额编号				6-465	6-466	6-467	6-468	6-469	6-470
项目				蓄电池					
				48V200Ah以内	48V500Ah以内	48V800Ah以内	100Ah(UPS)以内	200Ah(UPS)以内	300Ah(UPS)以内
基价（元）				**2270.63**	**2529.72**	**2783.63**	**2470.50**	**2649.38**	**2828.39**
其中	人工费（元）			2178.90	2300.40	2446.20	2470.50	2649.38	2828.39
	材料费（元）			91.73	229.32	337.43	—	—	—
	机械费（元）			—	—	—	—	—	—
名称		单位	单价(元)	消耗量					
人工	二类人工	工日	135.00	16.140	17.040	18.120	18.300	19.625	20.951
材料	电	kW·h	0.78	112.000	280.000	412.000	—	—	—
	其他材料费	元	1.00	4.37	10.92	16.07	—	—	—

工作内容：开箱检验、安装、调整、固定连线、电池标志、充电、放点、测试记录、清洁整理；安装蓄电池、抗震铁架、蓄电池柜，测试记录、清洁整理、电池标志等。

定额编号				6-471	6-472
项目				充放电设备	蓄电池机柜
计量单位				台	架
基价（元）				**335.97**	**324.00**
其中	人工费（元）			324.00	324.00
	材料费（元）			11.97	—
	机械费（元）			—	—
名称		单位	单价(元)	消耗量	
人工	二类人工	工日	135.00	2.400	2.400
材料	铜芯橡皮绝缘线 BX 1.5	m	0.78	3.000	—
	铜芯橡皮绝缘线 BX 2.5	m	1.29	2.000	—
	铜芯橡皮绝缘线 BX 4.0	m	2.16	1.000	—
	铜芯橡皮绝缘线 BX 6.0	m	2.16	2.000	—
	其他材料费	元	1.00	0.57	—

十二、电源系统设备安装

工作内容:开箱检查、安装固定、安装附件、密封试验、补充注油、测试调整。 **计量单位:**台

定额编号				6-473	6-474	6-475	6-476
项目				UPS 不间断电源设备			
				10kV·A 以内	20kV·A 以内	30kV·A 以内	50kV·A 以内
基价(元)				**788.59**	**1192.77**	**1414.30**	**1718.09**
其中	人工费(元)			405.00	777.60	972.00	1215.00
	材料费(元)			—	—	—	—
	机械费(元)			383.59	415.17	442.30	503.09
名称		单位	单价(元)	消耗量			
人工	二类人工	工日	135.00	3.000	5.760	7.200	9.000
机械	数字万用表 PS-56	台班	4.16	4.000	4.500	5.000	6.500
	小功率计	台班	8.90	2.000	2.500	2.500	3.000
	柴油叉车 15t	台班	548.00	0.500	0.500	0.500	0.500
	电源干扰测试仪	台班	50.10	1.500	2.000	2.500	3.500

工作内容:开箱检验、安装固定、安装仪表及附件、绝缘测试、性能调测。

定额编号				6-477	6-478	6-479	6-480	6-481	6-482
项目				高频开关电源			双路电源切换屏	交流配电屏	直流配电屏
				200A 以内	500A 以内	1200A 以内	380V		
计量单位				台			套	台	
基价(元)				**1022.82**	**1265.82**	**1913.82**	**374.82**	**374.82**	**374.82**
其中	人工费(元)			972.00	1215.00	1863.00	324.00	324.00	324.00
	材料费(元)			50.82	50.82	50.82	50.82	50.82	50.82
	机械费(元)			—	—	—	—	—	—
名称		单位	单价(元)	消耗量					
人工	二类人工	工日	135.00	7.200	9.000	13.800	2.400	2.400	2.400
材料	地脚螺栓	10 个	11.98	4.040	4.040	4.040	4.040	4.040	4.040
	其他材料费	元	1.00	2.42	2.42	2.42	2.42	2.42	2.42

工作内容:安装与调测 UPS 不间断电源网管及高频开关电源网管设备等。　　**计量单位**:套

定额编号				6-483	6-484
项目				UPS 电源网管终端	高频开关网管终端
基价(元)				**2801.10**	**2882.10**
其中	人工费(元)			2753.87	2834.87
	材料费(元)			47.23	47.23
	机械费(元)			—	—
名称		单位	单价(元)	消耗量	
人工	二类人工	工日	135.00	20.399	20.999
材料	插座板	个	19.18	1.000	1.000
	铜芯橡皮绝缘线 BX 2.5	m	1.29	20.000	20.000
	其他材料费	元	1.00	2.25	2.25

工作内容:1. 硬件检查、软件安装、试通调测;

2. 供电检测性能、电源故障自动保护性能、遥控性能、自动装置、调试。　　**计量单位**:系统

定额编号				6-485	6-486
项目				车站电源系统设备联调	中心电源系统设备联调
基价(元)				**2268.00**	**5183.87**
其中	人工费(元)			2268.00	5183.87
	材料费(元)			—	—
	机械费(元)			—	—
名称		单位	单价(元)	消耗量	
人工	二类人工	工日	135.00	16.800	38.399

十三、接地装置安装

工作内容:设角钢接地体、扁钢连接、加降阻剂、安装地线盘、布防地线连接线等。　　**计量单位:**处

定额编号				6-487	6-488
项目				地线装置(土)	
				1Ω	4Ω
基价(元)				**4987.54**	**2600.71**
其中	人工费(元)			1676.70	1259.55
	材料费(元)			3253.34	1306.66
	机械费(元)			57.50	34.50
名称		单位	单价(元)	消耗量	
人工	二类人工	工日	135.00	12.420	9.330
材料	镀锌角钢 Q235 - A50×5	kg	—	(77.040)	(57.780)
	降阻剂	kg	—	(350.000)	(350.000)
	铜芯塑料绝缘线 BVR35	m	19.83	40.800	20.000
	镀锌扁钢 综合	kg	3.93	51.440	28.580
	铜芯塑料绝缘线 BV25	m	11.21	20.200	61.000
	紫铜板 δ2	kg	58.27	30.000	—
	裸铜线 95	m	30.47	2.000	—
	接地标	根	12.33	1.010	1.010
	地线盘	个	38.87	1.010	1.010
	其他材料费	元	1.00	154.92	62.22
机械	电焊机 综合	台班	115.00	0.500	0.300

十四、计算机网络及附属设备安装

工作内容:安装与调测以太网交换机、计算机终端、网管设备、VOIP 设备等。

定额编号				6-489	6-490	6-491	6-492	6-493	6-494
项目				三层以太网交换机	二层以太网交换机	计算机终端	网管设备(含软件)	VOIP 网关设备	VOIP 模块
计量单位				套		台	套	台	
基价(元)				**1084.86**	**780.07**	**166.77**	**1640.14**	**1623.53**	**1299.53**
其中	人工费(元)			911.25	607.50	162.00	1620.00	1620.00	1296.00
	材料费(元)			3.36	3.36	3.94	20.14	3.53	3.53
	机械费(元)			170.25	169.21	0.83	—	—	—
名称		单位	单价(元)	消耗量					
人工	二类人工	工日	135.00	6.750	4.500	1.200	12.000	12.000	9.600
材料	插座板	个	19.18	—	—	—	1.000	—	—
	脱脂棉	kg	38.79	0.020	0.020	0.030	—	0.020	0.020
	其他材料费	元	1.00	—	—	0.19	0.96	0.17	0.17
	多功能上光清洁剂	盒	25.86	0.100	0.100	0.100	—	0.100	0.100
机械	网络分析仪 HP8410C	台班	328.00	0.500	0.500	—	—	—	—
	笔记本电脑	台班	10.41	0.600	0.500	—	—	—	—
	数字万用表	台班	4.16	—	—	0.200	—	—	—

第七册　信 号 工 程

册 说 明

一、本册定额包括挖、填电缆沟与电缆敷设、防护，信号机及室外箱、盒安装，室外设备基础，道岔电动转辙机安装，轨道检测装置安装，电源设备安装，室内设备安装，车载设备安装及调试，系统调试，其他十章，共300个子目。

二、本册定额适用于新建、改扩建的城市轨道交通信号工程。

三、本册定额的主要编制依据：

1.《地铁设计规范》GB 50157—2013；

2.《地下铁道工程施工及验收规范》GB 50299—1999；

3.《城市轨道交通工程工程量计算规范》GB 50861—2013；

4.《城市轨道交通信号系统通用技术条件》GB/T 1275—2004；

5.《城市轨道交通工程预算定额》GCG 103－2008；

6.《铁路工程预算定额　第六册　信号工程》(2017版)；

7.《杭州市地铁工程预算定额》(2010版)。

四、除另有规定外，设备安装均包括设备本身的安装固定、引入引出端子板的接线、接线端子的压接等全部工作内容。室内设备包括接地，室外设备接地另行计列。

五、信号电缆预留长度规定：

1.直埋电缆预留长度见下表。

直埋电缆预留长度表

序号	项　　目	预留长度	说　　明
1	电缆敷设弯曲系数	2%	按电缆全长计算
2	电缆进入建筑物	5m	室内储备量
3	室内每端环状储备量	2m	20m以下为1m
4	每端出入土及做头	2m	—

2.洞内架设电缆预留长度见下表。

洞内架设电缆预留长度

序号	项　　目	预留长度	说　　明
1	电缆敷设弯曲系数	2%	按电缆全长计算
2	每个终端头	3m	—
3	引入分线柜	5m	—
4	垂直引向水平	0.5m	—
5	引入箱、柜	半周长	箱、柜的半周长
6	电缆内井	2m	—

六、本册定额中未包括的信号器材主材价格，使用时另行计列，但其安装所需工、料、机消耗量已计入相应定额中，不应重复计列。

七、定额中使用的线、缆等材料规格和品种与设计不符时允许换算调整。

八、方整道岔、调整轨缝等需工务配合时,按每组连锁道岔 5 个工日计列。

九、安装与生产同时进行的工作,安装工程的人工费增加 10% ,本费用为降效增加费。

十、在有害环境(高温、多尘、噪声超标、有害气体)中施工时,安装工程的人工费增加 10% ,本费用为降效增加费。

第一章
挖、填电缆沟与电缆敷设、防护

说　　明

一、本章定额包括挖、填电缆沟,敷设电缆、光缆,电缆防护三节,共51个子目。

二、挖、填电缆沟包含清理线间石渣的工作。

工程量计算规则

一、挖电缆沟及站台上挖、砌电缆槽道的长度以设计沟、槽径路的中心线长度以“m”计算。

二、挖填电缆沟、敷设光(电)缆、敷设电缆槽及防护以“100m”计算。

三、光(电)缆接续、过道钢管防护等以“处”计算。

四、过桥、道口、涵洞等防护以“10m”计算。

五、过隔断门、过洞顶、电缆桥架、梯架防护等以“m”计算。

六、电缆支架以“套”计算。

一、挖、填电缆沟

工作内容:1、2、3. 施工防护,划线定位,开挖电缆沟、接头坑,回填夯实及清理,清理线间石渣;
4、5、6. 施工防护,划线定位,人力凿石,开挖电缆沟、接头坑,铺盖土(砂),回填清理,清理线间石渣。

计量单位:100m

定额编号				7-1	7-2	7-3	7-4	7-5	7-6
项目				挖电缆沟					
				土(0.8m深)			石(0.8m深)		
				1~5根	6~10根	11~20根	1~5根	6~10根	11~20根
基价(元)				**1240.48**	**1556.38**	**2078.83**	**4002.45**	**5055.45**	**6873.90**
其中	人工费(元)			1218.24	1534.14	2056.59	3980.21	5033.21	6851.66
	材料费(元)			22.24	22.24	22.24	22.24	22.24	22.24
	机械费(元)			—	—	—	—	—	—
名称		单位	单价(元)	消耗量					
人工	二类人工	工日	135.00	9.024	11.364	15.234	29.483	37.283	50.753
材料	塑料彩条编织布	m^2	1.21	17.500	17.500	17.500	17.500	17.500	17.500
	其他材料费	元	1.00	1.06	1.06	1.06	1.06	1.06	1.06

二、敷设电缆、光缆

1. 埋地敷设

工作内容:检查与测试光、电缆,光、电缆配盘;清理沟底,敷设光、电缆;切割、测试、封头、盘余长。　**计量单位**:100m

定额编号				7-7	7-8	7-9	7-10	7-11	7-12
项目				敷设信号电缆			敷设光缆		敷设串行通信电缆
				9芯以内	30芯以内	48芯以内	24芯以内	48芯以内	
基价(元)				**134.36**	**197.16**	**247.38**	**248.76**	**360.32**	**130.31**
其中	人工费(元)			133.65	196.02	246.24	202.50	283.50	129.60
	材料费(元)			—	—	—	—	—	—
	机械费(元)			0.71	1.14	1.14	46.26	76.82	0.71
名称		单位	单价(元)	消耗量					
人工	二类人工	工日	135.00	0.990	1.452	1.824	1.500	2.100	0.960
材料	电缆	m	—	(102.000)	(102.000)	(102.000)	—	—	—
	单模光缆	m	—	—	—	—	(102.000)	(102.000)	—
	屏蔽双绞线	m	—	—	—	—	—	—	(102.000)
机械	光时域反射仪 HP8146A	台班	826.00	—	—	—	0.056	0.093	—
	数字兆欧表 BM-206 1000MΩ	台班	14.22	0.050	0.080	0.080	—	—	0.050

2. 沿支架、墙面卡敷设

工作内容:检查与测试光、电缆,光、电缆配盘;沿支架或墙面卡敷设、绑扎、固定光、电缆;定位、钻孔、固定支架,敷设漏缆,做接头、缠绑;切割、测试、封头、盘余长。

计量单位:100m

定额编号				7-13	7-14	7-15	7-16	7-17
项目				敷设信号电缆			敷设光缆	
				9 芯以内	30 芯以内	48 芯以内	24 芯以内	48 芯以内
基价(元)				**233.86**	**288.15**	**345.12**	**337.86**	**441.32**
其中	人工费(元)			233.15	287.01	343.98	291.60	364.50
	材料费(元)			—	—	—	—	—
	机械费(元)			0.71	1.14	1.14	46.26	76.82
	名称	单位	单价(元)	消耗量				
人工	二类人工	工日	135.00	1.727	2.126	2.548	2.160	2.700
材料	电缆	m	—	(102.000)	(102.000)	(102.000)	—	—
	单模光缆	m	—	—	—	—	(102.000)	(102.000)
机械	光时域反射仪 HP8146A	台班	826.00	—	—	—	0.056	0.093
	数字兆欧表 BM-206 1000MΩ	台班	14.22	0.050	0.080	0.080	—	—

工作内容:检查与测试光、电缆,光、电缆配盘;安装、固定电缆桥架;沿桥架或线槽敷设、布放光缆、电缆;切割、测试、封头、盘余长。

定额编号				7-18	7-19	7-20
项目				敷设同轴漏泄电缆	敷设串行通信电缆	电缆支架
计量单位				100m		套
基价(元)				**3681.01**	**227.51**	**61.59**
其中	人工费(元)			3157.25	226.80	40.50
	材料费(元)			474.27	—	1.35
	机械费(元)			49.49	0.71	19.74
	名称	单位	单价(元)	消耗量		
人工	二类人工	工日	135.00	23.387	1.680	0.300
材料	线缆	m	—	(102.000)	—	—
	屏蔽双绞线	m	—	—	(102.000)	—
	镀锌托板托架 6 层	套	—	—	—	(1.050)
	漏缆固定接头 LGQ-339A	个	—	(0.100)	—	—
	后扩底镀锌锚栓	套	—	—	—	(2.020)
	调相头 L27-J114	个	219.00	0.400	—	—
	电缆接头	个	76.50	0.060	—	—
	吊挂漏泄电缆卡子	套	1.27	37.070	—	—
	调相座 L27Q-K338A	个	438.00	0.414	—	—
	漏缆洞内防火吊夹	个	14.65	3.330	—	—
	漏缆终端头 L16Q-J104	个	76.50	0.200	—	—
	漏缆终端座 L16Q-50K339	个	177.00	0.200	—	—
	漏缆终端负载 TZ-10	个	310.00	0.010	—	—
	射频电缆 50-9-4	m	33.53	0.250	—	—
	调相电缆 75-9-4	m	33.53	0.600	—	—
	金属膨胀螺栓 M12	套	0.64	—	—	2.020
	其他材料费	元	1.00	22.58	—	0.06
机械	汽油发电机组 10kW	台班	270.44	0.183	—	0.073
	数字兆欧表 BM-206 1000MΩ	台班	14.22	—	0.050	—

3. 沿桥架、线槽敷设

工作内容:检查与测试光、电缆,光、电缆配盘;安装、固定电缆桥架;沿桥架或线槽敷设、布放光缆、电缆;切割、测试、封头、盘余长。

计量单位:100m

定额编号				7-21	7-22	7-23	7-24	7-25
项目				敷设信号电缆			敷设光缆	
				9 芯以内	30 芯以内	48 芯以内	24 芯以内	48 芯以内
基价(元)				**159.20**	**218.09**	**284.37**	**273.06**	**368.42**
其中	人工费(元)			158.49	216.95	283.23	226.80	291.60
	材料费(元)			—	—	—	—	—
	机械费(元)			0.71	1.14	1.14	46.26	76.82
名称		单位	单价(元)	消耗量				
人工	二类人工	工日	135.00	1.174	1.607	2.098	1.680	2.160
材料	电缆	m	—	(102.000)	(102.000)	(102.000)	—	—
	单模光缆	m	—	—	—	—	(102.000)	(102.000)
机械	数字兆欧表 BM-206 1000MΩ	台班	14.22	0.050	0.080	0.080	—	—
	光时域反射仪 HP8146A	台班	826.00	—	—	—	0.056	0.093

工作内容:检查与测试光、电缆,光、电缆配盘;安装、固定电缆桥架;沿桥架或线槽敷设、布放光缆、电缆;切割、测试、封头、盘余长。

定额编号				7-26	7-27
项目				敷设串行通信电缆	电缆桥架
计量单位				100m	m
基价(元)				**154.61**	**393.42**
其中	人工费(元)			153.90	153.90
	材料费(元)			—	95.81
	机械费(元)			0.71	143.71
名称		单位	单价(元)	消耗量	
人工	二类人工	工日	135.00	1.140	1.140
材料	线缆	m	—	(102.000)	—
	扁钢 Q235B 综合	kg	3.96	—	2.560
	酚醛磁漆	kg	12.07	—	0.100
	酚醛防锈漆(各种颜色)	kg	7.76	—	0.100
	六角带帽螺栓 M8	套	0.44	—	4.040
	电焊条	kg	4.31	—	1.000
	金属膨胀螺栓 M12	套	0.64	—	4.040
	镀锌角钢	kg	4.27	—	16.500
	其他材料费	元	1.00	—	4.56
机械	汽油发电机组 10kW	台班	270.44	—	0.500
	交流电焊机 32kV·A	台班	84.92	—	0.100
	数字兆欧表 BM-206 1000MΩ	台班	14.22	0.050	—

4. 电缆、光缆接续

工作内容:挖接头坑、开剥电缆头、清洗、芯线测试编号、焊接接续、烤缩接续材料、防护、整理固定;检验器材、确定接头位置,纤芯焊接、加强芯接续、盘绕固定余纤、复测衰减、包封外护套、安装接头盒托架或保护盒。

计量单位:处

定额编号				7-28	7-29	7-30
项目				免维护电缆接续	免维护光缆接续(24 芯以内)	免维护光缆接续(48 芯以内)
基价(元)				**937.53**	**1074.65**	**1739.94**
其中	人工费(元)			259.20	687.69	1256.31
	材料费(元)			677.76	—	—
	机械费(元)			0.57	386.96	483.63
名称		单位	单价(元)	消耗量		
人工	二类人工	工日	135.00	1.920	5.094	9.306
材料	光缆接头盒	套	—	—	(1.010)	(1.010)
	钢筋混凝土接头槽(带盖板) 槽宽 250	套	37.12	1.010	—	—
	免维护地下电缆接续盒 HDM - T	套	608.00	1.000	—	—
	其他材料费	元	1.00	32.27	—	—
机械	汽油发电机组 10kW	台班	270.44	—	0.058	0.073
	光纤熔接机 AV33119 0.05db	台班	207.00	—	0.800	1.000
	数字兆欧表 BM - 206 1000MΩ	台班	14.22	0.040	—	—
	光时域反射仪 HP8146A	台班	826.00	—	0.249	0.311

三、电缆防护

1. 砂砖防护

工作内容:清理电缆沟;往敷设完光缆、电缆的沟、槽内填砂;沟、槽内敷设砖。

计量单位:100m

定额编号				7-31	7-32	7-33
项目				电缆砂砖防护		
				1 ~ 5 根	6 ~ 10 根	11 ~ 20 根
基价(元)				**2377.64**	**2996.73**	**4203.67**
其中	人工费(元)			623.70	801.90	1158.30
	材料费(元)			1753.94	2194.83	3045.37
	机械费(元)			—	—	—
名称		单位	单价(元)	消耗量		
人工	二类人工	工日	135.00	4.620	5.940	8.580
材料	混凝土实心砖 240 × 115 × 53 MU10	千块	388.00	1.190	1.590	1.990
	黄砂 净砂(细砂)	t	102.00	11.850	14.445	20.865
	其他材料费	元	1.00	83.52	104.52	145.02

2. 电缆槽防护

工作内容：挖电缆沟、电缆槽底部铺碎石；往沟内敷设电缆槽（附盖板）；沟、槽内填砂、回填及捣固。 **计量单位：**100m

定额编号				7-34	7-35	7-36	7-37	7-38
项目				电缆槽防护（复合阻燃材料）				
				80 型	120 型	180 型	270 型	420 型
基价（元）				**1927.95**	**2275.64**	**2815.79**	**3592.67**	**5077.90**
其中	人工费（元）			1550.34	1825.74	2255.04	2864.84	4023.95
	材料费（元）			377.61	449.90	560.75	727.83	1053.95
	机械费（元）			—	—	—	—	—
名称		单位	单价（元）	消耗量				
人工	二类人工	工日	135.00	11.484	13.524	16.704	21.221	29.807
材料	阻燃型复合材料电缆槽	m	—	（101.000）	（101.000）	（101.000）	（101.000）	（101.000）
	碎石 10	m^3	153.00	1.340	1.650	1.960	2.580	3.500
	黄砂 净砂（细砂）	t	102.00	1.320	1.530	2.100	2.730	4.395
	塑料彩条编织布	m^2	1.21	16.500	16.500	16.500	16.500	16.500
	其他材料费	元	1.00	17.98	21.42	26.70	34.66	50.19

3. 过道钢管防护

工作内容：施工防护、开挖过道管沟、预配钢管、铺钢管、堵塞两端管孔、回填捣固。 **计量单位：**处

定额编号				7-39	7-40	7-41	7-42	7-43	7-44
项目				电缆过道钢管防护					
				过一股道			过二股道		
				3.6mϕ50	3.6mϕ80	3.6m ϕ100	8.5mϕ50	8.5mϕ80	8.5m ϕ100
基价（元）				**245.77**	**326.31**	**391.02**	**584.64**	**776.28**	**935.93**
其中	人工费（元）			145.80	162.00	178.20	332.10	364.50	396.90
	材料费（元）			99.97	164.31	212.82	252.54	411.78	539.03
	机械费（元）			—	—	—	—	—	—
名称		单位	单价（元）	消耗量					
人工	二类人工	工日	135.00	1.080	1.200	1.320	2.460	2.700	2.940
材料	塑料彩条编织布	m^2	1.21	5.560	5.560	5.560	8.590	8.590	8.590
	碳素结构钢镀锌焊接钢管 *DN*50×3.8	m	22.12	4.000	—	—	9.000	—	—
	碳素结构钢镀锌焊接钢管 *DN*80×4.0	m	37.44	—	4.000	—	—	9.000	—
	碳素结构钢镀锌焊接钢管 *DN*100×4.0	m	48.99	—	—	4.000	—	—	9.000
	钢制外接头（轨道用）*DN*50	个	15.52	—	—	—	2.000	—	—
	钢制外接头（轨道用）*DN*80	个	22.41	—	—	—	—	2.000	—
	钢制外接头（轨道用）*DN*100	个	31.03	—	—	—	—	—	2.000
	其他材料费	元	1.00	4.76	7.82	10.13	12.03	19.61	25.67

4. 过桥、道口、涵洞等防护

工作内容:1. 制作、安装支架,安装、固定钢管,堵塞桥两端管孔;
2. 敷设槽钢,安装、连接、固定保护件,堵塞桥两端槽隙,钢槽内加设塑料板垫层;
3. 清理现场、敷设钢管、堵塞两端管孔。

计量单位:10m

定额编号				7-45	7-46	7-47
项目				电缆过桥钢管防护(ϕ100mm)	电缆过桥槽钢防护(120×53×5.5)	电缆过道口、涵洞、水沟钢管防护(ϕ50mm)
基价(元)				**649.39**	**2135.78**	**228.56**
其中	人工费(元)			356.40	1741.50	178.20
	材料费(元)			264.76	130.65	50.36
	机械费(元)			28.23	263.63	—
名称		单位	单价(元)	消耗量		
人工	二类人工	工日	135.00	2.640	12.900	1.320
材料	碳素结构钢镀锌焊接钢管 *DN*100×4.0	m	—	(10.300)	—	—
	镀锌扁钢 综合	kg	—	(3.500)	—	—
	碳素结构钢镀锌焊接钢管 *DN*50×3.8	m	—	—	—	(10.300)
	普通钢板 δ3	m²	—	—	(4.040)	—
	镀锌圆钢 ϕ10~14	kg	4.67	1.000	—	—
	镀锌角钢	kg	4.27	20.400	—	—
	钢制外接头(轨道用) *DN*50	个	15.52	—	—	3.090
	钢制外接头(轨道用) *DN*100	个	31.03	2.060	—	—
	镀锌无头穿钉 M19×800-900	根	35.19	2.530	—	—
	镀锌穿钉带帽 M14×70	套	1.47	5.050	—	—
	扁钢 Q235B 综合	kg	3.96	—	6.800	—
	槽钢 综合	kg	4.01	—	21.500	—
	酚醛调和漆	kg	11.29	—	1.000	—
	其他材料费	元	1.00	12.61	6.22	2.40
机械	汽油发电机组 10kW	台班	270.44	0.073	0.912	—
	交流电焊机 32kV·A	台班	84.92	0.100	0.200	—

工作内容:穿管、过门(洞)等。

计量单位:m

定额编号				7-48	7-49	7-50	7-51
项目				电缆过隔断门防护管	电缆穿墙管防护	电缆过洞顶防护	电缆梯架防护
基价(元)				**12.56**	**14.77**	**240.42**	**128.44**
其中	人工费(元)			12.56	4.05	166.86	81.00
	材料费(元)			—	10.72	73.56	4.98
	机械费(元)			—	—	—	42.46
名称		单位	单价(元)	消耗量			
人工	二类人工	工日	135.00	0.093	0.030	1.236	0.600
材料	阻燃流体管 ϕ50	m	—	(1.000)	—	—	—
	电缆梯架	m	—	—	—	—	(1.000)
	电焊条	kg	4.31	—	—	—	0.500
	角钢 Q235B 综合	kg	3.97	—	—	8.210	—
	镀锌薄钢板 综合	kg	4.46	—	—	8.400	—
	金属膨胀螺栓 M12	套	0.64	—	—	—	4.040
	塑料管 综合	kg	9.72	—	1.050	—	—
	其他材料费	元	1.00	—	0.51	3.50	0.24
机械	交流电焊机 32kV·A	台班	84.92	—	—	—	0.500

第二章
信号机及室外箱、盒安装

说　明

一、本章包括高柱信号机安装，矮型信号机安装，各种箱、盒安装三节，共33个子目。

二、高柱、矮型透镜式色灯信号机安装，按点灯监测单元方式编制，包括本身的安装固定与接线、内部器材的安装。

三、高柱信号机安装包括挖机柱坑，高柱信号机机柱坑深度按以下计列：机柱长度8.5m以下时，机柱埋深1.7m；机柱长度10m以上时，机柱埋深2.0m。

工程量计算规则

一、高柱、矮型信号机以及信号机托架以“架”计算。
二、箱、盒等以“个”计算。
三、热镀锌金属基础(方向盒、终端盒、变压器箱)以“处”计算。
四、室外设备防火堵洞以“处”计算。

一、高柱信号机安装

工作内容:施工防护、挖坑、立柱、安装卡盘、回填;安装、固定、缠绕线环、套管打字、配线连接、测试调整、刷漆。

计量单位:架

	定额编号			7-52	7-53	7-54
	项目			高柱透镜式色灯信号机		
				二显示	三显示	四显示
	基价(元)			**1005.80**	**1065.19**	**1277.20**
其中	人工费(元)			669.87	724.14	915.30
	材料费(元)			151.77	156.89	176.82
	机械费(元)			184.16	184.16	185.08
	名称	单位	单价(元)	消耗量		
人工	二类人工	工日	135.00	4.962	5.364	6.780
材料	铜芯塑料软线 500V 1.5mm²	m	—	(59.680)	(88.800)	(185.440)
	点灯监测单元	台	—	(2.000)	(3.000)	(4.000)
	色灯信号机镀锌梯子 8.5m	架	—	(1.000)	(1.000)	—
	铁路信号灯泡 TX12-25/25A	个	—	(2.060)	(3.090)	(4.120)
	钢筋混凝土信号机柱 $\phi150\times8.5$	根	—	(1.010)	(1.010)	—
	信号锁 40	把	—	(1.010)	(1.010)	(1.010)
	色灯信号机构 XSG 高柱二显示	台	—	(1.000)	—	—
	色灯信号机构 XSG 高柱三显示	台	—	—	(1.000)	—
	色灯信号机镀锌梯子 11m	架	—	—	—	(1.000)
	钢筋混凝土信号机柱 $\phi150\times11$	根	—	—	—	(1.010)
	镀锌六角带帽螺栓 M10×100 内 2 平 1 弹	10 套	5.50	0.202	0.202	0.202
	酚醛调和漆	kg	11.29	1.600	1.700	2.600
	塑料彩条编织布	m²	1.21	3.000	3.000	3.000
	色灯信号机引入管高柱用(直)	根	17.24	1.000	1.000	1.000
	信号配线软套管	m	8.91	1.380	1.800	2.790
	线号机打字色带	盘	10.78	0.010	0.010	0.010
	泵送商品混凝土 C15	m³	422.00	0.053	0.053	0.053
	热轧光圆钢筋 综合	kg	3.97	9.050	9.050	9.050
	镀锌低碳钢丝 $\phi0.7\sim5$	kg	5.34	0.060	0.060	0.060
	U 形螺栓带帽 M22	kg	10.43	3.210	3.210	3.210
	其他材料费	元	1.00	7.23	7.47	8.42
机械	汽车式起重机 5t	台班	366.47	0.500	0.500	0.500
	中英文线号机	台班	18.47	0.050	0.050	0.100

工作内容:施工防护、挖坑、立柱、安装卡盘、回填;安装、固定、缠绕线环、套管打字、配线连接、测试调整、刷漆。

计量单位:架

定额编号				7-55	7-56	7-57	7-58
项目				高柱透镜式色灯信号机			
				四显示带引导	二显示	三显示	四显示带引导
					铝合金机构		
基价(元)				**1275.40**	**974.41**	**1053.75**	**1269.73**
其中	人工费(元)			913.68	644.76	719.28	908.01
	材料费(元)			176.82	145.49	150.13	176.82
	机械费(元)			184.90	184.16	184.34	184.90
	名称	单位	单价(元)	消耗量			
人工	二类人工	工日	135.00	6.768	4.776	5.328	6.726
材料	铜芯塑料软线 500V 1.5mm²	m	—	(185.440)	(59.680)	(88.800)	(185.440)
	点灯监测单元	台	—	(5.000)	(2.000)	(3.000)	(5.000)
	铁路信号灯泡 TX12-25/25A	个	—	(5.150)	(2.060)	(3.090)	(5.150)
	信号锁 40	把	—	(3.030)	(1.010)	(1.010)	(3.030)
	钢筋混凝土信号机柱 $\phi150\times8.5$	根	—	—	(1.010)	(1.010)	—
	钢筋混凝土信号机柱 $\phi150\times11$	根	—	(1.010)	—	—	(1.010)
	色灯信号机构 XSG 高柱二显示	台	—	(2.000)	—	—	—
	引导信号机构 XSY	台	—	(1.000)	—	—	—
	铝合金色灯信号机构 XSL-G2 高柱二显示	台	—	—	(1.000)	—	(2.000)
	铝合金色灯信号机构 XSL-G3 高柱二显示	台	—	—	—	(1.000)	—
	铝合金引导信号机构 XSL-Y	台	—	—	—	—	(1.000)
	色灯信号机镀锌梯子 8.5m	架	—	—	(1.000)	(1.000)	—
	色灯信号机镀锌梯子 11m	架	—	(1.000)	—	—	(1.000)
	镀锌六角带帽螺栓 M10×100 内 2 平 1 弹	10 套	5.50	0.202	0.202	0.202	0.202
	酚醛调和漆	kg	11.29	2.600	1.070	1.130	2.600
	塑料彩条编织布	m²	1.21	3.000	3.000	3.000	3.000
	色灯信号机引入管高柱用(直)	根	17.24	1.000	1.000	1.000	1.000
	信号配线软套管	m	8.91	2.790	1.380	1.800	2.790
	线号机打字色带	盘	10.78	0.010	0.010	0.010	0.010
	泵送商品混凝土 C15	m³	422.00	0.053	0.053	0.053	0.053
	热轧光圆钢筋 综合	kg	3.97	9.050	9.050	9.050	9.050
	镀锌低碳钢丝 $\phi0.7\sim5$	kg	5.34	0.060	0.060	0.060	0.060
	U 形螺栓带帽 M22	kg	10.43	3.210	3.210	3.210	3.210
	其他材料费	元	1.00	8.42	6.93	7.15	8.42
机械	汽车式起重机 5t	台班	366.47	0.500	0.500	0.500	0.500
	中英文线号机	台班	18.47	0.090	0.050	0.060	0.090

工作内容:施工防护、挖坑、立柱、安装卡盘、回填;安装、固定、缠绕线环、套管打字、配线连接、测试调整、刷漆。

定额编号				7-59	7-60	7-61	7-62	7-63
项目				高柱 LED 信号机				机柱(无线天线)
				二显示	三显示	四显示	四显示带引导	
				铝合金机构				
计量单位				架				个
基价(元)				**972.51**	**1035.65**	**1246.77**	**1251.63**	**765.65**
其中	人工费(元)			660.96	719.28	903.15	908.01	447.93
	材料费(元)			127.39	132.03	158.72	158.72	100.52
	机械费(元)			184.16	184.34	184.90	184.90	217.20
名称		单位	单价(元)	消耗量				
人工	二类人工	工日	135.00	4.896	5.328	6.690	6.726	3.318
材料	铜芯塑料软线 500V 1.5mm^2	m	—	(59.680)	(88.800)	(185.440)	(185.440)	—
	铝合金 LED 信号机构 XSL-G2 高柱二显示	台	—	(1.000)	(1.000)	—	(2.000)	—
	LED 信号机引入管高柱用 直	台	—	(1.000)	(1.000)	(1.000)	(1.000)	—
	LED 信号机镀锌梯子 8.5m	架	—	(1.000)	(1.000)	—	—	—
	机柱用镀锌梯子 8.5m	架	—	—	—	—	—	(1.000)
	LED 信号机镀锌梯子 11m	架	—	—	—	(1.000)	(1.000)	—
	钢筋混凝土信号机柱 $\phi150\times8.5$	根	—	(1.010)	(1.010)	—	—	(1.010)
	钢筋混凝土信号机柱 $\phi150\times11$	根	—	—	—	(1.010)	(1.010)	—
	热轧光圆钢筋 综合	kg	3.97	9.050	9.050	9.050	9.050	9.050
	镀锌低碳钢丝 $\phi0.7\sim5$	kg	5.34	0.060	0.060	0.060	0.060	0.060
	酚醛调和漆	kg	11.29	1.070	1.130	2.600	2.600	—
	塑料彩条编织布	m^2	1.21	3.000	3.000	3.000	3.000	3.000
	镀锌六角带帽螺栓 M10×100 内 2 平 1 弹	10 套	5.50	0.202	0.202	0.202	0.202	—
	U 形螺栓带帽 M22	kg	10.43	3.210	3.210	3.210	3.210	3.210
	信号配线软套管	m	8.91	1.380	1.800	2.790	2.790	—
	信号机打字色带	盘	10.78	0.010	0.010	0.010	0.010	—
	信号锁 40	把	—	(1.010)	(1.010)	(1.010)	(3.030)	—
	泵送商品混凝土 C15	m^3	422.00	0.053	0.053	0.053	0.053	0.053
	其他材料费	元	1.00	6.07	6.29	7.56	7.56	4.79
机械	中英文线号机	台班	18.47	0.050	0.060	0.090	0.090	—
	汽车式起重机 5t	台班	366.47	0.500	0.500	0.500	0.500	0.500
	交流电焊机 32kV·A	台班	84.92	—	—	—	—	0.400

二、矮型信号机安装

工作内容:施工防护、安装固定、缠绕线环、套管打字、配线连接、测试调整、刷漆;安装、固定信号机托架。

计量单位:架

定额编号				7-64	7-65	7-66	7-67
项目				矮型透镜式色灯信号机			
				二显示	三显示	二显示	三显示
						铝合金机构	
基价(元)				186.40	227.47	176.43	218.73
其中	人工费(元)			169.29	204.12	165.24	202.50
	材料费(元)			16.56	22.43	10.64	15.31
	机械费(元)			0.55	0.92	0.55	0.92
	名称	单位	单价(元)	消耗量			
人工	二类人工	工日	135.00	1.254	1.512	1.224	1.500
材料	铜芯塑料软线 500V 1.5mm^2	m	—	(16.720)	(22.000)	(16.720)	(22.000)
	点灯监测单元	台	—	(2.000)	(3.000)	(2.000)	(3.000)
	铁路信号灯泡 TX12-25/25A	个	—	(2.060)	(3.090)	(2.060)	(3.090)
	信号锁 40	把	—	(1.010)	(1.010)	(1.010)	(1.010)
	色灯信号机构 XSA 矮型二显示	台	—	(1.000)	—	—	—
	色灯信号机构 XSA 矮型三显示	台	—	—	(1.000)	—	—
	铝合金色灯信号机构 XSL-A2 矮型二显示	台	—	—	—	(1.000)	—
	铝合金色灯信号机构 XSL-A3 矮型二显示	台	—	—	—	—	(1.000)
	酚醛调和漆	kg	11.29	0.500	0.600	—	—
	镀锌六角带帽螺栓 M10×100 内 2 平 1 弹	10 套	5.50	0.202	0.202	0.202	0.202
	信号配线软套管	m	8.91	1.000	1.500	1.000	1.500
	线号机打字色带	盘	10.78	0.010	0.010	0.010	0.010
	其他材料费	元	1.00	0.79	1.07	0.51	0.73
机械	中英文线号机	台班	18.47	0.030	0.050	0.030	0.050

工作内容:1. 施工防护、安装固定、缠绕线环、套管打字、配线连接、测试调整、刷漆;
2. 安装、固定信号机托架。

计量单位:架

定额编号				7-68	7-69	7-70
项目				矮型 LED 信号机		信号机托架
				二显示 (铝合金机构)	三显示 (铝合金机构)	
基价(元)				**176.43**	**218.73**	**200.01**
其中	人工费(元)			165.24	202.50	101.25
	材料费(元)			10.64	15.31	79.02
	机械费(元)			0.55	0.92	19.74
名称		单位	单价(元)	消耗量		
人工	二类人工	工日	135.00	1.224	1.500	0.750
材料	铜芯塑料软线 500V 1.5mm^2	m	—	(16.720)	(22.000)	—
	信号锁 40	把	—	(1.010)	(1.010)	—
	信号机托架	个	—	—	—	(1.000)
	镀锌六角带帽螺栓 M10×100 内 2 平 1 弹	10 套	5.50	0.202	0.202	—
	信号配线软套管	m	8.91	1.000	1.500	—
	线号机打字色带	盘	10.78	0.010	0.010	—
	绝缘管及垫(一管二垫)ϕ14	套	12.07	—	—	4.100
	金属膨胀螺栓 M12×100	10 套	6.38	—	—	4.040
	其他材料费	元	1.00	0.51	0.73	3.76
机械	汽油发电机组 10kW	台班	270.44	—	—	0.073
	中英文线号机	台班	18.47	0.030	0.050	—

三、各种箱、盒安装

工作内容:技术准备,安装箱、盒及保护管,电缆做头,灌注绝缘胶,编号配线,调整测试,涂油刷漆,回填清理;安装光缆终端盒、光纤熔接、测试衰减、光纤的盘留固定;堵洞、清理等。

计量单位:个

定额编号				7-71	7-72	7-73	7-74	7-75	7-76
项目				终端电缆盒		分向盒		轨旁无线接线箱安装	波导管耦合单元箱安装
				HZ-12	HZ-24	HF-4	HF-7		
基价(元)				**89.97**	**157.94**	**247.81**	**430.52**	**495.63**	**470.45**
其中	人工费(元)			63.18	106.92	149.04	258.39	302.94	291.60
	材料费(元)			26.79	51.02	98.77	172.13	143.20	129.36
	机械费(元)			—	—	—	—	49.49	49.49
名称		单位	单价(元)	消耗量					
人工	二类人工	工日	135.00	0.468	0.792	1.104	1.914	2.244	2.160
材料	铜芯塑料软线 500V 1.5mm²	m	—	(0.800)	(1.920)	—	—	—	—
	终端电缆盒 HZ-12	个	—	(1.000)	—	—	—	—	—
	终端电缆盒 HZ-24	个	—	—	(1.000)	—	—	—	—
	方向电缆盒 HF-4	个	—	—	—	(1.000)	—	—	—
	方向电缆盒 HF-7	个	—	—	—	—	(1.000)	—	—
	接线箱安装支架	套	—	—	—	—	—	(1.000)	—
	耦合单元箱安装支架	套	—	—	—	—	—	—	(1.000)
	同轴电缆	m	—	—	—	—	—	(10.200)	(10.200)
	信号锁 40	把	—	—	—	—	—	(1.010)	(1.010)
	酚醛调和漆	kg	11.29	0.200	0.200	0.200	0.300	—	—
	防护套管 内径 28mm	m	31.92	—	—	—	—	3.000	3.000
	配线用电缆芯线托环	个	1.81	12.000	24.000	48.000	84.000	—	—
	室外箱盒端子配线铭牌	个	0.17	8.000	16.000	24.000	42.000	10.000	10.000
	塑料软管 ϕ12	m	1.16	—	—	—	—	1.000	1.000
	电缆去向铭牌	个	0.17	1.000	1.000	5.000	8.000	—	—
	接地电缆	m	6.59	—	—	—	—	5.000	3.000
	金属膨胀螺栓 M12	套	0.64	—	—	—	—	4.040	4.040
	镀锌六角带帽螺栓 M10×100 内 2 平 1 弹	10 套	5.50	—	—	—	—	0.404	0.404
	其他材料费	元	1.00	1.28	2.43	4.70	8.20	6.82	6.16
机械	汽油发电机组 10kW	台班	270.44	—	—	—	—	0.183	0.183

工作内容:安装点复测、钻孔、孔道清理、支架安装及调理、防水处理、沥青面恢复、混凝土拌制、灌注、清理。

计量单位:个

定额编号				7-77	7-78	7-79
项目				热镀锌金属基础		
				方向盒	终端盒	变压器箱
基价(元)				**569.30**	**553.54**	**572.02**
其中	人工费(元)			486.00	486.00	486.00
	材料费(元)			54.93	52.15	57.65
	机械费(元)			28.37	15.39	28.37
名称		单位	单价(元)	消耗量		
人工	二类人工	工日	135.00	3.600	3.600	3.600
材料	热镀锌金属基础(方向盒)	个	—	(1.000)	—	—
	热镀锌金属基础(终端盒)	个	—	—	(1.000)	—
	热镀锌金属基础(变压器箱)	个	—	—	—	(1.000)
	其他材料费	元	1.00	5.08	4.09	5.34
	六角带帽螺栓 M16×200	套	1.67	1.010	2.020	2.020
	锁紧螺母 M15×3	个	0.56	4.040	4.040	4.040
	普通硅酸盐水泥 P·O 42.5 综合	kg	0.34	5.840	5.840	7.300
	碎石 16 以内	m^3	136.00	0.015	0.015	0.015
	黄砂 净砂(中粗砂)	m^3	158.00	0.004	0.004	0.005
	粉煤灰	kg	0.14	1.540	1.540	1.925
	塑料彩条编织布	m^2	1.21	2.000	2.000	2.000
	化学锚栓 M12×160	套	1.72	4.040	2.020	4.040
	非泵送商品混凝土 C30	m^3	438.00	0.020	0.020	0.020
	镀锌铁丝	kg	6.55	2.020	2.020	2.020
	石油沥青	kg	2.67	2.020	2.020	2.020
	乳化沥青	kg	4.00	1.000	1.000	1.000
	防水剂	kg	3.65	0.074	0.074	0.092
机械	汽油发电机组 10kW	台班	270.44	0.096	0.048	0.096
	水钻	台班	24.10	0.100	0.100	0.100

工作内容:技术准备,安装箱、盒及保护管,电缆做头,灌注绝缘胶,编号配线,调整测试,涂油刷漆,回填清理;安装光缆终端盒、光纤熔接、测试衰减、光纤的盘留固定;堵洞、清理等。

定额编号				7-80	7-81	7-82	7-83	7-84
项目				变压器箱		分线箱	光缆终端盒	室外设备防火堵洞
				XB1 型	XB2 型			
计量单位				个				处
基价(元)				**236.57**	**262.02**	**715.83**	**1523.67**	**103.13**
其中	人工费(元)			188.73	203.31	584.01	1054.62	8.10
	材料费(元)			47.84	58.71	82.33	5.99	95.03
	机械费(元)			—	—	49.49	463.06	—
	名称	单位	单价(元)	消耗量				
人工	二类人工	工日	135.00	1.398	1.506	4.326	7.812	0.060
材料	铜芯塑料软线 500V 1.5mm²	m	—	(1.920)	(2.560)	—	—	—
	变压器箱	个	—	(1.000)	(1.000)	—	—	—
	信号锁 40	把	—	(1.010)	(1.010)	(1.010)	—	—
	分线箱	个	—	—	—	(1.000)	—	—
	电缆支架附卡子	套	—	—	—	(1.000)	—	—
	光缆终端盒 28 芯	个	—	—	—	—	(1.000)	—
	胶合板 δ3	m²	13.10	0.500	0.500	—	—	—
	酚醛调和漆	kg	11.29	1.000	1.200	—	—	—
	聚氯乙烯单丝	kg	16.88	—	—	0.350	—	—
	镀锌穿钉带帽 M16×60	套	1.41	—	—	—	4.040	—
	配线用电缆芯线托环	个	1.81	14.000	18.000	—	—	—
	室外箱盒端子配线铭牌	个	0.17	10.000	14.000	—	—	—
	电缆去向铭牌	个	0.17	4.000	5.000	5.000	—	—
	绝缘管及垫(一管二垫) φ14	套	12.07	—	—	4.100	—	—
	金属膨胀螺栓 M12	套	0.64	—	—	4.040	—	—
	室内堵洞胶	kg	18.10	—	—	—	—	5.000
	塑料带 20mm×40m	卷	7.41	—	—	1.000	—	—
	塑料软管 综合	m	0.34	—	—	15.000	—	—
	电源插座 二孔 250V 5A	个	7.07	—	—	1.000	—	—
	端子排 25 柱附螺钉	个	—	—	—	(2.000)	—	—
	其他材料费	元	1.00	2.28	2.80	3.92	0.29	4.53
机械	汽油发电机组 10kW	台班	270.44	—	—	0.183	—	—
	光纤熔接机 AV33119 0.05db	台班	207.00	—	—	—	1.000	—
	光时域反射仪 HP8146A	台班	826.00	—	—	—	0.310	—

第三章
室外设备基础

说　明

一、本章包括信号机、箱、盒基础，信号电缆、地线埋设标二节，共18个子目。
二、室外设备基础均按现浇方式编制。

工程量计算规则

一、矮型信号机基础以“个”计算。

二、变压器箱、方向盒、扼流变压器箱等基础以“10 对”计算。

三、终端电缆盒、信号机梯子、埋设标、接续标等基础以“10 个”计算。

一、信号机、箱、盒基础

工作内容：挖坑，模板制作、安装、拆除，灌注，振捣、养护，回填。

定额编号				7-85	7-86	7-87	7-88	7-89	7-90
项目				矮型信号机基础(一架用)		变压器箱基础		分向盒基础	
				土	石	土	石	土	石
计量单位				个		10对			
基价（元）				**123.54**	**220.11**	**1264.21**	**2448.56**	**1088.75**	**2279.45**
其中	人工费（元）			72.90	170.10	874.80	2065.50	874.80	2065.50
	材料费（元）			50.64	50.01	389.41	383.06	213.95	213.95
	机械费（元）			—	—	—	—	—	—
名称		单位	单价(元)	消耗量					
人工	二类人工	工日	135.00	0.540	1.260	6.480	15.300	6.480	15.300
材料	色灯信号机引入管矮型用单曲	根	—	(1.000)	(1.000)	—	—	—	—
	泵送商品混凝土 C20	m^3	431.00	0.080	0.080	0.270	0.270	0.150	0.150
	塑料彩条编织布	m^2	1.21	1.000	0.500	10.000	5.000	—	—
	钩头螺栓 M18×300	个	6.21	2.020	2.020	—	—	20.200	20.200
	螺栓带帽	kg	6.00	—	—	40.400	40.400	—	—
	镀锌低碳钢丝 ϕ0.7～5	kg	5.34	—	—	—	—	2.560	2.560
	其他材料费	元	1.00	2.41	2.38	18.54	18.24	10.19	10.19

工作内容：挖坑，模板制作、安装、拆除，灌注，振捣、养护，回填。　　**计量单位：**10个

定额编号				7-91	7-92	7-93	7-94
项目				终端电缆盒基础		信号机梯子基础	
				土	石	土	石
基价（元）				**587.32**	**1180.37**	**581.78**	**1174.82**
其中	人工费（元）			437.40	1036.80	437.40	1036.80
	材料费（元）			149.92	143.57	144.38	138.02
	机械费（元）			—	—	—	—
名称		单位	单价(元)	消耗量			
人工	二类人工	工日	135.00	3.240	7.680	3.240	7.680
材料	镀锌低碳钢丝 ϕ0.7～5	kg	5.34	1.900	1.900	—	—
	塑料彩条编织布	m^2	1.21	10.000	5.000	10.000	5.000
	钩头螺栓带帽 M10×200	套	3.62	20.200	20.200	—	—
	扁钢 Q235B 综合	kg	3.96	—	—	9.900	9.900
	泵送商品混凝土 C20	m^3	431.00	0.110	0.110	0.200	0.200
	其他材料费	元	1.00	7.14	6.84	6.88	6.57

工作内容:挖坑,模板制作、安装、拆除,灌注,振捣、养护,回填。

定额编号				7-95	7-96	7-97	7-98
项目				固定连接线用混凝土枕	计轴电子接线盒基础	扼流变压器箱基础	
						土	石
计量单位				10个		10对	
基价(元)				**469.08**	**1410.24**	**1145.15**	**2329.50**
其中	人工费(元)			437.40	1239.30	874.80	2065.50
	材料费(元)			31.68	170.94	270.35	264.00
	机械费(元)			—	—	—	—
名称		单位	单价(元)	消耗量			
人工	二类人工	工日	135.00	3.240	9.180	6.480	15.300
材料	塑料彩条编织布	m^2	1.21	—	10.000	10.000	5.000
	钩头螺栓带帽 M10×200	套	3.62	—	20.200	40.400	40.400
	泵送商品混凝土 C20	m^3	431.00	0.070	0.180	0.230	0.230
	其他材料费	元	1.00	1.51	8.14	12.87	12.57

二、信号电缆、地线埋设标

工作内容:挖坑,模板制作,安装,拆除,钢筋制作、安放及绑扎,灌注、振捣、养护、回填。　　**计量单位**:10个

定额编号				7-99	7-100	7-101	7-102
项目				电缆或地线埋设标		电缆地下接续标	
				土	石	土	石
基价(元)				**487.72**	**1080.76**	**546.17**	**1139.22**
其中	人工费(元)			437.40	1036.80	453.60	1053.00
	材料费(元)			50.32	43.96	92.57	86.22
	机械费(元)			—	—	—	—
名称		单位	单价(元)	消耗量			
人工	二类人工	工日	135.00	3.240	7.680	3.360	7.800
材料	镀锌钢丝 ϕ3~6	kg	5.34	—	—	3.500	3.500
	酚醛调和漆	kg	11.29	0.500	0.500	0.500	0.500
	塑料彩条编织布	m^2	1.21	10.000	5.000	10.000	5.000
	泵送商品混凝土 C20	m^3	431.00	0.070	0.070	0.120	0.120
	其他材料费	元	1.00	2.40	2.09	4.41	4.11

第四章
道岔电动转辙机安装

说　　明

一、本章包括道岔电动转辙机安装一节,共5个子目。

二、道岔电动转辙机安装定额包括装置安装用的工、料、机消耗量,不包括安装装置及绝缘。

工程量计算规则

一、重型单动道岔转辙装置安装(2 个牵引点)按“1 组”计算,交分道岔转辙装置安装按“1 组”计算。

二、单动道岔、交分道岔、外锁闭装置以“组”计算。

三、电动转辙机缺口监测组件安装以“套”计算。

一、道岔电动转辙机安装

工作内容:1. 施工防护、打眼、安装固定转辙机及其安装装置和外闭锁装置;

2. 缠绕线环、安装二极管、套管打字、配线连接、杆件加工装配、清扫、涂油刷漆、调整试验。　**计量单位:**组

	定额编号			7-103	7-104	7-105	7-106	7-107
	项目			单动道岔转辙装置安装(1个牵引点)	重型单动道岔转辙装置安装(2个牵引点)	复式交分道岔转辙装置安装	外锁闭装置安装	电动转辙机缺口监测组件安装
	基　价　(元)			**1071.81**	**2135.92**	**4951.94**	**226.80**	**1799.56**
其中	人工费(元)			873.99	1768.23	4192.43	226.80	982.94
	材料费(元)			142.99	258.59	540.20	—	576.27
	机械费(元)			54.83	109.10	219.31	—	240.35
	名　称	单位	单价(元)	消耗量				
人工	二类人工	工日	135.00	6.474	13.098	31.055	1.680	7.281
材料	信号锁 40	把	—	(1.010)	(2.020)	(4.040)	—	—
	酚醛调和漆	kg	11.29	1.000	2.000	4.000	—	—
	镀锌六角带帽螺栓 M10×100 内 2 平 1 弹	10 套	5.50	—	0.404	0.808	—	—
	镀锌蛇皮管 $d38$	m	24.48	1.000	2.000	4.000	—	—
	铜芯塑料绝缘线 BVR2.5	m	1.55	33.200	64.160	132.800	—	—
	信号配线软套管	m	8.91	1.200	1.560	4.800	—	4.000
	线号机打字色带	盘	10.78	0.010	0.010	0.020	—	0.100
	蛇管接头电动转辙机用	组	20.59	1.000	2.000	4.000	—	—
	道岔电路用整流盒	个	17.24	1.000	1.000	2.000	—	—
	六角带帽螺栓 M10×5	套	0.16	2.020	4.040	8.080	—	—
	接地编织铜线	m	12.93	—	—	—	—	1.200
	冷压端子 ϕ6 孔	个	2.67	—	—	—	—	2.000
	接地线 25mm^2	m	12.93	—	—	—	—	1.200
	镀锌六角螺栓带帽	kg	5.47	—	—	—	—	1.010
	阻燃屏蔽线 2×0.3mm^2	m	3.74	—	—	—	—	50.000
	阻燃信号电缆 250V3 芯	m	4.68	—	—	—	—	40.000
	插座板	个	19.18	—	—	—	—	1.010
	三相四孔插座 15A	个	18.97	—	—	—	—	4.040
	其他材料费	元	1.00	6.81	12.31	25.72	—	27.44
机械	数字万用表	台班	4.16	—	—	—	—	1.980
	网络测试仪 超五类线缆测试仪	台班	116.00	—	—	—	—	1.980
	汽油发电机组 10kW	台班	270.44	0.200	0.400	0.800	—	—
	中英文线号机	台班	18.47	0.040	0.050	0.160	—	0.132

第五章
轨道检测装置安装

说　明

一、本章包括轨道电路，传输环路电缆，计轴设备安装，无线天线、波导管安装，应答器安装，轨道绝缘，钢轨接续线及连接线，接近盘安装，LTE 基站安装九节，共 33 个子目。

二、室外计轴设备，不包括电子接线盒与传感器间的连接电缆。

三、钢轨接头绝缘“对”，是指一条铁路线两侧单轨同一点的两个接缝。

四、钢轨接续线、道岔跳线连接线等按焊接（焊药和模具）工艺编制。

工程量计算规则

一、轨道电路以“区段”计算。
二、环路、波导管以“10m”计算。
三、无线天线、波导管支架以“套”计算。
四、应答器、LEU 设备安装等以“个”计算。
五、钢轨绝缘、计轴传感器以“对”计算。
六、钢轨接续线以“km”计算。
七、道岔跳线、道岔绝缘、牵引回流线、极性交叉跳线、横线连接线等以“组”计算。
八、轨距保持杆以“根”计算。
九、接近盘安装以“套”计算。
十、LTE 基站安装以“套”计算。

一、轨 道 电 路

工作内容：施工防护、钢轨打眼、安装引接线和卡具、箱盒内部器材安装、缠绕线环、套管打字、配线连接、调整测试。

计量单位：区段

	定额编号			7-108	7-109	7-110
	项目			50Hz 相敏轨道电路		无绝缘轨道电路安装
				一送一受	一送二受	
	基价（元）			**456.43**	**687.08**	**1671.58**
其中	人工费（元）			159.57	241.38	1249.83
	材料费（元）			286.48	430.09	359.89
	机械费（元）			10.38	15.61	61.86
	名称	单位	单价（元）	消耗量		
人工	二类人工	工日	135.00	1.182	1.788	9.258
材料	铜芯塑料软线 500V 1.5mm²	m	—	(13.000)	(24.880)	—
	直流电化送电端电源变压器 BZD－A	台	—	(1.000)	(1.000)	—
	变阻器（4.4/440）	台	—	(2.000)	(3.000)	—
	信号锁 40	把	—	—	—	(2.020)
	调谐单元托架	个	—	—	—	(2.000)
	铜套 35mm²	个	—	—	—	(4.040)
	终端棒 925/0.5 185mm²	m	—	—	—	(15.000)
	钢轨连接线 276/0.4 35mm²	m	—	—	—	(10.500)
	阻燃双绞屏蔽电缆 2×7/0.67＋7/0.3 2.5mm²	m	—	—	—	(80.000)
	焊药 185mm² 专用	筒	30.17	—	—	4.040
	焊药 35mm² 专用	筒	25.86	—	—	4.040
	焊接模具	套	388.00	—	—	0.200
	信号配线软套管	m	8.91	0.690	1.080	—
	线号机打字色带	盘	10.78	0.010	0.010	—
	护套钢轨引接线 ϕ1.2×19 L＝1600	根	50.34	2.020	3.030	—
	护套钢轨引接线 ϕ1.2×19 L＝3600	根	75.97	2.020	3.030	—
	钢丝绳卡具混凝土枕 通用	套	11.44	1.000	1.500	—
	热轧光圆钢筋 综合	kg	3.97	—	—	4.300
	冷压接线环 35mm² 专用	个	2.06	—	—	4.040
	S 棒固定卡子	个	1.34	—	—	10.000
	其他材料费	元	1.00	13.64	20.48	17.14
机械	汽油发电机组 10kW	台班	270.44	0.037	0.055	0.219
	中英文线号机	台班	18.47	0.020	0.040	0.040
	三参数测试仪	台班	9.49	—	—	0.200

二、传输环路电缆

工作内容:施工防护、敷设环路电缆、环线安装固定、电缆做头接线、导通测试。

定额编号				7-111	7-112	7-113	7-114
项目				环路电缆	列车识别环路	检修、测试环路	列车自动运行(ATO)环路
计量单位				10m	个		
基价(元)				**308.58**	**1218.88**	**1466.37**	**1628.37**
其中	人工费(元)			166.05	1168.02	1296.00	1458.00
	材料费(元)			142.39	50.58	170.09	170.09
	机械费(元)			0.14	0.28	0.28	0.28
名称		单位	单价(元)	消耗量			
人工	二类人工	工日	135.00	1.230	8.652	9.600	10.800
材料	馈电单元 LFU	个	—	—	(1.000)	(1.000)	(1.000)
	电阻盒 RB	个	—	—	(1.000)	(1.000)	(1.000)
	接线盒	个	—	—	(1.000)	(1.000)	(1.000)
	匹配单元 MU	台	—	—	(1.000)	(1.000)	(1.000)
	接线盒托架	个	—	—	(1.000)	(1.000)	(1.000)
	馈电单元托架	个	—	—	(1.000)	(1.000)	(1.000)
	电缆卡子 综合	个	0.26	70.000	20.000	70.000	70.000
	塑料线夹 $\phi15$	个	0.17	70.000	20.000	70.000	70.000
	铜芯塑料绝缘线 VV 1×4	m	4.31	24.480	9.180	30.600	30.600
	其他材料费	元	1.00	6.78	2.41	8.10	8.10
机械	数字兆欧表 BM-206 1000MΩ	台班	14.22	0.010	0.020	0.020	0.020

三、计轴设备安装

工作内容:1. 安装固定电子接线盒及接线端子、电缆引入及配线、调整测试、连接接地电缆;

2. 调整轨针间距、钢轨打眼、安装传感器磁头、电缆穿保护软管并固定、配线、测试调整。

定额编号				7-115	7-116
项目				计轴设备室外电子接线盒安装	计轴传感器安装
计量单位				个	对
基价(元)				**425.46**	**362.71**
其中	人工费(元)			302.94	311.85
	材料费(元)			122.52	1.37
	机械费(元)			—	49.49
名称		单位	单价(元)	消耗量	
人工	二类人工	工日	135.00	2.244	2.310
材料	信号锁 40	把	—	(1.010)	—
	塑料软管 $\phi12$	m	1.16	1.000	—
	接地电缆	m	6.59	3.000	—
	电缆卡子 综合	个	0.26	—	5.000
	防护套管 内径 28mm	m	31.92	3.000	—
	其他材料费	元	1.00	5.83	0.07
机械	汽油发电机组 10kW	台班	270.44	—	0.183

四、无线天线、波导管安装

工作内容：1. 车顶开孔；安装固定支架；

2. 开箱检验、安装固定、配线、连接、测试、调整。

定额编号				7-117	7-118	7-119	7-120
项目				无线天线安装	无线天线支架	裂缝波导管安装	波导管安装支架
计量单位				套		10m	套
基价（元）				**308.85**	**114.91**	**409.16**	**66.82**
其中	人工费（元）			283.50	40.50	405.00	40.50
	材料费（元）			3.62	54.67	0.63	6.58
	机械费（元）			21.73	19.74	3.53	19.74
名称		单位	单价(元)	消耗量			
人工	二类人工	工日	135.00	2.100	0.300	3.000	0.300
材料	同轴电缆	m	—	(10.000)	—	(0.500)	—
	无线天线支架	套	—	—	(1.000)	—	—
	波导管接头盒	套	—	—	—	(1.000)	—
	波导管安装支架(含绝缘)	套	—	—	—	—	(1.000)
	电缆卡子 综合	个	0.26	10.000	—	1.000	—
	塑料线夹 ϕ15	个	0.17	5.000	—	2.000	—
	绝缘管及垫(一管二垫) ϕ14	套	12.07	—	4.100	—	—
	金属膨胀螺栓 M12	套	0.64	—	4.040	—	—
	拉暴螺栓 M12	个	2.07	—	—	—	3.030
	其他材料费	元	1.00	0.17	2.60	0.03	0.31
机械	汽油发电机组 10kW	台班	270.44	—	0.073	—	0.073
	通过式功率计 450kHz～2.3GHz,0.1～1000W	台班	7.05	0.500	—	0.500	—
	场强仪 300MHz～10GHz,20～130dBuV	台班	182.00	0.100	—	—	—

五、应答器安装

工作内容:1、2. 施工防护、安装支架、安装固定应答器、配线连接、测试调整;
3. 开箱检验、机柜安装固定、配线焊接、导通测试、接地连接。

计量单位:个

	定额编号			7-121	7-122	7-123
	项目			无源应答器安装(含安装支架)	有源应答器安装(含安装支架)	LEU 设备安装(含安装支架)
	基价(元)			**210.83**	**554.61**	**476.96**
其中	人工费(元)			81.00	121.50	302.94
	材料费(元)			110.09	413.37	154.28
	机械费(元)			19.74	19.74	19.74
	名称	单位	单价(元)	消耗量		
人工	二类人工	工日	135.00	0.600	0.900	2.244
材料	LEU 设备安装支架	套	—	—	—	(1.000)
	信号锁 40	把	—	—	—	(1.010)
	接地电缆	m	6.59	—	—	1.200
	沥青绝缘漆	kg	10.34	—	—	1.200
	室外箱盒端子配线铭牌	个	0.17	—	—	10.000
	电缆卡子 综合	个	0.26	—	6.000	—
	防护套管 内径 28mm	m	31.92	—	9.000	3.000
	塑料软管 ϕ12	m	1.16	—	—	1.000
	金属膨胀螺栓 M12×100	10 套	6.38	4.040	4.040	4.040
	点式应答器安装支架	个	79.07	1.000	1.000	—
	镀锌六角带帽螺栓 M10×100 内 2 平 1 弹	10 套	5.50	—	—	0.404
	其他材料费	元	1.00	5.24	19.68	7.35
机械	汽油发电机组 10kW	台班	270.44	0.073	0.073	0.073

六、轨道绝缘

工作内容：1. 钢轨接头绝缘：施工防护、拆除钢轨接头原有的铁件、安装钢轨接头新的铁件和绝缘件；
2. 道岔绝缘：施工防护、拆下原有的连接杆、加装绝缘件后再安上；
3. 轨距杆(附绝缘)：施工防护、拆除原有的轨距杆、安装带绝缘的新轨距杆。

定额编号				7-124	7-125	7-126	7-127	7-128	7-129
项目				50kg 普通型轨道绝缘	50kg 加强型轨道绝缘	60kg 普通型轨道绝缘	60kg 加强型轨道绝缘	道岔绝缘	轨距保持杆(附绝缘 ϕ36 粘结型)
计量单位				对				组	根
基价（元）				**467.10**	**467.10**	**551.56**	**551.56**	**121.50**	**16.20**
其中	人工费（元）			121.50	121.50	121.50	121.50	121.50	16.20
	材料费（元）			345.60	345.60	430.06	430.06	—	—
	机械费（元）			—	—	—	—	—	—
名称		单位	单价(元)	消耗量					
人工	二类人工	工日	135.00	0.900	0.900	0.900	0.900	0.900	0.120
材料	高强度钢轨绝缘 50kg	组	—	—	(2.000)	—	—	—	—
	钢轨绝缘 60kg	组	—	(2.000)	—	(2.000)	—	—	—
	高强度钢轨绝缘 60kg	组	—	—	—	—	(2.000)	—	—
	道岔连接杆绝缘	套	—	—	—	—	—	(1.000)	—
	接头夹板 60kg	块	77.84	—	—	4.000	4.000	—	—
	绝缘轨距杆 36 粘结式	根	—	—	—	—	—	—	(1.000)
	接头夹板 50kg	块	61.21	4.000	4.000	—	—	—	—
	接头螺栓带帽 50kg	套	5.46	12.120	12.120	—	—	—	—
	高强度接头螺栓带帽 60kg	套	5.46	—	—	12.120	12.120	—	—
	弹簧垫圈 50kg	个	0.41	12.000	12.000	—	—	—	—
	弹簧垫圈 60kg	个	0.45	—	—	12.000	12.000	—	—
	弹簧垫圈 M12～22	10个	1.12	—	—	12.000	12.000	—	—
	平垫圈 25×45×4	个	0.55	24.000	24.000	24.000	24.000	—	—
	其他材料费	元	1.00	16.46	16.46	20.48	20.48	—	—

七、钢轨接续线及连接线

工作内容:施工防护,检查机具,清洁焊接部位,焊接接续线、道岔跳线、回流线、连接线等。

定额编号				7-130	7-131	7-132	7-133	7-134
项目				钢轨接续线	道岔跳线		交叉渡线辙岔跳线	单轨条牵引电流回流线
					单动	复式交分		
计量单位				km	组			
基价(元)				**21117.50**	**2865.56**	**6098.63**	**1916.52**	**369.08**
其中	人工费(元)			6060.29	364.50	567.00	202.50	145.80
	材料费(元)			14066.14	2461.58	5452.66	1674.54	173.79
	机械费(元)			991.07	39.48	78.97	39.48	49.49
名称		单位	单价(元)	消耗量				
人工	二类人工	工日	135.00	44.891	2.700	4.200	1.500	1.080
材料	钢轨接续线 TXP95mm² 1.3m	根	—	(84.000)	—	—	—	—
	钢轨接续线 TXP95mm² 1.5m	根	—	(84.000)	—	—	—	—
	钢轨接续线 TXP95mm² 3.0m	根	—	—	(2.100)	(4.200)	—	—
	道岔连接线 TXP95mm² 0.9m	根	—	—	(6.300)	(10.500)	—	—
	道岔连接线 TXP95mm² 1.3m	根	—	—	(10.500)	(21.000)	—	—
	道岔连接线 TXP95mm² 1.5m	根	—	—	(10.500)	(21.000)	—	—
	道岔连接线 TXP95mm² 2.0m	根	—	—	—	(8.400)	—	—
	护套道岔连接线 95mm² 0.9m	根	—	—	—	—	(12.600)	—
	护套道岔连接线 95mm² 1.5m	根	—	—	—	—	(8.400)	—
	单轨条牵引电流回流线 95mm² 3.5m	根	—	—	—	—	—	(2.100)
	焊药 185mm² 专用	筒	30.17	336.000	58.800	130.200	40.000	4.200
	焊接模具	套	388.00	8.400	1.470	3.260	1.000	0.100
	其他材料费	元	1.00	669.82	117.22	259.65	79.74	8.28
机械	汽油发电机组 10kW	台班	270.44	1.168	0.146	0.292	0.146	0.183
	钢轨接续线电弧钎焊机组	台班	211.00	3.200	—	—	—	—

工作内容：施工防护，检查机具，清洁焊接部位，焊接接续线、道岔跳线、回流线、连接线等。　　计量单位：组

定额编号				7-135	7-136	7-137	7-138
项目				轨道电路极性交叉跳线	牵引电流轨道横向连接线		
					5m	10m	15m
基价（元）				**358.73**	**598.20**	**760.20**	**922.20**
其中	人工费（元）			40.50	226.80	388.80	550.80
	材料费（元）			313.36	351.66	351.66	351.66
	机械费（元）			4.87	19.74	19.74	19.74
名称		单位	单价(元)	消耗量			
人工	二类人工	工日	135.00	0.300	1.680	2.880	4.080
材料	轨道横向连接线 $95mm^2$ 5m	根	—	—	(4.200)	—	—
	轨道横向连接线 $95mm^2$ 10m	根	—	—	—	(4.200)	—
	轨道横向连接线 $95mm^2$ 15m	根	—	—	—	—	(4.200)
	护套道岔跳线 $\phi1.2\times19$ $L=3000$	根	63.30	2.100	—	—	—
	焊药 $185mm^2$ 专用	筒	30.17	4.200	8.400	8.400	8.400
	焊接模具	套	388.00	0.100	0.210	0.210	0.210
	其他材料费	元	1.00	14.92	16.75	16.75	16.75
机械	汽油发电机组 10kW	台班	270.44	0.018	0.073	0.073	0.073

八、接近盘安装

工作内容：开箱检查、使用防护、安装支架、安装固定接近盘、配线连接、测试调整　　计量单位：套

定额编号				7-139
项目				接近盘安装
基价（元）				**435.63**
其中	人工费（元）			324.00
	材料费（元）			110.71
	机械费（元）			0.92
名称		单位	单价(元)	消耗量
人工	二类人工	工日	135.00	2.400
材料	接近盘安装	套	—	(1.000)
	铜芯塑料绝缘线 BVR1.5	m	0.95	22.500
	信号配线软套管	m	8.91	0.800
	线号机打字色带	盘	10.78	0.010
	点式应答器安装支架	个	79.07	1.000
	金属膨胀螺栓 M12	套	0.64	4.000
	其他材料费	元	1.00	0.47
机械	中英文线号机	台班	18.47	0.050

九、LTE 基站安装

工作内容:开箱检查、清洁搬运,安装箱、盒及保护管、电缆接头安装、调整测试、封堵、清理。 **计量单位:**套

定额编号				7-140
项目				LTE 基站安装
基价(元)				**4485.87**
其中	人工费(元)			3099.60
	材料费(元)			1205.91
	机械费(元)			180.36
名称		单位	单价(元)	消耗量
人工	二类人工	工日	135.00	22.960
材料	铜芯塑料软线 500V 2.5mm^2	m	—	(30.300)
	角钢 63 以内	kg	—	(20.250)
	局用电缆 HJVV48×0.5	m	—	(30.600)
	铝芯橡皮绝缘线 BLX70	m	1.72	10.000
	地线盘	个	38.87	1.010
	镀锌扁钢 综合	kg	3.93	18.550
	中厚钢板	kg	3.71	3.800
	碳素结构钢镀锌焊接钢管 综合	m	34.48	30.090
	酚醛防锈漆	kg	6.90	0.500
	酚醛磁漆	kg	12.07	0.500
	其他材料费	元	1.00	15.46
机械	综合测试仪	台班	25.33	1.000
	交流弧焊机 21kV·A	台班	63.33	0.500
	光功率计	台班	61.68	2.000

第六章
电源设备安装

说　明

一、本章包括电源引入防雷、电源屏安装、UPS 电源及蓄电池安装三节,共 14 个子目。

二、电源设备安装中,电源屏、不间断电源及蓄电池安装包括固定支架,电源设备安装包括接地电缆,电源引入防雷箱包括防雷单元。

工程量计算规则

一、电源引入防雷箱以“个”计算。

二、电源屏、UPS 电源及蓄电池以“台”计算。

一、电源引入防雷

工作内容:技术准备、开箱检验、安装、固定、配线、导通测试、接地连接。　　　　**计量单位:**个

定额编号				7-141	7-142
项目				电源引入防雷箱	
				XL－220	XL－380
基价（元）				**134.69**	**215.69**
其中	人工费（元）			81.00	162.00
	材料费（元）			53.69	53.69
	机械费（元）			—	—
名称		单位	单价(元)	消耗量	
人工	二类人工	工日	135.00	0.600	1.200
材料	电源引入新型防雷箱 XL－220V	台	—	(1.000)	—
	电源引入新型防雷箱 XL－380V	台	—	—	(1.000)
	OBO 防雷单元 V20－C/2	个	—	(2.000)	—
	OBO 防雷单元 V20－C/4	个	—	—	(2.000)
	耐酸塑料管 *DN*50	m	7.26	5.000	5.000
	接地线 5.5～16mm^2	m	3.45	2.000	2.000
	冷压端子 ϕ6 孔	个	2.67	2.000	2.000
	金属膨胀螺栓 M12	套	0.64	4.040	4.040
	其他材料费	元	1.00	2.56	2.56

二、电源屏安装

工作内容:技术准备、焊接、安装屏体、安装支架;开箱检验、屏体安装固定、配线、导通测试、接地连接。 **计量单位:**台

定额编号				7-143	7-144	7-145	7-146	7-147	7-148
项目				信号电源屏安装		智能电源屏安装			
				10kV·A以内	30kV·A以内	30kV·A以外	10kV·A以内	30kV·A以内	30kV·A以外
基价(元)				**807.96**	**869.54**	**975.43**	**783.08**	**888.96**	**994.85**
其中	人工费(元)			550.80	607.50	688.50	550.80	631.80	712.80
	材料费(元)			194.26	199.14	224.03	169.38	194.26	219.15
	机械费(元)			62.90	62.90	62.90	62.90	62.90	62.90
名称		单位	单价(元)	消耗量					
人工	二类人工	工日	135.00	4.080	4.500	5.100	4.080	4.680	5.280
材料	镀锌角钢(5#角钢厚5mm)	kg	—	(35.000)	(35.000)	(35.000)	(35.000)	(35.000)	(35.000)
	橡胶板 δ1~15	kg	5.09	7.000	7.000	7.000	7.000	7.000	7.000
	塑料软管 De6	m	0.13	0.500	0.500	0.500	0.500	0.500	0.500
	螺栓带帽	kg	6.00	4.040	4.040	4.040	4.040	4.040	4.040
	电焊条	kg	4.31	1.000	1.000	1.000	1.000	1.000	1.000
	铜芯塑料绝缘线 BVR2.5	m	1.55	15.000	18.000	23.000	10.000	15.000	20.000
	接地线 5.5~16mm^2	m	3.45	1.500	1.500	1.500	1.500	1.500	1.500
	铜芯橡皮绝缘线 BXH 2×23/0.15	m	2.59	1.800	1.800	1.800	1.800	1.800	1.800
	冷压端子 φ6 孔	个	2.67	2.000	2.000	2.000	2.000	2.000	2.000
	冷压端子 φ8 孔	个	3.19	25.000	25.000	30.000	20.000	25.000	30.000
	金属膨胀螺栓 M12	套	0.64	4.040	4.040	4.040	4.040	4.040	4.040
	其他材料费	元	1.00	9.25	9.48	10.67	8.07	9.25	10.44
机械	交流电焊机 32kV·A	台班	84.92	0.500	0.500	0.500	0.500	0.500	0.500
	数字万用表 F-87	台班	6.14	0.700	0.700	0.700	0.700	0.700	0.700
	数字兆欧表 BM-206 1000MΩ	台班	14.22	0.200	0.200	0.200	0.200	0.200	0.200
	示波器 V1050F	台班	16.62	0.800	0.800	0.800	0.800	0.800	0.800

三、UPS电源及蓄电池安装

工作内容：技术准备、焊接、安装屏体、安装支架；开箱检验、屏体安装固定、配线、导通测试、接地连接；蓄电池充、放电。

计量单位：台

定额编号				7-149	7-150	7-151	7-152	7-153	7-154
项目				UPS电源安装			蓄电池柜安装		
				10kV·A以内	30kV·A以内	30kV·A以外	100A·h以内	200A·h以内	200A·h以外
基价（元）				**664.38**	**1269.66**	**1537.47**	**802.30**	**929.17**	**1056.03**
其中	人工费（元）			445.50	1012.50	1255.50	607.50	688.50	769.50
	材料费（元）			155.98	194.26	219.07	131.90	177.77	223.63
	机械费（元）			62.90	62.90	62.90	62.90	62.90	62.90
名称		单位	单价(元)	消耗量					
人工	二类人工	工日	135.00	3.300	7.500	9.300	4.500	5.100	5.700
材料	镀锌角钢（5#角钢厚5mm）	kg	—	(35.000)	(35.000)	(35.000)	(38.000)	(38.000)	(38.000)
	橡胶板 δ1～15	kg	5.09	7.000	7.000	7.000	7.000	7.000	7.000
	塑料软管 De6	m	0.13	0.500	0.500	—	—	—	—
	螺栓带帽	kg	6.00	4.040	4.040	4.040	4.040	4.040	4.040
	电焊条	kg	4.31	1.000	1.000	1.000	1.000	1.000	1.000
	铜芯塑料绝缘线 BVR2.5	m	1.55	10.000	15.000	20.000	—	—	—
	接地线 5.5～16mm^2	m	3.45	1.500	1.500	1.500	1.500	1.500	1.500
	铜芯橡皮绝缘线 BXH 2×23/0.15	m	2.59	1.800	1.800	1.800	1.800	1.800	1.800
	冷压端子 φ6孔	个	2.67	2.000	2.000	2.000	2.000	2.000	2.000
	冷压端子 φ8孔	个	3.19	16.000	25.000	30.000	—	—	—
	电	kW·h	0.78	—	—	—	56.000	112.000	168.000
	金属膨胀螺栓 M12	套	0.64	4.040	4.040	4.040	4.040	4.040	4.040
	其他材料费	元	1.00	7.43	9.25	10.43	6.28	8.47	10.65
机械	交流电焊机 32kV·A	台班	84.92	0.500	0.500	0.500	0.500	0.500	0.500
	数字万用表 F－87	台班	6.14	0.700	0.700	0.700	0.700	0.700	0.700
	数字兆欧表 BM－206 1000MΩ	台班	14.22	0.200	0.200	0.200	0.200	0.200	0.200
	示波器 V1050F	台班	16.62	0.800	0.800	0.800	0.800	0.800	0.800

第七章
室内设备安装

说　明

一、本章包括控制台安装，敷设室内电缆、电线，电缆、光缆引入室内防护，各种盘、架、柜安装，其他设备五节，共 81 个子目。

二、各种盘、架、柜安装已包括安装固定支架。

三、室内电缆电线均采用阻燃型线、缆。

四、组合柜(架)包括组合，不包括继电器、变压器等。需要时另行计列。

五、室内柜(架)等安装，包括本架电线及架与架之间电线，不包括架间电源环线。

六、断路器安装包括断路器、底板及防护罩。

工程量计算规则

一、控制台、应急台、操作台、显示驱动设备等以“台”计算。

二、显示屏、计算机联锁机柜以“套”计算。

三、室内光缆、电线以“100m”计算。

四、光、电缆引入及封堵入口等以“处”、防鼠堵洞以“站”计算。

五、各种盘、柜、架以“架”计算。

六、CTS、ATS、ATP 机柜、计算机联锁接口柜、微机监测机柜、计轴通信机柜、轨道电路测试盘等以“台”计算。

七、走线架以“m”计算。

八、电缆柜电缆固定以“10 根”计算。

一、控制台安装

工作内容：技术准备、搬运、开箱检验、安装、固定；缠绕线环、套管打字、配线连接、导通测试、接地连接。

计量单位：台

定额编号				7-155	7-156	7-157	7-158
项目				计算机控制单元控制台安装			
				40 块以内	70 块以内	100 块以内	100 块以外
基价（元）				**1822.03**	**2868.25**	**3368.26**	**4267.01**
其中	人工费（元）			1487.16	2322.27	2712.56	3491.78
	材料费（元）			321.73	530.81	636.85	751.88
	机械费（元）			13.14	15.17	18.85	23.35
名称		单位	单价(元)	消耗量			
人工	二类人工	工日	135.00	11.016	17.202	20.093	25.865
材料	铜芯塑料软线 500V $1.5mm^2$	m	—	(1.680)	(4.730)	(4.730)	(4.730)
	聚氯乙烯单丝	kg	16.88	0.500	0.700	0.800	1.000
	镀锌六角螺栓带帽 M12×150	套	1.28	3.030	7.070	9.090	11.110
	螺栓带帽	kg	6.00	4.040	8.080	8.080	8.080
	焊锡	kg	103.00	0.200	0.400	0.500	0.600
	焊锡丝	kg	86.21	0.300	0.300	0.500	0.600
	铜芯塑料绝缘线 BVR2.5	m	1.55	40.000	50.000	60.000	80.000
	接地线 5.5~$16mm^2$	m	3.45	20.000	20.000	20.000	20.000
	铜芯橡皮绝缘线 BXH 2×23/0.15	m	2.59	1.800	1.800	1.800	1.800
	冷压端子 ϕ6 孔	个	2.67	2.000	2.000	2.000	2.000
	冷压端子 ϕ8 孔	个	3.19	9.000	33.000	33.000	33.000
	信号配线软套管	m	8.91	6.000	12.000	18.000	24.000
	线号机打字色带	盘	10.78	0.020	0.040	0.060	0.080
	其他材料费	元	1.00	15.32	25.28	30.33	35.80
机械	中英文线号机	台班	18.47	0.020	0.040	0.060	0.080
	数字万用表 F-87	台班	6.14	0.600	0.700	0.900	1.150
	数字兆欧表 BM-206 1000MΩ	台班	14.22	0.200	0.200	0.200	0.200
	笔记本电脑	台班	10.41	0.600	0.700	0.900	1.150

工作内容:技术准备,焊接,制作、安装显示屏底座;搬运,开箱检验,安装、固定;缠绕线环、套管打字、配线连接、导通测试,接地连接。

定额编号				7-159	7-160	7-161	7-162	7-163	7-164
项目				显示屏驱动设备安装	操作台安装	现场控制盘安装	应急台安装	显示屏安装	计算机控制单元表示盘安装
计量单位				台				套	台
基价(元)				**915.55**	**562.98**	**1201.03**	**3981.63**	**4530.44**	**11657.63**
其中	人工费(元)			810.00	405.00	243.00	486.00	1620.00	7694.73
	材料费(元)			89.72	157.98	957.66	3495.26	2398.37	3450.83
	机械费(元)			15.83	—	0.37	0.37	512.07	512.07
名称		单位	单价(元)	消耗量					
人工	二类人工	工日	135.00	6.000	3.000	1.800	3.600	12.000	56.998
材料	网线-超五类线	m	—	—	(60.000)	—	—	—	—
	角钢 Q235-A	kg	—	—	—	—	—	(99.660)	(99.660)
	显示屏镶框	m	—	—	—	—	—	(21.000)	(40.000)
	槽钢 综合	kg	4.01	—	—	—	—	496.370	496.370
	酚醛调合漆	kg	11.29	—	—	—	—	2.000	2.000
	聚氯乙烯单丝	kg	16.88	—	—	0.200	0.500	—	2.000
	镀锌六角螺栓带帽 M12×150	套	1.28	—	—	—	—	24.480	24.480
	螺栓带帽	kg	6.00	—	—	4.040	6.060	—	—
	金属膨胀螺栓 M12	套	0.64	—	—	—	—	16.320	16.320
	电焊条	kg	4.31	—	—	—	—	2.000	2.000
	焊锡丝	kg	86.21	—	—	0.300	0.700	—	1.200
	铜芯塑料绝缘线 BVR2.5	m	1.55	—	60.000	500.000	2000.000	100.000	380.000
	接地线 5.5~16mm^2	m	3.45	—	1.200	10.000	10.000	10.000	10.000
	铜芯橡皮绝缘线 BXH 2×23/0.15	m	2.59	—	1.200	1.800	1.800	10.000	10.000
	插座板	个	19.18	—	1.010	—	—	—	—
	冷压端子 ϕ6 孔	个	2.67	—	2.000	2.000	2.000	2.000	2.000
	信号配线软套管	m	8.91	—	—	1.500	6.000	—	48.000
	线号机打字色带	盘	10.78	—	—	0.020	0.020	—	0.320
	塑料线夹 ϕ15	个	0.17	—	150.000	150.000	150.000	—	—
	洗涤剂	kg	5.92	0.400	—	—	—	—	—
	视频接线端子	个	13.59	6.000	—	—	—	—	—
	塑料粘胶带	盘	3.08	0.500	—	—	—	—	—
	其他材料费	元	1.00	4.27	7.52	45.60	166.44	114.21	164.33
机械	电视测试信号发生器 CC5361	台班	43.61	0.250	—	—	—	1.000	1.000
	彩色监视器	台班	4.93	1.000	—	—	—	—	—
	中英文线号机	台班	18.47	—	—	0.020	0.020	0.160	0.160
	交流电焊机 32kV·A	台班	84.92	—	—	—	—	5.000	5.000
	数字万用表 F-87	台班	6.14	—	—	—	—	2.300	2.300
	数字兆欧表 BM-206 1000MΩ	台班	14.22	—	—	—	—	0.200	0.200
	笔记本电脑	台班	10.41	—	—	—	—	2.300	2.300

二、敷设室内电缆、电线

工作内容:测长度、布放切割、编号对线、穿套管、导通测试。 **计量单位:**100m

定额编号				7-165	7-166	7-167	7-168	7-169
项目				敷设室内软电缆(阻燃型)			室内电缆 ZR-XV 型	
				9 芯以内	30 芯以内	48 芯以内	2×1.5mm²	2×2.5mm²
基价(元)				**149.85**	**191.16**	**228.42**	**162.00**	**162.81**
其中	人工费(元)			149.85	191.16	228.42	162.00	162.81
	材料费(元)			—	—	—	—	—
	机械费(元)			—	—	—	—	—
	名称	单位	单价(元)	消耗量				
人工	二类人工	工日	135.00	1.110	1.416	1.692	1.200	1.206
材料	阻燃信号电缆 250V3 芯	m	—	(102.000)	(102.000)	(102.000)	—	—
	阻燃电力电缆	m	—	—	—	—	(102.000)	(102.000)

工作内容:测长度、布放切割、编号对线、导通测试、屏蔽制作、整理。 **计量单位:**100m

定额编号				7-170	7-171	7-172	7-173	7-174	7-175
项目				室内电缆 ZR-XV 型					
				2×4mm²	2×6mm²	2×10mm²	2×16mm²	2×25mm²	3×2.5mm²
基价(元)				**166.86**	**170.91**	**174.96**	**179.01**	**183.06**	**187.11**
其中	人工费(元)			166.86	170.91	174.96	179.01	183.06	187.11
	材料费(元)			—	—	—	—	—	—
	机械费(元)			—	—	—	—	—	—
	名称	单位	单价(元)	消耗量					
人工	二类人工	工日	135.00	1.236	1.266	1.296	1.326	1.356	1.386
材料	阻燃电力电缆	m	—	(102.000)	(102.000)	(102.000)	(102.000)	(102.000)	(102.000)

工作内容:测长度、布放切割、编号对线、导通测试、屏蔽制作、整理。 **计量单位:**100m

定额编号				7-176	7-177	7-178	7-179	7-180
项目				室内电缆 ZR-XV 型				
				3×4mm²	3×6mm²	3×10mm²	3×16mm²	3×25mm²
基价(元)				**191.16**	**195.21**	**199.26**	**203.31**	**207.36**
其中	人工费(元)			191.16	195.21	199.26	203.31	207.36
	材料费(元)			—	—	—	—	—
	机械费(元)			—	—	—	—	—
	名称	单位	单价(元)	消耗量				
人工	二类人工	工日	135.00	1.416	1.446	1.476	1.506	1.536
材料	阻燃电力电缆	m	—	(102.000)	(102.000)	(102.000)	(102.000)	(102.000)

工作内容:测长度、布放切割、编号对线、导通测试、屏蔽制作、整理。　　　　**计量单位**:100m

定额编号				7-181	7-182	7-183	7-184	7-185
项目				屏蔽扭绞电缆 ZR－RVVP 型		室内电源线 ZR－BVR 型		网线－超五类线
				1 对	2 对	0.4mm^2	0.75mm^2	
基价(元)				**170.10**	**186.30**	**72.55**	**102.08**	**202.50**
其中	人工费(元)			170.10	186.30	69.66	97.20	202.50
	材料费(元)			—	—	2.89	4.88	—
	机械费(元)			—	—	—	—	—
	名称	单位	单价(元)	消耗量				
人工	二类人工	工日	135.00	1.260	1.380	0.516	0.720	1.500
材料	阻燃双绞屏蔽电缆 2×7/0.67＋7/0.3 2.5mm^2	m	—	(102.000)	(102.000)	—	—	—
	铜芯塑料绝缘线	m	—	—	—	(102.000)	(102.000)	—
	网线－超五类线	m	—	—	—	—	—	(102.000)
	焊锡	kg	103.00	—	—	0.010	0.020	—
	焊锡丝	kg	86.21	—	—	0.020	0.030	—
	其他材料费	元	1.00	—	—	0.14	0.23	—

三、电缆、光缆引入室内防护

工作内容:1、2. 安装光缆终端盒、布放光缆及尾纤、绑扎固定、测试;
3、4、5. 电缆引入室内封堵及防鼠堵洞:用防火防鼠堵料封堵电缆引入孔、洞。

定额编号				7-186	7-187	7-188	7-189	7-190
项目				光缆引入 24 芯以内	光缆引入 48 芯以内	电缆引入室内封堵入口		室内防鼠堵洞
						600×200	1000×200	
计量单位				处				站
基价(元)				**3849.72**	**6970.85**	**72.90**	**153.90**	**218.70**
其中	人工费(元)			3644.87	6713.96	72.90	153.90	218.70
	材料费(元)			—	—	—	—	—
	机械费(元)			204.85	256.89	—	—	—
	名称	单位	单价(元)	消耗量				
人工	二类人工	工日	135.00	26.999	49.733	0.540	1.140	1.620
材料	尾纤(双端头)	条	—	(24.000)	(48.000)	—	—	—
	光缆终端盒 24 芯	套	—	(1.000)	—	—	—	—
	光缆终端盒 48 芯	个	—	—	(1.000)	—	—	—
	防火防鼠堵料	kg	—	—	—	(35.000)	(63.000)	—
	室内堵漏胶	kg	—	—	—	—	—	(100.000)
机械	光时域反射仪 HP8146A	台班	826.00	0.248	0.311	—	—	—

四、各种盘、架、柜安装

工作内容：1. 技术准备，搬运，焊接，制作底座，盘架和端子安装、固定；

2. 电缆引入固定、扒皮做头、缠绕线环、套管打字、配线连接、导通测试、填写名牌、绑扎清理、接地连接。

计量单位：架

定额编号				7-191	7-192	7-193	7-194	7-195	7-196
项目				分线盘		分线柜			
				六柱端子	十八柱端子	六柱端子	十八柱端子	回拉式弹簧端子6孔	回拉式弹簧端子18孔
基价（元）				**7090.94**	**7514.01**	**3180.74**	**5547.04**	**2044.58**	**2892.73**
其中	人工费（元）			3068.96	2954.75	1959.39	2708.51	1773.09	2371.68
	材料费（元）			3962.40	4480.37	1159.00	2771.57	214.68	457.04
	机械费（元）			59.58	78.89	62.35	66.96	56.81	64.01
	名称	单位	单价（元）	消耗量					
人工	二类人工	工日	135.00	22.733	21.887	14.514	20.063	13.134	17.568
材料	镀锌角钢（5#角钢厚5mm）	kg	—	(32.570)	(32.570)	(32.570)	(32.570)	(32.570)	(32.570)
	大站组合架	台	—	(1.000)	(1.000)	—	—	—	—
	18柱端子板	个	—	—	(95.000)	—	—	—	—
	六柱端子分线柜	架	—	—	—	(1.000)	—	—	—
	十八柱端子分线柜	架	—	—	—	—	(1.000)	—	—
	回拉式弹簧端子分线柜6孔	架	—	—	—	—	—	(1.000)	—
	回拉式弹簧端子分线柜18孔	架	—	—	—	—	—	—	(1.000)
	聚氯乙烯单丝	kg	16.88	0.300	0.300	0.250	0.250	—	—
	镀锌六角螺栓带帽 M12×150	套	1.28	4.040	4.040	4.040	4.040	4.040	4.040
	电焊条	kg	4.31	1.000	1.000	1.000	1.000	1.000	1.000
	焊锡丝	kg	86.21	0.300	0.600	—	—	—	—
	接地线 5.5～16mm^2	m	3.45	1.000	1.000	1.000	1.000	1.000	1.000
	铜芯橡皮绝缘线 BXH 2×23/0.15	m	2.59	1.800	1.800	1.800	1.800	1.200	1.200
	酚醛层压板	kg	51.72	26.500	26.500	—	—	—	—
	端子直六柱座	个	12.41	95.000	—	—	—	—	—
	冷压端子 ϕ6孔	个	2.67	—	—	—	—	2.000	2.000
	配线用电缆芯线托环	个	1.81	513.000	1368.000	446.000	1188.000	—	—
	分线盘端子配线铭牌	个	0.17	540.000	780.000	446.000	1188.000	446.000	1188.000
	信号配线软套管	m	8.91	16.200	22.400	20.790	28.230	11.700	23.400
	信号机打字色带	盘	10.78	0.060	0.080	0.070	0.100	0.040	0.080
	金属膨胀螺栓 M12	套	0.64	—	4.040	4.040	4.040	4.040	4.040
	板方材	m^3	1034.00	0.010	0.010	0.010	0.010	—	—
	其他材料费	元	1.00	188.69	213.35	55.19	131.98	10.22	21.76
机械	交流电焊机 32kV·A	台班	84.92	0.500	0.500	0.500	0.500	0.500	0.500
	中英文线号机	台班	18.47	0.540	0.200	0.690	0.940	0.390	0.780
	数字万用表 F－87	台班	6.14	0.700	0.700	0.700	0.700	0.700	0.700
	数字兆欧表 BM－206 1000MΩ	台班	14.22	0.200	2.000	0.200	0.200	0.200	0.200

工作内容:1. 技术准备,搬运,焊接,制作底座,盘架和端子安装、固定;
2. 电缆引入固定、扒皮做头、缠绕线环、套管打字、配线连接、导通测试、填写名牌、绑扎清理、接地连接。

定额编号				7-197	7-198	7-199	7-200	7-201	7-202
项目				组合架	组合柜	组合柜(回拉式弹簧端子)	走线架	综合架	综合柜
计量单位				架			m	架	
基价(元)				**5270.39**	**5715.84**	**5316.46**	**76.55**	**4418.24**	**4865.24**
其中	人工费(元)			2002.32	2138.40	1885.68	72.90	2571.62	2693.12
	材料费(元)			3253.66	3513.43	3366.77	3.65	1792.40	2117.90
	机械费(元)			14.41	64.01	64.01	—	54.22	54.22
名称		单位	单价(元)	消耗量					
人工	二类人工	工日	135.00	14.832	15.840	13.968	0.540	19.049	19.949
材料	室内继电器铭牌	个	—	(200.000)	(200.000)	(200.000)	—	(70.000)	(70.000)
	室内组合铭牌	个	—	(10.000)	(10.000)	(10.000)	—	(7.000)	(7.000)
	镀锌角钢(5#角钢厚5mm)	kg	—	(32.570)	(32.570)	(32.570)	(32.570)	(32.570)	(32.570)
	铜芯塑料软线 500V 1.5mm^2	m	—	—	—	—	—	(41.920)	(41.920)
	大站组合架	台	—	(1.000)	—	—	—	—	—
	回拉式弹簧端子组合柜	架	—	—	—	(1.000)	—	—	—
	走线架	m	—	—	—	—	(1.000)	—	—
	综合架(柜)	台	—	—	—	—	—	(1.000)	(1.000)
	胶合板 δ3	m^2	13.10	1.000	1.000	1.000	—	1.000	1.000
	酚醛调和漆	kg	11.29	0.400	0.200	—	—	0.800	0.800
	聚氯乙烯单丝	kg	16.88	0.100	0.100	—	—	0.100	0.100
	镀锌六角螺栓带帽 M12×150	套	1.28	4.040	4.040	4.040	1.010	4.040	4.040
	电焊条	kg	4.31	1.000	1.000	1.000	—	1.000	1.000
	焊锡	kg	103.00	0.700	0.700	—	—	—	—
	焊锡丝	kg	86.21	0.800	0.800	—	—	0.200	0.200
	铜芯塑料绝缘线 BVR2.5	m	1.55	1712.000	1912.000	1912.000	—	980.000	1180.000
	接地线 5.5~16mm^2	m	3.45	1.000	1.000	1.000	—	1.000	1.000
	铜芯橡皮绝缘线 BXH 2×23/0.15	m	2.59	1.200	1.200	1.200	0.600	1.200	1.200
	组合架侧面配线槽道 50×35	m	30.17	2.000	—	—	—	2.000	2.000
	新型组合柜(加宽)	台	—	—	(1.000)	—	—	—	—
	冷压端子 φ6 孔	个	2.67	—	—	2.000	—	2.000	2.000
	信号配线软套管	m	8.91	23.000	23.000	23.000	—	7.000	7.000
	线号机打字色带	盘	10.78	0.080	0.080	0.080	—	0.030	0.030
	金属膨胀螺栓 M12×100	10套	6.38	0.404	0.404	0.404	0.100	0.404	0.404
	其他材料费	元	1.00	154.94	167.31	160.32	0.17	85.35	100.85
机械	交流电焊机 32kV·A	台班	84.92	—	0.500	0.500	—	0.500	0.500
	中英文线号机	台班	18.47	0.780	0.780	0.780	—	0.250	0.250
	数字万用表 F-87	台班	6.14	—	0.700	0.700	—	0.700	0.700
	数字兆欧表 BM-206 1000MΩ	台班	14.22	—	0.200	0.200	—	0.200	0.200

工作内容:1.技术准备,搬运,焊接,制作底座,盘架和端子安装、固定;

2.电缆引入固定、扒皮做头、缠绕线环、套管打字、配线连接、导通测试、填写名牌、绑扎清理、接地连接。

定额编号				7-203	7-204	7-205	7-206	7-207	7-208
项目				防雷柜	无绝缘轨道柜安装	码发生器架安装	计算机联锁机柜安装	计算机联锁接口柜	微机监测机柜安装
计量单位				架			套	台	
基价(元)				**3245.26**	**3751.77**	**1418.40**	**4275.73**	**1836.26**	**6067.81**
其中	人工费(元)			1498.50	1782.00	1223.10	4049.87	1741.50	1944.00
	材料费(元)			1690.37	1913.70	91.73	101.31	41.46	4073.36
	机械费(元)			56.39	56.07	103.57	124.55	53.30	50.45
名称		单位	单价(元)	消耗量					
人工	二类人工	工日	135.00	11.100	13.200	9.060	29.999	12.900	14.400
材料	镀锌角钢($5^{\#}$角钢厚5mm)	kg	—	(32.570)	(35.000)	(35.000)	(152.440)	(35.000)	(35.000)
	阻燃对绞屏蔽线 2×23×0mm^2	m	—	(500.000)	(700.000)	—	—	—	—
	防雷柜	架	—	(1.000)	—	—	—	—	—
	室内继电器铭牌	个	—	(20.000)	(40.000)	—	—	—	—
	室内组合铭牌	个	—	(7.000)	(7.000)	(1.000)	—	—	—
	阻燃扭绞线 2×32/0.2mm^2	m	—	—	(30.000)	—	—	—	(200.000)
	阻燃型微机配线电缆 HJVV48×0.5	m	—	—	—	—	—	(770.000)	(150.000)
	计算机联锁接口柜用插接件	10个	—	—	—	—	—	(1.000)	—
	阻燃屏蔽线 2×0.3mm^2	m	—	—	—	—	—	—	(1000.000)
	胶合板 δ3	m^2	13.10	—	1.000	—	—	—	—
	镀锌六角螺栓带帽 M12×150	套	1.28	4.040	4.040	4.040	12.120	4.040	8.080
	电焊条	kg	4.31	1.000	1.000	1.000	3.000	1.000	3.000
	焊锡	kg	103.00	—	0.100	—	—	—	2.000
	焊锡丝	kg	86.21	—	0.200	—	—	—	—
	铜芯塑料绝缘线 BVR2.5	m	1.55	815.000	1002.000	35.000	—	—	2000.000
	接地线 5.5~16mm^2	m	3.45	45.000	1.000	1.000	3.000	1.000	2.000
	铜芯橡皮绝缘线 BXH 2×23/0.15	m	2.59	5.000	1.200	1.200	3.000	1.200	2.000
	插座板	个	19.18	—	—	—	—	—	1.000
	30件插接件	副	54.81	—	—	—	—	—	9.000
	冷压端子 φ6孔	个	2.67	2.000	2.000	2.000	6.000	2.000	2.000
	冷压端子 φ8孔	个	3.19	—	—	—	—	2.000	—
	信号配线软套管	m	8.91	18.000	21.000	—	—	—	—
	线号机打字色带	盘	10.78	0.060	0.070	0.060	0.060	0.060	0.060
料	塑料线夹 φ15	个	0.17	—	100.000	50.000	150.000	50.000	100.000
	金属膨胀螺栓 M12	套	0.64	4.040	4.040	4.040	12.120	4.040	4.040
	其他材料费	元	1.00	80.49	91.13	4.37	4.82	1.97	193.97
机	交流电焊机 32kV·A	台班	84.92	0.500	0.500	0.500	1.000	0.500	0.500
	中英文线号机	台班	18.47	0.600	0.350	0.200	0.500	0.200	0.200
	数字万用表 F-87	台班	6.14	—	0.700	0.500	1.500	0.700	0.700
	数字兆欧表 BM-206 1000MΩ	台班	14.22	0.200	0.200	0.200	—	0.200	—
	数字传输分析仪 轨道交通用	台班	103.00	—	—	0.500	—	—	—
	接地电阻测试仪 0~4000Ω	台班	3.68	—	—	—	0.100	—	—
械	笔记本电脑	台班	10.41	—	—	—	2.000	—	—

工作内容:1. 技术准备,搬运,焊接,制作底座,盘架和端子安装、固定;

2. 电缆引入固定、扒皮做头、缠绕线环、套管打字、配线连接、导通测试、填写名牌、绑扎清理、接地连接。

计量单位:台

定额编号				7-209	7-210	7-211	7-212	7-213	7-214
项目				CTC 总机柜安装	CTC 分机柜安装	ATS 总机柜安装	ATS 分机柜安装	ATP 机柜安装	ATO 机柜安装
基价(元)				**7809.96**	**2826.72**	**8417.46**	**2988.72**	**4179.18**	**3073.69**
其中	人工费(元)			5872.37	1660.50	6479.87	1822.50	3644.87	2430.00
	材料费(元)			1881.23	1111.09	1881.23	1111.09	425.20	588.56
	机械费(元)			56.36	55.13	56.36	55.13	109.11	55.13
	名称	单位	单价(元)	消耗量					
人工	二类人工	工日	135.00	43.499	12.300	47.999	13.500	26.999	18.000
材料	网线-超五类线	m	—	(200.000)	(60.000)	(200.000)	(60.000)	(60.000)	(100.000)
	阻燃屏蔽线 2×0.3mm^2	m	—	(100.000)	(50.000)	(100.000)	(50.000)	—	(50.000)
	阻燃信号电缆 250V3 芯	m	—	(100.000)	(50.000)	(100.000)	(50.000)	—	(50.000)
	阻燃信号软电缆 24 对 0mm^2	m	—	(80.000)	(40.000)	(80.000)	(40.000)	—	(40.000)
	镀锌角钢 (5#角钢厚 5mm)	kg	—	(35.000)	(35.000)	(35.000)	(35.000)	(35.000)	(35.000)
	镀锌六角螺栓带帽 M12×150	套	1.28	4.040	4.040	4.040	4.040	4.040	4.040
	电焊条	kg	4.31	1.000	1.000	1.000	1.000	1.000	1.000
	焊锡丝	kg	86.21	1.000	1.500	1.000	1.500	—	1.000
	铜芯塑料绝缘线 BVR2.5	m	1.55	240.000	550.000	240.000	550.000	215.000	250.000
	接地线 5.5~16mm^2	m	3.45	4.800	1.200	4.800	1.200	3.000	3.000
	铜芯橡皮绝缘线 BXH 2×23/0.15	m	2.59	12.000	1.200	12.000	1.200	1.200	1.200
	插头 DB-25	副	45.67	20.200	—	20.200	—	—	—
	插头 DB-9	副	15.10	20.200	—	20.200	—	—	—
	插座板	个	19.18	—	1.010	—	1.010	—	1.010
	冷压端子 ϕ6 孔	个	2.67	2.000	2.000	2.000	2.000	2.000	2.000
	塑料线夹 ϕ15	个	0.17	100.000	50.000	100.000	50.000	100.000	75.000
	金属膨胀螺栓 M12×100	10 套	6.38	4.040	4.040	4.040	4.040	4.040	4.040
	线号机打字色带	盘	10.78	0.060	0.060	0.060	0.060	0.060	0.060
	其他材料费	元	1.00	89.58	52.91	89.58	52.91	20.25	28.03
机械	交流电焊机 32kV·A	台班	84.92	0.500	0.500	0.500	0.500	0.500	0.500
	中英文线号机	台班	18.47	0.500	0.500	0.500	0.500	0.500	0.500
	数字万用表 F-87	台班	6.14	0.700	0.500	0.700	0.500	0.500	0.500
	数字兆欧表 BM-206 1000MΩ	台班	14.22	—	—	—	—	0.200	—
	数字传输分析仪 轨道交通用	台班	103.00	—	—	—	—	0.500	—
	接地电阻测试仪 0~4000Ω	台班	3.68	0.100	0.100	0.100	0.100	—	0.100

工作内容:1. 技术准备,搬运,焊接,制作底座,盘架和端子安装、固定;

2. 电缆引入固定、扒皮做头、缠绕线环、套管打字、配线连接、导通测试、填写名牌、绑扎清理、接地连接。

计量单位:10m

定额编号				7-215	7-216	7-217	7-218
项目				目标控制器机柜安装	计轴机柜安装	通信机柜安装	光纤配线架安装
基价(元)				**2555.30**	**3276.84**	**4124.84**	**1680.04**
其中	人工费(元)			2430.00	1926.18	2834.87	769.50
	材料费(元)			46.90	1265.48	1074.26	38.39
	机械费(元)			78.40	85.18	215.71	872.15
名称		单位	单价(元)	消耗量			
人工	二类人工	工日	135.00	18.000	14.268	20.999	5.700
材料	铜芯塑料软线 500V 1.5mm²	m	—	—	(3.200)	—	—
	室内组合铭牌	个	—	—	(1.000)	—	—
	网线-超五类线	m	—	—	—	(150.000)	—
	镀锌角钢(5#角钢厚5mm)	kg	—	—	—	(80.000)	—
	镀锌六角螺栓带帽 M12×150	套	1.28	4.040	4.040	4.040	4.040
	电焊条	kg	4.31	1.000	1.000	1.000	1.000
	焊锡丝	kg	86.21	—	0.700	1.000	—
	铜芯塑料绝缘线 BVR2.5	m	1.55	—	600.000	280.000	—
	接地线 5.5~16mm²	m	3.45	3.000	2.000	4.000	2.000
	铜芯橡皮绝缘线 BXH 2×23/0.15	m	2.59	3.000	1.200	10.000	1.200
	插头 DB-9	副	15.10	—	—	25.250	—
	插座板	个	19.18	—	—	2.000	—
	冷压端子 ϕ6 孔	个	2.67	2.000	2.000	2.000	2.000
	信号配线软套管	m	8.91	—	20.000	—	—
	线号机打字色带	盘	10.78	0.060	0.070	0.060	0.060
	塑料线夹 ϕ15	个	0.17	50.000	50.000	150.000	50.000
	金属膨胀螺栓 M12	套	0.64	4.040	4.040	4.040	4.040
	其他材料费	元	1.00	2.23	60.26	51.16	1.83
机械	交流电焊机 32kV·A	台班	84.92	0.500	0.500	0.500	0.500
	中英文线号机	台班	18.47	0.300	0.680	0.680	0.200
	数字万用表 F-87	台班	6.14	1.500	1.800	1.800	—
	接地电阻测试仪 0~4000Ω	台班	3.68	0.100	0.100	0.100	—
	笔记本电脑	台班	10.41	2.000	1.800	2.000	—
	网络测试仪	台班	57.56	—	—	0.800	—
	数字传输分析仪 轨道交通用	台班	103.00	—	—	0.800	—
	光时域反射仪 HP8146A	台班	826.00	—	—	—	1.000

工作内容:1. 技术准备,搬运,焊接,制作底座,盘架和端子安装、固定;
2. 电缆引入固定、扒皮做头、缠绕线环、套管打字、配线连接、导通测试、填写名牌、绑扎清理、接地连接。

定额编号				7-219	7-220	7-221
项目				电缆柜 电缆固定	轨道电路测试盘安装	
					PG-26	PG-48
计量单位				10 根	台	
基价(元)				**563.01**	**1699.18**	**2808.19**
其中	人工费(元)			417.15	186.30	281.88
	材料费(元)			145.86	1511.03	2524.46
	机械费(元)			—	1.85	1.85
名称		单位	单价(元)	消耗量		
人工	二类人工	工日	135.00	3.090	1.380	2.088
材料	室内组合铭牌	个	—	—	(1.000)	(1.000)
	镀锌角钢(5#角钢厚 5mm)	kg	—	(26.400)	—	—
	酚醛调和漆	kg	11.29	2.000	—	—
	镀锌六角螺栓带帽 M12×150	套	1.28	4.040	—	—
	金属膨胀螺栓 M12	套	0.64	12.120	—	—
	焊锡丝	kg	86.21	—	0.200	0.400
	铜芯塑料绝缘线 BVR2.5	m	1.55	—	900.000	1500.000
	信号配线软套管	m	8.91	—	3.000	5.000
	线号机打字色带	盘	10.78	—	0.010	0.020
	板方材	m^3	1034.00	0.100	—	—
	其他材料费	元	1.00	6.95	71.95	120.21
机械	中英文线号机	台班	18.47	—	0.100	0.100

五、其他设备

工作内容：开箱检验、安装固定、套管打字、配线焊接、导通测试。　　　**计量单位**：10个

定额编号				7-222	7-223	7-224
项目				计算机联锁接口柜用插接件(32位)	电缆绝缘测试装置	
					组合式	端子排式
					台	10块
基价(元)				**16.20**	**1494.75**	**1296.19**
其中	人工费(元)			16.20	348.30	206.55
	材料费(元)			—	1138.14	1083.18
	机械费(元)			—	8.31	6.46
	名称	单位	单价(元)	消耗量		
人工	二类人工	工日	135.00	0.120	2.580	1.530
材料	兆欧表 500V/1000MΩ	台	—	—	(1.000)	—
	圆柱头螺钉 M4×20	kg	10.43	—	—	0.100
	焊锡丝	kg	86.21	—	0.600	0.600
	铜芯塑料绝缘线 BVR2.5	m	1.55	—	430.000	450.000
	插座板	个	19.18	—	13.000	10.000
	信号配线软套管	m	8.91	—	13.000	10.000
	线号机打字色带	盘	10.78	—	0.050	0.040
	其他材料费	元	1.00	—	54.20	51.58
机械	中英文线号机	台班	18.47	—	0.450	0.350

工作内容：开箱检验、安装固定、套管打字、配线焊接、导通测试。　　　**计量单位**：套

定额编号				7-225	7-226	7-227	7-228	7-229	7-230
项目				组合用断路器				控制台用带报警断路器	
				AC220V以下	AC380V	DC80V以下	DC220以下	AC220V以下	DC50V以下
基价(元)				**72.16**	**72.16**	**72.16**	**72.16**	**72.16**	**72.16**
其中	人工费(元)			40.50	40.50	40.50	40.50	40.50	40.50
	材料费(元)			31.66	31.66	31.66	31.66	31.66	31.66
	机械费(元)			—	—	—	—	—	—
	名称	单位	单价(元)	消耗量					
人工	二类人工	工日	135.00	0.300	0.300	0.300	0.300	0.300	0.300
材料	组合用断路器	个	—	(1.000)	(1.000)	(1.000)	(1.000)	—	—
	控制台用带报警断路器	个	—	—	—	—	—	(1.000)	(1.000)
	断路器安装底板	块	16.85	1.000	1.000	1.000	1.000	1.000	1.000
	断路器防护罩	个	13.30	1.000	1.000	1.000	1.000	1.000	1.000
	其他材料费	元	1.00	1.51	1.51	1.51	1.51	1.51	1.51

工作内容:开箱检验、安装固定、套管打字、配线焊接、导通测试。

定额编号				7-231	7-232	7-233	7-234	7-235
项目				变压器箱用断路器(AC 220V 以下)	组合排架报警器	LED 信号机断丝报警仪安装	走线槽道	
							热镀锌	不锈钢
计量单位				套	个	台	m	
基价(元)				**72.16**	**40.50**	**2782.75**	**281.34**	**549.09**
其中	人工费(元)			40.50	40.50	243.00	121.50	121.50
	材料费(元)			31.66	—	2524.46	156.15	423.90
	机械费(元)			—	—	15.29	3.69	3.69
名称		单位	单价(元)	消耗量				
人工	二类人工	工日	135.00	0.300	0.300	1.800	0.900	0.900
材料	室外变压器箱用断路器	个	—	(1.000)	—	—	—	—
	组合排架报警器	个	—	—	(1.000)	—	—	—
	室内组合排架铭牌	个	—	—	(1.000)	—	—	—
	室内组合铭牌	个	—	—	—	(1.000)	—	—
	电焊条	kg	4.31	—	—	—	0.200	0.200
	焊锡丝	kg	86.21	—	—	0.400	—	—
	铜芯塑料绝缘线 BVR2.5	m	1.55	—	—	1500.000	—	—
	铜芯橡皮绝缘线 BXH 2×23/0.15	m	2.59	—	—	—	0.600	0.600
	断路器安装底板	块	16.85	1.000	—	—	—	—
	断路器防护罩	个	13.30	1.000	—	—	—	—
	信号配线软套管	m	8.91	—	—	5.000	—	—
	信号机打字色带	盘	10.78	—	—	0.020	—	—
	金属膨胀螺栓 M12	套	0.64	—	—	—	2.020	2.020
	热镀锌走线槽道 300×100	m	145.00	—	—	—	1.000	—
	不锈钢走线槽道 300×100	m	400.00	—	—	—	—	1.000
	其他材料费	元	1.00	1.51	—	120.21	7.44	20.19
机械	中英文线号机	台班	18.47	—	—	—	0.200	0.200
	交流电焊机 32kV·A	台班	84.92	—	—	0.180	—	—

第八章
车载设备安装及调试

说　明

一、本章包括车载设备安装、车载设备调试二节,共 12 个子目。

二、车载设备安装及调试包括车载设备的静、动态调试,不包括与地面有关设备的联调。

工程量计算规则

一、车载 ATP/ATO 机柜、司机操作显示单元、传感器、天线、车载应答器、雷达等以“套”计算。

二、车载 ATP 动、静态调试及车载 ATO 动、静态调试以“车组”计算。

一、车载设备安装

工作内容：开箱检查、安装固定、调整方位和俯仰角；配线导通，测试、调整试验。　　**计量单位**：套

定额编号				7-236	7-237	7-238	7-239
项目				车载 ATP/ATO 机柜安装	司机操作显示单元安装	速度传感器安装	车载无线天线安装
基价（元）				**2284.62**	**891.63**	**1392.76**	**1084.84**
其中	人工费（元）			2025.00	810.00	1215.00	972.00
	材料费（元）			181.20	74.87	167.56	102.64
	机械费（元）			78.42	6.76	10.20	10.20
名称		单位	单价(元)	消耗量			
人工	二类人工	工日	135.00	15.000	6.000	9.000	7.200
材料	室内组合铭牌	个	—	(40.000)	(5.000)	(4.000)	(2.000)
	镀锌六角头螺栓带帽 M8×40～45	套	—	—	(12.120)	—	—
	普利卡包塑金属软管 LV4－17#	m	—	—	—	(50.000)	(15.000)
	车载天线安装支架	套	—	—	—	—	(1.000)
	镀锌六角螺栓带帽 M12×150	套	1.28	6.060	—	8.080	4.040
	接地线 5.5～16mm²	m	3.45	3.000	5.000	20.000	15.000
	铜芯橡皮绝缘线 BXH 2×23/0.15	m	2.59	1.200	—	—	—
	速度传感器安装支架	个	42.57	—	—	1.000	—
	冷压端子 φ6 孔	个	2.67	4.000	2.000	4.000	2.000
	信号配线软套管	m	8.91	10.000	2.000	1.000	1.000
	线号机打字色带	盘	10.78	1.000	0.500	0.100	0.100
	塑料线夹 φ15	个	0.17	240.000	150.000	100.000	150.000
	其他材料费	元	1.00	8.63	3.57	7.98	4.89
机械	中英文线号机	台班	18.47	0.200	0.200	0.200	0.200
	数字万用表 F－87	台班	6.14	0.500	0.500	1.000	1.000
	数字兆欧表 BM－206 1000MΩ	台班	14.22	0.200	—	—	—
	机车信号车载系统检测仪	台班	68.81	1.000	—	—	—
	接地电阻测试仪 0～4000Ω	台班	3.68	—	—	0.100	0.100

工作内容:开箱检查、安装固定、调整方位和俯仰角;配线导通、测试、调整试验。 **计量单位:**套

定额编号				7-240	7-241	7-242	7-243
项目				车载应答器安装	加速度计安装	雷达设备安装	车载设备配线
基价(元)				**1138.80**	**1337.73**	**1279.12**	**8241.48**
其中	人工费(元)			1053.00	1255.50	1215.00	7289.87
	材料费(元)			75.60	72.03	53.92	763.54
	机械费(元)			10.20	10.20	10.20	188.07
名称		单位	单价(元)	消耗量			
人工	二类人工	工日	135.00	7.800	9.300	9.000	53.999
材料	普利卡包塑金属软管 LV4-17#	m	—	(25.000)	(25.000)	(15.000)	(250.000)
	应答器车载设备安装支架	个	—	(1.000)	—	—	—
	室内组合铭牌	个	—	(2.000)	(1.000)	(1.000)	—
	加速度计安装支架	套	—	—	(1.000)	—	—
	雷达设备安装支架	套	—	—	—	(1.000)	—
	ATP/ATO 车载设备 配线及连接电缆(含插接件)	套	—	—	—	—	(1.000)
	司机操作显示单元设备 配线及连接电缆(含插接件)	套	—	—	—	—	(1.000)
	车载测速设备配线及连接电缆(含插接件)	套	—	—	—	—	(1.000)
	车载测速校准设备 配线及连接电缆(含插接件)	套	—	—	—	—	(1.000)
	电缆标牌	个	0.19	—	—	—	50.000
	镀锌六角螺栓带帽 M12×150	套	1.28	4.040	4.040	4.040	4.040
	接地线 5.5~16mm^2	m	3.45	10.000	10.000	5.000	—
	电缆卡子 综合	个	0.26	—	—	—	1440.000
	冷压端子 ϕ6 孔	个	2.67	2.000	2.000	2.000	—
	信号配线软套管	m	8.91	1.000	1.000	1.000	5.000
	线号机打字色带	盘	10.78	0.100	0.100	0.100	2.000
	塑料线夹 ϕ15	个	0.17	100.000	80.000	80.000	1600.000
	其他材料费	元	1.00	3.60	3.43	2.57	36.36
机械	中英文线号机	台班	18.47	0.200	0.200	0.200	0.200
	数字万用表 F-87	台班	6.14	1.000	1.000	1.000	5.000
	接地电阻测试仪 0~4000Ω	台班	3.68	0.100	0.100	0.100	0.500
	数字兆欧表 BM-206 1000MΩ	台班	14.22	—	—	—	1.000
	机车信号车载系统检测仪	台班	68.81	—	—	—	2.000

二、车载设备调试

工作内容:1. 静态调试:列车静态情况下通电和基本功能测试;

2. 动态调试:列车动态时的基本功能调试、操作功能调试及故障情况下的功能调试。　　**计量单位**:车组

定额编号				7-244	7-245	7-246	7-247
项目				车载 ATP 静态调试	车载 ATP 动态调试	车载 ATO 静态调试	车载 ATO 动态调试
基价(元)				**6959.99**	**8909.89**	**3732.51**	**30927.15**
其中	人工费(元)			5669.87	6803.87	3239.87	26729.33
	材料费(元)			—	—	—	—
	机械费(元)			1290.12	2106.02	492.64	4197.82
名称		单位	单价(元)	消耗量			
人工	二类人工	工日	135.00	41.999	50.399	23.999	197.995
机械	数字万用表 F－87	台班	6.14	6.000	10.000	5.000	20.000
	数字兆欧表 BM－206 1000MΩ	台班	14.22	1.000	1.000	1.000	1.000
	数字传输分析仪 轨道交通用	台班	103.00	6.000	10.000	2.000	20.000
	机车信号车载系统检测仪	台班	68.81	6.000	10.000	2.000	20.000
	笔记本电脑	台班	10.41	20.000	30.000	10.000	60.000

第九章

系 统 调 试

说 明

一、本章包括系统调试一节,共20个子目。

二、系统调试指主系统与子系统、子系统与子系统之间的功能联调。

工程量计算规则

一、计算机联锁、微机监测、ATP、DCS、计轴等系统调试以“集中站”计算。
二、显示屏、表示盘等系统调试以“套”计算。
三、ATO、ATC、维修管理系统及系统联调以“系统”计算。
四、站间联系,CTC、ATS 中心设备,培训系统、系统接口等以“处”计算。
五、CTC 车站终端以“台”计算。
六、试车线以“条”计算。

一、系统调试

工作内容：1. 系统调试：对系统范围内的各项设备的性能、指标、特性进行系统的测试和调整；

2. 站间联系电路调试：对站间联系进行功能试验和联锁关系试验；

3. 系统设备调试：在设备接入电源后，对单机的性能、指标、特性进行系统的测试和调整。

定额编号				7-248	7-249	7-250	7-251	7-252
项目				计算机联锁系统调试	站间联系电路调试	微机监测系统调试	CTC 系统中心设备调试	CTC 系统车站设备调试
计量单位				集中站	处	集中站	处	站
基价（元）				**7180.53**	**243.31**	**2929.79**	**12647.71**	**2055.13**
其中	人工费（元）			6479.87	243.00	2511.00	9719.73	1620.00
	材料费（元）			—	—	—	—	—
	机械费（元）			700.66	0.31	418.79	2927.98	435.13
	名称	单位	单价(元)	消耗量				
人工	二类人工	工日	135.00	47.999	1.800	18.600	71.998	12.000
机械	数字万用表 F－87	台班	6.14	3.500	0.050	3.500	30.000	5.000
	PCM 数字通道分析仪 B2MB/s	台班	208.00	1.500	—	—	5.000	0.800
	数字性能分析仪 64kB/s,2MB/s	台班	117.00	1.500	—	—	5.000	0.800
	数字传输分析仪 轨道交通用	台班	103.00	1.500	—	3.500	5.000	0.800
	接地电阻测试仪 0～4000Ω	台班	3.68	0.200	—	0.100	1.000	0.100
	笔记本电脑	台班	10.41	3.500	—	3.500	30.000	1.500
	网络测试仪	台班	57.56	—	—	—	5.000	0.800

工作内容：1. 系统调试：对系统范围内的各项设备的性能、指标、特性进行系统的测试和调整；

2. 系统设备调试：在设备接入电源后，对单机的性能、指标、特性进行系统的测试和调整。

定额编号				7-253	7-254	7-255	7-256	7-257
项目				车站值班员 CTC 终端调试	ATS 系统中心设备调试	ATS 系统车站设备调试	显示屏调试	计算机控制单元表示盘调试
计量单位				台	处	站	套	
基价（元）				**899.64**	**15077.71**	**2738.32**	**1281.57**	**1281.57**
其中	人工费（元）			486.00	12149.73	2025.00	1215.00	1215.00
	材料费（元）			—	—	—	—	—
	机械费（元）			413.64	2927.98	713.32	66.57	66.57
	名称	单位	单价(元)	消耗量				
人工	二类人工	工日	135.00	3.600	89.998	15.000	9.000	9.000
机械	数字万用表 F－87	台班	6.14	1.500	30.000	5.000	4.000	4.000
	PCM 数字通道分析仪 B2MB/s	台班	208.00	0.800	5.000	0.800	—	—
	数字性能分析仪 64kB/s,2MB/s	台班	117.00	0.800	5.000	0.800	—	—
	数字传输分析仪 轨道交通用	台班	103.00	0.800	5.000	0.800	—	—
	接地电阻测试仪 0～4000Ω	台班	3.68	0.100	1.000	0.100	0.100	0.100
	笔记本电脑	台班	10.41	1.500	30.000	5.000	4.000	4.000
	网络测试仪	台班	57.56	0.800	5.000	5.000	—	—

工作内容:1. 系统调试:对系统范围内的各项设备的性能、指标、特性进行系统的测试和调整;
2. 系统设备调试:在设备接入电源后,对单机的性能、指标、特性进行系统的测试和调整。

定额编号				7-258	7-259	7-260	7-261	7-262
项目				ATP 系统调试	DCS 系统设备调试	ATO 系统调试	计轴系统调试	试车线信号设备调试
计量单位				集中站		系统	集中站	条
基价(元)				**8886.17**	**17515.92**	**9647.35**	**1633.79**	**14302.00**
其中	人工费(元)			8099.73	4859.87	6884.87	1215.00	9719.73
	材料费(元)			—	—	—	—	—
	机械费(元)			786.44	12656.05	2762.48	418.79	4582.27
名称		单位	单价(元)	消耗量				
人工	二类人工	工日	135.00	59.998	35.999	50.999	9.000	71.998
机械	数字万用表 F-87	台班	6.14	10.000	10.000	20.000	3.500	19.000
	数字传输分析仪 轨道交通用	台班	103.00	5.000	5.000	5.000	3.500	2.000
	接地电阻测试仪 0~4000Ω	台班	3.68	0.500	—	1.000	0.100	1.000
	笔记本电脑	台班	10.41	20.000	20.000	20.000	3.500	25.000
	场强仪 RR3A	台班	12.50	—	10.000	—	—	4.000
	误码率测试仪 2.5GB/s	台班	1611.00	—	5.000	—	—	2.000
	数字存储示波器 HP-54603B	台班	55.01	—	5.000	—	—	—
	光功率计	台班	61.68	—	20.000	—	—	8.000
	网络测试仪	台班	57.56	—	5.000	5.000	—	4.000
	规程分析仪广域网+局域网	台班	379.00	—	5.000	—	—	—
	PCM 数字通道分析仪 B2MB/s	台班	208.00	—	—	5.000	—	—
	数字性能分析仪 64kB/s,2MB/s	台班	117.00	—	—	5.000	—	—

工作内容:1. 系统调试:对系统范围内的各项设备的性能、指标、特性进行系统的测试和调整;
2. 系统设备调试:在设备接入电源后,对单机的性能、指标、特性进行系统的测试和调整;
3. 系统设备综合联调:各系统之间联调,并对 ATC 系统与其他系统之间的功能进行联动关系试验。

定额编号				7-263	7-264	7-265	7-266	7-267
项目				维修管理系统调试	培训系统调试	与其他系统接口调试	ATC 系统设备调试	系统设备综合联调
计量单位				系统	处		系统	
基价(元)				**3664.73**	**4069.73**	**5627.98**	**21417.55**	**26277.42**
其中	人工费(元)			2025.00	2430.00	4454.87	19439.46	24299.33
	材料费(元)			—	—	—	—	—
	机械费(元)			1639.73	1639.73	1173.11	1978.09	1978.09
名称		单位	单价(元)	消耗量				
人工	二类人工	工日	135.00	15.000	18.000	32.999	143.996	179.995
机械	数字万用表 F-87	台班	6.14	15.000	15.000	5.000	9.000	9.000
	网络测试仪	台班	57.56	5.000	5.000	—	—	—
	数字性能分析仪 64kB/s,2MB/s	台班	117.00	5.000	5.000	0.500	—	—
	数字传输分析仪 轨道交通用	台班	103.00	5.000	5.000	0.500	—	—
	接地电阻测试仪 0~4000Ω	台班	3.68	1.000	1.000	—	—	—
	笔记本电脑	台班	10.41	15.000	15.000	—	—	—
	数字存储示波器 HP-54603B	台班	55.01	—	—	0.800	2.800	2.800
	PCM 数字通道分析仪 B2MB/s	台班	208.00	—	—	0.500	—	—
	通信性能分析仪 2MB/s~2.5GB/s	台班	2211.00	—	—	0.400	0.800	0.800

第十章
其　　他

说　明

一、本章包括接地装置,各种反光标、牌,发车计时器、发车表示器、按钮及其他,检修测试设备安装,管线预埋等五节,共33个子目。

二、室内设备接地包括接地连接线,不包括接地装置。

三、室外设备接地的“处”,指某一范围内各项设施的安全接地,如进站信号机附近的继电器箱、变压器箱、电缆盒等箱、合体相互连接后再接至专用地线。

四、制作、安装角钢接地极按自然地坪编制,包括地沟的挖、填土和夯实。遇石方、矿渣、积水、障碍物等,应另行计列。

工程量计算规则

一、接地装置、室外设备安全接地、室外设备硬面化等以“处”计算。
二、区间接地扁钢、区间接地电缆等以“100m”计算。
三、标志牌、旅客向导显示屏、发车计时器等以“个”计算。
四、发车表示器等以“架”计算。
五、测试台、打印设备等以“台”计算。
六、转辙机管线预埋以“组”计算。
七、室内设备接地以“10m”计算。
八、室内网络接地以“$10m^2$”计算。
九、电缆屏蔽连接以“10 条”计算。

一、接地装置

工作内容:1. 用电缆将室内设备与弱电综合接地端子板进行接地连接;
2. 将电缆外皮相互连接后,接至屏蔽地线接地端子;
3. 制作接地体、挖埋接地装置;
4. 用扁平接地裸铜线做网格地线。

定额编号				7-268	7-269	7-270	7-271
项目				室内设备接地连接 $95mm^2$	电缆屏蔽相互连接	接地端子板	室内网格地线
计量单位				10m	10条	块	$10m^2$
基价(元)				**24.48**	**365.19**	**165.05**	**319.36**
其中	人工费(元)			24.30	233.28	121.50	186.30
	材料费(元)			—	131.87	43.44	115.89
	机械费(元)			0.18	0.04	0.11	17.17
名称		单位	单价(元)	消耗量			
人工	二类人工	工日	135.00	0.180	1.728	0.900	1.380
材料	接地铜缆 $95mm^2$	m	—	(10.200)	—	—	—
	铜芯塑料软线 500V $10mm^2$	m	—	—	(50.000)	—	—
	接地端子板	块	—	—	—	(1.000)	—
	接地裸铜线 $50mm^2$	m	—	—	—	—	(45.000)
	镀锌六角螺栓带帽 M12×150	套	1.28	—	—	32.320	—
	铜焊条	kg	68.97	—	—	—	1.000
	焊锡	kg	103.00	—	1.000	—	—
	接地线 5.5~$16mm^2$	m	3.45	—	5.000	—	12.000
	冷压端子 ϕ6 孔	个	2.67	—	2.000	—	—
	其他材料费	元	1.00	—	6.28	2.07	5.52
机械	交流电焊机 32kV·A	台班	84.92	—	—	—	0.200
	接地电阻测试仪 0~4000Ω	台班	3.68	0.050	0.010	0.030	0.050

工作内容:1、2 制作接地体、挖埋接地装置；
3. 将室外设备相互连接后,再进行接地连接,并测试接地电阻；
4. 将高柱信号机的机构与梯子连接后再接至专用地线,并测试接地电阻。

定额编号				7-272	7-273	7-274	7-275
项目				接地装置		室外设备安装接地	信号机安全接地
				1Ω	4Ω		
计量单位				处			架
基价(元)				**4319.58**	**1665.10**	**245.54**	**48.89**
其中	人工费(元)			1695.33	1273.32	64.80	28.35
	材料费(元)			2539.15	323.66	144.84	20.17
	机械费(元)			85.10	68.12	35.90	0.37
名称		单位	单价(元)	消耗量			
人工	二类人工	工日	135.00	12.558	9.432	0.480	0.210
材料	镀锌角钢 (5#角钢厚 5mm)	kg	—	(77.040)	(57.780)	—	—
	降阻剂	kg	—	(350.000)	(350.000)	—	—
	镀锌扁钢 综合	kg	3.93	51.440	38.580	—	—
	紫铜板 δ2	kg	58.27	30.000	—	—	—
	接地标	根	12.33	1.010	1.010	—	—
	地线盘	个	38.87	1.010	1.010	—	—
	铝芯橡皮绝缘线 BLX70	m	1.72	20.200	61.000	—	—
	铝芯橡皮绝缘线 BLX120	m	6.90	40.800	—	—	—
	裸铜线 6	kg	50.00	2.000	—	—	—
	木材防腐油	kg	7.41	—	—	0.500	—
	石墨润滑剂	kg	6.21	—	—	0.200	—
	镀锌低碳钢丝 ϕ0.7～5	kg	5.34	—	—	0.400	—
	镀锌钢丝 ϕ3～6	kg	5.34	—	—	2.900	0.400
	铜芯塑料绝缘线 BV25	m	11.21	—	—	10.000	—
	镀锌铁丝	kg	6.55	—	—	0.500	—
	热轧光圆钢筋 综合	kg	3.97	—	—	—	4.300
	其他材料费	元	1.00	104.73	15.41	6.90	0.96
机械	交流电焊机 32kV·A	台班	84.92	1.000	0.800	0.100	—
	接地电阻测试仪 0～4000Ω	台班	3.68	0.050	0.050	0.100	0.100
	汽油发电机组 10kW	台班	270.44	—	—	0.100	—

工作内容:1、2、3 制作接地体、挖埋接地装置;

4、5 敷设接地电缆、测试接地电阻。

定额编号				7-276	7-277	7-278	7-279	7-280
项目				制作、安装角钢接地极	角钢接地极每增加一根角钢	降阻剂	区间接地扁钢安装(Q235－A镀锌扁钢)	区间接地电缆敷设95mm²
计量单位				组	根	10kg	100m	
基价(元)				**145.43**	**99.96**	**12.15**	**1754.40**	**283.68**
其中	人工费(元)			97.20	64.80	12.15	405.00	283.50
	材料费(元)			40.59	27.52	—	1094.46	—
	机械费(元)			7.64	7.64	—	254.94	0.18
	名称	单位	单价(元)	消耗量				
人工	二类人工	工日	135.00	0.720	0.480	0.090	3.000	2.100
材料	镀锌角钢(5#角钢厚5mm)	kg	—	(9.630)	(9.630)	—	—	—
	降阻剂	kg	—	—	—	(10.000)	—	—
	接地铜缆95mm²	m	—	—	—	—	—	(102.000)
	地线埋设标	根	12.33	1.010	—	—	—	—
	镀锌扁钢 综合	kg	3.93	6.430	6.430	—	257.000	—
	沥青清漆	kg	9.83	0.030	0.030	—	—	—
	电焊条	kg	4.31	0.150	0.150	—	7.500	—
	其他材料费	元	1.00	1.93	1.31	—	52.12	—
机械	交流电焊机 32kV·A	台班	84.92	0.090	0.090	—	3.000	—
	接地电阻测试仪 0～4000Ω	台班	3.68	—	—	—	0.050	0.050

二、各种反光标、牌

工作内容:1. 标志牌定位、安装、固定;

2. 标志牌定位,埋设立柱,标志牌安装、固定,刷漆。　　**计量单位**:个

定额编号				7-281	7-282
项目				标志牌	
				洞内	洞外
基价(元)				**87.31**	**153.07**
其中	人工费(元)			40.50	81.81
	材料费(元)			27.07	26.04
	机械费(元)			19.74	45.22
	名称	单位	单价(元)	消耗量	
人工	二类人工	工日	135.00	0.300	0.606
材料	标志牌立柱含基础	个	—	(1.000)	(1.000)
	金属膨胀螺栓 M12×100	10套	6.38	4.040	—
	酚醛调和漆	kg	11.29	—	0.130
	热轧光圆钢筋 HPB300ϕ10	kg	3.98	—	1.210
	铁件	kg	3.71	—	0.010
	电焊条	kg	4.31	—	0.010
	泵送商品混凝土 C30	m³	461.00	—	0.040
	其他材料费	元	1.00	1.29	1.24
机械	汽油发电机组 10kW	台班	270.44	0.073	0.073
	交流电焊机 32kV·A	台班	84.92	—	0.300

三、发车计时器、发车表示器、按钮及其他

工作内容:施工防护,挖坑、立柱、安装卡盘、回填;安装、固定,缠绕线环,套管打字,配线连接,测试调整,刷漆。

定额编号				7-283	7-284	7-285	7-286
项目				发车计时器安装	站台发车表示器		站台发车表示器
					透镜式		LED 铝合金机构
					铸铁机构	铝合金机构	
计量单位				个	架		
基价(元)				**267.83**	**98.37**	**90.27**	**90.27**
其中	人工费(元)			233.28	89.10	81.00	81.00
	材料费(元)			34.37	9.09	9.09	9.09
	机械费(元)			0.18	0.18	0.18	0.18
名称		单位	单价(元)	消耗量			
人工	二类人工	工日	135.00	1.728	0.660	0.600	0.600
材料	发车计时器托架	组	—	(1.000)	—	—	—
	铜芯塑料软线 500V 1.5mm^2	m	—	—	(8.360)	(8.360)	(8.360)
	点灯监测单元	台	—	—	(1.000)	(1.000)	—
	发车表示器 铸铁机构	台	—	—	(1.000)	—	—
	铁路信号灯泡 TX12-25/25A	个	—	—	(1.030)	(1.030)	—
	信号锁 40	把	—	—	(1.010)	(1.010)	(1.010)
	发车表示器 铝合金机构	台	—	—	—	(1.000)	—
	发车表示器 LED 结构	台	—	—	—	—	(1.000)
	酚醛调和漆	kg	11.29	—	0.300	0.300	0.300
	镀锌六角带帽螺栓 M10×100 内 2 平 1 弹	10 套	5.50	—	0.130	0.130	0.130
	信号配线软套管	m	8.91	—	0.500	0.500	0.500
	信号机打字色带	盘	10.78	—	0.010	0.010	0.010
	接口插头 24 针	个	32.41	1.010	—	—	—
	其他材料费	元	1.00	1.64	0.43	0.43	0.43
机械	中英文线号机	台班	18.47	0.010	0.010	0.010	0.010

工作内容:技术准备,开箱检查,定位、安装固定;缠绕线环、套管打字、配线连接、测试调整、刷漆。

定额编号				7-287	7-288	7-289	7-290	7-291	7-292
项目				紧急关闭按钮	站台自动折返按钮	旅客向导显示屏安装		维修电话总机安装(10门)	打印设备安装
						单屏	双屏		
计量单位				个				台	
基价(元)				**173.92**	**173.92**	**323.92**	**596.82**	**372.65**	**140.85**
其中	人工费(元)			121.50	121.50	162.00	324.00	364.50	81.00
	材料费(元)			52.24	52.24	119.46	204.88	8.15	59.85
	机械费(元)			0.18	0.18	42.46	67.94	—	—
名称		单位	单价(元)	消耗量					
人工	二类人工	工日	135.00	0.900	0.900	1.200	2.400	2.700	0.600
材料	电缆支架附卡子	套	—	(1.010)	(1.010)	—	—	—	—
	紧急关闭按钮	个	—	(1.000)	—	—	—	—	—
	自动折返按钮	个	—	—	(1.000)	—	—	—	—
	镀锌六角螺栓带帽 M12×150	套	1.28	—	—	4.040	4.040	6.060	—
	钩头螺栓 M18×300	个	6.21	—	—	4.040	4.040	—	—
	电焊条	kg	4.31	—	—	1.000	1.500	—	—
	扁钢 Q235B 综合	kg	3.96	—	—	20.000	40.000	—	—
	绝缘管及垫(一管二垫) $\phi14$	套	12.07	4.100	4.100	—	—	—	—
	塑料软管 De6	m	0.13	2.000	2.000	—	—	—	—
	打印纸	箱	190.00	—	—	—	—	—	0.300
	其他材料费	元	1.00	2.49	2.49	5.69	9.76	0.39	2.85
机械	交流电焊机 32kV·A	台班	84.92	—	—	0.500	0.800	—	—
	中英文线号机	台班	18.47	0.010	0.010	—	—	—	—

四、检修测试设备安装

工作内容:技术准备,开箱检验,定位、安装、固定;配线连接、测试导通。　　　　计量单位:台

定额编号				7-293	7-294
项目				继电器检修测试台安装	转辙机检修测试台安装
基价(元)				**320.83**	**550.78**
其中	人工费(元)			162.00	324.00
	材料费(元)			158.83	226.78
	机械费(元)			—	—
名称		单位	单价(元)	消耗量	
人工	二类人工	工日	135.00	1.200	2.400
材料	橡胶板 $\delta1\sim15$	kg	5.09	5.000	5.000
	硬聚氯乙烯管 $\phi25\times3$	m	4.31	15.000	15.000
	电源板包括闸刀插座	套	50.08	—	1.000
	胶壳闸刀 220V/100A	个	30.17	1.000	—
	橡套软线 2 芯 1.5mm^2	m	1.55	20.000	20.000
	橡套软线 2 芯 2.5mm^2	m	2.24	—	20.000
	其他材料费	元	1.00	7.56	10.80

五、管 线 预 埋

工作内容:预埋各种钢管和 PVC 材料的管线、设备基础台面硬面化。

定额编号				7-295	7-296	7-297	7-298	7-299	7-300
项目				车站管线预埋		转辙机管线预埋		室外设备硬面化	
				非集中站	集中站	单动	复式交分	一件用	每增加一件用
计量单位				站		组		处	
基价(元)				**3504.60**	**7333.07**	**562.25**	**1944.54**	**342.19**	**194.14**
其中	人工费(元)			1539.00	3401.87	405.00	1158.30	243.00	145.80
	材料费(元)			1965.60	3931.20	157.25	786.24	99.19	48.34
	机械费(元)			—	—	—	—	—	—
名称		单位	单价(元)	消耗量					
人工	二类人工	工日	135.00	11.400	25.199	3.000	8.580	1.800	1.080
材料	角钢 63 以内	kg	—	(10.000)	(24.000)	(24.000)	—	—	—
	PVC 管 ϕ50	100m	—	(20.000)	(40.000)	(0.020)	(0.100)	—	—
	PVC 管 ϕ80	100m	—	(5.000)	(10.000)	—	—	—	—
	碳素结构钢镀锌焊接钢管 *DN*80×4.0	m	37.44	50.000	100.000	4.000	20.000	—	—
	水泥砂浆 M5.0	m^3	212.41	—	—	—	—	0.100	0.060
	酚醛调和漆	kg	11.29	—	—	—	—	0.300	0.200
	混凝土实心砖 240×115×53 MU10	千块	388.00	—	—	—	—	0.180	0.080
	其他材料费	元	1.00	93.60	187.20	7.49	37.44	4.72	2.30

第八册　供 电 工 程

册 说 明

一、本册定额包括变电所、杂散电流、电力监控、柔性接触网、刚性接触网、动力照明、电缆、配管配线、接地装置、感应板和其他十一章，共874个子目。

二、本册定额适用于新建、改扩建的城市轨道交通供电工程。

三、本册定额的主要编制依据：

1.《城市轨道交通工程工程量计算规范》GB 50861—2013；

2.《城市轨道交通工程预算定额》GCG 103－2008；

3.《浙江省安装工程预算定额》(2010版)；

4.《杭州市地铁工程预算定额》(2010版)；

5.现行的设计、施工验收规范，安全操作规程及质量评定标准。

四、本册定额动力照明、电缆、配管配线、接地装置四章不适用车站、车辆段、停车场、控制中心，上述区域动力照明、电缆、配管配线、接地装置执行《浙江省通用安装工程预算定额》的相关定额子目。

五、本册定额中变压器和屏柜等主要设备的安装只包括安装地点的就位运输，所有大型设备及主要材料需要增加的轨道运输，执行本册定额第十一章“其他”相应定额子目。

六、本册定额相关费用的规定：

1.室内脚手架搭拆费用按人工费的5%计算，其中人工工资占25%。

2.工程超高增加费(操作高度离楼地面5m以上、20m以下的电气安装工程)：按超高部分人工费的33%计算。

3.零星拆除工程按相应安装项目的人工和机械消耗分别乘以以下系数：

(1)拆除混凝土支柱系数为1.25，拆除钢支柱系数为0.9；

(2)拆除设备、器材类、线材(包括电缆、光缆、汇流排、导线、绞线)类系数为0.7。

七、限界检测执行本册定额第四章“柔性接触网”相应子目。

第一章
变　电　所

说　明

一、本章定额包括设备安装、蓄电池、电气试验、其他四节,共97个子目。

二、网栅制作、安装定额根据“供电设备安装通用图整流变压器室网栅”编制,轨道交通工程变电所的网栅制作、安装均按此执行。

三、设备基础的预埋、安装、设备运输执行本册定额第十一章“其他”的相应定额子目。

四、屏柜接线子目按照牵引降压混合变电所所内二次电缆接线图综合编制。

五、蓄电池防震支架按随设备供货考虑,安装按地坪打眼装膨胀螺栓固定。

六、蓄电池电极连接条、紧固螺栓、绝缘垫均按设备带有考虑。

七、定额中不包括蓄电池抽头连接用电缆及电缆保护管的安装,发生时应执行本章相应定额。

八、碱性蓄电池补充电解液由厂家随设备供货。铅酸电池的电解液已包括在定额内,不另行计算。

九、蓄电池充放电已计入定额,不论酸性、碱性电池均按其电压和容量执行相应子目。

工程量计算规则

一、铜母排安装按截面积分类,按设计长度以“10m”计算。

二、网栅制作、安装以“间隔”计算,其间隔为长 3m 乘以高 2.5m 面积尺寸。设计面积尺寸变化时,间隔面积按变化相应增加系数。

三、铅酸蓄电池和碱性蓄电池安装,按设计图示数量以“个”计算,定额内已包括了电解液的材料消耗,执行时不得调整。

四、免维护蓄电池安装以“组件”计算,其具体计算如下例:

某项工程设计一组蓄电池为220V/500(A·h),由 12V 的组件 18 个组成,则应套用 12V/500(A·h)的定额 18 组件。

五、蓄电池充放电按不同容量以“组”计算。

一、设备安装

1.高压设备

工作内容:准备、开箱检查、就位、安装调整、打孔攻丝、固定、附件安装、气室气压检测及处理、单体调试、记录。

计量单位:面

定额编号				8-1	8-2
项目				40.5kV开关柜安装	10kV开关柜安装
基价(元)				**662.41**	**634.78**
其中	人工费(元)			641.79	615.47
	材料费(元)			19.01	17.70
	机械费(元)			1.61	1.61
名称		单位	单价(元)	消耗量	
人工	二类人工	工日	135.00	4.754	4.559
材料	镀锌六角螺栓带帽 M8×80	套	0.52	13.260	12.240
	冲击钻头 $\phi12$	个	4.48	0.102	0.082
	合金钢钻头 $\phi6$	个	5.00	0.102	0.136
	丝锥 M8	根	27.59	0.255	0.204
	变压器油	kg	8.62	0.113	0.170
	专用清洁纸	张	0.04	5.250	7.000
	酒精 工业用99.5%	kg	7.07	0.170	0.170
	黄油	kg	9.05	0.136	0.136
	电	kW·h	0.78	0.387	0.387
	其他材料费	元	1.00	0.19	0.18
机械	电锤	台班	6.92	0.233	0.233

2.再生制动设备、配电盘、钢轨电位限制装置

工作内容:准备、开箱检查、就位、安装调整、打孔攻丝、固定、外壳开箱安装、附件安装、单体调试、记录。**计量单位:**面

定额编号				8-3	8-4	8-5	8-6	8-7
项目				制动控制柜	制动电阻柜	斩波柜	配电盘(柜)	钢轨电位限制装置
基价(元)				**421.07**	**456.71**	**444.83**	**467.38**	**437.68**
其中	人工费(元)			405.54	441.18	429.30	451.85	422.15
	材料费(元)			14.72	14.72	14.72	14.72	14.72
	机械费(元)			0.81	0.81	0.81	0.81	0.81
名称		单位	单价(元)	消耗量				
人工	二类人工	工日	135.00	3.004	3.268	3.180	3.347	3.127
材料	镀锌六角螺栓带帽 M8×80	套	0.52	12.240	12.240	12.240	12.240	12.240
	冲击钻头 $\phi12$	个	4.48	0.082	0.082	0.082	0.082	0.082
	合金钢钻头 $\phi6$	个	5.00	0.136	0.136	0.136	0.136	0.136
	丝锥 M8	根	27.59	0.204	0.204	0.204	0.204	0.204
	黄油	kg	9.05	0.136	0.136	0.136	0.136	0.136
	电	kW·h	0.78	0.387	0.387	0.387	0.387	0.387
	其他材料费	元	1.00	0.15	0.15	0.15	0.15	0.15
机械	电锤	台班	6.92	0.117	0.117	0.117	0.117	0.117

3. 直流设备

工作内容:准备、开箱检查、就位安装、安装绝缘板、调整、并柜、打孔攻丝、设备固定、绝缘测试、附件安装、单体调试、记录。

计量单位:面

定额编号				8-8	8-9	8-10
项目				DC750V/1500V 开关柜	整流器柜	负极柜
基价(元)				**683.53**	**412.89**	**466.85**
其中	人工费(元)			641.12	370.31	422.28
	材料费(元)			40.31	40.42	42.41
	机械费(元)			2.10	2.16	2.16
名称		单位	单价(元)	消耗量		
人工	二类人工	工日	135.00	4.749	2.743	3.128
材料	橡皮绝缘板 5	m^2	29.31	0.979	0.979	0.979
	镀锌六角螺栓带帽 M10×80	套	0.55	2.678	3.060	—
	镀锌六角螺栓带帽 M8×80	套	0.52	4.080	4.080	4.080
	绝缘螺栓 M8×35	套	0.52	—	—	8.160
	绝缘垫片	套	0.09	4.080	4.080	4.080
	合金钢钻头 ϕ6	个	5.00	0.136	0.240	0.136
	丝锥 M8	根	27.59	0.204	0.204	0.204
	变压器油	kg	8.62	0.026	—	—
	专用清洁纸	张	0.04	3.150	—	—
	酒精 工业用99.5%	kg	7.07	0.039	—	—
	电	kW·h	0.78	0.408	0.417	0.333
	其他材料费	元	1.00	0.40	0.40	0.42
机械	绝缘电阻测试仪 BM12	台班	29.52	0.040	0.042	0.042
	电锤	台班	6.92	0.133	0.133	0.133

4. 400V 低压开关柜

工作内容:准备、开箱检查、设备就位、调整、打孔攻丝、设备固定、单体调试、记录。

计量单位:面

定额编号				8-11
项目				400V 低压开关柜
基价(元)				**381.97**
其中	人工费(元)			370.71
	材料费(元)			10.34
	机械费(元)			0.92
名称		单位	单价(元)	消耗量
人工	二类人工	工日	135.00	2.746
材料	镀锌六角螺栓带帽 M10×80	套	0.55	3.060
	镀锌六角螺栓带帽 M8×80	套	0.52	4.080
	合金钢钻头 ϕ6	个	5.00	0.136
	丝锥 M8	根	27.59	0.204
	电	kW·h	0.78	0.166
	其他材料费	元	1.00	0.10
机械	电锤	台班	6.92	0.133

5. 干式变压器

工作内容：准备、变压器就位、位置调整、设备固定、变压器常规试验检查、外壳开箱检查、外壳安装调整、附件安装、调整及检查、安装温控箱、绝缘测试、单体调试、记录。

计量单位：台

定额编号				8-12	8-13	8-14
项目				动力变压器		
				800kV·A	800～2000kV·A	2000kV·A
基价（元）				**1135.73**	**1531.45**	**2186.99**
其中	人工费（元）			1018.71	1382.94	2012.85
	材料费（元）			96.80	98.26	98.34
	机械费（元）			20.22	50.25	75.80
	名称	单位	单价(元)	消耗量		
人工	二类人工	工日	135.00	7.546	10.244	14.910
材料	接地线 5.5～16mm^2	m	3.45	6.120	6.120	6.120
	镀锌六角螺栓带帽 M16×200	套	4.48	16.320	16.320	16.320
	冲击钻头 ϕ14	个	5.00	0.245	—	—
	冲击钻头 ϕ20	个	10.78	—	0.245	0.245
	电	kW·h	0.78	0.498	0.540	0.640
	其他材料费	元	1.00	0.96	0.97	0.97
机械	电锤	台班	6.92	0.150	0.150	0.150
	电动葫芦－双速 10t	台班	82.39	0.188	—	—
	电动葫芦－双速 20t	台班	179.73	—	0.250	—
	电动葫芦－双速 30t	台班	223.12	—	—	0.313
	绝缘电阻测试仪 BM12	台班	29.52	0.125	0.145	0.167

工作内容：准备、变压器就位、位置调整、设备固定、变压器常规试验检查、打孔、电缆支架安装、安装温控箱、单体调试、记录。

计量单位：台

定额编号				8-15	8-16
项目				整流变压器	
				3650kV·A	2750kV·A
基价（元）				**2463.56**	**1699.73**
其中	人工费（元）			2368.04	1608.66
	材料费（元）			29.02	24.57
	机械费（元）			66.50	66.50
	名称	单位	单价(元)	消耗量	
人工	二类人工	工日	135.00	17.541	11.916
材料	电缆支架	套	—	(2.040)	(2.040)
	金属膨胀螺栓 M10～16 综合	套	0.91	20.400	20.400
	金属膨胀螺栓 M8×60	套	0.27	12.400	12.400
	冲击钻头 ϕ20	个	10.78	0.408	—
	冲击钻头 ϕ12	个	4.48	0.245	0.245
	电	kW·h	0.78	1.698	1.698
	其他材料费	元	1.00	0.29	0.24
机械	电锤	台班	6.92	0.483	0.483
	电动葫芦－双速 30t	台班	223.12	0.250	0.250
	绝缘电阻测试仪 BM12	台班	29.52	0.250	0.250

二、蓄 电 池

1. 蓄电池防震支架安装

工作内容:打眼、固定、组装、焊接。 **计量单位:**10m

定额编号				8-17	8-18	8-19	8-20
项目				单层支架		双层支架	
				单排	双排	单排	双排
基价(元)				**540.18**	**1077.64**	**1411.23**	**2517.46**
其中	人工费(元)			380.57	774.23	1035.18	1889.46
	材料费(元)			68.41	117.22	151.23	298.68
	机械费(元)			91.20	186.19	224.82	329.32
名称		单位	单价(元)	消耗量			
人工	二类人工	工日	135.00	2.819	5.735	7.668	13.996
材料	电焊条	kg	4.31	0.880	1.760	2.120	4.312
	溶剂汽油	kg	5.40	0.480	0.960	1.440	1.600
	金属膨胀螺栓 M16	套	1.34	17.600	43.200	—	—
	金属膨胀螺栓 M20×100~160	套	4.14	—	—	17.600	43.200
	耐酸漆	kg	18.97	2.000	2.400	3.200	4.800
	其他材料费	元	1.00	0.50	1.03	0.75	1.55
机械	交流弧焊机 21kV·A	台班	63.33	1.440	2.940	3.550	5.200

注:支架按成品随设备一起供货考虑。

2. 碱性蓄电池安装

工作内容:检查测试、安装固定、极柱连接、补充注液。 **计量单位:**个

定额编号				8-21	8-22	8-23	8-24	8-25	8-26	8-27
项目				蓄电池容量(A·h 以下)						
				40	80	100	150	250	300	500
基价(元)				**3.90**	**5.38**	**7.80**	**11.45**	**17.39**	**20.36**	**29.14**
其中	人工费(元)			3.65	5.13	7.29	10.94	16.74	19.71	28.49
	材料费(元)			0.25	0.25	0.51	0.51	0.65	0.65	0.65
	机械费(元)			—	—	—	—	—	—	—
名称		单位	单价(元)	消耗量						
人工	二类人工	工日	135.00	0.027	0.038	0.054	0.081	0.124	0.146	0.211
材料	蓄电池	个	—	(1.000)	(1.000)	(1.000)	(1.000)	(1.000)	(1.000)	(1.000)
	色带	卷	6.47	0.016	0.016	0.032	0.032	0.032	0.032	0.032
	电力复合脂	kg	17.24	0.008	0.008	0.016	0.016	0.024	0.024	0.024
	其他材料费	元	1.00	0.01	0.01	0.02	0.02	0.03	0.03	0.03

3. 固定密闭式铅酸蓄电池安装

工作内容：搬运、开箱、检查、安装、连接线、配注电解液、标志标号。　　**计量单位**：个

定额编号				8-28	8-29	8-30	8-31	8-32	8-33
项目				蓄电池容量(A·h以下)					
				100	200	300	400	600	800
基价（元）				**28.45**	**41.84**	**59.72**	**68.26**	**97.18**	**123.95**
其中	人工费（元）			7.97	13.10	16.07	18.23	24.03	29.84
	材料费（元）			12.57	20.83	35.74	42.12	65.24	86.20
	机械费（元）			7.91	7.91	7.91	7.91	7.91	7.91
名称		单位	单价(元)	消耗量					
人工	二类人工	工日	135.00	0.059	0.097	0.119	0.135	0.178	0.221
材料	蓄电池	个	—	(1.000)	(1.000)	(1.000)	(1.000)	(1.000)	(1.000)
	色带	卷	6.47	0.032	0.032	0.032	0.032	0.032	0.032
	电力复合脂	kg	17.24	0.016	0.024	0.024	0.032	0.032	0.040
	硫酸98%	kg	2.09	1.296	2.280	4.120	4.880	7.712	10.264
	蒸馏水	kg	2.59	3.008	5.336	9.592	11.376	17.992	23.944
	铅标志牌	个	1.55	1.000	1.000	1.000	1.000	1.000	1.000
	其他材料费	元	1.00	0.04	0.07	0.12	0.14	0.22	0.29
机械	载货汽车5t	台班	382.30	0.010	0.010	0.010	0.010	0.010	0.010
	叉式起重机5t	台班	409.00	0.010	0.010	0.010	0.010	0.010	0.010

工作内容：搬运、开箱、检查、安装、连接线、配注电解液、标志标号。　　**计量单位**：个

定额编号				8-34	8-35	8-36	8-37
项目				蓄电池容量(A·h以下)			
				1000	1200	1400	1600
基价（元）				**150.87**	**169.36**	**188.73**	**208.06**
其中	人工费（元）			40.10	45.23	49.55	55.35
	材料费（元）			94.94	108.30	123.35	136.88
	机械费（元）			15.83	15.83	15.83	15.83
名称		单位	单价(元)	消耗量			
人工	二类人工	工日	135.00	0.297	0.335	0.367	0.410
材料	蓄电池	个	—	(1.000)	(1.000)	(1.000)	(1.000)
	色带	卷	6.47	0.040	0.040	0.040	0.040
	电力复合脂	kg	17.24	0.040	0.040	0.040	0.040
	硫酸98%	kg	2.09	11.360	12.968	14.808	16.472
	蒸馏水	kg	2.59	26.400	30.248	34.552	38.416
	铅标志牌	个	1.55	1.000	1.000	1.000	1.000
	其他材料费	元	1.00	0.32	0.36	0.42	0.46
机械	载货汽车5t	台班	382.30	0.020	0.020	0.020	0.020
	叉式起重机5t	台班	409.00	0.020	0.020	0.020	0.020

工作内容:搬运、开箱、检查、安装、连接线、配注电解液、标志标号。　　**计量单位:**个

定额编号				8-38	8-39	8-40	8-41
项目				蓄电池容量(A·h 以下)			
				1800	2000	2500	3000
基价(元)				**239.03**	**258.83**	**314.75**	**369.90**
其中	人工费(元)			64.13	69.26	78.71	87.48
	材料费(元)			151.16	165.83	212.30	258.68
	机械费(元)			23.74	23.74	23.74	23.74
名称		单位	单价(元)	消耗量			
人工	二类人工	工日	135.00	0.475	0.513	0.583	0.648
材料	蓄电池	个	—	(1.000)	(1.000)	(1.000)	(1.000)
	色带	卷	6.47	0.040	0.040	0.040	0.040
	电力复合脂	kg	17.24	0.040	0.040	0.040	0.040
	硫酸 98%	kg	2.09	18.224	20.016	25.712	31.392
	蒸馏水	kg	2.59	42.496	46.696	59.984	73.248
	铅标志牌	个	1.55	1.000	1.000	1.000	1.000
	其他材料费	元	1.00	0.50	0.55	0.70	0.86
机械	载货汽车 5t	台班	382.30	0.030	0.030	0.030	0.030
	叉式起重机 5t	台班	409.00	0.030	0.030	0.030	0.030

4. 免维护铅酸蓄电池安装

工作内容:搬运、开箱、检查、支架固定、蓄电池就位、整理检查、连接与接线、护罩安装、标志标号。　　**计量单位:**组件

定额编号				8-42	8-43	8-44	8-45	8-46
项目				蓄电池电压/容量[V/(A·h)]				
				12/100	12/200	12/290	6/390	12/500
基价(元)				**74.96**	**77.26**	**79.42**	**61.82**	**87.52**
其中	人工费(元)			48.06	50.36	52.52	36.59	60.62
	材料费(元)			4.44	4.44	4.44	2.77	4.44
	机械费(元)			22.46	22.46	22.46	22.46	22.46
名称		单位	单价(元)	消耗量				
人工	二类人工	工日	135.00	0.356	0.373	0.389	0.271	0.449
材料	铅酸蓄电池	组件	—	(1.000)	(1.000)	(1.000)	(1.000)	(1.000)
	破布	kg	6.90	0.024	0.024	0.024	0.016	0.024
	钢锯条	条	2.59	0.240	0.240	0.240	0.160	0.240
	肥皂水	kg	6.90	0.160	0.160	0.160	0.120	0.160
	色带	卷	6.47	0.176	0.176	0.176	0.088	0.176
	电力复合脂	kg	17.24	0.008	0.008	0.008	0.008	0.008
	合金钢钻头 $\phi 16$	个	11.64	0.016	0.016	0.016	0.008	0.016
	金属膨胀螺栓 M10~16 综合	套	0.91	1.144	1.144	1.144	0.656	1.144
	其他材料费	元	1.00	0.04	0.04	0.04	0.02	0.04
机械	汽车式起重机 5t	台班	366.47	0.030	0.030	0.030	0.030	0.030
	载货汽车 5t	台班	382.30	0.030	0.030	0.030	0.030	0.030

工作内容：搬运、开箱、检查、支架固定、蓄电池就位、整理检查、连接与接线、护罩安装、标志标号。　计量单位：组件

定额编号				8-47	8-48	8-49	8-50
项目				蓄电池电压/容量[V/(A·h)]			
				12/570	6/820	6/980	6/1070
基价（元）				**96.16**	**81.39**	**83.55**	**87.87**
其中	人工费（元）			69.26	56.16	58.32	62.64
	材料费（元）			4.44	2.77	2.77	2.77
	机械费（元）			22.46	22.46	22.46	22.46
名称		单位	单价(元)	消耗量			
人工	二类人工	工日	135.00	0.513	0.416	0.432	0.464
材料	铅酸蓄电池	组件	—	(1.000)	(1.000)	(1.000)	(1.000)
	破布	kg	6.90	0.024	0.016	0.016	0.016
	钢锯条	条	2.59	0.240	0.160	0.160	0.160
	肥皂水	kg	6.90	0.160	0.120	0.120	0.120
	色带	卷	6.47	0.176	0.088	0.088	0.088
	电力复合脂	kg	17.24	0.008	0.008	0.008	0.008
	合金钢钻头 $\phi16$	个	11.64	0.016	0.008	0.008	0.008
	金属膨胀螺栓 M10～16 综合	套	0.91	1.144	0.656	0.656	0.656
	其他材料费	元	1.00	0.04	0.02	0.02	0.02
机械	汽车式起重机 5t	台班	366.47	0.030	0.030	0.030	0.030
	载货汽车 5t	台班	382.30	0.030	0.030	0.030	0.030

5. 蓄电池充放电

工作内容：直流回路检查、放电设施准备、初充电、放电、再充电、测量、记录技术数据。　计量单位：组

定额编号				8-51	8-52	8-53	8-54	8-55
项目				220V以下蓄电池组(容量A·h以下)				
				100	200	300	400	600
基价（元）				**4728.11**	**4887.60**	**5047.08**	**5207.19**	**5526.79**
其中	人工费（元）			4535.87	4535.87	4535.87	4535.87	4535.87
	材料费（元）			192.24	351.73	511.21	671.32	990.92
	机械费（元）			—	—	—	—	—
名称		单位	单价(元)	消耗量				
人工	二类人工	工日	135.00	33.599	33.599	33.599	33.599	33.599
材料	破布	kg	6.90	3.600	3.600	3.600	3.600	3.600
	电	kW·h	0.78	204.800	408.800	612.800	817.600	1226.400
	碳酸氢钠	kg	1.64	2.400	2.400	2.400	2.400	2.400
	自粘性橡胶带 20×5000	卷	2.67	1.200	1.200	1.200	1.200	1.200
	其他材料费	元	1.00	0.52	0.89	1.25	1.62	2.35

工作内容:直流回路检查、放电设施准备、初充电、放电、再充电、测量、记录技术数据。　　**计量单位:**组

定额编号					8-56	8-57	8-58	8-59
项目					220V 以下蓄电池组(容量 A·h 以下)			
					800	1000	1200	1400
基价(元)					**5848.25**	**6168.29**	**6488.34**	**6808.38**
其中	人工费(元)				4535.87	4535.87	4535.87	4535.87
	材料费(元)				1312.38	1632.42	1952.47	2272.51
	机械费(元)				—	—	—	—
名称		单位	单价(元)		消耗量			
人工	二类人工	工日	135.00		33.599	33.599	33.599	33.599
材料	破布	kg	6.90		3.600	3.600	3.600	3.600
	电	kW·h	0.78		1635.200	2044.000	2452.800	2861.600
	碳酸氢钠	kg	1.64		2.400	2.400	2.400	2.400
	自粘性橡胶带 20×5000	卷	2.67		1.200	1.200	1.200	1.200
	其他材料费	元	1.00		4.94	6.12	7.30	8.48

工作内容:直流回路检查、放电设施准备、初充电、放电、再充电、测量、记录技术数据。　　**计量单位:**组

定额编号				8-60	8-61	8-62	8-63	8-64
项目				220V 以下蓄电池组(容量 A·h 以下)				
				1600	1800	2000	2500	3000
基价(元)				**7130.83**	**7451.79**	**7772.13**	**8572.66**	**9373.18**
其中	人工费(元)			4535.87	4535.87	4535.87	4535.87	4535.87
	材料费(元)			2594.96	2915.92	3236.26	4036.79	4837.31
	机械费(元)			—	—	—	—	—
名称		单位	单价(元)	消耗量				
人工	二类人工	工日	135.00	33.599	33.599	33.599	33.599	33.599
材料	破布	kg	6.90	3.600	3.600	3.600	3.600	3.600
	电	kW·h	0.78	3270.400	3680.000	4088.800	5110.400	6132.000
	碳酸氢钠	kg	1.64	2.400	2.400	2.400	2.400	2.400
	自粘性橡胶带 20×5000	卷	2.67	1.200	1.200	1.200	1.200	1.200
	其他材料费	元	1.00	12.07	13.54	15.02	18.70	22.37

三、电 气 试 验

1. 变电所所内系统调试

工作内容：调试准备、仪器就位、被检设备的外观检查、设备检测、试验数据记录。　　计量单位：系统

定额编号				8-65	8-66	8-67	8-68	8-69	8-70
项目				配电变压器系统	整流变压器系统	直流系统	10kV 交流系统	35kV 交流系统	35kVGIS 交流系统
基价（元）				**4749.76**	**5797.51**	**13590.65**	**20386.04**	**26371.43**	**31897.06**
其中	人工费（元）			1458.00	1944.00	2591.87	3887.87	4373.87	5507.87
	材料费（元）			15.76	31.51	78.78	118.17	157.56	181.19
	机械费（元）			3276.00	3822.00	10920.00	16380.00	21840.00	26208.00
名称		单位	单价（元）	消耗量					
人工	二类人工	工日	135.00	10.800	14.400	19.199	28.799	32.399	40.799
材料	电	kW·h	0.78	20.000	40.000	100.000	150.000	200.000	230.000
	其他材料费	元	1.00	0.16	0.31	0.78	1.17	1.56	1.79
机械	电气试验车	台班	1092.00	3.000	3.500	10.000	15.000	20.000	24.000

工作内容：调试准备、仪器就位、被检设备的外观检查、设备检测、试验数据记录。　　计量单位：系统

定额编号				8-71	8-72	8-73	8-74
项目				400V 交流系统	所用电源	再生制动系统	接地装置
基价（元）				**13590.65**	**1593.76**	**5181.15**	**4861.88**
其中	人工费（元）			2591.87	486.00	810.00	486.00
	材料费（元）			78.78	15.76	3.15	7.88
	机械费（元）			10920.00	1092.00	4368.00	4368.00
名称		单位	单价（元）	消耗量			
人工	二类人工	工日	135.00	19.199	3.600	6.000	3.600
材料	电	kW·h	0.78	100.000	20.000	4.000	10.000
	其他材料费	元	1.00	0.78	0.16	0.03	0.08
机械	电气试验车	台班	1092.00	10.000	1.000	4.000	4.000

工作内容:1. 调试准备、绝缘电阻测试、交流耐压试验、数据记录;
2. 试验仪器进场、电缆绝缘测试、耐压试验、数据记录。

计量单位:系统

定额编号				8-75	8-76
项目				绝缘子	电缆试验
基价(元)				**1220.39**	**5371.51**
其中	人工费(元)			104.76	972.00
	材料费(元)			23.63	31.51
	机械费(元)			1092.00	4368.00
名称		单位	单价(元)	消耗量	
人工	二类人工	工日	135.00	0.776	7.200
材料	电	kW·h	0.78	30.000	40.000
	其他材料费	元	1.00	0.23	0.31
机械	电气试验车	台班	1092.00	1.000	4.000

2. 所用系统调试

工作内容:调试准备、仪器进场、联跳测试、记录。

计量单位:相邻所

定额编号				8-77	8-78
项目				差动保护	直流联跳保护及闭锁关系
基价(元)				**11406.65**	**11375.14**
其中	人工费(元)			2591.87	2591.87
	材料费(元)			78.78	47.27
	机械费(元)			8736.00	8736.00
名称		单位	单价(元)	消耗量	
人工	二类人工	工日	135.00	19.199	19.199
材料	电	kW·h	0.78	100.000	60.000
	其他材料费	元	1.00	0.78	0.47
机械	电气试验车	台班	1092.00	8.000	8.000

3. 空载试运行

工作内容:送电前准备、启动、观察运行状况、应急处理、记录。

计量单位:所

定额编号				8-79	8-80	8-81	8-82	8-83
项目				降压变电所	牵引变电所	牵引降压混合变电所	跟随式降压变电所	箱式变电站
基价(元)				**5867.41**	**11707.15**	**17560.72**	**5863.47**	**5867.41**
其中	人工费(元)			5831.87	11663.73	17495.60	5831.87	5831.87
	材料费(元)			7.88	15.76	23.63	3.94	7.88
	机械费(元)			27.66	27.66	41.49	27.66	27.66
名称		单位	单价(元)	消耗量				
人工	二类人工	工日	135.00	43.199	86.398	129.597	43.199	43.199
材料	电	kW·h	0.78	10.000	20.000	30.000	5.000	10.000
	其他材料费	元	1.00	0.08	0.16	0.23	0.04	0.08
机械	对讲机(一对)	台班	4.61	6.000	6.000	9.000	6.000	6.000

四、其　他

1. 密集型母线槽

工作内容：准备、测量定位、打孔、膨胀螺栓安装、支架安装、母线槽安装、附件安装、绝缘板安装、调整、固定、接地、绝缘试验、记录。

计量单位：m

定额编号				8-84	8-85
项目				1500A 及以下 密集型母线槽	1500A 以上 密集型母线槽
基价（元）				**1280.61**	**1302.24**
其中	人工费（元）			226.67	246.11
	材料费（元）			986.64	987.31
	机械费（元）			67.30	68.82
名称		单位	单价（元）	消耗量	
人工	二类人工	工日	135.00	1.679	1.823
材料	母线槽 户内型 IP40	m	—	(1.000)	(1.000)
	角钢 Q235B 综合	kg	3.97	0.753	0.753
	连接铜排 －5×200	m	73.28	0.408	0.408
	金属膨胀螺栓 M10	套	0.48	5.100	5.100
	镀锌六角螺栓带帽 M16×200	套	4.48	48.960	48.960
	橡皮绝缘板 5	m^2	29.31	24.480	24.480
	冲击钻头 $\phi12$	个	4.48	0.102	0.102
	砂轮片	片	7.08	0.082	0.092
	电	kW·h	0.78	1.745	1.945
	变压器油	kg	8.62	0.102	0.152
	接地线 5.5～$16mm^2$	m	3.45	0.408	0.408
	其他材料费	元	1.00	9.77	9.78
机械	电锤	台班	6.92	0.083	0.083
	载货汽车 8t	台班	411.20	0.125	0.125
	立式钻床 25mm	台班	5.80	0.150	0.150
	液压升降机 9m	台班	25.07	0.325	0.325
	液压弯管机 D60mm	台班	50.49	0.125	0.155

注：铜母排包含铜母线、螺栓、夹具、绝缘板、低导磁钢压板、绝缘导管等主材。

2. 铜母排安装

工作内容:平直、下料、揻弯、钻孔、组合、安装、压力试验、记录。 **计量单位:**10m

定额编号				8-86	8-87	8-88	8-89
项目				2500mm²	3500mm²	5000mm²	7500mm²
基价(元)				**523.29**	**628.83**	**941.09**	**1031.67**
其中	人工费(元)			416.34	440.10	487.76	547.16
	材料费(元)			54.30	46.28	36.43	40.13
	机械费(元)			52.65	142.45	416.90	444.38
名称		单位	单价(元)	消耗量			
人工	二类人工	工日	135.00	3.084	3.260	3.613	4.053
材料	铜母排 综合	m	—	(10.230)	(10.230)	(10.230)	(10.230)
	木炭	kg	2.41	13.350	9.790	4.895	4.450
	电力复合脂	kg	17.24	0.045	0.055	0.065	0.075
	电极棒	根	2.67	0.385	0.400	0.650	0.900
	石墨块	kg	18.97	0.930	0.957	1.001	1.177
	机油 综合	kg	2.91	0.156	0.178	0.200	0.233
	破布	kg	6.90	0.245	0.223	0.267	0.334
	其他材料费	元	1.00	0.54	0.46	0.36	0.40
机械	汽车式起重机 12t	台班	748.60	0.067	0.178	0.543	0.573
	弓锯床 250mm	台班	20.77	0.120	0.443	0.501	0.743

3. 防鼠板制作安装

工作内容:准备、测量、防鼠板预制、角钢预制、定位、打孔、螺栓安装、角钢安装、防鼠板安装、调整固定。

计量单位:m²

定额编号				8-90
项目				防鼠板制作安装
基价(元)				**120.18**
其中	人工费(元)			112.46
	材料费(元)			7.11
	机械费(元)			0.61
名称		单位	单价(元)	消耗量
人工	二类人工	工日	135.00	0.833
材料	防鼠板 8mm 厚复合材料	m²	—	(1.020)
	角钢热镀锌 L50×5	根	1.03	2.040
	金属膨胀螺栓 M12	套	0.64	4.080
	冲击钻头 ϕ14	个	5.00	0.082
	砂轮片	片	7.08	0.245
	电	kW·h	0.78	0.238
	其他材料费	元	1.00	0.07
机械	立式钻床 25mm	台班	5.80	0.025
	电锤	台班	6.92	0.067

4. 模拟盘安装

工作内容：准备、测量定位、打孔、挂盘、调整。　　　　**计量单位**：块

定额编号				8-91
项目				模拟盘安装
基价（元）				**114.32**
其中	人工费（元）			113.27
	材料费（元）			1.05
	机械费（元）			—
名称		单位	单价(元)	消耗量
人工	二类人工	工日	135.00	0.839
材料	模拟盘 2000×1000	块	—	(1.000)
	塑料膨胀螺栓	套	0.17	6.120
	其他材料费	元	1.00	0.01

5. 绝缘垫制作安装

工作内容：准备、测量、裁剪、布放、记录。　　　　**计量单位**：m^2

定额编号				8-92
项目				绝缘垫制作安装
基价（元）				**51.13**
其中	人工费（元）			31.59
	材料费（元）			19.54
	机械费（元）			—
名称		单位	单价(元)	消耗量
人工	二类人工	工日	135.00	0.234
材料	绝缘垫 $\delta 2$	m^2	18.97	1.020
	其他材料费	元	1.00	0.19

6.屏柜接线

工作内容:准备、测量、电缆开剥、绝缘测试、铠装接地、终端头制作、排线、校线、套线号、接地、记录。 **计量单位:**10 芯

定额编号				8-93
项目				屏柜接线
基价(元)				**145.38**
其中	人工费(元)			98.42
	材料费(元)			43.28
	机械费(元)			3.68
名称		单位	单价(元)	消耗量
人工	二类人工	工日	135.00	0.729
材料	热缩套管 $\phi 7\times 220$	m	0.69	0.300
	塑料带 20mm×40m	卷	7.41	0.255
	线号套管 综合	m	1.72	2.040
	接地线 5.5~16mm^2	m	3.45	1.020
	铜接地端子带螺栓 DT-6	个	2.59	1.000
	焊锡丝	kg	86.21	0.010
	焊锡膏	kg	31.03	0.306
	丁烷气	mL	0.18	12.500
	镀锌六角螺栓带帽 M6×40	套	0.19	2.040
	尼龙扎带 300	个	0.56	1.000
	硬聚氯乙烯管 $\phi 25\times 3$	m	4.31	4.080
	其他材料费	元	1.00	0.43
机械	线号打印机	台班	4.36	0.042
	绝缘电阻测试仪 BM12	台班	29.52	0.042
	对讲机(一对)	台班	4.61	0.104
	铭牌打印机	台班	34.07	0.042
	数字万用表	台班	4.16	0.083

7.孔洞封堵

工作内容:1.准备、钢板预制、测量、打孔、安装调整;

2、3.准备、搬运、现场加工调制、模板制作、封堵、记录。

计量单位:m^2

定额编号				8-94	8-95	8-96
项目				钢板封堵	堵料封堵	
					有机堵料	无机堵料
基价(元)				**347.04**	**12.96**	**6.32**
其中	人工费(元)			144.86	12.96	2.70
	材料费(元)			201.14	—	3.62
	机械费(元)			1.04	—	—
名称		单位	单价(元)	消耗量		
人工	二类人工	工日	135.00	1.073	0.096	0.020
材料	花纹钢板	kg	3.66	51.102	—	—
	金属膨胀螺栓 M8×60	套	0.27	4.080	—	—
	半圆头镀锌螺栓 M2~5×15~50	个	0.17	4.080	—	—
	合金钢钻头 ϕ10	个	5.60	0.082	—	—
	冲击钻头 ϕ12	个	4.48	1.020	—	—
	砂轮片	片	7.08	0.102	—	—
	银粉漆	kg	12.93	0.204	—	—
	红丹防锈漆	kg	6.90	0.204	—	—
	电	kW·h	0.78	0.676	—	—
	其他材料费	元	1.00	1.99	—	0.04
	有机堵料	kg	—	—	(1.020)	—
	无机堵料	kg	—	—	—	(1.020)
	木模板	m^3	1445.00	—	—	0.001
	水	m^3	4.27	—	—	0.500
机械	电锤	台班	6.92	0.150	—	—

8. 网栅制作安装

工作内容:准备、测量、定位、打孔、立柱安装、网栅安装、焊接、防锈处理、附件安装、调整、记录。 **计量单位:**间隔

定额编号				8-97
项目				网栅制作安装
基价(元)				**434.28**
其中	人工费(元)			268.25
	材料费(元)			67.05
	机械费(元)			98.98
名称		单位	单价(元)	消耗量
人工	二类人工	工日	135.00	1.987
材料	网栅便门 564×1600	间隔	—	(1.000)
	标准网栅 530×1600	间隔	—	(1.000)
	边网栅片 230×1600	间隔	—	(1.000)
	Ⅰ型立柱 ϕ6×1700	套	—	(2.000)
	Ⅱ型立柱 ϕ6×1700	套	—	(1.000)
	扁钢 Q235B 综合	kg	3.96	0.154
	铜合页	副	10.17	2.000
	铰链 65 型	只	1.72	10.000
	金属膨胀螺栓 M12	套	0.64	13.260
	球形锁	把	9.05	1.020
	电焊条	kg	4.31	0.255
	银粉漆	kg	12.93	0.255
	红丹防锈漆	kg	6.90	0.255
	冲击钻头 ϕ14	个	5.00	0.265
	砂轮片	片	7.08	0.184
	电	kW·h	0.78	2.228
	其他材料费	元	1.00	0.66
机械	载货汽车 8t	台班	411.20	0.125
	交流弧焊机 32kV·A	台班	92.84	0.500
	电锤	台班	6.92	0.167

第二章

杂 散 电 流

说 明

一、本章定额包括单向导通装置基础制作安装、设备安装、系统调试三节,共8个子目。

二、排流柜安装不包括基础制作、安装,基础制作、安装执行第十一章“其他”的相应定额子目。

三、单向导通装置基础制作、安装不包括上轨电缆敷设,电缆敷设执行第七章“电缆”的相应定额子目。

四、杂散电流系统按照一个作业面不大于30km编制。

工程量计算规则

一、单向导通装置基础制作、安装按设计图示以“处”计算。

二、排流柜、单向导通装置安装按设计图示以“面”计算。

三、参比电极、参比电极接线盒、上位机、测防端子电连接安装按设计图示数量以“个”计算。

一、单向导通装置基础制作安装

工作内容:准备、测量、定位、混凝土浇筑基础、搬运、打孔、螺栓安装、调整、固定、防锈处理、记录。　　**计量单位**:处

定额编号				8-98
项目				单向导通装置基础制作安装
基价（元）				**2031.50**
其中	人工费（元）			578.48
	材料费（元）			1452.08
	机械费（元）			0.94
名称		单位	单价(元)	消耗量
人工	二类人工	工日	135.00	4.285
材料	泵送商品混凝土 C30	m^3	461.00	3.054
	地脚螺栓 M12×160	个	1.85	4.080
	镀锌六角螺栓 M12×110～120	个	2.41	8.160
	镀锌垫圈 M2～12	10个	0.34	0.408
	冲击钻头 $\phi12$	个	4.48	0.200
	电	kW·h	0.78	2.000
	其他材料费	元	1.00	14.38
机械	电锤	台班	6.92	0.136

二、设 备 安 装

工作内容:1、2. 准备、搬运、开箱检查、螺栓安装、调整、固定、设备接地、接线、绝缘测试、单体调试、记录；
3. 准备、搬运、测量、定位、水泥浇灌、调整、固定、记录。

定额编号				8-99	8-100	8-101
项目				排流柜	单向导通装置	参比电极
计量单位				面		个
基价 (元)				**1015.83**	**1071.29**	**275.85**
其中	人工费 (元)			907.61	761.27	35.91
	材料费 (元)			66.46	55.32	239.49
	机械费 (元)			41.76	254.70	0.45
名称		单位	单价(元)	消耗量		
人工	二类人工	工日	135.00	6.723	5.639	0.266
材料	泵送商品混凝土 C30	m^3	461.00	—	—	0.510
	合金钢钻头 ϕ50	个	59.10	—	—	0.034
	弹簧垫圈	只	0.08	4.080	4.080	—
	绝缘螺栓 M12×50	套	0.86	4.080	—	—
	镀锌扁钢 5×50	kg	3.92	3.978	3.978	—
	角钢 Q235B 综合	kg	3.97	5.879	5.879	—
	中厚钢板	kg	3.71	2.002	2.002	—
	镀锌垫圈 M2~12	10个	0.34	0.408	0.408	—
	镀锌六角螺栓带帽 M10×100	套	0.65	4.080	4.080	—
	电焊条	kg	4.31	2.040	1.020	—
	冲击钻头 ϕ12	个	4.48	0.200	0.200	—
	电	kW·h	0.78	4.000	—	—
	其他材料费	元	1.00	0.66	0.55	2.37
机械	电锤	台班	6.92	0.167	0.167	0.065
	立式钻床 25mm	台班	5.80	0.250	0.250	—
	交流弧焊机 32kV·A	台班	92.84	0.156	0.188	—
	载货汽车 8t	台班	411.20	0.060	0.080	—
	汽油发电机组 10kW	台班	270.44	—	0.746	—

工作内容:1. 准备、搬运、测量、定位、打孔、螺栓安装、调整、固定、记录;
2. 准备、打孔、安装、记录;
3. 准备、搬运、裁剪、测防端子电连接制作、端子除锈、电连接安装、防护。

定额编号				8-102	8-103	8-104
项目				参比电极接线盒	上位机	测防端子电连接
计量单位				个		套
基价 (元)				**44.54**	**20.51**	**144.22**
其中	人工费 (元)			41.72	17.55	116.91
	材料费 (元)			2.68	2.82	27.31
	机械费 (元)			0.14	0.14	—
名称		单位	单价(元)	消耗量		
人工	二类人工	工日	135.00	0.309	0.130	0.866
材料	冲击钻头 $\phi 12$	个	4.48	0.050	0.050	—
	金属膨胀螺栓 M10	套	0.48	4.080	4.080	—
	镀锌垫圈 M2～12	10个	0.34	0.408	0.816	0.404
	其他材料费	元	1.00	0.03	0.03	0.27
	直流电缆 95	m	—	—	—	(0.550)
	镀锌六角带帽螺栓 M10×(14～70)	10套	4.64	—	—	0.202
	铜接线端子 DT－95	个	11.21	—	—	2.040
	弹簧垫圈	只	0.08	4.080	4.080	2.020
	热缩套管 $\phi 7\times 220$	m	0.69	—	—	0.130
	乙炔气	m^3	8.90	—	—	0.202
	导电膏	kg	36.21	—	—	0.026
	石油沥青	kg	2.67	—	—	0.040
机械	电锤	台班	6.92	0.020	0.020	—

三、系统调试

工作内容:准备、检查接线、设备调整、电源连接、系统调试。　　　　**计量单位**:变电所

定额编号				8-105
项目				杂散电流系统
基价 (元)				**347.49**
其中	人工费 (元)			324.00
	材料费 (元)			—
	机械费 (元)			23.49
名称		单位	单价(元)	消耗量
人工	二类人工	工日	135.00	2.400
材料	可变电阻	个	—	(1.000)
机械	笔记本电脑	台班	10.41	1.000
	数字万用表	台班	4.16	1.000
	直流电流电压发生器 YJ87	台班	8.92	1.000

第三章

电 力 监 控

说　明

一、本章定额包括设备安装，通信电缆、光缆敷设，光缆接续及成端，系统调试四节，共25个子目。

二、设备基础的预埋执行第十一章“其他”的相应定额子目。

三、光纤熔接按照室内施工编制。室外光缆熔接，其人工、机械消耗量乘以系数1.1计算。

工程量计算规则

一、工作台安装按图示尺寸以“延长米”计算。

二、光缆熔接按芯数分类以“根”计算。

一、设备安装

工作内容：1. 准备、开箱检查、就位、打孔攻丝、安装、附件安装、接线、检查、单体调试、记录；
2. 准备、开箱、电源检测和联试安全保护、接口正确性检测、检查、硬件系统的验证、硬件调试、记录。

计量单位：面

定额编号				8-106	8-107
项目				信号控制盘	工作站
基价（元）				**396.15**	**240.45**
其中	人工费（元）			384.89	206.28
	材料费（元）			10.45	23.76
	机械费（元）			0.81	10.41
名称		单位	单价(元)	消耗量	
人工	二类人工	工日	135.00	2.851	1.528
材料	镀锌六角螺栓带帽 M8×80	套	0.52	4.080	—
	丝锥 M8	根	27.59	0.204	—
	合金钢钻头 $\phi6$	个	5.00	0.136	—
	冲击钻头 $\phi12$	个	4.48	0.082	—
	黄油	kg	9.05	0.136	—
	光盘 5″	片	1.03	—	4.000
	复印纸 A4 500 张/包	包	25.86	—	0.750
	电	kW·h	0.78	0.415	—
	其他材料费	元	1.00	0.10	0.24
机械	电锤	台班	6.92	0.117	—
	笔记本电脑	台班	10.41	—	1.000

工作内容：1. 装卸、开箱、检查、安装、接线、调试；
2. 装卸、开箱、检查、拼接、清扫。

计量单位：面

定额编号				8-108	8-109
项目				模拟屏	工作台
基价（元）				**3079.76**	**106.28**
其中	人工费（元）			3046.95	101.52
	材料费（元）			31.22	4.34
	机械费（元）			1.59	0.42
名称		单位	单价(元)	消耗量	
人工	二类人工	工日	135.00	22.570	0.752
材料	金属膨胀螺栓 M12	套	0.64	24.480	4.080
	丝锥 M8	根	27.59	0.408	—
	合金钢钻头 $\phi6$	个	5.00	0.163	0.208
	冲击钻头 $\phi14$	个	5.00	0.020	0.082
	黄油	kg	9.05	0.272	—
	电	kW·h	0.78	0.775	0.300
	工作台	延长米	—	—	(1.000)
	其他材料费	元	1.00	0.31	0.04
机械	电锤	台班	6.92	0.230	0.060

二、通信电缆、光缆敷设

工作内容:准备、测量、裁剪、搬运、敷设、绑扎固定、标志牌制作安装、记录。 **计量单位:**100m

	定额编号			8-110
	项目			屏蔽双绞线
	基价(元)			**361.48**
其中	人工费(元)			300.38
	材料费(元)			56.78
	机械费(元)			4.32
	名称	单位	单价(元)	消耗量
人工	二类人工	工日	135.00	2.225
材料	屏蔽双绞线	m	—	(102.000)
	标志牌 塑料扁形	个	0.26	1.200
	镀锌铁丝	kg	6.55	0.200
	尼龙扎带 250	个	0.52	105.000
	其他材料费	元	1.00	0.56
机械	载货汽车 8t	台班	411.20	0.010
	铭牌打印机	台班	34.07	0.006

工作内容:准备、测量、裁剪、搬运、敷设、绑扎固定、标志牌制作安装、记录。 **计量单位:**100m

	定额编号			8-111	8-112
	项目			通信电缆	
				4 芯	6 芯
	基价(元)			**396.13**	**405.26**
其中	人工费(元)			335.07	343.04
	材料费(元)			56.74	56.74
	机械费(元)			4.32	5.48
	名称	单位	单价(元)	消耗量	
人工	二类人工	工日	135.00	2.482	2.541
材料	通信电缆	m	—	(102.000)	(102.000)
	镀锌铁丝	kg	6.55	0.200	0.200
	尼龙扎带 250	个	0.52	105.000	105.000
	标志牌 塑料扁形	个	0.26	1.020	1.020
	其他材料费	元	1.00	0.56	0.56
机械	载货汽车 8t	台班	411.20	0.010	0.013
	铭牌打印机	台班	34.07	0.006	0.004

工作内容:准备、测量、裁剪、搬运、敷设、绑扎固定、标志牌制作安装、记录。　　**计量单位:**100m

定额编号				8-113	8-114	8-115
项目				室内光缆		
				3芯	4芯	6芯
基价(元)				**313.44**	**335.04**	**383.93**
其中	人工费(元)			252.45	274.05	321.71
	材料费(元)			56.74	56.74	56.74
	机械费(元)			4.25	4.25	5.48
	名称	单位	单价(元)	消耗量		
人工	二类人工	工日	135.00	1.870	2.030	2.383
材料	室内光缆	m	—	(102.000)	(102.000)	(102.000)
	镀锌铁丝	kg	6.55	0.200	0.200	0.200
	尼龙扎带 250	个	0.52	105.000	105.000	105.000
	标志牌 塑料扁形	个	0.26	1.020	1.020	1.020
	其他材料费	元	1.00	0.56	0.56	0.56
机械	载货汽车 8t	台班	411.20	0.010	0.010	0.013
	铭牌打印机	台班	34.07	0.004	0.004	0.004

工作内容:准备、测量、裁剪、搬运、敷设、绑扎固定、标志牌制作安装、记录。　　**计量单位:**100m

定额编号				8-116	8-117	8-118
项目				室外光缆		
				3芯	4芯	6芯
基价(元)				**256.70**	**285.19**	**297.88**
其中	人工费(元)			184.95	213.44	226.13
	材料费(元)			55.68	55.68	55.68
	机械费(元)			16.07	16.07	16.07
	名称	单位	单价(元)	消耗量		
人工	二类人工	工日	135.00	1.370	1.581	1.675
材料	光缆	m	—	(102.000)	(102.000)	(102.000)
	尼龙扎带 250	个	0.52	105.000	105.000	105.000
	标志牌 塑料扁形	个	0.26	2.040	2.040	2.040
	其他材料费	元	1.00	0.55	0.55	0.55
机械	汽车式起重机 12t	台班	748.60	0.006	0.006	0.006
	载货汽车 8t	台班	411.20	0.010	0.010	0.010
	轨道车 210kW	台班	471.91	0.010	0.010	0.010
	轨道平车 10t	台班	86.38	0.010	0.010	0.010
	电缆放线架	台班	185.00	0.010	0.010	0.010
	铭牌打印机	台班	34.07	0.001	0.001	0.001

三、光缆接续及成端

工作内容:准备、光缆裁剪及开剥、铠装接地、光纤转接箱安装、尾纤接续、余长收容、损耗测试、清理、防护、记录。

计量单位:根

定额编号				8-119	8-120	8-121
项目				3 芯	4 芯	5 芯
基价(元)				**262.45**	**338.01**	**412.82**
其中	人工费(元)			222.75	297.27	370.98
	材料费(元)			1.54	1.55	1.61
	机械费(元)			38.16	39.19	40.23
名称		单位	单价(元)	消耗量		
人工	二类人工	工日	135.00	1.650	2.202	2.748
材料	增强保护管	个	1.16	1.020	1.020	1.020
	酒精 工业用 99.5%	kg	7.07	0.015	0.017	0.020
	专用清洁纸	张	0.04	5.100	5.100	6.120
	尾纤	m	—	(1.000)	(1.000)	(1.000)
	光纤转接箱	个	—	(1.010)	(1.010)	(1.010)
	适配器	个	—	(1.000)	(1.000)	(1.000)
	电	kW·h	0.78	0.029	0.029	0.029
	其他材料费	元	1.00	0.02	0.02	0.02
机械	光纤熔接机 AV33119 0.05db	台班	207.00	0.120	0.125	0.130
	光功率计	台班	61.68	0.015	0.015	0.015
	光时域反射仪 HP8146A	台班	826.00	0.015	0.015	0.015

工作内容:准备、裁剪、开剥、成端、接地、测试。

计量单位:根

定额编号				8-122
项目				成端
基价(元)				**9.72**
其中	人工费(元)			9.72
	材料费(元)			—
	机械费(元)			—
名称		单位	单价(元)	消耗量
人工	二类人工	工日	135.00	0.072
材料	光接头	个	—	(1.020)

四、系统调试

工作内容：准备、检查、调试、记录。　　　　**计量单位**：所

定额编号					8-123	8-124	8-125
项目					综合自动化测试		
					降压所	牵引所	混合所
基价（元）					**15793.15**	**22942.35**	**31586.29**
其中	人工费（元）				4535.87	6074.87	9071.73
	材料费（元）				—	—	—
	机械费（元）				11257.28	16867.48	22514.56
名称		单位	单价(元)		消耗量		
人工	二类人工	工日	135.00		33.599	44.999	67.198
材料	屏蔽双绞线	m	—		(5.100)	(5.100)	(5.100)
机械	笔记本电脑	台班	10.41		20.000	30.000	40.000
	对讲机(一对)	台班	4.61		28.000	38.000	56.000
	电气试验车	台班	1092.00		10.000	15.000	20.000

工作内容：准备、检查、调试、记录。　　　　**计量单位**：所

定额编号				8-126
项目				控制中心调试
基价（元）				**7230.20**
其中	人工费（元）			1620.00
	材料费（元）			—
	机械费（元）			5610.20
名称		单位	单价(元)	消耗量
人工	二类人工	工日	135.00	12.000
材料	屏蔽双绞线	m	—	(5.100)
机械	笔记本电脑	台班	10.41	10.000
	对讲机(一对)	台班	4.61	10.000
	电气试验车	台班	1092.00	5.000

工作内容:准备、检查、调试、记录。 **计量单位:**所

定额编号				8-127	8-128	8-129
项目				与控制中心联调		
				降压所	牵引所	混合所
基价(元)				**10082.75**	**16172.47**	**25012.69**
其中	人工费(元)			3239.87	4859.87	6884.87
	材料费(元)			—	—	—
	机械费(元)			6842.88	11312.60	18127.82
名称		单位	单价(元)	消耗量		
人工	二类人工	工日	135.00	23.999	35.999	50.999
材料	屏蔽双绞线	m	—	(5.100)	(5.100)	(5.100)
机械	笔记本电脑	台班	10.41	12.000	20.000	32.000
	对讲机(一对)	台班	4.61	36.000	40.000	70.000
	电气试验车	台班	1092.00	6.000	10.000	16.000

工作内容:准备、检查、调试、记录。 **计量单位:**系统

定额编号				8-130
项目				与 TCC 调试
基价(元)				**28920.67**
其中	人工费(元)			6479.87
	材料费(元)			—
	机械费(元)			22440.80
名称		单位	单价(元)	消耗量
人工	二类人工	工日	135.00	47.999
材料	屏蔽双绞线	m	—	(5.100)
机械	笔记本电脑	台班	10.41	40.000
	对讲机(一对)	台班	4.61	40.000
	电气试验车	台班	1092.00	20.000

第四章

柔性接触网

说　明

一、本章定额包括基坑开挖、基础浇筑、立杆、支柱悬挂安装、隧道接触网悬挂安装、下锚装配及拉线安装、软横跨硬横梁节点安装、架线、悬挂调整、设备安装、电连接安装、接地极及接地跳线安装、馈线安装、架空地线安装、其他十五节,共124个子目。

二、定额中的人工、机械消耗量根据通用的接触网施工图纸编制。

三、基坑开挖定额中支柱坑开挖和拉线坑开挖不包括渣土外运,发生时执行本定额第一册第一章"土石方工程"相关定额子目。

四、接地干线、接地极安装执行第九章"接地装置"相应定额子目。

工程量计算规则

一、接触线、馈线、架空地线敷设按设计图示以“条 · km”计算。

二、铜绞线、电缆敷设按设计图示以“m”计算。

三、柔性悬挂打孔安装按设计图示以“处”计算。定额按每处 4 个孔编制。

一、基坑开挖

工作内容：定位、开坑、装土、清坑、支撑、防护板、挡渣板等。　　**计量单位：**个

定额编号				8-131	8-132
项目				支柱坑开挖	
				硬土坑 2m×3m×3m	流沙坑 2m×3m×3m
基价（元）				**1749.24**	**2961.08**
其中	人工费（元）			830.25	1530.90
	材料费（元）			918.99	1428.02
	机械费（元）			—	2.16
名称		单位	单价（元）	消耗量	
人工	二类人工	工日	135.00	6.150	11.340
材料	木板 δ20	m^3	1638.00	0.370	—
	塑料彩条编织布	m^2	1.21	10.200	10.200
	泵送商品混凝土 C30	m^3	461.00	—	1.735
	热轧光圆钢筋 HPB300φ10	kg	3.98	—	58.700
	木模板	m^3	1445.00	—	0.053
	塑料编织袋	m	1.03	283.000	283.000
	其他材料费	元	1.00	9.10	14.14
机械	汽油发电机组 10kW	台班	270.44	—	0.008

工作内容：定位、开坑、装土、清坑、支撑、防护板、挡渣板等。　　**计量单位：**个

定额编号				8-133	8-134
项目				拉线坑开挖	
				硬土坑 2m×3m×3m	流沙坑 2m×3m×3m
基价（元）				**1191.11**	**2595.44**
其中	人工费（元）			546.75	1279.80
	材料费（元）			644.36	1313.48
	机械费（元）			—	2.16
名称		单位	单价（元）	消耗量	
人工	二类人工	工日	135.00	4.050	9.480
材料	木板 δ20	m^3	1638.00	0.204	—
	塑料彩条编织布	m^2	1.21	10.200	10.200
	泵送商品混凝土 C30	m^3	461.00	—	1.530
	热轧光圆钢筋 HPB300φ10	kg	3.98	—	54.315
	木模板	m^3	1445.00	—	0.052
	塑料编织袋	m	1.03	283.000	283.000
	其他材料费	元	1.00	6.38	13.00
机械	汽油发电机组 10kW	台班	270.44	—	0.008

二、基础浇筑

工作内容:排污、清理、混凝土浇筑、养护等。 计量单位:个

定额编号				8-135	8-136
项目				拉线基础浇筑 (2m×3m×3m)	支柱基础浇筑 (3m×3m×3m)
基价(元)				**4714.13**	**5358.43**
其中	人工费(元)			1002.78	891.81
	材料费(元)			3673.02	4428.29
	机械费(元)			38.33	38.33
	名称	单位	单价(元)	消耗量	
人工	二类人工	工日	135.00	7.428	6.606
材料	拉线锚杆	套	—	(1.000)	(1.000)
	泵送商品混凝土 C30	m^3	461.00	4.826	6.286
	热轧光圆钢筋 综合	kg	3.97	10.251	10.251
	镀锌六角螺栓带帽 M16×430	套	9.16	—	8.160
	木模板	m^3	1445.00	0.936	0.936
	草袋	个	3.62	5.150	5.150
	其他材料费	元	1.00	36.37	43.84
机械	混凝土振捣器 插入式	台班	4.65	1.250	1.250
	自卸汽车 8t	台班	516.08	0.063	0.063

工作内容:排污、清理、混凝土浇筑、养护等。 计量单位:个

定额编号				8-137
项目				基础帽制作
基价(元)				**380.77**
其中	人工费(元)			138.11
	材料费(元)			242.66
	机械费(元)			—
	名称	单位	单价(元)	消耗量
人工	二类人工	工日	135.00	1.023
材料	泵送商品混凝土 C30	m^3	461.00	0.505
	草袋	个	3.62	2.060
	其他材料费	元	1.00	2.40

三、立　　杆

工作内容: 运输、装卸、场地清理、吊装、立杆、整正、固定。　　　　**计量单位:** 根

定　额　编　号				8-138	8-139	8-140
项　　目				机械立杆	机械立门型架	车站吊柱安装
基　价 (元)				**1345.13**	**1930.17**	**217.06**
其中	人工费 (元)			277.70	515.43	45.90
	材料费 (元)			826.15	124.45	—
	机械费 (元)			241.28	1290.29	171.16
名　称		单位	单价(元)	消　耗　量		
人工	二类人工	工日	135.00	2.057	3.818	0.340
材料	钢柱	根	—	(1.000)	—	—
	门型架	组	—	—	(1.000)	—
	车站吊柱	组	—	—	—	(1.000)
	地脚螺栓	10 个	11.98	58.000	—	—
	弧形垫块	kg	5.01	23.850	23.850	—
	黄油	kg	9.05	0.402	0.412	—
	其他材料费	元	1.00	8.18	1.23	—
机械	轨道车 210kW	台班	471.91	0.117	0.625	0.083
	轨道平车 60t	台班	347.29	0.117	0.625	0.083
	电气化立杆作业车	台班	1243.00	0.117	0.375	0.083
	汽车式起重机 12t	台班	748.60	—	0.417	—

工作内容: 测量、打孔、预埋配件等。　　　　**计量单位:** 处

定　额　编　号				8-141
项　　目				隧道内打孔安装
基　价 (元)				**400.81**
其中	人工费 (元)			137.70
	材料费 (元)			22.54
	机械费 (元)			240.57
名　称		单位	单价(元)	消　耗　量
人工	二类人工	工日	135.00	1.020
材料	冲击钻头 ϕ20	个	10.78	0.051
	锚栓 M16	套	21.55	1.010
	其他材料费	元	1.00	0.22
机械	电气化安装作业车	台班	932.78	0.160
	电锤	台班	6.92	0.300
	汽油发电机组 10kW	台班	270.44	0.330

四、支柱悬挂安装

1. 链型悬挂中间柱

工作内容:开箱、零件检验、选配、组装、标写号码、杆上安装、调整、紧固。　　计量单位:处

定额编号				8-142	8-143	8-144	8-145
项目				直线		曲外	曲内
				正定位	反定位		
基价(元)				**107.27**	**104.03**	**171.09**	**171.09**
其中	人工费(元)			66.42	63.18	85.05	85.05
	材料费(元)			—	—	45.19	45.19
	机械费(元)			40.85	40.85	40.85	40.85
	名称	单位	单价(元)	消耗量			
人工	二类人工	工日	135.00	0.492	0.468	0.630	0.630
材料	管帽 60 型	套	—	(1.010)	(1.010)	(1.010)	(1.010)
	斜腕臂 X2700 型	套	—	(1.010)	—	—	—
	斜腕臂 X2300 型	套	—	(1.010)	—	—	—
	斜腕臂 X2220 型	套	—	—	(1.010)	(1.010)	—
	斜腕臂 X2080 型	套	—	—	—	—	(1.010)
	斜腕臂 X2050 型	套	—	—	—	—	(1.010)
	腕臂 X2550	套	—	—	(1.010)	—	—
	腕臂 X2450	套	—	—	—	(1.010)	—
	腕臂 P2400 型	套	—	—	—	—	(1.010)
	腕臂下底座 300 型	套	—	(1.010)	(1.010)	—	—
	腕臂上底座 300 型	套	—	(1.010)	(1.010)	—	—
	腕臂下底座 350 型	套	—	—	—	(1.010)	(1.010)
	腕臂上底座 350 型	套	—	—	—	(1.010)	(1.010)
	长定位立柱 48 型	套	—	—	—	—	(1.010)
	定位双环	套	—	(1.010)	(1.010)	(1.010)	—
	定位环 φ60	套	—	—	(1.010)	—	(1.010)
	定位环 φ34	套	—	—	—	(2.020)	(2.020)
	套管双耳 60 型	套	—	(2.020)	(2.020)	(4.040)	(4.040)
	套管双耳 48 型	套	—	—	(1.010)	—	(1.010)
	长定位双环	套	—	—	—	—	(1.010)
	定位管 34－1570 型	套	—	(1.010)	—	—	—
	定位管 34－1530 型	套	—	(1.010)	—	—	—
	定位管 48－2400 型	套	—	—	(1.010)	—	—
	定位管 48－2850 型	套	—	—	—	—	(1.010)
	定位管 48－2290 型	套	—	—	—	—	(1.010)
	定位管支撑 900 型	套	—	—	(1.010)	—	—
	定位管支撑 810 型	套	—	—	—	(1.010)	—
	定位管支撑 780 型	套	—	—	—	—	(1.010)
	支持器 34 型	套	—	(2.020)	—	—	—
	定位器 HL2 型	套	—	—	(2.020)	—	—
	定位器 L 型	套	—	—	—	(2.020)	(2.020)
	棒式绝缘子	套	—	(2.030)	(2.030)	(2.030)	(2.030)
	双线支持线夹	套	—	(1.010)	(1.010)	(1.010)	(1.010)
	定位线夹	套	—	(2.020)	(2.020)	(2.020)	(2.020)
	不锈钢软态铁丝 φ3.5	kg	10.86	—	—	4.120	4.120
	其他材料费	元	1.00	—	—	0.45	0.45
机械	电气化安装作业车	台班	932.78	0.038	0.038	0.038	0.038
	汽油发电机组 10kW	台班	270.44	0.020	0.020	0.020	0.020

2. 车站吊柱链型悬挂

工作内容:开箱零件检验、选配、组装、标写号码、杆上安装、调整、紧固。　　　　**计量单位:**处

定额编号				8-146	8-147
项目				正定位	反定位
基价(元)				**220.33**	**238.01**
其中	人工费(元)			74.66	82.08
	材料费(元)			12.03	—
	机械费(元)			133.64	155.93
	名称	单位	单价(元)	消耗量	
人工	二类人工	工日	135.00	0.553	0.608
材料	管帽 60 型	套	—	(1.010)	(1.010)
	腕臂 P1870 型	套	—	(1.010)	—
	腕臂 P2380 型	套	—	—	(1.010)
	斜腕臂 X1720 型	套	—	(1.010)	—
	斜腕臂 X2020 型	套	—	—	(1.010)
	吊柱双肩挑腕臂上底座	套	—	(1.010)	—
	吊柱双肩挑腕臂下底座	套	—	(1.010)	—
	定位双环	套	—	(1.010)	—
	长定位双环	套	—	—	(1.010)
	定位环 $\phi60$	套	—	—	(1.010)
	套管双耳 48 型	套	—	—	(1.010)
	套管双耳 60 型	套	—	(1.010)	(2.020)
	定位管 34－1470 型	套	—	(1.010)	—
	定位管 34－1430 型	套	—	(1.010)	—
	定位管 48－2370 型	套	—	—	(1.010)
	定位器 HL2 型	套	—	—	(2.020)
	定位管支持 880 型	套	—	—	(1.010)
	支持器 34 型	套	—	(1.010)	—
	双线支持线夹	套	—	(1.010)	—
	定位线夹	套	—	(2.020)	(2.020)
	铜接线端子 DT－95	个	11.21	1.020	—
	棒式绝缘子	套	—	(2.030)	(2.030)
	软铜绞线 TJR－120mm^2	m	—	(0.508)	—
	螺栓带帽	kg	6.00	0.080	—
	其他材料费	元	1.00	0.12	—
机械	电气化安装作业车	台班	932.78	0.125	0.146
	汽油发电机组 10kW	台班	270.44	0.063	0.073

3. 非绝缘转换柱

工作内容:开箱零件检验、选配、组装、标写号码、杆上安装、调整、紧固。 **计量单位**:处

定额编号				8-148	8-149	8-150
项目				直线	曲外	曲内
基价(元)				**186.17**	**206.42**	**200.75**
其中	人工费(元)			126.36	146.61	140.94
	材料费(元)			—	—	—
	机械费(元)			59.81	59.81	59.81
名称		单位	单价(元)	消耗量		
人工	二类人工	工日	135.00	0.936	1.086	1.044
材料	管帽 60 型	套	—	(2.020)	(1.010)	(2.020)
	腕臂 P2600 型	套	—	(1.010)	—	—
	腕臂 P1700 型	套	—	(1.010)	—	—
	腕臂 P2350 型	套	—	—	(1.010)	—
	腕臂 P1600 型	套	—	—	(1.010)	—
	腕臂 P1550 型	套	—	—	—	(1.010)
	腕臂 P2450 型	套	—	—	—	(1.010)
	斜腕臂 X2250 型	套	—	(1.010)	—	—
	斜腕臂 X1640 型	套	—	(1.010)	—	—
	斜腕臂 X2120 型	套	—	—	(1.010)	—
	斜腕臂 X1540 型	套	—	—	(1.010)	—
	斜腕臂 X2060 型	套	—	—	—	(1.010)
	斜腕臂 X1520 型	套	—	—	—	(1.010)
	双腕臂下底座 350 型	套	—	(1.010)	(1.010)	(1.010)
	双腕臂上底座 350 型	套	—	(1.010)	(1.010)	(1.010)
	定位双环	套	—	—	(1.010)	—
	长定位双环	套	—	(1.010)	—	(1.010)
	定位环 ϕ60	套	—	(1.010)	—	(1.010)
	套管双耳 48 型	套	—	(1.010)	—	(1.010)
	套管双耳 60 型	套	—	(5.050)	(2.020)	(5.050)
	定位管 34-1600 型	套	—	—	(1.010)	—
	定位管 34-1650 型	套	—	—	(1.010)	—
	定位管 48-2400 型	套	—	—	—	(1.010)
	定位器 HL2 型	套	—	(2.020)	—	(2.020)
	定位管支撑 920 型	套	—	—	—	(1.010)
	定位管支撑 780 型	套	—	—	(1.010)	(1.010)
	定位管支撑 820 型	套	—	(1.010)	—	—
	定位管支撑 900 型	套	—	(1.010)	—	—
	支持器 34 型	套	—	—	(2.020)	—
	双线支持线夹	套	—	(2.020)	(2.020)	—
	定位线夹	套	—	(1.010)	(2.020)	—
	棒式绝缘子	套	—	(1.015)	(4.060)	(4.060)
机械	电气化安装作业车	台班	932.78	0.056	0.056	0.056
	汽油发电机组 10kW	台班	270.44	0.028	0.028	0.028

4. 绝缘转换柱

工作内容：开箱零件检验、选配、组装、标写号码、杆上安装、调整、紧固、导线、承力索绝缘制作。　　**计量单位：**处

定额编号				8-151	8-152	8-153
项目				直线	曲外	曲内
基价（元）				**414.59**	**463.19**	**482.63**
其中	人工费（元）			354.78	403.38	422.82
	材料费（元）			—	—	—
	机械费（元）			59.81	59.81	59.81
名称		单位	单价(元)	消耗量		
人工	二类人工	工日	135.00	2.628	2.988	3.132
材料	管帽 60 型	套	—	(2.020)	(2.020)	(2.020)
	腕臂 P2600 型	套	—	(1.010)	—	—
	腕臂 P1750 型	套	—	(1.010)	—	—
	腕臂 P2350 型	套	—	—	(1.010)	—
	腕臂 P1550 型	套	—	—	(1.010)	(1.010)
	腕臂 P2400 型	套	—	—	—	(1.010)
	斜腕臂 X2270 型	套	—	(1.010)	—	—
	斜腕臂 X2250 型	套	—	(1.010)	—	—
	斜腕臂 X1670 型	套	—	(1.010)	—	—
	斜腕臂 X2140 型	套	—	—	(1.010)	—
	斜腕臂 X1540 型	套	—	—	(1.010)	—
	斜腕臂 X2120 型	套	—	—	—	(1.010)
	斜腕臂 X1550 型	套	—	—	—	(1.010)
	双腕臂下底座 350 型	套	—	(1.010)	(1.010)	(1.010)
	双腕臂上底座 350 型	套	—	(1.010)	(1.010)	(1.010)
	棒式绝缘子	套	—	(4.060)	(4.060)	(4.060)
	长定位双环	套	—	(1.010)	—	(1.010)
	定位双环	套	—	—	(1.010)	—
	套管双耳 48 型	套	—	(1.010)	—	(1.010)
	套管双耳 60 型	套	—	(3.030)	(2.020)	(3.030)
	定位环 ϕ60	套	—	(1.010)	—	(1.010)
	定位管 48－2400 型	套	—	(1.010)	—	—
	定位管 34－1550 型	套	—	—	(1.010)	—
	定位管 34－1950 型	套	—	—	(1.010)	—
	定位管 48－2300 型	套	—	—	—	(1.010)
	定位管支撑 900 型	套	—	(1.010)	—	(1.010)
	支持器 34 型	套	—	—	(2.020)	—
	定位器 HL2 型	套	—	—	—	(2.020)
	定位线夹	套	—	(1.010)	(2.020)	(2.020)
	双线支持线夹	套	—	(2.020)	(2.020)	(2.020)
机械	电气化安装作业车	台班	932.78	0.056	0.056	0.056
	汽油发电机组 10kW	台班	270.44	0.028	0.028	0.028

5. 链型悬挂中心锚结

工作内容:开箱零件检验、选配、组装、标写号码、杆上安装、调整、紧固。　　**计量单位:**处

定额编号				8-154
项目				链型悬挂中心锚结
基价(元)				**503.64**
其中	人工费(元)			354.24
	材料费(元)			10.56
	机械费(元)			138.84
名称		单位	单价(元)	消耗量
人工	二类人工	工日	135.00	2.624
材料	青铜绞线 $150mm^2$	m	—	(101.500)
	青铜绞线 $120mm^2$	m	—	(30.450)
	心形环 50 型	件	—	(2.020)
	锚结绳固定线夹	套	—	(2.020)
	双承力索锚固线夹	套	—	(4.040)
	接触线中心线夹	套	—	(12.120)
	钢顺夹 Y-12 型	套	—	(4.040)
	半圆管衬垫 9.1×80 型	套	2.59	4.040
	其他材料费	元	1.00	0.10
机械	电气化安装作业车	台班	932.78	0.130
	汽油发电机组 10kW	台班	270.44	0.065

6. 道 岔 柱

工作内容：开箱零件检验、选配、组装、标写号码、杆上安装、调整、紧固。　　**计量单位**：处

定额编号				8-155	8-156	8-157	8-158
项目				链型悬挂道岔柱	链型悬挂三联支道岔柱	简单悬挂道岔柱	简单悬挂三联支道岔柱
基价（元）				**102.95**	**446.16**	**221.27**	**439.55**
其中	人工费（元）			62.37	156.60	65.34	149.99
	材料费（元）			—	—	—	—
	机械费（元）			40.58	289.56	155.93	289.56
名称		单位	单价(元)	消耗量			
人工	二类人工	工日	135.00	0.462	1.160	0.484	1.111
材料	管帽 60 型	套	—	(2.020)	(3.030)	(2.020)	(3.030)
	腕臂 P2400 型	套	—	(1.010)	—	—	—
	腕臂 P2350 型	套	—	(1.010)	(2.020)	—	—
	腕臂 P1600 型	套	—	—	(1.010)	—	—
	腕臂 P3350 型	套	—	—	—	(2.020)	(3.030)
	斜腕臂 X2120 型	套	—	(1.010)	(1.010)	—	—
	斜腕臂 X1540 型	套	—	(1.010)	(1.010)	—	—
	双腕臂下底座 350 型	套	—	(1.010)	(1.010)	—	—
	双腕臂上底座 350 型	套	—	(1.010)	(1.010)	—	—
	双腕臂上底座 300 型	套	—	—	—	(2.020)	—
	三腕臂下底座 300 型	套	—	—	—	—	(2.020)
	棒式绝缘子	套	—	(4.060)	(6.090)	(2.030)	(3.045)
	定位双环	套	—	(1.010)	(2.020)	(2.020)	(3.015)
	套管双耳 60 型	套	—	(4.040)	(6.060)	(2.020)	(3.030)
	定位管 34－1600 型	套	—	(1.010)	(2.020)	—	—
	定位管 34－1650 型	套	—	(1.010)	(2.020)	—	—
	定位管支撑 780 型	套	—	(1.010)	(2.020)	—	—
	定位线夹	套	—	(2.020)	(4.040)	(2.020)	(3.030)
	双线支持线夹	套	—	(2.020)	(3.030)	—	—
	支持器 34 型	套	—	(2.020)	(4.040)	—	—
	双联板 D3 型	套	—	—	—	(2.020)	(3.030)
	青铜绞线 $35mm^2$	m	—	—	—	(12.180)	(18.270)
	钳压管 35 型	套	—	—	—	(8.080)	(12.120)
	长定位环 G2 型	套	—	—	—	(2.020)	(3.030)
	心形环 35 型	套	—	—	—	(4.040)	(6.060)
	定位管支撑 2900 型	套	—	—	—	(2.020)	(3.030)
	定位器 CL2 型	套	—	—	—	(2.020)	(3.030)
	吊索线夹	套	—	—	—	(4.040)	(6.060)
机械	电气化安装作业车	台班	932.78	0.038	0.271	0.146	0.271
	汽油发电机组 10kW	台班	270.44	0.019	0.136	0.073	0.136

7. 简单悬挂中间柱

工作内容:开箱零件检验、选配、组装、标写号码、杆上安装、调整、紧固。　　计量单位:处

定额编号				8-159	8-160	8-161	8-162
项目				直线		曲外	曲内
				正定位	反定位		
基价(元)				**219.38**	**219.38**	**323.39**	**328.93**
其中	人工费(元)			63.45	63.45	101.25	106.79
	材料费(元)			—	—	—	—
	机械费(元)			155.93	155.93	222.14	222.14
	名称	单位	单价(元)	消耗量			
人工	二类人工	工日	135.00	0.470	0.470	0.750	0.791
材料	管帽 60 型	套	—	(1.010)	(1.010)	(1.010)	(1.010)
	双联板 D3 型	套	—	(1.010)	(1.010)	(1.010)	(1.010)
	腕臂 P2950 型	套	—	(1.010)	—	—	—
	腕臂 P3550 型	套	—	—	(1.010)	—	—
	腕臂 P2550 型	套	—	—	—	(1.010)	(1.010)
	腕臂上底座 300 型	套	—	(2.020)	—	(2.020)	(2.020)
	腕臂上底座 350 型	套	—	—	(1.010)	—	—
	下锚绝缘子	套	—	(1.015)	(1.015)	(1.015)	(1.015)
	棒式绝缘子	套	—	(1.015)	(1.015)	(1.015)	(1.015)
	青铜绞线 $35mm^2$	m	—	(6.090)	(6.090)	(6.090)	(6.090)
	钳压管 35 型	套	—	(6.060)	(6.060)	(6.060)	(6.060)
	心形环 35 型	套	—	(6.060)	(6.060)	(6.060)	(6.060)
	长定位环 G2 型	套	—	(1.010)	(1.010)	(1.010)	(1.010)
	定位器 CL2 型	套	—	(1.010)	(1.010)	—	(1.010)
	软定位器 L 型	套	—	—	—	(1.010)	—
	定位管支撑 2900 型	套	—	(1.010)	(1.010)	—	(1.010)
	定位管支撑 2400 型	套	—	—	—	(1.010)	—
	吊索线夹	套	—	(2.020)	(2.020)	(2.020)	(2.020)
	定位线夹	套	—	(1.010)	(1.010)	(1.010)	(1.010)
机械	电气化安装作业车	台班	932.78	0.146	0.146	0.208	0.208
	汽油发电机组 10kW	台班	270.44	0.073	0.073	0.104	0.104

8. 道岔处线岔

工作内容:零件检验、选配、组装、杆上安装、调整、紧固。　　计量单位:处

定额编号				8-163
项目				道岔处线岔
基价(元)				**324.61**
其中	人工费(元)			102.47
	材料费(元)			—
	机械费(元)			222.14
	名称	单位	单价(元)	消耗量
人工	二类人工	工日	135.00	0.759
材料	线岔	套	—	(1.010)
机械	电气化安装作业车	台班	932.78	0.208
	汽油发电机组 10kW	台班	270.44	0.104

9. 硬　横　梁

工作内容：开箱零件检验、选配、组装、杆上安装、调整、紧固。

计量单位：处

定额编号				8-164
项目				硬横梁
基价（元）				**885.05**
其中	人工费（元）			390.42
	材料费（元）			—
	机械费（元）			494.63
名称		单位	单价(元)	消耗量
人工	二类人工	工日	135.00	2.892
材料	硬横梁	套	—	(1.010)
	硬横梁支柱	套	—	(2.020)
机械	电气化安装作业车	台班	932.78	0.077
	轨道平车 60t	台班	347.29	0.154
	汽车式起重机 12t	台班	748.60	0.417
	轨道车 210kW	台班	471.91	0.077
	汽油发电机组 10kW	台班	270.44	0.077

五、隧道接触网悬挂安装

工作内容：预配、安装、调整。

计量单位：处

定额编号				8-165	8-166	8-167	8-168
项目				悬挂底座		S型吊架处悬挂底座	
				双支	单支	双支	单支
基价（元）				**297.71**	**297.71**	**308.67**	**308.67**
其中	人工费（元）			96.93	96.93	96.93	96.93
	材料费（元）			—	—	10.96	10.96
	机械费（元）			200.78	200.78	200.78	200.78
名称		单位	单价(元)	消耗量			
人工	二类人工	工日	135.00	0.718	0.718	0.718	0.718
材料	单性支座	套	—	(2.020)	—	(1.010)	—
	单支弹性底座	套	—	—	(1.010)	—	(1.010)
	馈线支架	套	—	(1.010)	(1.010)	—	—
	馈线悬挂底座	套	—	—	—	(1.010)	(1.010)
	悬挂底座吊柱馈线悬挂支座 S 型	套	—	—	—	(1.010)	(1.010)
	悬挂底座吊柱 S 型	套	—	—	—	(1.010)	(1.010)
	螺栓带帽	kg	6.00	—	—	1.809	1.809
	其他材料费	元	1.00	—	—	0.11	0.11
机械	电气化安装作业车	台班	932.78	0.188	0.188	0.188	0.188
	汽油发电机组 10kW	台班	270.44	0.094	0.094	0.094	0.094

工作内容:1、2. 预配、安装、调整;
3. 开箱检查、预配、安装、调整。

计量单位:处

定额编号				8-169	8-170	8-171
项目				活动长吊架处悬挂底座		风管吊架处悬挂底座
				双支	单支	
基价(元)				**420.52**	**361.63**	**1916.20**
其中	人工费(元)			142.56	116.91	570.24
	材料费(元)			10.96	10.96	10.96
	机械费(元)			267.00	233.76	1335.00
	名称	单位	单价(元)	消耗量		
人工	二类人工	工日	135.00	1.056	0.866	4.224
材料	单性支座	套	—	(1.010)	—	(1.010)
	单支弹性底座	套	—	—	(1.010)	—
	馈线悬挂底座	套	—	(1.010)	(1.010)	(1.010)
	活动长吊架悬挂底座吊柱	套	—	(1.010)	(1.010)	—
	活动长吊架悬挂底座馈线挂支架	套	—	(1.010)	(1.010)	—
	风管处馈线悬挂支座	套	—	—	—	(1.010)
	风管支座	套	—	—	—	(1.010)
	螺栓带帽	kg	6.00	1.809	1.809	1.809
	其他材料费	元	1.00	0.11	0.11	0.11
机械	电气化安装作业车	台班	932.78	0.250	0.219	1.250
	汽油发电机组 10kW	台班	270.44	0.125	0.109	0.625

工作内容:开箱检查、预配、安装、调整。

计量单位:处

定额编号				8-172
项目				隧内中心锚结
基价(元)				**337.19**
其中	人工费(元)			51.57
	材料费(元)			—
	机械费(元)			285.62
	名称	单位	单价(元)	消耗量
人工	二类人工	工日	135.00	0.382
材料	双线接触线中心锚结线夹	套	—	(1.010)
	中心锚结下锚绳不锈钢丝绳	m	—	(8.080)
	棒式绝缘子	套	—	(2.030)
	耳环杆	套	—	(2.020)
	双联板 D 型	套	—	(2.020)
	下锚底座	套	—	(2.020)
	双耳楔形线夹	套	—	(4.040)
机械	电气化安装作业车	台班	932.78	0.125
	汽油发电机组 10kW	台班	270.44	0.625

六、下锚装配及拉线安装

工作内容:开箱检查、预配、安装、下锚装置、限制架安装、临时绑扎、固定。 **计量单位**:处

定额编号				8-173
项目				双承力索全补偿下锚
基价(元)				**1321.77**
其中	人工费(元)			429.98
	材料费(元)			2.28
	机械费(元)			889.51
名称		单位	单价(元)	消耗量
人工	二类人工	工日	135.00	3.185
材料	上承锚底座 C 型	套	—	(1.010)
	下承锚底座 C 型	套	—	(1.010)
	棘轮装置	套	—	(1.010)
	下锚绝缘子	套	—	(1.015)
	铁坠杆 T30 型	套	—	(32.160)
	坠砣杆 T1 型	套	—	(1.010)
	坠砣限制架 T1 型	套	—	(1.010)
	三角调节板	套	—	(1.010)
	耳环杆	套	—	(2.020)
	拉线 LXGJ-100	m	—	(25.375)
	耐张线夹 NUT-3 型	套	—	(1.010)
	楔形拉线线夹 LX-3 型	套	—	(2.020)
	终锚线夹 T150 型	套	—	(2.020)
	拉线双联板	套	—	(1.010)
	双联板 D2 型	套	—	(1.010)
	双联板 D1 型	套	—	(1.010)
	调整螺丝	个	2.24	1.010
	其他材料费	元	1.00	0.02
机械	电气化安装作业车	台班	932.78	0.833
	汽油发电机组 10kW	台班	270.44	0.416

工作内容:开箱检查、预配、安装、下锚装置、限制架安装、临时绑扎、固定。 **计量单位**:处

定额编号				8-174
项目				双接触线全补偿下锚
基价(元)				**1321.77**
其中	人工费(元)			429.98
	材料费(元)			2.28
	机械费(元)			889.51
名称		单位	单价(元)	消耗量
人工	二类人工	工日	135.00	3.185
材料	上承锚底座 J 型	套	—	(1.010)
	下承锚底座 J 型	套	—	(1.010)
	棘轮装置	套	—	(1.010)
	下锚绝缘子	套	—	(1.015)
	铁坠杆 T30 型	套	—	(32.320)
	坠砣杆 T1 型	套	—	(1.010)
	坠砣限制架 T1 型	套	—	(1.010)
	三角调节板	套	—	(1.010)
	耳环杆	套	—	(2.020)
	拉线 LXGJ－100	m	—	(25.375)
	耐张线夹 NUT－3 型	套	—	(1.010)
	楔形拉线线夹 LX－3 型	套	—	(2.020)
	终锚线夹 T150 型	套	—	(2.020)
	角形垫块	套	—	(2.020)
	拉线双联板	套	—	(1.010)
	双联板 D2 型	套	—	(1.010)
	双联板 D1 型	套	—	(1.010)
	调整螺丝	个	2.24	1.010
	其他材料费	元	1.00	0.02
机械	电气化安装作业车	台班	932.78	0.833
	汽油发电机组 10kW	台班	270.44	0.416

工作内容：开箱检查、预配、安装、下锚装置、限制架安装、临时绑扎、固定。　　**计量单位**：处

定额编号				8-175
项目				单承单导并联补偿下锚
基价（元）				**1321.11**
其中	人工费（元）			429.30
	材料费（元）			2.30
	机械费（元）			889.51
名称		单位	单价(元)	消耗量
人工	二类人工	工日	135.00	3.180
材料	上承锚底座 J 型	套	—	(1.010)
	下承锚底座 J 型	套	—	(1.010)
	棘轮装置	套	—	(1.010)
	下锚绝缘子	套	—	(1.015)
	铁坠杆 T30 型	套	—	(32.320)
	坠砣杆 T1 型	套	—	(1.010)
	坠砣限制架 T1 型	套	—	(1.010)
	耳环杆	套	—	(2.020)
	下锚平衡板 GJ 型	套	—	(1.010)
	拉线 LXGJ－100	m	—	(25.375)
	耐张线夹 NUT－3 型	套	—	(1.010)
	楔形拉线线夹 LX－3 型	套	—	(1.010)
	双耳楔形线夹齿型	套	—	(2.020)
	终锚线夹 T150 型	套	—	(1.010)
	角形垫块	套	—	(1.010)
	拉线双联板	套	—	(1.010)
	双联板 D2 型	套	—	(1.010)
	调整螺丝	个	2.24	1.020
	其他材料费	元	1.00	0.02
机械	电气化安装作业车	台班	932.78	0.833
	汽油发电机组 10kW	台班	270.44	0.416

工作内容:开箱检查、预配、安装、下锚装置、限制架安装、临时绑扎、固定。 **计量单位:**处

定额编号				8-176
项目				单接触线补偿下锚
基价(元)				**871.42**
其中	人工费(元)			270.00
	材料费(元)			—
	机械费(元)			601.42
	名称	单位	单价(元)	消耗量
人工	二类人工	工日	135.00	2.000
材料	上承锚底座 J 型	套	—	(1.010)
	下承锚底座 J 型	套	—	(1.010)
	棘轮装置	套	—	(1.010)
	下锚绝缘子	套	—	(1.015)
	铁坠杆 T30 型	套	—	(16.160)
	坠砣杆 T1 型	套	—	(1.010)
	坠砣限制架 T1 型	套	—	(1.010)
	耳环杆	套	—	(2.020)
	拉线 LXGJ－100	m	—	(25.375)
	耐张线夹 NUT－3 型	套	—	(1.010)
	楔形拉线线夹 LX－3 型	套	—	(2.020)
	双耳楔形线夹齿型	套	—	(2.020)
	角形垫块	套	—	(1.010)
	拉线双联板	套	—	(1.010)
	单耳连接器 D 型	套	—	(1.010)
机械	电气化安装作业车	台班	932.78	0.563
	汽油发电机组 10kW	台班	270.44	0.282

工作内容:开箱检查、预配、安装、下锚装置、限制架安装、临时绑扎、固定、拉线安装、调整。 **计量单位:**处

定额编号				8-177
项目				双接触线无补偿下锚
基价(元)				**1110.20**
其中	人工费(元)			397.98
	材料费(元)			—
	机械费(元)			712.22
	名称	单位	单价(元)	消耗量
人工	二类人工	工日	135.00	2.948
材料	下锚绝缘子	套	—	(1.015)
	拉线 LXGJ－100	m	—	(10.150)
	单耳连接器 D 型	套	—	(1.010)
	承锚抱箍 T1 型	套	—	(1.010)
	拉线双联板	套	—	(1.010)
	双联板 D1 型	套	—	(1.010)
	耐张线夹 NUT－3 型	套	—	(1.010)
	楔形拉线线夹 LX－3 型	套	—	(1.010)
	齿形双耳楔形线夹	套	—	(2.020)
	三角调节板	套	—	(1.010)
机械	电气化安装作业车	台班	932.78	0.667
	汽油发电机组 10kW	台班	270.44	0.333

工作内容:开箱检查、预配、安装、下锚装置、限制架安装、临时绑扎、固定、拉线安装、调整。　　**计量单位**:处

定额编号				8-178
项目				单承单导并联无补偿下锚
基价（元）				**1110.20**
其中	人工费（元）			397.98
	材料费（元）			—
	机械费（元）			712.22
名称		单位	单价(元)	消耗量
人工	二类人工	工日	135.00	2.948
材料	下锚绝缘子	套	—	(1.015)
	拉线 LXGJ－100	m	—	(10.150)
	单耳连接器 D 型	套	—	(1.010)
	承锚抱箍 T1 型	套	—	(1.010)
	拉线双联板	套	—	(4.040)
	耐张线夹 NUT－3 型	套	—	(1.010)
	楔形拉线线夹 LX－3 型	套	—	(1.010)
	齿形双耳楔形线夹	套	—	(2.020)
	终锚线夹 T150 型	套	—	(1.010)
	三角调节板	套	—	(1.010)
机械	电气化安装作业车	台班	932.78	0.667
	汽油发电机组 10kW	台班	270.44	0.333

工作内容:开箱检查、预配、安装、下锚装置、限制架安装、临时绑扎、固定、拉线安装、调整。　　**计量单位**:处

定额编号				8-179
项目				单接触线无补偿下锚
基价（元）				**550.05**
其中	人工费（元）			194.54
	材料费（元）			—
	机械费（元）			355.51
名称		单位	单价(元)	消耗量
人工	二类人工	工日	135.00	1.441
材料	下锚绝缘子	套	—	(1.015)
	拉线 LXGJ－100	m	—	(10.150)
	单耳连接器 D 型	套	—	(1.010)
	承锚抱箍 T1 型	套	—	(1.010)
	拉线双联板	套	—	(1.010)
	耐张线夹 NUT－3 型	套	—	(1.010)
	楔形拉线线夹 LX－3 型	套	—	(1.010)
	齿形双耳楔形线夹	套	—	(2.020)
机械	电气化安装作业车	台班	932.78	0.333
	汽油发电机组 10kW	台班	270.44	0.166

工作内容:开箱检查、预配、安装、下锚装置、限制架安装、临时绑扎、固定、拉线安装、调整。　　计量单位:处

定额编号				8-180
项目				单接触线 V 形无补偿下锚
基价(元)				**565.89**
其中	人工费(元)			194.54
	材料费(元)			15.84
	机械费(元)			355.51
	名称	单位	单价(元)	消耗量
人工	二类人工	工日	135.00	1.441
材料	下锚绝缘子	套	—	(1.015)
	双联板 D1 型	套	—	(1.010)
	齿形双耳楔形线夹	套	—	(1.010)
	三角调节板	套	—	(1.010)
	青铜绞线 $70mm^2$	m	—	(10.150)
	定位索底座	套	—	(2.020)
	双孔板 D1 型	套	—	(2.020)
	双耳楔形线夹 70 型	套	—	(4.040)
	螺栓带帽	kg	6.00	2.613
	其他材料费	元	1.00	0.16
机械	电气化安装作业车	台班	932.78	0.333
	汽油发电机组 10kW	台班	270.44	0.166

工作内容:开箱检查、预配、安装、下锚装置、限制架安装、临时绑扎、固定、拉线安装、调整。　　计量单位:处

定额编号				8-181
项目				库内单接触线无补偿下锚
基价(元)				**558.09**
其中	人工费(元)			194.54
	材料费(元)			8.04
	机械费(元)			355.51
	名称	单位	单价(元)	消耗量
人工	二类人工	工日	135.00	1.441
材料	下锚绝缘子	套	—	(1.015)
	双联板 D1 型	套	—	(1.010)
	齿形双耳楔形线夹	套	—	(1.010)
	定位索底座	套	—	(1.010)
	双环杆 300 型	套	—	(1.010)
	螺栓带帽	kg	6.00	1.327
	其他材料费	元	1.00	0.08
机械	电气化安装作业车	台班	932.78	0.333
	汽油发电机组 10kW	台班	270.44	0.166

工作内容：开箱检查、预配、安装、下锚装置、限制架安装、临时绑扎、固定、拉线安装、调整。 **计量单位**：处

定额编号				8-182
项目				库内单接触线V形无补偿下锚
基价（元）				**558.09**
其中	人工费（元）			194.54
	材料费（元）			8.04
	机械费（元）			355.51
名称		单位	单价(元)	消耗量
人工	二类人工	工日	135.00	1.441
材料	下锚绝缘子	套	—	(1.015)
	双联板 D1 型	套	—	(1.010)
	齿形双耳楔形线夹	套	—	(1.010)
	定位索底座	套	—	(1.010)
	双环杆 300 型	套	—	(1.010)
	螺栓带帽	kg	6.00	1.327
	其他材料费	元	1.00	0.08
机械	电气化安装作业车	台班	932.78	0.333
	汽油发电机组 10kW	台班	270.44	0.166

工作内容：开箱检查、预配、安装、下锚装置、限制架安装、临时绑扎、固定、拉线安装、调整。 **计量单位**：处

定额编号				8-183	8-184
项目				架空地线终端下锚	
				支柱上	隧道内
基价（元）				**550.05**	**550.05**
其中	人工费（元）			194.54	194.54
	材料费（元）			—	—
	机械费（元）			355.51	355.51
名称		单位	单价(元)	消耗量	
人工	二类人工	工日	135.00	1.441	1.441
材料	电连接线夹 D1 型	套	—	(1.010)	—
	承锚抱箍 T3 型	套	—	(1.010)	—
	终锚线夹 T120 型	套	—	(1.010)	(1.010)
	双孔板 D2 型	套	—	(1.010)	—
	地线下锚底座	套	—	—	(1.010)
机械	电气化安装作业车	台班	932.78	0.333	0.333
	汽油发电机组 10kW	台班	270.44	0.166	0.166

工作内容:开箱检查、预配、安装、下锚装置、限制架安装、临时绑扎、固定、拉线安装、调整。　　**计量单位**:处

定额编号				8-185	8-186
项目				架空地线对向下锚	
				支柱上	隧道内
基价(元)				**1110.20**	**1076.72**
其中	人工费(元)			397.98	364.50
	材料费(元)			—	—
	机械费(元)			712.22	712.22
	名称	单位	单价(元)	消耗量	
人工	二类人工	工日	135.00	2.948	2.700
材料	电连接线夹 D1 型	套	—	(2.020)	—
	终锚线夹 T120 型	套	—	(2.020)	(2.020)
	双孔板 D2 型	套	—	(2.020)	—
	软铜绞线 $120mm^2$	m	—	(2.538)	—
	对向承锚抱箍 T1 型	套	—	(1.010)	—
	架空地线肩架 350 型	套	—	(1.010)	—
	电连接线夹 D2 型	套	—	(2.020)	—
	地线线夹	套	—	(1.010)	—
	地线对向下锚底座	套	—	—	(1.010)
机械	电气化安装作业车	台班	932.78	0.667	0.667
	汽油发电机组 10kW	台班	270.44	0.333	0.333

工作内容:开箱检查、预配、安装、下锚装置、限制架安装、临时绑扎、固定、拉线安装、调整。　　**计量单位**:处

定额编号				8-187	8-188
项目				双馈线终端下锚	
				支柱上	隧道内
基价(元)				**1110.20**	**1076.72**
其中	人工费(元)			397.98	364.50
	材料费(元)			—	—
	机械费(元)			712.22	712.22
	名称	单位	单价(元)	消耗量	
人工	二类人工	工日	135.00	2.948	2.700
材料	下锚绝缘子	套	—	(1.015)	(2.030)
	单耳连接器 D 型	套	—	(1.010)	—
	承锚抱箍 T2 型	套	—	(1.010)	—
	终锚线夹 T120 型	套	—	(2.020)	(4.040)
	双联板 D1 型	套	—	(1.010)	(2.020)
	三角调节板	套	—	(1.010)	(2.020)
	耳环杆	套	—	—	(1.010)
	馈线下锚底座	套	—	—	(1.010)
机械	电气化安装作业车	台班	932.78	0.667	0.667
	汽油发电机组 10kW	台班	270.44	0.333	0.333

工作内容:预配、安装、下锚装置、限制架安装、临时绑扎、固定、拉线安装、调整。　　**计量单位**:处

定额编号				8-189	8-190
项目				双馈线对向下锚	
				支柱上	隧道内
基价(元)				**1244.33**	**1244.33**
其中	人工费(元)			465.62	465.62
	材料费(元)			—	—
	机械费(元)			778.71	778.71
名称		单位	单价(元)	消耗量	
人工	二类人工	工日	135.00	3.449	3.449
材料	下锚绝缘子	套	—	(2.030)	(1.015)
	单耳连接器 D 型	套	—	(2.020)	—
	承锚抱箍 T2 型	套	—	(1.010)	—
	终锚线夹 T120 型	套	—	(4.040)	(4.040)
	双联板 D1 型	套	—	(2.020)	(2.020)
	三角调节板	套	—	(2.020)	(2.020)
	馈线对向下锚底座	套	—	—	(1.010)
机械	电气化安装作业车	台班	932.78	0.729	0.729
	汽油发电机组 10kW	台班	270.44	0.365	0.365

工作内容:开箱检查、预配、安装、下锚装置、限制架安装、临时绑扎、固定、拉线安装、调整。　　**计量单位**:处

定额编号				8-191
项目				四馈线对向下锚
基价(元)				**1616.68**
其中	人工费(元)			592.11
	材料费(元)			—
	机械费(元)			1024.57
名称		单位	单价(元)	消耗量
人工	二类人工	工日	135.00	4.386
材料	下锚绝缘子	套	—	(1.015)
	终锚线夹 T120 型	套	—	(8.080)
	双联板 D1 型	套	—	(4.040)
	三角调节板	套	—	(4.040)
	耳环杆	套	—	(4.040)
	馈线对向下锚底座	套	—	(4.040)
机械	电气化安装作业车	台班	932.78	0.972
	汽油发电机组 10kW	台班	270.44	0.436

工作内容:测量、预配、安装、调整。 **计量单位**:处

定额编号				8-192	8-193
项目				拉线	
				12kN	24kN
基价(元)				**259.09**	**477.35**
其中	人工费(元)			92.48	187.79
	材料费(元)			—	—
	机械费(元)			166.61	289.56
	名称	单位	单价(元)	消耗量	
人工	二类人工	工日	135.00	0.685	1.391
材料	拉线 LXGJ - 100	m	—	(25.375)	(25.375)
	耳环杆	套	—	(2.020)	(2.020)
	拉线双联板	套	—	(1.010)	(1.010)
	耐张线夹 NUT - 3 型	套	—	(1.010)	(1.010)
	楔形拉线线夹 LX - 3 型	套	—	(2.020)	(2.020)
	角形垫块	套	—	(2.020)	(2.020)
机械	电气化安装作业车	台班	932.78	0.156	0.271
	汽油发电机组 10kW	台班	270.44	0.078	0.136

工作内容:开箱检查、预配、安装、下锚装置、限制架安装、临时绑扎、固定、拉线安装、调整。 **计量单位**:处

定额编号				8-194	8-195	8-196	8-197
项目				隧道内接触线补偿下锚			
				隧道内单接触线补偿下锚	隧道内双接触线补偿下锚	隧道内单接触线无补偿下锚	隧道内双接触线无补偿下锚
基价(元)				**1616.68**	**1648.81**	**1297.19**	**1481.62**
其中	人工费(元)			592.11	703.49	562.41	592.11
	材料费(元)			—	—	—	—
	机械费(元)			1024.57	945.32	734.78	889.51
	名称	单位	单价(元)	消耗量			
人工	二类人工	工日	135.00	4.386	5.211	4.166	4.386
材料	下锚绝缘子	套	—	(1.015)	(1.015)	(1.015)	(1.015)
	棘轮装置	套	—	(1.010)	(1.010)	—	—
	棘轮限制架	套	—	(1.010)	(1.010)	—	—
	坠砣固定架	套	—	(1.010)	(1.010)	—	—
	耳环杆	套	—	(1.010)	—	(1.010)	(1.010)
	坠砣	块	—	(16.160)	(32.320)	—	—
	棘轮承锚底座	套	—	(1.010)	—	(1.010)	(1.010)
	硬锚底座	套	—	(1.010)	—	—	—
	50 型双耳楔形线夹	套	—	(2.020)	(2.020)	(2.020)	(2.020)
	双联板 D1 型	套	—	(1.010)	—	(2.020)	(2.020)
	三角调节板	套	—	(1.010)	—	—	—
机械	电气化安装作业车	台班	932.78	0.972	0.885	0.688	0.833
	汽油发电机组 10kW	台班	270.44	0.436	0.443	0.344	0.416

七、软横跨硬横梁节点安装

1. 门型支架软横跨节点

工作内容：测量、计算、检查、预配、安装、调整。　　　　计量单位：处

定额编号				8-198	8-199	8-200	8-201
项目				2 股道	3 股道	4 股道	5 股道
基价（元）				**689.76**	**849.95**	**1010.26**	**1170.45**
其中	人工费（元）			229.64	321.44	413.37	505.17
	材料费（元）			4.62	4.62	4.62	4.62
	机械费（元）			455.50	523.89	592.27	660.66
名称		单位	单价(元)	消耗量			
人工	二类人工	工日	135.00	1.701	2.381	3.062	3.742
材料	下锚绝缘子	套	—	(6.090)	(6.090)	(6.090)	(6.090)
	悬吊滑轮 T 型	套	—	(1.010)	(2.020)	(4.020)	(5.025)
	青铜绞线 150mm²	m	—	(30.450)	(35.425)	(45.675)	(50.750)
	拉线 ϕ3.5 不锈钢线	根	—	(4.060)	(6.090)	(10.150)	(12.180)
	定位抱箍	套	—	(4.040)	(4.040)	(4.040)	(4.040)
	单耳连接器 D 型	套	—	(2.020)	(2.020)	(2.020)	(2.020)
	定位器 L3 型	套	—	(4.040)	(6.060)	(10.100)	(12.120)
	双定位线夹	套	—	(1.010)	(2.020)	(4.040)	(5.050)
	50 型双耳楔形线夹	套	—	(4.040)	(6.060)	(10.100)	(12.120)
	接触线夹板 50 型	件	—	(3.030)	(3.030)	(3.030)	(3.030)
	定位线夹	套	—	(4.040)	(6.060)	(10.100)	(12.120)
	双联板 D2 型	套	—	(4.040)	(4.040)	(4.040)	(4.040)
	半圆管衬垫 T2	套	—	(4.040)	(6.060)	(10.100)	(12.120)
	调整螺栓	个	4.48	1.020	1.020	1.020	1.020
	弹簧补偿器	套	—	(1.010)	(1.010)	(1.010)	(1.010)
	其他材料费	元	1.00	0.05	0.05	0.05	0.05
机械	载货汽车 8t	台班	411.20	0.025	0.045	0.065	0.085
	电气化安装作业车	台班	932.78	0.417	0.467	0.517	0.567
	汽油发电机组 10kW	台班	270.44	0.208	0.258	0.308	0.358

2. 库内软横跨节点

工作内容:测量、计算、检查、预配、安装、调整。　　　　计量单位:处

定额编号				8-202	8-203	8-204	8-205
项目				2 股道	3 股道	4 股道	5 股道
基价(元)				**734.06**	**869.23**	**912.59**	**1060.08**
其中	人工费(元)			229.64	321.44	321.44	413.37
	材料费(元)			8.67	11.85	15.02	20.08
	机械费(元)			495.75	535.94	576.13	626.63
	名称	单位	单价(元)	消耗量			
人工	二类人工	工日	135.00	1.701	2.381	2.381	3.062
材料	下锚绝缘子	套	—	(5.075)	(5.075)	(6.090)	(8.120)
	铜悬挂滑轮	套	—	(2.020)	(3.015)	(4.020)	(5.025)
	50 型钳压管	套	—	(8.040)	(12.060)	(14.070)	(18.090)
	青铜绞线 35mm²	m	—	(16.240)	(20.300)	(30.450)	(35.525)
	青铜绞线 50mm²	m	—	(20.300)	(20.300)	(20.300)	(35.525)
	单耳连接器 D 型	套	—	(2.020)	(3.015)	(4.020)	(5.025)
	定位索底座	套	—	(5.025)	(6.030)	(7.035)	(7.035)
	心形环 35 型	套	—	(2.020)	(6.030)	(8.040)	(8.040)
	50 型双耳楔形线夹	套	—	(4.040)	(4.040)	(4.040)	(6.060)
	定位环线夹	套	—	(2.020)	(3.030)	(4.040)	(5.050)
	双联板 D2 型	套	—	(4.040)	(4.040)	(5.050)	(7.070)
	吊索线夹	套	—	(4.040)	(6.060)	(8.080)	(10.100)
	半圆管衬垫 T2	套	—	(4.040)	(6.060)	(8.080)	(10.100)
	调整螺丝	个	2.24	1.020	1.020	1.020	3.060
	螺栓带帽	kg	6.00	1.049	1.574	2.098	2.171
	其他材料费	元	1.00	0.09	0.12	0.15	0.20
机械	电气化安装作业车	台班	932.78	0.375	0.400	0.425	0.450
	电气化钻孔作业车	台班	573.00	0.166	0.186	0.206	0.244
	汽油发电机组 10kW	台班	270.44	0.188	0.208	0.228	0.248

3. 库内垂直悬挂节点

工作内容:测量、计算、检查、预配、安装、调整。

计量单位:处

定额编号				8-206
项目				库内垂直悬挂节点
基价（元）				**327.49**
其中	人工费（元）			114.75
	材料费（元）			11.96
	机械费（元）			200.78
	名称	单位	单价(元)	消耗量
人工	二类人工	工日	135.00	0.850
材料	下锚绝缘子	套	—	(1.015)
	铜悬挂滑轮	套	—	(1.010)
	钳压管 35 型	套	—	(4.040)
	青铜绞线 $35mm^2$	m	—	(3.045)
	吊索底座 T 型	套	—	(1.010)
	吊索底座	套	—	(2.020)
	抱箍	套	—	(2.020)
	心形环 35 型	套	—	(2.020)
	定位环线夹	套	—	(1.010)
	双联板 D2 型	套	—	(1.010)
	吊索线夹	套	—	(2.020)
	不锈钢软态铁丝 $\phi3.5$	kg	10.86	1.090
	其他材料费	元	1.00	0.12
机械	电气化安装作业车	台班	932.78	0.188
	汽油发电机组 10kW	台班	270.44	0.094

4. 简单悬挂中心锚结

工作内容:测量、计算、检查、预配、安装、调整。

计量单位:处

定额编号				8-207
项目				简单悬挂中心锚结
基价（元）				**615.27**
其中	人工费（元）			81.27
	材料费（元）			—
	机械费（元）			534.00
	名称	单位	单价(元)	消耗量
人工	二类人工	工日	135.00	0.602
材料	青铜绞线 $50mm^2$	m	—	(20.300)
	青铜绞线 $150mm^2$	m	—	(1.015)
	锚结绳固定线夹	套	—	(4.040)
	心形环 50 型	件	—	(4.020)
	接触线中心线夹	套	—	(24.240)
	钢绳夹 Y-2 型	套	—	(8.080)
	夹环	套	—	(1.010)
机械	电气化安装作业车	台班	932.78	0.500
	汽油发电机组 10kW	台班	270.44	0.250

八、架　　线

工作内容:配线盘、起锚、放线、紧线、接头、终锚、倒鞍子。

计量单位:条·km

定额编号				8-208	8-209	8-210	8-211
项目				承力索架设	导线架设	馈线架设	地线架设
基价(元)				**1627.41**	**1370.57**	**2151.36**	**2151.36**
其中	人工费(元)			1290.33	993.87	1306.53	1306.53
	材料费(元)			40.00	79.62	133.99	133.99
	机械费(元)			297.08	297.08	710.84	710.84
	名称	单位	单价(元)	消耗量			
人工	二类人工	工日	135.00	9.558	7.362	9.678	9.678
材料	承力索 JT150mm^2	m	—	(1010.000)	—	—	—
	银铜导线 CTA120	m	—	—	(1035.000)	—	—
	馈线 JT150mm^2	m	—	—	—	(1015.000)	—
	地线 JT120mm^2	m	—	—	—	—	(1015.000)
	钢丝 综合	kg	5.28	7.500	14.930	25.125	25.125
	其他材料费	元	1.00	0.40	0.79	1.33	1.33
机械	电气化盘线车	台班	185.00	0.222	0.222	—	—
	电气化架线作业车	台班	1018.00	0.222	0.222	0.330	0.330
	汽油发电机组 10kW	台班	270.44	0.111	0.111	0.165	0.165
	汽车式起重机 12t	台班	748.60	—	—	0.030	0.030
	电气化安装作业车	台班	932.78	—	—	0.330	0.330

九、悬 挂 调 整

工作内容:接触悬挂安装吊弦、吊索、调整锚段关节、补偿装置、调整承力索、调整接触线高度、弛度、拉出值、导线面及消除硬点。

计量单位:条·km

定额编号				8-212	8-213
项目				接触线及承力索调整	整体吊弦安装、调整
基价(元)				**3878.75**	**2725.53**
其中	人工费(元)			2970.95	1782.00
	材料费(元)			—	35.73
	机械费(元)			907.80	907.80
	名称	单位	单价(元)	消耗量	
人工	二类人工	工日	135.00	22.007	13.200
材料	夹环	套	—	(12.120)	—
	整体吊弦	套	—	—	(126.250)
	钢丝 综合	kg	5.28	—	6.700
	其他材料费	元	1.00	—	0.35
机械	电气化安装作业车	台班	932.78	0.850	0.850
	汽油发电机组 10kW	台班	270.44	0.425	0.425

十、设备安装

工作内容:设备开箱检查、调整、预配、安装。　　计量单位:套

定额编号				8-214	8-215	8-216
项目				链型悬挂分段绝缘器		
				双承双导	单承双导	单承单导
基价(元)				**1624.88**	**1325.19**	**1358.13**
其中	人工费(元)			556.88	443.75	476.69
	材料费(元)			—	—	—
	机械费(元)			1068.00	881.44	881.44
名称		单位	单价(元)	消耗量		
人工	二类人工	工日	135.00	4.125	3.287	3.531
材料	终锚线夹 T150 型	套	—	(4.040)	(2.020)	(2.020)
	双联板 D2 型	套	—	(2.020)	(2.020)	(2.020)
	三角调节板	套	—	(2.020)	—	—
	双孔板 D1 型	套	—	—	(2.020)	(2.020)
机械	电气化安装作业车	台班	932.78	1.000	0.800	0.800
	汽油发电机组 10kW	台班	270.44	0.500	0.500	0.500

工作内容:设备开箱检查、调整、预配、安装。 计量单位:套

定额编号					8-217	8-218
项目					分段绝缘器	
					双接触线	单接触线
基价(元)					**1918.61**	**1645.94**
其中	人工费(元)				583.61	449.96
	材料费(元)				—	4.62
	机械费(元)				1335.00	1191.36
名称			单位	单价(元)	消耗量	
人工	二类人工		工日	135.00	4.323	3.333
材料	定位索底座		套	—	—	(2.020)
	50 型双耳楔形线夹		套	—	—	(4.040)
	长双联板		套	—	—	(2.000)
	电缆与绞线卡箍		套	—	—	(2.020)
	双孔铜接线端子 DT－185mm^2		件	—	—	(1.020)
	软铜绞线 TJR 7/1.33		m	—	—	(1.015)
	直式接触线电连接线夹 T2		套	—	—	(1.010)
	青铜绞线 50mm^2		m	—	—	(10.150)
	双孔板 D1 型		套	—	—	(6.060)
	双孔铜线接线端子 DT－150mm^2		套	—	—	(1.010)
	双联板 D2 型		套	—	(2.020)	(2.020)
	电连接线夹 D2 型		套	—	—	(2.020)
	三角调节板		套	—	(2.020)	—
	终锚线夹 T150 型		套	—	(4.040)	—
	调整螺栓		个	4.48	—	1.020
	其他材料费		元	1.00	—	0.05
机械	电气化安装作业车		台班	932.78	1.250	1.125
	汽油发电机组 10kW		台班	270.44	0.625	0.525

工作内容:设备开箱检查、调整、预配、安装。 计量单位:处

定额编号				8-219	8-220	8-221
项目				电动隔离开关		手动隔离开关
				3 台	1 台	
基价(元)				**1562.25**	**878.33**	**761.21**
其中	人工费(元)			628.16	294.03	227.21
	材料费(元)			—	—	—
	机械费(元)			934.09	584.30	534.00
名称		单位	单价(元)	消耗量		
人工	二类人工	工日	135.00	4.653	2.178	1.683
材料	隔离开关托架	套	—	(3.030)	(1.010)	(1.010)
	开关接线板	套	—	(4.040)	(2.020)	(2.020)
机械	电气化安装作业车	台班	932.78	0.875	0.500	0.500
	汽油发电机组 10kW	台班	270.44	0.436	0.436	0.250

工作内容:设备开箱检查、调整、预配、安装。　　　　**计量单位**:台

定额编号				8-222	8-223	8-224	8-225
项目				其他			
				回流箱	均流箱	避雷器	放电间隙
基价(元)				**790.27**	**782.30**	**1239.13**	**920.57**
其中	人工费(元)			209.39	209.39	227.21	142.56
	材料费(元)			46.88	38.91	477.92	360.61
	机械费(元)			534.00	534.00	534.00	417.40
名称		单位	单价(元)	消耗量			
人工	二类人工	工日	135.00	1.551	1.551	1.683	1.056
材料	铜接线端子 DT-2.5	个	1.55	10.200	5.100	2.040	2.040
	金属膨胀螺栓 M16	套	1.34	16.320	16.320	—	—
	软电缆	根	23.00	—	—	20.200	15.150
	软铜绞线	m	—	—	—	(10.150)	(10.150)
	支柱绝缘子	个	—	—	—	(2.030)	—
	钢柱上避雷器底座	套	—	—	—	(1.010)	—
	避雷器安装底座	套	—	—	—	(1.010)	—
	均、回流箱底座	套	—	(1.010)	(1.010)	—	—
	隔离开关托架	套	—	—	—	(8.080)	(4.040)
	避雷器连接板	套	—	—	—	(1.010)	—
	直式接触线电连接	套	—	—	—	(2.020)	—
	电连接线夹 D3 型	套	—	—	—	(4.040)	—
	电连接线夹 D2 型	套	—	—	—	—	(1.010)
	地线线夹	套	—	—	—	—	(2.020)
	铜连接板	套	—	—	—	—	(1.010)
	跳线肩架	套	—	—	—	—	(4.040)
	固定底座	套	—	—	—	—	(1.010)
	螺栓带帽	kg	6.00	1.457	1.457	0.905	0.905
	其他材料费	元	1.00	0.46	0.39	4.73	3.57
机械	电气化安装作业车	台班	932.78	0.500	0.500	0.500	0.375
	汽油发电机组 10kW	台班	270.44	0.250	0.250	0.250	0.250

十一、电连接安装

工作内容:预制、安装、调整。 计量单位:处

定额编号				8-226	8-227	8-228	8-229	8-230	8-231
项目				双承双导链型悬挂横向电连接	单承单导链型悬挂横向电连接	双承双导链型悬挂关节电连接	单承单导链型悬挂关节电连接	双承双导链型悬挂线岔电连接	双承双导与单承单导链型悬挂线岔电连接
基价(元)				**1896.33**	**1529.49**	**1896.33**	**1529.49**	**1735.18**	**1735.18**
其中	人工费(元)			561.33	427.68	561.33	427.68	516.78	516.78
	材料费(元)			—	—	—	—	—	—
	机械费(元)			1335.00	1101.81	1335.00	1101.81	1218.40	1218.40
名称		单位	单价(元)	消耗量					
人工	二类人工	工日	135.00	4.158	3.168	4.158	3.168	3.828	3.828
材料	软铜绞线 TJR－120mm^2	m	—	(6.090)	(6.090)	(24.360)	(20.300)	(24.360)	(24.360)
	直式接触线电连接线夹 T2	套	—	(2.020)	(1.010)	(4.040)	(2.020)	(4.040)	(4.040)
	电连接线夹 D1 型	套	—	(2.020)	(2.020)	(8.080)	(4.040)	(8.080)	(8.080)
机械	电气化安装作业车	台班	932.78	1.250	1.000	1.250	1.000	1.125	1.125
	汽油发电机组 10kW	台班	270.44	0.625	0.625	0.625	0.625	0.625	0.625

工作内容:预制、安装、调整。 计量单位:处

定额编号				8-232	8-233	8-234	8-235	8-236	8-237
项目				单承单导链型悬挂线岔电连接	双接触线线岔电连接	单接触线线岔电连接	双接触线与单接触线线岔	双接触线横向电连接安装	单接触线横向电连接安装
基价(元)				**1362.32**	**1362.32**	**1362.32**	**1737.72**	**1573.48**	**1525.29**
其中	人工费(元)			427.68	427.68	427.68	427.68	427.68	427.68
	材料费(元)			—	—	—	375.40	211.16	162.97
	机械费(元)			934.64	934.64	934.64	934.64	934.64	934.64
名称		单位	单价(元)	消耗量					
人工	二类人工	工日	135.00	3.168	3.168	3.168	3.168	3.168	3.168
材料	软铜绞线 TJR－120mm^2	m	—	(2.030)	(12.180)	(6.090)	—	—	—
	直式接触线电连接线夹 T2	套	—	(4.040)	(4.040)	(2.020)	—	—	—
	电连接线夹 D1 型	套	—	(8.040)	—	—	—	—	—
	电连接线固定卡箍 A 型	套	—	—	(2.020)	(1.010)	—	—	—
	电连接线固定卡箍 B 型	套	—	—	(2.020)	(1.010)	—	—	—
	方钢电缆固定抱箍	套	—	—	—	—	(4.020)	(2.020)	—
	PVC 管 ϕ40×3.5	m	—	—	—	—	(5.050)	(2.020)	(1.010)
	电连接线夹 GDC17 型	套	—	—	—	—	(3.030)	(4.040)	(2.020)
	隧内双电缆固定夹板	套	—	—	—	—	(4.040)	—	—
	隧道内电缆固定卡	套	—	—	—	—	—	(4.040)	(2.020)
	软电缆	根	23.00	—	—	—	16.160	9.090	6.060
	铜接线端子 DT－185	个	21.55	—	—	—	—	—	1.020
	其他材料费	元	1.00	—	—	—	3.72	2.09	1.61
机械	电气化安装作业车	台班	932.78	0.875	0.875	0.875	0.875	0.875	0.875
	汽油发电机组 10kW	台班	270.44	0.438	0.438	0.438	0.438	0.438	0.438

十二、接地极及接地跳线安装

工作内容：测量、预制、涂油、安装接地线夹、接地极沟开回填、安装跳线肩架及连线。 **计量单位：**处

定额编号				8-238	8-239
项目				接地跳线	
				隧道外	隧道内
基价（元）				**342.42**	**377.22**
其中	人工费（元）			109.22	109.22
	材料费（元）			—	1.00
	机械费（元）			233.20	267.00
名称		单位	单价(元)	消耗量	
人工	二类人工	工日	135.00	0.809	0.809
材料	接地跳线 TJ－120mm^2	m	—	(1.015)	—
	电连接线夹 D2 型	套	—	(1.010)	—
	地线板钢	m	—	—	(1.010)
	金属膨胀螺栓 M8	套	0.31	—	2.040
	螺栓带帽	kg	6.00	—	0.060
	其他材料费	元	1.00	—	0.01
机械	电气化安装作业车	台班	932.78	0.250	0.250
	汽油发电机组 10kW	台班	270.44	—	0.125

工作内容：测量、预制、涂油、安装接地线夹、接地极沟开回填、安装跳线肩架及连线。 **计量单位：**处

定额编号				8-240	8-241
项目				接地极	
				高架段	地面段
基价（元）				**1133.00**	**944.06**
其中	人工费（元）			294.03	140.00
	材料费（元）			838.97	804.06
	机械费（元）			—	—
名称		单位	单价(元)	消耗量	
人工	二类人工	工日	135.00	2.178	1.037
材料	G 型连接板	套	—	(1.010)	(40.400)
	垂直接地体	m	—	—	(4.040)
	水平接地体	m	—	—	(12.120)
	镀锌扁钢 5×50	kg	3.92	—	19.698
	铜接线端子 DT－185	个	21.55	1.020	1.020
	软电缆	根	23.00	15.150	30.300
	电缆固定卡环	套	22.41	20.100	—
	金属膨胀螺栓 M10	套	0.48	20.400	—
	其他材料费	元	1.00	8.31	7.96

十三、馈 线 安 装

工作内容:预配、吊装、安装、调整。　　计量单位:处

	定额编号			8-242	8-243
	项目			隧道外	隧道内
	基价(元)			**234.72**	**260.88**
其中	人工费(元)			59.00	59.00
	材料费(元)			0.36	1.10
	机械费(元)			175.36	200.78
	名称	单位	单价(元)	消耗量	
人工	二类人工	工日	135.00	0.437	0.437
材料	馈线肩架	套	—	(1.010)	—
	馈线支柱绝缘子	套	—	(1.015)	—
	双线馈线线夹	套	—	(1.010)	—
	保护帽	套	—	—	(1.010)
	馈线树脂绝缘子	套	—	—	(1.015)
	隧道内馈线线夹	套	—	—	(1.010)
	馈线电连接铜托板	套	—	—	(1.010)
	螺栓带帽	kg	6.00	0.060	0.181
	其他材料费	元	1.00	—	0.01
机械	电气化安装作业车	台班	932.78	0.188	0.188
	汽油发电机组 10kW	台班	270.44	—	0.094

十四、架空地线安装

工作内容:预配、小运、安装、调整。　　计量单位:处

	定额编号			8-244	8-245
	项目			隧道外	隧道内
	基价(元)			**253.25**	**285.21**
其中	人工费(元)			59.00	59.00
	材料费(元)			18.89	—
	机械费(元)			175.36	226.21
	名称	单位	单价(元)	消耗量	
人工	二类人工	工日	135.00	0.437	0.437
材料	杆座鞍子 T 型	套	—	(1.020)	—
	球头挂环 Q-7 型	件	—	(1.010)	—
	铜接线端子 DT-150	个	17.24	1.020	—
	电连接线夹 D2 型	套	—	(1.010)	—
	螺栓带帽	kg	6.00	0.186	—
	地线固定板	件	—	—	(1.010)
	隧道内地线线夹	套	—	—	(1.010)
	其他材料费	元	1.00	0.19	—
机械	电气化安装作业车	台班	932.78	0.188	0.188
	汽油发电机组 10kW	台班	270.44	—	0.188

十五、其　　他

工作内容：编排支柱号码，轨面红线标记、确定位置、安装、调整。　　**计量单位：**块

定额编号				8-246	8-247	8-248	8-249
项目				号码牌安装	高压危险牌安装	安全作业牌安装	终端警告牌安装
基价（元）				**14.85**	**15.86**	**53.33**	**56.02**
其中	人工费（元）			10.26	13.91	50.90	51.03
	材料费（元）			4.59	1.95	2.43	4.99
	机械费（元）			—	—	—	—
名称		单位	单价（元）	消耗量			
人工	二类人工	工日	135.00	0.076	0.103	0.377	0.378
材料	号码牌	个	—	(1.010)	—	—	—
	高压危险牌	套	—	—	(1.010)	—	—
	安全作业牌	个	—	—	—	(1.010)	—
	警告牌	个	—	—	—	—	(1.010)
	螺栓带帽	kg	6.00	0.186	0.322	0.402	0.824
	酚醛调和漆	kg	11.29	0.303	—	—	—
	其他材料费	元	1.00	0.05	0.02	0.02	0.05

工作内容：准备、对轨旁设备的检测及调整、记录。　　**计量单位：**条·km

定额编号				8-250
项目				限界检测
基价（元）				**1635.46**
其中	人工费（元）			810.00
	材料费（元）			—
	机械费（元）			825.46
名称		单位	单价（元）	消耗量
人工	二类人工	工日	135.00	6.000
机械	轨道车 210kW	台班	471.91	0.450
	电气试验车	台班	1092.00	0.450
	汽油发电机组 10kW	台班	270.44	0.450

工作内容:冷(热)滑列车按低速、常速、设计速度运行、观察、测试、记录。 **计量单位**:条 · km

定额编号				8-251	8-252
项目				冷滑试验	热滑试验
基价(元)				**2499.77**	**266.53**
其中	人工费(元)			339.12	93.69
	材料费(元)			—	—
	机械费(元)			2160.65	172.84
名称		单位	单价(元)	消耗量	
人工	二类人工	工日	135.00	2.512	0.694
机械	轨道平车 10t	台班	86.38	0.375	0.030
	内燃机车 ≤210kW	台班	2059.00	0.375	0.030
	电气化安装作业车	台班	932.78	0.375	0.030
	接触网检测车	台班	2548.00	0.375	0.030
	汽油发电机组 10kW	台班	270.44	0.188	0.015

工作内容:调整、处理各次冷(热)滑中发现的打弓、接触线硬点、拉出值偏离等,达到开通送电程度。 **计量单位**:条 · km

定额编号				8-253	8-254
项目				冷滑试验后调整	热滑试验后调整
基价(元)				**3368.87**	**2411.77**
其中	人工费(元)			2834.87	1215.00
	材料费(元)			—	—
	机械费(元)			534.00	1196.77
名称		单位	单价(元)	消耗量	
人工	二类人工	工日	135.00	20.999	9.000
机械	电气化安装作业车	台班	932.78	0.500	0.500
	电力机车	台班	1325.53	—	0.500
	汽油发电机组 10kW	台班	270.44	0.250	0.250

第五章
刚性接触网

说　明

一、本章定额包括刚性悬挂安装、设备安装、汇流排架设、悬挂调整、其他五节,共27个子目。
二、接地干线、接地极安装执行第九章“接地装置”相应定额子目。
三、刚性接触网冷热滑试验执行第四章“柔性接触网”的冷热滑试验子目。
四、定额中的人工、机械消耗量根据通用的接触网施工图纸编制。

工程量计算规则

一、汇流排、接触线、架空地线按设计图示以“条・km”计算。

二、铜绞线、电缆按设计图示以“m”计算。

三、刚性悬挂打孔安装按设计图示以“处”计算,定额按每处 2 个孔编制。

一、刚性悬挂安装

1. 打 孔 安 装

工作内容:测量、打孔、安装等。 计量单位:处

定额编号				8-255
项目				打孔安装
基价(元)				**190.91**
其中	人工费(元)			68.85
	材料费(元)			22.54
	机械费(元)			99.52
名称		单位	单价(元)	消耗量
人工	二类人工	工日	135.00	0.510
材料	冲击钻头 $\phi 20$	个	10.78	0.051
	锚栓 M16	套	21.55	1.010
	其他材料费	元	1.00	0.22
机械	电气化安装作业车	台班	932.78	0.080
	电锤	台班	6.92	0.080
	汽油发电机组 10kW	台班	270.44	0.090

2. 悬 挂 安 装

工作内容:测量、打孔、安装、测试、安装、涂油、封顶、清洗等。 计量单位:处

定额编号				8-256	8-257	8-258	8-259
项目				圆形隧道悬挂	矩形隧道悬挂	风管处悬挂	高净空隧道悬挂
基价(元)				**239.25**	**257.91**	**320.00**	**277.59**
其中	人工费(元)			110.97	110.97	110.97	110.97
	材料费(元)			7.96	7.96	70.05	8.99
	机械费(元)			120.32	138.98	138.98	157.63
名称		单位	单价(元)	消耗量			
人工	二类人工	工日	135.00	0.822	0.822	0.822	0.822
材料	A 型单支悬吊槽钢 GXJL12(A)-99	套	—	(1.010)	—	—	—
	B 型单支悬吊槽钢 GXJL12(B)-99	套	—	—	(1.010)	(1.010)	(1.010)
	刚性悬挂用针式绝缘子	个	—	(1.015)	(1.015)	(1.015)	(1.015)
	B 型汇流排定位线夹 GXJL02(B)-99	套	—	(1.010)	(1.010)	(1.010)	(1.010)
	A 型垂直悬吊安装底座 GXJL11(A)-99	套	—	—	(1.010)	(1.010)	(1.010)
	地线线夹 CJL44-98	套	—	—	(1.010)	(1.010)	(1.010)
	螺栓带帽	kg	6.00	1.313	1.313	1.453	1.483
	镀锌扁钢 5×50	kg	3.92	—	—	15.470	—
	其他材料费	元	1.00	0.08	0.08	0.69	0.09
机械	电气化安装作业车	台班	932.78	0.100	0.120	0.120	0.140
	汽油发电机组 10kW	台班	270.44	0.100	0.100	0.100	0.100

3. 中心锚结安装

工作内容:安装、涂油、封顶、清洗等。 **计量单位**:处

定额编号				8-260	8-261	8-262	8-263	8-264
项目				隧道内中心锚结	高净空中心锚结	风管处中心锚结	分段绝缘器处中心锚结	高净空分段绝缘器处中心锚结
基价(元)				**420.54**	**462.79**	**538.79**	**257.37**	**289.80**
其中	人工费(元)			226.80	248.67	226.80	112.59	126.36
	材料费(元)			4.62	4.62	102.49	2.30	2.30
	机械费(元)			189.12	209.50	209.50	142.48	161.14
	名称	单位	单价(元)	消耗量				
人工	二类人工	工日	135.00	1.680	1.842	1.680	0.834	0.936
材料	汇流排中心锚结线夹 GXJL05-99	套	—	(1.010)	(1.010)	(1.010)	(1.010)	(1.010)
	中心锚结绝缘棒	套	—	(2.030)	(2.030)	(2.030)	(1.015)	(1.015)
	A 型汇流排中心锚结下锚底座 GXJL07(A)-99	套	—	(2.020)	—	—	(1.010)	—
	中心锚结下锚吊柱	套	—	—	(2.020)	(2.020)	—	—
	中心锚结吊柱下锚安装底座 GXJL20-99	套	—	—	(2.020)	(2.020)	—	(1.010)
	中心锚结安装槽钢 GXJL07(B)-99	套	—	—	—	(2.020)	—	—
	调整螺丝	个	2.24	2.040	2.040	2.040	1.020	1.020
	镀锌扁钢	m	6.14	—	—	15.783	—	—
	其他材料费	元	1.00	0.05	0.05	1.01	0.02	0.02
机械	轨道平车 10t	台班	86.38	0.100	0.120	0.120	0.100	0.100
	电气化安装作业车	台班	932.78	0.150	0.170	0.170	0.100	0.120
	汽油发电机组 10kW	台班	270.44	0.150	0.150	0.150	0.150	0.150

4. 非绝缘锚段关节电连接

工作内容:预配、安装、涂油等。 **计量单位**:处

定额编号				8-265
项目				非绝缘锚段关节电连接
基价(元)				**184.53**
其中	人工费(元)			40.50
	材料费(元)			23.71
	机械费(元)			120.32
	名称	单位	单价(元)	消耗量
人工	二类人工	工日	135.00	0.300
材料	汇流排电连接线夹 GXJL04-99	套	—	(10.100)
	0#铜铝过渡电连接线夹 GXJL32(A)-2006	套	—	(20.200)
	电力复合脂	kg	17.24	0.510
	软铜绞线 TJR-120mm^2	m	—	(6.060)
	螺栓带帽	kg	6.00	2.448
	其他材料费	元	1.00	0.23
机械	电气化安装作业车	台班	932.78	0.100
	汽油发电机组 10kW	台班	270.44	0.100

5. 刚柔过渡

工作内容：运输、装卸、就位、安装、调整。

计量单位：处

定额编号				8-266
项目				刚柔过渡
基价（元）				3367.46
其中	人工费（元）			2167.56
	材料费（元）			153.70
	机械费（元）			1046.20
	名称	单位	单价(元)	消耗量
人工	二类人工	工日	135.00	16.056
材料	汇流排电连接线夹 GXJL04－99	套	—	(8.080)
	B 型单支悬吊槽钢 GXJL12(B)－99	套	—	(1.005)
	A 型单支悬吊槽钢 GXJL12(A)－99	套	—	(4.040)
	腕臂吊柱 GZXZP－2	套	—	(1.010)
	刚性悬挂用针式绝缘子	个	—	(6.090)
	隧道棒式绝缘子 SA 型	个	—	(1.015)
	铜接线端子 DT－120	个	14.66	6.120
	0#铜铝过渡电连接线夹 GXJL32(A)－2006	套	—	(21.210)
	B 型汇流排定位线夹 GXJL02(B)－99	套	—	(6.060)
	D3 型电连接线夹 GJL05(D3)－98	套	—	(7.070)
	45#钢铝过渡电连接线夹	套	—	(7.070)
	电连接线夹 D1 型	套	—	(3.030)
	F 型电缆固定架 GXJL11(A)－99	套	—	(3.030)
	A 型垂直悬吊安装底座 GXJL11(A)－99	套	—	(5.050)
	电力复合脂	kg	17.24	0.880
	软铜绞线 TJR－120mm^2	m	—	(6.090)
	硬铜绞线 TJ－120mm^2	m	—	(5.940)
	膨胀水泥	kg	0.87	15.650
	螺杆锚栓 M10 FZEA12×40	套	—	(6.120)
	酚醛防锈漆(各种颜色)	kg	7.76	1.970
	螺栓带帽	kg	6.00	3.064
	其他材料费	元	1.00	1.52
机械	轨道平车 10t	台班	86.38	1.000
	电气化安装作业车	台班	932.78	1.000
	汽油发电机组 10kW	台班	270.44	0.100

6. 其　　他

工作内容：运输、装卸、就位、安装、调整。

计量单位：处

				8-267	8-268	8-269
定额编号				8-267	8-268	8-269
项目				地线终锚	地线对向下锚	地线引下线
基价（元）				626.67	657.16	414.52
其中	人工费（元）			364.50	351.54	243.00
	材料费（元）			13.83	8.59	15.10
	机械费（元）			248.34	297.03	156.42
名称		单位	单价(元)	消耗量		
人工	二类人工	工日	135.00	2.700	2.604	1.800
材料	地线终端下锚吊柱	套	—	(0.510)	—	—
	T 型终端线夹 GJL27(T120) -98	套	—	(1.010)	(2.020)	—
	电连接线夹 D1 型	套	—	(0.510)	—	(1.010)
	架空地线对向下锚安装底座 GXJL16 -99	套	—	(0.510)	(1.010)	—
	架空地线吊柱下锚安装底座 GXJL21 -99	套	—	(0.510)	—	—
	铜接线端子 DT -120	个	14.66	0.510	—	1.020
	硬铜绞线 TJ -120mm^2	m	—	(5.075)	—	—
	软铜绞线 TJR -120mm^2	m	—	(6.090)	—	(101.500)
	膨胀水泥	kg	0.87	1.570	1.570	—
	调整螺丝	个	2.24	1.020	2.040	—
	酚醛防锈漆(各种颜色)	kg	7.76	0.330	0.330	—
	其他材料费	元	1.00	0.14	0.09	0.15
机械	轨道平车 10t	台班	86.38	0.100	0.100	—
	电气化安装作业车	台班	932.78	0.160	0.150	0.130
	轨道车 210kW	台班	471.91	0.100	0.200	—
	汽油发电机组 10kW	台班	270.44	0.160	0.200	0.130

二、设备安装

工作内容：安装、涂油、封顶、清洗、记录。

计量单位：台

定额编号				8-270	8-271	8-272
项目				电动隔离开关（3台）	电动隔离开关（1台）	手动隔离开关
基价（元）				**1357.77**	**1328.83**	**1456.16**
其中	人工费（元）			601.43	567.00	567.00
	材料费（元）			264.04	269.53	422.77
	机械费（元）			492.30	492.30	466.39
名称		单位	单价(元)	消耗量		
人工	二类人工	工日	135.00	4.455	4.200	4.200
材料	开关底座固定槽钢 GXZP2－03－1－1	套	—	(2.020)	(2.020)	(2.020)
	电动操作机构固定槽钢 GXZP2－03－1－1	套	—	(2.020)	(2.020)	—
	手动操作机构底座 GXZP2－03－1－1	套	—	—	—	(2.020)
	电连接线夹 D1 型	套	—	(1.010)	(1.010)	—
	汇流排电连接线夹 GXJL04－99	套	—	(1.010)	(5.050)	(10.100)
	钢铝过渡电连接线夹 45#	套	—	(10.100)	(10.100)	(20.200)
	铜接线端子 DT－120	个	14.66	16.320	16.320	26.520
	电缆固定架	套	—	(10.100)	(10.100)	(12.120)
	导流接线板	kg	—	(6.030)	(6.570)	—
	膨胀水泥	kg	0.87	3.136	3.140	3.140
	高压危险牌	套	—	(1.010)	(1.010)	(1.010)
	酚醛防锈漆(各种颜色)	kg	7.76	0.603	0.660	0.660
	螺栓带帽	kg	6.00	2.462	3.292	3.658
	其他材料费	元	1.00	2.61	2.67	4.19
机械	轨道平车 10t	台班	86.38	0.300	0.300	—
	电气化安装作业车	台班	932.78	0.500	0.500	0.500

工作内容：预配、安装、涂油、记录。

计量单位：处

定额编号				8-273
项目				分段绝缘器
基价（元）				**823.34**
其中	人工费（元）			543.51
	材料费（元）			—
	机械费（元）			279.83
名称		单位	单价(元)	消耗量
人工	二类人工	工日	135.00	4.026
机械	电气化安装作业车	台班	932.78	0.300

三、汇流排架设

工作内容：开箱检查、预配、安装、涂油。

计量单位：条 · km

定额编号				8-274	8-275	8-276
项目				汇流排安装	接触线架设	架空地线架设
基价（元）				**9029.13**	**5070.81**	**9574.48**
其中	人工费（元）			2915.87	1620.00	2640.47
	材料费（元）			—	214.87	70.48
	机械费（元）			6113.26	3235.94	6863.53
名称		单位	单价(元)	消耗量		
人工	二类人工	工日	135.00	21.599	12.000	19.559
材料	汇流排	m	—	(1010.000)	—	—
	接地挂环	个	—	(11.660)	—	—
	镀锌接触线 CTA120	m	—	—	(1015.000)	—
	电力复合脂	kg	17.24	—	12.340	—
	硬铜绞线 TJ－120mm^2	m	—	—	—	(1015.000)
	锚固螺栓 M16	套	—	—	—	(129.540)
	地线线夹 CJL44－98	套	—	—	—	(62.620)
	地线线夹托板	套	—	—	—	(62.620)
	冲击钻头 ϕ20	个	10.78	—	—	2.580
	膨胀水泥	kg	0.87	—	—	48.240
	其他材料费	元	1.00	—	2.13	0.70
机械	轨道平车 10t	台班	86.38	4.000	—	1.200
	电气化安装作业车	台班	932.78	3.000	—	5.000
	轨道车 210kW	台班	471.91	4.000	1.000	1.200
	汽油发电机组 10kW	台班	270.44	4.000	2.000	1.200
	电气化架线作业车	台班	1018.00	—	2.000	1.000
	汽车式起重机 12t	台班	748.60	—	0.250	0.250

四、悬 挂 调 整

工作内容:预配、安装、涂油。　　　　**计量单位**:条·km

	定额编号			8-277
	项目			悬挂调整
	基价(元)			**18230.05**
其中	人工费(元)			12149.73
	材料费(元)			13.06
	机械费(元)			6067.26
	名称	单位	单价(元)	消耗量
人工	二类人工	工日	135.00	89.998
材料	多功能上光清洁剂	盒	25.86	0.500
	其他材料费	元	1.00	0.13
机械	轨道车 210kW	台班	471.91	3.000
	轨道平车 60t	台班	347.29	3.000
	电气化安装作业车	台班	932.78	3.000
	汽油发电机组 10kW	台班	270.44	3.000

五、其　　他

工作内容:处理冷(热)滑中发现的问题。　　　　**计量单位**:条·km

	定额编号			8-278	8-279
	项目			冷滑试验后调整	热滑试验后调整
	基价(元)			**4167.76**	**2056.14**
其中	人工费(元)			2617.25	1280.88
	材料费(元)			—	—
	机械费(元)			1550.51	775.26
	名称	单位	单价(元)	消耗量	
人工	二类人工	工日	135.00	19.387	9.488
机械	轨道平车 60t	台班	347.29	1.000	0.500
	电气化安装作业车	台班	932.78	1.000	0.500
	汽油发电机组 10kW	台班	270.44	1.000	0.500

工作内容:准备、试验、记录、分析。　　　　**计量单位:**条 · km

定额编号				8-280	8-281
项目				绝缘子测试	短路试验
基价(元)				**760.97**	**2323.23**
其中	人工费(元)			708.75	918.54
	材料费(元)			—	—
	机械费(元)			52.22	1404.69
名称		单位	单价(元)	消耗量	
人工	二类人工	工日	135.00	5.250	6.804
机械	交流试验变压器 TSB－10/50	台班	27.85	1.875	—
	电气化安装作业车	台班	932.78	—	1.000
	轨道车 210kW	台班	471.91	—	1.000

第六章
动 力 照 明

说明

一、本章定额包括设备安装，普通灯具安装，开关、按钮、插座安装，电气试验四节，共147个子目。

二、控制设备安装均未包括支架制作、安装，发生时可执行相应定额。

三、控制设备安装未包括的工作内容：

1. 二次喷漆及喷字；

2. 电器及设备干燥；

3. 焊、压接线端子；

4. 端子板外部（二次）接线。

四、各型灯具的引导线除注明者外，均已综合考虑在定额内，执行时不得换算。

五、投光灯、碘钨灯、氙气灯，均已考虑了一般工程的高空作业因素，均按5m以下编制；若设计超过5m时，其超过部分的人工工日乘以下表系数执行。

高空作业超高系数表

操作高度	10m以下	20m以下	20m以上
超高系数	1.25	1.4	1.6

六、荧光灯电容器安装，只有在组装型日光灯需要安装电容器时适用。

七、定额内已包括利用摇表测量绝缘及一般灯具的试亮工作（但不包括调试工作）。

八、嵌入式荧光灯如需安装灯架，其灯架参照“铁构件制作安装”定额。

九、主材中带应急电源的灯具按灯具型号套用相应定额不得另计安装费和主材费，如主材中不含而另需安装应急电源，则电源安装套用“高压水银灯镇流器”定额，应急电源另计主材费用。

工程量计算规则

一、设备安装均未包括基础槽钢、角钢的制作与安装,其工程量应按相应定额另行计算。

二、普通灯具安装的工程量,应区别灯具的种类、型号、规格以"套"为计量单位计算。普通灯具安装定额适用范围见下表。

普通灯定额对应分类表

定额名称	灯 具 种 类
圆球吸顶灯	材质为玻璃的螺口、卡口圆球独立吸顶灯
半圆球吸顶灯	材质为玻璃的独立的半圆球吸顶灯、扁圆罩吸顶灯、平圆形吸顶灯
方形吸顶灯	材质为玻璃的独立的矩形罩吸顶灯、方形罩吸顶灯、大口方罩顶灯
软线吊灯	利用软线为垂吊材料、独立的,材质为玻璃、塑料、搪瓷,形状如碗伞、平盘灯罩组成的各式软线吊灯
吊链灯	利用吊链作辅助悬吊材料、独立的,材质为玻璃、塑料罩的各式吊链灯
防水吊灯	一般防水吊灯
一般弯脖子灯	圆球弯脖灯、风雨壁灯
一般壁灯	各种材质的一般壁灯、镜前灯
软线吊灯头	一般吊灯头
声光控座灯头	一般声控、光控座灯头
座灯头	一般塑料、瓷质座灯头

三、荧光灯具安装的工程量,应区别灯具的安装形式、灯具种类、灯管数量,以"套"为计量单位计算。荧光灯具安装定额适用范围见下表。

荧光灯定额对应分类表

定额名称	灯 具 种 类
组装型荧光灯	单管、双管、三管、吊链式、吸顶式、嵌入式、现场组装独立荧光灯
成套型荧光灯	单管、双管、三管、吊链式、吊管式、吸顶式、嵌入式、成套独立荧光灯

四、工厂灯及防水防尘灯安装的工程量应区别不同安装形式,以"套"为计量单位计算。工厂灯及防水防尘灯安装定额适用范围见下表。

工厂灯、防水防尘灯定额对应分类表

定额名称	灯 具 种 类
吊管式工厂吊灯	配照(GC1-A)、广照(GC3-A)、深照(GC5-A)、斜照(GC7-A)、圆球(GC17-A)、双罩(GC19-A)
吊链式工厂吊灯	配照(GC1-B)、深照(GC3-B)、斜照(GC5-C)、圆球(GC7-B)、双罩(GC19-A)、广照(GC19-B)
吸顶式工厂吊灯	配照(GC1-C)、广照(GC3-C)、深照(GC5-V)、斜照(GC7-C)、双罩(GC19-C)
弯杆式工厂吊灯	配照(GC1-D/E)、广照(GC3- D/E)、深照(GC5- D/E))、斜照(GC7- D/E)、双罩(GC19-C)、局部深罩(GC26- F/H)
悬挂式工厂吊灯	配照(GC21-2)、深罩(GC23- 2)
防水防尘灯	广照(GC9-A、B、C)、广照保护网(GC11- A、B、C)、散照(GC15- A、B、C、D、E、F、G)

五、标志、诱导装饰灯具的示意图集同《浙江省通用安装工程预算定额》(2018 版)。

六、开关、按钮安装的工程量应区别开关、按钮安装形式,开关、按钮种类,开关极数以及单控与双控,以“套”为计量单位计算。

七、插座安装的工程量应区别电源相数、额定电流、插座安装形式、插座插孔个数,以“套”计算。

一、设 备 安 装

1. 低压配电屏、柜安装

工作内容:开箱、检查、安装、电器、表计及继电器等附件的折装、送交试验、盘内整理及一次校线、接线、调试。

计量单位:台(t)

定额编号				8-282
项目				配电(电源)屏 低压开关柜
基价(元)				**446.85**
其中	人工费(元)			344.79
	材料费(元)			36.93
	机械费(元)			65.13
	名称	单位	单价(元)	消耗量
人工	二类人工	工日	135.00	2.554
材料	控制及低压设备	台	—	(1.000)
	棉纱	kg	10.34	0.080
	电焊条	kg	4.31	0.120
	调和漆	kg	11.21	0.040
	钢板垫板 δ1~2	kg	6.90	0.160
	塑料软管 综合	kg	7.59	0.400
	塑料带 20×40000	kg	12.07	0.240
	焊锡丝	kg	86.21	0.160
	焊锡膏	kg	31.03	0.032
	电力复合脂	kg	17.24	0.040
	自粘性橡胶带 20×5000	卷	2.67	0.080
	胶木线夹	个	0.17	4.800
	镀锌扁钢 4×40	kg	4.01	1.200
	异型塑料管 φ2.5~5	m	0.94	4.800
	镀锌六角螺栓带螺母、2垫圈 M10×14~75	10套	4.66	0.488
机械	汽车式起重机 5t	台班	366.47	0.100
	载货汽车 4t	台班	369.21	0.060
	交流弧焊机 21kV·A	台班	63.33	0.100

2. 基础槽钢、角钢安装

工作内容：安装、接地、油漆、焊接。　　**计量单位**：10m

定额编号					8-283	8-284
项目					槽钢	角钢
基价（元）					**267.85**	**209.55**
其中	人工费（元）				196.16	146.88
	材料费（元）				37.60	31.11
	机械费（元）				34.09	31.56
名称		单位	单价(元)		消耗量	
人工	二类人工	工日	135.00		1.453	1.088
材料	角钢 Q235B 63×63×5	m	—		—	(10.050)
	不锈钢槽钢 10×20×1	m	—		(10.050)	—
	热轧光圆钢筋 HPB300ϕ10	kg	3.98		3.288	3.288
	电焊条	kg	4.31		1.056	0.880
	调和漆	kg	11.21		0.080	0.080
	钢锯条	条	2.59		3.200	1.600
	热轧薄钢板 Q235Bδ2.0	kg	3.97		0.800	0.400
	镀锌扁钢 4×40	kg	4.01		1.896	1.896
机械	交流弧焊机 21kV·A	台班	63.33		0.520	0.480
	立式钻床 25mm	台班	5.80		0.200	0.200

3. 铁构件制作、安装及箱、盒制作

工作内容:制作、平直、划线、下料、钻孔、组对、焊接、刷油(喷漆)、安装、补刷油。 计量单位:100kg

	定额编号			8-285	8-286	8-287	8-288
	项目			一般铁构件		轻型铁构件	
	基价(元)			**606.90**	**383.78**	**774.76**	**434.87**
其中	人工费(元)			472.37	307.13	602.24	358.29
	材料费(元)			83.35	45.26	95.38	38.34
	机械费(元)			51.18	31.39	77.14	38.24
	名称	单位	单价(元)	消耗量			
人工	二类人工	工日	135.00	3.499	2.275	4.461	2.654
材料	扁钢 Q235B 4×25	kg	—	(22.000)	—	—	—
	热轧光圆钢筋 HPB300ϕ14	kg	—	(8.000)	—	—	—
	轻型钢构件	kg	—	—	—	(105.000)	—
	角钢 Q235B 综合	kg	—	(75.000)	—	—	—
	破布	kg	6.90	0.160	0.160	0.280	0.160
	铁砂布 0# ~2#	张	1.03	4.000	—	2.400	—
	电焊条	kg	4.31	1.120	1.440	0.960	0.480
	金属膨胀螺栓 M12×100	10 套	6.38	—	4.000	—	3.200
	镀锌六角螺栓带螺母、2 垫圈 M10×14~75	10 套	4.66	5.040	0.464	1.456	0.720
	溶剂汽油	kg	5.40	0.352	0.080	0.600	0.080
	调和漆	kg	11.21	1.120	0.160	1.920	0.160
	防锈漆 C53~1	kg	14.05	1.416	0.240	2.400	0.320
	钢锯条	条	2.59	1.600	0.800	1.600	0.800
	松香水	kg	4.74	0.400	—	0.680	—
	清油	kg	14.22	0.480	—	0.816	—
	其他材料费	元	1.00	2.60	2.60	2.60	2.60
机械	电动空气压缩机 0.6m^3/min	台班	33.06	—	—	0.400	—
	扳边机 2×1500mm	台班	18.14	—	—	0.250	—
	交流弧焊机 21kV·A	台班	63.33	0.670	0.470	0.720	0.580
	联合冲剪机 16mm	台班	61.10	0.100	—	0.200	—
	台式砂轮机 ϕ250mm	台班	4.65	0.300	0.100	—	—
	立式钻床 25mm	台班	5.80	0.215	0.200	0.270	0.260

4. 成套配电箱安装

工作内容：开箱、检查、安装、查校线、接地。 **计量单位**：台

定额编号				8-289	8-290	8-291	8-292	8-293
项目				落地式	悬挂嵌入式(半周长 m)			
					0.5	1.0	1.5	2.5
基价(元)				**342.22**	**124.04**	**147.66**	**184.79**	**219.88**
其中	人工费(元)			251.37	103.95	124.61	159.30	193.86
	材料费(元)			25.72	20.09	23.05	25.49	19.69
	机械费(元)			65.13	—	—	—	6.33
名称		单位	单价(元)	消耗量				
人工	二类人工	工日	135.00	1.862	0.770	0.923	1.180	1.436
材料	成套配电箱 落地式	台	—	(1.000)	(1.000)	(1.000)	(1.000)	(1.000)
	破布	kg	6.90	0.080	0.064	0.080	0.080	0.096
	铁砂布 $0^{\#} \sim 2^{\#}$	张	1.03	0.800	0.400	0.640	0.800	0.960
	电焊条	kg	4.31	0.120	—	—	—	0.120
	调和漆	kg	11.21	0.040	0.024	0.024	0.024	0.040
	钢板垫板 $\delta 1 \sim 2$	kg	6.90	0.240	0.120	0.120	0.120	0.160
	铜接地端子带螺栓 DT－6	个	2.59	—	2.030	—	—	—
	铜接线端子 DT－10	个	2.59	—	—	2.030	2.030	—
	酚醛磁漆	kg	12.07	0.016	0.008	—	0.008	0.016
	裸铜线 6	kg	50.00	—	0.136	—	—	—
	裸铜线 10	kg	50.00	—	—	0.160	0.184	—
	塑料软管 综合	kg	7.59	0.240	0.104	0.120	0.144	0.200
	焊锡丝	kg	86.21	0.120	0.040	0.056	0.064	0.080
	电力复合脂	kg	17.24	0.040	0.032	0.032	0.032	0.032
	自粘性橡胶带 20×5000	卷	2.67	0.160	0.080	0.080	0.120	0.160
	镀锌扁钢 4×25	kg	4.50	1.200	—	—	—	1.200
	镀锌六角螺栓带螺母、2垫圈 M10×14～75	10套	4.66	0.610	0.210	0.210	0.210	0.210
机械	汽车式起重机 5t	台班	366.47	0.100	—	—	—	—
	载货汽车 4t	台班	369.21	0.060	—	—	—	—
	交流弧焊机 21kV·A	台班	63.33	0.100	—	—	—	0.100

注：未包括支架制作安装。

二、普通灯具安装

工作内容:测定、划线、打眼、埋螺栓、灯具安装、接线、接焊线包头。　　　　**计量单位**:10 套

定额编号				8-294	8-295	8-296	8-297
项目				圆球吸顶灯		半圆球吸顶灯	
				灯罩直径(mm 以内)			
				250	300	250	300
基价(元)				**176.33**	**177.27**	**178.92**	**179.86**
其中	人工费(元)			157.41	157.41	157.41	157.41
	材料费(元)			18.92	19.86	21.51	22.45
	机械费(元)			—	—	—	—
	名称	单位	单价(元)	消耗量			
人工	二类人工	工日	135.00	1.166	1.166	1.166	1.166
材料	成套灯具	套	—	(10.100)	(10.100)	(10.100)	(10.100)
	伞型螺钉 M6~8×150	个	0.47	20.400	20.400	20.400	20.400
	木螺钉 d2~4×6~65	10 个	0.69	5.200	5.200	4.160	4.160
	铜芯塑料绝缘线 BV1.5	m	0.78	3.050	3.050	7.130	7.130
	其他材料费	元	1.00	3.36	4.30	3.49	4.43

工作内容:测定、划线、打眼、埋螺栓、灯具安装、接线、接焊线包头。　　　　**计量单位**:10 套

定额编号				8-298	8-299	8-300
项目				半圆球吸顶灯	方形吸顶灯	
				灯罩直径(mm 以内)	矩形罩	大口方罩
				350		
基价(元)				**180.45**	**180.40**	**205.98**
其中	人工费(元)			157.41	157.41	182.93
	材料费(元)			23.04	22.99	23.05
	机械费(元)			—	—	—
	名称	单位	单价(元)	消耗量		
人工	二类人工	工日	135.00	1.166	1.166	1.355
材料	成套灯具	套	—	(10.100)	(10.100)	(10.100)
	伞型螺钉 M6~8×150	个	0.47	20.400	—	—
	金属膨胀螺栓 M6	套	0.19	—	20.400	20.400
	木螺钉 d2~4×6~65	10 个	0.69	4.160	4.160	4.160
	冲击钻头 ϕ6~12	个	4.48	—	0.140	0.140
	瓷接头(双)	个	0.86	—	10.300	10.300
	铜芯塑料绝缘线 BV1.5	m	0.78	7.130	7.130	7.130
	其他材料费	元	1.00	5.02	1.20	1.26

工作内容:测定、划线、打眼、埋螺栓、灯具安装、接线、接焊线包头。

计量单位:10 套

定额编号				8-301	8-302	8-303	8-304	8-305	8-306
项目				红外感应吸顶灯(半圆球)			声光控感应吸顶灯(半圆球)		
				灯罩直径(mm 以内)					
				250	300	350	250	300	350
基价(元)				**178.92**	**179.86**	**180.45**	**178.92**	**179.86**	**180.45**
其中	人工费(元)			157.41	157.41	157.41	157.41	157.41	157.41
	材料费(元)			21.51	22.45	23.04	21.51	22.45	23.04
	机械费(元)			—	—	—	—	—	—
名称		单位	单价(元)	消耗量					
人工	二类人工	工日	135.00	1.166	1.166	1.166	1.166	1.166	1.166
材料	成套灯具	套	—	(10.100)	(10.100)	(10.100)	(10.100)	(10.100)	(10.100)
	铜芯塑料绝缘线 BV1.5	m	0.78	7.130	7.130	7.130	7.130	7.130	7.130
	伞型螺钉 M6~8×150	个	0.47	20.400	20.400	20.400	20.400	20.400	20.400
	木螺钉 *d*2~4×6~65	10 个	0.69	4.160	4.160	4.160	4.160	4.160	4.160
	其他材料费	元	1.00	3.49	4.43	5.02	3.49	4.43	5.02

工作内容:测定、划线、打眼、埋螺栓、上木台、支架安装、灯具组装、上绝缘子、保险器、吊链加工、接线、接焊线包头。

计量单位:10 套

定额编号				8-307	8-308	8-309	8-310	8-311
项目				软线吊灯	吊链灯	防水吊灯	一般弯脖灯	一般壁灯
基价(元)				**133.94**	**199.89**	**96.53**	**208.04**	**161.49**
其中	人工费(元)			68.58	147.29	68.58	147.29	147.29
	材料费(元)			65.36	52.60	27.95	60.75	14.20
	机械费(元)			—	—	—	—	—
名称		单位	单价(元)	消耗量				
人工	二类人工	工日	135.00	0.508	1.091	0.508	1.091	1.091
材料	成套灯具	套	—	(10.100)	(10.100)	(10.100)	(10.100)	(10.100)
	塑料圆台	块	0.22	10.500	10.500	10.500	—	—
	圆木台 150~250	块	3.10	—	—	—	10.500	—
	铜芯橡皮绝缘线 BXH 2×23/0.15	m	2.59	20.360	15.270	—	—	—
	伞型螺钉 M6~8×150	个	0.47	10.200	10.200	10.200	—	—
	木螺钉 *d*2~4×6~65	10 个	0.69	2.080	3.120	2.080	12.320	8.320
	塑料胀管 ϕ6~8	个	0.04	—	—	—	82.600	42.100
	冲击钻头 ϕ6~12	个	4.48	—	—	—	0.550	0.280
	铜芯塑料绝缘线 BV1.5	m	0.78	3.050	3.050	23.410	13.230	3.050
	其他材料费	元	1.00	1.71	1.41	1.15	3.61	3.14

工作内容:测定、划线、打眼、埋螺栓、上木台、支架安装、灯具组装、上绝缘子、保险器、接线、接焊线包头。

计量单位:10 套

定额编号				8-312	8-313	8-314
项目				防水灯头	节能座灯头	座灯头
基价(元)				**105.08**	**111.93**	**82.86**
其中	人工费(元)			61.29	100.58	68.58
	材料费(元)			43.79	11.35	14.28
	机械费(元)			—	—	—
名称		单位	单价(元)	消耗量		
人工	二类人工	工日	135.00	0.454	0.745	0.508
材料	成套灯具	套	—	(10.100)	(10.100)	(10.100)
	塑料圆台	块	0.22	10.500	10.500	10.500
	铜芯橡皮绝缘线 BXH 2×23/0.15	m	2.59	12.220	—	—
	伞型螺钉 M6~8×150	个	0.47	10.200	—	10.200
	木螺钉 *d*2~4×6~65	10 个	0.69	2.080	3.120	2.080
	塑料胀管 ϕ6~8	个	0.04	—	10.320	—
	冲击钻头 ϕ6~12	个	4.48	—	0.820	—
	铜芯塑料绝缘线 BV1.5	m	0.78	3.050	3.050	3.050
	其他材料费	元	1.00	1.22	0.42	3.36

工作内容:开箱清点、测位、划线、打眼、埋螺栓、灯具安装固定、接焊线包头、灯具外壳接地等。

计量单位:10 套

定额编号				8-315	8-316
项目				围墙灯	埋地灯
基价(元)				**107.11**	**217.54**
其中	人工费(元)			97.20	202.50
	材料费(元)			9.91	15.04
	机械费(元)			—	—
名称		单位	单价(元)	消耗量	
人工	二类人工	工日	135.00	0.720	1.500
材料	成套灯具	套	—	(10.100)	(10.100)
	铜芯塑料绝缘线 BV2.5	m	1.29	3.050	3.050
	塑料胀管 ϕ6×50	个	0.04	20.600	—
	其他材料费	元	1.00	3.38	4.10
	塑料护口(电线管用) 32	个	0.17	—	20.600
	镀锌锁紧螺母 *DN*(15~20)×1.5	个	0.17	—	20.600
	自攻螺丝 M6×45	10 个	0.86	2.060	—

注:埋地灯混凝土底座按实另计。

工作内容:测位、划线、打眼、埋螺栓、上底台、支架安装、灯具安装、接线、接焊包头。　　　**计量单位**:10 套

定额编号				8-317	8-318	8-319	8-320
项目				安全灯		防爆灯	
				直杆式	弯杆式	直杆式	弯杆式
基价（元）				**380.87**	**406.54**	**383.70**	**409.37**
其中	人工费（元）			305.51	305.51	308.34	308.34
	材料费（元）			75.36	101.03	75.36	101.03
	机械费（元）			—	—	—	—
名称		单位	单价(元)	消耗量			
人工	二类人工	工日	135.00	2.263	2.263	2.284	2.284
材料	成套灯具	套	—	(10.100)	(10.100)	(10.100)	(10.100)
	铜芯橡皮绝缘线 BX 2.5	m	1.29	27.490	23.410	27.490	23.410
	地脚螺栓 M6～8×100	个	0.86	40.800	20.400	40.800	20.400
	扁钢 Q235B 5×50	kg	3.96	—	9.160	—	9.160
	扁钢 Q235B 4×60	kg	3.96	—	2.700	—	2.700
	半圆头螺钉 M6～12×12～50	个	0.09	—	20.400	—	20.400
	其他材料费	元	1.00	4.81	4.49	4.81	4.49

工作内容:测位、划线、打眼、埋螺栓、上底台、支架安装、灯具安装、接线、接焊包头。　　　**计量单位**:10 套

定额编号				8-321	8-322	8-323
项目				高压水银防爆灯		防爆荧光灯
				直杆式	弯杆式	
基价（元）				**500.93**	**526.61**	**352.22**
其中	人工费（元）			406.76	406.76	305.51
	材料费（元）			94.17	119.85	46.71
	机械费（元）			—	—	—
名称		单位	单价(元)	消耗量		
人工	二类人工	工日	135.00	3.013	3.013	2.263
材料	成套灯具	套	—	(10.100)	(10.100)	(10.100)
	铜芯橡皮绝缘线 BX 2.5	m	1.29	27.490	23.410	27.490
	地脚螺栓 M6～8×100	个	0.86	61.200	40.800	—
	镀锌六角螺栓带螺母、2 垫圈 M8×14～75	10 套	2.84	—	—	3.060
	扁钢 Q235B 5×50	kg	3.96	—	9.160	—
	扁钢 Q235B 4×60	kg	3.96	—	2.700	—
	半圆头螺钉 M6～12×12～50	个	0.09	—	20.400	—
	其他材料费	元	1.00	6.08	5.76	2.56

工作内容:开箱清点、测位划线、打眼埋螺栓、支架制作、安装,灯具拼装固定,挂装饰部件,接焊线包头等。

计量单位:10 套

定额编号				8-324	8-325	8-326	8-327
项目				标志、诱导装饰灯具			
				吸顶式	吊杆式	墙壁式	嵌入式
				171、172、173、174			
基价(元)				**214.83**	**257.26**	**210.61**	**232.99**
其中	人工费(元)			177.12	207.77	177.12	207.09
	材料费(元)			37.71	49.49	33.49	25.90
	机械费(元)			—	—	—	—
	名称	单位	单价(元)	消耗量			
人工	二类人工	工日	135.00	1.312	1.539	1.312	1.534
材料	成套灯具	套	—	(10.100)	(10.100)	(10.100)	(10.100)
	铜芯塑料绝缘线 BV2.5	m	1.29	5.090	3.050	5.090	6.110
	铜芯橡皮绝缘线 BXH 2×23/0.15	m	2.59	—	5.090	—	—
	铜接线端子 20A	个	0.86	10.150	10.150	10.150	10.150
	瓷接头(双)	个	0.86	10.300	—	10.300	10.300
	塑料胀管 ϕ6~8	个	0.04	—	—	40.800	—
	金属膨胀螺栓 M10	套	0.48	20.400	20.400	—	—
	木螺钉 d2~4×6~65	10 个	0.69	—	6.120	4.080	—
	冲击钻头 ϕ10	个	4.14	0.510	0.510	1.020	—
	其他材料费	元	1.00	1.65	7.52	0.67	0.43

工作内容:测位、划线、打眼、埋螺栓、上木台、吊链、吊管加工、灯具组装、接线、接焊接包头。

计量单位:10 套

定额编号				8-328	8-329	8-330	8-331
项目				荧光灯具安装(组装型)			
				吊链式			荧光灯电容器安装
				单管	双管	三管	
基价(元)				**317.29**	**438.71**	**517.47**	**76.74**
其中	人工费(元)			162.81	260.82	321.57	61.97
	材料费(元)			154.48	177.89	195.90	14.77
	机械费(元)			—	—	—	—
	名称	单位	单价(元)	消耗量			
人工	二类人工	工日	135.00	1.206	1.932	2.382	0.459
材料	成套灯具	套	—	(10.100)	(10.100)	(10.100)	(10.100)
	圆木台 63~138×22	块	0.29	21.000	21.000	21.000	—
	吊盒	个	1.12	20.400	20.400	20.400	—
	铜芯橡皮绝缘线 BXH 2×23/0.15	m	2.59	15.270	15.270	15.270	—
	瓜子灯链 大号	m	1.29	30.300	30.300	30.300	—
	铜芯多股绝缘电线 RVS-0.5	m	0.52	30.540	60.540	90.810	10.180
	伞型螺钉 M6~8×150	个	0.47	20.400	20.400	20.400	—
	木螺钉 d2~4×6~65	10 个	0.69	14.560	24.960	27.360	1.040
	镀锌六角螺栓带帽 M12×40	套	0.52	—	—	—	16.400
	铜芯塑料绝缘线 BV1.5	m	0.78	3.050	3.050	3.050	—
	其他材料费	元	1.00	9.01	9.65	10.26	0.23

工作内容:测位、划线、打眼、埋螺栓、上木台、吊链、吊管加工、灯具组装、接线、接焊接包头。 **计量单位**:10 套

定额编号				8-332	8-333	8-334
项目				荧光灯具安装(组装型)		
				吸顶式、嵌入式		
				单管	双管	三管
基价(元)				**202.26**	**323.97**	**408.42**
其中	人工费(元)			162.81	260.82	321.57
	材料费(元)			39.45	63.15	86.85
	机械费(元)			—	—	—
名称		单位	单价(元)	消耗量		
人工	二类人工	工日	135.00	1.206	1.932	2.382
材料	成套灯具	套	—	(10.100)	(10.100)	(10.100)
	铜芯多股绝缘电线 RVS-0.5	m	0.52	30.540	61.080	91.620
	伞型螺钉 M6~8×150	个	0.47	20.400	20.400	20.400
	木螺钉 d2~4×6~65	10 个	0.69	10.400	20.800	31.200
	铜芯塑料绝缘线 BV1.5	m	0.78	7.130	7.130	7.130
	其他材料费	元	1.00	1.24	1.89	2.53

工作内容:测位、划线、打眼、埋螺栓、上木台、吊链、吊管加工、灯具安装、接线、接焊接包头。 **计量单位**:10 套

定额编号				8-335	8-336	8-337	8-338	8-339	8-340
项目				荧光灯具安装(成套型)					
				吊链式			吊管式		
				单管	双管	三管	单管	双管	三管
基价(元)				**272.64**	**310.71**	**332.58**	**190.09**	**228.16**	**250.03**
其中	人工费(元)			146.61	184.68	206.55	146.61	184.68	206.55
	材料费(元)			126.03	126.03	126.03	43.48	43.48	43.48
	机械费(元)			—	—	—	—	—	—
名称		单位	单价(元)	消耗量					
人工	二类人工	工日	135.00	1.086	1.368	1.530	1.086	1.368	1.530
材料	成套灯具	套	—	(10.100)	(10.100)	(10.100)	(10.100)	(10.100)	(10.100)
	圆木台(63~138)×22	块	0.29	21.000	21.000	21.000	21.000	21.000	21.000
	铜芯橡皮绝缘线 BXH 2×23/0.15	m	2.59	15.270	15.270	15.270	—	—	—
	伞型螺钉 M6~8×150	个	0.47	20.400	20.400	20.400	20.400	20.400	20.400
	木螺钉 d2~4×6~65	10 个	0.69	6.240	6.240	6.240	6.240	6.240	6.240
	吊盒	个	1.12	20.400	20.400	20.400	—	—	—
	瓜子灯链 大号	m	1.29	30.300	30.300	30.300	—	—	—
	铜芯塑料绝缘线 BV1.5	m	0.78	3.050	3.050	3.050	27.490	27.490	27.490
	其他材料费	元	1.00	2.18	2.18	2.18	2.05	2.05	2.05

工作内容:测位、划线、打眼、上木台、吊链、吊管加工、灯具安装、接线、接焊接包头。 **计量单位:**10 套

定额编号				8-341	8-342	8-343
项目				荧光灯具安装(成套型)		
				吸顶式、嵌入式		
				单管	双管	三管
基价(元)				**174.74**	**215.51**	**238.87**
其中	人工费(元)			158.22	198.99	222.35
	材料费(元)			16.52	16.52	16.52
	机械费(元)			—	—	—
名称		单位	单价(元)	消耗量		
人工	二类人工	工日	135.00	1.172	1.474	1.647
材料	成套灯具	套	—	(10.100)	(10.100)	(10.100)
	伞型螺钉 M6～8×150	个	0.47	20.400	20.400	20.400
	铜芯塑料绝缘线 BV1.5	m	0.78	7.130	7.130	7.130
	其他材料费	元	1.00	1.37	1.37	1.37

工作内容:测位、划线、打眼、埋螺栓、开箱检查、灯具安装、接线、安装瓷头、焊接包头、支架制作安装、金属软管敷设、穿线、试亮。
计量单位:10 套

定额编号				8-344	8-345	8-346	8-347	8-348
项目				工厂罩灯				
				吊管式	吊链式	吸顶式	弯杆式	悬挂式
基价(元)				**182.79**	**182.79**	**199.08**	**180.21**	**173.42**
其中	人工费(元)			150.12	150.12	150.12	150.12	155.25
	材料费(元)			32.67	32.67	48.96	30.09	13.74
	机械费(元)			—	—	—	—	4.43
名称		单位	单价(元)	消耗量				
人工	二类人工	工日	135.00	1.112	1.112	1.112	1.112	1.150
材料	成套灯具	套	—	(10.100)	(10.100)	(10.100)	(10.100)	(10.100)
	圆木台 (63～138)×22	块	0.29	10.500	10.500	—	10.500	—
	圆木台 150～250	块	3.10	—	—	10.500	—	—
	热轧光圆钢筋 HPB300ϕ10	kg	3.98	—	—	—	—	0.830
	镀锌六角螺栓带帽 M6×40	套	0.19	20.400	20.400	20.400	20.400	—
	木螺钉 d2～4×6～65	10 个	0.69	4.160	4.160	4.160	5.200	—
	电焊条	kg	4.31	—	—	—	—	0.100
	铜芯塑料绝缘线 BV1.5	m	0.78	27.490	27.490	8.140	23.410	12.210
	其他材料费	元	1.00	1.44	1.44	3.31	1.32	0.48
机械	交流弧焊机 21kV·A	台班	63.33	—	—	—	—	0.070

工作内容：测位、划线、打眼、埋螺栓、开箱检查、灯具安装、接线、安装瓷头、焊接包头、支架制作安装、金属软管敷设、穿线、试亮。

计量单位：10 套

定额编号				8-349	8-350	8-351
项目				防水防尘灯		
				直杆式	弯杆式	吸顶式
基价（元）				**248.40**	**245.82**	**264.69**
其中	人工费（元）			215.73	215.73	215.73
	材料费（元）			32.67	30.09	48.96
	机械费（元）			—	—	—
	名称	单位	单价(元)	消耗量		
人工	二类人工	工日	135.00	1.598	1.598	1.598
材料	成套灯具	套	—	(10.100)	(10.100)	(10.100)
	圆木台（63～138）×22	块	0.29	10.500	10.500	—
	圆木台 150～250	块	3.10	—	—	10.500
	镀锌六角螺栓带帽 M6×40	套	0.19	20.400	20.400	20.400
	木螺钉 *d*2～4×6～65	10 个	0.69	4.160	5.200	4.160
	铜芯塑料绝缘线 BV1.5	m	0.78	27.490	23.410	8.140
	其他材料费	元	1.00	1.44	1.32	3.31

工作内容：测位、划线、打眼、埋螺栓、支架安装、灯具组装、接线、接焊接包头。

计量单位：10 套

定额编号				8-352	8-353	8-354
项目				其他工厂灯具		
				防潮灯	腰形船顶灯	碘钨灯
基价（元）				**209.01**	**196.49**	**273.13**
其中	人工费（元）			147.29	147.29	225.99
	材料费（元）			61.72	49.20	47.14
	机械费（元）			—	—	—
	名称	单位	单价(元)	消耗量		
人工	二类人工	工日	135.00	1.091	1.091	1.674
材料	成套灯具	套	—	(10.100)	(10.100)	(10.100)
	圆木台 275～350	块	4.31	10.500	—	—
	圆木台 150～250	块	3.10	—	10.500	—
	镀锌六角螺栓带帽 M6×40	套	0.19	20.400	20.400	—
	镀锌六角带帽螺栓 M10×(14～70)	10 套	4.64	—	—	4.080
	木螺钉 *d*2～4×6～65	10 个	0.69	3.120	4.160	—
	铜芯橡皮绝缘线 BX 1.5	m	0.78	8.140	8.140	—
	铜芯橡皮绝缘线 BX 2.5	m	1.29	—	—	20.400
	其他材料费	元	1.00	4.09	3.55	1.89

工作内容:测位、划线、打眼、埋螺栓、支架安装、灯具组装、接线、接焊接包头。 **计量单位**:10 套

定额编号				8-355	8-356	8-357
项目				其他工厂灯具		
				管形疝气灯	投光灯	高压水银灯镇流器
基价(元)				**448.69**	**354.12**	**107.65**
其中	人工费(元)			244.89	225.99	97.74
	材料费(元)			165.80	90.13	9.91
	机械费(元)			38.00	38.00	—
名称		单位	单价(元)	消耗量		
人工	二类人工	工日	135.00	1.814	1.674	0.724
材料	成套灯具	套	—	(10.100)	(10.100)	—
	镇流器	套	—	—	—	(10.100)
	热轧薄钢板 Q235Bδ3.5	kg	3.77	29.700	9.900	—
	镀锌六角螺栓带螺母、2 垫圈 M10×14~75	10 套	4.66	—	4.080	—
	镀锌六角螺栓带螺母、2 垫圈 M12×14~75	10 套	6.21	4.080	—	—
	镀锌六角带帽螺栓 M10×(14~70)	10 套	4.64	4.080	—	2.040
	电焊条	kg	4.31	1.000	1.000	—
	铜芯橡皮绝缘线 BX 2.5	m	1.29	—	20.400	—
	其他材料费	元	1.00	5.25	3.17	0.44
机械	交流弧焊机 21kV·A	台班	63.33	0.600	0.600	—

工作内容:测位、划线、打眼、埋螺栓、支架制作安装、灯具及镇流器箱组装、接线、接地、接焊包头。 **计量单位**:10 套

定额编号				8-358	8-359	8-360
项目				混光灯		
				吊杆式	吊链式	嵌入式
基价(元)				**1102.64**	**1049.95**	**885.26**
其中	人工费(元)			866.03	829.58	754.52
	材料费(元)			189.38	181.01	99.25
	机械费(元)			47.23	39.36	31.49
名称		单位	单价(元)	消耗量		
人工	二类人工	工日	135.00	6.415	6.145	5.589
材料	成套灯具	套	—	(10.100)	(10.100)	(10.100)
	铜芯塑料绝缘线 BV4	m	1.90	46.830	46.830	20.360
	圆木台(63~138)×22	块	0.29	21.000	21.000	—
	镀锌六角螺栓带螺母、2 垫圈 M12×14~75	10 套	6.21	5.100	5.100	4.080
	金属膨胀螺栓 M10×80	套	0.48	10.200	10.200	—
	木螺钉 *d*2~4×6~65	10 个	0.69	6.240	6.240	—
	镀锌自攻螺钉 ϕ(4~6)×(20~35)	10 个	0.28	—	—	4.160
	角钢 L63 以内	kg	3.71	11.310	9.430	7.540
	电焊条	kg	4.31	1.230	0.980	0.760
	其他材料费	元	1.00	6.18	5.86	2.82
机械	直流弧焊机 20kW	台班	78.72	0.600	0.500	0.400

三、开关、按钮、插座安装

1.开关及按钮

工作内容:测位、划线、打眼、缠埋螺栓、清扫盒子、上木台、装开关和按钮、接线、装盖。　　**计量单位**:10套

定额编号				8-361	8-362	8-363	8-364	8-365	8-366
项目				拉线开关	扳把开关明装	扳式暗开关(单控)			
						单联	双联	三联	四联
基价(元)				**69.95**	**69.95**	**75.29**	**75.29**	**75.29**	**75.29**
其中	人工费(元)			60.48	60.48	69.93	69.93	69.93	69.93
	材料费(元)			9.47	9.47	5.36	5.36	5.36	5.36
	机械费(元)			—	—	—	—	—	—
名称		单位	单价(元)	消耗量					
人工	二类人工	工日	135.00	0.448	0.448	0.518	0.518	0.518	0.518
材料	照明开关	只	—	(10.200)	(10.200)	(10.200)	(10.200)	(10.200)	(10.200)
	圆木台(63～138)×22	块	0.29	10.500	10.500	—	—	—	—
	木螺钉 $d2\sim4\times6\sim65$	10个	0.69	4.160	4.160	—	—	—	—
	镀锌铁丝 $18^{\#}\sim22^{\#}$	kg	6.55	0.100	0.100	—	—	—	—
	铜芯塑料绝缘线 BV1.5	m	0.78	3.050	3.050	6.560	6.560	6.560	6.560
	其他材料费	元	1.00	0.52	0.52	0.24	0.24	0.24	0.24

工作内容:测位、划线、打眼、缠埋螺栓、清扫盒子、上木台、装开关和按钮、接线、装盖。　　**计量单位**:10套

定额编号				8-367	8-368	8-369	8-370	8-371	8-372
项目				扳式暗开关(单控)		扳式暗开关(双控)			
				五联	六联	单联	双联	三联	四联
基价(元)				**75.29**	**75.29**	**75.29**	**75.29**	**75.29**	**75.29**
其中	人工费(元)			69.93	69.93	69.93	69.93	69.93	69.93
	材料费(元)			5.36	5.36	5.36	5.36	5.36	5.36
	机械费(元)			—	—	—	—	—	—
名称		单位	单价(元)	消耗量					
人工	二类人工	工日	135.00	0.518	0.518	0.518	0.518	0.518	0.518
材料	照明开关	只	—	(10.200)	(10.200)	(10.200)	(10.200)	(10.200)	(10.200)
	铜芯塑料绝缘线 BV1.5	m	0.78	6.560	6.560	6.560	6.560	6.560	6.560
	其他材料费	元	1.00	0.24	0.24	0.24	0.24	0.24	0.24

工作内容:测位、划线、打眼、缠埋螺栓、清扫盒子、上木台、装开关和按钮、接线、装盖。　　**计量单位**:10 套

定额编号				8-373	8-374	8-375	8-376	8-377
项目				扳式暗开关(双控)		一般按钮		密闭开关
				五联	六联	明装	暗装	5A 以下
基价(元)				**75.29**	**75.29**	**68.51**	**63.63**	**110.64**
其中	人工费(元)			69.93	69.93	60.48	60.48	97.74
	材料费(元)			5.36	5.36	8.03	3.15	12.90
	机械费(元)			—	—	—	—	—
名称		单位	单价(元)	消耗量				
人工	二类人工	工日	135.00	0.518	0.518	0.448	0.448	0.724
材料	照明开关	只	—	(10.200)	(10.200)	—	—	—
	成套按钮	套	—	—	—	(10.200)	(10.200)	(10.200)
	木螺钉 $d2\sim4\times6\sim65$	10 个	0.69	—	—	2.080	—	2.080
	镀锌铁丝 $18^{\#}\sim22^{\#}$	kg	6.55	—	—	0.100	0.100	0.100
	铜芯塑料绝缘线 BV1.5	m	0.78	6.560	6.560	3.050	3.050	—
	圆木台 $(63\sim138)\times22$	块	0.29	—	—	10.500	—	—
	铜芯橡皮绝缘线 BX 2.5	m	1.29	—	—	—	—	5.150
	镀锌六角螺栓带螺母、2 垫圈 $M6\times14\sim75$	10 套	1.72	—	—	—	—	2.040
	其他材料费	元	1.00	0.24	0.24	0.52	0.12	0.66

工作内容:测位、划线、打眼、缠埋螺栓、清扫盒子、上木台、装开关和按钮、接线、装盖。　　**计量单位**:10 套

定额编号				8-378	8-379	8-380
项目				红外人体感应开关	声光延时开关	按键延时开关
基价(元)				**79.07**	**79.07**	**79.07**
其中	人工费(元)			73.71	73.71	73.71
	材料费(元)			5.36	5.36	5.36
	机械费(元)			—	—	—
名称		单位	单价(元)	消耗量		
人工	二类人工	工日	135.00	0.546	0.546	0.546
材料	照明开关	只	—	(10.200)	(10.200)	(10.200)
	铜芯塑料绝缘线 BV1.5	m	0.78	6.560	6.560	6.560
	其他材料费	元	1.00	0.24	0.24	0.24

2. 一 般 插 座

工作内容：测位、划线、打眼、缠埋螺栓、清扫盒子、上木台、装插座、接线、装盖。 **计量单位**：10套

定额编号				8-381	8-382	8-383	8-384	8-385	8-386
项目				单相明插座15A					
				2孔	3孔	4孔	5孔	6孔	7孔
基价（元）				**93.92**	**93.92**	**95.89**	**97.86**	**99.82**	**101.79**
其中	人工费（元）			87.48	87.48	87.48	87.48	87.48	87.48
	材料费（元）			6.44	6.44	8.41	10.38	12.34	14.31
	机械费（元）			—	—	—	—	—	—
名称		单位	单价(元)	消耗量					
人工	二类人工	工日	135.00	0.648	0.648	0.648	0.648	0.648	0.648
材料	成套插座	套	—	(10.200)	(10.200)	(10.200)	(10.200)	(10.200)	(10.200)
	铜芯塑料绝缘线 BV2.5	m	1.29	4.575	4.575	6.100	7.625	9.150	10.675
	其他材料费	元	1.00	0.54	0.54	0.54	0.54	0.54	0.54

工作内容：测位、划线、打眼、缠埋螺栓、清扫盒子、上木台、装插座、接线、装盖。 **计量单位**：10套

定额编号				8-387	8-388	8-389	8-390	8-391
项目				单相明插座15A				
				8孔	9孔	10孔	11孔	12孔
基价（元）				**101.92**	**101.92**	**101.92**	**101.92**	**101.92**
其中	人工费（元）			87.48	87.48	87.48	87.48	87.48
	材料费（元）			14.44	14.44	14.44	14.44	14.44
	机械费（元）			—	—	—	—	—
名称		单位	单价(元)	消耗量				
人工	二类人工	工日	135.00	0.648	0.648	0.648	0.648	0.648
材料	成套插座	套	—	(10.200)	(10.200)	(10.200)	(10.200)	(10.200)
	铜芯塑料绝缘线 BV2.5	m	1.29	10.675	10.675	10.675	10.675	10.675
	其他材料费	元	1.00	0.67	0.67	0.67	0.67	0.67

工作内容：测位、划线、打眼、缠埋螺栓、清扫盒子、上木台、装插座、接线、装盖。 **计量单位**：10套

定额编号				8-392	8-393	8-394	8-395
项目				单相明插座30A		三相明插座	
				2孔	3孔	15A4孔	30A4孔
基价（元）				**101.80**	**101.80**	**95.97**	**106.46**
其中	人工费（元）			87.48	87.48	87.48	87.48
	材料费（元）			14.32	14.32	8.49	18.98
	机械费（元）			—	—	—	—
名称		单位	单价(元)	消耗量			
人工	二类人工	工日	135.00	0.648	0.648	0.648	0.648
材料	成套插座	套	—	(10.200)	(10.200)	(10.200)	(10.200)
	铜芯塑料绝缘线 BV2.5	m	1.29	—	—	6.100	—
	铜芯塑料绝缘线 BV6	m	3.02	4.575	4.575	—	6.100
	其他材料费	元	1.00	0.50	0.50	0.62	0.56

工作内容:测位、划线、打眼、缠埋螺栓、清扫盒子、上木台、装插座、接线、装盖。 **计量单位**:10 套

定额编号				8-396	8-397	8-398	8-399	8-400	8-401
项目				单相暗插座 15A					
				2 孔	3 孔	4 孔	5 孔	6 孔	7 孔
基价(元)				**86.32**	**86.32**	**88.29**	**90.26**	**92.22**	**94.19**
其中	人工费(元)			80.19	80.19	80.19	80.19	80.19	80.19
	材料费(元)			6.13	6.13	8.10	10.07	12.03	14.00
	机械费(元)			—	—	—	—	—	—
名称		单位	单价(元)	消耗量					
人工	二类人工	工日	135.00	0.594	0.594	0.594	0.594	0.594	0.594
材料	成套插座	套	—	(10.200)	(10.200)	(10.200)	(10.200)	(10.200)	(10.200)
	铜芯塑料绝缘线 BV2.5	m	1.29	4.575	4.575	6.100	7.625	9.150	10.675
	其他材料费	元	1.00	0.23	0.23	0.23	0.23	0.23	0.23

工作内容:测位、划线、打眼、缠埋螺栓、清扫盒子、上木台、装插座、接线、装盖。 **计量单位**:10 套

定额编号				8-402	8-403	8-404	8-405	8-406
项目				单相暗插座 15A				
				8 孔	9 孔	10 孔	11 孔	12 孔
基价(元)				**94.19**	**94.19**	**94.19**	**94.19**	**94.19**
其中	人工费(元)			80.19	80.19	80.19	80.19	80.19
	材料费(元)			14.00	14.00	14.00	14.00	14.00
	机械费(元)			—	—	—	—	—
名称		单位	单价(元)	消耗量				
人工	二类人工	工日	135.00	0.594	0.594	0.594	0.594	0.594
材料	成套插座	套	—	(10.200)	(10.200)	(10.200)	(10.200)	(10.200)
	铜芯塑料绝缘线 BV2.5	m	1.29	10.675	10.675	10.675	10.675	10.675
	其他材料费	元	1.00	0.23	0.23	0.23	0.23	0.23

工作内容:测位、划线、打眼、缠埋螺栓、清扫盒子、上木台、装插座、接线、装盖。 **计量单位**:10 套

定额编号				8-407	8-408	8-409	8-410
项目				单相暗插座 30A		三相暗插座	
				2 孔	3 孔	15A4 孔	30A4 孔
基价(元)				**94.10**	**94.12**	**88.25**	**98.75**
其中	人工费(元)			80.19	80.19	80.19	80.19
	材料费(元)			13.91	13.93	8.06	18.56
	机械费(元)			—	—	—	—
名称		单位	单价(元)	消耗量			
人工	二类人工	工日	135.00	0.594	0.594	0.594	0.594
材料	成套插座	套	—	(10.200)	(10.200)	(10.200)	(10.200)
	铜芯塑料绝缘线 BV2.5	m	1.29	—	—	6.100	—
	铜芯塑料绝缘线 BV6	m	3.02	4.575	4.575	—	6.100
	其他材料费	元	1.00	0.09	0.11	0.19	0.14

3. 防爆插座

工作内容：测位、划线、打眼、埋螺栓、清扫盒子、装插座、接线。　　计量单位：10套

定额编号				8-411	8-412	8-413	8-414	8-415	8-416
项目				防爆插座(A以下)					
				单相			单相三孔		
				15	30	60	15	30	60
基价（元）				**119.81**	**159.99**	**164.49**	**121.02**	**163.42**	**167.89**
其中	人工费（元）			110.03	145.80	145.80	110.03	145.80	145.80
	材料费（元）			9.78	14.19	18.69	10.99	17.62	22.09
	机械费（元）			—	—	—	—	—	—
名称		单位	单价(元)	消耗量					
人工	二类人工	工日	135.00	0.815	1.080	1.080	0.815	1.080	1.080
材料	防爆插座	个	—	(10.200)	(10.200)	(10.200)	(10.200)	(10.200)	(10.200)
	铜芯橡皮绝缘线 BX 1.5	m	0.78	3.050	—	—	4.580	—	—
	铜芯橡皮绝缘线 BX 4.0	m	2.16	—	3.050	—	—	4.580	—
	铜芯橡皮绝缘线 BX 6.0	m	2.16	—	—	3.050	—	—	4.580
	镀锌六角螺栓带螺母、2垫圈 M6×14~75	10套	1.72	4.080	4.080	—	4.080	4.080	—
	镀锌六角螺栓带螺母、2垫圈 M8×14~75	10套	2.84	—	—	4.080	—	—	4.080
	其他材料费	元	1.00	0.38	0.58	0.51	0.40	0.71	0.61

工作内容：测位、划线、打眼、埋螺栓、清扫盒子、装插座、接线。　　计量单位：10套

定额编号				8-417	8-418	8-419
项目				防爆插座(A以下)		
				三相四孔		
				15	30	60
基价（元）				**144.59**	**190.39**	**194.82**
其中	人工费（元）			130.55	171.99	171.99
	材料费（元）			14.04	18.40	22.83
	机械费（元）			—	—	—
名称		单位	单价(元)	消耗量		
人工	二类人工	工日	135.00	0.967	1.274	1.274
材料	防爆插座	个	—	(10.200)	(10.200)	(10.200)
	铜芯橡皮绝缘线 BX 2.5	m	1.29	4.880	—	—
	铜芯橡皮绝缘线 BX 4.0	m	2.16	—	4.880	—
	铜芯橡皮绝缘线 BX 6.0	m	2.16	—	—	4.880
	镀锌六角螺栓带螺母、2垫圈 M6×14~75	10套	1.72	4.080	4.080	—
	镀锌六角螺栓带螺母、2垫圈 M8×14~75	10套	2.84	—	—	4.080
	其他材料费	元	1.00	0.73	0.84	0.70

4.地面插座

工作内容:开箱、检查、安装、接线。

计量单位:10 套

定额编号				8-420	8-421	8-422	8-423
项目				埋地单相安全插座		埋地三相安全插座	
				(A 以下)			
				15	30	15	30
基价(元)				**131.34**	**176.46**	**158.56**	**208.69**
其中	人工费(元)			122.31	162.00	144.99	191.16
	材料费(元)			9.03	14.46	13.57	17.53
	机械费(元)			—	—	—	—
名称		单位	单价(元)	消耗量			
人工	二类人工	工日	135.00	0.906	1.200	1.074	1.416
材料	防爆插座	个	—	(10.200)	(10.200)	(10.200)	(10.200)
	木螺钉 d4.5~6×15~100	10 个	1.03	4.080	4.080	4.080	4.080
	镀锌铁丝 18#~22#	kg	6.55	0.100	0.100	0.100	0.100
	铜芯塑料绝缘线 BV1.5	m	0.78	4.580	—	—	—
	铜芯塑料绝缘线 BV2.5	m	1.29	—	—	6.100	—
	铜芯塑料绝缘线 BV4	m	1.90	—	4.580	—	6.100
	其他材料费	元	1.00	0.60	0.90	0.84	1.08

四、电气试验

工作内容:自动开关或断路器、隔离开关、常规保护装置、电测量仪表、电力电缆等一、二次回路系统的调试。

计量单位:站

定额编号				8-424
项目				低压配电屏柜调试
基价(元)				**822.58**
其中	人工费(元)			648.00
	材料费(元)			—
	机械费(元)			174.58
名称		单位	单价(元)	消耗量
人工	二类人工	工日	135.00	4.800
机械	电能校验仪 ST9040	台班	56.07	2.000
	数字万用表	台班	4.16	1.500
	电压电流表(各种量程)	台班	22.89	2.000
	电缆测试仪 JH5132	台班	10.42	1.000

工作内容:装置本体及控制回路系统的调整试验。　　**计量单位**:站

定额编号				8-425
项目				应急电源屏调试
基价（元）				**630.54**
其中	人工费（元）			486.00
	材料费（元）			—
	机械费（元）			144.54
名称		单位	单价(元)	消耗量
人工	二类人工	工日	135.00	3.600
机械	数字毫秒计 DM3～802H	台班	8.91	2.000
	数字万用表	台班	4.16	3.000
	电压电流表(各种量程)	台班	22.89	2.000
	继电保护测试仪 JBC	台班	34.23	2.000

工作内容:自动装置、继电器及控制回路的调整试验。　　**计量单位**:站

定额编号				8-426
项目				双电源切换柜调试
基价（元）				**1480.75**
其中	人工费（元）			1134.00
	材料费（元）			—
	机械费（元）			346.75
名称		单位	单价(元)	消耗量
人工	二类人工	工日	135.00	8.400
机械	数字万用表	台班	4.16	2.000
	电压电流表(各种量程)	台班	22.89	2.000
	继电保护测试仪 JBC	台班	34.23	2.000
	三相精密测试电源 JCD4060	台班	127.00	1.500
	相位电压测试仪	台班	10.04	1.500
	自动 LCR 测量仪 ZL6	台班	12.42	1.500

工作内容:系统试验、数据记录、故障排除。　　**计量单位**:站

定额编号				8-427	8-428
项目				满负荷试验	
				照明系统(48h)	动力系统(24h)
基价（元）				**3346.50**	**1698.29**
其中	人工费（元）			3318.84	1670.63
	材料费（元）			—	—
	机械费（元）			27.66	27.66
名称		单位	单价(元)	消耗量	
人工	二类人工	工日	135.00	24.584	12.375
机械	对讲机(一对)	台班	4.61	6.000	6.000

第七章

电　　缆

说　　明

一、本章定额包括电缆支架安装、电缆桥架安装、电力电缆敷设、控制电缆敷设、电力电缆中间头制作安装、电力电缆终端头制作安装六节，共155个子目。

二、电缆敷设定额按照地铁隧道、地面线路和高架区间正常施工条件编制，不包括在积水、水底、井下等特殊条件下的电缆敷设。

三、电缆敷设定额中未考虑因波形敷设增加长度、弛度增加长度、电缆绕梁(柱)增加长度以及电缆与设备连接、电缆接头等必要的预留长度，该预留长度按实际发生与否计入工程量之内。当设计未规定预留长度时，可按下表计算(如设计图纸规定了预留长度则按设计图纸规定的预留长度计算)。实际未预留的不得计算工程量。

电缆敷设预留长度表

序号	项　　目	预留长度	说　　明
1	电缆敷设弛度、波形弯度、交叉	2.5%	按电缆全程计算
2	电缆进入建筑物	2.0m	规范规定最小值
3	电缆进入沟内或吊架时引上(下)线	1.5m	规范规定最小值
4	变电所进、出线	1.5m	规范规定最小值
5	电力电缆终端头	1.5m	规范规定最小值
6	电缆中间接头盒	两端各留2.0m	检修余量最小值
7	电缆进控制、保护屏及模拟盘等	高+宽	按盘面尺寸
8	高压开关柜及低压配电盘、箱	2.0m	盘下进出线
9	电缆绕过梁柱等增加长度	按实际计算	按被绕物的断面情况计算增加长度

四、电缆支架按单立柱编制，双立柱按单立柱乘以系数2计算。

五、电缆支架膨胀螺栓的规格、型号及用量按设计图示确定。

六、顶棚和侧壁电缆支架安装高度超过4.5m，定额的人工、机械消耗量乘以系数1.2计算。

七、桥架安装：

1. 桥架安装包括运输、组对、吊装、固定；弯头或三、四通修改、制作组对，切割口防腐、桥架开孔、上管件、隔板安装、盖板安装、接地跨接、附件安装等工作内容。

2. 桥架支撑架定额适用于立柱、托臂及其他各种支撑架的安装。本定额已综合考虑了采用螺栓、焊接和膨胀螺栓三种固定方式，实际施工中不论采用何种固定方式，定额均不作调整。

3. 玻璃钢梯式桥架和铝合金梯式桥架定额均按不带盖考虑，如这两种桥架带盖，则分别执行玻璃钢槽式桥架定额和铝合金槽式桥架定额。

4. 钢制桥架主结构设计厚度大于3mm时，定额人工、机械乘以系数1.2。

5. 不锈钢桥架按本章钢制桥架定额乘以系数1.1。

6. 组合式桥架定额中以每片长度2mm作为一个基型片，已综合了宽为100mm、150mm、200mm三种规格。

八、电缆穿管敷设应执行电缆沿竖直通道敷设的定额项目，工程量乘以系数2计算。

九、电力电缆头均按铜芯电缆编制。

十、电力电缆敷设定额项目，均按三芯电缆编制。单芯电力电缆敷设时其人工、机械消耗量乘以系数0.67;五芯电力电缆敷设时乘以人工、机械消耗量系数1.3;五芯以上每增加一芯,系数增加0.3。截面800～1000mm^2 的单芯电力电缆敷设按400mm^2 电力电缆人工、机械消耗量乘以系数1.25。

十一、单芯、多芯电缆头制作、安装系数调整见下表。

单芯、多芯电缆头制作、安装调整系数

电缆头制作、安装	35mm^2 及以下			25mm^2 及以下		10mm^2 及以下	
	三芯及以上	双芯	单芯	三芯及以上	双芯、单芯	三芯及以上	双芯、单芯
	1.0	0.4	0.3	0.4	0.2	0.3	0.15

十二、在井下敷设电缆,人工工日乘以系数3.0。

工程量计算规则

一、电缆支架安装按设计图示数量以“套”计算。

二、电缆桥架安装包括直通桥架和弯头等按中心线延长米以“m”计算，不扣除弯头、三通、四通等所占的长度。当直通桥架与弯头、三通、四通分别计算主材价格时，直通桥架的工程量应扣除上述弯头、三通、四通所占的长度后再计主材费。连接用螺栓和连接件随桥架成套购买，计算预算重量可按桥架总重或总价的7%计算。

三、组合式桥架工程量以“片”计算。

四、电缆敷设长度按设计图示长度以“m”计算，预留长度按章说明增加。

一、电缆支架安装

工作内容:准备、搬运、测量、定位、打孔、螺栓安装、支架安装、调整。　　**计量单位:**套

定额编号				8-429	8-430	8-431
项目				顶板		
				三层及以下	四、五层	六层及以上
基价(元)				**141.14**	**205.89**	**313.91**
其中	人工费(元)			57.38	90.86	113.13
	材料费(元)			21.61	21.61	37.13
	机械费(元)			62.15	93.42	163.65
	名称	单位	单价(元)	消耗量		
人工	二类人工	工日	135.00	0.425	0.673	0.838
材料	电缆支吊架	套	—	(1.010)	(1.010)	(1.010)
	金属膨胀螺栓 M12	套	0.64	8.160	8.160	8.160
	螺栓带帽及垫圈 M10×50	套	—	(3.060)	(20.400)	(24.480)
	钢垫块	kg	7.24	2.120	2.120	4.240
	冲击钻头 $\phi14$	个	5.00	0.163	0.163	0.163
	电	kW·h	0.78	0.017	0.017	0.026
	其他材料费	元	1.00	0.21	0.21	0.37
机械	轨道车 210kW	台班	471.91	0.125	0.167	0.306
	载货汽车 8t	台班	411.20	0.006	0.012	0.016
	汽车式起重机 12t	台班	748.60	—	0.012	0.016
	电锤	台班	6.92	0.100	0.100	0.100

工作内容:准备、搬运、测量、定位、打孔、螺栓安装、支架安装、调整。　　**计量单位:**套

定额编号				8-432	8-433	8-434
项目				侧壁		
				三层及以下	四、五层	六层及以上
基价(元)				**74.60**	**100.95**	**141.91**
其中	人工费(元)			46.85	55.62	77.49
	材料费(元)			1.54	1.54	2.30
	机械费(元)			26.21	43.79	62.12
	名称	单位	单价(元)	消耗量		
人工	二类人工	工日	135.00	0.347	0.412	0.574
材料	电缆支架	套	—	(1.010)	(1.010)	(1.010)
	金属膨胀螺栓 M12	套	0.64	2.040	2.040	3.060
	冲击钻头 $\phi14$	个	5.00	0.041	0.041	0.061
	电	kW·h	0.78	0.017	0.017	0.026
	其他材料费	元	1.00	0.02	0.02	0.02
机械	轨道车 210kW	台班	471.91	0.050	0.063	0.092
	载货汽车 8t	台班	411.20	0.006	0.012	0.016
	汽车式起重机 12t	台班	748.60	—	0.012	0.016
	电锤	台班	6.92	0.021	0.021	0.021

工作内容:准备、搬运、测量、定位、打孔、螺栓安装、支架安装、调整。 **计量单位**:套

定额编号				8-435	8-436	8-437
项目				地坪		
				三层及以下	四、五层	六层及以上
基价(元)				**30.71**	**51.16**	**74.42**
其中	人工费(元)			26.19	34.83	52.38
	材料费(元)			1.54	1.54	2.30
	机械费(元)			2.98	14.79	19.74
名称		单位	单价(元)	消耗量		
人工	二类人工	工日	135.00	0.194	0.258	0.388
材料	电缆支架	套	—	(1.010)	(1.010)	(1.010)
	金属膨胀螺栓 M12	套	0.64	2.040	2.040	3.060
	冲击钻头 ϕ14	个	5.00	0.041	0.041	0.061
	电	kW·h	0.78	0.017	0.017	0.026
	其他材料费	元	1.00	0.02	0.02	0.02
机械	轨道车 210kW	台班	471.91	0.006	0.012	0.016
	汽车式起重机 12t	台班	748.60	—	0.012	0.016
	电锤	台班	6.92	0.021	0.021	0.031

二、电缆桥架安装

1.钢制桥架

工作内容:组对、焊接或螺栓固定、弯头、三通或四通、盖板、隔板、接地跨接、附件安装。　　**计量单位**:10m

定额编号				8-438	8-439	8-440	8-441
项目				钢制槽式桥架(宽+高 mm 以下)			
				150	400	600	800
基价(元)				**177.89**	**256.73**	**375.95**	**501.61**
其中	人工费(元)			111.38	185.49	297.41	402.98
	材料费(元)			62.69	63.55	65.45	66.39
	机械费(元)			3.82	7.69	13.09	32.24
名称		单位	单价(元)	消耗量			
人工	二类人工	工日	135.00	0.825	1.374	2.203	2.985
材料	电缆桥架 综合	m	—	(10.050)	(10.050)	(10.050)	(10.050)
	电焊条	kg	4.31	—	—	0.080	0.136
	汽油 综合	kg	6.12	0.064	0.080	0.160	0.240
	砂轮片 $\phi100$	片	4.31	0.008	0.008	0.016	0.016
	砂轮片 $\phi400$	片	21.55	0.008	0.008	0.016	0.016
	酚醛防锈漆(各种颜色)	kg	7.76	0.080	0.096	0.120	0.120
	棉纱	kg	10.34	0.024	0.040	0.080	0.096
	接地线 5.5~16mm^2	m	3.45	1.800	1.800	1.800	1.760
	铜接地端子带螺栓	套	5.00	10.500	10.500	10.500	10.500
	电	kW·h	0.78	0.560	1.120	1.352	1.584
	其他材料费	元	1.00	2.08	2.11	2.19	2.19
机械	载货汽车 5t	台班	382.30	0.010	0.020	0.030	0.040
	汽车式起重机 8t	台班	648.48	—	—	—	0.020
	直流弧焊机 20kW	台班	78.72	—	—	0.020	0.050
	台式砂轮机 $\phi250$mm	台班	4.65	—	0.010	0.010	0.010

注:电缆桥架包括盖板、隔板。

工作内容:组对、焊接或螺栓固定、弯头、三通或四通、盖板、隔板、接地跨接、附件安装。　　**计量单位:**10m

定额编号				8-442	8-443	8-444
项目				钢制槽式桥架(宽+高 mm 以下)		
				1000	1200	1500
基价(元)				**630.67**	**748.52**	**856.90**
其中	人工费(元)			512.60	610.61	702.68
	材料费(元)			67.71	69.19	72.78
	机械费(元)			50.36	68.72	81.44
名称		单位	单价(元)	消耗量		
人工	二类人工	工日	135.00	3.797	4.523	5.205
材料	电缆桥架 综合	m	—	(10.050)	(10.050)	(10.050)
	电焊条	kg	4.31	0.216	0.264	0.400
	汽油 综合	kg	6.12	0.320	0.400	0.560
	砂轮片 ϕ100	片	4.31	0.024	0.024	0.024
	砂轮片 ϕ400	片	21.55	0.024	0.032	0.032
	酚醛防锈漆(各种颜色)	kg	7.76	0.160	0.200	0.240
	棉纱	kg	10.34	0.120	0.160	0.240
	接地线 5.5~16mm^2	m	3.45	1.504	1.360	1.360
	铜接地端子带螺栓	套	5.00	10.500	10.500	10.500
	电	kW·h	0.78	2.520	3.064	4.040
	其他材料费	元	1.00	2.06	2.02	2.15
机械	载货汽车 5t	台班	382.30	0.060	0.070	0.080
	汽车式起重机 8t	台班	648.48	0.030	0.050	0.060
	直流弧焊机 20kW	台班	78.72	0.100	0.120	0.150
	台式砂轮机 ϕ250mm	台班	4.65	0.020	0.020	0.030

注:电缆桥架包括盖板、隔板。

工作内容:组对、焊接或螺栓固定、弯头、三通或四通、盖板、隔板、接地跨接、附件安装。 **计量单位**:10m

定额编号				8-445	8-446	8-447	8-448	8-449	8-450
项目				钢制梯式桥架(宽+高mm以下)					
				200	500	800	1000	1200	1500
基价(元)				**160.89**	**286.57**	**410.68**	**554.71**	**636.80**	**771.45**
其中	人工费(元)			94.50	212.90	311.99	442.67	500.45	614.12
	材料费(元)			62.57	64.45	75.97	67.80	69.11	75.82
	机械费(元)			3.82	9.22	22.72	44.24	67.24	81.51
名称		单位	单价(元)	消耗量					
人工	二类人工	工日	135.00	0.700	1.577	2.311	3.279	3.707	4.549
材料	电缆桥架 综合	m	—	(10.050)	(10.050)	(10.050)	(10.050)	(10.050)	(10.050)
	电焊条	kg	4.31	—	0.128	0.160	0.224	0.400	0.528
	汽油 综合	kg	6.12	0.064	0.080	0.240	0.320	0.400	0.640
	砂轮片 ϕ100	片	4.31	0.008	0.008	0.008	0.016	0.016	0.016
	砂轮片 ϕ400	片	21.55	0.008	0.008	0.016	0.024	0.024	0.112
	酚醛防锈漆(各种颜色)	kg	7.76	0.080	0.096	0.120	0.160	0.200	0.240
	棉纱	kg	10.34	0.024	0.064	0.096	0.120	0.160	0.240
	接地线 5.5~16mm^2	m	3.45	1.800	1.800	1.760	1.504	1.360	1.360
	铜接地端子带螺栓	套	5.00	10.500	10.500	10.500	10.500	10.500	10.500
	电	kW·h	0.78	0.400	1.200	1.584	2.640	2.464	4.240
	其他材料费	元	1.00	2.08	2.15	11.70	2.06	2.03	2.30
机械	载货汽车 5t	台班	382.30	0.010	0.020	0.030	0.040	0.060	0.070
	汽车式起重机 8t	台班	648.48	—	—	0.010	0.030	0.050	0.060
	直流弧焊机 20kW	台班	78.72	—	0.020	0.060	0.120	0.150	0.200
	台式砂轮机 ϕ250mm	台班	4.65	—	—	0.010	0.010	0.015	0.020

注:电缆桥架包括盖板、隔板。

工作内容:组对、焊接或螺栓固定、弯头、三通或四通、盖板、隔板、接地跨接、附件安装。　　**计量单位:**10m

定额编号				8-451	8-452	8-453	8-454
项目				钢制托盘式桥架(宽+高 mm 以下)			
				100	150	400	600
基价(元)				**110.46**	**170.84**	**246.01**	**356.76**
其中	人工费(元)			53.60	105.03	173.21	275.94
	材料费(元)			56.86	61.99	65.11	66.64
	机械费(元)			—	3.82	7.69	14.18
名称		单位	单价(元)	消耗量			
人工	二类人工	工日	135.00	0.397	0.778	1.283	2.044
材料	电缆桥架 综合	m	—	(10.050)	(10.050)	(10.050)	(10.050)
	汽油 综合	kg	6.12	0.016	0.040	0.064	0.080
	棉纱	kg	10.34	0.008	0.016	0.120	0.024
	酚醛防锈漆(各种颜色)	kg	7.76	0.040	0.040	0.040	0.080
	砂轮片 ϕ100	片	4.31	—	0.008	0.008	0.008
	砂轮片 ϕ400	片	21.55	0.008	0.008	0.080	0.160
	接地线 5.5~16mm^2	m	3.45	0.800	1.800	1.800	1.800
	铜接地端子带螺栓	套	5.00	10.500	10.500	10.500	10.500
	电	kW·h	0.78	0.160	0.400	0.720	1.048
	其他材料费	元	1.00	0.81	2.04	2.14	2.27
机械	载货汽车 5t	台班	382.30	—	0.010	0.020	0.020
	汽车式起重机 8t	台班	648.48	—	—	—	0.010
	台式砂轮机 ϕ250mm	台班	4.65	—	—	0.010	0.010

注:电缆桥架包括盖板、隔板。

工作内容:组对、焊接或螺栓固定、弯头、三通或四通、盖板、隔板、接地跨接、附件安装。 **计量单位**:10m

定额编号				8-455	8-456	8-457	8-458
项目				钢制托盘式桥架(宽+高 mm 以下)			
				800	1000	1200	1500
基价(元)				**464.37**	**566.55**	**621.64**	**814.28**
其中	人工费(元)			369.23	455.49	502.07	667.17
	材料费(元)			68.27	71.33	67.73	74.61
	机械费(元)			26.87	39.73	51.84	72.50
名称		单位	单价(元)	消耗量			
人工	二类人工	工日	135.00	2.735	3.374	3.719	4.942
材料	电缆桥架 综合	m	—	(10.050)	(10.050)	(10.050)	(10.050)
	电焊条	kg	4.31	0.104	0.160	0.200	0.320
	汽油 综合	kg	6.12	0.160	0.320	0.400	0.640
	棉纱	kg	10.34	0.040	0.048	0.080	0.400
	酚醛防锈漆(各种颜色)	kg	7.76	0.120	0.160	0.200	0.240
	砂轮片 ϕ100	片	4.31	0.008	0.016	0.016	0.016
	砂轮片 ϕ400	片	21.55	0.160	0.240	0.032	0.032
	接地线 5.5~16mm^2	m	3.45	1.760	1.504	1.360	1.360
	铜接地端子带螺栓	套	5.00	10.500	10.500	10.500	10.500
	电	kW·h	0.78	1.440	2.240	2.720	4.080
	其他材料费	元	1.00	2.32	2.27	1.97	2.18
机械	载货汽车 5t	台班	382.30	0.030	0.030	0.040	0.060
	汽车式起重机 8t	台班	648.48	0.020	0.030	0.040	0.050
	直流弧焊机 20kW	台班	78.72	0.030	0.100	0.120	0.200
	台式砂轮机 ϕ250mm	台班	4.65	0.015	0.200	0.250	0.300

注:电缆桥架包括盖板、隔板。

2. 玻璃钢桥架

工作内容:组对、螺栓固定、弯头、三通或四通、盖板、隔板、附件安装。 **计量单位**:10m

定额编号				8-459	8-460	8-461	8-462	8-463
项目				玻璃钢槽式桥架(宽+高 mm 以下)				
				200	400	600	800	1000
基价(元)				**116.79**	**178.66**	**282.05**	**476.60**	**542.61**
其中	人工费(元)			110.30	171.99	264.74	444.42	494.64
	材料费(元)			2.62	2.80	3.11	3.85	5.48
	机械费(元)			3.87	3.87	14.20	28.33	42.49
	名称	单位	单价(元)	消耗量				
人工	二类人工	工日	135.00	0.817	1.274	1.961	3.292	3.664
材料	电缆桥架 综合	m	—	(10.050)	(10.050)	(10.050)	(10.050)	(10.050)
	棉纱	kg	10.34	0.016	0.024	0.040	0.080	0.160
	砂轮片 ϕ100	片	4.31	0.008	0.008	0.008	0.016	0.024
	砂轮片 ϕ400	片	21.55	0.008	0.008	0.008	0.016	0.016
	电	kW·h	0.78	0.320	0.440	0.600	0.960	2.000
	其他材料费	元	1.00	2.00	2.00	2.02	1.86	1.82
机械	载货汽车 5t	台班	382.30	0.010	0.010	0.020	0.040	0.060
	汽车式起重机 8t	台班	648.48	—	—	0.010	0.020	0.030
	台式砂轮机 ϕ250mm	台班	4.65	0.010	0.010	0.015	0.015	0.020

注:电缆桥架包括盖板、隔板。

工作内容:组对、螺栓固定、弯头、三通或四通、盖板、附件安装。 **计量单位**:10m

定额编号				8-464	8-465	8-466	8-467	8-468
项目				玻璃钢梯式桥架(宽+高 mm 以下)				
				200	400	600	800	1000
基价(元)				**97.36**	**161.04**	**246.35**	**382.41**	**469.62**
其中	人工费(元)			90.99	154.58	226.94	345.87	419.31
	材料费(元)			2.50	2.59	2.94	3.68	4.85
	机械费(元)			3.87	3.87	16.47	32.86	45.46
	名称	单位	单价(元)	消耗量				
人工	二类人工	工日	135.00	0.674	1.145	1.681	2.562	3.106
材料	电缆桥架 综合	m	—	(10.050)	(10.050)	(10.050)	(10.050)	(10.050)
	棉纱	kg	10.34	0.016	0.016	0.040	0.080	0.160
	砂轮片 ϕ100	片	4.31	0.008	0.008	0.008	0.016	0.024
	砂轮片 ϕ400	片	21.55	0.008	0.008	0.008	0.016	0.016
	电	kW·h	0.78	0.160	0.280	0.400	0.560	1.200
	其他材料费	元	1.00	2.00	2.00	2.01	2.00	1.81
机械	载货汽车 5t	台班	382.30	0.010	0.010	0.020	0.040	0.050
	汽车式起重机 16t	台班	875.04	—	—	0.010	0.020	0.030
	台式砂轮机 ϕ250mm	台班	4.65	0.010	0.010	0.015	0.015	0.020

注:电缆桥架包括盖板、隔板。

工作内容:组对、螺栓固定、弯头、三通或四通、盖板、隔板、附件安装。 **计量单位**:10m

定额编号				8-469	8-470	8-471	8-472
项目				玻璃钢托盘式桥架(宽+高 mm 以下)			
				300	500	800	1000
基价(元)				**113.81**	**255.16**	**419.37**	**523.54**
其中	人工费(元)			107.33	238.01	387.32	475.88
	材料费(元)			2.61	2.97	3.72	5.17
	机械费(元)			3.87	14.18	28.33	42.49
	名称	单位	单价(元)	消耗量			
人工	二类人工	工日	135.00	0.795	1.763	2.869	3.525
材料	电缆桥架 综合	m	—	(10.050)	(10.050)	(10.050)	(10.050)
	棉纱	kg	10.34	0.024	0.040	0.080	0.160
	砂轮片 ϕ100	片	4.31	0.008	0.008	0.016	0.024
	砂轮片 ϕ400	片	21.55	0.008	0.008	0.016	0.016
	电	kW·h	0.78	0.240	0.440	0.800	1.600
	其他材料费	元	1.00	1.97	2.01	1.86	1.82
机械	载货汽车 5t	台班	382.30	0.010	0.020	0.040	0.060
	汽车式起重机 8t	台班	648.48	—	0.010	0.020	0.030
	台式砂轮机 ϕ250mm	台班	4.65	0.010	0.010	0.015	0.020

注:电缆桥架包括盖板、隔板。

3. 铝合金槽式

工作内容:组对、螺栓固定、弯头、三通或四通、盖板、隔板、接地跨接、附件安装。 **计量单位**:10m

定额编号				8-473	8-474	8-475	8-476	8-477	8-478
项目				铝合金槽式桥架(宽+高 mm 以下)					
				100	200	350	550	800	1000
基价(元)				**103.32**	**138.92**	**184.70**	**309.76**	**450.49**	**534.61**
其中	人工费(元)			45.50	77.63	119.61	244.35	374.36	447.93
	材料费(元)			57.77	61.24	61.35	61.65	62.19	62.54
	机械费(元)			0.05	0.05	3.74	3.76	13.94	24.14
	名称	单位	单价(元)	消耗量					
人工	二类人工	工日	135.00	0.337	0.575	0.886	1.810	2.773	3.318
材料	电缆桥架 综合	m	—	(10.050)	(10.050)	(10.050)	(10.050)	(10.050)	(10.050)
	接地线 5.5~16mm^2	m	3.45	0.800	1.800	1.800	1.800	1.760	1.504
	铜接地端子带螺栓	套	5.00	10.500	10.500	10.500	10.500	10.500	10.500
	棉纱	kg	10.34	0.008	0.016	0.024	0.040	0.080	0.160
	砂轮片 ϕ100	片	4.31	—	0.008	0.008	0.008	0.016	0.024
	砂轮片 ϕ400	片	21.55	—	0.008	0.008	0.008	0.016	0.016
	木砂纸	张	1.03	1.600	—	—	—	—	—
	电	kW·h	0.78	—	0.200	0.240	0.400	0.480	1.200
	其他材料费	元	1.00	0.78	2.00	2.00	2.01	2.00	1.81
机械	载货汽车 4t	台班	369.21	—	—	0.010	0.010	0.020	0.030
	汽车式起重机 8t	台班	648.48	—	—	—	—	0.010	0.020
	台式砂轮机 ϕ250mm	台班	4.65	0.010	0.010	0.010	0.015	0.015	0.020

注:电缆桥架包括盖板、隔板。

工作内容:组对、焊接或螺栓固定、弯头、三通、盖板、接地跨接、附件安装。 **计量单位**:10m

定额编号				8-479	8-480	8-481	8-482
项目				铝合金梯式桥架(宽+高 mm 以下)			
				320	500	800	1000
基价(元)				**150.71**	**250.38**	**353.58**	**459.06**
其中	人工费(元)			85.73	184.82	277.56	372.74
	材料费(元)			61.24	61.82	62.08	62.18
	机械费(元)			3.74	3.74	13.94	24.14
	名称	单位	单价(元)	消耗量			
人工	二类人工	工日	135.00	0.635	1.369	2.056	2.761
材料	电缆桥架 综合	m	—	(10.050)	(10.050)	(10.050)	(10.050)
	铜接地端子带螺栓	套	5.00	10.500	10.500	10.500	10.500
	接地线 5.5~16mm^2	m	3.45	1.800	1.800	1.760	1.504
	棉纱	kg	10.34	0.040	0.064	0.080	0.160
	砂轮片 ϕ100	片	4.31	—	0.008	0.008	0.016
	砂轮片 ϕ400	片	21.55	—	0.008	0.016	0.016
	电	kW·h	0.78	0.160	0.280	0.400	0.800
	其他材料费	元	1.00	1.99	2.02	1.99	1.80
机械	载货汽车 4t	台班	369.21	0.010	0.010	0.020	0.030
	汽车式起重机 8t	台班	648.48	—	—	0.010	0.020
	台式砂轮机 ϕ250mm	台班	4.65	0.010	0.010	0.015	0.020

注:电缆桥架包括盖板、隔板。

工作内容:组对、焊接或螺栓固定、弯头、三通、盖板、隔板、接地跨接、附件安装。 **计量单位**:10m

定额编号				8-483	8-484	8-485	8-486
项目				铝合金托盘式桥架(宽+高 mm 以下)			
				320	520	800	1000
基价(元)				**168.41**	**266.83**	**422.69**	**498.58**
其中	人工费(元)			103.14	201.15	346.41	411.75
	材料费(元)			61.53	61.94	62.34	62.69
	机械费(元)			3.74	3.74	13.94	24.14
	名称	单位	单价(元)	消耗量			
人工	二类人工	工日	135.00	0.764	1.490	2.566	3.050
材料	电缆桥架 综合	m	—	(10.050)	(10.050)	(10.050)	(10.050)
	铜接地端子带螺栓	套	5.00	10.500	10.500	10.500	10.500
	接地线 5.5~16mm^2	m	3.45	1.800	1.800	1.760	1.504
	棉纱	kg	10.34	0.040	0.064	0.080	0.160
	砂轮片 ϕ100	片	4.31	0.008	0.008	0.008	0.016
	砂轮片 ϕ400	片	21.55	0.008	0.008	0.016	0.016
	电	kW·h	0.78	0.240	0.440	0.720	1.440
	其他材料费	元	1.00	2.01	2.02	2.00	1.81
机械	载货汽车 4t	台班	369.21	0.010	0.010	0.020	0.030
	汽车式起重机 8t	台班	648.48	—	—	0.010	0.020
	台式砂轮机 ϕ250mm	台班	4.65	0.010	0.010	0.015	0.020

注:电缆桥架包括盖板、隔板。

4. 组合式桥架及桥架支撑架

工作内容:桥架组对、螺栓连接、安装固定、立柱、托臂膨胀螺栓或焊接固定、螺栓固定在支架立柱上。

定额编号				8-487	8-488
项目				组合式桥架	桥架支撑架
				320	520
计量单位				100 片	100kg
基价(元)				**3245.82**	**394.98**
其中	人工费(元)			3226.77	342.90
	材料费(元)			4.72	28.41
	机械费(元)			14.33	23.67
名称		单位	单价(元)	消耗量	
人工	二类人工	工日	135.00	23.902	2.540
材料	组合式电缆桥架	片	—	(100.000)	—
	支撑架	kg	—	—	(100.500)
	金属膨胀螺栓 M10~16 综合	套	0.91	—	16.800
	电焊条	kg	4.31	—	0.560
	冲击钻头 ϕ8~16	个	6.47	—	0.064
	砂轮片 ϕ100	片	4.31	0.016	0.016
	砂轮片 ϕ400	片	21.55	0.016	—
	棉纱	kg	10.34	0.080	0.120
	汽油 综合	kg	6.12	0.160	0.240
	黄砂 净砂(中粗砂)	m^3	158.00	—	0.006
	复合硅酸盐水泥 PC 32.5R 综合	kg	0.32	—	5.200
	电	kW·h	0.78	3.040	4.072
	其他材料费	元	1.00	0.13	1.73
机械	载货汽车 4t	台班	369.21	0.020	0.030
	汽车式起重机 8t	台班	648.48	0.010	—
	电锤	台班	6.92	—	0.100
	直流弧焊机 20kW	台班	78.72	—	0.150
	台式砂轮机 ϕ250mm	台班	4.65	0.100	0.020

三、电力电缆敷设

1. 电力电缆沿夹层敷设

工作内容:准备、测量、运输、架盘、敷设电缆、裁减、电缆固定、绑扎、挂标志牌、记录。　　**计量单位**:100m

定额编号				8-489	8-490	8-491	8-492
项目				电缆(截面 mm^2 以下)			
				35	120	240	400
基价(元)				**778.02**	**1245.98**	**1753.16**	**2660.64**
其中	人工费(元)			568.22	986.99	1393.34	2228.04
	材料费(元)			108.66	118.34	159.86	197.77
	机械费(元)			101.14	140.65	199.96	234.83
名称		单位	单价(元)	消耗量			
人工	二类人工	工日	135.00	4.209	7.311	10.321	16.504
材料	电缆	m	—	(101.000)	(101.000)	(101.000)	(101.000)
	镀锌电缆卡子 2×35	套	0.97	23.460	—	—	—
	镀锌电缆卡子 3×50	套	1.48	—	22.440	—	—
	镀锌电缆卡子 3×100	套	3.51	—	—	21.420	29.580
	镀锌六角螺栓带帽 M8×80	套	0.52	46.920	44.880	42.840	59.160
	尼龙扎带 300	个	0.56	102.000	102.000	102.000	102.000
	标志牌 塑料扁形	个	0.26	6.120	6.120	6.120	6.120
	钢锯条	条	2.59	0.204	0.255	0.306	0.408
	黑胶布 20mm×20m	卷	1.29	0.204	0.255	0.306	0.408
	黄油	kg	9.05	0.102	0.102	0.102	0.102
	其他材料费	元	1.00	1.08	1.17	1.58	1.96
机械	轨道车 210kW	台班	471.91	0.150	0.200	0.300	0.350
	载货汽车 8t	台班	411.20	0.015	0.025	0.028	0.034
	汽车式起重机 12t	台班	748.60	0.015	0.025	0.028	0.034
	轨道平车 10t	台班	86.38	0.150	0.200	0.300	0.350

2. 电力电缆沿轨旁敷设

工作内容:准备、测量、运输、架盘、敷设电缆、裁减、电缆固定、绑扎、挂标志牌、记录。 **计量单位:**100m

定额编号				8-493	8-494	8-495	8-496
项目				电缆(截面 mm^2 以下)			
				35	120	240	400
基价(元)				**564.18**	**837.20**	**1217.75**	**1473.05**
其中	人工费(元)			354.38	578.21	857.93	1040.45
	材料费(元)			108.66	118.34	159.86	197.77
	机械费(元)			101.14	140.65	199.96	234.83
名称		单位	单价(元)	消耗量			
人工	二类人工	工日	135.00	2.625	4.283	6.355	7.707
材料	电缆	m	—	(101.000)	(101.000)	(101.000)	(101.000)
	镀锌电缆卡子 2×35	套	0.97	23.460	—	—	—
	镀锌电缆卡子 3×50	套	1.48	—	22.440	—	—
	镀锌电缆卡子 3×100	套	3.51	—	—	21.420	29.580
	镀锌六角螺栓带帽 M8×80	套	0.52	46.920	44.880	42.840	59.160
	尼龙扎带 300	个	0.56	102.000	102.000	102.000	102.000
	标志牌 塑料扁形	个	0.26	6.120	6.120	6.120	6.120
	钢锯条	条	2.59	0.204	0.255	0.306	0.408
	黑胶布 20mm×20m	卷	1.29	0.204	0.255	0.306	0.408
	黄油	kg	9.05	0.102	0.102	0.102	0.102
	其他材料费	元	1.00	1.08	1.17	1.58	1.96
机械	轨道车 210kW	台班	471.91	0.150	0.200	0.300	0.350
	载货汽车 8t	台班	411.20	0.015	0.025	0.028	0.034
	汽车式起重机 12t	台班	748.60	0.015	0.025	0.028	0.034
	轨道平车 10t	台班	86.38	0.150	0.200	0.300	0.350

3. 电力电缆沿电缆沟敷设

工作内容:准备、测量、运输、架盘、敷设电缆、裁减、电缆固定、绑扎、挂标志牌、记录。　　**计量单位**:100m

定额编号				8-497	8-498	8-499	8-500
项目				电缆(截面 mm^2 以下)			
				35	120	240	400
基价(元)				**766.00**	**1204.34**	**1654.08**	**2577.48**
其中	人工费(元)			556.47	945.68	1294.65	2145.42
	材料费(元)			108.39	118.01	159.47	197.23
	机械费(元)			101.14	140.65	199.96	234.83
名称		单位	单价(元)	消耗量			
人工	二类人工	工日	135.00	4.122	7.005	9.590	15.892
材料	电缆	m	—	(101.000)	(101.000)	(101.000)	(101.000)
	镀锌电缆卡子 2×35	套	0.97	23.460	—	—	—
	镀锌电缆卡子 3×50	套	1.48	—	22.440	—	—
	镀锌电缆卡子 3×100	套	3.51	—	—	21.420	29.580
	镀锌六角螺栓带帽 M8×80	套	0.52	46.920	44.880	42.840	59.160
	尼龙扎带 300	个	0.56	102.000	102.000	102.000	102.000
	标志牌 塑料扁形	个	0.26	6.120	6.120	6.120	6.120
	钢锯条	条	2.59	0.204	0.255	0.306	0.408
	黄油	kg	9.05	0.102	0.102	0.102	0.102
	其他材料费	元	1.00	1.07	1.17	1.58	1.95
机械	轨道车 210kW	台班	471.91	0.150	0.200	0.300	0.350
	载货汽车 8t	台班	411.20	0.015	0.025	0.028	0.034
	汽车式起重机 12t	台班	748.60	0.015	0.025	0.028	0.034
	轨道平车 10t	台班	86.38	0.150	0.200	0.300	0.350

4. 电力电缆沿竖直通道敷设

工作内容:准备、测量、运输、架盘、敷设电缆、裁减、电缆固定、绑扎、挂标志牌、记录。 **计量单位:**100m

定额编号				8-501	8-502	8-503	8-504
项目				电缆(截面 mm^2 以下)			
				35	120	240	400
基价(元)				**2521.15**	**3825.63**	**5165.06**	**7099.94**
其中	人工费(元)			2089.80	3256.88	4434.62	6208.52
	材料费(元)			123.08	132.76	174.29	212.19
	机械费(元)			308.27	435.99	556.15	679.23
名称		单位	单价(元)	消耗量			
人工	二类人工	工日	135.00	15.480	24.125	32.849	45.989
材料	电缆	m	—	(101.000)	(101.000)	(101.000)	(101.000)
	镀锌电缆卡子 2×35	套	0.97	23.460	—	—	—
	镀锌电缆卡子 3×50	套	1.48	—	22.440	—	—
	镀锌电缆卡子 3×100	套	3.51	—	—	21.420	29.580
	镀锌六角螺栓带帽 M8×80	套	0.52	46.920	44.880	42.840	59.160
	尼龙扎带 300	个	0.56	127.500	127.500	127.500	127.500
	标志牌 塑料扁形	个	0.26	6.120	6.120	6.120	6.120
	钢锯条	条	2.59	0.204	0.255	0.306	0.408
	黑胶布 20mm×20m	卷	1.29	0.204	0.255	0.306	0.408
	黄油	kg	9.05	0.102	0.102	0.102	0.102
	其他材料费	元	1.00	1.22	1.31	1.73	2.10
机械	轨道车 210kW	台班	471.91	0.521	0.729	0.938	1.146
	载货汽车 8t	台班	411.20	0.015	0.025	0.028	0.034
	汽车式起重机 12t	台班	748.60	0.015	0.025	0.028	0.034
	轨道平车 10t	台班	86.38	0.521	0.729	0.938	1.146

5. 电力电缆沿线槽敷设

工作内容：准备、测量、运输、架盘、敷设电缆、裁减、电缆固定、绑扎、挂标志牌、记录。 **计量单位**：100m

定额编号				8-505	8-506	8-507	8-508
项目				电缆(截面 mm^2 以下)			
				35	120	240	400
基价(元)				**937.34**	**1480.32**	**1771.93**	**2756.18**
其中	人工费(元)			750.60	1200.83	1468.67	2329.43
	材料费(元)			61.03	61.23	61.43	61.83
	机械费(元)			125.71	218.26	241.83	364.92
名称		单位	单价(元)	消耗量			
人工	二类人工	工日	135.00	5.560	8.895	10.879	17.255
材料	电缆	m	—	(101.000)	(101.000)	(101.000)	(101.000)
	标志牌 塑料扁形	个	0.26	6.120	6.120	6.120	6.120
	钢锯条	条	2.59	0.204	0.255	0.306	0.408
	黑胶布 20mm×20m	卷	1.29	0.204	0.255	0.306	0.408
	黄油	kg	9.05	0.102	0.102	0.102	0.102
	尼龙扎带 300	个	0.56	102.000	102.000	102.000	102.000
	其他材料费	元	1.00	0.60	0.61	0.61	0.61
机械	轨道车 210kW	台班	471.91	0.194	0.339	0.375	0.583
	载货汽车 8t	台班	411.20	0.015	0.025	0.028	0.034
	汽车式起重机 12t	台班	748.60	0.015	0.025	0.028	0.034
	轨道平车 10t	台班	86.38	0.194	0.339	0.375	0.583

四、控制电缆敷设

1. 控制电缆沿夹层敷设

工作内容:准备、测量、运输、架盘、敷设电缆、裁减、电缆固定、绑扎、挂标志牌、记录。 **计量单位:**100m

定额编号				8-509	8-510	8-511	8-512	8-513
项目				电缆(截面 mm^2 以下)				
				6	14	24	37	48
基价(元)				**387.72**	**484.32**	**537.32**	**696.18**	**907.30**
其中	人工费(元)			327.11	331.56	356.27	489.24	668.12
	材料费(元)			60.61	60.81	61.01	61.22	61.42
	机械费(元)			—	91.95	120.04	145.72	177.76
名称		单位	单价(元)	消耗量				
人工	二类人工	工日	135.00	2.423	2.456	2.639	3.624	4.949
材料	电缆	m	—	(101.500)	(101.500)	(101.500)	(101.500)	(101.500)
	尼龙扎带 300	个	0.56	102.000	102.000	102.000	102.000	102.000
	钢锯条	条	2.59	0.102	0.153	0.204	0.255	0.306
	黑胶布 20mm×20m	卷	1.29	0.102	0.153	0.204	0.255	0.306
	黄油	kg	9.05	0.102	0.102	0.102	0.102	0.102
	标志牌 塑料扁形	个	0.26	6.060	6.060	6.060	6.060	6.060
	其他材料费	元	1.00	0.60	0.60	0.60	0.61	0.61
机械	轨道车 210kW	台班	471.91	—	0.146	0.188	0.234	0.281
	载货汽车 8t	台班	411.20	—	0.009	0.013	0.013	0.018
	汽车式起重机 12t	台班	748.60	—	0.009	0.013	0.013	0.018
	轨道平车 10t	台班	86.38	—	0.146	0.188	0.234	0.281

2. 控制电缆沿轨旁敷设

工作内容:准备、搬运、测量、定位、打孔、螺栓安装、支架安装、调整。 **计量单位**:100m

定额编号				8-514	8-515	8-516	8-517	8-518
项目				电缆(截面 mm^2 以下)				
				6	14	24	37	48
基价(元)				**393.45**	**549.66**	**615.30**	**744.69**	**1002.18**
其中	人工费(元)			336.96	374.22	392.04	509.49	691.20
	材料费(元)			56.49	56.69	56.89	57.10	57.30
	机械费(元)			—	118.75	166.37	178.10	253.68
	名称	单位	单价(元)	消耗量				
人工	二类人工	工日	135.00	2.496	2.772	2.904	3.774	5.120
材料	电缆	m	—	(101.500)	(101.500)	(101.500)	(101.500)	(101.500)
	尼龙扎带 250	个	0.52	102.000	102.000	102.000	102.000	102.000
	钢锯条	条	2.59	0.102	0.153	0.204	0.255	0.306
	黑胶布 20mm×20m	卷	1.29	0.102	0.153	0.204	0.255	0.306
	黄油	kg	9.05	0.102	0.102	0.102	0.102	0.102
	标志牌 塑料扁形	个	0.26	6.060	6.060	6.060	6.060	6.060
	其他材料费	元	1.00	0.56	0.56	0.56	0.57	0.57
机械	轨道车 210kW	台班	471.91	—	0.194	0.271	0.292	0.417
	载货汽车 8t	台班	411.20	—	0.009	0.013	0.013	0.018
	汽车式起重机 12t	台班	748.60	—	0.009	0.013	0.013	0.018
	轨道平车 10t	台班	86.38	—	0.194	0.271	0.292	0.417

3. 控制电缆沿电缆沟敷设

工作内容:准备、搬运、测量、定位、打孔、螺栓安装、支架安装、调整。 **计量单位**:100m

定额编号				8-519	8-520	8-521	8-522	8-523
项目				电缆(截面 mm^2 以下)				
				6	14	24	37	48
基价(元)				**341.75**	**374.77**	**429.58**	**535.55**	**683.84**
其中	人工费(元)			285.26	304.29	353.70	457.79	600.08
	材料费(元)			56.49	56.69	56.89	57.10	57.30
	机械费(元)			—	13.79	18.99	20.66	26.46
	名称	单位	单价(元)	消耗量				
人工	二类人工	工日	135.00	2.113	2.254	2.620	3.391	4.445
材料	电缆	m	—	(101.500)	(101.500)	(101.500)	(101.500)	(101.500)
	尼龙扎带 250	个	0.52	102.000	102.000	102.000	102.000	102.000
	钢锯条	条	2.59	0.102	0.153	0.204	0.255	0.306
	黑胶布 20mm×20m	卷	1.29	0.102	0.153	0.204	0.255	0.306
	黄油	kg	9.05	0.102	0.102	0.102	0.102	0.102
	标志牌 塑料扁形	个	0.26	6.060	6.060	6.060	6.060	6.060
	其他材料费	元	1.00	0.56	0.56	0.56	0.57	0.57
机械	轨道车 210kW	台班	471.91	—	0.006	0.007	0.010	0.010
	载货汽车 8t	台班	411.20	—	0.009	0.013	0.013	0.018
	汽车式起重机 12t	台班	748.60	—	0.009	0.013	0.013	0.018
	轨道平车 10t	台班	86.38	—	0.006	0.007	0.010	0.010

4. 控制电缆沿竖直通道敷设

工作内容:准备、测量、运输、架盘、敷设电缆、裁减、电缆固定、绑扎、挂标志牌、记录。 计量单位:100m

定额编号				8-524	8-525	8-526	8-527	8-528
项目				电缆(截面 mm² 以下)				
				6	14	24	37	48
基价(元)				**481.50**	**1297.48**	**1806.97**	**1927.33**	**2588.36**
其中	人工费(元)			411.62	984.15	1430.73	1492.83	2089.80
	材料费(元)			69.88	70.08	70.29	70.49	70.69
	机械费(元)			—	243.25	305.95	364.01	427.87
	名称	单位	单价(元)	消耗量				
人工	二类人工	工日	135.00	3.049	7.290	10.598	11.058	15.480
材料	电缆	m	—	(101.500)	(101.500)	(101.500)	(101.500)	(101.500)
	尼龙扎带 250	个	0.52	127.500	127.500	127.500	127.500	127.500
	钢锯条	条	2.59	0.102	0.153	0.204	0.255	0.306
	黑胶布 20mm×20m	卷	1.29	0.102	0.153	0.204	0.255	0.306
	黄油	kg	9.05	0.102	0.102	0.102	0.102	0.102
	标志牌 塑料扁形	个	0.26	6.060	6.060	6.060	6.060	6.060
	其他材料费	元	1.00	0.69	0.69	0.70	0.70	0.70
机械	轨道车 210kW	台班	471.91	—	0.417	0.521	0.625	0.729
	载货汽车 8t	台班	411.20	—	0.009	0.013	0.013	0.018
	汽车式起重机 12t	台班	748.60	—	0.009	0.013	0.013	0.018
	轨道平车 10t	台班	86.38	—	0.417	0.521	0.625	0.729

5. 控制电缆沿线槽敷设

工作内容:准备、测量、运输、架盘、敷设电缆、裁减、电缆固定、绑扎、挂标志牌、记录。 计量单位:100m

定额编号				8-529	8-530	8-531	8-532	8-533
项目				电缆(截面 mm² 以下)				
				6	14	24	37	48
基价(元)				**432.06**	**580.66**	**672.47**	**745.35**	**1094.56**
其中	人工费(元)			375.57	397.58	453.33	494.78	799.34
	材料费(元)			56.49	56.69	56.89	57.10	57.30
	机械费(元)			—	126.39	162.25	193.47	237.92
	名称	单位	单价(元)	消耗量				
人工	二类人工	工日	135.00	2.782	2.945	3.358	3.665	5.921
材料	电缆	m	—	(101.500)	(101.500)	(101.500)	(101.500)	(101.500)
	尼龙扎带 250	个	0.52	102.000	102.000	102.000	102.000	102.000
	钢锯条	条	2.59	0.102	0.153	0.204	0.255	0.306
	黑胶布 20mm×20m	卷	1.29	0.102	0.153	0.204	0.255	0.306
	黄油	kg	9.05	0.102	0.102	0.102	0.102	0.102
	标志牌 塑料扁形	个	0.26	6.060	6.060	6.060	6.060	6.060
	其他材料费	元	1.00	0.56	0.56	0.56	0.57	0.57
机械	轨道车 210kW	台班	471.91	—	0.156	0.198	0.240	0.292
	载货汽车 8t	台班	411.20	—	0.009	0.013	0.013	0.018
	汽车式起重机 12t	台班	748.60	—	0.009	0.013	0.013	0.018
	电缆放线架	台班	185.00	—	0.156	0.198	0.240	0.292
	轨道平车 10t	台班	86.38	—	0.156	0.198	0.240	0.292

五、电力电缆中间头制作安装

工作内容:定位、量尺寸、锯断、剥切清洗、内屏蔽层处理、焊接地线、套热缩管、压接线端子、加热成形、安装。

计量单位:个

定额编号				8-534	8-535	8-536	8-537
项目				1kV 以下热缩式中间头(截面 mm^2 以下)			
				35	120	240	400
基价(元)				**144.69**	**241.00**	**339.17**	**732.30**
其中	人工费(元)			74.39	117.99	152.15	212.90
	材料费(元)			70.30	123.01	187.02	519.40
	机械费(元)			—	—	—	—
名称		单位	单价(元)	消耗量			
人工	二类人工	工日	135.00	0.551	0.874	1.127	1.577
材料	电缆中间接头盒	套	—	(1.020)	(1.020)	(1.020)	(1.020)
	破布	kg	6.90	0.400	0.640	0.800	1.040
	汽油 综合	kg	6.12	0.400	0.560	0.720	0.800
	镀锌裸铜绞线 16	kg	50.00	0.240	0.280	0.280	0.400
	色带	卷	6.47	0.080	0.128	0.160	0.240
	塑料带 20×40000	kg	12.07	0.240	0.400	0.560	0.800
	焊锡丝	kg	86.21	0.040	0.080	0.160	0.200
	焊锡膏	kg	31.03	0.008	0.016	0.032	0.040
	电力复合脂	kg	17.24	0.024	0.040	0.064	0.080
	自粘性橡胶带 20×5000	卷	2.67	0.400	0.960	1.640	2.480
	沥青绝缘漆	kg	10.34	3.200	4.800	6.400	8.000
	铜压接管 $25mm^2$	个	2.59	3.760	—	—	—
	铜压接管 $95mm^2$	个	8.62	—	3.760	—	—
	铜压接管 $185mm^2$	个	17.24	—	—	3.760	—
	铜压接管 $400mm^2$	个	84.48	—	—	—	3.760
	接头专用枪子弹	发	6.47	—	—	—	6.528
	其他材料费	元	1.00	1.67	2.82	4.03	7.03

注:未包括铅套管和安装支架。

工作内容:准备、测量、锯断、剥外防护层、内屏蔽层处理、装冷缩管、压接线端子、装铜编织袋、缠防水胶带、缠铠装带、焊接地线、记录。

计量单位:个

定额编号				8-538	8-539	8-540	8-541
项目				10kV 以下冷缩式中间头(截面 mm^2 以下)			
				35	120	240	400
基价(元)				**179.51**	**281.33**	**394.19**	**761.05**
其中	人工费(元)			88.83	132.03	173.07	253.80
	材料费(元)			90.68	149.30	221.12	507.25
	机械费(元)			—	—	—	—
名称		单位	单价(元)	消耗量			
人工	二类人工	工日	135.00	0.658	0.978	1.282	1.880
材料	热缩式电缆中间接头	套	—	(1.020)	(1.020)	(1.020)	(1.020)
	电缆中间接头盒	套	—	(1.020)	(1.020)	(1.020)	(1.020)
	破布	kg	6.90	0.400	0.640	1.040	1.200
	汽油 综合	kg	6.12	0.480	0.640	0.800	0.960
	镀锌裸铜绞线 16	kg	50.00	0.200	0.240	0.280	0.400
	色带	卷	6.47	0.080	0.128	0.160	0.240
	焊锡丝	kg	86.21	0.040	0.080	0.160	0.200
	焊锡膏	kg	31.03	0.008	0.016	0.032	0.040
	电力复合脂	kg	17.24	0.024	0.040	0.064	0.080
	自粘性橡胶带 20×5000	卷	2.67	0.400	0.960	1.640	2.480
	沥青绝缘漆	kg	10.34	4.000	5.600	7.200	9.600
	铜压接管 $25mm^2$	个	2.59	3.060	—	—	—
	铜压接管 $95mm^2$	个	8.62	—	3.060	—	—
	铜压接管 $185mm^2$	个	17.24	—	—	3.060	—
	铜压接管 $400mm^2$	个	84.48	—	—	—	3.060
	聚四氟乙烯带 1×30	kg	68.97	0.240	0.400	0.560	0.800
	接头专用枪子弹	发	6.47	—	—	—	3.060
	其他材料费	元	1.00	3.45	5.62	7.92	12.31

工作内容：定位、量尺寸、锯断、剥切清洗、内屏蔽层处理、焊接地线、套热缩管、压接线端子、加热成形、安装。

计量单位：个

定额编号				8-542	8-543	8-544	8-545
项目				10kV 以下热缩式中间头(截面 mm^2 以下)			
				35	120	240	400
基价（元）				**182.75**	**291.59**	**402.56**	**761.46**
其中	人工费（元）			92.07	142.29	181.44	254.21
	材料费（元）			90.68	149.30	221.12	507.25
	机械费（元）			—	—	—	—
名称		单位	单价(元)	消耗量			
人工	二类人工	工日	135.00	0.682	1.054	1.344	1.883
材料	热缩式电缆中间接头	套	—	(1.020)	(1.020)	(1.020)	(1.020)
	电缆中间接头盒	套	—	(1.020)	(1.020)	(1.020)	(1.020)
	破布	kg	6.90	0.400	0.640	1.040	1.200
	汽油 综合	kg	6.12	0.480	0.640	0.800	0.960
	镀锌裸铜绞线 16	kg	50.00	0.200	0.240	0.280	0.400
	色带	卷	6.47	0.080	0.128	0.160	0.240
	焊锡丝	kg	86.21	0.040	0.080	0.160	0.200
	焊锡膏	kg	31.03	0.008	0.016	0.032	0.040
	电力复合脂	kg	17.24	0.024	0.040	0.064	0.080
	自粘性橡胶带 20×5000	卷	2.67	0.400	0.960	1.640	2.480
	沥青绝缘漆	kg	10.34	4.000	5.600	7.200	9.600
	铜压接管 25mm^2	个	2.59	3.060	—	—	—
	铜压接管 95mm^2	个	8.62	—	3.060	—	—
	铜压接管 185mm^2	个	17.24	—	—	3.060	—
	铜压接管 400mm^2	个	84.48	—	—	—	3.060
	聚四氟乙烯带 1×30	kg	68.97	0.240	0.400	0.560	0.800
	接头专用枪子弹	发	6.47	—	—	—	3.060
	其他材料费	元	1.00	3.45	5.62	7.92	12.31

工作内容:准备、测量、锯断、剥外防护层、内屏蔽层处理、装冷缩管、压接线端子、装铜编织袋、缠防水胶带、缠铠装带、焊接地线、记录。

计量单位:套

定额编号				8-546	8-547	8-548	8-549
项目				35kV以下冷缩中间头(截面 mm^2 以下)			
				35	120	240	400
基价(元)				**739.84**	**787.29**	**864.58**	**1006.38**
其中	人工费(元)			273.92	318.60	392.72	531.63
	材料费(元)			465.92	468.69	471.86	474.75
	机械费(元)			—	—	—	—
名称		单位	单价(元)	消耗量			
人工	二类人工	工日	135.00	2.029	2.360	2.909	3.938
材料	冷缩式电缆中间接头	个	—	(1.020)	(1.020)	(1.020)	(1.020)
	冷缩套管	m	—	(0.408)	(0.408)	(0.408)	(0.408)
	焊锡丝	kg	86.21	0.202	0.202	0.202	0.202
	焊锡膏	kg	31.03	0.020	0.020	0.020	0.020
	电力复合脂	kg	17.24	0.082	0.082	0.082	0.082
	丁烷气	mL	0.18	1020.000	1020.000	1020.000	1020.000
	镀锌铜压接管 240mm^2	个	62.07	3.060	3.060	3.060	3.060
	镀锌裸铜绞线 16	kg	50.00	0.306	0.306	0.306	0.306
	色带	卷	6.47	0.204	0.204	0.204	0.204
	自粘性橡胶带 20×5000	卷	2.67	0.510	1.224	2.091	3.162
	聚四氟乙烯带 1×30	kg	68.97	0.714	0.714	0.714	0.714
	丙酮	kg	8.16	0.102	0.204	0.306	0.306
	标志牌 塑料扁形	个	0.26	1.020	1.020	1.020	1.020
	其他材料费	元	1.00	4.61	4.64	4.67	4.70

工作内容:准备、测量、锯断、剥外防护层、内屏蔽层处理、装热缩管、压接线端子、安装、焊接地线、加热成型、记录。

计量单位:套

定额编号				8-550	8-551	8-552	8-553
项目				35kV 以下热缩中间头(截面 mm^2 以下)			
				35	120	240	400
基价(元)				**850.71**	**906.93**	**983.42**	**1124.71**
其中	人工费(元)			288.63	342.09	415.40	552.96
	材料费(元)			562.08	564.84	568.02	571.75
	机械费(元)			—	—	—	—
	名称	单位	单价(元)	消耗量			
人工	二类人工	工日	135.00	2.138	2.534	3.077	4.096
材料	热缩式电缆中间接头	套	—	(1.020)	(1.020)	(1.020)	(1.020)
	焊锡膏	kg	31.03	0.020	0.020	0.020	0.020
	热缩套管 $\phi7\times220$	m	0.69	0.408	0.408	0.408	0.408
	焊锡丝	kg	86.21	0.202	0.202	0.202	0.202
	沥青绝缘漆	kg	10.34	9.180	9.180	9.180	9.180
	电力复合脂	kg	17.24	0.082	0.082	0.082	0.082
	丁烷气	mL	0.18	1020.000	1020.000	1020.000	1020.000
	镀锌铜压接管 240mm^2	个	62.07	3.060	3.060	3.060	3.060
	镀锌裸铜绞线 16	kg	50.00	0.306	0.306	0.306	0.306
	色带	卷	6.47	0.204	0.204	0.204	0.204
	自粘性橡胶带 20×5000	卷	2.67	0.510	1.224	2.091	3.162
	聚四氟乙烯带 1×30	kg	68.97	0.714	0.714	0.714	0.714
	标志牌 塑料扁形	个	0.26	1.020	1.020	1.020	1.020
	丙酮	kg	8.16	0.102	0.204	0.306	0.408
	其他材料费	元	1.00	5.57	5.59	5.62	5.66

六、电力电缆终端头制作安装

工作内容:定位、量尺寸、锯断、剥切清洗、内屏蔽层处理、焊接地线、压扎锁管和接线端子、装热缩管、加热成形、安装、接线。

计量单位:个

定额编号				8-554	8-555	8-556	8-557
项目				1kV 以下热缩终端头(截面 mm² 以下)			
				35	120	240	400
基价(元)				**113.73**	**191.16**	**275.84**	**558.87**
其中	人工费(元)			49.68	82.76	110.30	154.44
	材料费(元)			64.05	108.40	165.54	404.43
	机械费(元)			—	—	—	—
名称		单位	单价(元)	消耗量			
人工	二类人工	工日	135.00	0.368	0.613	0.817	1.144
材料	电缆终端盒	套	—	(1.020)	(1.020)	(1.020)	(1.020)
	破布	kg	6.90	0.240	0.400	0.640	0.800
	汽油 综合	kg	6.12	0.480	0.640	0.800	1.040
	丙酮	kg	8.16	0.400	0.640	0.800	1.120
	镀锌裸铜绞线 16	kg	50.00	0.160	0.240	0.280	0.400
	固定卡子 3×80	套	2.04	1.648	1.648	1.648	1.648
	色带	卷	6.47	0.080	0.128	0.160	0.240
	焊锡丝	kg	86.21	0.240	0.280	0.360	0.400
	焊锡膏	kg	31.03	0.048	0.056	0.072	0.080
	电力复合脂	kg	17.24	0.024	0.040	0.064	0.080
	自粘性橡胶带 20×5000	卷	2.67	0.400	0.960	1.600	2.480
	镀锌六角螺栓带螺母、2 垫圈 M10×14~75	10 套	4.66	0.720	0.320	0.320	—
	镀锌六角螺栓带螺母、2 垫圈 M12×14~75	10 套	6.21	—	0.400	0.640	1.440
	接头专用枪子弹	发	6.47	—	—	—	3.264
	铜接线端子 DT-16	个	2.59	1.020	1.020	1.020	1.020
	铜接线端子 DT-25	个	3.45	3.760	—	—	—
	铜接线端子 DT-95	个	11.21	—	3.760	—	—
	铜接线端子 DT-185	个	21.55	—	—	3.760	—
	铜接线端子 DT-400	个	73.28	—	—	—	3.760
	其他材料费	元	1.00	1.68	2.41	3.52	5.29

注:未包括支架及防护罩。

工作内容：准备、测量、锯断、剥外防护层、内屏蔽层处理、装冷缩管、压接线端子、安装、焊接地线、加热成型、记录。

计量单位：个

定额编号				8-558	8-559	8-560	8-561
项目				10kV 以下冷缩终端头(截面 mm^2 以下)			
				35	120	240	400
基价（元）				**121.47**	**189.38**	**268.85**	**525.52**
其中	人工费（元）			58.46	86.94	115.70	173.48
	材料费（元）			63.01	102.44	153.15	352.04
	机械费（元）			—	—	—	—
名称		单位	单价(元)	消耗量			
人工	二类人工	工日	135.00	0.433	0.644	0.857	1.285
材料	电缆终端盒	套	—	(1.020)	(1.020)	(1.020)	(1.020)
	破布	kg	6.90	0.240	0.400	0.640	0.880
	汽油 综合	kg	6.12	0.480	0.640	0.800	1.040
	丙酮	kg	8.16	0.400	0.640	0.800	1.200
	镀锌裸铜绞线 16	kg	50.00	0.160	0.240	0.280	0.400
	固定卡子 3×80	套	2.04	2.060	2.060	2.060	2.060
	色带	卷	6.47	0.080	0.128	0.160	0.240
	焊锡丝	kg	86.21	0.240	0.280	0.360	0.400
	焊锡膏	kg	31.03	0.048	0.056	0.072	0.080
	电力复合脂	kg	17.24	0.024	0.040	0.064	0.080
	自粘性橡胶带 20×5000	卷	2.67	0.400	0.960	1.680	2.480
	镀锌六角螺栓带螺母、2 垫圈 M10×14～75	10 套	4.66	0.656	0.328	0.328	—
	镀锌六角螺栓带螺母、2 垫圈 M12×14～75	10 套	6.21	—	0.328	0.568	1.392
	接头专用枪子弹	发	6.47	—	—	—	2.448
	铜接线端子 DT－16	个	2.59	1.020	1.020	1.020	1.020
	铜接线端子 DT－25	个	3.45	3.060	—	—	—
	铜接线端子 DT－95	个	11.21	—	3.060	—	—
	铜接线端子 DT－185	个	21.55	—	—	3.060	—
	铜接线端子 DT－400	个	73.28	—	—	—	3.060
	其他材料费	元	1.00	2.52	3.87	5.57	7.73

工作内容:定位、量尺寸、锯断、剥切清洗、内屏蔽层处理、焊接地线、压扎锁管和接线端子、装热缩管、加热成形、安装、接线。

计量单位:个

定额编号				8-562	8-563	8-564	8-565
项目				10kV 以下热缩终端头(截面 mm^2 以下)			
				35	120	240	400
基价(元)				**123.63**	**196.27**	**274.52**	**525.79**
其中	人工费(元)			60.62	93.83	121.37	173.75
	材料费(元)			63.01	102.44	153.15	352.04
	机械费(元)			—	—	—	—
名称		单位	单价(元)	消耗量			
人工	二类人工	工日	135.00	0.449	0.695	0.899	1.287
材料	电缆终端盒	套	—	(1.020)	(1.020)	(1.020)	(1.020)
	破布	kg	6.90	0.240	0.400	0.640	0.880
	汽油 综合	kg	6.12	0.480	0.640	0.800	1.040
	丙酮	kg	8.16	0.400	0.640	0.800	1.200
	镀锌裸铜绞线 16	kg	50.00	0.160	0.240	0.280	0.400
	固定卡子 3×80	套	2.04	2.060	2.060	2.060	2.060
	色带	卷	6.47	0.080	0.128	0.160	0.240
	焊锡丝	kg	86.21	0.240	0.280	0.360	0.400
	焊锡膏	kg	31.03	0.048	0.056	0.072	0.080
	电力复合脂	kg	17.24	0.024	0.040	0.064	0.080
	自粘性橡胶带 20×5000	卷	2.67	0.400	0.960	1.680	2.480
	镀锌六角螺栓带螺母、2 垫圈 M10×14~75	10 套	4.66	0.656	0.328	0.328	—
	镀锌六角螺栓带螺母、2 垫圈 M12×14~75	10 套	6.21	—	0.328	0.568	1.392
	接头专用枪子弹	发	6.47	—	—	—	2.448
	铜接线端子 DT-16	个	2.59	1.020	1.020	1.020	1.020
	铜接线端子 DT-25	个	3.45	3.060	—	—	—
	铜接线端子 DT-95	个	11.21	—	3.060	—	—
	铜接线端子 DT-185	个	21.55	—	—	3.060	—
	铜接线端子 DT-400	个	73.28	—	—	—	3.060
	其他材料费	元	1.00	2.52	3.87	5.57	7.73

工作内容:准备、测量、锯断、剥外防护层、内屏蔽层处理、装冷缩管、压接线端子、安装、焊接地线、加热成型、记录。

计量单位:套

定额编号				8-566	8-567	8-568	8-569
项目				35kV 以下冷缩终端头(截面 mm^2 以下)			
				35	120	240	400
基价(元)				**428.98**	**537.31**	**672.77**	**870.10**
其中	人工费(元)			238.55	286.07	359.51	466.16
	材料费(元)			190.43	251.24	313.26	403.94
	机械费(元)			—	—	—	—
名称		单位	单价(元)	消耗量			
人工	二类人工	工日	135.00	1.767	2.119	2.663	3.453
材料	冷缩式电缆终端头	个	—	(1.020)	(1.020)	(1.020)	(1.020)
	焊锡膏	kg	31.03	0.030	0.040	0.045	0.050
	铜接线端子 DT－16	个	2.59	1.020	1.020	1.020	1.020
	焊锡丝	kg	86.21	0.303	0.354	0.455	0.505
	固定卡子 3×80	套	2.04	2.040	2.040	2.040	2.040
	电力复合脂	kg	17.24	0.031	0.051	0.082	0.102
	丁烷气	mL	0.18	612.000	816.000	1020.000	1326.000
	铝接线端子 DL－95	个	5.17	3.060	3.060	3.060	3.060
	镀锌裸铜绞线 16	kg	50.00	0.204	0.306	0.357	0.510
	色带	卷	6.47	0.102	0.172	0.204	0.306
	自粘性橡胶带 20×5000	卷	2.67	0.510	1.224	2.142	3.162
	丙酮	kg	8.16	0.510	0.816	1.020	1.530
	聚四氟乙烯带 1×30	kg	68.97	0.163	0.286	0.408	0.620
	热缩套管 ϕ7×220	m	0.69	0.408	0.408	0.408	0.510
	标志牌 塑料扁形	个	0.26	1.020	1.020	1.020	1.020
	其他材料费	元	1.00	1.89	2.49	3.10	4.00

工作内容:准备、测量、锯断、剥外防护层、内屏蔽层处理、装热缩管、压接线端子、安装、焊接地线、加热成型、记录。

计量单位:套

定额编号					8-570	8-571	8-572	8-573
项目					35kV 以下热缩终端头(截面 mm^2 以下)			
					35	120	240	400
基价(元)					**441.53**	**559.85**	**687.48**	**889.94**
其中	人工费(元)				251.10	308.61	374.22	486.00
	材料费(元)				190.43	251.24	313.26	403.94
	机械费(元)				—	—	—	—
名称		单位	单价(元)		消耗量			
人工	二类人工	工日	135.00		1.860	2.286	2.772	3.600
材料	热缩式电缆终端头	个	—		(1.020)	(1.020)	(1.020)	(1.020)
	焊锡膏	kg	31.03		0.030	0.040	0.045	0.050
	铜接线端子 DT-16	个	2.59		1.020	1.020	1.020	1.020
	焊锡丝	kg	86.21		0.303	0.354	0.455	0.505
	固定卡子 3×80	套	2.04		2.040	2.040	2.040	2.040
	电力复合脂	kg	17.24		0.031	0.051	0.082	0.102
	丁烷气	mL	0.18		612.000	816.000	1020.000	1326.000
	铝接线端子 DL-95	个	5.17		3.060	3.060	3.060	3.060
	镀锌裸铜绞线 16	kg	50.00		0.204	0.306	0.357	0.510
	色带	卷	6.47		0.102	0.172	0.204	0.306
	自粘性橡胶带 20×5000	卷	2.67		0.510	1.224	2.142	3.162
	丙酮	kg	8.16		0.510	0.816	1.020	1.530
	聚四氟乙烯带 1×30	kg	68.97		0.163	0.286	0.408	0.620
	热缩套管 ϕ7×220	m	0.69		0.408	0.408	0.408	0.510
	标志牌 塑料扁形	个	0.26		1.020	1.020	1.020	1.020
	其他材料费	元	1.00		1.89	2.49	3.10	4.00

工作内容：准备、测量、锯断、剥外防护层、内屏蔽层处理、装热缩管、压接线端子、安装、焊接地线、加热成型、记录。

计量单位：套

定额编号				8-574	8-575	8-576
项目				DC750V/1500V—热缩(截面 mm^2 以下)		
				120	240	400
基价（元）				**422.95**	**486.61**	**537.93**
其中	人工费（元）			248.81	271.08	282.15
	材料费（元）			174.14	215.53	255.78
	机械费（元）			—	—	—
名称		单位	单价(元)	消耗量		
人工	二类人工	工日	135.00	1.843	2.008	2.090
材料	热缩式电缆终端头	个	—	(1.020)	(1.020)	(1.020)
	焊锡膏	kg	31.03	0.040	0.045	0.050
	铜接线端子 DT-16	个	2.59	1.020	1.020	1.020
	焊锡丝	kg	86.21	0.354	0.455	0.505
	电力复合脂	kg	17.24	2.040	2.040	2.040
	丁烷气	mL	0.18	51.000	82.000	102.000
	镀锌裸铜绞线 16	kg	50.00	0.816	1.020	1.326
	色带	卷	6.47	3.060	3.060	3.060
	自粘性橡胶带 20×5000	卷	2.67	0.306	0.357	0.510
	镀锌六角螺栓带帽 M16×430	套	9.16	0.172	0.204	0.306
	丙酮	kg	8.16	1.224	2.142	2.162
	聚四氟乙烯带 1×30	kg	68.97	0.288	0.408	0.620
	热缩套管 $\phi 7\times 220$	m	0.69	0.816	1.020	1.530
	标志牌 塑料扁形	个	0.26	1.020	1.020	1.020
	其他材料费	元	1.00	1.72	2.13	2.53

工作内容:准备、测量、锯断、剥外防护层、内屏蔽层处理、装热缩管、插入部件预制、压接电缆头、安装、接地及防腐层处理、记录。

计量单位:套

定额编号				8-577
项目				GIS33kV 插入式电缆头
基价(元)				**599.30**
其中	人工费(元)			380.57
	材料费(元)			218.73
	机械费(元)			—
名称		单位	单价(元)	消耗量
人工	二类人工	工日	135.00	2.819
材料	固定卡子 3×80	套	2.04	1.020
	镀锌六角螺栓带帽 M16×430	套	9.16	0.306
	铝接线端子 DL-95	个	5.17	0.255
	镀锌裸铜绞线 16	kg	50.00	1.326
	热缩套管 ϕ7×220	m	0.69	1.530
	焊锡丝	kg	86.21	0.505
	焊锡膏	kg	31.03	0.050
	丁烷气	mL	0.18	102.000
	自粘性橡胶带 20×5000	卷	2.67	0.510
	聚四氟乙烯带 1×30	kg	68.97	0.620
	电力复合脂	kg	17.24	2.040
	标志牌 塑料扁形	个	0.26	1.002
	其他材料费	元	1.00	2.17

工作内容：准备、测量、锯断、剥外防护层、内屏蔽层处理、装热缩管、压接线端子、安装、焊接地线、加热成型、记录。

计量单位：套

定额编号				8-578	8-579	8-580	8-581	8-582
项目				控制电缆终端头制作安装				
				控制电缆(芯以下)				
				6	14	24	37	48
基价(元)				**125.68**	**169.59**	**210.44**	**245.24**	**295.88**
其中	人工费(元)			42.12	67.23	92.34	119.07	153.90
	材料费(元)			83.56	102.36	118.10	126.17	141.98
	机械费(元)			—	—	—	—	—
	名称	单位	单价(元)	消耗量				
人工	二类人工	工日	135.00	0.312	0.498	0.684	0.882	1.140
材料	铜接线端子 DT-16	个	2.59	1.020	1.020	1.020	1.020	1.020
	固定卡子 1.5×32	个	2.04	0.101	1.020	1.020	1.020	1.020
	套管 KT2 型	个	0.43	1.020	1.020	1.020	1.020	1.020
	焊锡丝	kg	86.21	0.102	0.152	0.172	0.192	0.242
	焊锡膏	kg	31.03	0.001	0.001	0.001	0.001	0.001
	镀锌裸铜绞线 16	kg	50.00	0.143	0.143	0.143	0.143	0.143
	镀锌六角螺栓带帽 M16×430	套	9.16	3.060	3.060	3.060	3.060	3.060
	丁烷气	mL	0.18	102.000	153.000	184.000	204.000	255.000
	端子号牌	个	0.09	5.100	12.240	21.420	32.640	41.820
	色带	卷	6.47	0.306	0.306	0.306	0.306	0.306
	自粘性橡胶带 20×5000	卷	2.67	0.204	0.408	0.612	0.816	0.918
	绑扎带	根	0.95	10.200	10.200	15.300	15.300	15.300
	塑料带 20×40000	kg	12.07	0.020	0.051	0.082	0.102	0.153
	塑料软管 $\phi 25$	m	0.16	0.041	0.194	0.326	0.581	0.755
	丙酮	kg	8.16	0.510	0.714	0.918	1.020	1.071
	其他材料费	元	1.00	0.83	1.01	1.17	1.25	1.41

工作内容：准备、拆电缆堵头、绝缘实验、耐压实验、装电缆堵头、记录。

计量单位：根

定额编号				8-583
项目				电缆试验
基价(元)				**272.98**
其中	人工费(元)			48.60
	材料费(元)			5.98
	机械费(元)			218.40
	名称	单位	单价(元)	消耗量
人工	二类人工	工日	135.00	0.360
材料	丙酮	kg	8.16	0.510
	变压器油	kg	8.62	0.204
	其他材料费	元	1.00	0.06
机械	电气试验车	台班	1092.00	0.200

第八章

配 管 配 线

说　明

一、本章定额包括电线管敷设、钢管敷设、防爆钢管敷设、可挠性金属套管敷设、塑料管敷设、金属软管敷设、管内穿线七节,共256个子目。

二、配管工程均未包括接线箱、盒及支架制作、安装。

三、连接设备导线预留长度(每一根线)见下表。

连接设备导线预留长度

序号	项　目	预留长度	说　明
1	各种开关箱、柜、板	高+宽	盘面尺寸
2	单独安装(无箱、盘)的铁壳开关、闸刀开关、起动器、母线槽进出线盒等	0.5m	以安装对象中心算
3	由地面管子出口引至动力接线箱	1.0m	以管口算
4	电源与管内导线连接(管内穿线与软、硬母线接头)	1.5m	以管口算
5	出户线	1.5m	以管口算

四、套接扣压式、套接紧定式金属线路导管安装,参照电线管敷设相应定额,其弯头等连接管件不得另计主材费。钢管焊接埋地敷设、镀锌钢管丝接埋地敷设,参照《浙江省市政工程预算定额》(2018版)的相应子目。

五、塑料电线管配管分热风焊和粘接两种形式,UPVC电线管配管参照“粘接”方式套用刚性阻燃管定额。

六、金属软管敷设定额仅适用于电机与配管之间连接。

七、多芯软线线槽配线按芯数不同套用本章“管内穿多芯软导线”相应定额乘以系数1.2。

八、照明线路中的导线截面大于或等于$6mm^2$时,应执行动力线路穿线相应定额。

工程量计算规则

一、各种配管应区别不同敷设方式、敷设位置、管材材质、规格,以“m”计算,不扣除管路中间的接线箱(盒)、灯头盒、开关盒所占的长度。

二、管内穿线的工程量应区别线路性质、导线材质、导线截面,以“m”计算。线路分支接头线的长度已综合考虑在定额中,不得另行计算。

一、电线管敷设

工作内容:测位、划线、打眼、埋螺栓、锯管、套丝、煨弯、配管、接地、刷漆。　　**计量单位:**100m

定额编号				8-584	8-585	8-586	8-587	8-588	8-589
项目				砖、混凝土结构明配					
				电线管公称口径(mm 以内)					
				15	20	25	32	40	50
基价(元)				**719.41**	**766.70**	**813.15**	**873.38**	**950.69**	**1038.24**
其中	人工费(元)			623.97	656.78	695.39	736.97	774.23	819.32
	材料费(元)			66.94	81.42	88.60	107.25	125.74	168.20
	机械费(元)			28.50	28.50	29.16	29.16	50.72	50.72
名称		单位	单价(元)	消耗量					
人工	二类人工	工日	135.00	4.622	4.865	5.151	5.459	5.735	6.069
材料	电线管	m	—	(103.000)	(103.000)	(103.000)	(103.000)	(103.000)	(103.000)
	镀锌管接头 1.5×15	个	0.51	18.540	—	—	—	—	—
	镀锌管接头 1.5×20	个	1.00	—	18.540	—	—	—	—
	镀锌管接头 1.5×25	个	1.40	—	—	18.540	—	—	—
	镀锌管接头 1.5×32	个	2.10	—	—	—	18.540	—	—
	镀锌管接头 1.5×40	个	2.50	—	—	—	—	18.540	—
	镀锌管接头 1.5×50	个	3.59	—	—	—	—	—	18.540
	镀锌锁紧螺母 *DN*15×1.5	个	0.17	11.124	—	—	—	—	—
	镀锌锁紧螺母 *DN*20×1.5	个	0.36	—	11.124	—	—	—	—
	镀锌锁紧螺母 *DN*25×1.5	个	0.41	—	—	11.124	—	—	—
	镀锌锁紧螺母 *DN*32×1.5	个	0.39	—	—	—	11.124	—	—
	镀锌锁紧螺母 *DN*40×1.5	个	0.78	—	—	—	—	11.124	—
	镀锌锁紧螺母 *DN*50×1.5	个	1.90	—	—	—	—	—	11.124
	塑料护口(电线管用) 15	个	0.04	11.124	—	—	—	—	—
	塑料护口(电线管用) 20	个	0.09	—	11.124	—	—	—	—
	塑料护口(电线管用) 25	个	0.13	—	—	11.124	—	—	—
	塑料护口(电线管用) 32	个	0.17	—	—	—	11.124	—	—
	塑料护口(电线管用) 40	个	0.22	—	—	—	—	11.124	—
	塑料护口(电线管用) 50	个	0.26	—	—	—	—	—	11.124
	管卡子(电线管用) 15~20	个	0.28	51.840	51.840	—	—	—	—
	管卡子(电线管用) 25~32	个	0.40	—	—	30.960	30.960	—	—
	管卡子(电线管用) 40~50	个	0.52	—	—	—	—	25.200	25.200
	木螺钉 *d*4×65	10个	0.78	10.800	10.800	6.480	6.480	2.520	2.520
	塑料胀管 ϕ6~8	个	0.04	105.840	105.840	62.640	62.640	23.040	23.040
	热轧光圆钢筋 HPB300ϕ10	kg	3.98	0.670	0.670	0.598	0.598	1.735	1.735
	电焊条	kg	4.31	0.619	0.619	0.554	0.554	0.922	0.922
	钢锯条	条	2.59	1.872	1.872	1.296	1.296	1.440	1.440
	醇酸防锈漆	kg	7.76	0.792	0.950	1.253	1.498	1.080	1.440
	溶剂汽油	kg	5.40	0.187	0.230	0.302	0.367	0.410	0.554
	铅油	kg	5.60	0.418	0.497	0.749	0.900	1.008	1.339
	清油	kg	14.22	0.187	0.230	0.302	0.374	0.410	0.554
	镀锌铁丝	kg	6.55	0.180	0.180	0.180	0.180	0.180	0.180
	沥青清漆	kg	9.83	—	—	0.353	0.446	0.389	0.518
	金属膨胀螺栓 M6	套	0.19	—	—	—	—	24.480	24.480
	冲击钻头 ϕ6~12	个	4.48	0.432	0.432	0.216	0.216	0.144	0.144
	其他材料费	元	1.00	2.52	2.74	3.11	3.52	5.30	5.90
机械	交流弧焊机 21kV·A	台班	63.33	0.450	0.450	0.400	0.400	0.670	0.670
	钢材电动煨弯机 500~1800mm	台班	63.74	—	—	0.060	0.060	0.130	0.130

工作内容:测位、划线、打眼、砖墙刨沟、锯管、套丝、煨弯、配管、接地、刷漆。 **计量单位**:100m

定额编号				8-590	8-591	8-592	8-593	8-594	8-595
项目				砖、混凝土结构暗配					
				电线管公称口径(mm 以内)					
				15	20	25	32	40	50
基价(元)				**380.88**	**415.61**	**576.34**	**624.98**	**746.73**	**827.35**
其中	人工费(元)			322.52	344.12	495.72	528.39	605.34	647.33
	材料费(元)			26.69	39.82	51.46	67.43	88.77	127.40
	机械费(元)			31.67	31.67	29.16	29.16	52.62	52.62
	名称	单位	单价(元)	消耗量					
人工	二类人工	工日	135.00	2.389	2.549	3.672	3.914	4.484	4.795
材料	电线管	m	—	(103.000)	(103.000)	(103.000)	(103.000)	(103.000)	(103.000)
	镀锌管接头 1.5×15	个	0.51	20.600	—	—	—	—	—
	镀锌管接头 1.5×20	个	1.00	—	20.600	—	—	—	—
	镀锌管接头 1.5×25	个	1.40	—	—	20.600	—	—	—
	镀锌管接头 1.5×32	个	2.10	—	—	—	20.600	—	—
	镀锌管接头 1.5×40	个	2.50	—	—	—	—	20.600	—
	镀锌管接头 1.5×50	个	3.59	—	—	—	—	—	20.600
	镀锌锁紧螺母 *DN*15×1.5	个	0.17	12.360	—	—	—	—	—
	镀锌锁紧螺母 *DN*20×1.5	个	0.36	—	12.360	—	—	—	—
	镀锌锁紧螺母 *DN*25×1.5	个	0.41	—	—	12.360	—	—	—
	镀锌锁紧螺母 *DN*32×1.5	个	0.39	—	—	—	12.360	—	—
	镀锌锁紧螺母 *DN*40×1.5	个	0.78	—	—	—	—	12.360	—
	镀锌锁紧螺母 *DN*50×1.5	个	1.90	—	—	—	—	—	12.360
	塑料护口(电线管用) 15	个	0.04	12.360	—	—	—	—	—
	塑料护口(电线管用) 20	个	0.09	—	12.360	—	—	—	—
	塑料护口(电线管用) 25	个	0.13	—	—	12.360	—	—	—
	塑料护口(电线管用) 32	个	0.17	—	—	—	12.360	—	—
	塑料护口(电线管用) 40	个	0.22	—	—	—	—	12.360	—
	塑料护口(电线管用) 50	个	0.26	—	—	—	—	—	12.360
	热轧光圆钢筋 HPB300ϕ10	kg	3.98	0.744	0.744	0.664	0.664	1.928	1.928
	电焊条	kg	4.31	0.688	0.688	0.616	0.616	1.024	1.024
	钢锯条	条	2.59	2.080	2.080	1.440	1.440	1.600	1.600
	铅油	kg	5.60	0.040	0.048	0.072	0.096	0.104	0.136
	镀锌铁丝	kg	6.55	0.200	0.200	0.200	0.200	0.200	0.200
	沥青清漆	kg	9.83	—	—	0.392	0.496	0.432	0.576
	其他材料费	元	1.00	0.74	0.77	1.35	1.50	2.54	2.78
机械	交流弧焊机 21kV·A	台班	63.33	0.500	0.500	0.400	0.400	0.700	0.700
	钢材电动煨弯机 500～1800mm	台班	63.74	—	—	0.060	0.060	0.130	0.130

工作内容：测位、划线、打眼、上卡子、安装支架、锯管、套丝、煨弯、配管、接地、刷漆。　　**计量单位**：100m

定额编号				8-596	8-597	8-598	8-599	8-600	8-601
项目				钢结构支架配管					
				电线管公称口径(mm 以内)					
				15	20	25	32	40	50
基价（元）				**638.03**	**687.74**	**831.95**	**896.47**	**1073.81**	**1178.73**
其中	人工费（元）			543.78	577.40	707.13	750.06	882.77	938.25
	材料费（元）			65.75	81.84	95.66	117.25	140.32	189.76
	机械费（元）			28.50	28.50	29.16	29.16	50.72	50.72
	名称	单位	单价(元)	消耗量					
人工	二类人工	工日	135.00	4.028	4.277	5.238	5.556	6.539	6.950
材料	电线管	m	—	(103.000)	(103.000)	(103.000)	(103.000)	(103.000)	(103.000)
	镀锌管接头 1.5×15	个	0.51	20.600	—	—	—	—	—
	镀锌管接头 1.5×20	个	1.00	—	20.600	—	—	—	—
	镀锌管接头 1.5×25	个	1.40	—	—	20.600	—	—	—
	镀锌管接头 1.5×32	个	2.10	—	—	—	20.600	—	—
	镀锌管接头 1.5×40	个	2.50	—	—	—	—	20.600	—
	镀锌管接头 1.5×50	个	3.59	—	—	—	—	—	20.600
	镀锌锁紧螺母 *DN*15×1.5	个	0.17	12.360	—	—	—	—	—
	镀锌锁紧螺母 *DN*20×1.5	个	0.36	—	12.360	—	—	—	—
	镀锌锁紧螺母 *DN*25×1.5	个	0.41	—	—	12.360	—	—	—
	镀锌锁紧螺母 *DN*32×1.5	个	0.39	—	—	—	12.360	—	—
	镀锌锁紧螺母 *DN*40×1.5	个	0.78	—	—	—	—	12.360	—
	镀锌锁紧螺母 *DN*50×1.5	个	1.90	—	—	—	—	—	12.360
	塑料护口(电线管用) 15	个	0.04	12.360	—	—	—	—	—
	塑料护口(电线管用) 20	个	0.09	—	12.360	—	—	—	—
	塑料护口(电线管用) 25	个	0.13	—	—	12.360	—	—	—
	塑料护口(电线管用) 32	个	0.17	—	—	—	12.360	—	—
	塑料护口(电线管用) 40	个	0.22	—	—	—	—	12.360	—
	塑料护口(电线管用) 50	个	0.26	—	—	—	—	—	12.360
	管卡子(电线管用) 15~20	个	0.28	49.600	49.600	—	—	—	—
	管卡子(电线管用) 25~32	个	0.40	—	—	34.400	34.400	—	—
	管卡子(电线管用) 40~50	个	0.52	—	—	—	—	27.200	27.200
	半圆头螺钉 M6~12×12~50	个	0.09	100.000	100.000	69.600	69.600	55.200	55.200
	热轧光圆钢筋 HPB300ϕ10	kg	3.98	0.744	0.744	0.664	0.664	1.928	1.928
	电焊条	kg	4.31	0.688	0.688	0.616	0.616	1.024	1.024
	镀锌铁丝	kg	6.55	0.200	0.200	0.200	0.200	0.200	0.200
	钢锯条	条	2.59	2.080	2.080	1.440	1.440	1.600	1.600
	醇酸防锈漆	kg	7.76	0.880	1.056	1.368	1.712	1.888	2.512
	溶剂汽油	kg	5.40	0.208	0.256	0.336	0.416	0.456	0.616
	铅油	kg	5.60	0.464	0.552	0.816	1.024	1.120	1.488
	清油	kg	14.22	0.208	0.256	0.336	0.416	0.456	0.616
	沥青清漆	kg	9.83	—	—	0.392	0.496	0.432	0.576
	其他材料费	元	1.00	3.63	3.86	4.15	4.65	5.69	6.88
机械	交流弧焊机 21kV·A	台班	63.33	0.450	0.450	0.400	0.400	0.670	0.670
	钢材电动煨弯机 500~1800mm	台班	63.74	—	—	0.060	0.060	0.130	0.130

工作内容:测位、划线、打眼、上卡子、安装支架、锯管、套丝、煨弯、配管、接地、刷漆。　　**计量单位**:100m

定额编号				8-602	8-603	8-604	8-605
项目				钢索配管			
				电线管公称口径(mm 以内)			
				15	20	25	32
基价(元)				**870.93**	**935.21**	**1091.51**	**1173.34**
其中	人工费(元)			775.58	823.77	962.96	1022.76
	材料费(元)			66.85	82.94	99.39	121.42
	机械费(元)			28.50	28.50	29.16	29.16
名称		单位	单价(元)	消耗量			
人工	二类人工	工日	135.00	5.745	6.102	7.133	7.576
材料	电线管	m	—	(103.000)	(103.000)	(103.000)	(103.000)
	镀锌管接头 1.5×15	个	0.51	20.600	—	—	0.800
	镀锌管接头 1.5×20	个	1.00	—	20.600	—	—
	镀锌管接头 1.5×25	个	1.40	—	—	20.600	—
	镀锌管接头 1.5×32	个	2.10	—	—	—	20.600
	镀锌锁紧螺母 *DN*15×1.5	个	0.17	12.360	—	—	—
	镀锌锁紧螺母 *DN*20×1.5	个	0.36	—	12.360	—	—
	镀锌锁紧螺母 *DN*25×1.5	个	0.41	—	—	12.360	—
	镀锌锁紧螺母 *DN*32×1.5	个	0.39	—	—	—	12.360
	塑料护口(电线管用) 15	个	0.04	12.360	—	—	—
	塑料护口(电线管用) 20	个	0.09	—	12.360	—	—
	塑料护口(电线管用) 25	个	0.13	—	—	12.360	—
	塑料护口(电线管用) 32	个	0.17	—	—	—	12.360
	管卡子(电线管用) 15~20	个	0.28	53.600	53.600	—	—
	管卡子(电线管用) 25~32	个	0.40	—	—	41.600	41.600
	半圆头螺钉 M6~12×12~50	个	0.09	108.160	108.160	83.200	83.200
	热轧光圆钢筋 HPB300ϕ10	kg	3.98	0.744	0.744	0.664	0.664
	电焊条	kg	4.31	0.688	0.688	0.616	0.616
	镀锌铁丝	kg	6.55	0.200	0.200	0.200	0.200
	钢锯条	条	2.59	2.080	2.080	1.440	1.440
	醇酸防锈漆	kg	7.76	0.880	1.056	1.368	1.712
	溶剂汽油	kg	5.40	0.208	0.256	0.336	0.416
	铅油	kg	5.60	0.464	0.552	0.816	1.024
	清油	kg	14.22	0.208	0.256	0.336	0.416
	沥青清漆	kg	9.83	—	—	0.392	0.496
	其他材料费	元	1.00	2.87	3.10	3.78	4.31
机械	交流弧焊机 21kV·A	台班	63.33	0.450	0.450	0.400	0.400
	钢材电动煨弯机 500~1800mm	台班	63.74	—	—	0.060	0.060

二、钢 管 敷 设

工作内容:测位、划线、打眼、埋螺栓、锯管、套丝、煨弯、配管、接地、刷漆。 **计量单位**:100m

定额编号				8-606	8-607	8-608	8-609	8-610	8-611
项目				砖、混凝土结构明配					
				钢管公称口径(mm 以内)					
				15	20	25	32	40	50
基价(元)				**789.77**	**845.84**	**974.62**	**1046.64**	**1288.10**	**1424.26**
其中	人工费(元)			690.39	733.32	844.16	896.67	1100.79	1167.89
	材料费(元)			77.21	90.35	96.87	116.38	141.66	210.72
	机械费(元)			22.17	22.17	33.59	33.59	45.65	45.65
	名称	单位	单价(元)	消耗量					
人工	二类人工	工日	135.00	5.114	5.432	6.253	6.642	8.154	8.651
材料	碳钢管	m	—	(103.000)	(103.000)	(103.000)	(103.000)	(103.000)	(103.000)
	镀锌管接头 5×15	个	0.51	11.866	—	—	—	—	—
	镀锌管接头 5×20	个	1.00	—	11.866	—	—	—	—
	镀锌管接头 6×25	个	1.40	—	—	11.866	—	—	—
	镀锌管接头 6×32	个	2.10	—	—	—	11.866	—	—
	镀锌管接头 7×40	个	2.50	—	—	—	—	11.866	—
	镀锌管接头 7×50	个	3.59	—	—	—	—	—	11.866
	镀锌锁紧螺母 *DN*15×3	个	0.29	11.124	—	—	—	—	—
	镀锌锁紧螺母 *DN*20×3	个	0.44	—	11.124	—	—	—	—
	镀锌锁紧螺母 *DN*25×3	个	0.52	—	—	11.124	—	—	—
	镀锌锁紧螺母 *DN*32×3	个	0.52	—	—	—	11.124	—	—
	镀锌锁紧螺母 *DN*40×3	个	1.07	—	—	—	—	11.124	—
	镀锌锁紧螺母 *DN*50×3	个	4.91	—	—	—	—	—	11.124
	塑料护口(钢管用) 15~20	个	0.09	11.124	—	—	—	—	—
	塑料护口(钢管用) 20	个	0.09	—	11.124	—	—	—	—
	塑料护口(电线管用) 25	个	0.13	—	—	11.124	—	—	—
	塑料护口(钢管用) 32	个	0.16	—	—	—	11.124	—	—
	塑料护口(钢管用) 50	个	0.24	—	—	—	—	11.124	11.124
	管卡子(钢管用) 15	个	0.34	44.640	—	—	—	—	—
	管卡子(钢管用) 20	个	0.36	—	44.640	—	—	—	—
	管卡子(钢管用) 25	个	0.39	—	—	30.960	—	—	—
	管卡子(钢管用) 32	个	0.48	—	—	—	30.960	—	—
	管卡子(钢管用) 40	个	0.53	—	—	—	—	24.480	—
	管卡子(钢管用) 50	个	0.62	—	—	—	—	—	24.480
	木螺钉 *d*4×65	10个	0.78	9.000	9.000	6.264	6.264	2.520	2.520
	热轧光圆钢筋 HPB300ϕ10	kg	3.98	0.526	0.526	0.648	0.648	2.002	2.002
	电焊条	kg	4.31	0.497	0.497	0.648	0.648	0.814	0.814
	镀锌铁丝	kg	6.55	0.475	0.475	0.475	0.475	0.475	0.475
	钢锯条	条	2.59	2.160	2.160	1.440	1.440	2.160	2.160
	醇酸防锈漆	kg	7.76	1.339	1.678	2.138	2.707	3.197	4.003
	溶剂汽油	kg	5.40	0.331	0.410	0.533	0.677	0.785	0.986
	铅油	kg	5.60	0.410	0.511	0.734	0.929	1.044	1.303
	清油	kg	14.22	0.187	0.238	0.302	0.382	0.432	0.533
	塑料胀管 ϕ6~8	个	0.04	90.720	90.720	63.360	63.360	25.920	25.920
	冲击钻头 ϕ6~12	个	4.48	1.195	1.195	0.828	0.828	0.662	0.662
	沥青清漆	kg	9.83	—	—	0.382	0.382	0.454	0.454
	金属膨胀螺栓 M6	套	0.19	—	—	—	—	24.480	24.480
	其他材料费	元	1.00	5.67	6.09	5.98	6.65	8.15	9.12
机械	交流弧焊机 21kV·A	台班	63.33	0.350	0.350	0.470	0.470	0.590	0.590
	钢材电动煨弯机 500~1800mm	台班	63.74	—	—	0.060	0.060	0.130	0.130

工作内容:测位、划线、打眼、埋螺栓、锯管、套丝、煨弯、配管、接地、刷漆。 **计量单位**:100m

定额编号				8-612	8-613	8-614	8-615	8-616
项目				砖、混凝土结构明配				
				钢管公称口径(mm 以内)				
				70	80	100	125	150
基价(元)				**2177.20**	**2991.53**	**3265.01**	**3577.60**	**3835.25**
其中	人工费(元)			1848.02	2587.82	2748.20	3023.06	3203.82
	材料费(元)			265.09	337.07	450.17	396.53	443.04
	机械费(元)			64.09	66.64	66.64	158.01	188.39
	名称	单位	单价(元)	消耗量				
人工	二类人工	工日	135.00	13.689	19.169	20.357	22.393	23.732
材料	碳钢管	m	—	(103.000)	(103.000)	(103.000)	(103.000)	(103.000)
	镀锌管接头 8×70	个	4.49	11.124	—	—	—	—
	镀锌管接头 8×80	个	6.21	—	11.124	—	—	—
	镀锌管接头 10×100	个	9.83	—	—	11.124	—	—
	镀锌管接头 10×125	个	13.45	—	—	—	5.933	—
	镀锌管接头 10×150	个	16.03	—	—	—	—	5.933
	镀锌锁紧螺母 *DN*65×3	个	7.03	11.124	—	—	—	—
	镀锌锁紧螺母 *DN*80×3	个	9.58	—	11.124	—	—	—
	镀锌锁紧螺母 *DN*100×3	个	12.21	—	—	11.124	—	—
	塑料护口(钢管用) 70	个	0.35	11.124	—	—	—	—
	塑料护口(钢管用) 80	个	0.38	—	11.124	—	—	—
	塑料护口(钢管用) 100	个	0.62	—	—	11.124	—	—
	管卡子(钢管用) 70	个	0.72	18.720	—	—	—	—
	管卡子(钢管用) 80	个	1.23	—	18.720	—	—	—
	管卡子(钢管用) 100	个	1.84	—	—	18.720	—	—
	管卡子(钢管用) 125	个	9.05	—	—	—	14.400	—
	管卡子(钢管用) 150	个	9.48	—	—	—	—	14.400
	热轧光圆钢筋 HPB300ϕ10	kg	3.98	3.103	3.103	3.103	3.103	3.103
	电焊条	kg	4.31	0.979	0.979	0.979	0.979	0.979
	镀锌铁丝	kg	6.55	0.475	0.475	0.475	0.475	0.475
	钢锯条	条	2.59	2.160	3.240	3.240	—	—
	醇酸防锈漆	kg	7.76	5.314	6.077	7.834	9.626	11.333
	溶剂汽油	kg	5.40	1.289	1.555	1.915	2.354	2.765
	铅油	kg	5.60	1.483	1.714	2.203	2.707	3.190
	清油	kg	14.22	0.670	0.785	1.015	1.246	1.469
	冲击钻头 ϕ6~12	个	4.48	0.490	0.490	0.490	3.917	3.917
	沥青清漆	kg	9.83	0.634	0.720	0.922	1.138	1.339
	金属膨胀螺栓 M6	套	0.19	38.880	38.880	38.880	30.240	30.240
	其他材料费	元	1.00	12.45	13.12	19.03	11.97	13.66
机械	交流弧焊机 21kV·A	台班	63.33	0.710	0.710	0.710	—	—
	钢材电动煨弯机 500~1800mm	台班	63.74	0.300	0.340	0.340	1.100	1.100
	管子切断机 150mm	台班	29.76	—	—	—	0.520	0.800
	直流弧焊机 20kW	台班	78.72	—	—	—	0.920	1.200

工作内容：测位、划线、锯管、套丝、煨弯、砖墙刨沟、配管、接地、刷漆。　　　　**计量单位**：100m

定额编号				8-617	8-618	8-619	8-620	8-621	8-622
项目				砖、混凝土结构暗配					
				钢管公称口径(mm以内)					
				15	20	25	32	40	50
基价(元)				**521.93**	**563.06**	**693.30**	**745.39**	**1171.35**	**1307.56**
其中	人工费(元)			467.51	498.69	604.53	643.41	1032.62	1101.20
	材料费(元)			32.25	42.20	55.18	68.39	93.08	160.71
	机械费(元)			22.17	22.17	33.59	33.59	45.65	45.65
	名称	单位	单价(元)	消耗量					
人工	二类人工	工日	135.00	3.463	3.694	4.478	4.766	7.649	8.157
材料	碳钢管	m	—	(103.000)	(103.000)	(103.000)	(103.000)	(103.000)	(103.000)
	镀锌管接头 5×15	个	0.51	13.184	—	—	—	—	—
	镀锌管接头 5×20	个	1.00	—	13.184	—	—	—	—
	镀锌管接头 6×25	个	1.40	—	—	13.184	—	—	—
	镀锌管接头 6×32	个	2.10	—	—	—	13.184	—	—
	镀锌管接头 7×40	个	2.50	—	—	—	—	13.184	—
	镀锌管接头 7×50	个	3.59	—	—	—	—	—	13.184
	镀锌锁紧螺母 *DN*15×3	个	0.29	12.360	—	—	—	—	—
	镀锌锁紧螺母 *DN*20×3	个	0.44	—	12.360	—	—	—	—
	镀锌锁紧螺母 *DN*25×3	个	0.52	—	—	12.360	—	—	—
	镀锌锁紧螺母 *DN*32×3	个	0.52	—	—	—	12.360	—	—
	镀锌锁紧螺母 *DN*40×3	个	1.07	—	—	—	—	12.360	—
	镀锌锁紧螺母 *DN*50×3	个	4.91	—	—	—	—	—	12.360
	塑料护口(钢管用) 15~20	个	0.09	12.360	12.360	—	—	—	—
	塑料护口(钢管用) 25~32	个	0.15	—	—	12.360	12.360	—	—
	塑料护口(钢管用) 40	个	0.21	—	—	—	—	12.360	—
	塑料护口(钢管用) 50	个	0.24	—	—	—	—	—	12.360
	热轧光圆钢筋 HPB300ϕ10	kg	3.98	0.584	0.584	0.720	0.720	2.224	2.224
	电焊条	kg	4.31	0.552	0.552	0.720	0.720	0.904	0.904
	镀锌铁丝	kg	6.55	0.528	0.528	0.528	0.528	0.528	0.528
	钢锯条	条	2.59	2.400	2.400	1.600	1.600	2.400	2.400
	醇酸防锈漆	kg	7.76	0.600	0.752	1.024	1.296	1.600	2.000
	溶剂汽油	kg	5.40	0.160	0.192	0.256	0.328	0.400	0.496
	沥青清漆	kg	9.83	—	—	0.392	0.496	0.448	0.560
	其他材料费	元	1.00	0.93	1.22	1.69	2.15	2.90	3.60
机械	交流弧焊机 21kV·A	台班	63.33	0.350	0.350	0.470	0.470	0.590	0.590
	钢材电动煨弯机 500~1800mm	台班	63.74	—	—	0.060	0.060	0.130	0.130

工作内容:测位、划线、锯管、套丝、煨弯、砖墙刨沟、配管、接地、刷漆。 计量单位:100m

	定额编号			8-623	8-624	8-625	8-626	8-627
	项目			砖、混凝土结构暗配				
				钢管公称口径(mm 以内)				
				70	80	100	125	150
	基价(元)			**1873.12**	**2718.66**	**2958.97**	**3189.33**	**3421.60**
其中	人工费(元)			1597.73	2378.84	2526.39	2779.11	2946.11
	材料费(元)			211.30	273.18	365.94	252.21	295.44
	机械费(元)			64.09	66.64	66.64	158.01	180.05
	名称	单位	单价(元)	消耗量				
人工	二类人工	工日	135.00	11.835	17.621	18.714	20.586	21.823
材料	碳钢管	m	—	(103.000)	(103.000)	(103.000)	(103.000)	(103.000)
	塑料护口(钢管用) 70	个	0.35	12.360	—	—	—	—
	塑料护口(钢管用) 80	个	0.38	—	12.360	—	—	—
	塑料护口(钢管用) 100	个	0.62	—	—	12.360	—	—
	镀锌锁紧螺母 *DN*65×3	个	7.03	12.360	—	—	—	—
	镀锌锁紧螺母 *DN*80×3	个	9.58	—	12.360	—	—	—
	镀锌锁紧螺母 *DN*100×3	个	12.21	—	—	12.360	—	—
	热轧光圆钢筋 HPB300ϕ10	kg	3.98	3.448	3.448	3.448	3.448	3.448
	电焊条	kg	4.31	1.088	1.088	1.088	1.088	1.088
	镀锌铁丝	kg	6.55	0.528	0.528	0.528	0.528	0.528
	钢锯条	条	2.59	2.400	3.600	3.600	—	—
	醇酸防锈漆	kg	7.76	2.680	3.160	4.072	5.000	5.888
	溶剂汽油	kg	5.40	0.688	0.792	1.016	1.248	1.472
	沥青清漆	kg	9.83	0.704	0.800	1.024	1.264	1.488
	镀锌管接头 8×70	个	4.49	12.360	—	—	—	—
	镀锌管接头 8×80	个	6.21	—	12.360	—	—	—
	镀锌管接头 10×100	个	9.83	—	—	12.360	—	—
	镀锌管接头 10×125	个	13.45	—	—	—	12.360	—
	镀锌管接头 10×150	个	16.03	—	—	—	—	12.360
	其他材料费	元	1.00	5.06	5.46	7.51	6.14	7.17
机械	交流弧焊机 21kV·A	台班	63.33	0.710	0.710	0.710	—	—
	钢材电动煨弯机 500~1800mm	台班	63.74	0.300	0.340	0.340	1.100	1.100
	管子切断机 150mm	台班	29.76	—	—	—	0.520	0.520
	直流弧焊机 20kW	台班	78.72	—	—	—	0.920	1.200

工作内容:测位、划线、钻孔、锯管、套丝、煨弯、配管、接地、刷漆。 **计量单位**:100m

定额编号				8-628	8-629	8-630	8-631	8-632	8-633
项目				钢模板暗配					
				钢管公称口径(mm 以内)					
				15	20	25	32	40	50
基价(元)				**547.98**	**588.44**	**728.13**	**780.63**	**1255.42**	**1391.63**
其中	人工费(元)			493.56	524.07	639.36	678.65	1116.05	1184.63
	材料费(元)			32.25	42.20	55.18	68.39	93.08	160.71
	机械费(元)			22.17	22.17	33.59	33.59	46.29	46.29
	名称	单位	单价(元)	消耗量					
人工	二类人工	工日	135.00	3.656	3.882	4.736	5.027	8.267	8.775
材料	碳钢管	m	—	(103.000)	(103.000)	(103.000)	(103.000)	(103.000)	(103.000)
	镀锌锁紧螺母 DN15×3	个	0.29	12.360	—	—	—	—	—
	镀锌锁紧螺母 DN20×3	个	0.44	—	12.360	—	—	—	—
	镀锌锁紧螺母 DN25×3	个	0.52	—	—	12.360	—	—	—
	镀锌锁紧螺母 DN32×3	个	0.52	—	—	—	12.360	—	—
	镀锌锁紧螺母 DN40×3	个	1.07	—	—	—	—	12.360	—
	镀锌锁紧螺母 DN50×3	个	4.91	—	—	—	—	—	12.360
	塑料护口(钢管用) 15~20	个	0.09	12.360	12.360	—	—	—	—
	塑料护口(钢管用) 25~32	个	0.15	—	—	12.360	12.360	—	—
	塑料护口(钢管用) 40	个	0.21	—	—	—	—	12.360	—
	塑料护口(钢管用) 50	个	0.24	—	—	—	—	—	12.360
	镀锌管接头 5×15	个	0.51	13.184	—	—	—	—	—
	镀锌管接头 5×20	个	1.00	—	13.184	—	—	—	—
	镀锌管接头 6×25	个	1.40	—	—	13.184	—	—	—
	镀锌管接头 6×32	个	2.10	—	—	—	13.184	—	—
	镀锌管接头 7×40	个	2.50	—	—	—	—	13.184	—
	镀锌管接头 7×50	个	3.59	—	—	—	—	—	13.184
	热轧光圆钢筋 HPB300ϕ10	kg	3.98	0.584	0.584	0.720	0.720	2.224	2.224
	电焊条	kg	4.31	0.552	0.552	0.720	0.720	0.904	0.904
	镀锌铁丝	kg	6.55	0.528	0.528	0.528	0.528	0.528	0.528
	钢锯条	条	2.59	2.400	2.400	1.600	1.600	2.400	2.400
	醇酸防锈漆	kg	7.76	0.600	0.752	1.024	1.296	1.600	2.000
	溶剂汽油	kg	5.40	0.160	0.192	0.256	0.328	0.400	0.496
	沥青清漆	kg	9.83	—	—	0.392	0.496	0.448	0.560
	其他材料费	元	1.00	0.93	1.22	1.69	2.15	2.90	3.60
机械	交流弧焊机 21kV·A	台班	63.33	0.350	0.350	0.470	0.470	0.590	0.590
	钢材电动煨弯机 500~1800mm	台班	63.74	—	—	0.060	0.060	0.140	0.140

工作内容:测位、划线、打眼、上卡子、锯管、套丝、煨弯、配管、接地、刷漆。 **计量单位**:100m

定额编号				8-634	8-635	8-636	8-637	8-638	8-639
项目				钢结构支架配管					
				钢管公称口径(mm 以内)					
				15	20	25	32	40	50
基价(元)				**602.55**	**648.56**	**729.83**	**875.23**	**1204.19**	**1343.80**
其中	人工费(元)			502.34	533.66	594.14	717.26	1007.51	1069.47
	材料费(元)			78.04	92.73	102.10	124.38	150.39	228.04
	机械费(元)			22.17	22.17	33.59	33.59	46.29	46.29
	名称	单位	单价(元)	消耗量					
人工	二类人工	工日	135.00	3.721	3.953	4.401	5.313	7.463	7.922
材料	碳钢管	m	—	(103.000)	(103.000)	(103.000)	(103.000)	(103.000)	(103.000)
	镀锌管接头 5×15	个	0.51	13.184	—	—	—	—	—
	镀锌管接头 5×20	个	1.00	—	13.184	—	—	—	—
	镀锌管接头 6×25	个	1.40	—	—	13.184	—	—	—
	镀锌管接头 6×32	个	2.10	—	—	—	13.184	—	—
	镀锌管接头 7×40	个	2.50	—	—	—	—	13.184	—
	镀锌管接头 7×50	个	3.59	—	—	—	—	—	13.184
	镀锌锁紧螺母 *DN*15×3	个	0.29	12.360	—	—	—	—	—
	镀锌锁紧螺母 *DN*20×3	个	0.44	—	12.360	—	—	—	—
	镀锌锁紧螺母 *DN*25×3	个	0.52	—	—	12.360	—	—	—
	镀锌锁紧螺母 *DN*32×3	个	0.52	—	—	—	12.360	—	—
	镀锌锁紧螺母 *DN*40×3	个	1.07	—	—	—	—	12.360	—
	镀锌锁紧螺母 *DN*50×3	个	4.91	—	—	—	—	—	12.360
	塑料护口(钢管用) 15~20	个	0.09	12.360	12.360	—	—	—	—
	塑料护口(钢管用) 25~32	个	0.15	—	—	12.360	12.360	—	—
	塑料护口(钢管用) 40	个	0.21	—	—	—	—	12.360	—
	塑料护口(钢管用) 50	个	0.24	—	—	—	—	—	12.360
	管卡子(钢管用) 15	个	0.34	49.600	—	—	—	—	—
	管卡子(钢管用) 20	个	0.36	—	49.600	—	—	—	—
	管卡子(钢管用) 25	个	0.39	—	—	34.400	—	—	—
	管卡子(钢管用) 32	个	0.48	—	—	—	34.400	—	—
	管卡子(钢管用) 40	个	0.53	—	—	—	—	27.200	—
	管卡子(钢管用) 50	个	0.62	—	—	—	—	—	27.200
	半圆头螺钉 M6~12×12~50	个	0.09	100.000	100.000	69.600	69.600	55.200	55.200
	热轧光圆钢筋 HPB300ϕ10	kg	3.98	0.584	0.584	0.720	0.720	2.224	2.224
	电焊条	kg	4.31	0.552	0.552	0.720	0.720	0.904	0.904
	镀锌铁丝	kg	6.55	0.528	0.528	0.528	0.528	0.528	0.528
	钢锯条	条	2.59	2.400	2.400	1.600	1.600	2.400	2.400
	醇酸防锈漆	kg	7.76	1.488	1.864	2.376	3.008	3.552	4.448
	溶剂汽油	kg	5.40	0.368	0.456	0.592	0.744	0.912	1.144
	铅油	kg	5.60	0.456	0.568	0.816	1.032	1.208	1.528
	清油	kg	14.22	0.208	0.264	0.336	0.424	0.480	0.592
	沥青清漆	kg	9.83	—	—	0.384	0.488	0.528	0.560
	其他材料费	元	1.00	7.33	7.90	7.35	8.10	8.54	9.63
机械	交流弧焊机 21kV·A	台班	63.33	0.350	0.350	0.470	0.470	0.590	0.590
	钢材电动煨弯机 500~1800mm	台班	63.74	—	—	0.060	0.060	0.140	0.140

工作内容:测位、划线、打眼、上卡子、锯管、套丝、煨弯、配管、接地、刷漆。　　**计量单位**:100m

定额编号				8-640	8-641	8-642	8-643	8-644
项目				钢结构支架配管				
				钢管公称口径(mm 以内)				
				70	80	100	125	150
基价(元)				**1961.70**	**2727.58**	**2989.23**	**3174.86**	**3386.91**
其中	人工费(元)			1611.09	2294.87	2430.41	2673.14	2833.52
	材料费(元)			286.52	366.07	492.18	416.13	467.80
	机械费(元)			64.09	66.64	66.64	85.59	85.59
	名称	单位	单价(元)	消耗量				
人工	二类人工	工日	135.00	11.934	16.999	18.003	19.801	20.989
材料	碳钢管	m	—	(103.000)	(103.000)	(103.000)	(103.000)	(103.000)
	镀锌管接头 8×70	个	4.49	12.360	—	—	—	—
	镀锌管接头 8×80	个	6.21	—	12.360	—	—	—
	镀锌管接头 10×100	个	9.83	—	—	12.360	—	—
	镀锌管接头 10×125	个	13.45	—	—	—	6.592	—
	镀锌管接头 10×150	个	16.03	—	—	—	—	6.592
	镀锌锁紧螺母 *DN*65×3	个	7.03	12.360	—	—	—	—
	镀锌锁紧螺母 *DN*80×3	个	9.58	—	12.360	—	—	—
	镀锌锁紧螺母 *DN*100×3	个	12.21	—	—	12.360	—	—
	塑料护口(钢管用) 70	个	0.35	12.360	—	—	—	—
	塑料护口(钢管用) 80	个	0.38	—	12.360	—	—	—
	塑料护口(钢管用) 100	个	0.62	—	—	12.360	—	—
	管卡子(钢管用) 70	个	0.72	20.800	—	—	—	—
	管卡子(钢管用) 80	个	1.23	—	20.800	—	—	—
	管卡子(钢管用) 100	个	1.84	—	—	20.800	—	—
	管卡子(钢管用) 125	个	9.05	—	—	—	16.000	—
	管卡子(钢管用) 150	个	9.48	—	—	—	—	16.000
	半圆头螺钉 M6~12×12~50	个	0.09	43.200	43.200	43.200	33.600	33.600
	热轧光圆钢筋 HPB300ϕ10	kg	3.98	3.448	3.448	3.448	3.448	3.448
	电焊条	kg	4.31	1.088	1.088	1.088	1.088	1.088
	镀锌铁丝	kg	6.55	0.528	0.528	0.528	0.528	0.528
	钢锯条	条	2.59	2.400	3.600	3.600	—	—
	醇酸防锈漆	kg	7.76	5.904	6.752	8.704	10.696	12.592
	溶剂汽油	kg	5.40	1.432	1.648	2.128	2.616	3.072
	铅油	kg	5.60	1.648	1.904	2.448	3.008	3.544
	清油	kg	14.22	0.744	0.872	1.128	1.384	1.632
	沥青清漆	kg	9.83	0.704	0.800	1.024	1.264	1.488
	其他材料费	元	1.00	12.58	13.32	19.90	11.70	13.58
机械	交流弧焊机 21kV·A	台班	63.33	0.710	0.710	0.710	—	—
	钢材电动煨弯机 500~1800mm	台班	63.74	0.300	0.340	0.340	1.100	1.100
	管子切断机 150mm	台班	29.76	—	—	—	0.520	0.520

工作内容:测位、划线、锯管、套丝、煨弯、上卡子、配管、接地、刷漆。 **计量单位**:100m

定额编号				8-645	8-646	8-647	8-648
项目				钢索配管			
				钢管公称口径(mm 以内)			
				15	20	25	32
基价(元)				**936.87**	**1003.97**	**1220.34**	**1312.47**
其中	人工费(元)			837.54	890.06	1080.41	1147.37
	材料费(元)			77.16	91.74	106.34	131.51
	机械费(元)			22.17	22.17	33.59	33.59
名称		单位	单价(元)	消耗量			
人工	二类人工	工日	135.00	6.204	6.593	8.003	8.499
材料	碳钢管	m	—	(103.000)	(103.000)	(103.000)	(103.000)
	镀锌管接头 5×15	个	0.51	13.184	—	—	—
	镀锌管接头 5×20	个	1.00	—	13.184	—	—
	镀锌管接头 6×25	个	1.40	—	—	13.184	—
	镀锌管接头 6×32	个	2.10	—	—	—	13.184
	镀锌锁紧螺母 *DN*15×3	个	0.29	12.360	—	—	—
	镀锌锁紧螺母 *DN*20×3	个	0.44	—	12.360	—	—
	镀锌锁紧螺母 *DN*25×3	个	0.52	—	—	12.360	—
	镀锌锁紧螺母 *DN*32×3	个	0.52	—	—	—	12.360
	塑料护口(钢管用) 15~20	个	0.09	12.360	12.360	—	—
	塑料护口(钢管用) 25~32	个	0.15	—	—	12.360	12.360
	管卡子(钢管用) 15	个	0.34	49.600	—	—	—
	管卡子(钢管用) 20	个	0.36	—	49.600	—	—
	管卡子(钢管用) 25	个	0.39	—	—	41.600	—
	管卡子(钢管用) 32	个	0.48	—	—	—	41.600
	半圆头螺钉 M6~12×12~50	个	0.09	99.840	99.840	83.200	83.200
	热轧光圆钢筋 HPB300ϕ10	kg	3.98	0.584	0.584	0.720	0.720
	电焊条	kg	4.31	0.552	0.552	0.720	0.720
	镀锌铁丝	kg	6.55	0.528	0.528	0.528	0.528
	钢锯条	条	2.59	2.400	2.400	1.600	1.600
	醇酸防锈漆	kg	7.76	1.488	1.864	2.376	3.416
	溶剂汽油	kg	5.40	0.368	0.456	0.592	0.752
	铅油	kg	5.60	0.456	0.568	0.816	1.032
	清油	kg	14.22	0.208	0.264	0.336	0.344
	沥青清漆	kg	9.83	—	—	0.384	0.488
	其他材料费	元	1.00	6.46	6.93	7.56	8.48
机械	交流弧焊机 21kV·A	台班	63.33	0.350	0.350	0.470	0.470
	钢材电动煨弯机 500~1800mm	台班	63.74	—	—	0.060	0.060

三、防爆钢管敷设

工作内容：测位、划线、打眼、埋螺栓、锯管、套丝、煨弯、配管、接地、刷漆。　　　　**计量单位：**100m

定额编号				8-649	8-650	8-651	8-652	8-653	8-654
项目				砖、混凝土结构明配					
				钢管公称口径(mm 以内)					
				15	20	25	32	40	50
基价(元)				**1126.11**	**1203.42**	**1297.92**	**1404.92**	**1575.01**	**1682.48**
其中	人工费(元)			896.81	952.16	1042.88	1107.27	1283.99	1364.31
	材料费(元)			127.79	149.75	142.11	184.72	132.33	159.48
	机械费(元)			101.51	101.51	112.93	112.93	158.69	158.69
	名称	单位	单价(元)	消耗量					
人工	二类人工	工日	135.00	6.643	7.053	7.725	8.202	9.511	10.106
材料	碳素结构钢镀锌焊接钢管	m	—	(103.000)	(103.000)	(103.000)	(103.000)	(103.000)	(103.000)
	镀锌管接头 5×15	个	0.51	11.866	—	—	—	—	—
	镀锌管接头 5×20	个	1.00	—	11.866	—	—	—	—
	镀锌管接头 6×25	个	1.40	—	—	11.866	—	—	—
	镀锌管接头 6×32	个	2.10	—	—	—	11.866	—	—
	镀锌管接头 7×40	个	2.50	—	—	—	—	11.866	—
	镀锌管接头 7×50	个	3.59	—	—	—	—	—	11.866
	塑料护口(钢管用) 15~20	个	0.09	11.124	11.124	—	—	—	—
	塑料护口(钢管用) 25~32	个	0.15	—	—	11.124	11.124	—	—
	塑料护口(钢管用) 40	个	0.21	—	—	—	—	11.124	—
	塑料护口(钢管用) 50	个	0.24	—	—	—	—	—	11.124
	活接头 15	个	2.79	18.540	—	—	—	—	—
	活接头 20	个	3.36	—	18.540	—	—	—	—
	活接头 25	个	4.41	—	—	11.124	—	—	—
	活接头 32	个	6.38	—	—	—	11.124	—	—
	管卡子(钢管用) 15	个	0.34	44.640	—	—	—	—	—
	管卡子(钢管用) 20	个	0.36	—	44.640	—	—	—	—
	管卡子(钢管用) 25	个	0.39	—	—	30.960	—	—	—
	管卡子(钢管用) 32	个	0.48	—	—	—	30.960	—	—
	管卡子(钢管用) 40	个	0.53	—	—	—	—	24.480	—
	管卡子(钢管用) 50	个	0.62	—	—	—	—	—	24.480
	木螺钉 *d*4×65	10 个	0.78	9.000	9.000	6.264	6.264	2.520	2.520
	塑料胀管 ϕ6~8	个	0.04	90.720	90.720	63.360	63.360	25.920	25.920
	热轧光圆钢筋 HPB300ϕ10	kg	3.98	0.655	0.655	0.828	0.828	2.506	2.506
	电焊条	kg	4.31	0.497	0.497	0.648	0.648	0.814	0.814
	镀锌铁丝	kg	6.55	0.475	0.475	0.475	0.475	0.475	0.475
	钢锯条	条	2.59	2.160	2.160	1.440	1.440	2.160	2.160
	醇酸防锈漆	kg	7.76	1.339	1.678	2.138	2.707	3.197	4.003
	溶剂汽油	kg	5.40	0.331	0.425	0.533	0.670	0.821	1.030
	铅油	kg	5.60	0.475	0.598	0.770	0.979	1.138	1.426
	清油	kg	14.22	0.187	0.238	0.302	0.382	0.432	0.533
	沥青清漆	kg	9.83	—	—	0.346	0.439	0.475	0.504
	冲击钻头 ϕ6~12	个	4.48	1.195	1.195	0.828	0.828	0.662	0.662
	金属膨胀螺栓 M6	套	0.19	—	—	—	—	25.200	25.200
	其他材料费	元	1.00	6.88	7.01	7.16	8.39	7.99	8.94
机械	交流弧焊机 21kV·A	台班	63.33	0.350	0.350	0.470	0.470	0.590	0.590
	电动空气压缩机 0.6m^3/min	台班	33.06	2.400	2.400	2.400	2.400	3.400	3.400
	钢材电动煨弯机 500~1800mm	台班	63.74	—	—	0.060	0.060	0.140	0.140

工作内容:测位、划线、打眼、埋螺栓、锯管、套丝、煨弯、配管、接地、刷漆。 **计量单位:**100m

定额编号				8-655	8-656	8-657
项目				砖、混凝土结构明配		
				钢管公称口径(mm 以内)		
				70	80	100
基价(元)				**2456.69**	**2988.57**	**3227.24**
其中	人工费(元)			2016.63	2502.90	2657.21
	材料费(元)			189.96	233.66	318.02
	机械费(元)			250.10	252.01	252.01
名称		单位	单价(元)	消耗量		
人工	二类人工	工日	135.00	14.938	18.540	19.683
材料	碳素结构钢镀锌焊接钢管	m	—	(103.000)	(103.000)	(103.000)
	镀锌管接头 8×70	个	4.49	11.124	—	—
	镀锌管接头 8×80	个	6.21	—	11.124	—
	镀锌管接头 10×100	个	9.83	—	—	11.124
	塑料护口(钢管用) 70	个	0.35	11.124	—	—
	塑料护口(钢管用) 80	个	0.38	—	11.124	—
	塑料护口(钢管用) 100	个	0.62	—	—	11.124
	管卡子(钢管用) 70	个	0.72	18.720	—	—
	管卡子(钢管用) 80	个	1.23	—	18.720	—
	管卡子(钢管用) 100	个	1.84	—	—	18.720
	热轧光圆钢筋 HPB300ϕ10	kg	3.98	3.881	3.881	3.881
	电焊条	kg	4.31	0.979	0.979	0.979
	镀锌铁丝	kg	6.55	0.475	0.475	0.475
	钢锯条	条	2.59	2.160	3.240	3.240
	醇酸防锈漆	kg	7.76	5.314	6.077	7.834
	溶剂汽油	kg	5.40	1.289	1.483	1.915
	铅油	kg	5.60	1.627	1.829	2.347
	清油	kg	14.22	0.670	0.785	1.015
	沥青清漆	kg	9.83	0.634	0.720	0.922
	冲击钻头 ϕ6~12	个	4.48	0.497	0.497	0.497
	金属膨胀螺栓 M6	套	0.19	38.880	38.880	38.880
	其他材料费	元	1.00	11.59	12.90	18.78
机械	交流弧焊机 21kV·A	台班	63.33	0.710	0.710	0.710
	电动空气压缩机 0.6m^3/min	台班	33.06	5.800	5.800	5.800
	钢材电动煨弯机 500~1800mm	台班	63.74	0.210	0.240	0.240

工作内容：测位、划线、锯管、套丝、煨弯、配管、接地、刷漆。　　　　**计量单位**：100m

	定额编号			8-658	8-659	8-660	8-661	8-662	8-663
	项目			砖、混凝土结构暗配					
				钢管公称口径(mm 以内)					
				15	20	25	32	40	50
	基价（元）			**858.10**	**917.94**	**1084.98**	**1177.34**	**1539.40**	**1639.21**
其中	人工费（元）			667.71	707.81	866.03	920.03	1296.81	1377.00
	材料费（元）			88.88	108.62	106.02	144.38	83.90	103.52
	机械费（元）			101.51	101.51	112.93	112.93	158.69	158.69
	名称	单位	单价(元)	消耗量					
人工	二类人工	工日	135.00	4.946	5.243	6.415	6.815	9.606	10.200
材料	碳素结构钢镀锌焊接钢管	m	—	(103.000)	(103.000)	(103.000)	(103.000)	(103.000)	(103.000)
	镀锌管接头 5×15	个	0.51	13.184	—	—	—	—	—
	镀锌管接头 5×20	个	1.00	—	13.184	—	—	—	—
	镀锌管接头 6×25	个	1.40	—	—	13.184	—	—	—
	镀锌管接头 6×32	个	2.10	—	—	—	13.184	—	—
	镀锌管接头 7×40	个	2.50	—	—	—	—	13.184	—
	镀锌管接头 7×50	个	3.59	—	—	—	—	—	13.184
	塑料护口(钢管用) 15~20	个	0.09	12.360	12.360	—	—	—	—
	塑料护口(钢管用) 25~32	个	0.15	—	—	12.360	12.360	—	—
	塑料护口(钢管用) 40	个	0.21	—	—	—	—	12.360	—
	塑料护口(钢管用) 50	个	0.24	—	—	—	—	—	12.360
	活接头 15	个	2.79	20.600	—	—	—	—	—
	活接头 20	个	3.36	—	20.600	—	—	—	—
	活接头 25	个	4.41	—	—	12.360	—	—	—
	活接头 32	个	6.38	—	—	—	12.360	—	—
	热轧光圆钢筋 HPB300ϕ10	kg	3.98	0.728	0.728	0.920	0.920	2.784	2.784
	电焊条	kg	4.31	0.552	0.552	0.720	0.720	0.904	0.904
	镀锌铁丝	kg	6.55	0.528	0.528	0.528	0.528	0.528	0.528
	钢锯条	条	2.59	2.400	2.400	1.600	1.600	2.400	2.400
	醇酸防锈漆	kg	7.76	0.624	0.784	1.024	1.296	1.600	2.000
	溶剂汽油	kg	5.40	0.160	0.192	0.256	0.328	0.400	0.496
	铅油	kg	5.60	0.112	0.136	0.112	0.144	0.216	0.264
	沥青清漆	kg	9.83	—	—	0.392	0.496	0.528	0.560
	其他材料费	元	1.00	2.29	2.27	3.02	4.10	2.72	3.39
机械	交流弧焊机 21kV·A	台班	63.33	0.350	0.350	0.470	0.470	0.590	0.590
	电动空气压缩机 0.6m^3/min	台班	33.06	2.400	2.400	2.400	2.400	3.400	3.400
	钢材电动煨弯机 500~1800mm	台班	63.74	—	—	0.060	0.060	0.140	0.140

工作内容:测位、划线、锯管、套丝、煨弯、配管、接地、刷漆。　　　　**计量单位:**100m

定额编号				8-664	8-665	8-666
项目				砖、混凝土结构暗配		
				钢管公称口径(mm 以内)		
				70	80	100
基价(元)				**2262.20**	**3099.07**	**3325.92**
其中	人工费(元)			1876.37	2681.24	2847.42
	材料费(元)			130.00	159.45	220.12
	机械费(元)			255.83	258.38	258.38
名称		单位	单价(元)	消耗量		
人工	二类人工	工日	135.00	13.899	19.861	21.092
材料	碳素结构钢镀锌焊接钢管	m	—	(103.000)	(103.000)	(103.000)
	镀锌管接头 8×70	个	4.49	12.360	—	—
	镀锌管接头 8×80	个	6.21	—	12.360	—
	镀锌管接头 10×100	个	9.83	—	—	12.360
	塑料护口(钢管用) 70	个	0.35	12.360	—	—
	塑料护口(钢管用) 80	个	0.38	—	12.360	—
	塑料护口(钢管用) 100	个	0.62	—	—	12.360
	热轧光圆钢筋 HPB300ϕ10	kg	3.98	4.312	4.312	4.312
	电焊条	kg	4.31	1.088	1.088	1.088
	镀锌铁丝	kg	6.55	0.528	0.528	0.528
	钢锯条	条	2.59	2.400	3.600	3.600
	醇酸防锈漆	kg	7.76	2.840	3.160	4.072
	溶剂汽油	kg	5.40	0.688	0.776	1.000
	铅油	kg	5.60	0.320	0.280	0.360
	沥青清漆	kg	9.83	0.704	0.800	1.024
	其他材料费	元	1.00	4.18	5.22	7.25
机械	交流弧焊机 21kV·A	台班	63.33	0.710	0.710	0.710
	电动空气压缩机 0.6m^3/min	台班	33.06	5.800	5.800	5.800
	钢材电动煨弯机 500~1800mm	台班	63.74	0.300	0.340	0.340

工作内容:测位、划线、打眼、安装支架、锯管、套丝、煨弯、配管、接地、刷漆。　　**计量单位**:100m

定额编号				8-667	8-668	8-669	8-670	8-671	8-672
项目				钢结构支架配管					
				钢管公称口径(mm 以内)					
				15	20	25	32	40	50
基价(元)				**992.44**	**1063.44**	**1139.38**	**1238.10**	**1525.25**	**1689.07**
其中	人工费(元)			756.68	803.39	874.80	927.32	1229.85	1363.23
	材料费(元)			134.25	158.54	152.60	198.80	139.26	169.70
	机械费(元)			101.51	101.51	111.98	111.98	156.14	156.14
名称		单位	单价(元)	消耗量					
人工	二类人工	工日	135.00	5.605	5.951	6.480	6.869	9.110	10.098
材料	碳素结构钢镀锌焊接钢管	m	—	(103.000)	(103.000)	(103.000)	(103.000)	(103.000)	(103.000)
	镀锌管接头 5×15	个	0.51	13.184	—	—	—	—	—
	镀锌管接头 5×20	个	1.00	—	13.184	—	—	—	—
	镀锌管接头 6×25	个	1.40	—	—	13.184	—	—	—
	镀锌管接头 6×32	个	2.10	—	—	—	13.184	—	—
	镀锌管接头 7×40	个	2.50	—	—	—	—	13.184	—
	镀锌管接头 7×50	个	3.59	—	—	—	—	—	13.184
	塑料护口(钢管用) 15~20	个	0.09	12.360	12.360	—	—	—	—
	塑料护口(钢管用) 25~32	个	0.15	—	—	12.360	12.360	—	—
	塑料护口(钢管用) 40	个	0.21	—	—	—	—	12.360	—
	塑料护口(钢管用) 50	个	0.24	—	—	—	—	—	12.360
	管卡子(钢管用) 15	个	0.34	49.600	—	—	—	—	—
	管卡子(钢管用) 20	个	0.36	—	49.600	—	—	—	—
	管卡子(钢管用) 25	个	0.39	—	—	34.400	—	—	—
	管卡子(钢管用) 32	个	0.48	—	—	—	34.400	—	—
	管卡子(钢管用) 40	个	0.53	—	—	—	—	27.200	—
	管卡子(钢管用) 50	个	0.62	—	—	—	—	—	27.200
	活接头 15	个	2.79	20.600	—	—	—	—	—
	活接头 20	个	3.36	—	20.600	—	—	—	—
	活接头 25	个	4.41	—	—	12.360	—	—	—
	活接头 32	个	6.38	—	—	—	12.360	—	—
	半圆头螺钉 M6~12×12~50	个	0.09	100.000	100.000	69.600	69.600	55.200	55.200
	热轧光圆钢筋 HPB300ϕ10	kg	3.98	0.728	0.728	0.920	0.920	2.784	2.784
	电焊条	kg	4.31	0.552	0.552	0.720	0.720	0.904	0.904
	镀锌铁丝	kg	6.55	0.528	0.528	0.528	0.528	0.528	0.528
	钢锯条	条	2.59	2.400	2.400	1.600	1.600	2.400	2.400
	醇酸防锈漆	kg	7.76	1.488	1.864	2.376	3.008	3.552	4.448
	溶剂汽油	kg	5.40	0.368	0.456	0.592	0.752	0.872	1.096
	铅油	kg	5.60	0.528	0.664	0.856	1.088	1.264	1.584
	清油	kg	14.22	0.208	0.264	0.336	0.344	0.480	0.592
	沥青清漆	kg	9.83	—	—	0.392	0.496	0.528	0.592
	其他材料费	元	1.00	8.67	8.82	8.67	9.99	8.30	9.38
机械	交流弧焊机 21kV·A	台班	63.33	0.350	0.350	0.470	0.470	0.590	0.590
	电动空气压缩机 0.6m^3/min	台班	33.06	2.400	2.400	2.400	2.400	3.400	3.400
	钢材电动煨弯机 500~1800mm	台班	63.74	—	—	0.045	0.045	0.100	0.100

工作内容:测位、划线、打眼、安装支架、锯管、套丝、煨弯、配管、接地、刷漆。 **计量单位**:100m

定额编号				8-673	8-674	8-675
项目				钢结构支架配管		
				钢管公称口径(mm 以内)		
				70	80	100
基价(元)				**2330.86**	**3054.00**	**3303.12**
其中	人工费(元)			1872.05	2544.08	2699.46
	材料费(元)			202.98	251.54	345.28
	机械费(元)			255.83	258.38	258.38
	名称	单位	单价(元)	消耗量		
人工	二类人工	工日	135.00	13.867	18.845	19.996
材料	碳素结构钢镀锌焊接钢管	m	—	(103.000)	(103.000)	(103.000)
	镀锌管接头 8×70	个	4.49	12.360	—	—
	镀锌管接头 8×80	个	6.21	—	12.360	—
	镀锌管接头 10×100	个	9.83	—	—	12.360
	塑料护口(钢管用) 70	个	0.35	12.360	—	—
	塑料护口(钢管用) 80	个	0.38	—	12.360	—
	塑料护口(钢管用) 100	个	0.62	—	—	12.360
	管卡子(钢管用) 70	个	0.72	20.800	—	—
	管卡子(钢管用) 80	个	1.23	—	20.800	—
	管卡子(钢管用) 100	个	1.84	—	—	20.800
	半圆头螺钉 M6~12×12~50	个	0.09	43.200	43.200	43.200
	热轧光圆钢筋 HPB300ϕ10	kg	3.98	4.312	4.312	4.312
	电焊条	kg	4.31	1.088	1.088	1.088
	镀锌铁丝	kg	6.55	0.528	0.528	0.528
	钢锯条	条	2.59	2.400	3.600	3.600
	醇酸防锈漆	kg	7.76	5.904	6.752	8.704
	溶剂汽油	kg	5.40	1.432	1.648	2.128
	铅油	kg	5.60	1.808	2.032	2.608
	清油	kg	14.22	0.744	0.872	1.128
	沥青清漆	kg	9.83	0.704	0.800	1.024
	其他材料费	元	1.00	11.59	13.04	19.58
机械	交流弧焊机 21kV·A	台班	63.33	0.710	0.710	0.710
	电动空气压缩机 0.6m^3/min	台班	33.06	5.800	5.800	5.800
	钢材电动煨弯机 500~1800mm	台班	63.74	0.300	0.340	0.340

工作内容:测位、划线、锯管、套丝、煨弯、配管、支架制作安装、试压、补焊口漆。 **计量单位**:100m

定额编号					8-676	8-677	8-678
项目					塔器照明配管		
					镀锌钢管公称口径(mm 以内)		
					15	20	25
基价(元)					**1067.79**	**1173.04**	**1230.63**
其中	人工费(元)				927.32	984.15	1071.63
	材料费(元)				102.64	148.44	111.44
	机械费(元)				37.83	40.45	47.56
名称			单位	单价(元)	消耗量		
人工	二类人工		工日	135.00	6.869	7.290	7.938
材料	碳素结构钢镀锌焊接钢管		m	—	(103.000)	(103.000)	(103.000)
	镀锌管接头 3×15		个	0.51	6.592	—	—
	镀锌管接头 3×20		个	1.00	—	6.592	—
	镀锌管接头 3×25		个	1.40	—	—	6.592
	塑料护口(钢管用) 15~20		个	0.09	12.600	12.600	—
	塑料护口(钢管用) 25~32		个	0.15	—	—	12.600
	镀锌管箍 *DN*15		个	0.86	49.600	—	—
	镀锌管卡子 3×20		个	1.60	—	49.600	—
	镀锌管箍 *DN*20		个	1.02	—	—	34.400
	镀锌六角螺栓带螺母 M8×16~25		套	0.19	100.000	100.000	69.600
	镀锌铁丝		kg	6.55	0.528	0.528	0.528
	电焊条		kg	4.31	0.832	0.872	1.248
	醇酸防锈漆		kg	7.76	0.800	0.960	1.152
	调合漆		kg	11.21	0.880	1.056	1.264
	溶剂汽油		kg	5.40	0.392	0.432	0.472
	尼龙砂轮片 $\phi150$		片	2.59	0.512	0.640	0.800
	密封胶 XY02#		kg	17.24	0.576	0.688	0.896
机械	交流弧焊机 21kV·A		台班	63.33	0.420	0.460	0.560
	电动空气压缩机 0.6m^3/min		台班	33.06	0.240	0.240	0.240
	钢材电动煨弯机 500~1800mm		台班	63.74	0.040	0.040	0.050
	台式砂轮机 $\phi250$mm		台班	4.65	0.160	0.180	0.210

四、可挠性金属套管敷设

工作内容:测位、划线、砖墙刨沟、断管、配管、固定、接地、清理、填补。　　　　**计量单位:**100m

定额编号				8-679	8-680	8-681	8-682	8-683	8-684
项目				砖、混凝土结构暗配					
				可挠性金属套管规格					
				10#	12#	15#	17#	24#	30#
基价(元)				**524.12**	**558.27**	**581.64**	**607.81**	**650.68**	**692.06**
其中	人工费(元)			436.73	458.60	474.53	498.69	523.40	549.59
	材料费(元)			87.39	99.67	107.11	109.12	127.28	142.47
	机械费(元)			—	—	—	—	—	—
	名称	单位	单价(元)	消耗量					
人工	二类人工	工日	135.00	3.235	3.397	3.515	3.694	3.877	4.071
材料	可挠性金属套管	m	—	(106.000)	(106.000)	(106.000)	(106.000)	(106.000)	(106.000)
	可挠金属套管护口 BP-10	个	0.17	12.600	—	—	—	—	—
	可挠金属套管护口 BP-12	个	0.43	—	12.600	—	—	—	—
	可挠金属套管护口 BP-15	个	0.86	—	—	12.600	—	—	—
	可挠金属套管护口 BP-17	个	0.86	—	—	—	12.600	—	—
	可挠金属套管护口 BP-24	个	0.86	—	—	—	—	12.600	—
	可挠金属套管护口 BP-30	个	0.86	—	—	—	—	—	12.600
	可挠金属套管接头 KS-10	个	1.99	13.440	—	—	—	—	—
	可挠金属套管接头 KS-12	个	2.66	—	13.440	—	—	—	—
	可挠金属套管接头 KS-15	个	2.81	—	—	13.440	—	—	—
	可挠金属套管接头 KS-17	个	2.96	—	—	—	13.440	—	—
	可挠金属套管接头 KS-24	个	3.43	—	—	—	—	13.440	—
	可挠金属套管接头 KS-30	个	4.56	—	—	—	—	—	13.440
	镀锌铁丝	kg	6.55	0.528	0.528	0.528	0.528	0.528	0.528
	水泥钉 10#	10个	1.25	0.296	0.296	0.296	0.296	0.296	0.296
	钢锯条	条	2.59	0.840	0.840	0.840	0.840	0.840	0.840
	铜芯塑料绝缘线 BVR2.5	m	1.55	3.176	3.176	3.176	3.176	3.632	3.632
	接地卡子 综合	个	0.48	26.368	26.368	26.368	26.368	26.368	26.368
	焊锡	kg	103.00	0.128	0.128	0.128	0.128	0.192	0.192
	焊锡膏	kg	31.03	0.024	0.024	0.024	0.024	0.032	0.032
	汽油 综合	kg	6.12	0.520	0.520	0.520	0.520	0.640	0.640
	水泥砂浆 M10.0	m^3	222.61	0.080	0.080	0.080	0.080	0.096	0.096

工作内容：测位、划线、砖墙刨沟、断管、配管、固定、接地、清理、填补。 **计量单位**：100m

定额编号				8-685	8-686	8-687	8-688	8-689	8-690
项目				砖、混凝土结构暗配					
				可挠性金属套管规格					
				38#	50#	63#	76#	83#	101#
基价（元）				**745.17**	**822.58**	**1017.04**	**1111.17**	**843.40**	**853.51**
其中	人工费（元）			576.59	605.75	635.72	667.04	700.52	742.77
	材料费（元）			168.58	216.83	381.32	444.13	142.88	110.74
	机械费（元）			—	—	—	—	—	—
名称		单位	单价(元)	消耗量					
人工	二类人工	工日	135.00	4.271	4.487	4.709	4.941	5.189	5.502
材料	可挠性金属套管	m	—	(106.000)	(106.000)	(106.000)	(106.000)	(106.000)	(106.000)
	可挠金属套管护口 BP-38	个	0.86	12.600	—	—	—	—	—
	可挠金属套管护口 BP-50	个	1.72	—	12.600	—	—	—	—
	可挠金属套管护口 BP-63	个	3.45	—	—	12.600	—	—	—
	可挠金属套管护口 BP-76	个	3.45	—	—	—	12.600	—	—
	可挠金属套管护口 BP-83	个	3.45	—	—	—	—	12.600	—
	可挠金属套管接头 KS-38	个	6.07	13.440	—	—	—	—	—
	可挠金属套管接头 KS-50	个	8.35	—	13.440	—	—	—	—
	可挠金属套管接头 KS-63	个	20.09	—	—	12.600	—	—	—
	可挠金属套管接头 KS-76	个	24.05	—	—	—	12.600	—	—
	镀锌铁丝	kg	6.55	0.528	0.528	0.528	0.528	0.528	0.528
	水泥钉 10#	10个	1.25	0.328	0.328	0.328	0.328	0.328	0.328
	钢锯条	条	2.59	0.840	0.840	0.840	0.840	0.840	0.840
	铜芯塑料绝缘线 BVR4	m	2.16	3.632	4.992	4.992	—	—	—
	铜芯塑料绝缘线 BVR6	m	3.45	—	—	—	5.448	5.448	5.896
	接地卡子 综合	个	0.48	26.368	26.368	26.368	26.368	26.368	26.368
	焊锡	kg	103.00	0.192	0.200	0.200	0.216	0.216	0.240
	焊锡膏	kg	31.03	0.032	0.040	0.040	0.056	0.056	0.072
	汽油 综合	kg	6.12	0.640	0.800	0.800	0.960	0.960	1.200
	水泥砂浆 M10.0	m^3	222.61	0.112	0.120	0.128	0.136	0.144	0.168

工作内容：测位、划线、断管、配管、固定、接地。 **计量单位：**100m

定额编号				8-691	8-692	8-693	8-694	8-695	8-696
项目				吊棚内敷设					
				可挠性金属套管规格					
				10#	12#	15#	17#	24#	30#
基价(元)				**552.38**	**587.53**	**613.17**	**640.35**	**653.02**	**709.96**
其中	人工费(元)			414.86	435.92	450.50	473.85	497.21	521.91
	材料费(元)			137.52	151.61	162.67	166.50	155.81	188.05
	机械费(元)			—	—	—	—	—	—
	名称	单位	单价(元)	消耗量					
人工	二类人工	工日	135.00	3.073	3.229	3.337	3.510	3.683	3.866
材料	可挠性金属套管	m	—	(108.000)	(108.000)	(108.000)	(108.000)	(108.000)	(108.000)
	可挠金属套管护口 BP-10	个	0.17	12.600	—	—	—	—	—
	可挠金属套管护口 BP-12	个	0.43	—	12.600	—	—	—	—
	可挠金属套管护口 BP-15	个	0.86	—	—	12.600	—	—	—
	可挠金属套管护口 BP-17	个	0.86	—	—	—	12.600	—	—
	可挠金属套管护口 BP-24	个	0.86	—	—	—	—	12.600	—
	可挠金属套管护口 BP-30	个	0.86	—	—	—	—	—	12.600
	可挠金属套管接头 KS-10	个	1.99	13.440	—	—	—	—	—
	可挠金属套管接头 KS-12	个	2.66	—	13.440	—	—	—	—
	可挠金属套管接头 KS-15	个	2.81	—	—	13.440	—	—	—
	可挠金属套管接头 KS-17	个	2.96	—	—	—	13.440	—	—
	可挠金属套管接头 KS-24	个	3.43	—	—	—	—	13.440	—
	可挠金属套管接头 KS-30	个	4.56	—	—	—	—	—	13.440
	可挠金属套管卡子 SP-10	个	0.30	181.280	—	—	—	—	—
	可挠金属套管卡子 SP-12	个	0.31	—	181.280	—	—	—	—
	可挠金属套管卡子 SP-15	个	0.33	—	—	181.280	—	—	—
	可挠金属套管卡子 SP-17	个	0.34	—	—	—	181.280	—	—
	可挠金属套管卡子 SP-24	个	0.37	—	—	—	—	113.712	—
	可挠金属套管卡子 SP-30	个	0.52	—	—	—	—	—	113.712
	塑料胀管 $\phi6\sim8$	个	0.04	92.400	92.400	92.400	92.400	47.040	47.040
	木螺钉 $d4\times65$	10个	0.78	9.152	9.152	9.152	9.152	4.656	4.656
	半圆头螺钉 M6~12×12~50	个	0.09	64.064	64.064	64.064	64.064	68.224	68.224
	镀锌自攻螺钉 $\phi(4\sim6)\times(20\sim35)$	10个	0.28	2.784	2.784	2.784	2.784	—	—
	铜芯塑料绝缘线 BVR2.5	m	1.55	3.176	3.176	3.176	3.176	3.632	3.632
	接地卡子 综合	个	0.48	26.368	26.368	26.368	26.368	26.368	26.368
	焊锡	kg	103.00	0.128	0.128	0.128	0.128	0.192	0.192
	焊锡膏	kg	31.03	0.024	0.024	0.024	0.024	0.032	0.032
	汽油 综合	kg	6.12	0.520	0.520	0.520	0.520	0.640	0.640
	钢锯条	条	2.59	0.840	0.840	0.840	0.840	0.840	0.840

五、塑料管敷设

工作内容：测位、划线、打眼、埋螺栓、锯管、煨弯、接管、配管。 **计量单位**：100m

定额编号				8-697	8-698	8-699	8-700	8-701	8-702
项目				砖、混凝土结构明配					
				硬质聚氯乙烯管公称口径(mm 以内)					
				15	20	25	32	40	50
基价（元）				**534.79**	**568.31**	**576.12**	**611.02**	**642.99**	**681.15**
其中	人工费（元）			481.95	512.73	519.21	551.61	589.68	625.73
	材料费（元）			36.31	39.05	32.11	34.61	28.51	30.62
	机械费（元）			16.53	16.53	24.80	24.80	24.80	24.80
	名称	单位	单价(元)	消耗量					
人工	二类人工	工日	135.00	3.570	3.798	3.846	4.086	4.368	4.635
材料	塑料管	m	—	(106.700)	(106.700)	(106.420)	(106.420)	(107.360)	(107.360)
	塑料管卡子 15	个	0.09	65.600	—	—	—	—	—
	塑料管卡子 20	个	0.13	—	65.600	—	—	—	—
	塑料管卡子 25	个	0.17	—	—	48.800	—	—	—
	塑料管卡子 32	个	0.22	—	—	—	48.800	—	—
	塑料管卡子 40	个	0.26	—	—	—	—	33.600	—
	塑料管卡子 50	个	0.32	—	—	—	—	—	33.600
	木螺钉 $d4 \times 65$	10 个	0.78	13.360	13.360	9.920	9.920	6.800	6.800
	塑料胀管 $\phi 6 \sim 8$	个	0.04	133.600	133.600	99.200	99.200	68.000	68.000
	塑料焊条	kg	8.03	0.192	0.192	0.192	0.192	0.384	0.384
	镀锌铁丝	kg	6.55	0.200	0.200	0.200	0.200	0.200	0.200
	钢锯条	条	2.59	0.800	0.800	0.800	0.800	0.800	0.800
	冲击钻头 $\phi 6 \sim 12$	个	4.48	1.776	1.776	1.288	1.288	0.896	0.896
	其他材料费	元	1.00	1.76	1.88	1.42	1.47	1.27	1.37
机械	电动空气压缩机 $0.6m^3/min$	台班	33.06	0.500	0.500	0.750	0.750	0.750	0.750

工作内容:测位、划线、打眼、埋螺栓、锯管、煨弯、接管、配管。 **计量单位**:100m

定额编号				8-703	8-704	8-705	8-706	8-707
项目				砖、混凝土结构明配				
				硬质聚氯乙烯管公称口径(mm 以内)				
				70	80	100	125	150
基价(元)				**897.27**	**1039.38**	**1184.07**	**1192.85**	**1188.04**
其中	人工费(元)			838.62	968.63	1121.85	1121.85	1121.85
	材料费(元)			33.85	45.95	37.42	46.20	41.39
	机械费(元)			24.80	24.80	24.80	24.80	24.80
	名称	单位	单价(元)	消耗量				
人工	二类人工	工日	135.00	6.212	7.175	8.310	8.310	8.310
材料	塑料管	m	—	(116.000)	(119.180)	(119.180)	(119.180)	(119.180)
	塑料管卡子 150	个	0.86	—	—	—	27.200	—
	塑料焊条	kg	8.03	0.384	0.384	0.384	0.384	0.384
	塑料管卡子 70	个	0.43	27.200	—	—	—	—
	塑料管卡子 100	个	0.55	—	—	27.200	—	—
	塑料管卡子 80	个	0.86	—	27.200	—	—	—
	镀锌铁丝	kg	6.55	0.200	0.200	0.200	0.200	0.200
	钢锯条	条	2.59	1.200	1.200	1.200	1.200	1.200
	冲击钻头 $\phi6\sim12$	个	4.48	0.704	0.704	0.704	0.704	0.704
	金属膨胀螺栓 M6	套	0.19	54.400	54.400	54.400	54.400	54.400
	其他材料费	元	1.00	1.16	1.57	1.47	1.82	1.63
	塑料管卡子 125	个	0.69	—	—	—	—	27.200
机械	电动空气压缩机 $0.6m^3/min$	台班	33.06	0.750	0.750	0.750	0.750	0.750

工作内容:测位、划线、打眼、砖墙刨沟、埋螺栓、锯管、煨弯、接管、配管。 **计量单位**:100m

定额编号				8-708	8-709	8-710	8-711	8-712	8-713
项目				砖、混凝土结构暗配					
				硬质聚氯乙烯管公称口径(mm 以内)					
				15	20	25	32	40	50
基价(元)				**348.67**	**369.18**	**422.34**	**446.85**	**543.28**	**574.93**
其中	人工费(元)			327.38	347.76	392.58	417.02	512.06	543.51
	材料费(元)			4.76	4.89	4.96	5.03	6.42	6.62
	机械费(元)			16.53	16.53	24.80	24.80	24.80	24.80
	名称	单位	单价(元)	消耗量					
人工	二类人工	工日	135.00	2.425	2.576	2.908	3.089	3.793	4.026
材料	塑料管	m	—	(106.700)	(106.700)	(106.420)	(106.420)	(107.360)	(107.360)
	塑料焊条	kg	8.03	0.160	0.176	0.184	0.192	0.360	0.384
	镀锌铁丝	kg	6.55	0.200	0.200	0.200	0.200	0.200	0.200
	钢锯条	条	2.59	0.800	0.800	0.800	0.800	0.800	0.800
	其他材料费	元	1.00	0.10	0.10	0.10	0.10	0.14	0.15
机械	电动空气压缩机 $0.6m^3/min$	台班	33.06	0.500	0.500	0.750	0.750	0.750	0.750

工作内容：测位、划线、打眼、砖墙刨沟、埋螺栓、锯管、煨弯、接管、配管。　　计量单位：100m

定额编号				8-714	8-715	8-716	8-717	8-718
项目				砖、混凝土结构暗配				
				硬质聚氯乙烯管公称口径(mm 以内)				
				70	80	100	125	150
基价（元）				**705.51**	**871.75**	**923.19**	**1184.07**	**1184.07**
其中	人工费（元）			672.98	839.16	890.46	1121.85	1121.85
	材料费（元）			7.73	7.79	7.93	37.42	37.42
	机械费（元）			24.80	24.80	24.80	24.80	24.80
名称		单位	单价(元)	消耗量				
人工	二类人工	工日	135.00	4.985	6.216	6.596	8.310	8.310
材料	塑料管	m	—	(116.000)	(119.180)	(119.180)	(119.180)	(119.180)
	塑料焊条	kg	8.03	0.392	0.400	0.416	0.384	0.384
	镀锌铁丝	kg	6.55	0.200	0.200	0.200	0.200	0.200
	钢锯条	条	2.59	1.200	1.200	1.200	1.200	1.200
	其他材料费	元	1.00	0.16	0.16	0.17	1.47	1.47
	塑料管卡子 100	个	0.55	—	—	—	27.200	27.200
	冲击钻头 $\phi6\sim12$	个	4.48	—	—	—	0.704	0.704
	金属膨胀螺栓 M6	套	0.19	—	—	—	54.400	54.400
机械	电动空气压缩机 0.6m^3/min	台班	33.06	0.750	0.750	0.750	0.750	0.750

工作内容：测位、划线、打眼、砖墙刨沟、埋螺栓、锯管、煨弯、接管、配管。　　计量单位：100m

定额编号				8-719	8-720	8-721	8-722
项目				钢索配管			
				硬质聚氯乙烯管公称口径(mm 以内)			
				15	20	25	32
基价（元）				**562.27**	**599.93**	**639.59**	**680.26**
其中	人工费（元）			432.14	459.00	489.92	520.16
	材料费（元）			113.60	124.40	124.87	135.30
	机械费（元）			16.53	16.53	24.80	24.80
名称		单位	单价(元)	消耗量			
人工	二类人工	工日	135.00	3.201	3.400	3.629	3.853
材料	塑料管	m	—	(106.070)	(106.070)	(106.420)	(106.420)
	塑料焊条	kg	8.03	0.192	0.192	0.192	0.192
	镀锌铁丝	kg	6.55	0.200	0.200	0.200	0.200
	钢锯条	条	2.59	0.800	0.800	0.800	0.800
	吊管卡子 15	个	1.29	60.000	—	—	—
	吊管卡子 20	个	1.47	—	60.000	—	—
	吊管卡子 25	个	2.07	—	—	46.400	—
	吊管卡子 32	个	2.28	—	—	—	46.400
	镀锌六角螺栓带螺母 M8×16～25	套	0.19	124.800	124.800	96.512	96.512
	其他材料费	元	1.00	7.57	7.57	5.56	6.25
机械	电动空气压缩机 0.6m^3/min	台班	33.06	0.500	0.500	0.750	0.750

工作内容:测位、划线、打眼、下胀管、连接管件、配管、安螺钉。 **计量单位**:100m

定额编号				8-723	8-724	8-725	8-726
项目				砖、混凝土结构明配			
				刚性阻燃管公称口径(mm 以内)			
				15	20	25	32
基价(元)				**657.67**	**705.00**	**700.23**	**756.55**
其中	人工费(元)			538.92	572.67	589.01	625.19
	材料费(元)			100.76	114.34	98.21	118.35
	机械费(元)			17.99	17.99	13.01	13.01
	名称	单位	单价(元)	消耗量			
人工	二类人工	工日	135.00	3.992	4.242	4.363	4.631
材料	刚性阻燃管	m	—	(110.000)	(110.000)	(110.000)	(110.000)
	阻燃管接头 FST15	个	0.41	16.800	—	—	—
	阻燃管接头 FST20	个	0.46	—	16.800	—	—
	阻燃管接头 FST25	个	0.54	—	—	16.800	—
	阻燃管接头 FST32	个	0.62	—	—	—	16.800
	伸缩接头 FSE15	个	1.03	1.680	—	—	—
	伸缩接头 FSE20	个	1.20	—	1.680	—	—
	伸缩接头 FSE25	个	1.28	—	—	1.680	—
	伸缩接头 FSE32	个	1.36	—	—	—	1.680
	直角弯头 FBN15	个	1.44	1.680	—	—	—
	直角弯头 FBN20	个	1.72	—	1.680	—	—
	直角弯头 FBN25	个	2.59	—	—	1.680	—
	直角弯头 FBN32	个	3.45	—	—	—	1.680
	T 型接头 FTE15	个	0.82	2.520	—	—	—
	T 型接头 FTE20	个	1.01	—	2.520	—	—
	T 型接头 FTE25	个	1.27	—	—	2.520	—
	T 型接头 FTE32	个	1.39	—	—	—	2.520
	管码 FSA15	个	0.34	67.200	—	—	—
	管码 FSA20	个	0.39	—	67.200	—	—
	管码 FSA25	个	0.43	—	—	67.200	—
	管码 FSA32	个	0.60	—	—	—	67.200
	管码 FCL15	个	0.25	67.200	—	—	—
	管码 FCL20	个	0.36	—	67.200	—	—
	管码 FCL25	个	0.43	—	—	30.240	—
	管码 FCL32	个	0.58	—	—	—	30.240
	塑料胀管 $\phi6\sim8$	个	0.04	268.800	268.800	194.880	194.880
	木螺钉 $d4\times65$	10 个	0.78	26.624	26.624	19.304	19.304
	冲击钻头 $\phi6\sim12$	个	4.48	1.800	1.800	1.304	1.304
	镀锌铁丝	kg	6.55	0.200	0.200	0.200	0.200
	钢锯条	条	2.59	0.800	0.800	0.800	0.800
	粘合剂	kg	26.29	0.080	0.088	0.096	0.104
	其他材料费	元	1.00	2.94	3.48	2.94	3.68
机械	电锤	台班	6.92	2.600	2.600	1.880	1.880

工作内容：测位、划线、打眼、下胀管、连接管件、配管、安螺钉。　　　　**计量单位**：100m

定额编号				8-727	8-728	8-729
项目				砖、混凝土结构明配		
				刚性阻燃管公称口径(mm 以内)		
				40	50	70
基价（元）				**736.58**	**788.42**	**916.66**
其中	人工费（元）			625.73	664.20	705.11
	材料费（元）			101.78	115.15	208.16
	机械费（元）			9.07	9.07	3.39
名称		单位	单价(元)	消耗量		
人工	二类人工	工日	135.00	4.635	4.920	5.223
材料	刚性阻燃管	m	—	(110.000)	(110.000)	(110.000)
	阻燃管接头 FST40	个	0.84	16.800	—	—
	阻燃管接头 FST50	个	1.00	—	16.800	—
	阻燃管接头 FST70	个	0.91	—	—	16.800
	伸缩接头 FSE40	个	1.97	1.680	—	—
	伸缩接头 FSE50	个	2.05	—	1.680	—
	伸缩接头 FSE70	个	2.22	—	—	1.680
	直角弯头 FBN40	个	3.71	1.680	—	—
	直角弯头 FBN50	个	4.05	—	1.680	—
	直角弯头 FBN70	个	13.79	—	—	3.360
	T 型接头 FTE40	个	1.57	2.520	—	—
	T 型接头 FTE50	个	1.75	—	2.520	—
	T 型接头 FTE70	个	1.98	—	—	2.520
	管码 FSA40	个	0.65	68.040	—	—
	管码 FSA50	个	0.78	—	68.040	—
	管码 FSA70	个	2.16	—	—	51.264
	塑料胀管 $\phi6\sim8$	个	0.04	136.080	136.080	102.480
	木螺钉 $d4\times65$	10 个	0.78	13.480	13.480	10.152
	冲击钻头 $\phi6\sim12$	个	4.48	0.912	0.912	0.344
	镀锌铁丝	kg	6.55	0.200	0.200	0.200
	钢锯条	条	2.59	0.800	0.800	0.800
	粘合剂	kg	26.29	0.128	0.136	0.152
	其他材料费	元	1.00	3.15	3.62	6.15
机械	电锤	台班	6.92	1.310	1.310	0.490

工作内容:测位、划线、打眼、下胀管、接管、配管。 **计量单位**:100m

定额编号				8-730	8-731	8-732	8-733
项目				吊棚内敷设			
				刚性阻燃管公称口径(mm 以内)			
				15	20	25	32
基价(元)				**637.17**	**727.44**	**718.37**	**777.26**
其中	人工费(元)			531.36	616.01	622.49	672.84
	材料费(元)			90.52	96.14	84.88	93.42
	机械费(元)			15.29	15.29	11.00	11.00
名称		单位	单价(元)	消耗量			
人工	二类人工	工日	135.00	3.936	4.563	4.611	4.984
材料	刚性阻燃管	m	—	(110.000)	(110.000)	(110.000)	(110.000)
	阻燃管接头 FST15	个	0.41	16.800	—	—	—
	阻燃管接头 FST20	个	0.46	—	16.800	—	—
	阻燃管接头 FST25	个	0.54	—	—	16.800	—
	阻燃管接头 FST32	个	0.62	—	—	—	16.800
	管码 FCP15	个	0.43	105.000	—	—	—
	管码 FCP20	个	0.47	—	105.000	—	—
	管码 FCP25	个	0.52	—	—	84.000	—
	管码 FSA32	个	0.60	—	—	—	84.000
	塑料胀管 $\phi6\sim8$	个	0.04	210.000	210.000	168.000	168.000
	木螺钉 $d4\times65$	10 个	0.78	20.800	20.800	16.640	16.640
	冲击钻头 $\phi6\sim12$	个	4.48	1.528	1.528	1.104	1.104
	镀锌铁丝	kg	6.55	0.168	0.168	0.168	0.168
	钢锯条	条	2.59	0.680	0.680	0.680	0.680
	粘合剂	kg	26.29	0.064	0.072	0.080	0.088
	其他材料费	元	1.00	2.47	2.84	2.52	2.78
机械	电锤	台班	6.92	2.210	2.210	1.590	1.590

工作内容:测位、划线、打眼、下胀管、接管、配管。　　　　**计量单位**:100m

定额编号					8-734	8-735	8-736
项目					吊棚内敷设		
					刚性阻燃管公称口径(mm 以内)		
					40	50	70
基价(元)					**782.71**	**821.07**	**900.93**
其中	人工费(元)				688.91	715.10	749.39
	材料费(元)				86.12	98.29	148.70
	机械费(元)				7.68	7.68	2.84
名称			单位	单价(元)	消耗量		
人工	二类人工		工日	135.00	5.103	5.297	5.551
材料	刚性阻燃管		m	—	(110.000)	(110.000)	(110.000)
	阻燃管接头 FST40		个	0.84	16.800	—	—
	阻燃管接头 FST50		个	1.00	—	16.800	—
	阻燃管接头 FST70		个	0.91	—	—	16.800
	管码 FSA40		个	0.65	68.040	—	—
	管码 FSA50		个	0.78	—	68.040	—
	管码 FSA70		个	2.16	—	—	50.400
	塑料胀管 $\phi6 \sim 8$		个	0.04	136.080	136.080	100.800
	木螺钉 $d4 \times 65$		10个	0.78	13.480	13.480	9.984
	冲击钻头 $\phi6 \sim 12$		个	4.48	0.768	0.768	0.288
	镀锌铁丝		kg	6.55	0.168	0.168	0.168
	钢锯条		条	2.59	0.680	0.680	0.680
	粘合剂		kg	26.29	0.112	0.120	0.128
	其他材料费		元	1.00	2.58	3.01	5.22
机械	电锤		台班	6.92	1.110	1.110	0.410

工作内容:测位、划线、打眼、下胀管、连接管件、配管、安螺钉、切割空心墙体、刨沟、抹砂浆保护层。 **计量单位:**100m

定额编号				8-737	8-738	8-739	8-740
项目				砖、混凝土结构暗配			
				刚性阻燃管公称口径(mm 以内)			
				15	20	25	32
基价(元)				**391.37**	**421.85**	**491.52**	**515.89**
其中	人工费(元)			337.64	367.07	391.50	414.18
	材料费(元)			53.73	54.78	100.02	101.71
	机械费(元)			—	—	—	—
	名称	单位	单价(元)	消耗量			
人工	二类人工	工日	135.00	2.501	2.719	2.900	3.068
材料	刚性阻燃管	m	—	(110.000)	(110.000)	(110.000)	(110.000)
	阻燃管接头 FST15	个	0.41	20.600	—	—	—
	阻燃管接头 FST20	个	0.46	—	20.600	—	—
	阻燃管接头 FST25	个	0.54	—	—	20.600	—
	阻燃管接头 FST32	个	0.62	—	—	—	20.600
	镀锌铁丝	kg	6.55	0.200	0.200	0.200	0.200
	镀锌铁丝 18# ~22#	kg	6.55	0.184	0.184	0.192	0.192
	钢锯条	条	2.59	0.800	0.800	0.800	0.800
	粘合剂	kg	26.29	0.064	0.064	0.080	0.080
	水泥砂浆 M10.0	m^3	222.61	0.144	0.144	0.328	0.328
	砂轮片 φ200	片	10.34	0.536	0.536	0.640	0.640
	其他材料费	元	1.00	1.42	1.44	2.52	2.56

工作内容:测位、划线、打眼、下胀管、连接管件、配管、安螺钉、切割空心墙体、刨沟、抹砂浆保护层。 **计量单位:**100m

定额编号				8-741	8-742	8-743
项目				砖、混凝土结构暗配		
				刚性阻燃管公称口径(mm 以内)		
				40	50	70
基价(元)				**653.35**	**678.06**	**806.66**
其中	人工费(元)			508.28	529.61	634.50
	材料费(元)			145.07	148.45	172.16
	机械费(元)			—	—	—
	名称	单位	单价(元)	消耗量		
人工	二类人工	工日	135.00	3.765	3.923	4.700
材料	刚性阻燃管	m	—	(110.000)	(110.000)	(110.000)
	阻燃管接头 FST40	个	0.84	20.600	—	—
	阻燃管接头 FST50	个	1.00	—	20.600	—
	阻燃管接头 FST70	个	0.91	—	—	20.600
	镀锌铁丝	kg	6.55	0.200	0.200	0.200
	镀锌铁丝 18# ~22#	kg	6.55	0.192	0.192	0.200
	钢锯条	条	2.59	0.800	0.800	1.200
	粘合剂	kg	26.29	0.112	0.112	0.136
	水泥砂浆 M10.0	m^3	222.61	0.488	0.488	0.584
	砂轮片 φ200	片	10.34	0.768	0.768	0.928
	其他材料费	元	1.00	3.61	3.69	4.51

工作内容：测位、划线、打眼、砖墙刨沟、敷设、抹砂浆保护层。　　计量单位：100m

定额编号				8-744	8-745	8-746	8-747	8-748	8-749
项目				砖、混凝土结构暗配					
				半硬质阻燃塑料管公称口径(mm 以内)					
				15	20	25	32	40	50
基价（元）				**377.41**	**435.39**	**512.90**	**589.11**	**672.49**	**768.29**
其中	人工费（元）			340.88	395.01	432.14	500.85	554.85	643.14
	材料费（元）			36.53	40.38	80.76	88.26	117.64	125.15
	机械费（元）			—	—	—	—	—	—
	名称	单位	单价(元)	消耗量					
人工	二类人工	工日	135.00	2.525	2.926	3.201	3.710	4.110	4.764
材料	半硬质塑料管	m	—	(106.000)	(106.000)	(106.000)	(106.000)	(106.000)	(106.000)
	套接管	m	—	(0.930)	(0.950)	(1.200)	(1.240)	(2.000)	(2.070)
	粘合剂	kg	26.29	0.032	0.040	0.048	0.056	0.064	0.072
	镀锌铁丝	kg	6.55	0.200	0.200	0.200	0.200	0.200	0.200
	镀锌铁丝 18#~22#	kg	6.55	0.184	0.184	0.192	0.192	0.192	0.192
	钢锯条	条	2.59	0.800	0.800	0.800	0.800	0.800	0.800
	水泥砂浆 M10.0	m^3	222.61	0.136	0.152	0.328	0.360	0.488	0.520
	其他材料费	元	1.00	0.82	0.90	1.84	2.01	2.69	2.86

工作内容：测位、划线、打眼、砖墙刨沟、敷设、抹砂浆保护层。　　计量单位：100m

定额编号				8-750	8-751	8-752	8-753	8-754	8-755
项目				钢模板暗配					
				半硬质阻燃塑料管公称口径(mm 以内)					
				15	20	25	32	40	50
基价（元）				**336.55**	**389.14**	**501.73**	**581.32**	**653.08**	**755.36**
其中	人工费（元）			331.02	383.40	495.72	575.10	646.65	748.71
	材料费（元）			5.53	5.74	6.01	6.22	6.43	6.65
	机械费（元）			—	—	—	—	—	—
	名称	单位	单价(元)	消耗量					
人工	二类人工	工日	135.00	2.452	2.840	3.672	4.260	4.790	5.546
材料	半硬质塑料管	m	—	(106.000)	(106.000)	(106.000)	(106.000)	(106.000)	(106.000)
	套接管 *DN*60	个	—	(0.900)	(0.950)	(1.200)	(1.240)	(2.000)	(2.070)
	粘合剂	kg	26.29	0.032	0.040	0.048	0.056	0.064	0.072
	镀锌铁丝	kg	6.55	0.200	0.200	0.200	0.200	0.200	0.200
	镀锌铁丝 18#~22#	kg	6.55	0.184	0.184	0.192	0.192	0.192	0.192
	钢锯条	条	2.59	0.800	0.800	0.800	0.800	0.800	0.800
	其他材料费	元	1.00	0.10	0.10	0.11	0.11	0.11	0.12

工作内容:测位、划线、敷设。 **计量单位**:100m

定额编号				8-756	8-757	8-758	8-759
项目				埋地敷设			
				半硬质阻燃塑料管公称口径(mm 以内)			
				15	20	25	32
基价(元)				**164.85**	**183.08**	**197.77**	**205.87**
其中	人工费(元)			160.38	178.61	191.70	199.80
	材料费(元)			4.47	4.47	6.07	6.07
	机械费(元)			—	—	—	—
名称		单位	单价(元)	消耗量			
人工	二类人工	工日	135.00	1.188	1.323	1.420	1.480
材料	半硬质塑料管	m	—	(106.000)	(106.000)	(106.000)	(106.000)
	钢锯条	条	2.59	0.800	0.800	0.800	0.800
	其他材料费	元	1.00	2.40	2.40	4.00	4.00

注:管接头、挖填土按实计算。

工作内容:测位、划线、敷设。 **计量单位**:100m

定额编号				8-760	8-761	8-762	8-763
项目				埋地敷设			
				半硬质阻燃塑料管公称口径(mm 以内)			
				40	50	70	80
基价(元)				**259.18**	**281.05**	**332.99**	**352.70**
其中	人工费(元)			251.51	273.38	322.92	342.63
	材料费(元)			7.67	7.67	10.07	10.07
	机械费(元)			—	—	—	—
名称		单位	单价(元)	消耗量			
人工	二类人工	工日	135.00	1.863	2.025	2.392	2.538
材料	半硬质塑料管	m	—	(106.000)	(106.000)	(106.000)	(106.000)
	钢锯条	条	2.59	0.800	0.800	0.800	0.800
	其他材料费	元	1.00	5.60	5.60	8.00	8.00

六、金属软管敷设

工作内容：量尺寸、断管、连接接头、钻眼、攻丝、固定、接地。　　　　**计量单位**：10m

定额编号				8-764	8-765	8-766	8-767	8-768	8-769
项目				公称管径(mm 以内)					
				15	20	15	20	15	20
				每根管长(mm)					
				500 以内		1000 以内		1000 以上	
基价（元）				**304.81**	**367.06**	**202.80**	**255.67**	**118.52**	**131.81**
其中	人工费（元）			277.02	329.54	185.22	231.12	103.55	113.67
	材料费（元）			27.79	37.52	17.58	24.55	14.97	18.14
	机械费（元）			—	—	—	—	—	—
名称		单位	单价(元)	消耗量					
人工	二类人工	工日	135.00	2.052	2.441	1.372	1.712	0.767	0.842
材料	金属软管	m	—	(10.300)	(10.300)	(10.300)	(10.300)	(10.300)	(10.300)
	管卡子(金属软管用) 15	个	0.34	—	—	—	—	12.360	—
	管卡子(金属软管用) 20	个	0.36	—	—	—	—	—	12.360
	镀锌管接头(金属软管) *DN*15	个	0.44	10.300	—	7.400	—	3.100	—
	镀锌管接头(金属软管) *DN*20	个	1.07	—	10.300	—	7.400	—	3.100
	镀锌锁紧螺母 *DN*15×3	个	0.29	20.800	—	14.800	—	6.200	—
	镀锌锁紧螺母 *DN*20×3	个	0.44	—	20.800	—	14.800	—	6.200
	金属软管尼龙接头 15	个	0.34	10.300	—	7.400	—	3.100	—
	金属软管尼龙接头 20	个	0.34	—	10.300	—	7.400	—	3.100
	半圆头螺钉 M6～12×12～50	个	0.09	—	—	—	—	24.960	24.960
	接地卡子 综合	个	0.48	22.000	22.000	11.000	11.000	7.000	7.000
	其他材料费	元	1.00	3.16	3.29	2.23	2.33	0.94	0.98

注：本定额仅用于电机配管的软连接处。

工作内容:量尺寸、断管、连接接头、钻眼、攻丝、固定、接地。 **计量单位:**10m

定额编号				8-770	8-771	8-772	8-773	8-774	8-775
项目				公称管径(mm 以内)					
				25	32	25	32	25	32
				每根管长(mm)					
				500 以内		1000 以内		1000 以上	
基价(元)				**384.63**	**418.45**	**267.48**	**285.40**	**143.23**	**160.21**
其中	人工费(元)			349.92	379.08	244.89	259.47	125.42	140.00
	材料费(元)			34.71	39.37	22.59	25.93	17.81	20.21
	机械费(元)			—	—	—	—	—	—
名称		单位	单价(元)	消耗量					
人工	二类人工	工日	135.00	2.592	2.808	1.814	1.922	0.929	1.037
材料	金属软管	m	—	(10.300)	(10.300)	(10.300)	(10.300)	(10.300)	(10.300)
	管卡子(金属软管用) 25	个	0.40	—	—	—	—	12.360	—
	管卡子(金属软管用) 32	个	0.48	—	—	—	—	—	12.360
	镀锌管接头(金属软管) *DN* 25	个	0.66	10.300	—	7.400	—	3.100	—
	镀锌管接头(金属软管) *DN* 32	个	1.06	—	10.300	—	7.400	—	3.100
	镀锌锁紧螺母 *DN*25×1.5	个	0.41	20.600	—	14.800	—	6.200	—
	镀锌锁紧螺母 *DN*32×1.5	个	0.39	—	20.600	—	14.800	—	6.200
	金属软管尼龙接头 25	个	0.45	10.300	—	7.400	—	3.100	—
	金属软管尼龙接头 32	个	0.53	—	10.300	—	7.400	—	3.100
	半圆头螺钉 M6~12×12~50	个	0.09	—	—	—	—	24.960	24.960
	接地卡子 综合	个	0.48	22.000	22.000	11.000	11.000	7.000	7.000
	其他材料费	元	1.00	4.27	4.40	3.02	3.11	1.28	1.32

注:本定额仅用于电机配管的软连接处。

工作内容：量尺寸、断管、连接接头、钻眼、攻丝、固定、接地。　　计量单位：10m

定额编号				8-776	8-777	8-778	8-779	8-780	8-781
项目				公称管径（mm以内）					
				40	50	40	50	40	50
				每根管长（mm）					
				500以内		1000以内		1000以上	
基价（元）				**482.36**	**579.24**	**335.06**	**405.26**	**175.82**	**219.56**
其中	人工费（元）			431.60	488.43	301.05	342.63	151.61	182.25
	材料费（元）			50.76	90.81	34.01	62.63	24.21	37.31
	机械费（元）			—	—	—	—	—	—
名称		单位	单价（元）	消耗量					
人工	二类人工	工日	135.00	3.197	3.618	2.230	2.538	1.123	1.350
材料	金属软管	m	—	(10.300)	(10.300)	(10.300)	(10.300)	(10.300)	(10.300)
	管卡子（金属软管用）40	个	0.53	—	—	—	—	12.360	—
	管卡子（金属软管用）50	个	0.62	—	—	—	—	—	12.360
	镀锌管接头（金属软管）*DN*40	个	1.42	10.300	—	7.400	—	3.100	—
	镀锌管接头（金属软管）*DN*50	个	2.90	—	10.300	—	7.400	—	3.100
	镀锌锁紧螺母 *DN*40×1.5	个	0.78	20.800	—	14.800	—	6.200	—
	镀锌锁紧螺母 *DN*50×1.5	个	1.90	—	20.800	—	14.800	—	6.200
	金属软管尼龙接头 40	个	0.63	10.300	—	7.400	—	3.100	—
	金属软管尼龙接头 50	个	0.73	—	10.300	—	7.400	—	3.100
	半圆头螺钉 M6～12×12～50	个	0.09	—	—	—	—	24.960	24.960
	接地卡子 综合	个	0.48	22.000	22.000	11.000	11.000	7.000	7.000
	其他材料费	元	1.00	2.86	3.34	2.02	2.37	0.86	1.01

注：本定额仅用于电机配管的软连接处。

七、管内穿线

工作内容：穿引线、扫管、涂滑石粉、穿线、编号、接焊包头。　　计量单位：100m 单线

定额编号				8-782	8-783	8-784	8-785	8-786
项目				照明线路				
				导线截面（mm^2 以内）				
				铝芯2.5	铝芯4	铜芯1.5	铜芯2.5	铜芯4
基价（元）				**60.51**	**42.93**	**59.62**	**60.77**	**56.34**
其中	人工费（元）			58.32	40.77	57.24	58.32	53.73
	材料费（元）			2.19	2.16	2.38	2.45	2.61
	机械费（元）			—	—	—	—	—
名称		单位	单价（元）	消耗量				
人工	二类人工	工日	135.00	0.432	0.302	0.424	0.432	0.398
材料	绝缘导线	m	—	(108.000)	(108.000)	(108.000)	(108.000)	(108.000)
	钢丝 ϕ1.2～1.8	kg	5.27	0.072	0.072	0.072	0.072	0.104
	棉纱	kg	10.34	0.160	0.160	0.160	0.160	0.160
	其他材料费	元	1.00	0.16	0.13	0.35	0.42	0.41

工作内容:穿引线、扫管、涂滑石粉、穿线、编号、接焊包头。　　　　**计量单位**:100m 单线

定额编号				8-787	8-788	8-789	8-790	8-791	8-792
项目				动力线路(铝芯)					
				导线截面(mm² 以内)					
				2.5	4	6	10	16	25
基价(元)				**40.66**	**43.79**	**49.80**	**61.94**	**68.29**	**79.71**
其中	人工费(元)			38.48	40.77	46.71	57.78	64.13	74.66
	材料费(元)			2.18	3.02	3.09	4.16	4.16	5.05
	机械费(元)			—	—	—	—	—	—
名称		单位	单价(元)	消耗量					
人工	二类人工	工日	135.00	0.285	0.302	0.346	0.428	0.475	0.553
材料	绝缘导线	m	—	(105.000)	(105.000)	(105.000)	(105.000)	(105.000)	(105.000)
	钢丝 φ1.2~1.8	kg	5.27	0.080	0.080	0.080	0.104	0.104	0.112
	棉纱	kg	10.34	0.160	0.240	0.240	0.320	0.320	0.400
	其他材料费	元	1.00	0.10	0.12	0.18	0.30	0.30	0.33

工作内容:穿引线、扫管、涂滑石粉、穿线、编号、接焊包头。　　　　**计量单位**:100m 单线

定额编号				8-793	8-794	8-795	8-796	8-797	8-798
项目				动力线路(铝芯)					
				导线截面(mm² 以内)					
				35	50	70	95	120	150
基价(元)				**90.39**	**123.10**	**175.67**	**201.08**	**217.53**	**300.15**
其中	人工费(元)			85.19	116.64	169.16	193.59	209.93	291.60
	材料费(元)			5.20	6.46	6.51	7.49	7.60	8.55
	机械费(元)			—	—	—	—	—	—
名称		单位	单价(元)	消耗量					
人工	二类人工	工日	135.00	0.631	0.864	1.253	1.434	1.555	2.160
材料	绝缘导线	m	—	(105.000)	(105.000)	(105.000)	(104.000)	(104.000)	(104.000)
	钢丝 φ1.2~1.8	kg	5.27	0.112	0.192	0.192	0.200	0.200	0.240
	棉纱	kg	10.34	0.400	0.480	0.480	0.560	0.560	0.640
	其他材料费	元	1.00	0.47	0.49	0.54	0.65	0.76	0.66

工作内容:穿引线、扫管、涂滑石粉、穿线、编号、接焊包头。 **计量单位**:100m 单线

定额编号				8-799	8-800	8-801	8-802	8-803	8-804
项目				动力线路(铝芯)		动力线路(铜芯)			
				导线截面(mm² 以内)					
				185	240	0.2	0.3	0.4	0.5
基价(元)				**406.53**	**682.25**	**36.64**	**37.20**	**37.87**	**38.87**
其中	人工费(元)			396.63	670.68	34.97	35.51	36.18	36.72
	材料费(元)			9.90	11.57	1.67	1.68	1.69	2.15
	机械费(元)			—	—	—	—	—	—
名称		单位	单价(元)	消耗量					
人工	二类人工	工日	135.00	2.938	4.968	0.259	0.263	0.268	0.272
材料	绝缘导线	m	—	(104.000)	(104.000)	(105.000)	(105.000)	(105.000)	(105.000)
	钢丝 φ1.2~1.8	kg	5.27	0.264	0.280	0.072	0.072	0.072	0.072
	棉纱	kg	10.34	0.720	0.800	0.080	0.080	0.080	0.120
	焊锡膏	kg	31.03	—	—	0.008	0.008	0.008	0.008
	其他材料费	元	1.00	1.06	1.82	0.22	0.23	0.24	0.28

工作内容:穿引线、扫管、涂滑石粉、穿线、编号、接焊包头。 **计量单位**:100m 单线

定额编号				8-805	8-806	8-807	8-808	8-809	8-810
项目				动力线路(铜芯)					
				导线截面(mm² 以内)					
				0.6	0.7	0.8	0.9	1	1.5
基价(元)				**39.32**	**39.86**	**40.42**	**41.41**	**42.09**	**42.65**
其中	人工费(元)			37.40	37.94	38.48	39.02	39.69	40.23
	材料费(元)			1.92	1.92	1.94	2.39	2.40	2.42
	机械费(元)			—	—	—	—	—	—
名称		单位	单价(元)	消耗量					
人工	二类人工	工日	135.00	0.277	0.281	0.285	0.289	0.294	0.298
材料	绝缘导线	m	—	(105.000)	(105.000)	(105.000)	(105.000)	(105.000)	(105.000)
	钢丝 φ1.2~1.8	kg	5.27	0.072	0.072	0.072	0.072	0.072	0.072
	棉纱	kg	10.34	0.120	0.120	0.120	0.160	0.160	0.160
	其他材料费	元	1.00	0.30	0.30	0.32	0.36	0.37	0.38

工作内容:穿引线、扫管、涂滑石粉、穿线、编号、接焊包头。 **计量单位:**100m 单线

定额编号				8-811	8-812	8-813	8-814	8-815	8-816
项目				动力线路(铜芯)					
				导线截面(mm^2 以内)					
				2.5	4	6	10	16	25
基价(元)				**43.21**	**44.14**	**50.10**	**59.77**	**68.58**	**85.32**
其中	人工费(元)			40.77	40.77	46.71	55.35	64.13	79.92
	材料费(元)			2.44	3.37	3.39	4.42	4.45	5.40
	机械费(元)			—	—	—	—	—	—
名称		单位	单价(元)	消耗量					
人工	二类人工	工日	135.00	0.302	0.302	0.346	0.410	0.475	0.592
材料	绝缘导线	m	—	(105.000)	(105.000)	(105.000)	(105.000)	(105.000)	(105.000)
	钢丝 ϕ1.2~1.8	kg	5.27	0.072	0.080	0.080	0.104	0.104	0.112
	棉纱	kg	10.34	0.160	0.240	0.240	0.320	0.320	0.400
	其他材料费	元	1.00	0.41	0.46	0.49	0.57	0.59	0.67

工作内容:穿引线、扫管、涂滑石粉、穿线、编号、接焊包头。 **计量单位:**100m 单线

定额编号				8-817	8-818	8-819	8-820
项目				动力线路(铜芯)			
				导线截面(mm^2 以内)			
				35	50	70	95
基价(元)				**85.80**	**167.46**	**177.92**	**210.85**
其中	人工费(元)			84.51	165.65	176.04	208.85
	材料费(元)			1.29	1.81	1.88	2.00
	机械费(元)			—	—	—	—
名称		单位	单价(元)	消耗量			
人工	二类人工	工日	135.00	0.626	1.227	1.304	1.547
材料	绝缘导线	m	—	(105.000)	(105.000)	(105.000)	(105.000)
	钢丝 ϕ1.2~1.8	kg	5.27	0.112	0.192	0.192	0.200
	其他材料费	元	1.00	0.70	0.80	0.86	0.94

工作内容：穿引线、扫管、涂滑石粉、穿线、编号、接焊包头。

计量单位：100m 单线

定额编号				8-821	8-822	8-823	8-824
项目				动力线路(铜芯)			
				导线截面(mm² 以内)			
				120	150	185	240
基价(元)				**229.52**	**382.27**	**406.64**	**681.72**
其中	人工费(元)			221.67	373.28	396.63	670.68
	材料费(元)			7.85	8.99	10.01	11.04
	机械费(元)			—	—	—	—
	名称	单位	单价(元)	消耗量			
人工	二类人工	工日	135.00	1.642	2.765	2.938	4.968
材料	绝缘导线	m	—	(105.000)	(105.000)	(105.000)	(105.000)
	钢丝 φ1.2～1.8	kg	5.27	0.200	0.240	0.264	0.280
	棉纱	kg	10.34	0.560	0.640	0.720	0.800
	其他材料费	元	1.00	1.01	1.10	1.18	1.30

工作内容：穿引线、扫管、涂滑石粉、穿线、编号、接焊包头。

计量单位：100m/束

定额编号				8-825	8-826	8-827	8-828
项目				多芯软导线(芯以内)			
				二芯			
				导线截面(mm² 以内)			
				0.75	1.0	1.5	2.5
基价(元)				**60.51**	**64.21**	**65.14**	**66.63**
其中	人工费(元)			46.04	47.79	48.47	49.01
	材料费(元)			14.47	16.42	16.67	17.62
	机械费(元)			—	—	—	—
	名称	单位	单价(元)	消耗量			
人工	二类人工	工日	135.00	0.341	0.354	0.359	0.363
材料	铜芯多股绝缘电线 RVS－0.5	m	—	(108.000)	(108.000)	(108.000)	(108.000)
	钢丝 φ1.2～1.8	kg	5.27	0.072	0.072	0.072	0.072
	棉纱	kg	10.34	0.136	0.176	0.176	0.176
	汽油 综合	kg	6.12	0.384	0.440	0.440	0.440
	焊锡	kg	103.00	0.080	0.088	0.088	0.096
	焊锡膏	kg	31.03	0.008	0.008	0.008	0.008
	塑料粘胶带	盘	3.08	0.600	0.720	0.800	0.840

工作内容:穿引线、扫管、涂滑石粉、穿线、编号、接焊包头。　　**计量单位**:100m/束

定额编号				8-829	8-830	8-831	8-832	8-833	8-834
项目				多芯软导线(芯以内)					
				四芯				八芯	
				导线截面(mm^2 以内)					
				0.75	1.0	1.5	2.5	0.75	1.0
基价(元)				**73.06**	**77.37**	**78.28**	**80.63**	**94.08**	**99.19**
其中	人工费(元)			55.35	57.24	57.78	58.86	72.36	73.98
	材料费(元)			17.71	20.13	20.50	21.77	21.72	25.21
	机械费(元)			—	—	—	—	—	—
名称		单位	单价(元)	消耗量					
人工	二类人工	工日	135.00	0.410	0.424	0.428	0.436	0.536	0.548
材料	铜芯多股绝缘电线 RVS-0.5	m	—	(108.000)	(108.000)	(108.000)	(108.000)	(108.000)	(108.000)
	钢丝 ϕ1.2~1.8	kg	5.27	0.072	0.072	0.072	0.072	0.072	0.072
	棉纱	kg	10.34	0.152	0.192	0.192	0.192	0.168	0.208
	汽油 综合	kg	6.12	0.464	0.528	0.528	0.528	0.512	0.584
	焊锡	kg	103.00	0.096	0.104	0.104	0.112	0.112	0.128
	焊锡膏	kg	31.03	0.008	0.016	0.016	0.024	0.024	0.032
	塑料粘胶带	盘	3.08	0.904	1.080	1.200	1.264	1.360	1.600

工作内容:穿引线、扫管、涂滑石粉、穿线、编号、接焊包头。　　**计量单位**:100m/束

定额编号				8-835	8-836	8-837	8-838	8-839
项目				多芯软导线(芯以内)				
				八芯		十六芯		
				导线截面(mm^2 以内)				
				1.5	2.5	0.75	1.0	1.5
基价(元)				**101.03**	**103.60**	**121.07**	**127.49**	**130.18**
其中	人工费(元)			75.20	76.41	93.83	96.26	98.01
	材料费(元)			25.83	27.19	27.24	31.23	32.17
	机械费(元)			—	—	—	—	—
名称		单位	单价(元)	消耗量				
人工	二类人工	工日	135.00	0.557	0.566	0.695	0.713	0.726
材料	铜芯多股绝缘电线 RVS-0.5	m	—	(108.000)	(108.000)	(108.000)	(108.000)	(108.000)
	钢丝 ϕ1.2~1.8	kg	5.27	0.072	0.072	0.072	0.072	0.072
	棉纱	kg	10.34	0.208	0.208	0.184	0.232	0.232
	汽油 综合	kg	6.12	0.584	0.584	0.560	0.640	0.640
	焊锡	kg	103.00	0.128	0.136	0.136	0.152	0.152
	焊锡膏	kg	31.03	0.032	0.040	0.040	0.048	0.048
	塑料粘胶带	盘	3.08	1.800	1.896	2.040	2.400	2.704

第九章

接 地 装 置

说 明

一、本章定额包括垂直接地体安装、接地母线埋设、接地引出线安装、埋设降阻剂、接地电阻测试、接地干线制作安装、接地母排制作安装七节，共16个子目。

二、垂直接地体安装按材质分为铜质接地体和钢质接地体。

三、沟槽开挖及回填分为土质和石质两类。

四、水平接地体敷设按材质分为铜质和钢质两类，铜质水平接地体敷设中水平接地体焊接按照热熔焊接工艺编制。

五、接地干线制作、安装分为变电所内安装和区间安装两类，分别按扁铁接地干线和扁钢接地干线或分子目，定额按螺栓连接考虑。

六、接地引出线安装采用非磁性钢管灌装环氧树脂与紫铜排热熔焊接工艺编制。

七、接地电缆敷设执行第七章相应子目。

八、机械台班消耗量中潜水泵根据实际施工现场条件调整。

工程量计算规则

一、垂直接地体按设计图示尺寸以“根”计算,每根垂直接地体按 2.5m 编制。

二、沟槽开挖及回填按设计图示尺寸以“m^3”计算。

三、接地引出线安装按设计图示尺寸以“处”计算。

四、降阻剂施放按设计图示以“kg”计算。

五、接地电阻测试一个车站接地网为一个系统,按设计图示以“系统”计算。

六、水平接地体敷设按设计图示以“10m”计算,不包括搭接、熔接预留长度。

七、接地干线制作安装按设计图示以“10m”计算。

八、接地母排制作安装按设计图示以“10m”计算。

一、垂直接地体安装

工作内容：测量、标记、钻孔、下料、平直、敷设、焊接。　　　　**计量单位**：根

定额编号				8-840	8-841	8-842
项目				铜质接地体	钢质接地体	接地模块
基价（元）				**808.82**	**774.54**	**776.32**
其中	人工费（元）			281.61	263.52	275.40
	材料费（元）			201.74	201.74	64.68
	机械费（元）			325.47	309.28	436.24
名称		单位	单价(元)	消耗量		
人工	二类人工	工日	135.00	2.086	1.952	2.040
材料	紫铜管 $\phi50\ \delta4$	根	—	(1.000)	—	—
	铜包钢 $\phi25$	根	—	—	(1.000)	—
	接地模块	块	—	—	—	(1.000)
	普碳钢六角螺栓 M10×14	个	0.17	—	—	2.000
	焊药 200#	kg	129.00	1.050	1.050	—
	模具	只	388.00	0.034	0.034	—
	棉纱	kg	10.34	0.025	0.025	—
	水	m^3	4.27	8.400	8.400	10.400
	破布	kg	6.90	2.000	2.000	2.600
	合金钢钻头 $\phi10$	个	5.60	0.210	0.210	0.210
	电	kW·h	0.78	—	—	0.220
	其他材料费	元	1.00	2.00	2.00	0.64
机械	转盘钻孔机 800mm	台班	492.54	0.500	0.475	0.805
	潜水泵 100mm	台班	30.38	0.070	0.067	0.133
	泥浆泵 50mm	台班	44.35	—	—	0.805
	汽油发电机组 10kW	台班	270.44	0.285	0.271	—

二、接地母线埋设

1. 沟槽开挖及回填

工作内容:测量、划线、开挖、回填。 计量单位:m^3

定额编号				8-843	8-844
项目				土质	石质
基价(元)				**138.57**	**573.92**
其中	人工费(元)			59.67	169.83
	材料费(元)			49.51	49.51
	机械费(元)			29.39	354.58
名称		单位	单价(元)	消耗量	
人工	二类人工	工日	135.00	0.442	1.258
材料	黏土	m^3	32.04	1.530	1.530
	其他材料费	元	1.00	0.49	0.49
机械	电动空气压缩机 $6m^3/min$	台班	224.45	—	0.450
	气腿式风动凿岩机	台班	13.62	—	0.900
	电动夯实机 250N·m	台班	28.03	0.180	0.360
	汽油发电机组 10kW	台班	270.44	0.090	0.855

2. 水平接地体敷设

工作内容:下料、敷设、焊接。 计量单位:10m

定额编号				8-845	8-846
项目				铜质	钢质
基价(元)				**2022.41**	**203.87**
其中	人工费(元)			345.06	109.35
	材料费(元)			1677.35	82.61
	机械费(元)			—	11.91
名称		单位	单价(元)	消耗量	
人工	二类人工	工日	135.00	2.556	0.810
材料	紫铜排 -50×5	m	135.00	10.230	—
	镀锌扁钢 5×50	kg	3.92	—	20.051
	焊药 200#	kg	129.00	2.100	—
	模具	只	388.00	0.020	—
	电焊条	kg	4.31	—	0.500
	棉纱	kg	10.34	0.100	0.100
	其他材料费	元	1.00	16.61	0.82
机械	交流弧焊机 21kV·A	台班	63.33	—	0.060
	汽油发电机组 10kW	台班	270.44	—	0.030

三、接地引出线安装

工作内容：下料、敷设、止水环安装、焊接、灌注。　　计量单位：处

定额编号				8-847
项目				接地引出线安装
基价（元）				**1469.76**
其中	人工费（元）			299.43
	材料费（元）			1027.37
	机械费（元）			142.96
	名称	单位	单价(元)	消耗量
人工	二类人工	工日	135.00	2.218
材料	绝缘固定环 $\phi100,\delta20$	块	—	(3.000)
	紫铜排 -50×5	m	135.00	3.045
	非磁性钢管 $\phi100$	m	94.14	1.530
	环氧树脂	kg	15.52	14.420
	固定铁块	kg	16.55	0.202
	止水环	个	1.55	1.060
	电焊条	kg	4.31	1.000
	模具	只	388.00	0.035
	焊药 200#	kg	129.00	1.575
	调合漆	kg	11.21	1.000
	棉纱	kg	10.34	0.100
	其他材料费	元	1.00	10.17
机械	交流弧焊机 21kV·A	台班	63.33	0.720
	汽油发电机组 10kW	台班	270.44	0.360

四、埋设降阻剂

工作内容：开挖、埋设降阻剂。　　计量单位：100kg

定额编号				8-848
项目				埋设降阻剂
基价（元）				**187.02**
其中	人工费（元）			162.00
	材料费（元）			5.90
	机械费（元）			19.12
	名称	单位	单价(元)	消耗量
人工	二类人工	工日	135.00	1.200
材料	降阻剂	kg	—	(102.000)
	棉纱	kg	10.34	0.300
	其他材料费	元	1.00	2.80
机械	载货汽车 5t	台班	382.30	0.050

五、接地电阻测试

工作内容:接地电阻测试。　　　　计量单位:系统

定额编号				8-849	8-850
项目				接地极电阻测试	接地网电阻测试
基价(元)				979.36	2448.40
其中	人工费(元)			972.00	2430.00
	材料费(元)			—	—
	机械费(元)			7.36	18.40
名称		单位	单价(元)	消耗量	
人工	二类人工	工日	135.00	7.200	18.000
机械	接地电阻测试仪 0~4000Ω	台班	3.68	2.000	5.000

六、接地干线制作安装

工作内容:下料、平直、测位、打孔、埋卡子、摵弯、敷设、螺栓连接、刷漆。　　　　计量单位:10m

定额编号				8-851	8-852
项目				变电所内	
				扁铜接地干线	扁钢接地干线
基价(元)				483.97	252.11
其中	人工费(元)			135.54	153.63
	材料费(元)			346.16	96.21
	机械费(元)			2.27	2.27
名称		单位	单价(元)	消耗量	
人工	二类人工	工日	135.00	1.004	1.138
材料	铜排 25×3	m	31.03	10.600	—
	镀锌扁钢 5×50	kg	3.92	—	20.776
	金属膨胀螺栓 M8	套	0.31	5.100	5.100
	镀锌六角螺栓带帽 M12×40	套	0.52	6.732	6.732
	固定卡子 75	只	1.16	5.050	5.050
	镀锌六角螺栓带帽 M10×25	套	0.29	5.100	5.100
	酚醛调和漆	kg	11.29	0.120	0.120
	冲击钻头 ϕ10	个	4.14	0.010	0.010
	其他材料费	元	1.00	3.43	0.95
机械	电锤	台班	6.92	0.015	0.015
	汽油发电机组 10kW	台班	270.44	0.008	0.008

工作内容：平直、断料、测位、打眼、上支架、螺栓固定。　　　　**计量单位**：10m

定额编号					8-853	8-854
项目					区间	
					扁铜接地干线	扁钢接地干线
基价（元）					**322.64**	**430.96**
其中	人工费（元）				311.31	336.29
	材料费（元）				8.55	91.06
	机械费（元）				2.78	3.61
名称			单位	单价（元）	消耗量	
人工	二类人工		工日	135.00	2.306	2.491
材料	镀锌铜带 －50×5		m	—	(10.600)	—
	镀锌扁钢 5×50		kg	3.92	—	20.776
	镀锌六角螺栓带帽 M12×40		套	0.52	12.240	12.240
	冲击钻头 ϕ14		个	5.00	0.150	0.200
	酚醛调合漆		kg	11.29	0.120	0.120
	其他材料费		元	1.00	0.08	0.90
机械	台式钻床 16mm		台班	3.90	0.020	0.025
	汽油发电机组 10kW		台班	270.44	0.010	0.013

七、接地母排制作安装

工作内容：测量、划线、打孔、支持绝缘子安装、安装。　　　　**计量单位**：10m

定额编号				8-855
项目				接地母排制作安装
基价（元）				**1094.49**
其中	人工费（元）			888.84
	材料费（元）			136.09
	机械费（元）			69.56
名称		单位	单价（元）	消耗量
人工	二类人工	工日	135.00	6.584
材料	铜母排 综合	m	—	(10.230)
	金属膨胀螺栓 M10	套	0.48	20.400
	支持绝缘子 45×48－M10	支	5.60	20.400
	六角带帽螺栓 M10×30	套	0.28	20.400
	冲击钻头 ϕ14	个	5.00	1.000
	其他材料费	元	1.00	1.35
机械	台式钻床 16mm	台班	3.90	0.500
	汽油发电机组 10kW	台班	270.44	0.250

第十章

感　应　板

说　明

一、本章定额包括混凝土轨枕钻孔预植、感应板安装、感应板调整、感应板检测四节,共7个子目。

二、感应板电连接制作与安装、接地电缆制作与安装不包括在本定额内,发生时应另行计算。

三、感应板安装调整垫片按平均值综合编制。

工程量计算规则

一、混凝土轨枕钻孔预植按设计图示数量以“个”计算。

二、感应板安装、调整,按设计图示尺寸以“100m”计算。

一、混凝土轨枕钻孔预植

工作内容：施工准备、定位测量、钻孔、清理孔洞、埋植套管。 计量单位：个

定额编号				8-856
项目				混凝土轨枕钻孔预植
基价（元）				**118.80**
其中	人工费（元）			94.50
	材料费（元）			4.86
	机械费（元）			19.44
名称		单位	单价(元)	消耗量
人工	二类人工	工日	135.00	0.700
材料	合金钢钻头 ϕ150 以内	个	94.83	0.034
	绝缘套管	套	—	(1.020)
	环氧树脂	kg	15.52	0.102
	其他材料费	元	1.00	0.05
机械	吸尘器	台班	9.58	0.031
	电锤	台班	6.92	0.031
	汽油发电机组 10kW	台班	270.44	0.070

二、感应板安装

工作内容：施工准备、感应板布放测量、翻板、吊装、感应板运输、感应板布放、预埋套管清理、螺栓安装、感应板高度测量、感应板就位、感应板细调及调整记录、感应板固定螺栓紧固、记录。 **计量单位：**100m

定额编号				8-857	8-858
项目				混凝土道床	
				隧道内	隧道外
基价（元）				**40859.68**	**38044.62**
其中	人工费（元）			13392.41	12215.75
	材料费（元）			7117.76	7117.76
	机械费（元）			20349.51	18711.11
名称		单位	单价(元)	消耗量	
人工	二类人工	工日	135.00	99.203	90.487
材料	感应板	m	—	(100.300)	(100.300)
	六角带帽螺栓 M36×160	套	17.41	326.400	326.400
	调整垫片 1mm	个	—	(979.200)	(979.200)
	调整垫片 2mm	个	—	(652.800)	(652.800)
	调整垫片 5mm	个	—	(326.400)	(326.400)
	绝缘垫	个	0.95	326.400	326.400
	垫木	m^3	2328.00	0.011	0.011
	木板 δ20	m^3	1638.00	0.105	0.105
	紧线器 5t	个	42.24	0.102	0.102
	防松卡	套	2.59	326.400	326.400
	弹簧固定器	个	—	(326.400)	(326.400)
	润滑油	kg	4.33	16.320	16.320
	其他材料费	元	1.00	7.11	7.11
机械	轨道车 210kW	台班	471.91	11.563	9.406
	自带吊机平板车 30t	台班	904.00	11.563	9.406
	载货汽车 20t	台班	745.51	1.500	1.500
	汽车式起重机 25t	台班	996.58	3.333	4.667

工作内容:施工准备、感应板布放测量、翻板、吊装、感应板运输、感应板布放、预埋套管清理、螺栓安装、感应板高度测量、感应板就位、感应板细调及调整记录、感应板固定螺栓紧固、记录。 **计量单位**:100m

定额编号				8-859
项目				碎石道床
基价(元)				**49930.29**
其中	人工费(元)			15140.66
	材料费(元)			20186.33
	机械费(元)			14603.30
名称		单位	单价(元)	消耗量
人工	二类人工	工日	135.00	112.153
材料	感应板	m	—	(100.300)
	六角带帽螺栓 M36×160	套	17.41	652.800
	调整垫片 1mm	个	—	(1958.400)
	调整垫片 2mm	个	—	(1305.600)
	调整垫片 5mm	个	—	(652.800)
	垫木	m^3	2328.00	0.011
	绝缘垫	个	0.95	652.800
	铁垫板	个	16.13	163.200
	木板 δ20	m^3	1638.00	0.105
	防松卡	套	2.59	652.800
	紧线器 5t	个	42.24	0.102
	弹簧固定器	个	—	(652.800)
	道钉	kg	5.60	652.800
	其他材料费	元	1.00	20.17
机械	轨道车 210kW	台班	471.91	8.563
	自带吊机平板车 30t	台班	904.00	8.563
	载货汽车 20t	台班	745.51	1.000
	汽车式起重机 25t	台班	996.58	2.083

三、感应板调整

工作内容:准备、复测感应板高度、松开螺栓、放置调整垫片、紧固螺栓、记录。 **计量单位**:100m

定额编号				8-860	8-861
项目				混凝土道床	碎石道床
基价(元)				**1654.56**	**2067.12**
其中	人工费(元)			1654.56	2067.12
	材料费(元)			—	—
	机械费(元)			—	—
名称		单位	单价(元)	消耗量	
人工	二类人工	工日	135.00	12.256	15.312
材料	调整垫片 1mm	个	—	(979.200)	(1958.400)
	调整垫片 2mm	个	—	(652.800)	(1305.600)
	调整垫片 5mm	个	—	(326.400)	(652.800)

四、感应板检测

工作内容:准备、检测感应板高度、力矩检查、探伤、记录。 计量单位:100m

定额编号				8-862
项目				感应板检测
基价(元)				**463.48**
其中	人工费(元)			243.00
	材料费(元)			—
	机械费(元)			220.48
名称		单位	单价(元)	消耗量
人工	二类人工	工日	135.00	1.800
机械	笔记本电脑	台班	10.41	0.200
	电气试验车	台班	1092.00	0.200

第十一章
其　　他

说　明

一、本章定额包括设备运输、设备基础预埋、疏散平台安装三节，共 12 个子目。

二、设备运输定额仅适用于变压器、屏柜大型设备从地面仓库（或堆料点）至地面、地下或高架安装地点的运输。

三、设备基础预埋定额适用于屏柜大型设备及变压器的基础预埋。

四、疏散平台钢梁安装已综合考虑各种规格、尺寸，套用时定额均不做调整。

五、疏散平台钢梁按已完成防火处理的成品考虑。

工程量计算规则

一、屏柜运输以“面”计算。

二、变压器运输按容量以“台”计算。

三、屏柜基础预埋按柜体底面半周长以“面”计算。

四、变压器预埋件按容量以“台”计算。

五、疏散平台钢梁安装按设计图示尺寸以“根”计算。

六、高分子复合材料面板安装按设计图示尺寸以“m^2”计算。

七、高分子复合材料扶手安装按设计图示尺寸以“100m”计算。

一、设备运输

工作内容：准备、平台搭建、路径平整、设备运至现场、设备进所、平台拆卸、记录。　　**计量单位：**面

定额编号				8-863
项目				屏柜运输
基价（元）				**1399.02**
其中	人工费（元）			562.68
	材料费（元）			334.90
	机械费（元）			501.44
名称		单位	单价(元)	消耗量
人工	二类人工	工日	135.00	4.168
材料	枋木	m^3	776.00	0.262
	中厚钢板	kg	3.71	1.500
	工字钢 Q235B 综合	kg	4.05	7.628
	木板 δ20	m^3	1638.00	0.008
	钢丝绳 综合	kg	6.45	0.009
	紧线器 5t	个	42.24	0.029
	抓钉	个	25.86	2.994
	其他材料费	元	1.00	3.32
机械	载货汽车 12t	台班	587.20	0.250
	汽车式起重机 12t	台班	748.60	0.250
	轨道车 210kW	台班	471.91	0.300
	轨道平车 10t	台班	86.38	0.300

工作内容:准备、平台搭建、路径平整、设备运至现场、设备进所、平台拆卸、记录。 **计量单位:**台

定额编号				8-864	8-865
项目				变压器运输	
				1250kV·A	3650kV·A
基价(元)				**3876.46**	**5435.58**
其中	人工费(元)			1525.77	2337.66
	材料费(元)			866.17	1090.77
	机械费(元)			1484.52	2007.15
名称		单位	单价(元)	消耗量	
人工	二类人工	工日	135.00	11.302	17.316
材料	枋木	m^3	776.00	0.812	1.048
	角钢 Q235B 综合	kg	3.97	9.302	12.002
	工字钢 Q235B 综合	kg	4.05	23.782	30.737
	中厚钢板	kg	3.71	2.625	3.419
	钢丝绳 综合	kg	6.45	0.027	0.027
	紧线器 5t	个	42.24	0.051	0.051
	抓钉	个	25.86	3.094	2.994
	冲击钻头 $\phi16$	个	6.47	0.333	0.333
	其他材料费	元	1.00	8.58	10.80
机械	汽车式起重机 50t	台班	2353.88	0.500	0.700
	轨道平车 10t	台班	86.38	0.550	0.625
	轨道车 210kW	台班	471.91	0.550	0.625
	电锤	台班	6.92	0.042	0.042
	卷板机 2×1600mm	台班	39.05	—	0.250
	起道器 10t	台班	1.81	0.125	0.250

工作内容:准备、搬运、吊装上车、路径平整、材料及蓄电池等小型设备运至现场、进所、记录。 **计量单位:**所

定额编号				8-866
项目				其他
基价(元)				**4763.74**
其中	人工费(元)			2470.50
	材料费(元)			494.30
	机械费(元)			1798.94
名称		单位	单价(元)	消耗量
人工	二类人工	工日	135.00	18.300
材料	尼龙编织袋	只	1.58	12.000
	木箱	个	77.59	0.300
	木板 $\delta20$	m^3	1638.00	0.098
	紧线器 5t	个	42.24	1.280
	抓钉	个	25.86	8.994
	其他材料费	元	1.00	4.89
机械	载货汽车 12t	台班	587.20	1.000
	汽车式起重机 12t	台班	748.60	0.500
	轨道车 210kW	台班	471.91	1.500
	轨道平车 10t	台班	86.38	1.500

二、设备基础预埋

工作内容：准备、搬运、测量、定位、打孔、螺栓安装、调整、焊接固定、防锈处理、记录。　　　　**计量单位：**面

定额编号				8-867	8-868	8-869
项目				屏柜基础预埋		
				800mm	1200mm	2000mm
基价（元）				**117.36**	**237.97**	**283.77**
其中	人工费（元）			73.44	194.54	239.09
	材料费（元）			17.51	17.51	18.75
	机械费（元）			26.41	25.92	25.93
	名称	单位	单价(元)	消耗量		
人工	二类人工	工日	135.00	0.544	1.441	1.771
材料	成品预埋件	套	—	(1.000)	(1.000)	(1.000)
	金属膨胀螺栓 M12	套	0.64	4.080	4.080	4.080
	冲击钻头 ϕ14	个	5.00	0.082	0.082	0.082
	钢垫块	kg	7.24	1.026	1.026	1.201
	防锈漆 C53－1	kg	14.05	0.103	0.103	0.103
	环氧富锌 底漆	kg	13.79	0.205	0.205	0.205
	电焊条	kg	4.31	0.440	0.440	0.440
	电	kW·h	0.78	0.921	0.921	0.864
	其他材料费	元	1.00	0.17	0.17	0.19
机械	载货汽车 8t	台班	411.20	0.019	0.019	0.019
	汽车式起重机 12t	台班	748.60	0.013	0.013	0.013
	电锤	台班	6.92	0.083	0.083	0.083
	台式钻床 16mm	台班	3.90	0.010	0.010	0.010
	交流弧焊机 32kV·A	台班	92.84	0.083	0.083	0.083
	切割机 400 型	台班	13.54	0.040	0.004	0.005

工作内容:准备、搬运、测量、定位、打孔、螺栓安装、调整、焊接固定、防锈处理、记录。 **计量单位**:套

定额编号				8-870	8-871
项目				变压器预埋	
				1250kV·A	3650kV·A
基价(元)				**578.36**	**944.16**
其中	人工费(元)			436.46	663.66
	材料费(元)			45.73	88.16
	机械费(元)			96.17	192.34
	名称	单位	单价(元)	消耗量	
人工	二类人工	工日	135.00	3.233	4.916
材料	成品预埋件	套	—	(1.000)	(1.000)
	金属膨胀螺栓 M12	套	0.64	12.240	24.480
	冲击钻头 ϕ14	个	5.00	0.245	0.485
	钢垫块	kg	7.24	2.002	4.004
	防锈漆 C53-1	kg	14.05	0.308	0.615
	环氧富锌 底漆	kg	13.79	0.615	1.230
	电焊条	kg	4.31	1.320	2.640
	电	kW·h	0.78	4.142	4.142
	其他材料费	元	1.00	0.45	0.87
机械	载货汽车 8t	台班	411.20	0.078	0.156
	汽车式起重机 12t	台班	748.60	0.052	0.104
	电锤	台班	6.92	0.250	0.500
	台式钻床 16mm	台班	3.90	0.031	0.063
	交流弧焊机 32kV·A	台班	92.84	0.250	0.500
	切割机 400 型	台班	13.54	0.008	0.016

三、疏散平台安装

工作内容:运输、测量定位、打孔、锚栓安装、钢梁安装、校正等。 **计量单位**:根

定额编号				8-872
项目				钢梁安装
基价(元)				**125.95**
其中	人工费(元)			118.26
	材料费(元)			1.55
	机械费(元)			6.14
	名称	单位	单价(元)	消耗量
人工	二类人工	工日	135.00	0.876
材料	钢梁(含锚栓)	根	—	(1.000)
	冲击钻头 ϕ10~20	个	10.78	0.051
	其他材料费	元	1.00	1.00
机械	轨道平车 10t	台班	86.38	0.010
	电锤	台班	6.92	0.080
	轨道车 210kW	台班	471.91	0.010

工作内容：运输、预配、面板安装、固定件安装、校正等。　　计量单位：m²

定额编号					8-873
项目					面板安装
基价（元）					**50.46**
其中	人工费（元）				42.93
	材料费（元）				1.00
	机械费（元）				6.53
名称			单位	单价(元)	消耗量
人工	二类人工		工日	135.00	0.318
材料	高分子复合材料面板(含固定件)		m^2	—	(1.010)
	其他材料费		元	1.00	1.00
机械	轨道平车 10t		台班	86.38	0.005
	汽车式起重机 12t		台班	748.60	0.005
	轨道车 210kW		台班	471.91	0.005

工作内容：运输、测量定位、打孔、固定件安装、校正等。　　计量单位：100m

定额编号					8-874
项目					扶手安装
基价（元）					**995.65**
其中	人工费（元）				931.50
	材料费（元）				19.33
	机械费（元）				44.82
名称			单位	单价(元)	消耗量
人工	二类人工		工日	135.00	6.900
材料	高分子复合材料扶手(含锚栓)		m	—	(1.010)
	冲击钻头 ϕ10～20		个	10.78	1.700
	其他材料费		元	1.00	1.00
机械	轨道平车 10t		台班	86.38	0.020
	汽车式起重机 12t		台班	748.60	0.020
	电锤		台班	6.92	2.700
	轨道车 210kW		台班	471.91	0.020

浙江省城市轨道交通工程预算定额

（2018 版）

第九册　智能与控制系统安装工程

第十册　机电设备安装工程

第十一册　车辆基地工艺设备

第十二册　拆除工程

第十三册　措施项目

中国计划出版社

2018　北　京

总 说 明

一、《浙江省城市轨道交通工程预算定额》(2018 版)(以下简称本定额)是根据省建设厅、省发改委、省财政厅《关于组织编制〈浙江省建设工程计价依据(2018 版)〉的通知》(建建发〔2017〕166 号)、国家标准《建设工程工程量清单计价规范》GB 50500—2013 及有关规定,在《城市轨道交通工程工程量清单计算规范》GB 50861—2013、《城市轨道交通工程预算定额》GCG 103 - 2008 和《杭州市地铁工程预算定额》(2010 版)基础上,结合本省实际情况进行编制。

二、本定额共分十三册,包括:

第一册　路基、围护结构工程;

第二册　高架桥工程;

第三册　地下区间工程;

第四册　地下结构工程;

第五册　轨道工程;

第六册　通信工程;

第七册　信号工程;

第八册　供电工程;

第九册　智能与控制系统安装工程;

第十册　机电设备安装工程;

第十一册　车辆基地工艺设备;

第十二册　拆除工程;

第十三册　措施项目。

三、本定额是完成规定计量单位分部分项工程所需的人工、材料、施工机械台班的消耗量标准,是编制施工图预算的依据,是确定合同价、结算价、调解工程价款争议、工程造价鉴定以及编制本省城市轨道交通概算定额、估算指标与技术经济指标的基础,也是企业投标报价或编制企业定额的参考依据。

全部使用国有资金或国有资金投资为主的工程建设项目,编制招标控制价应执行本定额。

四、本定额适用于本省区域范围内城市轨道交通新建和改、扩建工程。

五、本定额是依据现行国家及本省城市轨道交通有关强制性标准、推荐性标准、设计规范、施工验收规范、技术操作规程、质量评定标准、产品标准和安全操作规程,根据合理的施工组织和正常的施工条件,并参考了有关地区和行业标准、定额,以及典型工程设计、施工和其他资料编制的,反映了本省区域的社会平均消耗量水平。

六、有关定额人工的说明和规定。

1. 本定额人工不分工种,但按定额用工的技术含量分为一类人工和二类人工,以综合工日表示,每工日按 8 小时工作制计算。内容包括基本用工、超运距用工、人工幅度差和辅助用工。其中土石方工程人工为一类人工,其余均为二类人工。

2. 本定额中人工单价,按一类人工 125 元/工日,二类人工 135 元/工日计取。

七、有关建筑材料、成品及半成品的说明和规定。

1. 本定额采用的材料(包括构配件、零件、半成品、成品)均为符合国家质量标准和相应设计要求的合格产品,定额中材料、成品及半成品的定额价格包括市场供应价、运杂费、运输损耗费和采购保管费,材料名称、规格型号及取定的价格详见附录三。

2. 本定额中的材料消耗量包括净用量和损耗量。损耗量包括：从工地仓库、现场集中堆放地点（或现场加工地点）至操作（或安装）地点的施工场内运输损耗、施工操作损耗、施工现场堆放损耗等，规范（设计文件）规定的预留量、搭接量不在损耗率中考虑。

3. 对于用量少、价值小的零星材料合并为其他材料费，在定额中以“其他材料费”形式表示。

4. 除各章另有说明外，定额中的周转性材料按摊销量编制，且已包括回库维修费及相关费用。

5. 本定额中的混凝土、沥青混凝土、砌筑砂浆、抹灰砂浆及各种胶泥等均按半成品考虑，消耗量以体积“m^3”表示。定额中混凝土的养护，除另有说明者外，均按自然养护考虑。

6. 本定额中使用的混凝土均按商品混凝土编制。采用泵送商品混凝土的，其单价包括泵送费用。若实际使用现场搅拌混凝土时，除按混凝土单价换算外，另每立方米混凝土增加：人工 0.392 工日，500L 双锥反转出料混凝土搅拌机 0.03 台班。

7. 定额中混凝土已按结构部位取定泵送或非泵送，若定额所列混凝土形式与实际不同时，除混凝土单价换算外，人工消耗量调整如下：

（1）泵送商品混凝土调整为非泵送商品混凝土：定额人工乘以 1.35；

（2）非泵送商品混凝土调整为泵送商品混凝土：定额人工乘以 0.75。

8. 本定额中所使用的砂浆均按干混预拌砂浆编制，若实际使用现拌砂浆或湿拌预拌砂浆时，按以下方法调整：

（1）使用现拌砂浆的，除将定额中的干混预拌砂浆调换为现拌砂浆外，另按相应定额中每立方米砂浆增加：人工 0.382 工日、200L 灰浆搅拌机 0.167 台班，并扣除定额中干混砂浆罐式搅拌机台班的数量。

（2）使用湿拌预拌砂浆的，除将定额中的干混预拌砂浆调换为湿拌预拌砂浆外，另按相应定额中每立方米砂浆扣除人工 0.20 工日，并扣除定额中干混砂浆罐式搅拌机台班数量。

八、有关机械的说明：

1. 本定额中的机械按常用机械、合理机械配备和施工企业的机械化装备程度，并结合本省工程实际编制的，台班价格按《浙江省施工机械台班费用定额》（2018 版）计算。

2. 本定额的机械台班消耗量是按正常机械施工工效考虑，每一台班按 8 小时工作制计算，并考虑了其他直接生产使用的机械幅度差。

3. 本定额中未包括大型施工机械场外运输及安、拆费用，发生时，应根据经批准的施工组织设计方案选用的实际机械种类及规格，按附录二及机械台班费用定额有关规定计算。

4. 凡单位价值 2000 元以内、使用年限在一年以内的不构成固定资产的施工机械，不列入机械台班消耗量，作为工具用具在建筑安装工程费中的企业管理费考虑，其消耗的燃料动力等已列入材料内。

九、本定额与其他现行定额的界定关系：

1. 本定额未包括的项目，可按本省其他相应专业工程计价定额执行。

2. 轨道工程地下车站的装饰、装修套用《浙江省房屋建筑与装饰工程预算定额》（2018 版）时，人工消耗量乘以系数 1.05；地下车站、区间的安装工程（除本定额已包括安装工程外）套用《浙江省通用安装工程预算定额》（2018 版）时，人工消耗量乘以系数 1.05。

十、本定额中的工作内容已说明了主要的施工工序，次要工序虽未说明，但均已包括在内。

十一、定额中用括号“（）”表示的消耗量，其价格均未计入基价。

十二、本定额中遇有两个或两个以上系数时，按连乘法计算。

十三、定额中注有“××以内”或“××以下”者均包括××本身，“××以外”或“××以上”者，则不包括××本身。

十四、凡本总说明未尽事宜，详见各册说明和附录。

十五、本定额由浙江省建设工程造价管理总站负责解释与管理。

目　录

第九册　智能与控制系统安装工程

第十一册　车辆基地工艺设备

第十二册　拆 除 工 程

第十三册　措 施 项 目

第五章　洞内临时设施

第六章　临 时 支 撑

第七章　施工监测、监控

第八章　施工降水、排水

附　　录

第九册　智能与控制系统安装工程

册 说 明

一、本册定额包括综合监控系统、环境与机电设备监控系统、火灾报警系统、旅客信息系统、安全防范系统、不间断电源系统、自动售检票系统、电子信息机房工程八章，共673个子目。

二、本册定额适用于城市轨道交通工程中的智能与控制系统及电子信息机房工程。

三、本册定额的主要编制依据：

1.《地铁设计规范》GB 50157—2013；

2.《地下铁道工程施工及验收规范》GB 50299—1999(2003版)；

3.《城市轨道交通工程工程量计算规范》GB 50861—2013；

4.《城市轨道交通工程预算定额》GCG 103—2008；

5.《浙江省安装工程预算定额》(2010版)；

6.《杭州市地铁工程预算定额》(2010版)。

四、电力电缆敷设、控制电缆敷设、电源线、电缆托架铁件制作安装、电线槽安装、桥架安装、电线管敷设、电缆沟工程、电缆保护管敷设，执行《浙江省通用安装工程预算定额》(2018版)相关定额子目。

五、电缆监控、广播及时钟系统工程执行本定额第六册《通信工程》相关定额子目。

六、本册定额中的操作高度(指操作物高度距楼地面的距离)均按5m以下编制，操作高度超过5m时，其超过部分的人工工日乘以下表系数。

高空作业超高系数表

操 作 高 数	10m以下	20m以下	20m以上
超 高 系 数	1.25	1.40	1.60

七、脚手架搭拆费用按人工费的4%计算，其中人工工资占25%。

第一章
综合监控系统

说　明

一、本章定额包括中央监控中心(OCC)设备安装工程,车站、车辆段综合监控系统设备安装工程两节,共127个子目。

二、大屏显示设备安装工作消耗量为配合安装工程工作量。

三、不间断电源定额执行本定额第六册《通信工程》相关定额子目。接地及线缆执行《浙江省通用安装工程预算定额》(2018版)相关定额子目。

四、定额中不包括综合监控系统总联调。

工程量计算规则

一、中央监控中心系统设备安装调试,以“台(套)”计算。
二、大屏显示系统敷设视频同轴电缆,以“100m”计算。
三、LED 显示屏安装调试,以“m^2”计算。
四、大屏显示系统设备安装调试,以“台(套)”计算。
五、车站、车辆段综合监控系统设备安装,以“台(套)”计算。
六、综合监控系统软件安装,以“套”计算。

一、中央监控中心(OCC)设备安装工程

1. 系统设备安装调试

工作内容:技术准备、开箱检查、定位安装、互联、检测调试、交验。　　**计量单位:**台

定额编号				9-1	9-2	9-3	9-4	9-5
项目				中央交换机				
				工作组级交换机	部门级交换机		企业级交换机	
					二层交换机	三层交换机	二层交换机	三层交换机
基价(元)				**193.75**	**277.64**	**319.58**	**319.58**	**361.52**
其中	人工费(元)			121.50	137.70	145.80	145.80	153.90
	材料费(元)			3.53	3.53	3.53	3.53	3.53
	机械费(元)			68.72	136.41	170.25	170.25	204.09
名称		单位	单价(元)	消耗量				
人工	二类人工	工日	135.00	0.900	1.020	1.080	1.080	1.140
材料	多功能上光清洁剂	盒	25.86	0.100	0.100	0.100	0.100	0.100
	脱脂棉	kg	38.79	0.020	0.020	0.020	0.020	0.020
	其他材料费	元	1.00	0.17	0.17	0.17	0.17	0.17
机械	笔记本电脑	台班	10.41	0.300	0.500	0.600	0.600	0.700
	网络分析仪 HP8410C	台班	328.00	0.200	0.400	0.500	0.500	0.600

工作内容:技术准备、虚网划分、端口设置、路由设置、包过滤、设备监控等功能调试。　　**计量单位:**个

定额编号				9-6	9-7
项目				中央交换机系统功能调试	
				1~2个子网	每增加1个子网
基价(元)				**128.15**	**20.25**
其中	人工费(元)			121.50	16.20
	材料费(元)			3.53	3.53
	机械费(元)			3.12	0.52
名称		单位	单价(元)	消耗量	
人工	二类人工	工日	135.00	0.900	0.120
材料	多功能上光清洁剂	盒	25.86	0.100	0.100
	脱脂棉	kg	38.79	0.020	0.020
	其他材料费	元	1.00	0.17	0.17
机械	笔记本电脑	台班	10.41	0.300	0.050

工作内容:技术准备、开箱检查、清洁、定位安装、互联、接口检查、设备加电、调试。 **计量单位:**台(套)

定额编号				9-8	9-9	9-10
项目				中央实时服务器		
				工作组级服务器	部门级服务器	企业级服务器
基价(元)				**131.43**	**171.93**	**252.93**
其中	人工费(元)			121.50	162.00	243.00
	材料费(元)			7.85	7.85	7.85
	机械费(元)			2.08	2.08	2.08
名称		单位	单价(元)	消耗量		
人工	二类人工	工日	135.00	0.900	1.200	1.800
材料	光盘 5″	片	1.03	4.000	4.000	4.000
	多功能上光清洁剂	盒	25.86	0.100	0.100	0.100
	脱脂棉	kg	38.79	0.020	0.020	0.020
	其他材料费	元	1.00	0.37	0.37	0.37
机械	数字万用表	台班	4.16	0.500	0.500	0.500

工作内容:技术准备、开箱检查、清洁、定位安装、互联、接口检查、设备加电、调试。 **计量单位:**台(套)

定额编号				9-11	9-12	9-13
项目				中央历史服务器		
				工作组级服务器	部门级服务器	企业级服务器
基价(元)				**212.43**	**252.93**	**333.93**
其中	人工费(元)			202.50	243.00	324.00
	材料费(元)			7.85	7.85	7.85
	机械费(元)			2.08	2.08	2.08
名称		单位	单价(元)	消耗量		
人工	二类人工	工日	135.00	1.500	1.800	2.400
材料	光盘 5″	片	1.03	4.000	4.000	4.000
	多功能上光清洁剂	盒	25.86	0.100	0.100	0.100
	脱脂棉	kg	38.79	0.020	0.020	0.020
	其他材料费	元	1.00	0.37	0.37	0.37
机械	数字万用表	台班	4.16	0.500	0.500	0.500

工作内容：技术准备、系统软件功能检测、调试。　　　　**计量单位**：台

定额编号					9-14	9-15	9-16
项目					中央实时服务器系统软件安装、调试		
					工作组级服务器	部门级服务器	企业级服务器
基价（元）					**130.60**	**174.94**	**298.94**
其中	人工费（元）				121.50	162.00	283.50
	材料费（元）				7.85	10.03	10.03
	机械费（元）				1.25	2.91	5.41
名称		单位	单价(元)		消耗量		
人工	二类人工	工日	135.00		0.900	1.200	2.100
材料	光盘 5″	片	1.03		4.000	4.000	4.000
	多功能上光清洁剂	盒	25.86		0.100	0.150	0.150
	脱脂棉	kg	38.79		0.020	0.040	0.040
	其他材料费	元	1.00		0.37	0.48	0.48
机械	数字万用表	台班	4.16		0.300	0.700	1.300

工作内容：技术准备、系统软件功能检测、调试。　　　　**计量单位**：台

定额编号					9-17	9-18	9-19
项目					中央历史服务器系统软件安装、调试		
					工作组级服务器	部门级服务器	企业级服务器
基价（元）					**171.10**	**215.44**	**339.44**
其中	人工费（元）				162.00	202.50	324.00
	材料费（元）				7.85	10.03	10.03
	机械费（元）				1.25	2.91	5.41
名称		单位	单价(元)		消耗量		
人工	二类人工	工日	135.00		1.200	1.500	2.400
材料	光盘 5″	片	1.03		4.000	4.000	4.000
	多功能上光清洁剂	盒	25.86		0.100	0.150	0.150
	脱脂棉	kg	38.79		0.020	0.040	0.040
	其他材料费	元	1.00		0.37	0.48	0.48
机械	数字万用表	台班	4.16		0.300	0.700	1.300

工作内容:装调技术准备、装调机具准备、电源检测和施工安全防护、搬运、开箱、检查、定位、安装、互联、设备清理和清洗、接通电源、单机自检、接口正确性检查和调试、联机调试。 **计量单位:**台

定额编号				9-20	9-21	9-22	9-23	9-24	9-25	9-26
项目				磁盘阵列						
				低端		中端		高端		每增加1块硬盘
				4 通道	8 通道	16 通道	32 通道	64 通道	128 通道	
基价(元)				**279.57**	**472.09**	**769.29**	**1175.93**	**1739.37**	**2861.02**	**21.29**
其中	人工费(元)			243.00	405.00	648.00	972.00	1458.00	2430.00	20.25
	材料费(元)			24.08	48.15	96.31	168.54	240.77	385.22	—
	机械费(元)			12.49	18.94	24.98	35.39	40.60	45.80	1.04
名称		单位	单价(元)	消耗量						
人工	二类人工	工日	135.00	1.800	3.000	4.800	7.200	10.800	18.000	0.150
材料	酒精 工业用99.5%	kg	7.07	0.500	1.000	2.000	3.500	5.000	8.000	—
	脱脂棉	kg	38.79	0.500	1.000	2.000	3.500	5.000	8.000	—
	其他材料费	元	1.00	1.15	2.29	4.59	8.03	11.47	18.34	—
机械	数字万用表	台班	4.16	0.500	0.800	1.000	1.000	1.000	1.000	—
	笔记本电脑	台班	10.41	1.000	1.500	2.000	3.000	3.500	4.000	0.100

工作内容:装调技术准备、装调机具准备、电源检测和施工安全防护、搬运、开箱、检查、定位、安装、互联、设备清理和清洗、接通电源、单机自检、接口正确性检查和调试、联机调试。 **计量单位:**台

定额编号				9-27	9-28	9-29
项目				磁带机		
				台式磁带机	嵌入式磁带机	柜式磁带机
基价(元)				**189.43**	**334.70**	**461.40**
其中	人工费(元)			162.00	283.50	405.00
	材料费(元)			14.94	23.09	23.09
	机械费(元)			12.49	28.11	33.31
名称		单位	单价(元)	消耗量		
人工	二类人工	工日	135.00	1.200	2.100	3.000
材料	磁带	盒	12.93	0.500	0.500	0.500
	磁带(清洁带)	盒	15.52	0.500	1.000	1.000
	其他材料费	元	1.00	0.71	1.10	1.10
机械	数字万用表	台班	4.16	0.500	0.500	0.500
	笔记本电脑	台班	10.41	1.000	2.500	3.000

工作内容：装调技术准备、装调机具准备、电源检测和施工安全防护、搬运、开箱、检查、定位、安装、互联、设备清理和清洗、接通电源、单机自检、接口正确性检查和调试、联机调试。

计量单位：台

定额编号				9-30	9-31	9-32	9-33	9-34
项目				磁带机				
				盒式磁带机(盒带数量)				数据流磁带机
				≤16	≤32	≤64	≤128	
基价（元）				**540.85**	**903.41**	**1376.84**	**2685.25**	**336.23**
其中	人工费（元）			486.00	810.00	1215.00	2430.00	283.50
	材料费（元）			29.87	43.45	86.90	130.35	16.30
	机械费（元）			24.98	49.96	74.94	124.90	36.43
	名称	单位	单价(元)	消耗量				
人工	二类人工	工日	135.00	3.600	6.000	9.000	18.000	2.100
材料	磁带	盒	12.93	1.000	2.000	4.000	6.000	—
	磁带(清洁带)	盒	15.52	1.000	1.000	2.000	3.000	1.000
	其他材料费	元	1.00	1.42	2.07	4.14	6.21	0.78
机械	数字万用表	台班	4.16	1.000	2.000	3.000	5.000	2.500
	笔记本电脑	台班	10.41	2.000	4.000	6.000	10.000	2.500

工作内容：技术、机具、仪器仪表准备、电源检测和联试安全保护、接口正确性测试、检查、硬件系统的验证、硬件调试。

计量单位：台

定额编号				9-35	9-36	9-37	9-38
项目				中央操作员站			
				≤10 用户	11～25 用户	26～50 用户	>50 用户 每增加 4 用户
基价（元）				**659.85**	**1231.64**	**2044.62**	**175.57**
其中	人工费（元）			648.00	1215.00	2025.00	162.00
	材料费（元）			3.52	6.23	9.21	1.08
	机械费（元）			8.33	10.41	10.41	12.49
	名称	单位	单价(元)	消耗量			
人工	二类人工	工日	135.00	4.800	9.000	15.000	1.200
材料	光盘 5″	片	1.03	2.000	4.000	6.000	0.500
	复印纸 A4 500 张/包	包	25.86	0.050	0.070	0.100	0.020
	其他材料费	元	1.00	0.17	0.30	0.44	0.05
机械	笔记本电脑	台班	10.41	0.800	1.000	1.000	1.200

工作内容:技术、机具、仪器仪表准备、电源检测和联试安全保护、接口正确性测试、检查、硬件系统的验证、硬件调试。

计量单位:台

定额编号				9-39	9-40	9-41	9-42
项目				网管工作站			
				≤10 用户	10～25 用户	26～50 用户	>50 用户 每增加 4 用户
基价(元)				**661.93**	**1233.72**	**2046.70**	**177.65**
其中	人工费(元)			648.00	1215.00	2025.00	162.00
	材料费(元)			3.52	6.23	9.21	1.08
	机械费(元)			10.41	12.49	12.49	14.57
名称		单位	单价(元)	消耗量			
人工	二类人工	工日	135.00	4.800	9.000	15.000	1.200
材料	光盘 5″	片	1.03	2.000	4.000	6.000	0.500
	复印纸 A4 500 张/包	包	25.86	0.050	0.070	0.100	0.020
	其他材料费	元	1.00	0.17	0.30	0.44	0.05
机械	笔记本电脑	台班	10.41	1.000	1.200	1.200	1.400

工作内容:技术准备、开箱检查、定位安装、互联、检测调试、交验。

计量单位:台

定额编号				9-43	9-44	9-45	9-46
项目				针式打印机	喷墨打印机	激光打印机	热转印打印机
基价(元)				**21.08**	**37.23**	**42.13**	**19.49**
其中	人工费(元)			16.20	24.30	40.50	16.20
	材料费(元)			4.88	12.93	1.63	3.29
	机械费(元)			—	—	—	—
名称		单位	单价(元)	消耗量			
人工	二类人工	工日	135.00	0.120	0.180	0.300	0.120
材料	色带	盒	17.24	0.100	—	—	—
	复印纸 A4 500 张/包	包	25.86	—	—	0.030	—
	热转印打印机用纸(票,纸)	卷	84.76	—	—	—	0.020
	复印机墨盒	盒	75.53	—	0.010	—	—
	热转印机碳带	卷	33.05	—	—	—	0.020
	打印纸	包	21.55	0.100	0.500	—	—
	脱脂棉	kg	38.79	0.020	0.020	0.020	0.020
	其他材料费	元	1.00	0.23	0.62	0.08	0.16

2. 大屏显示系统设备安装调试

工作内容：开箱、线缆检查、编号、安装（穿放、布放）、断线、固定、临时封头、清理场地。　　**计量单位**：100m

定额编号				9-47	9-48	9-49	9-50
项目				布放视频同轴电缆			
				管/暗槽内穿放		线槽/桥架/支架/活动地板内明布放	
				ϕ9 以内	ϕ9 以外	ϕ9 以内	ϕ9 以外
基价（元）				**115.79**	**150.03**	**145.44**	**178.76**
其中	人工费（元）			105.30	137.70	121.50	153.90
	材料费（元）			5.00	5.00	20.76	20.76
	机械费（元）			5.49	7.33	3.18	4.10
名称		单位	单价（元）	消耗量			
人工	二类人工	工日	135.00	0.780	1.020	0.900	1.140
材料	电缆	m	—	(102.000)	(102.000)	(102.000)	(102.000)
	电缆卡子 综合	个	0.26	—	—	60.600	60.600
	其他材料费	元	1.00	5.00	5.00	5.00	5.00
机械	数字万用表	台班	4.16	0.100	0.100	0.100	0.100
	对讲机（一对）	台班	4.61	1.100	1.500	0.600	0.800

工作内容：开箱检验、零部件配套、按说明书通电、检查、调试。　　**计量单位**：m^2

定额编号				9-51	9-52	9-53	9-54
项目				显示设备安装			
				LED 显示屏（壁挂、吊装）			显示墙（台）（单台显示器）
				单基色	双基色	三基色	
基价（元）				**71.87**	**96.17**	**112.37**	**52.54**
其中	人工费（元）			40.50	64.80	81.00	40.50
	材料费（元）			24.08	24.08	24.08	12.04
	机械费（元）			7.29	7.29	7.29	—
名称		单位	单价（元）	消耗量			
人工	二类人工	工日	135.00	0.300	0.480	0.600	0.300
材料	酒精 工业用 99.5%	kg	7.07	0.500	0.500	0.500	0.250
	脱脂棉	kg	38.79	0.500	0.500	0.500	0.250
	其他材料费	元	1.00	1.15	1.15	1.15	0.57
机械	数字万用表	台班	4.16	0.500	0.500	0.500	—
	笔记本电脑	台班	10.41	0.500	0.500	0.500	—

工作内容:搬运、开箱检验、清点设备、安装、固定、接线、通电检验、清理现场。 计量单位:台

定额编号				9-55	9-56	9-57	9-58
项目				数字光处理(DLP)投影机			
				摆放		吊装	
				≤5000lm	>5000lm	≤5000lm	>5000lm
基价(元)				**37.38**	**53.58**	**89.92**	**106.12**
其中	人工费(元)			24.30	40.50	64.80	81.00
	材料费(元)			12.04	12.04	24.08	24.08
	机械费(元)			1.04	1.04	1.04	1.04
	名称	单位	单价(元)	消耗量			
人工	二类人工	工日	135.00	0.180	0.300	0.480	0.600
材料	酒精 工业用99.5%	kg	7.07	0.250	0.250	0.500	0.500
	脱脂棉	kg	38.79	0.250	0.250	0.500	0.500
	其他材料费	元	1.00	0.57	0.57	1.15	1.15
机械	笔记本电脑	台班	10.41	0.100	0.100	0.100	0.100

工作内容:开箱检验、零部件配套、按说明书通电、检查。 计量单位:套

定额编号				9-59	9-60	9-61	9-62
项目				拼接控制器			拼接卡(个)
				≤10屏	10~20屏	>20屏	
基价(元)				**672.08**	**996.08**	**1320.08**	**105.08**
其中	人工费(元)			648.00	972.00	1296.00	81.00
	材料费(元)			24.08	24.08	24.08	24.08
	机械费(元)			—	—	—	—
	名称	单位	单价(元)	消耗量			
人工	二类人工	工日	135.00	4.800	7.200	9.600	0.600
材料	酒精 工业用99.5%	kg	7.07	0.500	0.500	0.500	0.500
	脱脂棉	kg	38.79	0.500	0.500	0.500	0.500
	其他材料费	元	1.00	1.15	1.15	1.15	1.15

工作内容：搬运、开箱检验、清点设备、定位、安装视频电缆、安装地线、编号、标记、扎线、查通、通电检查、清理现场。

计量单位：台

定额编号				9-63	9-64	9-65
项目				信号处理设备安装		
				VGA 矩阵		
				4×4	8×4	8×8
基价（元）				511.02	765.91	1021.20
其中	人工费（元）			405.00	607.50	810.00
	材料费（元）			40.57	60.86	81.14
	机械费（元）			65.45	97.55	130.06
	名称	单位	单价(元)	消耗量		
人工	二类人工	工日	135.00	3.000	4.500	6.000
材料	VGA 插头	个	4.83	8.000	12.000	16.000
	其他材料费	元	1.00	1.93	2.90	3.86
机械	数字万用表	台班	4.16	0.300	0.300	0.400
	电视信号发生器 彩色、黑白图像带伴音	台班	16.47	3.000	4.500	6.000
	彩色监视器	台班	4.93	3.000	4.500	6.000

工作内容：搬运、开箱检验、清点设备、定位、安装视频电缆、安装地线、编号、标记、扎线、查通、通电检查、清理现场。

计量单位：台

定额编号				9-66	9-67
项目				信号处理设备安装	
				VGA 分配放大器	
				1×4	1×8
基价（元）				278.89	501.67
其中	人工费（元）			253.53	456.03
	材料费（元）			25.36	45.64
	机械费（元）			—	—
	名称	单位	单价(元)	消耗量	
人工	二类人工	工日	135.00	1.878	3.378
材料	VGA 插头	个	4.83	5.000	9.000
	其他材料费	元	1.00	1.21	2.17

工作内容:搬运、开箱检验、清点设备、定位、安装视频电缆、安装地线、编号、标记、扎线、查通、通电检查、清理现场。

计量单位:台

定额编号				9-68	9-69
项目				信号处理设备安装	
				VGA、RGB 切换器	
				4×1	8×1
基价(元)				**278.89**	**501.67**
其中	人工费(元)			253.53	456.03
	材料费(元)			25.36	45.64
	机械费(元)			—	—
名称		单位	单价(元)	消耗量	
人工	二类人工	工日	135.00	1.878	3.378
材料	VGA 插头	个	4.83	5.000	9.000
	其他材料费	元	1.00	1.21	2.17

工作内容:搬运、开箱、清点、安装就位、调试、固定、接线、接地、做标志、清理现场。

定额编号				9-70	9-71	9-72
项目				专业数字视频处理器	智能配电柜	智能电源控制器
计量单位				台		套
基价(元)				**84.83**	**217.16**	**67.24**
其中	人工费(元)			64.80	194.40	64.80
	材料费(元)			20.03	22.76	2.44
	机械费(元)			—	—	—
名称		单位	单价(元)	消耗量		
人工	二类人工	工日	135.00	0.480	1.440	0.480
材料	地脚螺栓 M14×120~230	个	4.70	—	4.080	—
	地脚螺栓 M10×25	个	0.43	—	1.020	—
	标志牌	个	0.43	2.100	—	4.200
	塑料线卡 ϕ15 以内	个	0.09	202.000	—	—
	棉纱	kg	10.34	—	0.200	0.050
	其他材料费	元	1.00	0.95	1.08	0.12

工作内容：搬运、开箱检查、安装固定、熔接光缆光纤、制作射频接头、接线、调测记录、整理调测记录、填写调测报告。

计量单位：台

定额编号				9-73	9-74	9-75	9-76	9-77
项目				光接收机	模拟光发射机		FM 光发射机	数字光发射机
					直接调制	外调制		
基价（元）				**176.85**	**1080.53**	**1440.15**	**1602.15**	**2160.23**
其中	人工费（元）			64.80	243.00	324.00	486.00	486.00
	材料费（元）			0.55	—	—	—	—
	机械费（元）			111.50	837.53	1116.15	1116.15	1674.23
	名称	单位	单价(元)	消耗量				
人工	二类人工	工日	135.00	0.480	1.800	2.400	3.600	3.600
材料	棉纱	kg	10.34	0.050	—	—	—	—
	其他材料费	元	1.00	0.03	—	—	—	—
机械	光时域反射仪 HP8146A	台班	826.00	0.124	0.467	0.622	0.622	0.933
	光功率计 GH－2491	台班	10.19	0.400	1.500	2.000	2.000	3.000
	频谱分析仪	台班	291.00	—	1.500	2.000	2.000	3.000
	场强仪 RR3A	台班	12.50	0.400	—	—	—	—

工作内容：开箱检验、零部件配套、通电检查。

计量单位：台

定额编号				9-78	9-79	9-80	9-81
项目				画面(VGA)分割控制器			
				4 画面	9 画面	16 画面	24 画面
基价（元）				**75.74**	**159.59**	**262.38**	**386.81**
其中	人工费（元）			48.60	105.30	170.10	251.10
	材料费（元）			27.14	54.29	92.28	135.71
	机械费（元）			—	—	—	—
	名称	单位	单价(元)	消耗量			
人工	二类人工	工日	135.00	0.360	0.780	1.260	1.860
材料	莲花插头	个	5.17	5.000	10.000	17.000	25.000
	其他材料费	元	1.00	1.29	2.59	4.39	6.46

工作内容:搬运、开箱清点、安装就位、调试、固定、接线、接地、坐标志、清理现场。 计量单位:台

定额编号				9-82	9-83	9-84	9-85	9-86
项目				大屏控制主机				
				控制主机(套)			控制主机调试	音视频矩阵切换器
				1.60m 以内	2.00m 以内	1.20m 以内组合式		
基价(元)				534.27	696.27	372.27	486.00	65.35
其中	人工费(元)			486.00	648.00	324.00	486.00	64.80
	材料费(元)			48.27	48.27	48.27	—	0.55
	机械费(元)			—	—	—	—	—
名称		单位	单价(元)	消耗量				
人工	二类人工	工日	135.00	3.600	4.800	2.400	3.600	0.480
材料	塑料线卡 φ15 以内	个	0.09	505.000	505.000	505.000	—	—
	棉纱	kg	10.34	0.050	0.050	0.050	—	0.050
	其他材料费	元	1.00	2.30	2.30	2.30	—	0.03

工作内容:搬运、开箱清点、安装就位、调试、固定、接线、接地、坐标志、清理现场。 计量单位:台

定额编号				9-87	9-88	9-89	9-90
项目				大屏控制主机			
				中央控制处理器	边缘融合处理器	DLP 显示屏控制软件(套)	系统调试
基价(元)				252.34	84.47	68.86	1215.00
其中	人工费(元)			243.00	64.80	64.80	1215.00
	材料费(元)			7.26	19.67	4.06	—
	机械费(元)			2.08	—	—	—
名称		单位	单价(元)	消耗量			
人工	二类人工	工日	135.00	1.800	0.480	0.480	9.000
材料	光盘 5″	片	1.03	4.000	—	3.000	—
	多功能上光清洁剂	盒	25.86	0.100	—	—	—
	塑料线卡 φ15 以内	个	0.09	—	202.000	—	—
	标志牌 塑料扁形	个	0.26	—	2.100	—	—
	棉纱	kg	10.34	0.020	—	—	—
	脱脂棉	kg	38.79	—	—	0.020	—
	其他材料费	元	1.00	0.35	0.94	0.19	—
机械	数字万用表	台班	4.16	0.500	—	—	—

工作内容：装调技术准备、装调机具准备、搬运、开箱、检查、定位、安装、清理。　　计量单位：台

定额编号				9-91	9-92
项目				底座安装	
				650×700	650×1200
基价（元）				184.11	264.91
其中	人工费（元）			81.00	121.50
	材料费（元）			49.49	64.46
	机械费（元）			53.62	78.95
名称		单位	单价(元)	消耗量	
人工	二类人工	工日	135.00	0.600	0.900
材料	电焊条	kg	4.31	0.500	0.700
	焊锡	kg	103.00	0.250	0.350
	焊锡膏	kg	31.03	0.250	0.350
	酒精 工业用99.5%	kg	7.07	0.250	0.250
	脱脂棉	kg	38.79	0.250	0.250
	其他材料费	元	1.00	2.36	3.07
机械	交流弧焊机 21kV·A	台班	63.33	0.800	1.200
	绝缘电阻测试仪 BM12	台班	29.52	0.100	0.100

二、车站、车辆段综合监控系统设备安装工程

工作内容：技术准备、开箱检查、清洁、定位安装、互联、接口检查、加电调试。　　计量单位：台

定额编号				9-93	9-94	9-95	9-96	9-97
项目				中央交换机安装、调试				
				工作组级交换机	部门级交换机		企业级交换机	
					二层交换机	三层交换机	二层交换机	三层交换机
基价（元）				153.25	237.14	279.08	279.08	321.02
其中	人工费（元）			81.00	97.20	105.30	105.30	113.40
	材料费（元）			3.53	3.53	3.53	3.53	3.53
	机械费（元）			68.72	136.41	170.25	170.25	204.09
名称		单位	单价(元)	消耗量				
人工	二类人工	工日	135.00	0.600	0.720	0.780	0.780	0.840
材料	多功能上光清洁剂	盒	25.86	0.100	0.100	0.100	0.100	0.100
	脱脂棉	kg	38.79	0.020	0.020	0.020	0.020	0.020
	其他材料费	元	1.00	0.17	0.17	0.17	0.17	0.17
机械	网络分析仪 HP8410C	台班	328.00	0.200	0.400	0.500	0.500	0.600
	笔记本电脑	台班	10.41	0.300	0.500	0.600	0.600	0.700

工作内容:技术准备、虚网划分、端口设置、路由设置、包过滤、设备监控等功能调试。 **计量单位:**个

定额编号					9-98	9-99
项目					中央交换机系统功能调试	
					1~2 个子网	每增加 1 个子网
基价(元)					**128.15**	**16.20**
其中	人工费(元)				121.50	12.15
	材料费(元)				3.53	3.53
	机械费(元)				3.12	0.52
名称		单位	单价(元)		消耗量	
人工	二类人工	工日	135.00		0.900	0.090
材料	多功能上光清洁剂	盒	25.86		0.100	0.100
	脱脂棉	kg	38.79		0.020	0.020
	其他材料费	元	1.00		0.17	0.17
机械	笔记本电脑	台班	10.41		0.300	0.050

工作内容:技术准备、开箱检查、清洁、定位安装、互联、接口检查、设备加电、调试。 **计量单位:**台(套)

定额编号				9-100	9-101	9-102
项目				中央实时服务器		
				工作组级服务器	部门级服务器	企业级服务器
基价(元)				**90.93**	**131.43**	**171.93**
其中	人工费(元)			81.00	121.50	162.00
	材料费(元)			7.85	7.85	7.85
	机械费(元)			2.08	2.08	2.08
名称		单位	单价(元)	消耗量		
人工	二类人工	工日	135.00	0.600	0.900	1.200
材料	光盘 5″	片	1.03	4.000	4.000	4.000
	多功能上光清洁剂	盒	25.86	0.100	0.100	0.100
	脱脂棉	kg	38.79	0.020	0.020	0.020
	其他材料费	元	1.00	0.37	0.37	0.37
机械	数字万用表	台班	4.16	0.500	0.500	0.500

工作内容：技术准备、开箱检查、清洁、定位安装、互联、接口检查、设备加电、调试。　　**计量单位**：台(套)

定额编号				9-103	9-104	9-105
项目				中央历史服务器		
				工作组级服务器	部门级服务器	企业级服务器
基价（元）				**155.73**	**188.13**	**269.13**
其中	人工费（元）			145.80	178.20	259.20
	材料费（元）			7.85	7.85	7.85
	机械费（元）			2.08	2.08	2.08
名称		单位	单价(元)	消耗量		
人工	二类人工	工日	135.00	1.080	1.320	1.920
材料	光盘 5″	片	1.03	4.000	4.000	4.000
	多功能上光清洁剂	盒	25.86	0.100	0.100	0.100
	脱脂棉	kg	38.79	0.020	0.020	0.020
	其他材料费	元	1.00	0.37	0.37	0.37
机械	数字万用表	台班	4.16	0.500	0.500	0.500

工作内容：技术准备、系统软件功能检测、调试。　　**计量单位**：台

定额编号				9-106	9-107	9-108
项目				中央实时服务器系统软件安装、调试		
				工作组级服务器	部门级服务器	企业级服务器
基价（元）				**114.40**	**158.74**	**258.44**
其中	人工费（元）			105.30	145.80	243.00
	材料费（元）			7.85	10.03	10.03
	机械费（元）			1.25	2.91	5.41
名称		单位	单价(元)	消耗量		
人工	二类人工	工日	135.00	0.780	1.080	1.800
材料	光盘 5″	片	1.03	4.000	4.000	4.000
	多功能上光清洁剂	盒	25.86	0.100	0.150	0.150
	脱脂棉	kg	38.79	0.020	0.040	0.040
	其他材料费	元	1.00	0.37	0.48	0.48
机械	数字万用表	台班	4.16	0.300	0.700	1.300

工作内容:技术准备、系统软件功能检测、调试。　　　　**计量单位**:台

定额编号				9-109	9-110	9-111
项目				中央历史服务器系统软件安装、调试		
				工作组级服务器	部门级服务器	企业级服务器
基价(元)				**154.90**	**174.94**	**274.64**
其中	人工费(元)			145.80	162.00	259.20
	材料费(元)			7.85	10.03	10.03
	机械费(元)			1.25	2.91	5.41
	名称	单位	单价(元)	消耗量		
人工	二类人工	工日	135.00	1.080	1.200	1.920
材料	光盘 5″	片	1.03	4.000	4.000	4.000
	多功能上光清洁剂	盒	25.86	0.100	0.150	0.150
	脱脂棉	kg	38.79	0.020	0.040	0.040
	其他材料费	元	1.00	0.37	0.48	0.48
机械	数字万用表	台班	4.16	0.300	0.700	1.300

工作内容:开箱检查、清洁、定位安装、互联、接口检查、设备加电、调试。　　　　**计量单位**:台

定额编号				9-112	9-113	9-114	9-115
项目				前置通信处理器(FEP)安装、调试			
				20 个以内	50 个以内	80 个以内	超过 80 个,每增加 10 个
基价(元)				**382.12**	**604.24**	**830.59**	**150.64**
其中	人工费(元)			324.00	486.00	648.00	121.50
	材料费(元)			8.64	21.39	30.03	4.33
	机械费(元)			49.48	96.85	152.56	24.81
	名称	单位	单价(元)	消耗量			
人工	二类人工	工日	135.00	2.400	3.600	4.800	0.900
材料	标签纸(50 页/本)	本	10.03	0.800	2.000	2.800	0.400
	棉纱	kg	10.34	0.020	0.030	0.050	0.010
	其他材料费	元	1.00	0.41	1.02	1.43	0.21
机械	手提式光纤多用表	台班	17.47	0.850	2.090	2.800	0.400
	示波器 50MHz	台班	9.68	1.250	3.130	4.500	0.600
	对讲机(一对)	台班	4.61	1.500	2.000	4.000	0.800
	笔记本电脑	台班	10.41	1.500	2.000	4.000	0.800

工作内容:开箱检查、清洁、定位安装、互联、接口检查、设备加电、调试。　　**计量单位:**台

定额编号				9-116	9-117	9-118	9-119
项目				综合后备盘(ISP)安装、调试			
				20个以内	50个以内	80个以内	超过80个,每增加10个
基价(元)				**301.12**	**523.24**	**749.59**	**110.14**
其中	人工费(元)			243.00	405.00	567.00	81.00
	材料费(元)			8.64	21.39	30.03	4.33
	机械费(元)			49.48	96.85	152.56	24.81
名称		单位	单价(元)	消耗量			
人工	二类人工	工日	135.00	1.800	3.000	4.200	0.600
材料	标签纸(50页/本)	本	10.03	0.800	2.000	2.800	0.400
	棉纱	kg	10.34	0.020	0.030	0.050	0.010
	其他材料费	元	1.00	0.41	1.02	1.43	0.21
机械	手提式光纤多用表	台班	17.47	0.850	2.090	2.800	0.400
	示波器 50MHz	台班	9.68	1.250	3.130	4.500	0.600
	对讲机(一对)	台班	4.61	1.500	2.000	4.000	0.800
	笔记本电脑	台班	10.41	1.500	2.000	4.000	0.800

工作内容:技术、机具、仪器仪表准备、电源检测和联试安全保护、接口正确性测试、检查、硬件系统的验证、硬件调试。　　**计量单位:**台

定额编号				9-120	9-121	9-122	9-123
项目				中央操作员站			
				≤10用户	10~25用户	26~50用户	>50用户每增加4用户
基价(元)				**682.75**	**1273.28**	**2117.49**	**178.70**
其中	人工费(元)			648.00	1215.00	2025.00	162.00
	材料费(元)			3.52	6.23	9.21	1.08
	机械费(元)			31.23	52.05	83.28	15.62
名称		单位	单价(元)	消耗量			
人工	二类人工	工日	135.00	4.800	9.000	15.000	1.200
材料	光盘 5″	片	1.03	2.000	4.000	6.000	0.500
	复印纸 A4 500张/包	包	25.86	0.050	0.070	0.100	0.020
	其他材料费	元	1.00	0.17	0.30	0.44	0.05
机械	笔记本电脑	台班	10.41	3.000	5.000	8.000	1.500

工作内容:技术、机具、仪器仪表准备、电源检测和联试安全保护、接口正确性测试、检查、硬件系统的验证、硬件调试。

计量单位:台

定额编号				9-124	9-125	9-126	9-127
项目				网管工作站			
				≤10 用户	11~25 用户	26~50 用户	>50 用户 每增加 4 用户
基价(元)				**682.75**	**1273.28**	**2117.49**	**178.70**
其中	人工费(元)			648.00	1215.00	2025.00	162.00
	材料费(元)			3.52	6.23	9.21	1.08
	机械费(元)			31.23	52.05	83.28	15.62
名称		单位	单价(元)	消耗量			
人工	二类人工	工日	135.00	4.800	9.000	15.000	1.200
材料	光盘 5″	片	1.03	2.000	4.000	6.000	0.500
	复印纸 A4 500 张/包	包	25.86	0.050	0.070	0.100	0.020
	其他材料费	元	1.00	0.17	0.30	0.44	0.05
机械	笔记本电脑	台班	10.41	3.000	5.000	8.000	1.500

第二章

环境与机电设备监控系统(BAS)

说 明

一、本章定额包括中央监控系统、控制网络通信设备、控制器安装、传感器安装、变送器安装、阀门及电动执行机构安装六节,共99个子目。

二、本系统联调费,按本章人工费的30%计取。

工程量计算规则

一、中央监控系统调试,以“系统”计算;中央监控系统终端调试,以“套”计算。

二、控制网络通信设备、控制器安装与调试,以“台”计算。

三、第三方设备通信接口安装,以“个”计算。

四、传感器、变送器安装,以“支”计算。

五、阀门及电动执行机构安装调试,以“个”计算。

一、中央监控系统

工作内容:设备开箱检验、现场就位安装、连接、软件功能检测、调试、现场测量、记录、对比、调整。　**计量单位**:系统

定额编号				9-128	9-129	9-130	9-131	9-132
项目				中央监控中心计算机(台)	BAS 系统调试(点)			
					1000 以内	2000 以内	5000 以内	5000 以上
基价(元)				**348.79**	**429.23**	**522.35**	**857.32**	**1030.31**
其中	人工费(元)			324.00	405.00	486.00	810.00	972.00
	材料费(元)			24.79	6.69	10.04	12.24	14.46
	机械费(元)			—	17.54	26.31	35.08	43.85
	名称	单位	单价(元)	消耗量				
人工	二类人工	工日	135.00	2.400	3.000	3.600	6.000	7.200
材料	打印纸	包	21.55	1.000	0.200	0.300	0.350	0.400
	光盘 5″	片	1.03	2.000	2.000	3.000	4.000	5.000
	其他材料费	元	1.00	1.18	0.32	0.48	0.58	0.69
机械	数字万用表	台班	4.16	—	2.000	3.000	4.000	5.000
	对讲机(一对)	台班	4.61	—	2.000	3.000	4.000	5.000

工作内容:设备开箱检验、现场就位安装、连接、软件功能检测、调试、现场测量、记录。　**计量单位**:套

定额编号				9-133	9-134	9-135	9-136	9-137
项目				网卡	BAS 终端调试(点)			
					1000 以内	2000 以内	5000 以内	5000 以上
基价(元)				**20.44**	**259.33**	**348.70**	**690.29**	**864.13**
其中	人工费(元)			20.25	243.00	324.00	648.00	810.00
	材料费(元)			0.19	6.69	10.04	13.38	15.59
	机械费(元)			—	9.64	14.66	28.91	38.54
	名称	单位	单价(元)	消耗量				
人工	二类人工	工日	135.00	0.150	1.800	2.400	4.800	6.000
材料	自攻螺丝 M6×45	10 个	0.86	0.204	—	—	—	—
	打印纸	包	21.55	—	0.200	0.300	0.400	0.450
	光盘 5″	片	1.03	—	2.000	3.000	4.000	5.000
	其他材料费	元	1.00	0.01	0.32	0.48	0.64	0.74
机械	数字万用表	台班	4.16	—	0.100	0.200	0.300	0.400
	对讲机(一对)	台班	4.61	—	2.000	3.000	6.000	8.000

二、控制网络通信设备

工作内容:设备开箱检验、现场就位、固定安装、连接、软件功能检测、调试。

定额编号				9-138	9-139	9-140	9-141	9-142
项目				控制网路由器	终端电阻	干线连接器	干线隔离、扩充器	控制网中继器
计量单位				台	个	台		
基价 (元)				**174.84**	**8.46**	**42.58**	**53.47**	**128.54**
其中	人工费 (元)			170.10	8.10	40.50	48.60	121.50
	材料费 (元)			1.00	—	—	2.06	3.30
	机械费 (元)			3.74	0.36	2.08	2.81	3.74
名称		单位	单价(元)	消耗量				
人工	二类人工	工日	135.00	1.260	0.060	0.300	0.360	0.900
材料	镀锌六角带帽螺栓 M6×14~75	10 套	1.16	0.820	—	—	—	1.020
	金属膨胀螺栓 M10	套	0.48	—	—	—	4.080	4.080
	其他材料费	元	1.00	0.05	—	—	0.10	0.16
机械	数字万用表	台班	4.16	0.900	0.040	0.500	0.600	0.900
	兆欧表	台班	6.34	—	0.030	—	0.050	—

工作内容:设备开箱检验、现场就位、固定安装、连接、软件功能检测、调试。　　**计量单位**:台

定额编号				9-143	9-144	9-145	9-146	9-147	9-148
项目				通信接口机	通信电源	计算机通信接口卡	调制解调器接口卡	控制网分支器	控制网适配器
基价 (元)				**41.30**	**21.05**	**8.90**	**8.90**	**8.65**	**41.05**
其中	人工费 (元)			40.50	20.25	8.10	8.10	8.10	40.50
	材料费 (元)			0.55	0.55	0.55	0.55	0.55	0.55
	机械费 (元)			0.25	0.25	0.25	0.25	—	—
名称		单位	单价(元)	消耗量					
人工	二类人工	工日	135.00	0.300	0.150	0.060	0.060	0.060	0.300
材料	棉纱	kg	10.34	0.050	0.050	0.050	0.050	0.050	0.050
	其他材料费	元	1.00	0.03	0.03	0.03	0.03	0.03	0.03
机械	数字万用表	台班	4.16	0.060	0.060	0.060	0.060	—	—

三、控制器安装

工作内容:设备开箱检验、现场就位、固定安装、连接、调试。 **计量单位**:台

定额编号				9-149	9-150	9-151
项目				可编程逻辑控制器安装及接线(模块)		
				24 以内	40 以内	60 以内
基价(元)				**106.87**	**135.33**	**181.11**
其中	人工费(元)			97.20	121.50	162.00
	材料费(元)			0.56	0.74	3.16
	机械费(元)			9.11	13.09	15.95
名称		单位	单价(元)	消耗量		
人工	二类人工	工日	135.00	0.720	0.900	1.200
材料	自攻螺丝 M6×45	10个	0.86	0.612	0.816	1.224
	金属膨胀螺栓 M10	套	0.48	—	—	4.080
	其他材料费	元	1.00	0.03	0.04	0.15
机械	数字万用表	台班	4.16	0.150	0.200	0.400
	示波器 50MHz	台班	9.68	0.400	0.600	1.000
	对讲机(一对)	台班	4.61	1.000	1.400	1.000

工作内容:软件安装、软件功能检测、调试。 **计量单位**:台

定额编号				9-152	9-153	9-154
项目				可编程逻辑控制器软件功能检测、调试(模块)		
				24 以内	40 以内	60 以内
基价(元)				**516.04**	**685.55**	**855.06**
其中	人工费(元)			486.00	648.00	810.00
	材料费(元)			—	—	—
	机械费(元)			30.04	37.55	45.06
名称		单位	单价(元)	消耗量		
人工	二类人工	工日	135.00	3.600	4.800	6.000
机械	对讲机(一对)	台班	4.61	2.000	2.500	3.000
	笔记本电脑	台班	10.41	2.000	2.500	3.000

工作内容:设备开箱检验、现场就位、固定安装、连接、调试。

计量单位:台

定额编号				9-155	9-156
项目				维护工作站安装(模块)	
				≤12	≤24
基价(元)				**369.06**	**531.06**
其中	人工费(元)			324.00	486.00
	材料费(元)			—	—
	机械费(元)			45.06	45.06
名称		单位	单价(元)	消耗量	
人工	二类人工	工日	135.00	2.400	3.600
机械	对讲机(一对)	台班	4.61	3.000	3.000
	笔记本电脑	台班	10.41	3.000	3.000

工作内容:开箱、检验、搬运、画线、定位、安装、接线、通电测试。

计量单位:台

定额编号				9-157	9-158	9-159	9-160	9-161	9-162
项目				独立控制器	压差控制器	温度控制器	变风量控制器	气动输出模块	风机盘管温控器
基价(元)				**88.88**	**72.09**	**33.98**	**33.22**	**20.64**	**32.29**
其中	人工费(元)			81.00	64.80	28.35	28.35	16.20	28.35
	材料费(元)			4.13	4.13	2.60	2.60	4.23	0.91
	机械费(元)			3.75	3.16	3.03	2.27	0.21	3.03
名称		单位	单价(元)	消耗量					
人工	二类人工	工日	135.00	0.600	0.480	0.210	0.210	0.120	0.210
材料	金属膨胀螺栓 M10	套	0.48	6.120	6.120	4.080	4.080	—	—
	镀锌六角带帽螺栓 M6×14~75	10 套	1.16	0.410	0.410	—	—	—	—
	自攻螺丝 M6×45	10 个	0.86	—	—	—	—	4.080	0.408
	棉纱	kg	10.34	0.050	0.050	0.050	0.050	0.050	0.050
	其他材料费	元	1.00	0.20	0.20	0.12	0.12	0.20	0.04
机械	数字温度计	台班	7.65	—	—	0.100	—	—	0.100
	数字万用表	台班	4.16	0.250	0.200	0.080	0.080	0.050	0.080
	示波器 50MHz	台班	9.68	0.280	0.240	0.200	0.200	—	0.200

工作内容:开箱、检验、搬运、画线、定位、安装、接线、通电测试。　**计量单位**:台

定额编号				9-163	9-164	9-165
项目				房间空气压力控制器		手操器
				电子输出	气动输出	
基价(元)				**111.78**	**85.97**	**13.95**
其中	人工费(元)			105.30	81.00	9.72
	材料费(元)			4.97	4.97	4.23
	机械费(元)			1.51	—	—
名称		单位	单价(元)	消耗量		
人工	二类人工	工日	135.00	0.780	0.600	0.072
材料	塑料膨胀螺栓	套	0.17	4.120	4.120	—
	自攻螺丝 M6×45	10个	0.86	4.080	4.080	4.080
	棉纱	kg	10.34	0.050	0.050	0.050
	其他材料费	元	1.00	0.24	0.24	0.20
机械	数字万用表	台班	4.16	0.060	—	—
	示波器 50MHz	台班	9.68	0.130	—	—

工作内容:开箱检验、清洁搬运、安装固定、附件安装、接地等。

定额编号				9-166	9-167	9-168
项目				可编程逻辑控制器机柜、机架		安装抗震底座
				落地式	墙挂式	
计量单位				台		个
基价(元)				**217.33**	**338.83**	**207.50**
其中	人工费(元)			210.60	332.10	202.50
	材料费(元)			6.73	6.73	5.00
	机械费(元)			—	—	—
名称		单位	单价(元)	消耗量		
人工	二类人工	工日	135.00	1.560	2.460	1.500
材料	机柜(机架)	个	—	(1.000)	(1.000)	—
	抗震底座	个	—	—	—	(1.000)
	塑料膨胀螺栓	套	0.17	4.080	4.080	—
	棉纱	kg	10.34	0.100	0.100	—
	其他材料费	元	1.00	5.00	5.00	5.00

工作内容:设备开箱检验、现场就位、固定安装、连接、调试。 **计量单位**:台

定额编号				9-169	9-170	9-171
项目				马达控制中心(MCC)(模块)		
				24 以内	40 以内	60 以内
基价(元)				**106.87**	**135.33**	**184.80**
其中	人工费(元)			97.20	121.50	162.00
	材料费(元)			0.56	0.74	3.16
	机械费(元)			9.11	13.09	19.64
名称		单位	单价(元)	消耗量		
人工	二类人工	工日	135.00	0.720	0.900	1.200
材料	自攻螺丝 M6×45	10 个	0.86	0.612	0.816	1.224
	金属膨胀螺栓 M10	套	0.48	—	—	4.080
	其他材料费	元	1.00	0.03	0.04	0.15
机械	数字万用表	台班	4.16	0.150	0.200	0.400
	示波器 50MHz	台班	9.68	0.400	0.600	1.000
	对讲机(一对)	台班	4.61	1.000	1.400	1.800

工作内容:软件安装、软件功能检验、调试。 **计量单位**:台

定额编号				9-172	9-173	9-174
项目				马达控制中心(MCC)软件功能检测、调试(模块)		
				24 以内	40 以内	60 以内
基价(元)				**516.04**	**685.55**	**855.06**
其中	人工费(元)			486.00	648.00	810.00
	材料费(元)			—	—	—
	机械费(元)			30.04	37.55	45.06
名称		单位	单价(元)	消耗量		
人工	二类人工	工日	135.00	3.600	4.800	6.000
机械	对讲机(一对)	台班	4.61	2.000	2.500	3.000
	笔记本电脑	台班	10.41	2.000	2.500	3.000

四、传感器安装

工作内容:开箱、清点、检验、开孔、安装、接线、调整、测试。　　**计量单位:**个(支)

定额编号				9-175	9-176
项目				温、湿度传感器	
				风管式温、湿度传感器	室内温、湿传感器
基价(元)				**28.56**	**18.64**
其中	人工费(元)			24.30	16.20
	材料费(元)			2.37	1.65
	机械费(元)			1.89	0.79
	名称	单位	单价(元)	消耗量	
人工	二类人工	工日	135.00	0.180	0.120
材料	U 形镀锌固定条 ϕ32 以内	个	0.53	3.000	—
	聚四氟乙烯生料带 宽 40	m	0.43	0.350	—
	铆钉 综合	个	0.02	0.100	—
	塑料膨胀螺栓	套	0.17	—	4.120
	自攻螺丝 M6×45	10 个	0.86	—	0.408
	棉纱	kg	10.34	0.050	0.050
	其他材料费	元	1.00	0.11	0.08
机械	数字万用表	台班	4.16	0.080	0.080
	数字温度计	台班	7.65	0.080	0.060
	标准铂电阻温度计	台班	15.76	0.060	—

工作内容:开箱、清点、检验、开孔、安装、接线、调整、测试。　　**计量单位:**个(支)

定额编号				9-177	9-178	9-179	9-180	9-181	9-182
项目				压力传感器					
				水道压力传感器	水道压差传感器	液体流量开关	空气压差开关	静压、压差变送器	风管式静压变送器
基价(元)				**36.08**	**64.35**	**32.93**	**45.16**	**33.01**	**37.06**
其中	人工费(元)			28.35	52.65	24.30	40.50	28.35	32.40
	材料费(元)			6.68	10.65	6.87	2.90	2.90	2.90
	机械费(元)			1.05	1.05	1.76	1.76	1.76	1.76
	名称	单位	单价(元)	消耗量					
人工	二类人工	工日	135.00	0.210	0.390	0.180	0.300	0.210	0.240
材料	镀锌活接头 *DN*20	个	3.74	1.010	2.020	1.010	—	—	—
	自攻螺丝 M6×45	10 个	0.86	—	—	0.204	0.204	0.204	0.204
	乙炔气	kg	7.60	0.110	0.110	0.110	0.110	0.110	0.110
	氧气	m^3	3.62	0.340	0.340	0.340	0.340	0.340	0.340
	棉纱	kg	10.34	0.050	0.050	0.050	0.050	0.050	0.050
	其他材料费	元	1.00	0.32	0.51	0.33	0.14	0.14	0.14
机械	数字精密压力表	台班	17.57	0.060	0.060	0.100	0.100	0.100	0.100

工作内容:开箱、检查、开孔、画线、固定安装、接线、密封、测试。 **计量单位:**个(支)

定额编号				9-183	9-184
项目				其他传感器	
				风道式空气质量传感器	室内空气质量传感器
基价(元)				**41.86**	**14.15**
其中	人工费(元)			40.50	12.15
	材料费(元)			1.18	1.65
	机械费(元)			0.18	0.35
名称		单位	单价(元)	消耗量	
人工	二类人工	工日	135.00	0.300	0.090
材料	铝抽芯铆钉	个	0.03	8.320	—
	自攻螺丝 M6×45	10 个	0.86	0.408	0.408
	塑料膨胀螺栓	套	0.17	—	4.120
	棉纱	kg	10.34	0.050	0.050
	其他材料费	元	1.00	0.06	0.08
机械	数字精密压力表	台班	17.57	0.010	0.020

工作内容:开箱、检查、开孔、画线、固定安装、接线、密封、测试。 **计量单位:**个(支)

定额编号				9-185	9-186	9-187	9-188	9-189
项目				其他传感器				
				室内气体传感器	防霜冻开关	风速传感器	液位开关	光照度传感器
基价(元)				**14.54**	**14.54**	**15.12**	**23.22**	**248.21**
其中	人工费(元)			12.15	12.15	12.15	20.25	243.00
	材料费(元)			1.69	1.69	2.27	2.27	1.03
	机械费(元)			0.70	0.70	0.70	0.70	4.18
名称		单位	单价(元)	消耗量				
人工	二类人工	工日	135.00	0.090	0.090	0.090	0.150	1.800
材料	金属膨胀螺栓 M6×50	套	0.18	4.120	4.120	6.180	6.180	—
	自攻螺丝 M6×45	10 个	0.86	0.408	0.408	0.612	0.612	—
	自攻螺钉 ST8×35	10 个	0.95	—	—	—	—	0.816
	棉纱	kg	10.34	0.050	0.050	0.050	0.050	0.020
	其他材料费	元	1.00	0.08	0.08	0.11	0.11	0.05
机械	数字精密压力表	台班	17.57	0.040	0.040	0.040	0.040	—
	数字万用表	台班	4.16	—	—	—	—	0.020
	超声波流量计	台班	8.19	—	—	—	—	0.500

五、变送器安装

工作内容：开箱、检验、固定安装、接线、通电调试。

计量单位：个(支)

定额编号				9-190	9-191	9-192	9-193
项目				电量变送器			
				电流变送器	电压变送器	有功、无功变送器	功率因数变送器
基价(元)				**93.26**	**93.26**	**85.07**	**76.93**
其中	人工费(元)			81.00	81.00	72.90	64.80
	材料费(元)			12.05	12.05	12.05	12.05
	机械费(元)			0.21	0.21	0.12	0.08
名称		单位	单价(元)	消耗量			
人工	二类人工	工日	135.00	0.600	0.600	0.540	0.480
材料	线号套管 $\phi3.5$ 综合	只	0.78	10.500	10.500	10.500	10.500
	自攻螺丝 M6×45	10个	0.86	1.224	1.224	1.224	1.224
	尼龙扎带 $L=100\sim150$	个	0.43	4.000	4.000	4.000	4.000
	棉纱	kg	10.34	0.050	0.050	0.050	0.050
	其他材料费	元	1.00	0.57	0.57	0.57	0.57
机械	数字万用表	台班	4.16	0.050	0.050	0.030	0.020

工作内容：开箱、检验、固定安装、接线、通电调试。

计量单位：个(支)

定额编号				9-194	9-195	9-196	9-197	9-198
项目				电量变送器				
				相位角变送器	有功电度变送器	无功电度变送器	频率变送器	电压、频率变送器
基价(元)				**77.06**	**77.06**	**76.93**	**76.93**	**76.97**
其中	人工费(元)			64.80	64.80	64.80	64.80	64.80
	材料费(元)			12.05	12.05	12.05	12.05	12.05
	机械费(元)			0.21	0.21	0.08	0.08	0.12
名称		单位	单价(元)	消耗量				
人工	二类人工	工日	135.00	0.480	0.480	0.480	0.480	0.480
材料	线号套管 $\phi3.5$ 综合	只	0.78	10.500	10.500	10.500	10.500	10.500
	自攻螺丝 M6×45	10个	0.86	1.224	1.224	1.224	1.224	1.224
	尼龙扎带 $L=100\sim150$	个	0.43	4.000	4.000	4.000	4.000	4.000
	棉纱	kg	10.34	0.050	0.050	0.050	0.050	0.050
	其他材料费	元	1.00	0.57	0.57	0.57	0.57	0.57
机械	数字万用表	台班	4.16	0.050	0.050	0.020	0.020	0.030

工作内容:开箱、检查、开孔、画线、固定安装、接线、密封、测试。 **计量单位**:个(支)

定额编号				9-199	9-200	9-201	9-202	9-203	9-204
项目				静压液位变送器			液位计		
				普通型	本安型	隔爆型	普通型	本安型	隔爆型
基价(元)				**65.48**	**69.53**	**69.53**	**65.48**	**69.53**	**69.53**
其中	人工费(元)			60.75	64.80	64.80	60.75	64.80	64.80
	材料费(元)			4.65	4.65	4.65	4.65	4.65	4.65
	机械费(元)			0.08	0.08	0.08	0.08	0.08	0.08
名称		单位	单价(元)	消耗量					
人工	二类人工	工日	135.00	0.450	0.480	0.480	0.450	0.480	0.480
材料	金属膨胀螺栓 M10	套	0.48	8.160	8.160	8.160	8.160	8.160	8.160
	棉纱	kg	10.34	0.050	0.050	0.050	0.050	0.050	0.050
	其他材料费	元	1.00	0.22	0.22	0.22	0.22	0.22	0.22
机械	数字万用表	台班	4.16	0.020	0.020	0.020	0.020	0.020	0.020

工作内容:开箱、检查、搬运、画线、定位、固定、安装、接线、测试。 **计量单位**:台

定额编号				9-205	9-206	9-207	9-208	9-209
项目				流量计				
				电磁流量计	涡街流量计	超声波流量计	弯管流量计	转子流量计
基价(元)				**146.69**	**150.74**	**162.89**	**162.89**	**162.89**
其中	人工费(元)			145.80	149.85	162.00	162.00	162.00
	材料费(元)			0.40	0.40	0.40	0.40	0.40
	机械费(元)			0.49	0.49	0.49	0.49	0.49
名称		单位	单价(元)	消耗量				
人工	二类人工	工日	135.00	1.080	1.110	1.200	1.200	1.200
材料	聚四氟乙烯生料带 宽40	m	0.43	0.400	0.400	0.400	0.400	0.400
	棉纱	kg	10.34	0.020	0.020	0.020	0.020	0.020
	其他材料费	元	1.00	0.02	0.02	0.02	0.02	0.02
机械	数字万用表	台班	4.16	0.020	0.020	0.020	0.020	0.020
	超声波流量计	台班	8.19	0.050	0.050	0.050	0.050	0.050

六、阀门及电动执行机构安装

工作内容:开箱、检查、搬运、法兰焊接、制垫、固定安装、接线、水压试验、测试。　　**计量单位**:个

定额编号				9-210	9-211	9-212	9-213	9-214	9-215
项目				电动二通调节阀及执行机构(公称直径)			电动三通调节阀及执行机构(公称直径)		
				50 以内	100 以内	200 以内	50 以内	100 以内	200 以内
基价(元)				**302.11**	**604.81**	**830.81**	**399.34**	**763.97**	**1064.30**
其中	人工费(元)			117.45	295.65	392.85	133.65	319.95	425.25
	材料费(元)			161.35	268.21	387.39	241.93	402.15	580.81
	机械费(元)			23.31	40.95	50.57	23.76	41.87	58.24
	名称	单位	单价(元)	消耗量					
人工	二类人工	工日	135.00	0.870	2.190	2.910	0.990	2.370	3.150
材料	碳钢法兰 0.6MPa *DN*50	副	67.24	2.000	—	—	3.000	—	—
	碳钢法兰 0.6MPa *DN*100	副	113.00	—	2.000	—	—	3.000	—
	碳钢法兰 0.6MPa *DN*200	副	169.00	—	—	2.000	—	—	3.000
	电焊条	kg	4.31	0.700	1.200	1.500	1.050	1.800	2.250
	双头螺栓带螺母 M6~20×55~75	10 套	19.57	0.816	1.224	1.224	1.224	1.836	1.836
	棉纱	kg	10.34	0.020	0.030	0.050	0.020	0.030	0.050
	其他材料费	元	1.00	7.68	12.77	18.45	11.52	19.15	27.66
机械	交流弧焊机 21kV·A	台班	63.33	0.200	0.300	0.300	0.200	0.300	0.400
	数字万用表	台班	4.16	1.100	2.100	3.000	1.140	2.100	3.100
	兆欧表	台班	6.34	0.230	0.630	0.830	0.130	0.630	0.830
	对讲机(一对)	台班	4.61	1.000	2.000	3.000	1.200	2.200	3.200

工作内容:开箱、检查、搬运、法兰焊接、制垫、固定安装、接线、水压试验、测试。　　**计量单位**:个

定额编号				9-216	9-217	9-218	9-219
项目				电动蝶阀及执行机构(公称直径)			电动风阀执行机构
				*DN*100 以内	*DN*250 以内	*DN*400 以内	
基价(元)				**550.56**	**940.85**	**1462.58**	**161.16**
其中	人工费(元)			283.50	510.30	648.00	121.50
	材料费(元)			256.43	410.70	785.51	33.64
	机械费(元)			10.63	19.85	29.07	6.02
	名称	单位	单价(元)	消耗量			
人工	二类人工	工日	135.00	2.100	3.780	4.800	0.900
材料	碳钢法兰 0.6MPa *DN*400	副	356.00	—	—	2.000	—
	碳钢法兰 0.6MPa *DN*250	副	178.00	—	2.000	—	—
	碳钢法兰 0.6MPa *DN*100	副	113.00	2.000	—	—	—
	电焊条	kg	4.31	0.450	0.600	0.750	—
	双头螺栓带螺母 M6~20×55~75	10 套	19.57	0.816	1.632	1.632	1.632
	棉纱	kg	10.34	0.030	0.060	0.090	0.010
	其他材料费	元	1.00	12.21	19.56	37.41	1.60
机械	数字万用表	台班	4.16	0.140	0.140	0.140	0.140
	兆欧表	台班	6.34	0.130	0.130	0.130	0.130
	对讲机(一对)	台班	4.61	2.000	4.000	6.000	1.000

工作内容:开箱、检查、搬运、套丝、连接、接线、水压试验、绝缘测试、性能测试。 **计量单位:**个

定额编号				9-220	9-221	9-222	9-223	9-224	9-225
项目				两通电动阀(公称直径)		水泵、风机启动柜接点接线			
				20	25	5 以内	10 以内	20 以内	35 以内
基价(元)				**25.31**	**31.08**	**44.31**	**88.91**	**174.94**	**261.94**
其中	人工费(元)			20.25	24.30	40.50	81.00	162.00	243.00
	材料费(元)			4.52	6.24	0.11	0.22	0.33	0.43
	机械费(元)			0.54	0.54	3.70	7.69	12.61	18.51
名称		单位	单价(元)	消耗量					
人工	二类人工	工日	135.00	0.150	0.180	0.300	0.600	1.200	1.800
材料	镀锌活接头 *DN*20	个	3.74	1.000	—	—	—	—	—
	镀锌活接头 *DN*25	个	5.34	—	1.000	—	—	—	—
	聚四氟乙烯生料带 宽 40	m	0.43	0.100	0.200	—	—	—	—
	棉纱	kg	10.34	0.050	0.050	0.010	0.020	0.030	0.040
	其他材料费	元	1.00	0.22	0.30	0.01	0.01	0.02	0.02
机械	数字万用表	台班	4.16	0.100	0.100	0.100	0.200	0.400	0.500
	兆欧表	台班	6.34	0.020	0.020	0.300	0.500	1.000	1.500
	对讲机(一对)	台班	4.61	—	—	0.300	0.800	1.000	1.500

工作内容:开箱、检测、搬运、固定安装、接线、接地、测试。 **计量单位:**个

定额编号				9-226
项目				变压器温度接线
基价(元)				**9.54**
其中	人工费(元)			8.10
	材料费(元)			0.91
	机械费(元)			0.53
名称		单位	单价(元)	消耗量
人工	二类人工	工日	135.00	0.060
材料	自攻螺丝 M6×45	10 个	0.86	0.408
	棉纱	kg	10.34	0.050
	其他材料费	元	1.00	0.04
机械	数字万用表	台班	4.16	0.050
	兆欧表	台班	6.34	0.050

第三章

火灾报警系统(FAS)

说 明

一、本章定额包括探测器安装,按钮安装,模块(接口)安装,报警控制器安装,联动控制器安装,报警联动一体机安装,重复显示器、报警装置、远程控制安装,火灾事故广播安装,消防通信、报警备用电源安装,模块箱安装,手报箱安装,大空间高空灭火装置,其他装置安装,自动报警系统装置调试,火灾事故广播、消防通信、消防电梯系统装置调试,电动防火门、防火卷帘门、正压送风阀、排烟阀、防火阀控制系统装置调试等十六节,共91个子目。

二、根据《火灾自动报警系统施工及验收规范》GB 50166—2007和现行劳动定额规定,火灾报警系统防火涂料涂刷人工消耗量以0.262工日/kg计取。

三、定额中柜式及琴台式安装均执行落地式安装相应项目。

四、定额中不包括事故照明及疏散指示控制装置安装,如发生可参照第八册供电工程。

五、本系统联调费,按本章人工费的30%计取。

工程量计算规则

一、点型探测器、按钮、模块(接口)安装、调试,以“只”计算。

二、线型探测器安装、调试,以“m”计算。

三、报警控制器、联动控制器、报警联动一体机、重复显示器、警报装置、远程控制器、火灾事故广播、消防通信、报警备用电源、模块箱、手报箱、大空间高空灭火装置及其他装置安装、调试,按以“台(个)”计算。

四、电动防火门、防火卷帘门、正压送风阀、排烟阀、防火阀控制系统装置调试,按设计图示数量以“处”计算。

一、探测器安装

工作内容:校线、挂锡、安装底座、探头、编码、清洁、调测。　　　　**计量单位**:只

定额编号				9-227	9-228	9-229	9-230	9-231
项目				多线制点型探测器				
				感烟	感温	红外光束	火焰	可燃气体
基价(元)				**54.45**	**54.32**	**330.68**	**104.80**	**59.29**
其中	人工费(元)			46.98	46.98	314.28	93.96	46.98
	材料费(元)			7.30	7.30	16.05	10.41	12.27
	机械费(元)			0.17	0.04	0.35	0.43	0.04
名称		单位	单价(元)	消耗量				
人工	二类人工	工日	135.00	0.348	0.348	2.328	0.696	0.348
材料	可燃气体(丙烷)	kg	4.74	—	—	—	—	1.000
	镀铬钢管 $D10$	m	14.82	—	—	0.400	0.080	—
	镀铬钢板 $\delta 2.5$	m^2	180.00	—	—	0.020	0.010	—
	镀锌六角带帽螺栓 M6×(14~75)	10套	1.16	—	—	0.100	—	—
	白布	m^2	5.34	0.040	0.040	0.040	0.040	0.040
	塑料胀管 $\phi 6 \sim 8$	个	0.04	0.400	0.400	3.000	0.400	0.400
	焊锡	kg	103.00	0.040	0.040	0.040	0.040	0.040
	焊锡膏	kg	31.03	0.010	0.010	0.010	0.010	0.010
	木螺钉 $d4 \times 65$	10个	0.78	0.300	0.300	0.300	0.300	0.300
	汽油 综合	kg	6.12	0.030	0.030	0.030	0.030	0.030
	冲击钻头 $\phi 6 \sim 8$	个	4.48	0.020	0.020	0.100	0.020	0.020
	胶合板 $\delta 3$	m^2	13.10	0.020	0.020	—	0.020	0.020
	防火涂料	kg	13.36	0.050	0.050	—	0.050	0.050
	玻璃胶 335g	支	10.34	0.003	0.003	—	—	0.003
	镀锌薄钢板 $\delta 2.5$	m^2	81.03	0.010	0.010	—	0.010	0.010
	异型塑料管 $\phi 5$	m	0.16	0.100	0.100	0.100	0.100	0.100
	其他材料费	元	1.00	0.35	0.35	0.76	0.50	0.58
机械	火灾探测器试验器	台班	4.34	0.030	—	0.070	0.090	—
	数字万用表	台班	4.16	0.010	0.010	0.010	0.010	0.010

工作内容:校线、挂锡、安装底座、探头、编码、清洁、调测。 **计量单位**:只

定额编号				9-232	9-233	9-234	9-235	9-236
项目				总线制点型探测器				
				感烟	感温	红外光束	火焰	可燃气体
基价(元)				**52.98**	**52.85**	**332.78**	**104.94**	**57.83**
其中	人工费(元)			47.79	47.79	317.52	96.39	47.79
	材料费(元)			5.02	5.02	14.91	8.12	10.00
	机械费(元)			0.17	0.04	0.35	0.43	0.04
	名称	单位	单价(元)	消耗量				
人工	二类人工	工日	135.00	0.354	0.354	2.352	0.714	0.354
材料	可燃气体(丙烷)	kg	4.74	—	—	—	—	1.000
	镀铬钢管 $D10$	m	14.82	—	—	0.400	0.080	—
	镀铬钢板 $\delta 2.5$	m^2	180.00	—	—	0.020	0.010	—
	镀锌六角带帽螺栓 M6×14~75	10 套	1.16	—	—	0.100	—	—
	白布	m^2	5.34	0.020	0.020	0.030	0.020	0.020
	塑料胀管 $\phi 6$~8	个	0.04	0.400	0.400	3.000	0.400	0.400
	焊锡	kg	103.00	0.020	0.020	0.030	0.020	0.020
	焊锡膏	kg	31.03	0.010	0.010	0.010	0.010	0.010
	木螺钉 $d4 \times 65$	10 个	0.78	0.300	0.300	0.300	0.300	0.300
	汽油 综合	kg	6.12	0.030	0.030	0.030	0.030	0.030
	冲击钻头 $\phi 6$~8	个	4.48	0.020	0.020	0.100	0.020	0.020
	胶合板 $\delta 3$	m^2	13.10	0.020	0.020	—	0.020	0.020
	防火涂料	kg	13.36	0.050	0.050	—	0.050	0.050
	玻璃胶 335g	支	10.34	0.003	0.003	—	—	0.003
	镀锌薄钢板 $\delta 2.5$	m^2	81.03	0.010	0.010	—	0.010	0.010
	异型塑料管 $\phi 5$	m	0.16	0.050	0.050	0.080	0.050	0.050
	其他材料费	元	1.00	0.24	0.24	0.71	0.39	0.48
机械	火灾探测器试验器	台班	4.34	0.030	—	0.070	0.090	—
	数字万用表	台班	4.16	0.010	0.010	0.010	0.010	0.010

工作内容:校线、挂锡、安装底座、探头、编码、清洁、调测。 **计量单位**:只

定额编号				9-237	9-238	9-239
项目				总线制点型探测器		
				风道式烟感探测器	风道式气体探测器	防爆型探测器
基价(元)				**41.72**	**41.72**	**165.62**
其中	人工费(元)			40.50	40.50	162.00
	材料费(元)			1.18	1.18	2.79
	机械费(元)			0.04	0.04	0.83
	名称	单位	单价(元)	消耗量		
人工	二类人工	工日	135.00	0.300	0.300	1.200
材料	铝抽芯铆钉	个	0.03	8.320	8.320	—
	自攻螺丝 M6×45	10 个	0.86	0.408	0.408	—
	棉纱	kg	10.34	0.050	0.050	—
	松香焊锡丝 $\phi 2.3$	kg	86.21	—	—	0.010
	焊片 $\phi 4$	个	0.36	—	—	5.000
	其他材料费	元	1.00	0.06	0.06	0.13
机械	数字万用表	台班	4.16	0.010	0.010	0.200

工作内容:拉锁固定、校线、挂锡、调测。　　　　**计量单位**:10m

定额编号				9-240
项目				线型探测器
基价(元)				**155.75**
其中	人工费(元)			145.80
	材料费(元)			9.95
	机械费(元)			—
	名称	单位	单价(元)	消耗量
人工	二类人工	工日	135.00	1.080
材料	线型探测器	m	—	(13.200)
	标志牌 塑料扁形	个	0.26	0.600
	尼龙扎带 综合	根	0.43	18.380
	塑料线卡 ϕ15 以内	个	0.09	15.750
	其他材料费	元	1.00	0.47

二、按钮安装

工作内容:校线、挂锡、钻眼固定、安装、编码、调测。　　　　**计量单位**:只

定额编号				9-241
项目				手动报警按钮
基价(元)				**16.42**
其中	人工费(元)			8.10
	材料费(元)			8.03
	机械费(元)			0.29
	名称	单位	单价(元)	消耗量
人工	二类人工	工日	135.00	0.060
材料	自攻螺钉 ST4×30	个	0.04	3.200
	白布	m^2	5.34	0.050
	合金钢钻头 ϕ6	个	5.00	0.020
	塑料胀管 ϕ6～8	个	0.04	1.700
	焊锡	kg	103.00	0.050
	焊锡膏	kg	31.03	0.020
	木螺钉 d6×100	10个	1.03	0.040
	汽油 综合	kg	6.12	0.030
	冲击钻头 ϕ6～8	个	4.48	0.060
	胶合板 δ3	m^2	13.10	0.010
	防火涂料	kg	13.36	0.050
	异型塑料管 ϕ5	m	0.16	0.130
	其他材料费	元	1.00	0.38
机械	数字万用表	台班	4.16	0.070

三、模块(接口)安装

工作内容:安装、固定、校线、挂锡、功能检测、编码、防潮和防尘处理。　　计量单位:只

定额编号				9-242	9-243	9-244
项目				控制模块(接口)		报警接口
				单输出	多输出	
基价(元)				159.18	214.84	148.28
其中	人工费(元)			147.42	195.21	139.32
	材料费(元)			11.30	18.92	8.42
	机械费(元)			0.46	0.71	0.54
名称		单位	单价(元)	消耗量		
人工	二类人工	工日	135.00	1.092	1.446	1.032
材料	白布	m^2	5.34	0.050	0.110	0.040
	塑料胀管 $\phi6\sim8$	个	0.04	0.800	0.800	0.800
	焊锡	kg	103.00	0.060	0.120	0.040
	焊锡膏	kg	31.03	0.020	0.030	0.010
	木螺钉 $d4\times65$	10 个	0.78	0.200	0.200	0.200
	汽油 综合	kg	6.12	0.080	0.150	0.030
	冲击钻头 $\phi6\sim8$	个	4.48	0.030	0.030	0.030
	镀锌六角带帽螺栓 M6×14~75	10 套	1.16	2.000	2.000	2.000
	胶合板 $\delta3$	m^2	13.10	0.010	0.010	0.010
	防火涂料	kg	13.36	0.030	0.030	0.030
	异型塑料管 $\phi5$	m	0.16	0.150	0.300	0.100
	其他材料费	元	1.00	0.54	0.90	0.40
机械	数字万用表	台班	4.16	0.110	0.170	0.130

四、报警控制器安装

工作内容：安装、固定、校线、挂锡、功能检测、防潮和防尘处理、压线、标志、绑扎。　　**计量单位**：台

定额编号				9-245	9-246	9-247	9-248
项目				多线制(壁挂式)		多线制(落地式)	
				32点以下	64点以下	32点以下	64点以下
基价(元)				**1107.55**	**1270.57**	**1127.92**	**1294.98**
其中	人工费(元)			1026.27	1136.43	1037.61	1151.82
	材料费(元)			57.39	99.27	53.75	95.63
	机械费(元)			23.89	34.87	36.56	47.53
名称		单位	单价(元)	消耗量			
人工	二类人工	工日	135.00	7.602	8.418	7.686	8.532
材料	白布	m^2	5.34	0.400	0.660	0.400	0.660
	标志牌 塑料扁形	个	0.26	1.000	1.000	1.000	1.000
	焊锡	kg	103.00	0.400	0.730	0.400	0.730
	焊锡膏	kg	31.03	0.100	0.190	0.100	0.190
	汽油 综合	kg	6.12	0.250	0.450	0.250	0.450
	冲击钻头 ϕ10～20	个	10.78	0.130	0.130	—	—
	塑料线卡 ϕ15以内	个	0.09	8.000	12.000	8.000	12.000
	镀锌滚花膨胀螺栓 M8	个	0.33	4.000	4.000	—	—
	镀锌六角螺栓带帽 M8×80	套	0.52	4.100	4.100	4.000	4.000
	玻璃胶 335g	支	10.34	0.067	0.067	—	—
	异型塑料管 ϕ5	m	0.16	1.000	1.830	1.000	1.830
	其他材料费	元	1.00	2.73	4.73	2.56	4.55
机械	交流弧焊机 21kV·A	台班	63.33	0.200	0.200	0.400	0.400
	数字万用表	台班	4.16	0.600	1.200	0.600	1.200
	交流稳压电源	台班	11.55	0.300	0.600	0.300	0.600
	直流稳压电源	台班	16.70	0.300	0.600	0.300	0.600
	接地电阻测试仪 0～4000Ω	台班	3.68	0.070	0.070	0.070	0.070

工作内容:安装、固定、校线、挂锡、功能检测、防潮和防尘处理、压线、标志、绑扎。 **计量单位**:台

定额编号				9-249	9-250	9-251	9-252
项目				总线制(壁挂式)			
				200 点以下	500 点以下	1000 点以下	1000 点以上
基价(元)				**1404.07**	**2498.29**	**3226.07**	**4051.04**
其中	人工费(元)			1308.15	2344.14	2962.85	3578.45
	材料费(元)			37.28	58.58	101.46	191.61
	机械费(元)			58.64	95.57	161.76	280.98
名称		单位	单价(元)	消耗量			
人工	二类人工	工日	135.00	9.690	17.364	21.947	26.507
材料	焊锡	kg	103.00	0.220	0.380	0.700	1.300
	焊锡膏	kg	31.03	0.060	0.100	0.180	0.330
	汽油 综合	kg	6.12	0.450	0.620	0.850	1.820
	冲击钻头 $\phi10\sim20$	个	10.78	0.130	0.130	0.130	0.270
	塑料线卡 $\phi15$ 以内	个	0.09	14.000	22.000	40.000	80.000
	镀锌滚花膨胀螺栓 M8	个	0.33	4.000	4.000	4.000	—
	镀锌滚花膨胀螺栓 M10	个	0.41	—	—	—	8.000
	镀锌六角螺栓带帽 M8×80	套	0.52	4.100	4.100	4.100	8.200
	白布	m^2	5.34	0.200	0.340	0.630	1.170
	玻璃胶 335g	支	10.34	0.067	0.067	0.134	0.268
	标志牌 塑料扁形	个	0.26	1.000	1.000	1.000	1.000
	异型塑料管 $\phi5$	m	0.16	0.550	0.950	1.750	1.750
	其他材料费	元	1.00	1.78	2.79	4.83	9.12
机械	交流弧焊机 21kV·A	台班	63.33	0.200	0.200	0.200	0.200
	数字万用表	台班	4.16	2.500	4.520	8.140	14.660
	交流稳压电源	台班	11.55	1.250	2.260	4.070	7.330
	直流稳压电源	台班	16.70	1.250	2.260	4.070	7.330
	接地电阻测试仪 0～4000Ω	台班	3.68	0.070	0.070	0.070	0.070

工作内容:安装、固定、校线、挂锡、功能检测、防潮和防尘处理、压线、标志、绑扎。 计量单位:台

定额编号				9-253	9-254	9-255	9-256
项目				总线制(落地式)			
				200点以下	500点以下	1000点以下	1000点以上
基价(元)				**1430.95**	**2521.15**	**3254.68**	**4072.38**
其中	人工费(元)			1325.97	2357.91	2983.10	3596.27
	材料费(元)			33.68	55.00	97.15	182.46
	机械费(元)			71.30	108.24	174.43	293.65
名称		单位	单价(元)	消耗量			
人工	二类人工	工日	135.00	9.822	17.466	22.097	26.639
材料	白布	m^2	5.34	0.200	0.340	0.630	1.170
	标志牌 塑料扁形	个	0.26	1.000	1.000	1.000	1.000
	焊锡	kg	103.00	0.220	0.380	0.700	1.300
	焊锡膏	kg	31.03	0.060	0.100	0.180	0.330
	汽油 综合	kg	6.12	0.450	0.620	0.850	1.820
	塑料线卡 $\phi15$ 以内	个	0.09	14.000	22.000	40.000	80.000
	镀锌六角螺栓带帽 M8×80	套	0.52	4.100	4.100	4.100	8.200
	异型塑料管 $\phi5$	m	0.16	0.550	0.950	1.750	3.250
	其他材料费	元	1.00	1.60	2.62	4.63	8.69
机械	交流弧焊机 21kV·A	台班	63.33	0.400	0.400	0.400	0.400
	数字万用表	台班	4.16	2.500	4.520	8.140	14.660
	交流稳压电源	台班	11.55	1.250	2.260	4.070	7.330
	直流稳压电源	台班	16.70	1.250	2.260	4.070	7.330
	接地电阻测试仪 0~4000Ω	台班	3.68	0.070	0.070	0.070	0.070

五、联动控制器安装

工作内容:校线、挂锡、并线、压线、标志、安装、固定、功能检测、防尘和防潮处理。　　计量单位:台

定额编号				9-257	9-258	9-259	9-260
项目				多线制(壁挂式)		多线制(落地式)	
				100 点以下	100 点以上	100 点以下	100 点以上
基价(元)				**1955.53**	**3046.73**	**1964.68**	**3069.89**
其中	人工费(元)			1672.65	2529.63	1672.65	2529.63
	材料费(元)			237.30	454.81	233.53	465.30
	机械费(元)			45.58	62.29	58.50	74.96
	名称	单位	单价(元)	消耗量			
人工	二类人工	工日	135.00	12.390	18.738	12.390	18.738
材料	冲击钻头 ϕ12	个	4.48	—	0.130	—	—
	白布 宽 900	m	4.57	1.640	—	1.640	3.280
	标志牌 塑料扁形	个	0.26	1.000	1.000	1.000	1.000
	焊锡	kg	103.00	1.820	3.640	1.820	3.640
	焊锡膏	kg	31.03	0.460	0.910	0.460	0.910
	汽油 综合	kg	6.12	1.130	2.250	1.130	2.250
	塑料线卡 ϕ15 以内	个	0.09	35.000	82.000	35.000	82.000
	镀锌滚花膨胀螺栓 M8	个	0.33	4.000	—	—	—
	镀锌滚花膨胀螺栓 M10	个	0.41	—	4.000	—	—
	镀锌六角螺栓带帽 M8×80	套	0.52	4.100	4.100	4.100	4.100
	玻璃胶 335g	支	10.34	0.167	0.268	—	—
	异型塑料管 ϕ5	m	0.16	4.550	9.100	4.550	9.100
	冲击钻头 ϕ10	个	4.14	0.130	—	—	—
	其他材料费	元	1.00	11.30	21.66	11.12	22.16
机械	交流弧焊机 21kV·A	台班	63.33	0.200	0.200	0.400	0.400
	数字万用表	台班	4.16	1.800	2.700	1.800	2.700
	交流稳压电源	台班	11.55	0.900	1.350	0.900	1.350
	直流稳压电源	台班	16.70	0.900	1.350	0.900	1.350
	接地电阻测试仪 0~4000Ω	台班	3.68	—	0.070	0.070	0.070

工作内容:校线、挂锡、并线、压线、标志、安装、固定、功能检测、防尘和防潮处理。 **计量单位:**台

定额编号				9-261	9-262	9-263	9-264
项目				总线制(壁挂式)			
				100点以下	200点以下	500点以下	500点以上
基价(元)				**1768.77**	**2666.28**	**2862.70**	**3102.36**
其中	人工费(元)			1700.19	2574.05	2741.72	2903.72
	材料费(元)			22.74	34.69	57.59	103.07
	机械费(元)			45.84	57.54	63.39	95.57
名称		单位	单价(元)	消耗量			
人工	二类人工	工日	135.00	12.594	19.067	20.309	21.509
材料	冲击钻头 $\phi12$	个	4.48	0.130	0.130	0.130	0.130
	白布	m^2	5.34	0.110	0.180	0.330	0.610
	标志牌 塑料扁形	个	0.26	1.000	1.000	1.000	1.000
	焊锡	kg	103.00	0.120	0.200	0.360	0.680
	焊锡膏	kg	31.03	0.030	0.050	0.090	0.170
	汽油 综合	kg	6.12	0.250	0.450	0.860	1.500
	塑料线卡 $\phi15$ 以内	个	0.09	10.000	16.000	24.000	46.000
	镀锌滚花膨胀螺栓 M10	个	0.41	4.000	4.000	4.000	4.000
	镀锌六角螺栓带帽 M8×80	套	0.52	4.100	4.100	4.100	4.100
	玻璃胶 335g	支	10.34	0.067	0.100	0.100	0.134
	异型塑料管 $\phi5$	m	0.16	0.300	0.500	0.900	1.700
	其他材料费	元	1.00	1.08	1.65	2.74	4.91
机械	交流弧焊机 21kV·A	台班	63.33	0.200	0.200	0.200	0.200
	数字万用表	台班	4.16	1.800	2.440	2.760	4.520
	交流稳压电源	台班	11.55	0.900	1.220	1.380	2.260
	直流稳压电源	台班	16.70	0.900	1.220	1.380	2.260
	接地电阻测试仪 0～4000Ω	台班	3.68	0.070	0.070	0.070	0.070

工作内容:校线、挂锡、并线、压线、标志、安装、固定、功能检测、防尘和防潮处理。 **计量单位**:台

定额编号				9-265	9-266	9-267	9-268
项目				总线制(落地式)			
				100 点以下	200 点以下	500 点以下	500 点以上
基价(元)				**1787.76**	**2683.63**	**2880.05**	**3119.35**
其中	人工费(元)			1709.10	2582.15	2749.82	2911.82
	材料费(元)			20.16	31.27	54.17	99.29
	机械费(元)			58.50	70.21	76.06	108.24
名称		单位	单价(元)	消耗量			
人工	二类人工	工日	135.00	12.660	19.127	20.369	21.569
材料	白布	m^2	5.34	0.110	0.180	0.330	0.610
	标志牌 塑料扁形	个	0.26	1.000	1.000	1.000	1.000
	焊锡	kg	103.00	0.120	0.200	0.360	0.680
	焊锡膏	kg	31.03	0.030	0.050	0.090	0.170
	汽油 综合	kg	6.12	0.250	0.450	0.860	1.500
	塑料线卡 ϕ15 以内	个	0.09	15.000	16.000	24.000	46.000
	镀锌六角螺栓带帽 M8×80	套	0.52	4.100	4.100	4.100	4.100
	异型塑料管 ϕ5	m	0.16	0.300	0.500	0.900	1.700
	其他材料费	元	1.00	0.96	1.49	2.58	4.73
机械	交流弧焊机 21kV·A	台班	63.33	0.400	0.400	0.400	0.400
	数字万用表	台班	4.16	1.800	2.440	2.760	4.520
	交流稳压电源	台班	11.55	0.900	1.220	1.380	2.260
	直流稳压电源	台班	16.70	0.900	1.220	1.380	2.260
	接地电阻测试仪 0~4000Ω	台班	3.68	0.070	0.070	0.070	0.070

六、报警联动一体机安装

工作内容:校线、挂锡、并线、压线、标志、安装、固定、功能检测、防尘和防潮处理。　　**计量单位:**台

定额编号				9-269	9-270	9-271	9-272
项目				壁挂式			
				500 点以下	1000 点以下	2000 点以下	2000 点以上
基价(元)				**3911.46**	**5194.67**	**6096.83**	**8536.12**
其中	人工费(元)			3801.20	5004.86	5785.70	7967.70
	材料费(元)			46.14	84.36	131.45	255.62
	机械费(元)			64.12	105.45	179.68	312.80
	名称	单位	单价(元)	消耗量			
人工	二类人工	工日	135.00	28.157	37.073	42.857	59.020
材料	白布	m^2	5.34	0.230	0.450	0.720	1.440
	标志牌 塑料扁形	个	0.26	1.000	1.000	1.000	1.000
	焊锡	kg	103.00	0.250	0.500	0.800	1.600
	焊锡膏	kg	31.03	0.070	0.130	0.200	0.400
	汽油 综合	kg	6.12	0.520	0.800	0.920	2.600
	塑料线卡 ϕ15 以内	个	0.09	15.000	46.000	86.000	120.000
	镀锌滚花膨胀螺栓 M8	个	0.33	4.000	4.000	4.000	8.000
	镀锌六角螺栓带帽 M8×80	套	0.52	4.100	4.100	4.100	8.200
	玻璃胶 335g	支	10.34	0.580	0.880	1.460	2.330
	异型塑料管 ϕ5	m	0.16	0.067	0.100	0.167	0.268
	冲击钻头 ϕ10	个	4.14	0.130	0.130	0.130	0.130
	其他材料费	元	1.00	2.20	4.02	6.26	12.17
机械	交流弧焊机 21kV·A	台班	63.33	0.200	0.200	0.200	0.200
	数字万用表	台班	4.16	2.800	5.060	9.120	16.400
	交流稳压电源	台班	11.55	1.400	2.530	4.560	8.200
	直流稳压电源	台班	16.70	1.400	2.530	4.560	8.200
	接地电阻测试仪 0～4000Ω	台班	3.68	0.070	0.070	0.070	0.070

工作内容:校线、挂锡、并线、压线、标志、安装、固定、功能检测、防尘和防潮处理。 **计量单位:**台

定额编号				9-273	9-274	9-275	9-276
项目				落地式			
				500 点以下	1000 点以下	2000 点以下	2000 点以上
基价(元)				**3971.48**	**5215.45**	**6169.39**	**8549.13**
其中	人工费(元)			3838.46	5024.30	5863.46	7996.05
	材料费(元)			56.23	73.04	113.58	227.62
	机械费(元)			76.79	118.11	192.35	325.46
名称		单位	单价(元)	消耗量			
人工	二类人工	工日	135.00	28.433	37.217	43.433	59.230
材料	白布	m^2	5.34	0.230	0.450	0.720	1.440
	标志牌 塑料扁形	个	0.26	1.000	1.000	1.000	1.000
	焊锡	kg	103.00	0.250	0.500	0.800	1.600
	焊锡膏	kg	31.03	0.630	0.130	0.200	0.400
	汽油 综合	kg	6.12	0.520	0.800	0.920	2.600
	塑料线卡 ϕ15 以内	个	0.09	15.000	46.000	82.000	120.000
	镀锌六角螺栓带帽 M8×80	套	0.52	4.100	4.100	4.100	8.200
	异型塑料管 ϕ5	m	0.16	0.630	1.250	2.000	4.000
	其他材料费	元	1.00	2.68	3.48	5.41	10.84
机械	交流弧焊机 21kV·A	台班	63.33	0.400	0.400	0.400	0.400
	数字万用表	台班	4.16	2.800	5.060	9.120	16.400
	交流稳压电源	台班	11.55	1.400	2.530	4.560	8.200
	直流稳压电源	台班	16.70	1.400	2.530	4.560	8.200
	接地电阻测试仪 0~4000Ω	台班	3.68	0.070	0.070	0.070	0.070

七、重复显示器、报警装置、远程控制安装

工作内容：校线、挂锡、并线、压线、标志、编码、安装、固定、功能检测、防尘和防潮处理。

定额编号				9-277	9-278	9-279	9-280	9-281	9-282
项目				重复显示器		报警装置		远程控制器	
				多线制	总线制	声光报警	警铃	3 路以下	5 路以下
计量单位				台		只		台	
基价（元）				**1077.93**	**1300.56**	**103.54**	**55.41**	**731.10**	**880.57**
其中	人工费（元）			997.11	1258.74	98.82	51.03	711.99	853.74
	材料费（元）			56.93	17.93	4.37	4.13	18.32	25.96
	机械费（元）			23.89	23.89	0.35	0.25	0.79	0.87
名称		单位	单价(元)	消耗量					
人工	二类人工	工日	135.00	7.386	9.324	0.732	0.378	5.274	6.324
材料	自攻螺钉 ST4×30	个	0.04	—	—	1.000	1.200	—	—
	冲击钻头 $\phi8$	个	4.48	—	—	0.100	0.070	0.130	0.130
	木螺钉 $d4\times60$	个	0.07	—	—	3.000	2.100	4.000	4.000
	防火涂料	kg	13.36	—	—	0.030	0.030	—	—
	胶合板 $\delta3$	m^2	13.10	—	—	0.010	0.010	—	—
	塑料胀管 $\phi6\sim8$	个	0.04	—	—	3.000	2.100	4.000	4.000
	白布	m^2	5.34	0.320	0.070	0.020	0.020	0.120	0.170
	标志牌 塑料扁形	个	0.26	1.000	1.000	1.000	1.000	—	—
	焊锡	kg	103.00	0.360	0.080	0.020	0.020	0.130	0.190
	焊锡膏	kg	31.03	0.090	0.020	0.010	0.010	0.040	0.050
	汽油 综合	kg	6.12	0.620	0.200	0.010	0.010	0.180	0.260
	塑料线卡 $\phi15$ 以内	个	0.09	21.000	7.000	—	—	—	—
	镀锌滚花膨胀螺栓 M8	个	0.33	4.000	4.000	—	—	—	—
	镀锌六角螺栓带帽 M8×80	套	0.52	4.100	4.100	—	—	—	—
	玻璃胶(密封胶)	支	8.53	0.300	0.200	—	—	—	—
	异型塑料管 $\phi5$	m	0.16	0.900	0.200	0.050	0.050	0.330	0.480
	冲击钻头 $\phi10$	个	4.14	0.130	0.130	—	—	—	—
	其他材料费	元	1.00	2.71	0.85	0.21	0.20	0.87	1.24
机械	交流弧焊机 21kV·A	台班	63.33	0.200	0.200	—	—	—	—
	数字万用表	台班	4.16	0.600	0.600	0.040	0.030	0.190	0.210
	交流稳压电源	台班	11.55	0.300	0.300	—	—	—	—
	直流稳压电源	台班	16.70	0.300	0.300	—	—	—	—
	接地电阻测试仪 0~4000Ω	台班	3.68	0.070	0.070	—	—	—	—
	精密声级计	台班	6.18	—	—	0.030	0.020	—	—

八、火灾事故广播安装

工作内容:校线、挂锡、并线、压线、标志、安装、固定、功能检测、防尘和防潮处理。 计量单位:台

定额编号				9-283	9-284	9-285	9-286
项目				125W 功放	250 功放	录音机	广播强切按钮
基价(元)				55.30	68.07	57.79	41.08
其中	人工费(元)			48.60	60.75	51.03	40.50
	材料费(元)			6.70	7.32	6.76	0.58
	机械费(元)			—	—	—	—
名称		单位	单价(元)	消耗量			
人工	二类人工	工日	135.00	0.360	0.450	0.378	0.300
材料	镀锌扁钢 综合	kg	3.93	1.260	1.410	1.320	—
	橡皮垫 2	m^2	17.67	0.060	0.060	0.050	0.010
	半圆头螺钉 M6~12×12~50	个	0.09	4.100	4.100	4.100	4.100
	其他材料费	元	1.00	0.32	0.35	0.32	0.03

工作内容:校线、挂锡、并线、压线、标志、安装、固定、功能检测、防尘和防潮处理。 **计量单位**:台

	定额编号			9-287	9-288	9-289	9-290
	项目			消防广播控制柜	吸顶式扬声器(只)	壁挂式音箱(只)	广播分配器
	基价(元)			**1972.68**	**35.89**	**27.85**	**425.59**
其中	人工费(元)			1802.25	31.59	24.30	375.03
	材料费(元)			121.85	4.05	3.30	50.35
	机械费(元)			48.58	0.25	0.25	0.21
	名称	单位	单价(元)	消耗量			
人工	二类人工	工日	135.00	13.350	0.234	0.180	2.778
材料	白布	m^2	5.34	0.270	0.020	0.020	0.330
	棉纱	kg	10.34	1.400	—	—	—
	标志牌 塑料扁形	个	0.26	1.000	—	—	—
	垫铁 100×200	kg	8.62	2.000	—	—	—
	焊锡	kg	103.00	0.570	0.020	0.020	0.360
	焊锡膏	kg	31.03	0.140	0.010	0.010	0.090
	汽油 综合	kg	6.12	1.640	0.020	0.020	0.020
	镀锌六角螺栓带帽 M8×80	套	0.52	4.100	—	—	—
	塑料软管 *De*4	m	0.11	0.150	—	—	—
	异型塑料管 ϕ5	m	0.16	1.430	0.050	0.050	0.900
	橡皮绝缘板 5	m^2	29.31	0.050	—	—	—
	铜芯塑料绝缘线 BV4	m	1.90	3.000	—	—	—
	半圆头螺钉 M6~12×12~50	个	0.09	—	—	—	4.100
	橡皮垫 2	m^2	17.67	—	—	—	0.050
	镀锌扁钢 综合	kg	3.93	—	—	—	1.220
	冲击钻头 ϕ8	个	4.48	—	—	0.070	—
	塑料胀管 ϕ6~8	个	0.04	—	—	2.000	—
	胶合板 δ3	m^2	13.10	—	0.040	—	—
	防火涂料	kg	13.36	—	0.050	—	—
	玻璃胶 335g	支	10.34	—	0.003	—	—
	木螺钉 *d*4×60	个	0.07	—	0.400	2.000	—
	其他材料费	元	1.00	5.80	0.19	0.16	2.40
机械	数字万用表	台班	4.16	2.500	0.030	0.030	0.050
	交流稳压电源	台班	11.55	1.250	—	—	—
	直流稳压电源	台班	16.70	1.250	—	—	—
	接地电阻测试仪 DET-3/2	台班	40.94	0.070	—	—	—
	精密声级计	台班	6.18	—	0.020	0.020	—

九、消防通信、报警备用电源安装

工作内容:设备开箱检验、现场就位、固定安装。

				9-291	9-292	9-293	9-294	9-295	9-296
定额编号				9-291	9-292	9-293	9-294	9-295	9-296
项目				电话交换机			通信		消防报警备用电源
				20 门	40 门	60 门	分机	插孔	
计量单位				台			部	个	
基价(元)				**1319.76**	**1977.22**	**2403.42**	**24.00**	**13.91**	**85.94**
其中	人工费(元)			1229.58	1836.27	2204.01	17.82	9.72	81.00
	材料费(元)			90.18	140.95	199.41	6.18	4.19	4.77
	机械费(元)			—	—	—	—	—	0.17
名称		单位	单价(元)	消耗量					
人工	二类人工	工日	135.00	9.108	13.602	16.326	0.132	0.072	0.600
材料	镀锌滚花膨胀螺栓 M10	个	0.41	4.000	4.000	4.000	—	—	—
	白布	m^2	5.34	0.380	0.740	1.100	—	0.020	0.020
	焊锡	kg	103.00	0.430	0.830	1.300	—	0.020	0.020
	焊锡膏	kg	31.03	0.110	0.210	0.310	—	0.010	0.010
	汽油 综合	kg	6.12	0.320	0.640	0.980	—	0.010	0.020
	异型塑料管 $\phi5$	m	0.16	1.050	2.050	3.050	—	—	—
	角钢 Q235B 40×40×4	kg	3.97	8.160	8.160	8.160	—	—	—
	防火涂料	kg	13.36	—	—	—	—	0.050	—
	胶合板 $\delta3$	m^2	13.10	—	—	—	—	0.010	—
	塑料胀管 $\phi6\sim8$	个	0.04	—	—	—	2.000	1.700	—
	铜接线端子 DT-10	个	2.59	—	—	—	2.000	—	—
	冲击钻头 $\phi8$	个	4.48	—	—	—	0.070	0.060	—
	木螺钉 $d6\times30$	个	0.16	—	—	—	2.000	2.000	—
	镀锌扁钢 综合	kg	3.93	—	—	—	—	—	0.310
	橡皮垫 2	m^2	17.67	—	—	—	—	—	0.020
	半圆头螺钉 M6~12×12~50	个	0.09	—	—	—	—	—	4.100
	其他材料费	元	1.00	4.29	6.71	9.50	0.29	0.20	0.23
机械	数字万用表	台班	4.16	—	—	—	—	—	0.040

十、模块箱安装

工作内容:测位、打眼、埋螺栓、箱子开孔、刷漆、固定。　　　　**计量单位**:10 个

定　额　编　号				9-297	9-298	9-299	9-300
项　　目				明装(半周长 mm 以内)			
				500	700	1000	1500
基　价　(元)				**275.44**	**336.19**	**445.81**	**567.31**
其中	人　工　费　(元)			267.30	328.05	425.25	546.75
	材　料　费　(元)			8.14	8.14	20.56	20.56
	机　械　费　(元)			—	—	—	—
名　称		单位	单价(元)	消　耗　量			
人工	二类人工	工日	135.00	1.980	2.430	3.150	4.050
材料	模块箱	个	—	(10.000)	(10.000)	(10.000)	(10.000)
	金属膨胀螺栓 M6	套	0.19	40.800	40.800	—	—
	金属膨胀螺栓 M10	套	0.48	—	—	40.800	40.800
	其他材料费	元	1.00	0.39	0.39	0.98	0.98

十一、手报箱安装

工作内容:测位、打眼、埋螺栓、箱子开孔、刷漆、固定。　　　　**计量单位**:台

定　额　编　号				9-301	9-302
项　　目				悬挂式	嵌墙式
基　价　(元)				**104.64**	**169.94**
其中	人　工　费　(元)			77.76	145.80
	材　料　费　(元)			20.55	17.81
	机　械　费　(元)			6.33	6.33
名　称		单位	单价(元)	消　耗　量	
人工	二类人工	工日	135.00	0.576	1.080
材料	金属膨胀螺栓 M12	套	0.64	4.080	—
	电焊条	kg	4.31	0.150	0.150
	调和漆	kg	11.21	0.020	0.020
	酚醛磁漆	kg	12.07	0.010	0.010
	裸铜线 $25mm^2$	m	8.18	0.300	0.300
	铜接线端子 DT-2.5	个	1.55	2.020	2.020
	镀锌黄铜棒	kg	51.90	0.200	0.200
	其他材料费	元	1.00	0.98	0.85
机械	交流弧焊机 21kV·A	台班	63.33	0.100	0.100

十二、大空间高空灭火装置

工作内容:开箱检查、整体吊装、找正、找平、安装固定、切管、焊法兰、调试。 **计量单位:**台

定额编号				9-303
项目				大空间高空灭火装置
基价(元)				**969.52**
其中	人工费(元)			774.36
	材料费(元)			76.45
	机械费(元)			118.71
名称		单位	单价(元)	消耗量
人工	二类人工	工日	135.00	5.736
材料	平焊法兰	副	—	(1.000)
	电焊条	kg	4.31	1.160
	乙炔气	kg	7.60	0.140
	氧气	m^3	3.62	0.420
	棉纱	kg	10.34	0.500
	清油	kg	14.22	0.040
	石棉橡胶板 低压 $\delta0.8\sim6$	kg	5.26	0.340
	铅油	kg	5.60	0.200
	盲板 综合	kg	10.84	0.360
	钢板垫板	kg	3.72	14.160
	其他材料费	元	1.00	3.64
机械	电焊条烘干箱 $60\times50\times75(cm^3)$	台班	16.84	0.060
	电动卷扬机-单筒慢速 30kN	台班	177.60	0.370
	交流弧焊机 32kV·A	台班	92.84	0.560

十三、其他装置安装

工作内容:开箱检查、设备组装、画线定位、安装。 **计量单位:**台

定额编号				9-304	9-305	9-306
项目				火灾显示板(层显)	放气指示灯	气体灭火控制器
基价(元)				**418.98**	**25.74**	**40.50**
其中	人工费(元)			405.00	24.30	40.50
	材料费(元)			0.82	1.02	—
	机械费(元)			13.16	0.42	—
名称		单位	单价(元)	消耗量		
人工	二类人工	工日	135.00	3.000	0.180	0.300
材料	塑料胀塞	个	0.09	—	5.000	—
	棉纱	kg	10.34	—	0.050	—
	脱脂棉	kg	38.79	0.020	—	—
	其他材料费	元	1.00	0.04	0.05	—
机械	数字万用表	台班	4.16	1.500	0.100	—
	对讲机(一对)	台班	4.61	1.500	—	—

工作内容:搬运、开箱检查、安装。　　　　**计量单位**:100m

定额编号				9-307
项目				感温电缆探测器
基价(元)				**125.12**
其中	人工费(元)			121.50
	材料费(元)			2.79
	机械费(元)			0.83
名称		单位	单价(元)	消耗量
人工	二类人工	工日	135.00	0.900
材料	松香焊锡丝 φ2.3	kg	86.21	0.010
	焊片 φ4	个	0.36	5.000
	其他材料费	元	1.00	0.13
机械	数字万用表	台班	4.16	0.200

十四、自动报警系统装置调试

工作内容:技术和器具准备、检查接线、绝缘检查、程序装载或校对检查、功能测试、系统试验、记录整理。　　　　**计量单位**:系统

定额编号				9-308	9-309	9-310	9-311	9-312
项目				128点以下	256点以下	500点以下	1000点以下	2000点以下
基价(元)				**9057.84**	**16819.67**	**26258.42**	**35349.58**	**46511.73**
其中	人工费(元)			8653.77	16074.86	25150.64	33861.11	44411.09
	材料费(元)			53.21	81.24	101.12	121.49	152.24
	机械费(元)			350.86	663.57	1006.66	1366.98	1948.40
名称		单位	单价(元)	消耗量				
人工	二类人工	工日	135.00	64.102	119.073	186.301	250.823	328.971
材料	酒精 工业用99.5%	kg	7.07	0.390	0.460	0.560	0.600	0.700
	铜芯塑料绝缘线 BV1.0	m	0.60	15.320	15.320	15.320	15.320	15.320
	塑料胶布带 20mm×50m	卷	2.07	7.200	8.840	10.300	12.190	16.820
	光盘 5″	片	1.03	1.000	1.000	1.000	1.000	1.000
	打印纸 132－1	箱	190.00	0.120	0.240	0.320	0.400	0.500
	其他材料费	元	1.00	2.53	3.87	4.82	5.79	7.25
机械	数字存储示波器 HP－54603B	台班	55.01	3.200	6.400	9.900	12.800	16.000
	火灾探测器试验器	台班	4.34	3.800	7.600	14.600	27.400	75.800
	数字万用表	台班	4.16	3.520	7.040	10.560	14.080	17.600
	交流稳压电源	台班	11.55	4.800	9.600	14.400	19.200	24.000
	直流稳压电源	台班	16.70	4.500	7.500	10.500	15.000	22.500
	接地电阻测试仪 DET－3/2	台班	40.94	0.320	0.320	0.320	0.320	0.320

十五、火灾事故广播、消防通信、消防电梯系统装置调试

工作内容:技术和器具准备、检查接线、绝缘检查、程序装载或校对检查、功能测试、系统试验、记录整理等。

定额编号					9-313	9-314
项目					广播喇叭及音响、通信分机及插孔	电梯
计量单位					10 个	部
基价(元)					**219.26**	**1086.33**
其中	人工费(元)				187.11	1075.68
	材料费(元)				—	—
	机械费(元)				32.15	10.65
	名称		单位	单价(元)	消耗量	
人工	二类人工		工日	135.00	1.386	7.968
机械	数字万用表		台班	4.16	3.200	2.560
	绝缘电阻测试仪 BM12		台班	29.52	0.100	—
	声级计		台班	3.31	4.800	—

十六、电动防火门、防火卷帘门、正压送风阀、排烟阀、防火阀控制系统装置调试

工作内容:技术和器具准备、检查接线、绝缘检查、程序装载或校对检查、功能测试、系统试验、记录整理等。

计量单位:10 处

定额编号				9-315	9-316	9-317
项目				电动防火门	防火卷帘门	正压送风阀、排烟阀、防火阀
基价(元)				**878.15**	**4301.34**	**3321.68**
其中	人工费(元)			869.94	4221.59	562.14
	材料费(元)			—	8.69	2720.68
	机械费(元)			8.21	71.06	38.86
	名称	单位	单价(元)	消耗量		
人工	二类人工	工日	135.00	6.444	31.271	4.164
材料	蓄电池 24AH	块	647.00	—	—	4.000
	白炽灯泡 100W	个	2.24	—	3.000	—
	铜芯塑料绝缘线 BV1.5	m	0.78	—	2.000	4.000
	其他材料费	元	1.00	—	0.41	129.56
机械	数字万用表	台班	4.16	0.640	2.560	0.200
	交流稳压电源	台班	11.55	0.480	1.920	1.340
	绝缘电阻测试仪 BM12	台班	29.52	—	0.350	—
	接地电阻测试仪 0～4000Ω	台班	3.68	—	0.320	0.320
	直流稳压电源	台班	16.70	—	1.600	1.280

第四章
旅客信息系统(PIS)

说　明

一、本章定额包括控制中心设备安装、调试,车站设备安装、调试,车载设备安装、调试,外部接口安装、调试,触摸屏系统安装、调试等五节,共132个子目。

二、本系统联调费,按本章人工费的30%计取。

工程量计算规则

一、中心设备、车站设备、车载设备和附属设备安装调试,按设计图示数量以“台”计算。

二、系统设备、软件安装、调试,按设计图示数量以“台(套)”计算。

三、网络交换机系统功能调试,按设计图示数量以“个”计算。

四、网络调试、系统试运行、验收测试,以“系统”计算。

五、屏幕墙设备和附属设备安装调试,按设计图示数量以“套”计算。

六、LED 显示屏安装调试,按设计图示数量以“m^2”计算。

一、控制中心设备安装、调试

工作内容：技术准备、开箱检查、清洁、定位安装、互联、接口检查、设备加电、调试。　　**计量单位：**台(套)

定额编号				9-318	9-319	9-320	9-321	9-322	9-323
项目				服务器安装、调试					
				中心数据服务器	中心网管服务器	中心网管、操作员服务器	直播服务器	多媒体素材服务器	数字视频服务器
基价（元）				**333.93**	**252.93**	**212.43**	**252.93**	**333.93**	**333.93**
其中	人工费（元）			324.00	243.00	202.50	243.00	324.00	324.00
	材料费（元）			7.85	7.85	7.85	7.85	7.85	7.85
	机械费（元）			2.08	2.08	2.08	2.08	2.08	2.08
名称		单位	单价(元)	消耗量					
人工	二类人工	工日	135.00	2.400	1.800	1.500	1.800	2.400	2.400
材料	光盘 5″	片	1.03	4.000	4.000	4.000	4.000	4.000	4.000
	多功能上光清洁剂	盒	25.86	0.100	0.100	0.100	0.100	0.100	0.100
	脱脂棉	kg	38.79	0.020	0.020	0.020	0.020	0.020	0.020
	其他材料费	元	1.00	0.37	0.37	0.37	0.37	0.37	0.37
机械	数字万用表	台班	4.16	0.500	0.500	0.500	0.500	0.500	0.500

工作内容：技术准备、开箱检查、清洁、定位安装、互联、接口检查、设备加电、调试。　　**计量单位：**台(套)

定额编号				9-324	9-325	9-326	9-327	9-328	9-329
项目				服务器系统软件安装、调试					
				中心数据服务器系统软件	中心网管服务器系统软件	中心网管、操作员服务器系统软件	直播服务器系统软件	多媒体素材服务器系统软件	数字视频服务器系统软件
基价（元）				**298.94**	**174.94**	**130.60**	**174.94**	**174.94**	**298.94**
其中	人工费（元）			283.50	162.00	121.50	162.00	162.00	283.50
	材料费（元）			10.03	10.03	7.85	10.03	10.03	10.03
	机械费（元）			5.41	2.91	1.25	2.91	2.91	5.41
名称		单位	单价(元)	消耗量					
人工	二类人工	工日	135.00	2.100	1.200	0.900	1.200	1.200	2.100
材料	光盘 5″	片	1.03	4.000	4.000	4.000	4.000	4.000	4.000
	多功能上光清洁剂	盒	25.86	0.150	0.150	0.100	0.150	0.150	0.150
	脱脂棉	kg	38.79	0.040	0.040	0.020	0.040	0.040	0.040
	其他材料费	元	1.00	0.48	0.48	0.37	0.48	0.48	0.48
机械	数字万用表	台班	4.16	1.300	0.700	0.300	0.700	0.700	1.300

工作内容:技术准备、开箱检查、清洁、定位安装、互联、接口检查、设备加电、调试。 **计量单位**:台(套)

定额编号				9-330	9-331	9-332	9-333
项目				工作站安装、调试			
				播出控制工作站	多媒体素材管理工作站	操作员工作站	维护工作站
基价(元)				**172.85**	**172.85**	**172.85**	**172.85**
其中	人工费(元)			162.00	162.00	162.00	162.00
	材料费(元)			10.02	10.02	10.02	10.02
	机械费(元)			0.83	0.83	0.83	0.83
名称		单位	单价(元)	消耗量			
人工	二类人工	工日	135.00	1.200	1.200	1.200	1.200
材料	光盘 5″	片	1.03	6.000	6.000	6.000	6.000
	多功能上光清洁剂	盒	25.86	0.100	0.100	0.100	0.100
	脱脂棉	kg	38.79	0.020	0.020	0.020	0.020
	其他材料费	元	1.00	0.48	0.48	0.48	0.48
机械	数字万用表	台班	4.16	0.200	0.200	0.200	0.200

工作内容:开箱检查、设备初验、检查基础、安装设备、调试设备。 **计量单位**:台

定额编号				9-334	9-335	9-336	9-337	9-338
项目				DVD/VCD播放机	数字硬盘录像机			视频打印机
					4 路输入	8 路输入	16 路输入	
基价(元)				**121.92**	**178.47**	**356.94**	**535.41**	**81.00**
其中	人工费(元)			121.50	162.00	324.00	486.00	81.00
	材料费(元)			—	—	—	—	—
	机械费(元)			0.42	16.47	32.94	49.41	—
名称		单位	单价(元)	消耗量				
人工	二类人工	工日	135.00	0.900	1.200	2.400	3.600	0.600
机械	数字万用表	台班	4.16	0.100	—	—	—	—
	电视信号发生器 彩色、黑白图像带伴音	台班	16.47	—	1.000	2.000	3.000	—

工作内容:开箱检查、设备初验、检查基础、安装设备、接线调整、试运行。 **计量单位**:台

定额编号				9-339	9-340	9-341	9-342	9-343
项目				中心监视器			中心控制器	中心交换机
				≤37cm	≤56cm	>56cm		
基价(元)				**116.66**	**149.73**	**166.30**	**164.10**	**361.52**
其中	人工费(元)			113.40	145.80	162.00	162.00	153.90
	材料费(元)			2.10	2.10	2.10	2.10	3.53
	机械费(元)			1.16	1.83	2.20	—	204.09
名称		单位	单价(元)	消耗量				
人工	二类人工	工日	135.00	0.840	1.080	1.200	1.200	1.140
材料	酒精 工业用99.5%	kg	7.07	0.100	0.100	0.100	0.100	—
	棉纱	kg	10.34	0.050	0.050	0.050	0.050	—
	脱脂棉	kg	38.79	0.020	0.020	0.020	0.020	0.020
	多功能上光清洁剂	盒	25.86	—	—	—	—	0.100
	其他材料费	元	1.00	0.10	0.10	0.10	0.10	0.17
机械	数字万用表	台班	4.16	0.280	0.440	0.530	—	—
	笔记本电脑	台班	10.41	—	—	—	—	0.700
	网络分析仪 HP8410C	台班	328.00	—	—	—	—	0.600

工作内容:装调技术准备、装调机具准备、搬运、开箱、检查、定位、安装、清理。 **计量单位**:台

定额编号				9-344	9-345	9-346	9-347	9-348
项目				中心机柜				
				BA23	BA123	H9642	19″	24″
基价(元)				**89.86**	**110.11**	**130.36**	**170.86**	**251.86**
其中	人工费(元)			81.00	101.25	121.50	162.00	243.00
	材料费(元)			—	—	—	—	—
	机械费(元)			8.86	8.86	8.86	8.86	8.86
名称		单位	单价(元)	消耗量				
人工	二类人工	工日	135.00	0.600	0.750	0.900	1.200	1.800
机械	绝缘电阻测试仪 BM12	台班	29.52	0.300	0.300	0.300	0.300	0.300

二、单独计算的台班费用

说　　明

一、自升式塔式起重机、施工电梯基础费用：

1. 固定式基础未考虑打桩，发生时，可另行计算；

2. 高速卷扬机组合井架固定基础，按固定式基础乘以系数0.2计算；

3. 不带配重的自升塔式起重机固定式基础、混凝土搅拌站的基础按实际计算。

二、特、大型机械安装拆卸费用：

1. 安装、拆卸费中已包括机械安装后的试运转费用；

2. 自升式塔式起重机安装、拆卸费定额是按塔高60m确定；如塔高超过60m，每增加15m，安装、拆卸费用（扣除试车台班后）增加10%；

3. 柴油打桩机安装、拆卸费中的试车台班是按1.8t轨道式柴油打桩机考虑的，实际打桩机规格不同，试车台班费按实进行调整；

4. 步履式柴油打桩机按相应规格柴油打桩机计算；多功能压桩机按相应规格静力压桩机计算；双头搅拌桩机按1.8t轨道式柴油打桩机乘以系数0.7，单头搅拌桩机按1.8t轨道式柴油打桩机乘以系数0.4，振动沉拔桩机、静压振拔桩机、转盘式钻孔桩机、旋喷桩机按1.8t轨道式柴油打桩机计算。

三、特、大型机械场外运输费用：

1. 场外运输费用中已包括机械的回程费用；

2. 场外运输费用为运距25km以内的机械进出场费用；

3. 凡利用自身行走装置转移的特、大型机械场外运输费用，按实际发生台班计算，不足0.5台班的按0.5台班计算，超过0.5台班不足1台班的按1台班计算；

4. 特、大型机械在同一施工点内、不同单位工程之间的转移，定额按100m以内综合考虑，如转移距离超过100m：在300m以内的，按相应场外运输费用乘以系数0.3；在500m以内的，按相应场外运输费用乘以系数0.6。如机械为自行移运者，按"利用自身行走装置转移的特、大型机械场外运输费用"的有关规定进行计算。需解体或铺设轨道转移的，其费用另行计算；

5. 步履式柴油打桩机按相应规格柴油打桩机计算；多功能压桩机按相应规格静力压桩机计算；双头搅拌桩机按5t以内轨道式柴油打桩机乘以系数0.7，单头搅拌桩机按5t以内轨道式柴油打桩机乘以系数0.4，振动沉拔桩机、静压振拔桩机、旋喷桩机按5t以内轨道式柴油打桩机计算。

1.塔式起重机、施工电梯基础费用

计量单位:台班

定额编号				1001	1002
项目				固定式基础(带配重)	施工电梯固定式基础
台班单价(元)				24823.47	6231.39
费用组成	人工费(元)			2095.20	1620.00
	材料费(元)			22653.52	4524.86
	机械费(元)			74.75	86.53
名称		单位	单价(元)	用量	
工料机用量	二类人工	工日	135.00	15.520	12.000
	非泵送商品混凝土 C30	m^3	438.00	31.720	6.150
	钢模板	kg	5.96	25.250	5.560
	木模板	m^3	1445.00	0.106	0.108
	黄砂 净砂(中粗砂)	t	102.00	7.561	4.320
	块石	t	77.67	—	3.900
	热轧光圆钢筋 综合	t	3966.00	1.906	0.205
	零星卡具	kg	5.88	2.610	2.650
	水	t	4.27	6.370	6.510
	其他材料费	元	—	83.540	42.000
	电动夯实机 250N·m	台班	28.03	0.108	0.110
	汽车式起重机 8t	台班	648.48	0.008	0.008
	载货汽车 6t	台班	396.42	0.029	0.029
	机动翻斗车 1t	台班	197.36	0.215	0.218
	钢筋调直机 14mm	台班	37.97	0.105	0.064
	钢筋切断机 40mm	台班	43.28	0.140	0.075
	木工圆锯机 500mm	台班	27.50	0.093	0.094
	交流弧焊机 32kV·A	台班	92.84	—	0.123
	对焊机 75kV·A	台班	119.25	—	0.034

2. 安拆费用

计量单位:台次

定额编号				2001	2002	2003	2004	2005	2006	2007
项目				自升式塔式起重机	柴油打桩机	静力压桩机(kN)				
						900以内	1200以内	1600以内	4000以内	10000以内
台班单价(元)				**25938.52**	**7968.86**	**6291.34**	**8168.57**	**10728.63**	**13514.06**	**15098.86**
费用组成	人工费(元)			12825.00	4320.00	3240.00	4050.00	5400.00	6750.00	6750.00
	材料费(元)			299.44	50.00	25.00	30.00	30.00	40.00	40.00
	机械费(元)			12814.08	3598.86	3026.34	4088.57	5298.63	6724.06	8308.86
名称		单位	单价(元)	用量						
工料机用量	二类人工	工日	135.00	95.000	32.000	24.000	30.000	40.000	50.000	50.000
	镀锌铁丝 综合	kg	5.40	50.000	5.000	—	—	—	—	—
	镀锌六角螺栓 M12×50	个	0.46	64.000	50.000	—	—	—	—	—
	其他材料费	元	—	—	—	25.000	30.000	30.000	40.000	40.000
	自升式塔式起重机 2500kN·m	台班	1023.35	0.500	—	—	—	—	—	—
	履带式柴油打桩机 3.5t	台班	832.40	—	0.500	—	—	—	—	—
	汽车式起重机 8t	台班	648.48	—	2.000	1.000	1.000	1.000	2.000	2.000
	汽车式起重机 20t	台班	942.85	5.000	2.000	2.000	3.000	4.000	4.000	5.000
	汽车式起重机 40t	台班	1517.63	5.000	—	—	—	—	—	—
	静力压桩机(液压) 900kN	台班	984.32	—	—	0.500	—	—	—	—
	静力压桩机(液压) 1200kN	台班	1223.08	—	—	—	0.500	—	—	—
	静力压桩机(液压) 1600kN	台班	1757.50	—	—	—	—	0.500	—	—
	静力压桩机(液压) 4000kN	台班	3311.40	—	—	—	—	—	0.500	—
	静力压桩机(液压) 10000kN	台班	4595.30	—	—	—	—	—	—	0.500

计量单位:台次

定额编号				2008	2009	2010	2011	2012
项目				架桥机	施工电梯			
				160t以内	50m	100m	130m	200m
台班单价(元)				**7486.72**	**9272.35**	**11355.99**	**14007.50**	**16380.71**
费用组成	人工费(元)			3510.00	5130.00	6750.00	8505.00	8505.00
	材料费(元)			—	54.24	54.24	59.52	100.20
	机械费(元)			3976.72	4088.11	4551.75	5442.98	7775.51
名称		单位	单价(元)	用量				
工料机用量	二类人工	工日	135.00	26.000	38.000	50.000	63.000	63.000
	镀锌铁丝 综合	kg	5.40	—	8.000	8.000	10.000	16.000
	镀锌六角螺栓 M12×50	个	0.46	—	24.000	24.000	12.000	30.000
	汽车式起重机 8t	台班	648.48	1.000	—	—	—	—
	汽车式起重机 20t	台班	942.85	3.000	—	—	—	8.000
	双笼施工电梯 2×1(t)50m	台班	300.86	—	0.500	—	—	—
	双笼施工电梯 2×1(t)100m	台班	353.09	—	—	0.500	—	—
	双笼施工电梯 2×1(t)130m	台班	385.47	—	—	—	0.500	—
	双笼施工电梯 2×1(t)200m	台班	465.41	—	—	—	—	0.500
	架桥机 160t	台班	999.37	0.500	—	—	—	—
	汽车式起重机 16t	台班	875.04	—	4.500	5.000	6.000	—

计量单位:台次

定额编号				2013	2014	2015	2016	2017
项目				潜水钻孔机	混凝土搅拌站	三轴搅拌机	履带式旋挖钻机	压滤机
台班单价(元)				**4850.36**	**12867.77**	**10038.33**	**6928.45**	**1236.87**
费用组成	人工费(元)			3240.00	8505.00	3780.00	2295.00	270.00
	材料费(元)			9.20	—	131.00	50.00	—
	机械费(元)			1601.16	4362.77	6127.33	4583.45	966.87
名称		单位	单价(元)	用量				
工料机用量	二类人工	工日	135.00	24.000	63.000	28.000	17.000	2.000
	镀锌铁丝 综合	kg	5.40	—	—	20.000	5.000	—
	镀锌六角螺栓 M12×50	个	0.46	20.000	—	50.000	50.000	—
	汽车式起重机 8t	台班	648.48	2.000	—	—	1.000	—
	汽车式起重机 20t	台班	942.85	—	4.000	5.000	2.000	—
	汽车式起重机 40t	台班	1517.63	—	—	—	—	0.500
	潜水钻孔机 1500mm	台班	608.40	0.500	—	—	—	—
	混凝土搅拌站 45m^3/h	台班	1182.73	—	0.500	—	—	—
	三轴搅拌桩机 850 型	台班	2826.15	—	—	0.500	—	—
	履带式旋挖钻机 SH36	台班	4098.53	—	—	—	0.500	—
	压滤机 XMYZG400/1500-UB	台班	416.11	—	—	—	—	0.500

计量单位:台次

定额编号					2018	2019
项目					抓斗成槽机	TRD 搅拌桩机 Ⅲ型
台班单价(元)					**14090.69**	**37421.20**
费用组成	人工费(元)				810.00	4050.00
	材料费(元)				131.00	131.00
	机械费(元)				13149.69	33240.20
名称			单位	单价(元)	用量	
工料机用量	二类人工		工日	135.00	6.000	30.000
	镀锌铁丝 综合		kg	5.40	20.000	20.000
	镀锌六角螺栓 M12×50		个	0.46	50.000	50.000
	履带式液压抓斗成槽机 KH180MHL－1200		台班	3918.42	0.500	—
	汽车式起重机 80t		台班	3730.16	3.000	—
	TRD 搅拌桩机		台班	5572.00	—	0.500
	履带式起重机 80t		台班	2186.44	—	4.000
	履带式起重机 100t		台班	2737.92	—	6.000
	履带式单斗液压挖掘机 $2m^3$		台班	1320.23	—	4.000

3. 场外运输费用

计量单位：台次

定额编号				3001	3002	3003	3004	3005	3006
项目				履带式挖掘机		履带式推土机		履带式起重机	
				1m^3 以内	1m^3 以外	90kW 以内	90kW 以外	30t 以内	30t 以外
台班单价(元)				**3249.84**	**3921.70**	**2805.96**	**3603.15**	**4442.55**	**5550.85**
费用组成	人工费（元）			540.00	540.00	540.00	540.00	540.00	540.00
	材料费（元）			259.76	304.86	274.82	311.02	295.96	279.76
	机械费（元）			1528.51	2020.90	1429.95	1759.90	2446.48	3349.32
	架线（元）			271.60	271.60	—	271.60	271.60	271.60
	回程费（元）			649.97	784.34	561.19	720.63	888.51	1110.17
	名称	单位	单价(元)	用量					
工料机用量	二类人工	工日	135.00	4.000	4.000	4.000	4.000	4.000	4.000
	枕木	m^3	2457.00	0.080	0.080	0.080	0.080	0.080	0.080
	镀锌铁丝 综合	kg	5.40	5.000	10.000	5.000	5.000	5.000	2.000
	夹布橡胶平板 $\delta 3$	m^2	19.31	—	—	0.780	0.780	—	—
	草袋	个	3.62	10.000	15.000	10.000	20.000	20.000	20.000
	履带式单斗液压挖掘机 1m^3	台班	914.79	0.500	—	—	—	—	—
	履带式单斗液压挖掘机 2m^3	台班	1320.23	—	0.500	—	—	—	—
	履带式推土机 90kW	台班	717.68	—	—	0.500	—	—	—
	履带式推土机 105kW	台班	798.23	—	—	—	0.500	—	—
	履带式起重机 30t	台班	865.31	—	—	—	—	0.500	—
	履带式起重机 50t	台班	1364.92	—	—	—	—	—	0.500
	载货汽车 15t	台班	653.04	—	—	—	—	1.000	2.000
	平板拖车组 40t	台班	1071.11	1.000	—	1.000	—	—	—
	平板拖车组 60t	台班	1360.78	—	1.000	—	1.000	1.000	1.000
	架线	次	388.00	0.700	0.700	—	0.700	0.700	0.700
	回程费	%	—	25	25	25	25	25	25

计量单位:台次

定额编号				3007	3008	3009	3010	3011	3012
项目				强夯机械	柴油打桩机		压路机	锚杆钻孔机	沥青混凝土摊铺机
					5t以内	5t以外			
台班单价(元)				**8349.54**	**8394.81**	**9714.80**	**2773.74**	**6278.85**	**4266.14**
费用组成	人工费(元)			540.00	540.00	540.00	405.00	1080.00	810.00
	材料费(元)			295.96	99.40	99.40	243.56	99.40	295.96
	机械费(元)			4856.40	5085.29	6028.14	1298.83	3305.49	2306.95
	架线(元)			271.60	271.60	271.60	271.60	—	—
	回程费(元)			2385.58	2398.52	2775.66	554.75	1793.96	853.23
名称		单位	单价(元)	用量					
工料机用量	二类人工	工日	135.00	4.000	4.000	4.000	3.000	8.000	6.000
	枕木	m^3	2457.00	0.080	—	—	0.080	—	0.080
	镀锌铁丝 综合	kg	5.40	5.000	5.000	5.000	2.000	5.000	5.000
	草袋	个	3.62	20.000	20.000	20.000	10.000	20.000	20.000
	强夯机械 2000kN·m	台班	1016.54	0.500	—	—	—	—	—
	钢轮内燃压路机 12t	台班	455.44	—	—	—	0.500	—	—
	锚杆钻孔机 MGL135	台班	454.58	—	—	—	—	0.500	—
	沥青混凝土摊铺机 15t	台班	2471.67	—	—	—	—	—	0.500
	汽车式起重机 20t	台班	942.85	1.000	2.000	3.000	—	1.000	—
	载货汽车 4t	台班	369.21	2.000	—	—	—	—	—
	载货汽车 8t	台班	411.20	—	2.000	2.000	—	1.000	—
	载货汽车 15t	台班	653.04	2.000	2.000	2.000	—	1.000	—
	平板拖车组 40t	台班	1071.11	—	1.000	1.000	1.000	1.000	1.000
	平板拖车组 60t	台班	1360.78	1.000	—	—	—	—	—
	架线	次	388.00	0.700	0.700	0.700	0.700	—	—
	回程费	%	—	40	40	40	25	40	25

计量单位:台次

定额编号				3013	3014	3015	3016	3017
项目				静力压桩机				
				900kN	1200kN 以内	1600kN 以内	4000kN 以内	10000kN 以内
台班单价(元)				**14885.53**	**16714.04**	**22130.54**	**26193.30**	**33178.39**
费用组成	人工费(元)			3240.00	3240.00	4860.00	4860.00	4860.00
	材料费(元)			99.40	99.40	99.40	99.40	99.40
	机械费(元)			7293.12	8599.20	10848.13	13750.10	18739.45
	回程费(元)			4253.01	4775.44	6323.01	7483.80	9479.54
	名称	单位	单价(元)	用量				
工料机用量	二类人工	工日	135.00	24.000	24.000	36.000	36.000	36.000
	镀锌铁丝 综合	kg	5.40	5.000	5.000	5.000	5.000	5.000
	草袋	个	3.62	20.000	20.000	20.000	20.000	20.000
	汽车式起重机 20t	台班	942.85	2.000	2.000	3.000	4.000	4.000
	载货汽车 15t	台班	653.04	5.000	7.000	9.000	12.000	18.000
	平板拖车组 40t	台班	1071.11	2.000	2.000	2.000	2.000	3.000
	回程费	%	—	40	40	40	40	40

计量单位:台次

定额编号				3018	3019	3020	3021	3022	3023
项目				自升式塔式起重机	架桥机	施工电梯			
						50m	100m	130m	200m 以内
台班单价(元)				**16593.97**	**11930.81**	**9065.37**	**11185.49**	**15359.11**	**17984.75**
费用组成	人工费(元)			3780.00	2835.00	1350.00	1890.00	2700.00	2970.00
	材料费(元)			202.68	63.20	74.00	102.90	139.90	176.90
	机械费(元)			9574.03	5623.81	5549.36	6611.32	8974.80	10687.52
	架线(元)			271.60	—	—	—	—	—
	回程费(元)			2765.66	3408.80	2092.01	2581.27	3544.41	4150.33
名称		单位	单价(元)	用量					
工料机用量	二类人工	工日	135.00	28.000	21.000	10.000	14.000	20.000	22.000
	镀锌铁丝 综合	kg	5.40	10.000	5.000	7.000	9.000	12.500	16.000
	草袋	个	3.62	37.000	10.000	10.000	15.000	20.000	25.000
	枕木	m^3	2457.00	0.006	—	—	—	—	—
	汽车式起重机 20t	台班	942.85	4.000	3.000	—	—	—	—
	载货汽车 15t	台班	653.04	4.000	1.000	3.000	3.500	5.000	6.000
	平板拖车组 40t	台班	1071.11	1.000	2.000	—	—	—	—
	汽车式起重机 8t	台班	648.48	2.000	—	3.000	3.500	5.000	6.000
	载货汽车 8t	台班	411.20	2.000	—	4.000	5.000	6.000	7.000
	架线	次	388.00	0.700	—	—	—	—	—
	回程费	%	—	20	40	30	30	30	30

计量单位:台次

定额编号				3024	3025	3026
项目				混凝土搅拌站	潜水钻孔机	转盘钻孔机
台班单价(元)				**9488.33**	**4205.66**	**3817.04**
费用组成	人工费(元)			2700.00	675.00	675.00
	材料费(元)			63.20	28.90	28.90
	机械费(元)			4014.18	2660.63	2349.73
	回程费(元)			2710.95	841.13	763.41
名称		单位	单价(元)	用量		
工料机用量	二类人工	工日	135.00	20.000	5.000	5.000
	镀锌铁丝 综合	kg	5.40	5.000	2.000	2.000
	草袋	个	3.62	10.000	5.000	5.000
	汽车式起重机 8t	台班	648.48	—	1.500	1.500
	汽车式起重机 20t	台班	942.85	2.000	—	—
	载货汽车 8t	台班	411.20	2.000	1.500	1.000
	载货汽车 15t	台班	653.04	2.000	—	—
	平板拖车组 30t	台班	965.81	—	—	1.000
	平板拖车组 40t	台班	1071.11	—	1.000	—
	回程费	%	—	40	25	25

计量单位:台次

定额编号				3027	3028	3029	3030	3031	3032
项目				三轴搅拌机	履带式旋挖钻机	履带式抓斗成槽机	冲击成孔机	压滤机	TRD搅拌桩机 Ⅲ型
台班单价(元)				**12605.38**	**7473.81**	**6182.85**	**3477.64**	**2357.92**	**52344.82**
费用组成	人工费(元)			1350.00	1620.00	1620.00	540.00	135.00	5400.00
	材料费(元)			99.40	295.96	295.96	295.96	—	99.40
	机械费(元)			8634.90	4063.09	3030.32	1946.15	1829.93	31889.76
	回程费(元)			2521.08	1494.76	1236.57	695.53	392.99	14955.66
名称		单位	单价(元)	用量					
工料机用量	二类人工	工日	135.00	10.000	12.000	12.000	4.000	1.000	40.000
	枕木	m^3	2457.00	—	0.080	0.080	0.080	—	—
	镀锌铁丝 综合	kg	5.40	5.000	5.000	5.000	5.000	—	5.000
	草袋	个	3.62	20.000	20.000	20.000	20.000	—	20.000
	履带式旋挖钻机 SH36	台班	4098.53	—	0.500	—	—	—	—
	履带式液压抓斗成槽机 KH180MHL-1200	台班	3918.42	—	—	0.500	—	—	—
	汽车式起重机 16t	台班	875.04	2.000	—	—	1.000	—	—
	汽车式起重机 20t	台班	942.85	2.000	—	—	—	—	—
	汽车式起重机 40t	台班	1517.63	—	—	—	—	0.500	—
	平板拖车组 40t	台班	1071.11	2.000	—	1.000	1.000	1.000	—
	平板拖车组 60t	台班	1360.78	—	1.000	—	—	—	8.000
	载货汽车 10t	台班	476.15	6.000	—	—	—	—	—
	载货汽车 15t	台班	653.04	—	1.000	—	—	—	2.000
	履带式起重机 80t	台班	2186.44	—	—	—	—	—	4.000
	履带式起重机 100t	台班	2737.92	—	—	—	—	—	4.000
	回程费	%	—	25	25	25	25	20	40

三、人工、材料(半成品)、机械台班单价取定表

序号	材料名称	型号规格	单位	单价(元)
1	一类人工		工日	125.00
2	二类人工		工日	135.00
3	水		m^3	4.27
4	六角空心钢	综合	kg	2.48
5	合金钢钻头	一字型	个	8.62
6	高压橡胶风管	$\phi25$	m	12.93
7	合金钢钻头	$\phi22\sim26$	个	30.17
8	膨胀剂(破碎剂)		kg	3.33
9	其他材料费		元	1.00
10	黏土		m^3	32.04
11	高压橡胶水管	13~22×1P	m	12.07
12	电雷管		个	0.95
13	乳化炸药		kg	9.11
14	导火线	120s/m	m	0.34
15	尼龙编织袋		只	1.58
16	普通硅酸盐水泥	P·O 42.5 综合	kg	0.34
17	普通硅酸盐水泥	P·O 42.5 综合	t	346.00
18	粉煤灰		t	136.00
19	膨润土		kg	0.47
20	促进剂	KA	kg	4.61
21	硅酸钠	水玻璃	kg	0.70
22	塑料注浆阀管		m	11.51
23	其他材料费		%	1.00
24	注浆管		kg	6.03
25	黄砂	毛砂	t	87.38
26	碎石	综合	t	102.00
27	氯化钙		kg	2.97
28	枕木		m^3	2457.00
29	钢轨		t	4138.00
30	铁件		kg	3.71
31	塑料排水板	SPB-100-A	m	2.50
32	土工布		m^2	4.31
33	土工格栅		m^2	6.81
34	塘渣		t	34.95
35	石屑		t	38.83
36	泵送商品混凝土	C25	m^3	447.00
37	木模板		m^3	1445.00
38	圆钉		kg	4.74
39	钢模板		kg	5.96
40	护壁泥浆		m^3	30.17
41	枋木		m^3	776.00
42	氯丁胶粘结剂		kg	12.24
43	氧气		m^3	3.62
44	乙炔气		m^3	8.90

续表

序号	材 料 名 称	型 号 规 格	单位	单价(元)
45	硬泡沫塑料板		m^3	474.00
46	型钢	综合	t	3836.00
47	电焊条		kg	4.31
48	非泵送水下商品混凝土	C30	m^3	462.00
49	接头管		kg	3.88
50	橡胶管		m	5.14
51	钢丝绳	综合	kg	6.45
52	橡胶条		m	5.26
53	接头箱		kg	4.31
54	金属周转材料		kg	3.95
55	材料摊销费		元	1.00
56	型钢	综合	kg	3.84
57	电焊条	E43 系列	kg	4.74
58	减磨剂		kg	15.52
59	非泵送商品混凝土	C25	m^3	421.00
60	高压胶管	ϕ50	m	17.24
61	热轧带肋钢筋	HRB400 综合	t	3849.00
62	碳素结构钢焊接钢管	综合	t	3879.00
63	钢绞线		t	5336.00
64	中厚钢板	综合	kg	3.79
65	板方材		m^3	1034.00
66	非泵送商品混凝土	C30	m^3	438.00
67	聚氯乙烯软管	$D20\times2.5$	m	0.33
68	热轧光圆钢筋	HPB300ϕ10	kg	3.98
69	低合金钢焊条	E43 系列	kg	4.74
70	石油沥青		kg	2.67
71	防锈漆	C53－1	kg	14.05
72	高压胶皮风管	ϕ25－6P－20m	m	15.52
73	热轧光圆钢筋	综合	t	3966.00
74	镀锌铁丝	$8^{\#}\sim12^{\#}$	kg	6.55
75	预埋铁件		kg	3.75
76	垫木		m^3	2328.00
77	非泵送水下商品混凝土	C25	m^3	448.00
78	导管		kg	1.98
79	六角螺栓		kg	8.75
80	角钢	Q235B 综合	t	3966.00
81	中厚钢板	综合	t	3750.00
82	钢锲(垫铁)		kg	5.95
83	桩帽		kg	4.03
84	焊丝	ϕ3.2	kg	10.78
85	钢帽	ϕ400	个	50.00
86	钢帽	ϕ600	个	142.00
87	钢帽	ϕ1000	个	547.00
88	非泵送商品混凝土	C20	m^3	412.00
89	钢护筒		t	5862.00
90	扒钉		kg	3.73

续表

序号	材料名称	型号规格	单位	单价(元)
91	钢轨		kg	4.14
92	原木		m^3	1552.00
93	安全设施及照明费		元	1.00
94	泵送商品混凝土	C20	m^3	431.00
95	其他费用		元	1.00
96	生石灰		kg	0.30
97	粉煤灰		kg	0.14
98	聚酰胺	300#	kg	16.54
99	混凝土实心砖	240×115×53 MU10	千块	388.00
100	干混砌筑砂浆	DM5.0	kg	0.24
101	滤布		块	60.34
102	螺栓		kg	5.69
103	六角带帽螺栓		kg	5.47
104	无缝钢管	ϕ32×2.5	m	8.58
105	中厚钢板	综合	kg	3.71
106	碳素结构钢流体无缝钢管		kg	4.74
107	草袋		个	3.62
108	钢支撑		kg	3.97
109	零星卡具		kg	5.88
110	脱模剂		kg	1.54
111	模板嵌缝料		kg	1.42
112	尼龙帽		个	0.60
113	泵送商品混凝土	C30	m^3	461.00
114	泵送商品混凝土	C40	m^3	503.00
115	无纺土工布		m^2	8.62
116	镀锌铁丝	12#	kg	5.38
117	定型钢模板		kg	5.91
118	复合模板	综合	m^2	32.33
119	板枋材		m^3	2069.00
120	隔离剂		kg	4.67
121	镀锌铁丝	ϕ0.7~1.0	kg	6.74
122	塑料粘胶带	20mm×50m	卷	15.37
123	热轧带肋钢筋	HRB400 综合	kg	3.85
124	钢模零配件		kg	4.74
125	碳素结构钢镀锌焊接钢管	综合	kg	4.74
126	半硬塑料管	ϕ32	m	3.20
127	安全网		m^2	7.76
128	非泵送商品混凝土	C40	m^3	455.00
129	橡胶囊	ϕ36	m	73.28
130	橡胶囊	外套 ϕ60	m	108.00
131	圆木桩		m^3	1379.00
132	白棕绳		kg	14.31
133	干混砌筑砂浆	DM10.0	kg	0.25
134	碳素结构钢焊接钢管	综合	kg	3.88
135	非泵送商品混凝土	C15	m^3	399.00
136	镀锌铁丝	18#~22#	kg	6.55

续表

序号	材 料 名 称	型 号 规 格	单位	单价(元)
137	碎石	40 以内	t	102.00
138	碳素结构钢流体无缝钢管	GB 8163—2008 108 ×4.5	kg	4.74
139	碳素结构钢流体无缝钢管	GB 8163—2008 219 ×8	kg	4.74
140	混凝土透水管	ϕ200	m	22.67
141	混凝土透水管	ϕ300	m	33.15
142	混凝土透水管	ϕ380	m	40.20
143	混凝土透水管	ϕ450	m	51.47
144	防水剂		kg	3.65
145	石蜡		kg	5.00
146	煤		kg	0.60
147	木柴		kg	0.16
148	聚乙烯薄膜		m^2	0.86
149	热轧薄钢板	Q235B 综合	kg	3.97
150	截止阀	J11T－16K *DN*50	个	112.00
151	截止阀	J41T－16 *DN*80	个	431.00
152	液压控制系统		套	1897.00
153	千斤顶支架		kg	5.12
154	油麻丝		kg	20.69
155	石棉绒		kg	3.49
156	复合硅酸盐水泥	PC 32.5R 综合	t	319.00
157	沥青防水油膏		kg	6.90
158	木丝板	25 ×610 ×1830	m^2	9.31
159	溶剂油		kg	2.29
160	片石		t	67.96
161	块石		t	77.67
162	料石		t	97.09
163	混凝土预制块	综合	m^3	345.00
164	黄砂	净砂	t	92.23
165	冷拔钢丝	综合	t	4006.00
166	镀锌铁丝		kg	6.55
167	热轧光圆钢筋	HPB300 综合	kg	3.98
168	热轧光圆钢筋	综合	kg	3.97
169	槽钢	综合	t	4052.00
170	冷挤压套筒		套	17.24
171	锥螺纹套筒		只	6.21
172	直螺纹连接套筒		只	3.53
173	焊剂		kg	3.66
174	石棉垫		kg	6.53
175	锚固胶		kg	27.59
176	合金钢钻头	ϕ14	个	9.91
177	合金钢钻头	ϕ16～20	个	15.52
178	合金钢钻头	ϕ28～34	个	38.79
179	麻布		kg	8.99
180	冷拉四级钢筋		t	4569.00
181	橡胶护套管		m	12.84
182	JDG 镀锌钢导管	ϕ40 ×1.6	m	7.41

续表

序号	材料名称	型号规格	单位	单价(元)
183	波纹管	ϕ50	m	10.00
184	集成压浆料		t	862.00
185	混凝土外加剂		kg	3.63
186	六角带帽螺栓	综合	kg	5.47
187	铆钉	综合	kg	7.86
188	砂轮片		片	7.08
189	不锈钢管		t	13793.00
190	不锈钢焊丝	1Cr18Ni9Ti	kg	47.41
191	氩气		m^3	7.00
192	钨棒		kg	254.00
193	辊轴钢支座		t	4652.00
194	切线钢支座		t	5647.00
195	摆式钢支座		t	3147.00
196	板式橡胶支座		$100cm^3$	3.79
197	四氟板式橡胶支座		$100cm^3$	8.45
198	不锈钢板	304	kg	15.95
199	环氧树脂		kg	15.52
200	黄砂	净砂(中粗砂)	m^3	158.00
201	普通硅酸盐水泥	P·O 52.5 综合	kg	0.39
202	碳素结构钢焊接钢管	*DN*150×4.5 GB/T 3091—2001	m	62.41
203	离心球墨铸铁上水管	综合	m	99.14
204	硬塑料管	ϕ150	m	39.22
205	塑料落水斗		个	11.21
206	塑料管卡子	ϕ100 以外	个	0.69
207	高架进水口	铸铁	套	99.14
208	型钢伸缩缝		m	293.00
209	沥青砂		t	505.00
210	石油沥青玛琋脂		kg	2.67
211	镀锌薄钢板	综合	m^2	38.97
212	钢纤维		t	4138.00
213	石油沥青油毡	350#	m^2	2.37
214	油毛毡		m^2	2.24
215	木板	δ20	m^3	1638.00
216	低密度聚乙烯泡沫塑料	δ10	m^2	8.60
217	橡胶止水带		m	27.93
218	汽油	综合	kg	6.12
219	胶粘剂	SY－19	kg	13.27
220	H 型钢	125×125×6.5	t	3750.00
221	中厚钢板	Q235B δ10	kg	3.71
222	铁件镀锌费(热镀)		t	1379.00
223	铁件喷塑费		t	517.00
224	PC 隔音板	10mm	m^2	70.69
225	抽芯铆钉		个	0.22
226	煤沥青		t	1086.00
227	橡胶板	δ2	m^2	18.71
228	氯丁橡胶粘接剂		kg	14.81

续表

序号	材料名称	型号规格	单位	单价(元)
229	单组份聚氨酯防水涂料	Ⅰ型 GB/T 19250—2013	kg	13.79
230	杉原木	综合	m^3	1466.00
231	松板枋材		m^3	2328.00
232	非电毫秒雷管		个	1.29
233	高压胶皮风管	ϕ50	m	17.24
234	碳素结构钢流体无缝钢管	GB 8163—2008 42×3.5	kg	4.74
235	合金钢钻头	ϕ50	个	59.10
236	合金钢钻头	ϕ150 以内	个	94.83
237	钻杆		m	32.76
238	中空注浆锚杆		m	25.86
239	自进式锚杆		m	34.48
240	磷酸二氢钠		kg	3.53
241	EVA 防水板		m^2	17.07
242	塑料焊条		kg	8.03
243	无纺布	300g/m^2	m^2	7.93
244	射钉		个	0.16
245	垫片	30×30×3	个	0.30
246	预拌细石混凝土	C20	m^3	391.00
247	PVC 止水带	250mm	m	18.97
248	塑料弹簧软管	ϕ50	m	9.74
249	遇水膨胀止水条		m	33.62
250	塑料打孔波纹管	ϕ100	m	13.79
251	钢拱架		kg	4.31
252	胶合板	δ6	m^2	23.28
253	嵌缝料		kg	1.42
254	设备材料费		元	1.00
255	高压胶皮水管	ϕ19-6P-20m	m	12.07
256	雷管		个	0.95
257	工字钢	Q235B 综合	kg	4.05
258	镀锌铁丝	10#	kg	5.38
259	钢筋	ϕ22	t	3043.00
260	乙炔气		kg	7.60
261	砾石	40	t	67.96
262	火雷管		个	0.95
263	盾构托架		t	2178.00
264	橡胶板		kg	5.09
265	机油	综合	kg	2.91
266	柴油	0#	t	5086.00
267	轻轨	24kg/m	kg	4.03
268	螺栓带帽		kg	6.00
269	高压油管		m	15.52
270	动力电缆		m	16.07
271	电力电缆	VV 1×12	m	7.33
272	管片连接螺栓		kg	6.98
273	钢轨枕		kg	4.62
274	走道板		kg	8.62

续表

序号	材 料 名 称	型 号 规 格	单位	单价(元)
275	金属支架		kg	5.17
276	碳素结构钢流体无缝钢管	GB 8163—2008 219×6	kg	4.66
277	风管		kg	2.59
278	碳素结构钢流体无缝钢管	GB 8163—2008 76×4	kg	4.74
279	钢管栏杆		kg	6.90
280	电		kW·h	0.78
281	机油	20#	kg	3.84
282	油脂		kg	12.59
283	管片螺栓	M33	套	29.31
284	管片螺栓	M30	套	29.31
285	管片螺栓	M27	套	29.31
286	钢管	ϕ100×4	kg	3.88
287	高压皮龙管	ϕ150×3	根	151.00
288	黄砂	净砂(中粗砂)	t	102.00
289	微沫剂		kg	37.41
290	盖堵	ϕ75 以内	个	10.78
291	三乙醇胺		kg	12.93
292	环圈钢板		t	4181.00
293	压浆孔螺钉		个	7.59
294	帘布橡胶条		kg	14.40
295	聚氨酯粘合剂		kg	26.29
296	聚氨酯泡沫塑料		kg	30.17
297	防水橡胶圈		个	2.59
298	螺栓套管		个	
299	乳胶水泥		kg	11.29
300	外防水氯丁酚醛胶		kg	13.02
301	氯丁橡胶		kg	18.10
302	结皮海绵橡胶板		kg	12.07
303	双组份聚氨酯防水涂料	Ⅰ型 GB/T 19250—2013	kg	9.48
304	聚苯乙烯硬泡沫塑料		m^3	560.00
305	管片钢模精加工制作		kg	12.50
306	外加剂	SN-2	kg	3.63
307	球墨铸铁精加工件		t	9483.00
308	钢制台座		kg	2.40
309	三元乙丙密封胶条		m	10.78
310	丁醛自粘腻子		kg	6.90
311	A884 粘接剂		kg	6.50
312	软木衬垫		m^2	68.97
313	钢平台		kg	6.28
314	氯丁乳胶水泥		kg	0.69
315	环氧聚氨酯嵌缝膏		kg	2.22
316	举重臂螺丝		个	5.70
317	活接头	ϕ50	个	4.24
318	管堵	ϕ50	个	3.53
319	反力架		t	3966.00
320	钢材		kg	3.41

续表

序号	材料名称	型号规格	单位	单价(元)
321	液压油		kg	14.74
322	电缆	$35mm^2$	m	17.24
323	钢滚筒		t	4483.00
324	钢质转向基座		t	4612.00
325	扣件		只	5.69
326	重轨	38kg/m	t	4422.00
327	六角带帽螺栓	M20×85~100	套	2.22
328	木材(成材)		m^3	2802.00
329	骑马钉		kg	6.90
330	钻杆	ϕ114	kg	3.32
331	锁接头(公)	ϕ156	kg	5.88
332	碳素结构钢流体无缝钢管	D63.5×5	kg	4.74
333	碳素结构钢流体无缝钢管	ϕ128×8	kg	4.74
334	碳素结构钢流体无缝钢管	ϕ168×8	kg	4.74
335	碳素结构钢流体无缝钢管	ϕ273×8	kg	4.74
336	过滤管	ϕ127~168	kg	3.45
337	加重管	ϕ178	kg	3.88
338	异径接头	ϕ73~190	个	30.17
339	精致六角带帽螺栓	M20×100	套	4.16
340	精致六角带帽螺栓	M24×100	套	8.32
341	闸阀	DN65	个	207.00
342	钢法兰盘	DN150	个	41.81
343	钢法兰盘	DN300	个	250.00
344	高压胶管	ϕ64×10	m	47.41
345	软塑料管	ϕ75×7	m	0.33
346	厚胶皮板	δ3	kg	3.93
347	牙轮接头	ϕ190	个	155.00
348	管箍		只	3.16
349	鱼鳞接头	ϕ51~63	kg	5.17
350	氨水		kg	1.19
351	聚氯乙烯薄膜		kg	12.07
352	温度计	±50℃	块	23.41
353	低碳钢焊条	结 422 综合	kg	4.31
354	电缆	YCW-3×70WH500W	m	164.00
355	电缆	YCW-3×6WH500W	m	18.97
356	电力电缆	YHC3×16+1×6	m	38.79
357	冲击钻头	ϕ18	个	8.45
358	球阀	Q11F-16T DN50	个	112.00
359	铜芯塑料绝缘线	BV1.0	m	0.60
360	柴油		kg	5.09
361	钢支架、平台及连接件		kg	4.86
362	中厚钢板		kg	3.71
363	镀锌铁丝	综合	kg	5.40
364	风镐凿子		根	4.31
365	圆钉	25	kg	4.74
366	槽型钢板桩		t	4828.00

续表

序号	材料名称	型号规格	单位	单价(元)
367	槽型钢板桩使用费		t·天	43.10
368	槽钢	Q235B 18#以外	kg	3.97
369	梯笼		只	560.00
370	铁撑板		t	3578.00
371	铁撑板使用费		t·天	38.79
372	止水袜套	7.5m×4.8m	只	1166.00
373	镀锌管堵	*DN*50	个	3.93
374	高分子材料	HS-1	kg	23.71
375	镀锌束结	*DN*50	只	3.88
376	胶粉油毡衬垫		kg	5.83
377	氯丁橡胶条		kg	46.21
378	磨细粉煤灰		t	282.00
379	草袋		m^2	3.62
380	泵送防水商品混凝土	C25/P6(20)坍落度12±3cm	m^3	453.00
381	泵管		kg	3.97
382	法兰连接螺栓	20×80	套	3.81
383	定位器		套	39.66
384	高强螺栓		套	6.90
385	环氧富锌	底漆	kg	13.79
386	复合硅酸盐水泥	PC 32.5R 综合	kg	0.32
387	草板纸	80#	张	2.67
388	复合木模板面板		m^2	56.03
389	混凝土块	250×50×125	m	1.08
390	回库维修费		元	1.00
391	改性沥青卷材		m^2	21.55
392	LDPE 防水卷材	600g	m^2	16.38
393	PE 泡沫板	40mm	m^2	26.55
394	聚合物水泥基复合防水涂料	JS Ⅰ型 GB/T 23445—2009	kg	8.62
395	射钉弹		套	0.22
396	单组份聚氨酯防水涂料	Ⅰ型 GB/T 19250—2013	kg	13.79
397	氯丁胶乳沥青防水涂料		kg	9.91
398	氯化聚乙烯橡胶共混防水卷材	1.0mm GB 18173.1—2012 JL2	m^2	21.38
399	三元乙丙橡胶防水卷材	1.0mm GB 18173.1—2012 JF1	m^2	20.69
400	三元乙丙橡胶防水卷材搭接带		m	11.21
401	三元乙丙粘接剂		kg	1.38
402	玻璃纤维布		m^2	2.07
403	丙酮		kg	8.16
404	固化剂		kg	30.69
405	聚氨酯甲组份		kg	20.69
406	聚氨酯乙组份		kg	18.10
407	EAA 环氧浆		kg	40.52
408	水泥基渗透结晶型防水涂料	GB 18445—2012	kg	13.62
409	紫铜板	$\delta2$	kg	58.27
410	铜焊条		kg	68.97
411	热轧薄钢板	Q235B $\delta3.0$	t	3808.00
412	不锈钢焊条	奥 102	kg	31.90

续表

序号	材料名称	型号规格	单位	单价(元)
413	甲苯		kg	6.81
414	乙二胺		kg	18.53
415	不锈钢板	0.8	m^2	94.74
416	钢边橡胶止水带		m	46.55
417	聚氨酯嵌缝胶		kg	4.83
418	镀锌薄钢板	$\delta0.5$	m^2	17.59
419	杉木砖		m^3	595.00
420	焊锡		kg	103.00
421	防腐油		kg	1.28
422	盐酸		kg	0.82
423	木炭		kg	2.41
424	SH 掺加剂		kg	15.52
425	铝管		kg	20.69
426	耐压管		m	74.14
427	杉板枋材		m^3	1625.00
428	聚氨酯嵌缝膏	600mL	支	14.48
429	滑石粉		kg	1.07
430	煤		t	603.00
431	机械油		kg	3.84
432	白石蜡		kg	11.21
433	硫黄	98%	kg	2.30
434	钢轨	60kg 25m	根	8563.00
435	接头夹板	60kg	块	77.84
436	高强度接头螺栓带帽	60kg	套	5.46
437	弹簧垫圈	60kg	个	0.45
438	钢轨支撑架		套	861.00
439	混凝土短枕		块	71.77
440	混凝土弹性短枕		块	62.07
441	钢轨扣件	SD-1 型	套	164.00
442	橡胶包套	含微孔橡胶垫板	套	13.79
443	混凝土长枕		根	134.00
444	混凝土弹性长枕		根	235.00
445	钢轨扣件	DTⅢ型	套	164.00
446	长轨枕橡胶包套	含微孔橡胶垫板	套	13.79
447	方钢	综合	kg	4.05
448	接头夹板	50kg	块	61.21
449	接头螺栓带帽	50kg	套	5.46
450	接头螺栓带帽	60kg	套	5.46
451	弹簧垫圈	50kg	个	0.41
452	钢轨	50kg 25m	根	7136.00
453	钢轨扣件	弹条Ⅰ型	套	47.41
454	异形钢轨	50~60kg 6.25m	根	1941.00
455	异形钢轨	50~60kg 12.5m	根	3907.00
456	平垫圈	25×45×4	个	0.55
457	钢轨扣件	WJ-2 型	套	185.00
458	钢轨	50kg 12.5m	根	3568.00

续表

序号	材料名称	型号规格	单位	单价(元)
459	钢轨	60kg 25m 中锰钢	根	8563.00
460	钢轨	50kg 25m 中锰钢	根	7136.00
461	高强度接头螺栓带帽	50kg	套	5.46
462	高强塑料套管		个	4.40
463	角钢	Q235B 50×50×5	kg	3.97
464	木枕	Ⅱ类	根	172.00
465	工具轨		t	3448.00
466	封箱泥		kg	0.27
467	密封膏		支	2.63
468	坩埚		个	267.00
469	预热装置及支架		套	10310.00
470	助燃助剂		根	2.67
471	铝热焊剂		套	376.00
472	碗型砂轮		个	68.90
473	胶结绝缘接头		套	3113.00
474	卡轨器		个	25.86
475	碳素结构钢焊接钢管	*DN*50×3.8 GB/T 3091—2001	m	12.62
476	混凝土岔枕	50kg 9#(单开道岔用)	组	28994.00
477	混凝土岔枕	50kg 12#(单开道岔用)	组	29483.00
478	单开道岔	50kg 9# AT(混凝土枕用)	组	105323.00
479	单开道岔	50kg 12# AT(混凝土枕用)	组	103314.00
480	可动心单开道岔	60kg 12# AT(混凝土枕用)	组	244341.00
481	单开道岔	60kg 12# AT(混凝土枕用)	组	156709.00
482	单开道岔	60kg 9# AT(混凝土枕用)	组	106130.00
483	混凝土岔枕	60kg 12#(单开道岔用)	组	28187.00
484	混凝土岔枕	60kg 9#(单开道岔用)	组	26938.00
485	合成轨枕	50kg 9#(单开道岔用)	组	20222.00
486	合成轨枕	50kg 12#(单开道岔用)	组	21101.00
487	塑料保护膜		m^2	1.96
488	合金钻头		个	5.31
489	胶带		m	0.19
490	单开道岔	60kg 12#(整体道床)	组	156709.00
491	单开道岔	60kg 9#(整体道床)	组	106130.00
492	9#道岔钢轨支撑架		组	6517.00
493	12#道岔钢轨支撑架		组	7060.00
494	复式交分道岔	60kg 12#(可动心辙岔整体道床)	组	366028.00
495	复式交分道岔	60kg 12#(固定辙岔整体道床)	组	301694.00
496	复式交分道岔	60kg 9#	组	190237.00
497	混凝土岔枕	60kg 12#(复式交分)	组	28187.00
498	混凝土岔枕	60kg 9#(复式交分)	组	26938.00
499	交叉渡线	60kg 12#间距 5.0m(混凝土岔枕)	组	724066.00
500	交叉渡线	60kg 9#间距 5.0m(混凝土岔枕)	组	539159.00
501	混凝土岔枕	(交叉渡线 60kg 12#间距 5.0m)	组	169387.00
502	混凝土岔枕	(交叉渡线 60kg 9#间距 5.0m)	组	167710.00
503	交叉渡线	60kg 12#间距 5.0m(整体道床)	组	724066.00
504	交叉渡线	60kg 9#间距 5.0m(整体道床)	组	539159.00

续表

序号	材 料 名 称	型 号 规 格	单位	单价(元)
505	9#交叉渡线道岔	钢轨支撑架	组	6517.00
506	12#交叉渡线道岔	钢轨支撑架	组	7060.00
507	钢配件		kg	5.19
508	橡胶支座		个	47.41
509	纵向支座		个	287.00
510	8U 预埋栓		个	8.62
511	厚垫板		个	1.02
512	侧向支座		块	8.62
513	弹簧隔振器		套	4819.00
514	限位器		个	64.66
515	剪力铰		个	690.00
516	钢轨降噪阻尼板		km	1465517.00
517	道床吸音板		m^2	1552.00
518	青麻		kg	5.06
519	热轧薄钢板	Q235B $\delta 3.0$	m^2	20.30
520	泵管		m	5.39
521	减振道床垫		m^2	1103.00
522	碎石道碴	底碴	t	68.97
523	碎石道碴	面碴	t	68.97
524	绝缘轨距杆	ϕ32	根	141.00
525	绝缘轨距杆	ϕ34	根	115.00
526	绝缘轨距杆	ϕ38	根	181.00
527	绝缘轨距杆	ϕ36	根	121.00
528	绝缘轨距杆	粘接式	根	181.00
529	普通轨距杆	ϕ32	根	122.00
530	普通轨距杆	ϕ34	根	137.00
531	普通轨距杆	ϕ36	根	147.00
532	普通轨距杆	ϕ38	根	158.00
533	轨撑垫板	50kg	个	34.37
534	防爬器	50kg	个	13.45
535	防爬器	60kg	个	15.17
536	防爬支撑(木)		个	2.16
537	防爬支撑(混凝土)		个	2.91
538	道钉	16×16×165	个	3.02
539	钢轨伸缩调节器(桥面用)	50kg 0.6m	对	22173.00
540	钢轨伸缩调节器(桥头用)	50kg 0.6m	对	19956.00
541	钢轨伸缩调节器(桥面用)	50kg 1m	对	26609.00
542	钢轨伸缩调节器(桥头用)	50kg 1m	对	21286.00
543	木枕	Ⅰ类	根	168.00
544	钢轨伸缩调节器(桥面用)	60kg 0.6m	对	23212.00
545	钢轨伸缩调节器(桥头用)	60kg 0.6m	对	14034.00
546	钢轨伸缩调节器(桥面用)	60kg 1m	对	29016.00
547	钢轨伸缩调节器(桥头用)	60kg 1m	对	26988.00
548	单向曲线型调节器	(伸缩量 ±500mm)	对	25797.00
549	双向曲线型调节器	(伸缩量 ±500mm)	对	29590.00
550	双向曲线型调节器	(伸缩量 ±1000mm)	对	32241.00

续表

序号	材料名称	型号规格	单位	单价(元)
551	护轨	槽钢	t	4983.00
552	中间扣板	50kg	块	2.73
553	接头夹板	38kg	块	60.43
554	塑料垫板	护轨	块	2.48
555	螺旋道钉带帽		套	3.88
556	弹簧垫圈	双层	个	0.28
557	接头扣板	50kg	块	2.73
558	木头		kg	68.97
559	麻筋		kg	5.06
560	废(旧)轨		t	3103.00
561	碎石	5~15	t	102.00
562	松锯材		m^3	1121.00
563	橡胶道口	宽2.5m	m^2	1121.00
564	木材防腐油		kg	7.41
565	组合钢模板		kg	3.71
566	油性调和漆	蓝、白、灰	kg	7.72
567	FG I 型复合材料底板系列反光标		m^2	502.00
568	碳钢气焊条	ϕ4	kg	4.57
569	防腐帮桩	ϕ(160~200)×2000	根	22.90
570	角钢	Q235-A (50~140)×(5~14)	kg	3.71
571	六角头螺栓带帽	M16	kg	5.69
572	金属膨胀螺栓	M6×50	套	0.18
573	调和漆		kg	11.21
574	硬木板(方)		m^3	2414.00
575	铸铁花纹板		t	4203.00
576	铁垫板	50kg	块	21.55
577	六角头螺栓带帽	M12×(60~65)	套	1.23
578	CDKN 型库内车挡		个	12931.00
579	钢轨架车挡		个	4091.00
580	滑动式挡车器		个	13770.00
581	月牙式挡车器		个	13770.00
582	DDCQY 型液压缓冲挡车器		个	112069.00
583	线路涂油器		个	12931.00
584	钢轨架		个	71.63
585	断轨急救器		套	310.00
586	单开道岔	50kg 12#高锰钢(混凝土枕用)	组	103314.00
587	合成轨枕	60kg 9#(单开道岔用)	组	22138.00
588	合成轨枕	60kg 12#(单开道岔用)	组	23763.00
589	交叉渡线	60kg 12#间距5.0m(合成轨枕)	组	724066.00
590	交叉渡线	60kg 9#间距5.0m(合成轨枕)	组	539159.00
591	合成轨枕	(交叉渡线 60kg 12#间距5.0m)	组	169387.00
592	合成轨枕	(交叉渡线 60kg 9#间距5.0m)	组	135509.00
593	测钉		个	4.31
594	连接杆		个	17.24
595	强力植筋胶		L	58.45
596	手喷漆		kg	12.93

续表

序号	材 料 名 称	型 号 规 格	单位	单价(元)
597	铁垫板	60kg	块	25.86
598	轨距挡板	60kg	块	6.90
599	塑料彩条编织布		m^2	1.21
600	泵送商品混凝土	C15	m^3	422.00
601	标准砖	240×115×53	千块	388.00
602	草帘		m^2	2.76
603	醇酸调和漆	各色	kg	8.44
604	铁线钉		kg	6.90
605	工具钢		kg	7.33
606	硝铵炸药		kg	9.26
607	泵送商品混凝土	C10	m^3	403.00
608	碎石	综合	m^3	153.00
609	金属膨胀螺栓	M6	10 套	1.90
610	拉线抱箍		套	4.31
611	镀锌管箍	*DN*80	个	12.93
612	镀锌圆钢	ϕ10~14	kg	4.67
613	PVC 胶水		kg	25.86
614	碳素结构钢镀锌焊接钢管	*DN*100×4.0 GB/T 3091—2001	m	48.99
615	镀锌钢管接头管件	*DN*100	个	18.10
616	拉力环		个	17.24
617	积水罐带盖		个	13.79
618	电缆托架	(甲)	套	16.38
619	电缆托架	(乙)	套	7.91
620	电缆托架穿钉	M16	套	2.24
621	镀锌钢丝	ϕ3~6	kg	5.34
622	聚乙烯管固定堵头		个	0.43
623	聚乙烯管塞子		个	0.29
624	电缆托板		块	7.81
625	标牌		个	0.26
626	碳素结构钢镀锌焊接钢管	*DN*15×2.8 GB/T 3091—2001	m	6.07
627	镀锌电缆卡子	3×100	套	3.51
628	绑扎带		根	0.95
629	热缩端帽不带气门		个	2.80
630	金属膨胀螺栓	M6	套	0.19
631	镀锌电缆卡子	3×50	套	1.48
632	漏缆洞内防火吊夹		个	14.65
633	接头支架		套	12.93
634	电缆接头		个	76.50
635	调相座	L27Q-K338A	个	438.00
636	调相头	L27-J114	个	219.00
637	漏缆终端头	L16Q-J104	个	76.50
638	漏缆终端座	L16Q-50K339	个	177.00
639	漏缆终端负载 TZ-10		个	310.00
640	射频电缆	50-9-4	m	33.53
641	调相电缆	75-9-4	m	33.53
642	电缆卡钩	25	个	0.16

续表

序号	材料名称	型号规格	单位	单价(元)
643	热缩端帽带气门		个	2.66
644	电缆卡钩	55	个	0.64
645	电缆卡钩	65	个	0.76
646	增强保护管		个	1.16
647	酒精	工业用99.5%	kg	7.07
648	专用清洁纸		张	0.04
649	尼龙卡带		个	0.70
650	塑料带	20mm×40m	卷	7.41
651	塑料粘胶带		盘	3.08
652	终端头卡子	1.5×20	个	0.86
653	电缆卡环		个	0.55
654	金属膨胀螺栓	M12	套	0.64
655	钢线卡子	ϕ10~20	个	2.59
656	蝶式绝缘子	ED-1	个	2.59
657	铝芯橡皮绝缘线	BLX2.5	m	0.43
658	清洗剂		kg	7.48
659	塑料带	50	卷	4.66
660	电缆排流器(有外护箱)		个	786.00
661	镀锌穿钉带帽	M12×160	套	2.45
662	镀锌扁钢	综合	kg	3.93
663	镀锌钢绞线	综合	kg	6.65
664	铅皮条		m	23.36
665	铜芯塑料绝缘线	BVR2.5	m	1.55
666	电源板包括闸刀插座		套	50.08
667	焦炭		kg	0.71
668	监测标石		根	353.00
669	熟石灰		kg	0.34
670	氯化钠		kg	0.53
671	电缆绝缘节		个	128.00
672	光缆绝缘盒		个	259.00
673	氧丹原油		kg	28.50
674	乳化剂	吹光缆专用	kg	44.83
675	砷铜合计		kg	3.10
676	镀锌穿钉带帽	M16×60	套	1.41
677	镀锌六角螺栓带帽	M12×150	套	1.28
678	扁钢	Q235B 综合	kg	3.96
679	酚醛磁漆		kg	12.07
680	酚醛防锈漆(各种颜色)		kg	7.76
681	半圆头螺钉	M10×100	10个	7.07
682	光缆护套		m	8.62
683	铜接线端子	DT-2.5	个	1.55
684	铜接线端子	50A	个	0.86
685	焊锡丝		kg	86.21
686	铜芯塑料绝缘线	BV1.5	m	0.78
687	金属膨胀螺栓	M10	套	0.48
688	插头	48芯	个	58.62

续表

序号	材料名称	型号规格	单位	单价(元)
689	镀锌电缆卡子	2×35	套	0.97
690	铜芯塑料绝缘线	VV 1×4	m	4.31
691	酚醛防锈漆		kg	6.90
692	酚醛调和漆		kg	11.29
693	跳线	100m	盘	0.43
694	塑料胶带	20m	卷	17.24
695	铜芯橡皮绝缘线	BX 2.5	m	1.29
696	插座板		个	19.18
697	钩头螺栓	M18×300	个	6.21
698	脱脂棉		kg	38.79
699	多功能上光清洁剂		盒	25.86
700	不锈钢六角螺栓带螺母	M14×120	套	4.76
701	洗涤剂		kg	5.92
702	视频接线端子		个	13.59
703	屏蔽线二芯		m	2.59
704	碳素结构钢镀锌焊接钢管		t	4741.00
705	镀锌扁钢	16×0.5	m	
706	接地标		根	12.33
707	镀锌扁钢抱箍	-40×4	副	6.81
708	松垫木		m^3	2328.00
709	拉线调整螺丝	大型 300	个	39.66
710	单根馈线固定卡子		套	6.48
711	三眼单槽夹板		套	9.34
712	铜芯塑料绝缘线	BV8.0	m	7.76
713	地线盘		个	38.87
714	塑料胶带		m	3.02
715	熔断器	220V/100A	个	4.31
716	金属膨胀螺栓	M10×80	套	0.48
717	铜芯橡皮绝缘线	BXH 2×23/0.15	m	2.59
718	镀锌穿钉带帽	M4×20	套	0.66
719	裸铜线	10	kg	50.00
720	拉紧绝缘子	J-2	个	6.90
721	地线夹板		套	4.18
722	地线棒	ϕ12×100	根	7.59
723	分线设备背板		块	14.42
724	背板 U 型抱箍		副	8.95
725	热轧薄钢板	Q235B δ3.5	kg	3.77
726	铜芯橡皮绝缘线	BX 1.5	m	0.78
727	铜芯橡皮绝缘线	BX 4.0	m	2.16
728	铜芯橡皮绝缘线	BX 6.0	m	2.16
729	地脚螺栓		10 个	11.98
730	降阻剂		kg	8.40
731	铜芯塑料绝缘线	BVR35	m	19.83
732	铜芯塑料绝缘线	BV25	m	11.21
733	裸铜线	95	m	30.47
734	吊挂漏泄电缆卡子		套	1.27

续表

序号	材料名称	型号规格	单位	单价(元)
735	金属膨胀螺栓	M12	套	0.64
736	六角带帽螺栓	M8	套	0.44
737	镀锌角钢		kg	4.27
738	钢筋混凝土接头槽(带盖板)	槽宽 250	套	37.12
739	免维护地下电缆接续盒	HDM－T	套	608.00
740	黄砂	净砂(细砂)	t	102.00
741	碎石	10	m^3	153.00
742	碳素结构钢镀锌焊接钢管	*DN*50×3.8 GB/T 3091—2001	m	22.12
743	碳素结构钢镀锌焊接钢管	*DN*80×4.0 GB/T 3091—2001	m	37.44
744	钢制外接头(轨道用)	*DN*50	个	15.52
745	钢制外接头(轨道用)	*DN*80	个	22.41
746	钢制外接头(轨道用)	*DN*100	个	31.03
747	镀锌无头穿钉	M19×800～900	根	35.19
748	镀锌穿钉带帽	M14×70	套	1.47
749	槽钢	综合	kg	4.01
750	角钢	Q235B 综合	kg	3.97
751	镀锌薄钢板	综合	kg	4.46
752	塑料管综合		kg	9.72
753	镀锌六角带帽螺栓	M10×100 以内 2 平 1 弹垫	10 套	5.50
754	色灯信号机引入管高柱用(直)		根	17.24
755	信号配线软套管		m	8.91
756	线号机打字色带		盘	10.78
757	镀锌低碳钢丝	ϕ0.7～5	kg	5.34
758	U 型螺栓带帽	M22	kg	10.43
759	信号机打字色带		盘	10.78
760	绝缘管及垫(一管二垫)	ϕ14	套	12.07
761	金属膨胀螺栓	M12×100	10 套	6.38
762	防护套管	内径 28mm	m	31.92
763	配线用电缆芯线托环		个	1.81
764	室外箱盒端子配线铭牌		个	0.17
765	塑料软管	ϕ12	m	1.16
766	电缆去向铭牌		个	0.17
767	接地电缆		m	6.59
768	热镀锌金属基础(方向盒)		个	372.00
769	热镀锌金属基础(终端盒)		个	234.00
770	热镀锌金属基础(变压器箱)		个	342.00
771	六角带帽螺栓	M16×200	套	1.67
772	锁紧螺母	M15×3	个	0.56
773	碎石	16 以内	m^3	136.00
774	化学锚栓	M12×160	套	1.72
775	乳化沥青		kg	4.00
776	光缆终端盒	28 芯	个	302.00
777	胶合板	δ3	m^2	13.10
778	聚氯乙烯单丝		kg	16.88
779	室内堵洞胶		kg	18.10
780	塑料软管	综合	m	0.34

续表

序号	材料名称	型号规格	单位	单价(元)
781	电源插座	二孔 250V 5A	个	7.07
782	钩头螺栓带帽	M10×200	套	3.62
783	镀锌蛇皮管	$d38$	m	24.48
784	蛇管接头电动转辙机用		组	20.59
785	道岔电路用整流盒		个	17.24
786	六角带帽螺栓	M10×5	套	0.16
787	接地编织铜线		m	12.93
788	冷压端子	ϕ6 孔	个	2.67
789	接地线	$25mm^2$	m	12.93
790	镀锌六角螺栓带帽		kg	5.47
791	阻燃屏蔽线	$2\times0.3mm^2$	m	3.74
792	阻燃信号电缆	250V 3 芯	m	4.68
793	三相四孔插座	15A	个	18.97
794	焊药	$185mm^2$ 专用	筒	30.17
795	焊药	$35mm^2$ 专用	筒	25.86
796	焊接模具		套	388.00
797	护套钢轨引接线	$\phi1.2\times19$ $L=1600$	根	50.34
798	护套钢轨引接线	$\phi1.2\times19$ $L=3600$	根	75.97
799	钢丝绳卡具混凝土枕 通用		套	11.44
800	冷压接线环	$35mm^2$ 专用	个	2.06
801	S 棒固定卡子		个	1.34
802	电缆卡子(综合)		个	0.26
803	塑料线夹	ϕ15	个	0.17
804	拉暴螺栓	M12	个	2.07
805	沥青绝缘漆		kg	10.34
806	点式应答器安装支架		个	79.07
807	弹簧垫圈	M12－22	10 个	1.12
808	护套道岔跳线	$\phi1.2\times19$ $L=3000$	根	63.30
809	铜芯塑料绝缘线	BVR1.5	m	0.95
810	铝芯橡皮绝缘线	BLX70	m	1.72
811	碳素结构钢镀锌焊接钢管	综合	m	34.48
812	耐酸塑料管	$DN50$	m	7.26
813	接地线	$5.5\sim16mm^2$	m	3.45
814	橡胶板	$\delta1\sim15$	kg	5.09
815	塑料软管	$De6$	m	0.13
816	冷压端子	ϕ8 孔	个	3.19
817	光缆终端盒	48 芯	个	431.00
818	酚醛层压板		kg	51.72
819	端子直六柱座		个	12.41
820	分线盘端子配线铭牌		个	0.17
821	组合架侧面配线槽道	50×35	m	30.17
822	阻燃对绞屏蔽线	2×23mm×0.15mm	m	2.59
823	30 件插接件		副	54.81
824	插头	DB－25	副	45.67
825	插头	DB－9	副	15.10
826	圆柱头螺钉	M4×20	kg	10.43

续表

序号	材料名称	型号规格	单位	单价(元)
827	断路器安装底板		块	16.85
828	断路器防护罩		个	13.30
829	热镀锌走线槽道	300×100	m	145.00
830	不锈钢走线槽道	300×100	m	400.00
831	速度传感器安装支架		个	42.57
832	电缆标牌		个	0.19
833	铝芯橡皮绝缘线	BLX120	m	6.90
834	裸铜线	6	kg	50.00
835	石墨润滑剂		kg	6.21
836	地线埋设标		根	12.33
837	沥青清漆		kg	9.83
838	接口插头	24 针	个	32.41
839	打印纸		箱	190.00
840	硬聚氯乙烯管	ϕ25×3	m	4.31
841	胶壳闸刀	220V/100A	个	30.17
842	橡套软线	2 芯 1.5mm^2	m	1.55
843	橡套软线	2 芯 2.5mm^2	m	2.24
844	镀锌六角螺栓带帽	M8×80	套	0.52
845	冲击钻头	ϕ12	个	4.48
846	合金钢钻头	ϕ6	个	5.00
847	丝锥	M8	根	27.59
848	变压器油		kg	8.62
849	黄油		kg	9.05
850	橡皮绝缘板	5	m^2	29.31
851	镀锌六角螺栓带帽	M10×80	套	0.55
852	绝缘螺栓	M8×35	套	0.52
853	绝缘垫片		套	0.09
854	镀锌六角螺栓带帽	M16×200	套	4.48
855	冲击钻头	ϕ14	个	5.00
856	冲击钻头	ϕ20	个	10.78
857	金属膨胀螺栓	M10~16 综合	套	0.91
858	金属膨胀螺栓	M8×60	套	0.27
859	溶剂汽油		kg	5.40
860	金属膨胀螺栓	M16	套	1.34
861	金属膨胀螺栓	M20×100~160	套	4.14
862	耐酸漆		kg	18.97
863	色带		卷	6.47
864	电力复合脂		kg	17.24
865	硫酸	98%	kg	2.09
866	蒸馏水		kg	2.59
867	铅标志牌		个	1.55
868	破布		kg	6.90
869	钢锯条		条	2.59
870	肥皂水		kg	6.90
871	合金钢钻头	ϕ16	个	11.64
872	碳酸氢钠		kg	1.64

续表

序号	材 料 名 称	型 号 规 格	单位	单价(元)
873	自粘性橡胶带	20×5000	卷	2.67
874	连接铜排	-5×200	m	73.28
875	金属膨胀螺栓	M10	套	0.48
876	电极棒		根	2.67
877	石墨块		kg	18.97
878	角钢热镀锌	L50×5	根	1.03
879	塑料膨胀螺栓		套	0.17
880	绝缘垫	δ2	m^2	18.97
881	热缩套管	φ7×220	m	0.69
882	线号套管(综合)		m	1.72
883	铜接地端子带螺栓	DT-6	个	2.59
884	焊锡膏		kg	31.03
885	丁烷气		mL	0.18
886	镀锌六角螺栓带帽	M6×40	套	0.19
887	尼龙扎带	300	个	0.56
888	花纹钢板		kg	3.66
889	半圆头镀锌螺栓	M2~5×15~50	个	0.17
890	合金钢钻头	φ10	个	5.60
891	银粉漆		kg	12.93
892	红丹防锈漆		kg	6.90
893	铜合页		副	10.17
894	铰链	65 型	只	1.72
895	球形锁		把	9.05
896	地脚螺栓	M12×160	个	1.85
897	镀锌六角螺栓	M12×110~120	个	2.41
898	镀锌垫圈	M2~12	10 个	0.34
899	弹簧垫圈		只	0.08
900	绝缘螺栓	M12×50	套	0.86
901	镀锌扁钢	5×50	kg	3.92
902	镀锌六角螺栓带帽	M10×100	套	0.65
903	镀锌六角带帽螺栓	M10×(14~70)	10 套	4.64
904	铜接线端子	DT-95	个	11.21
905	导电膏		kg	36.21
906	光盘	5″	片	1.03
907	复印纸	A4 500 张/包	包	25.86
908	标志牌	塑料扁形	个	0.26
909	尼龙扎带	250	个	0.52
910	塑料编织袋		m	1.03
911	镀锌六角螺栓带帽	M16×430	套	9.16
912	弧形垫块		kg	5.01
913	锚栓	M16	套	21.55
914	不锈钢软态铁丝	φ3.5	kg	10.86
915	半圆管衬垫	9.1×80 型	套	2.59
916	调整螺丝		个	2.24
917	调整螺栓		个	4.48
918	钢丝	综合	kg	5.28

续表

序号	材料名称	型号规格	单位	单价(元)
919	软电缆		根	23.00
920	铜接线端子	DT－185	个	21.55
921	金属膨胀螺栓	M8	套	0.31
922	电缆固定卡环		套	22.41
923	铜接线端子	DT－150	个	17.24
924	镀锌扁钢		m	6.14
925	铜接线端子	DT－120	个	14.66
926	膨胀水泥		kg	0.87
927	棉纱		kg	10.34
928	钢板垫板	$\delta 1\sim2$	kg	6.90
929	塑料软管	综合	kg	7.59
930	塑料带	20×40000	kg	12.07
931	胶木线夹		个	0.17
932	镀锌扁钢	4×40	kg	4.01
933	异型塑料管	$\phi 2.5\sim5$	m	0.94
934	镀锌六角螺栓带螺母、2垫圈	M10×14～75	10套	4.66
935	角钢	Q235B 63×63×5	m	19.12
936	不锈钢槽钢	10×20×1	m	12.93
937	热轧薄钢板	Q235B $\delta 2.0$	kg	3.97
938	扁钢	Q235B 4×25	kg	3.96
939	热轧光圆钢筋	HPB300 $\phi 14$	kg	3.98
940	铁砂布	0#～2#	张	1.03
941	松香水		kg	4.74
942	清油		kg	14.22
943	铜接线端子	DT－10	个	2.59
944	镀锌扁钢	4×25	kg	4.50
945	伞型螺钉	M6～8×150	个	0.47
946	木螺钉	$d2\sim4\times6\sim65$	10个	0.69
947	冲击钻头	$\phi 6\sim12$	个	4.48
948	瓷接头	(双)	个	0.86
949	塑料圆台		块	0.22
950	圆木台	150～250	块	3.10
951	塑料胀管	$\phi 6\sim8$	个	0.04
952	铜芯塑料绝缘线	BV2.5	m	1.29
953	塑料胀管	$\phi 6\times50$	个	0.04
954	塑料护口(电线管用)	32	个	0.17
955	镀锌锁紧螺母	$DN(15\sim20)\times1.5$	个	0.17
956	自攻螺丝	M6×45	10个	0.86
957	地脚螺栓	M6～8×100	个	0.86
958	扁钢	Q235B 5×50	kg	3.96
959	扁钢	Q235B 4×60	kg	3.96
960	半圆头螺钉	M6～12×12～50	个	0.09
961	镀锌六角螺栓带螺母、2垫圈	M8×14～75	10套	2.84
962	铜接线端子	20A	个	0.86
963	冲击钻头	$\phi 10$	个	4.14
964	圆木台	(63～138)×22	块	0.29

续表

序号	材料名称	型号规格	单位	单价(元)
965	吊盒		个	1.12
966	瓜子灯链	大号	m	1.29
967	铜芯多股绝缘电线	RVS-0.5	m	0.52
968	镀锌六角螺栓带帽	M12×40	套	0.52
969	圆木台	275~350	块	4.31
970	镀锌六角螺栓带螺母、2 垫圈	M12×14~75	10 套	6.21
971	铜芯塑料绝缘线	BV4	m	1.90
972	镀锌自攻螺钉	ϕ(4~6)×(20~35)	10 个	0.28
973	角钢	L63 以内	kg	3.71
974	镀锌六角螺栓带螺母、2 垫圈	M6×14~75	10 套	1.72
975	铜芯塑料绝缘线	BV6	m	3.02
976	木螺钉	d4.5~6×15~100	10 个	1.03
977	钢垫块		kg	7.24
978	砂轮片	ϕ100	片	4.31
979	砂轮片	ϕ400	片	21.55
980	铜接地端子带螺栓		套	5.00
981	木砂纸		张	1.03
982	支撑架		kg	5.17
983	冲击钻头	ϕ8~16	个	6.47
984	黑胶布	20mm×20m	卷	1.29
985	镀锌裸铜绞线	16	kg	50.00
986	铜压接管	25mm^2	个	2.59
987	铜压接管	95mm^2	个	8.62
988	铜压接管	185mm^2	个	17.24
989	铜压接管	400mm^2	个	84.48
990	接头专用枪子弹		发	6.47
991	聚四氟乙烯带	1×30	kg	68.97
992	镀锌铜压接管	240mm^2	个	62.07
993	固定卡子	3×80	套	2.04
994	铜接线端子	DT-16	个	2.59
995	铜接线端子	DT-25	个	3.45
996	铜接线端子	DT-400	个	73.28
997	铝接线端子	DL-95	个	5.17
998	固定卡子	1.5×32	个	2.04
999	套管 KT2 型		个	0.43
1000	端子号牌		个	0.09
1001	塑料软管	ϕ25	m	0.16
1002	镀锌管接头	1.5×15	个	0.51
1003	镀锌管接头	1.5×20	个	1.00
1004	镀锌管接头	1.5×25	个	1.40
1005	镀锌管接头	1.5×32	个	2.10
1006	镀锌管接头	1.5×40	个	2.50
1007	镀锌管接头	1.5×50	个	3.59
1008	镀锌锁紧螺母	DN15×1.5	个	0.17
1009	镀锌锁紧螺母	DN20×1.5	个	0.36
1010	镀锌锁紧螺母	DN25×1.5	个	0.41

续表

序号	材 料 名 称	型 号 规 格	单位	单价(元)
1011	镀锌锁紧螺母	$DN32\times1.5$	个	0.39
1012	镀锌锁紧螺母	$DN40\times1.5$	个	0.78
1013	镀锌锁紧螺母	$DN50\times1.5$	个	1.90
1014	塑料护口(电线管用)	15	个	0.04
1015	塑料护口(电线管用)	20	个	0.09
1016	塑料护口(电线管用)	25	个	0.13
1017	塑料护口(电线管用)	40	个	0.22
1018	塑料护口(电线管用)	50	个	0.26
1019	管卡子(电线管用)	15~20	个	0.28
1020	管卡子(电线管用)	25~32	个	0.40
1021	管卡子(电线管用)	40~50	个	0.52
1022	木螺钉	$d4\times65$	10个	0.78
1023	醇酸防锈漆		kg	7.76
1024	铅油		kg	5.60
1025	镀锌管接头	5×15	个	0.51
1026	镀锌管接头	5×20	个	1.00
1027	镀锌管接头	6×25	个	1.40
1028	镀锌管接头	6×32	个	2.10
1029	镀锌管接头	7×40	个	2.50
1030	镀锌管接头	7×50	个	3.59
1031	镀锌锁紧螺母	$DN15\times3$	个	0.29
1032	镀锌锁紧螺母	$DN20\times3$	个	0.44
1033	镀锌锁紧螺母	$DN25\times3$	个	0.52
1034	镀锌锁紧螺母	$DN32\times3$	个	0.52
1035	镀锌锁紧螺母	$DN40\times3$	个	1.07
1036	镀锌锁紧螺母	$DN50\times3$	个	4.91
1037	塑料护口(钢管用)	15~20	个	0.09
1038	塑料护口(钢管用)	20	个	0.09
1039	塑料护口(钢管用)	32	个	0.16
1040	塑料护口(钢管用)	50	个	0.24
1041	管卡子(钢管用)	15	个	0.34
1042	管卡子(钢管用)	20	个	0.36
1043	管卡子(钢管用)	25	个	0.39
1044	管卡子(钢管用)	32	个	0.48
1045	管卡子(钢管用)	40	个	0.53
1046	管卡子(钢管用)	50	个	0.62
1047	镀锌管接头	8×70	个	4.49
1048	镀锌管接头	8×80	个	6.21
1049	镀锌管接头	10×100	个	9.83
1050	镀锌管接头	10×125	个	13.45
1051	镀锌管接头	10×150	个	16.03
1052	镀锌锁紧螺母	$DN65\times3$	个	7.03
1053	镀锌锁紧螺母	$DN80\times3$	个	9.58
1054	镀锌锁紧螺母	$DN100\times3$	个	12.21
1055	塑料护口(钢管用)	70	个	0.35
1056	塑料护口(钢管用)	80	个	0.38

续表

序号	材料名称	型号规格	单位	单价(元)
1057	塑料护口(钢管用)	100	个	0.62
1058	管卡子(钢管用)	70	个	0.72
1059	管卡子(钢管用)	80	个	1.23
1060	管卡子(钢管用)	100	个	1.84
1061	管卡子(钢管用)	125	个	9.05
1062	管卡子(钢管用)	150	个	9.48
1063	塑料护口(钢管用)	25~32	个	0.15
1064	塑料护口(钢管用)	40	个	0.21
1065	活接头	15	个	2.79
1066	活接头	20	个	3.36
1067	活接头	25	个	4.41
1068	活接头	32	个	6.38
1069	塑料护口(钢管用)	15~20	个	0.09
1070	镀锌管接头	3×15	个	0.51
1071	镀锌管接头	3×20	个	1.00
1072	镀锌管接头	3×25	个	1.40
1073	镀锌管箍	*DN*15	个	0.86
1074	镀锌管卡子	3×20	个	1.60
1075	镀锌管箍	*DN*20	个	1.02
1076	镀锌六角螺栓带螺母	M8×16~25	套	0.19
1077	尼龙砂轮片	ϕ150	片	2.59
1078	密封胶	XY02#	kg	17.24
1079	可挠金属套管护口	BP-10	个	0.17
1080	可挠金属套管护口	BP-12	个	0.43
1081	可挠金属套管护口	BP-15	个	0.86
1082	可挠金属套管护口	BP-17	个	0.86
1083	可挠金属套管护口	BP-24	个	0.86
1084	可挠金属套管护口	BP-30	个	0.86
1085	可挠金属套管接头	KS-10	个	1.99
1086	可挠金属套管接头	KS-12	个	2.66
1087	可挠金属套管接头	KS-15	个	2.81
1088	可挠金属套管接头	KS-17	个	2.96
1089	可挠金属套管接头	KS-24	个	3.43
1090	可挠金属套管接头	KS-30	个	4.56
1091	水泥钉	10#	10 个	1.25
1092	接地卡子	综合	个	0.48
1093	可挠金属套管护口	BP-38	个	0.86
1094	可挠金属套管护口	BP-50	个	1.72
1095	可挠金属套管护口	BP-63	个	3.45
1096	可挠金属套管护口	BP-76	个	3.45
1097	可挠金属套管护口	BP-83	个	3.45
1098	可挠金属套管接头	KS-38	个	6.07
1099	可挠金属套管接头	KS-50	个	8.35
1100	可挠金属套管接头	KS-63	个	20.09
1101	可挠金属套管接头	KS-76	个	24.05
1102	铜芯塑料绝缘线	BVR4	m	2.16

续表

序号	材料名称	型号规格	单位	单价(元)
1103	铜芯塑料绝缘线	BVR6	m	3.45
1104	可挠金属套管卡子	SP-10	个	0.30
1105	可挠金属套管卡子	SP-12	个	0.31
1106	可挠金属套管卡子	SP-15	个	0.33
1107	可挠金属套管卡子	SP-17	个	0.34
1108	可挠金属套管卡子	SP-24	个	0.37
1109	可挠金属套管卡子	SP-30	个	0.52
1110	塑料管卡子	15	个	0.09
1111	塑料管卡子	20	个	0.13
1112	塑料管卡子	25	个	0.17
1113	塑料管卡子	32	个	0.22
1114	塑料管卡子	40	个	0.26
1115	塑料管卡子	50	个	0.32
1116	塑料管卡子	150	个	0.86
1117	塑料管卡子	70	个	0.43
1118	塑料管卡子	100	个	0.55
1119	塑料管卡子	80	个	0.86
1120	塑料管卡子	125	个	0.69
1121	吊管卡子	15	个	1.29
1122	吊管卡子	20	个	1.47
1123	吊管卡子	25	个	2.07
1124	吊管卡子	32	个	2.28
1125	阻燃管接头	FST15	个	0.41
1126	阻燃管接头	FST20	个	0.46
1127	阻燃管接头	FST25	个	0.54
1128	阻燃管接头	FST32	个	0.62
1129	阻燃管接头	FST40	个	0.84
1130	阻燃管接头	FST50	个	1.00
1131	阻燃管接头	FST70	个	0.91
1132	伸缩接头	FSE15	个	1.03
1133	伸缩接头	FSE20	个	1.20
1134	伸缩接头	FSE25	个	1.28
1135	伸缩接头	FSE32	个	1.36
1136	伸缩接头	FSE40	个	1.97
1137	伸缩接头	FSE50	个	2.05
1138	伸缩接头	FSE70	个	2.22
1139	直角弯头	FBN15	个	1.44
1140	直角弯头	FBN20	个	1.72
1141	直角弯头	FBN25	个	2.59
1142	直角弯头	FBN32	个	3.45
1143	直角弯头	FBN40	个	3.71
1144	直角弯头	FBN50	个	4.05
1145	直角弯头	FBN70	个	13.79
1146	T 型接头	FTE15	个	0.82
1147	T 型接头	FTE20	个	1.01
1148	T 型接头	FTE25	个	1.27

续表

序号	材料名称	型号规格	单位	单价(元)
1149	T 型接头	FTE32	个	1.39
1150	T 型接头	FTE40	个	1.57
1151	T 型接头	FTE50	个	1.75
1152	T 型接头	FTE70	个	1.98
1153	管码	FSA15	个	0.34
1154	管码	FSA20	个	0.39
1155	管码	FSA25	个	0.43
1156	管码	FSA32	个	0.60
1157	管码	FSA40	个	0.65
1158	管码	FSA50	个	0.78
1159	管码	FSA70	个	2.16
1160	管码	FCL15	个	0.25
1161	管码	FCL20	个	0.36
1162	管码	FCL25	个	0.43
1163	管码	FCL32	个	0.58
1164	粘合剂		kg	26.29
1165	管码	FCP15	个	0.43
1166	管码	FCP20	个	0.47
1167	管码	FCP25	个	0.52
1168	砂轮片	ϕ200	片	10.34
1169	套接管		m	2.16
1170	套接管	*DN*60	个	25.41
1171	金属软管		m	5.17
1172	管卡子(金属软管用)	15	个	0.34
1173	管卡子(金属软管用)	20	个	0.36
1174	镀锌管接头(金属软管)	*DN*15	个	0.44
1175	镀锌管接头(金属软管)	*DN*20	个	1.07
1176	金属软管尼龙接头	15	个	0.34
1177	金属软管尼龙接头	20	个	0.34
1178	管卡子(金属软管用)	25	个	0.40
1179	管卡子(金属软管用)	32	个	0.48
1180	镀锌管接头(金属软管)	*DN*25	个	0.66
1181	镀锌管接头(金属软管)	*DN*32	个	1.06
1182	金属软管尼龙接头	25	个	0.45
1183	金属软管尼龙接头	32	个	0.53
1184	管卡子(金属软管用)	40	个	0.53
1185	管卡子(金属软管用)	50	个	0.62
1186	镀锌管接头(金属软管)	*DN*40	个	1.42
1187	镀锌管接头(金属软管)	*DN*50	个	2.90
1188	金属软管尼龙接头	40	个	0.63
1189	金属软管尼龙接头	50	个	0.73
1190	钢丝	ϕ1.2~1.8	kg	5.27
1191	普碳钢六角螺栓	M10×14	个	0.17
1192	焊药	200$^{\#}$	kg	129.00
1193	模具		只	388.00
1194	紫铜排	-50×5	m	135.00

续表

序号	材料名称	型号规格	单位	单价(元)
1195	非磁性钢管	ϕ100	m	94.14
1196	固定铁块		kg	16.55
1197	止水环		个	1.55
1198	铜排	25×3	m	31.03
1199	固定卡子	75	只	1.16
1200	镀锌六角螺栓带帽	M10×25	套	0.29
1201	支持绝缘子	45×48－M10	支	5.60
1202	六角带帽螺栓	M10×30	套	0.28
1203	六角带帽螺栓	M36×160	套	17.41
1204	绝缘垫		个	0.95
1205	紧线器	5t	个	42.24
1206	防松卡		套	2.59
1207	润滑油		kg	4.33
1208	铁垫板		个	16.13
1209	道钉		kg	5.60
1210	抓钉		个	25.86
1211	冲击钻头	ϕ16	个	6.47
1212	木箱		个	77.59
1213	冲击钻头	ϕ10~20	个	10.78
1214	磁带		盒	12.93
1215	磁带(清洁带)		盒	15.52
1216	色带		盒	17.24
1217	热转印打印机用纸(票,纸)		卷	84.76
1218	复印机墨盒		盒	75.53
1219	热转印机碳带		卷	33.05
1220	打印纸		包	21.55
1221	VGA 插头		个	4.83
1222	地脚螺栓	M14×120~230	个	4.70
1223	地脚螺栓	M10×25	个	0.43
1224	标志牌		个	0.43
1225	塑料线卡	ϕ15 以内	个	0.09
1226	莲花插头		个	5.17
1227	标签纸(50 页/本)		本	10.03
1228	镀锌六角带帽螺栓	M6×(14~75)	10 套	1.16
1229	U 型镀锌固定条	ϕ32 以内	个	0.53
1230	聚四氟乙烯生料带	宽 40	m	0.43
1231	铆钉	综合	个	0.02
1232	镀锌活接头	*DN*20	个	3.74
1233	铝抽芯铆钉		个	0.03
1234	自攻螺钉	ST8×35	10 个	0.95
1235	线号套管	ϕ3.5(综合)	只	0.78
1236	尼龙扎带	*L*=100~150	个	0.43
1237	碳钢法兰	0.6MPa *DN*50	副	67.24
1238	碳钢法兰	0.6MPa *DN*100	副	113.00
1239	碳钢法兰	0.6MPa *DN*200	副	169.00
1240	双头螺栓带螺母	M6~20×55~75	10 套	19.57

续表

序号	材料名称	型号规格	单位	单价(元)
1241	碳钢法兰	0.6MPa *DN*400	副	356.00
1242	碳钢法兰	0.6MPa *DN*250	副	178.00
1243	镀锌活接头	*DN*25	个	5.34
1244	可燃气体(丙烷)		kg	4.74
1245	镀铬钢管	*D*10	m	14.82
1246	镀铬钢板	δ2.5	m^2	180.00
1247	白布		m^2	5.34
1248	冲击钻头	ϕ6~8	个	4.48
1249	防火涂料		kg	13.36
1250	玻璃胶	335g/支	支	10.34
1251	镀锌薄钢板	δ2.5	m^2	81.03
1252	异型塑料管	ϕ5	m	0.16
1253	松香焊锡丝	ϕ2.3	kg	86.21
1254	焊片	ϕ4	个	0.36
1255	尼龙扎带	综合	根	0.43
1256	自攻螺钉	ST4×30	个	0.04
1257	木螺钉	*d*6×100	10个	1.03
1258	镀锌滚花膨胀螺栓	M8	个	0.33
1259	镀锌滚花膨胀螺栓	M10	个	0.41
1260	白布	宽900	m	4.57
1261	冲击钻头	ϕ8	个	4.48
1262	木螺钉	*d*4×60	个	0.07
1263	玻璃胶(密封胶)		支	8.53
1264	橡皮垫	2	m^2	17.67
1265	垫铁	100×200	kg	8.62
1266	塑料软管	*De*4	m	0.11
1267	角钢	Q235B 40×40×4	kg	3.97
1268	木螺钉	*d*6×30	个	0.16
1269	裸铜线	25mm^2	m	8.18
1270	镀锌黄铜棒		kg	51.90
1271	石棉橡胶板	低压 δ0.8~6	kg	5.26
1272	盲板	综合	kg	10.84
1273	钢板垫板		kg	3.72
1274	塑料胀塞		个	0.09
1275	塑料胶布带	20mm×50m	卷	2.07
1276	打印纸	132-1	箱	190.00
1277	蓄电池	24A·h	块	647.00
1278	白炽灯泡	100W	个	2.24
1279	尼龙扎带	200	个	0.43
1280	地脚螺栓		个	1.20
1281	镀锌六角带帽螺栓	M8×50以内2平1弹垫	10套	2.49
1282	弱电冷压端子		个	0.86
1283	通信接头	DB9	个	2.59
1284	冷压接线端头	RJ45	个	0.86
1285	自攻螺钉	ST5×25	10个	0.43
1286	自攻螺钉	ST10×30~50	10个	1.12

续表

序号	材 料 名 称	型 号 规 格	单位	单价(元)
1287	塑料软管	*De*10	m	0.26
1288	铝合金接插件		个	3.34
1289	胶泥环氧树脂		kg	24.57
1290	位号牌		个	1.03
1291	防静电液蜡		套	38.79
1292	丝光毛巾		条	6.90
1293	单面胶带		卷	3.13
1294	酚醛树脂漆		kg	11.29
1295	自流平复合浆		kg	21.55
1296	聚酰胺树脂		kg	34.66
1297	聚氨酯固化剂		kg	36.21
1298	石英砂	综合	kg	0.97
1299	石英粉	综合	kg	0.97
1300	导电涂层		kg	241.00
1301	防静电面层		kg	28.02
1302	环氧树脂底漆		kg	15.52
1303	环氧树脂面漆		kg	19.83
1304	白色硅酸盐水泥	425# 二级白度	kg	0.59
1305	环氧树脂稀释剂		kg	12.07
1306	棉丝		kg	21.55
1307	纸面石膏板	1200×2400×12	m^2	10.34
1308	水泥木丝板	$\delta 25$	m^2	9.31
1309	轻钢龙骨	C75－1	m	6.72
1310	轻钢龙骨	C75－2	m	6.72
1311	轻钢龙骨	C75－3	m	6.72
1312	轻钢龙骨支撑卡		个	0.47
1313	轻钢龙骨卡托		个	0.84
1314	轻钢龙骨角托		个	0.64
1315	自攻螺钉	M4×25	百个	2.16
1316	嵌缝膏		kg	2.76
1317	万能胶	环氧树脂	kg	18.97
1318	单圆角铝		m	7.16
1319	外圆角铝		m	26.53
1320	槽铝	50	m	6.03
1321	框铝		m	13.97
1322	工字铝	综合	m	6.03
1323	嵌条铝	$\delta 5$	m	2.03
1324	自攻螺钉	M4×16	百个	6.47
1325	U 型 38 轻钢主龙骨		m	3.33
1326	U 型 38 轻钢龙骨吊件		个	0.95
1327	轻钢龙骨连接件	U 型 38	个	0.18
1328	△型轻钢龙骨		m	6.03
1329	△型轻钢龙骨挂件		个	0.43
1330	△型轻钢龙骨连接件		个	0.30
1331	铝合金条板吊顶龙骨		m	4.50
1332	铝合金条型板龙骨挂件		个	0.69

续表

序号	材料名称	型号规格	单位	单价(元)
1333	PG 型吊杆		m	1.29
1334	C 型梁		m	13.23
1335	微调杆接头		只	2.16
1336	专用链接螺栓套件		套	2.59
1337	自攻螺钉	M10×50	百个	55.17
1338	镀锌扁钢	6×60	kg	3.66
1339	镀锌六角螺栓带螺母、2 垫圈	M16×60～80	10 套	15.43
1340	镀锌接地板	40×5×120	个	1.72
1341	槽钢	16 以内	kg	3.28
1342	镀锌六角螺栓带帽		套	0.65
1343	自攻螺丝		个	0.06
1344	木螺丝	综合	个	0.03
1345	钢筋	ϕ10 以外	kg	3.04
1346	镀锌铁皮		kg	4.09
1347	道木		m^3	1034.00
1348	镀锌铆钉	M4	kg	7.76
1349	机油	10#～14#	kg	3.84
1350	镀锌铁丝	16#	kg	6.55
1351	煤油		kg	3.79
1352	地脚螺栓	M16×120～300	个	4.70
1353	斜垫铁	综合	kg	8.62
1354	平垫铁	综合	kg	6.90
1355	钙基润滑脂		kg	9.05
1356	白油漆		kg	20.60
1357	塑料布		kg	18.10
1358	裸铜线	10	m	8.62
1359	塑料软管	ϕ5	m	0.22
1360	尼龙绳	综合	m	0.43
1361	沥青漆		kg	9.83
1362	六角带帽螺栓	M12×120	套	0.61
1363	结构胶		kg	109.00
1364	铜桩		个	41.38
1365	精制六角螺栓	M16×60	个	2.76
1366	门柱灌胶模具		套	259.00
1367	门槛灌胶模具		套	259.00
1368	六角带帽螺栓	M16×60	套	1.04
1369	不锈钢六角带帽螺栓		套	3.68
1370	槽钢	10#	kg	3.28
1371	金属膨胀螺栓	M30	套	7.07
1372	自制兰花螺母		套	60.34
1373	401 胶		kg	9.05
1374	钢垫片	0.8	kg	10.43
1375	环氧磁漆		kg	22.41
1376	稀释剂		kg	12.07
1377	催干剂		kg	16.38
1378	橡胶垫		个	1.29

续表

序号	材料名称	型号规格	单位	单价(元)
1379	白纱布带	20mm×20m	卷	6.47
1380	醇酸防锈漆	C53－1	kg	6.90
1381	镀锌六角螺栓带螺母、2弹垫	M10×14～70	套	0.76
1382	镀锌六角螺栓带螺母、2弹垫	M12×14～75	套	0.98
1383	硬聚氯乙烯管	ϕ12.5	m	1.72
1384	木板		m^3	1667.00
1385	汽油	70#～90#	kg	6.12
1386	铜接线端子	DT－50	个	6.03
1387	铜接线端子	DT－70	个	8.62
1388	棉纱头		kg	10.34
1389	镀锌焊接钢管	ϕ48	kg	3.53
1390	钢丝	ϕ0.1～0.5	kg	5.35
1391	工字钢	Q235B 综合	t	4224.00
1392	香蕉水		kg	5.17
1393	钢轨		m	149.00
1394	粗制六角螺栓带螺母		10套	3.24
1395	垫圈	综合	10个	1.72
1396	滑触线伸缩器		套	25.86
1397	尼龙砂轮片	ϕ400	片	8.19
1398	电缆吊挂		套	9.05
1399	钢丝绳	ϕ8	m	1.76
1400	钢索拉紧装置		套	20.43
1401	滑触线支持器		套	25.86
1402	双头带帽螺栓	M16×340	套	11.81
1403	花篮螺栓	M16×250	个	10.34
1404	钢垫板	综合	kg	5.17
1405	六角带帽螺栓	M30×130～160	套	10.34
1406	湿拌砌筑砂浆	WMM10	m^3	409.00
1407	混凝土切割机链条		m	68.97
1408	桩靴		kg	4.85
1409	杉原木	构件安装用	m^3	1466.00
1410	竹篱片		m^2	2.83
1411	镀锌铁丝	8#	kg	6.55
1412	脚手架钢管		t	3621.00
1413	脚手管扣件		个	4.14
1414	底座		个	2.03
1415	竹脚手片		m^2	8.19
1416	松节油		kg	7.76
1417	直角扣件		个	4.14
1418	脚手架钢管		m	20.69
1419	驳通	钢管排山用	m	5.69
1420	活动扣	钢管排山用	个	4.14
1421	脚手架钢管		kg	3.62
1422	脚手架钢管底座		个	5.69
1423	脚手架扣件		只	5.22
1424	镀锌铁丝	18#	kg	6.55

续表

序号	材料名称	型号规格	单位	单价(元)
1425	碳素结构钢焊接钢管	*DN*50×3.8 GB/T 3091—2001	kg	3.88
1426	对接扣件		个	2.29
1427	回转扣件		个	2.41
1428	门式钢支架		t	4043.00
1429	装配式钢支架		t	4336.00
1430	聚四氟乙烯板		kg	90.52
1431	粘胶布风管		m	12.93
1432	环氧煤沥青漆		kg	12.07
1433	粘胶布风筒	ϕ1000	m	22.41
1434	环氧沥青漆		kg	12.07
1435	管卡子	ϕ50	个	1.32
1436	管箍	*DN*50	个	5.00
1437	压制弯头	*DN*50	个	2.87
1438	压制弯头	*DN*100	个	11.28
1439	平焊法兰	*DN*100	副	90.86
1440	闸阀	Z41H-16C *DN*50	个	250.00
1441	闸阀	Z41H-16C *DN*100	个	379.00
1442	橡胶四芯软缆		m	164.00
1443	铁壳闸刀	30A/3	个	
1444	铁壳闸刀	380V/200A	个	56.03
1445	防水灯头		个	3.02
1446	灯泡		个	1.29
1447	橡胶三芯软缆	3×35	m	56.03
1448	原木(道木)		m^3	1552.00
1449	钢垫板		kg	4.74
1450	钢轨鱼尾板	24~50kg/m	kg	4.87
1451	鱼尾螺栓		kg	10.34
1452	中厚钢板	Q235B δ7	t	3709.00
1453	钢丝绳	ϕ4.2	kg	6.45
1454	卸扣	ϕ24	个	20.34
1455	防锈漆		kg	14.05
1456	六角带帽螺栓	M8~10	kg	5.47
1457	塑料薄膜		m^2	0.86
1458	水		t	4.27
1459	圆钉	30~45	kg	4.74
1460	工具式钢模板		kg	5.91
1461	松板枋材	模板	m^3	1422.00
1462	钢模板连接件		kg	3.79
1463	保护圈盖		套	12.93
1464	预埋标志点		个	17.24
1465	倾斜预埋件		个	259.00
1466	沉降预埋点		个	38.79
1467	裂缝计		只	155.00
1468	磁环		个	15.52
1469	磁环	(夹具)	个	12.93
1470	导向铝管	ϕ30	m	19.63

续表

序号	材料名称	型号规格	单位	单价(元)
1471	塑料测斜管	ϕ80	m	16.81
1472	界面式孔隙水压计		支	344.00
1473	碳素结构钢流体无缝钢管	GB 8163—2008 70×3	m	36.34
1474	透水管		m	9.74
1475	管线抱箍标志		个	129.00
1476	钢筋应力计		个	321.00
1477	混凝土应变计		个	267.00
1478	应变计		个	229.00
1479	碳素结构钢流体无缝钢管	GB 8163—2008 50×3.5	m	24.64
1480	界面式土压计		支	305.00
1481	碳素结构钢流体无缝钢管	GB 8163—2008 102×4	m	53.45
1482	支撑轴力计	200t	个	1451.00
1483	反力架		个	276.00
1484	传力板		块	276.00
1485	仪器使用费		元	1.00
1486	收敛标志点		个	17.24
1487	静力水准仪(一次性投入)		套	31.03
1488	单向安装支架		套	526.00
1489	信号电缆		m	1.68
1490	瞬时保护模块		个	26.72
1491	集线箱		个	57.76
1492	连通管		m	2.14
1493	连通液		kg	2.16
1494	预埋件		个	47.41
1495	三向安装支架		套	1034.00
1496	变位计		只	224.00
1497	轨道扭转传感器		台	2586.00
1498	喷漆		kg	12.93
1499	标钉		个	20.69
1500	轻型井点总管	*D*100	m	47.22
1501	轻型井点总管	ϕ40	m	26.53
1502	橡胶管	*D*50	m	17.24
1503	喷射井点井管	ϕ159	m	89.66
1504	喷射井点井管	*D*76	m	20.69
1505	滤网管		根	68.31
1506	喷射器		个	35.52
1507	法兰	*PN*1.6MPa *DN*150	副	151.00
1508	水箱		kg	4.29
1509	回水连接件		副	0.52
1510	碳素结构钢镀锌焊接钢管	*DN*20×2.8 GB/T 3091—2001	kg	4.66
1511	井管	ϕ400	m	159.00
1512	钢板井管		m	190.00
1513	PVC-U 加筋管	*DN*400	m	101.00
1514	密目网		m^2	4.79
1515	碳素结构钢焊接钢管	*DN*40×3.5 GB/T 3091—2001	m	9.93
1516	水泥砂浆	1:1	m^3	326.00

续表

序号	材 料 名 称	型 号 规 格	单位	单价(元)
1517	喷射混凝土	1:2.5:2	m^3	358.00
1518	干混砌筑砂浆	DM10.0	m^3	414.00
1519	干混砌筑砂浆	DM7.5	m^3	414.00
1520	干混砌筑砂浆	DM5.0	m^3	397.00
1521	干混抹灰砂浆	PD20.0	m^3	447.00
1522	冷底子油		kg	5.57
1523	干混抹灰砂浆	PD10.0	m^3	430.00
1524	干混抹灰砂浆	PD5.0	m^3	414.00
1525	现浇现拌混凝土	C40(40)	m^3	353.00
1526	现场预制混凝土	C20(20)	m^3	320.00
1527	干混地面砂浆	DS15.0	m^3	443.00
1528	水泥砂浆	M5.0	m^3	223.00
1529	水泥砂浆	M7.5	m^3	227.00
1530	水泥砂浆	M10.0	m^3	235.00
1531	大口径井点吸水器	15m	套	583.00
1532	大口径井点吸水器	25m	套	668.00
1533	电动夯实机	夯击能量 250(N·m)	台班	28.03
1534	履带式单斗液压挖掘机	斗容量 1(m^3)	台班	915.00
1535	履带式推土机	功率 90(kW)	台班	717.00
1536	钢轮内燃压路机	工作质量 12(t)	台班	455.00
1537	自行式铲运机	斗容量 7(m^3)	台班	811.00
1538	洒水车	罐容量 4000(L)	台班	429.00
1539	手持式风动凿岩机		台班	12.36
1540	内燃空气压缩机	排气量 3(m^3/min)	台班	329.00
1541	履带式单头岩石破碎机	105kW	台班	1231.00
1542	气腿式风动凿岩机		台班	13.63
1543	电动空气压缩机	排气量 10(m^3/min)	台班	395.00
1544	电动锻钎机		台班	114.00
1545	电动空气压缩机	排气量 6(m^3/min)	台班	224.00
1546	履带式推土机	功率 105(kW)	台班	798.00
1547	履带式起重机	提升质量 15(t)	台班	702.00
1548	履带式起重机	提升质量 25(t)	台班	758.00
1549	污水泵	出口直径 100(mm)	台班	113.00
1550	机动翻斗车	装载质量 1(t)	台班	197.00
1551	自卸汽车	装载质量 15(t)	台班	794.00
1552	单重管旋喷机		台班	370.00
1553	双重管旋喷机		台班	395.00
1554	三重管旋喷机		台班	419.00
1555	液压注浆泵	HYB50/50－1 型	台班	75.11
1556	灰浆搅拌机	拌筒容量 200(L)	台班	155.00
1557	灰浆搅拌机	拌筒容量 400(L)	台班	161.00
1558	电动多级离心清水泵	出口直径 100(mm)扬程 120(m)以下	台班	167.00
1559	电动多级离心清水泵	出口直径 150(mm)扬程 180(m)以下	台班	283.00
1560	泥浆泵	出口直径 50(mm)	台班	44.36
1561	泥浆泵	出口直径 100(mm)	台班	205.00
1562	交流弧焊机	容量 32(kV·A)	台班	92.84

续表

序号	材 料 名 称	型 号 规 格	单位	单价(元)
1563	单头搅拌桩机(喷浆)		台班	465.00
1564	三轴搅拌桩机 850 型		台班	2826.00
1565	双头搅拌桩机(喷浆)		台班	591.00
1566	挤压式灰浆输送泵	输送量 3(m^3/h)	台班	55.46
1567	电动单级离心清水泵	出口直径 50(mm)	台班	29.31
1568	单头搅拌桩机(喷粉)		台班	473.00
1569	偏心式振动筛	生产率 12~16(m^3/h)	台班	27.38
1570	电动空气压缩机	排气量 3(m^3/min)	台班	123.00
1571	DM-3 喷浆搅拌机		台班	660.00
1572	液压钻机	STE-1	台班	250.00
1573	沉管设备		台班	12.40
1574	电动单级离心清水泵	出口直径 100(mm)	台班	36.22
1575	履带式起重机	提升质量 10(t)	台班	589.00
1576	液压钻机	G-2A	台班	485.00
1577	袋装砂井机带门架		台班	493.00
1578	袋装砂井机不带门架		台班	419.00
1579	履带式推土机	功率 75(kW)	台班	625.00
1580	钢轮内燃压路机	工作质量 8(t)	台班	354.00
1581	钢轮内燃压路机	工作质量 15(t)	台班	537.00
1582	混凝土振捣器	平板式	台班	12.54
1583	木工圆锯机	直径 500(mm)	台班	27.50
1584	汽车式起重机	提升质量 5(t)	台班	366.00
1585	履带式单斗液压挖掘机	斗容量 0.6(m^3)	台班	624.00
1586	混凝土振捣器	插入式	台班	4.65
1587	自卸汽车	装载质量 5(t)	台班	456.00
1588	履带式液压抓斗成槽机	KH180MHL-800	台班	2617.00
1589	超声波测壁机		台班	229.00
1590	泥浆制作循环设备		台班	1597.00
1591	履带式液压抓斗成槽机	SG60A	台班	3817.00
1592	冲击成孔机	CZ-30	台班	420.00
1593	交流弧焊机	容量 42(kV·A)	台班	130.00
1594	电动空气压缩机	排气量 1(m^3/min)	台班	48.22
1595	混凝土浇捣架		台班	18.54
1596	履带式起重机	提升质量 40(t)	台班	1243.00
1597	垂直顶升设备		台班	1457.00
1598	履带式起重机	提升质量 60(t)	台班	1456.00
1599	履带式起重机	提升质量 100(t)	台班	2738.00
1600	挤压式灰浆输送泵	输送量 5(m^3/h)	台班	77.66
1601	电动空气压缩机	排气量 20(m^3/min)	台班	569.00
1602	TRD 搅拌桩机		台班	5572.00
1603	履带式起重机	提升质量 50(t)	台班	1365.00
1604	立式油压千斤顶	起重量 200(t)	台班	11.52
1605	液压泵车		台班	169.00
1606	锚杆钻孔机	MGL135	台班	455.00
1607	电动卷扬机-单筒慢速	牵引力 10(kN)	台班	171.00
1608	半自动切割机	厚度 100(mm)	台班	92.61

续表

序号	材料名称	型号规格	单位	单价(元)
1609	预应力钢筋拉伸机	拉伸力 650(kN)	台班	24.94
1610	高压油泵	压力 80(MPa)	台班	185.00
1611	钢筋切断机	直径 40(mm)	台班	43.28
1612	管子切断机	直径 150(mm)	台班	29.76
1613	混凝土喷射机	生产率 5(m^3/h)	台班	204.00
1614	双锥反转出料混凝土搅拌机	出料容量 500(L)	台班	215.00
1615	钢筋弯曲机	直径 40(mm)	台班	26.38
1616	钢筋调直机	直径 14(mm)	台班	37.97
1617	钻孔咬合桩机		台班	1848.00
1618	履带式柴油打桩机	冲击部分质量 2.5(t)	台班	734.00
1619	轨道式柴油打桩机	冲击部分质量 2.5(t)	台班	884.00
1620	木驳船	80t	t·d	3.29
1621	履带式柴油打桩机	冲击部分质量 5(t)	台班	1899.00
1622	轨道式柴油打桩机	冲击部分质量 4(t)	台班	1270.00
1623	铁驳船	100t	t·d	3.01
1624	履带式起重机	提升质量 30(t)	台班	865.00
1625	步履式柴油打桩机	4t	台班	1400.00
1626	步履式柴油打桩机	6t	台班	1689.00
1627	静力压桩机(液压)	压力 2000(kN)	台班	2616.00
1628	静力压桩机(液压)	压力 3000(kN)	台班	2802.00
1629	静力压桩机(液压)	压力 4000(kN)	台班	3311.00
1630	轨道平车	装载质量 5(t)	台班	34.23
1631	电动卷扬机－单筒快速	牵引力 5(kN)	台班	158.00
1632	履带式柴油打桩机	冲击部分质量 7(t)	台班	2287.00
1633	履带式柴油打桩机	冲击部分质量 8(t)	台班	2352.00
1634	多功能压桩机	2000kN	台班	1874.00
1635	多功能压桩机	3000kN	台班	2044.00
1636	多功能压桩机	4000kN	台班	2418.00
1637	风割机		台班	90.00
1638	自动埋弧焊机	电流 500(A)	台班	111.00
1639	内切割机		台班	56.97
1640	长螺旋钻机	孔径 600(mm)	台班	568.00
1641	潜水泵	出口直径 100(mm)	台班	30.38
1642	履带式电动起重机	提升质量 5(t)	台班	235.00
1643	电动卷扬机－单筒快速	牵引力 10(kN)	台班	173.00
1644	振动沉拔桩机	激振力 400(kN)	台班	851.00
1645	电动卷扬机－双筒慢速	牵引力 50(kN)	台班	223.00
1646	吹风机	能力 4(m^3/min)	台班	21.10
1647	电动葫芦－单速	提升质量 5(t)	台班	31.48
1648	电动卷扬机－单筒慢速	牵引力 50(kN)	台班	186.00
1649	转盘钻孔机	孔径 800(mm)	台班	493.00
1650	转盘钻孔机	孔径 1500(mm)	台班	553.00
1651	转盘钻孔机 孔径 2000(mm)		台班	674.00
1652	履带式旋挖钻机 SD－20		台班	2590.00
1653	履带式旋挖钻机 SR－25		台班	3203.00
1654	冲孔桩机带冲抓锤		台班	452.00

续表

序号	材料名称	型号规格	单位	单价(元)
1655	干混砂浆罐式搅拌机	公称储量 20000(L)	台班	194.00
1656	泥浆罐车	罐容量 5000(L)	台班	461.00
1657	压滤机	XMYZG400/1500 – UB	台班	416.00
1658	轮胎式装载机	斗容量 3.5(m^3)	台班	936.00
1659	管子切断机	直径 250(mm)	台班	44.85
1660	电动灌浆机		台班	26.12
1661	载货汽车	装载质量 4(t)	台班	369.00
1662	汽车式起重机	提升质量 8(t)	台班	648.00
1663	混凝土振捣器	附着式	台班	12.54
1664	木工平刨床	刨削宽度 500(mm)	台班	21.04
1665	电动空气压缩机	排气量 0.6(m^3/min)	台班	33.05
1666	汽车式起重机	提升质量 50(t)	台班	2354.00
1667	汽车式起重机	提升质量 75(t)	台班	3154.00
1668	汽车式起重机	提升质量 100(t)	台班	4718.00
1669	电动卷扬机 – 双筒慢速	牵引力 100(kN)	台班	305.00
1670	木驳船	50t	t · d	3.29
1671	汽车式起重机	提升质量 150(t)	台班	8586.00
1672	架桥机	提升质量 160(t)	台班	999.00
1673	履带式起重机	提升质量 250(t)	台班	5955.00
1674	履带式起重机	提升质量 200(t)	台班	4985.00
1675	平台作业升降车	提升高度 22(m)	台班	473.00
1676	千斤顶	20t	台班	1.41
1677	汽车式起重机	提升质量 25(t)	台班	996.00
1678	门式起重机	提升质量 20(t)	台班	589.00
1679	门式起重机	提升质量 40(t)	台班	873.00
1680	电动卷扬机 – 单筒慢速	牵引力 100(kN)	台班	235.00
1681	电动卷扬机 – 单筒慢速	牵引力 200(kN)	台班	417.00
1682	载货汽车	装载质量 6(t)	台班	396.00
1683	载货汽车	装载质量 8(t)	台班	411.00
1684	载货汽车	装载质量 10(t)	台班	476.00
1685	平板拖车组	装载质量 20(t)	台班	835.00
1686	平板拖车组	装载质量 30(t)	台班	966.00
1687	平板拖车组	装载质量 60(t)	台班	1361.00
1688	轮胎式起重机	提升质量 8(t)	台班	583.00
1689	轮胎式起重机	提升质量 20(t)	台班	938.00
1690	轮胎式起重机	提升质量 40(t)	台班	1190.00
1691	立式钻床	钻孔直径 50(mm)	台班	21.16
1692	内燃空气压缩机	排气量 12(m^3/min)	台班	610.00
1693	内燃空气压缩机	排气量 6(m^3/min)	台班	417.00
1694	储气包	4m^3	台班	39.18
1695	立式油压千斤顶	起重量 300(t)	台班	16.55
1696	摇臂钻床	钻孔直径 63(mm)	台班	32.79
1697	对焊机	容量 75(kV · A)	台班	119.00
1698	点焊机	容量 长臂 75(kV · A)	台班	147.00
1699	直流弧焊机	功率 32(kW)	台班	97.11
1700	电动卷扬机 – 单筒慢速	牵引力 30(kN)	台班	178.00

续表

序号	材料名称	型号规格	单位	单价(元)
1701	轨道平车	装载质量 10(t)	台班	86.38
1702	门式起重机	提升质量 50(t)	台班	1113.00
1703	汽车式起重机	提升质量 12(t)	台班	748.00
1704	锥形螺纹车机	直径 45(mm)	台班	18.23
1705	螺栓套丝机	直径 39(mm)	台班	28.85
1706	电渣焊机	电流 1000(A)	台班	174.00
1707	气压焊机		台班	188.00
1708	电锤		台班	6.92
1709	电焊条烘干箱	容量 45×35×45(cm^3)	台班	8.99
1710	预应力钢筋拉伸机	拉伸力 3000(kN)	台班	104.00
1711	预应力钢筋拉伸机	拉伸力 900(kN)	台班	41.55
1712	高压油泵	压力 50(MPa)	台班	118.00
1713	钢筋镦头机	直径 5(mm)	台班	42.74
1714	预应力钢筋拉伸机	拉伸力 1200(kN)	台班	57.99
1715	预应力钢筋拉伸机	拉伸力 5000(kN)	台班	181.00
1716	智能程控张拉机	LX-MSP 型	台班	565.00
1717	自动真空压浆系统	LJ-YJA1 型	台班	376.00
1718	汽车式起重机	提升质量 20(t)	台班	943.00
1719	汽车式起重机	提升质量 32(t)	台班	1173.00
1720	汽车式起重机	提升质量 30(t)	台班	1038.00
1721	汽车式起重机	提升质量 40(t)	台班	1517.00
1722	柏油喷布器	300kg	台班	43.42
1723	风动锻钎机		台班	25.56
1724	钻头磨床		台班	23.11
1725	电动装岩机	斗容量 0.2(m^3)	台班	384.00
1726	电瓶车	牵引质量 7(t)	台班	209.00
1727	硅整流充电机	90A/190V	台班	208.00
1728	轮胎式装载机	斗容量 2(m^3)	台班	665.00
1729	自卸汽车	装载质量 8(t)	台班	516.00
1730	皮带运输机	带长×带宽 10×0.5(m)	台班	188.00
1731	双卧轴式混凝土搅拌机	出料容量 350(L)	台班	245.00
1732	电瓶车	牵引质量 8(t)	台班	213.00
1733	管子切断机	直径 60(mm)	台班	16.62
1734	立式钻床	钻孔直径 25(mm)	台班	5.80
1735	潜孔钻机	液压 38~115(mm)	台班	449.00
1736	热熔焊接机	SHD-160C	台班	27.03
1737	轴流通风机	功率 30(kW)	台班	147.00
1738	轮胎式单斗液压挖掘机	斗容量 0.2(m^3)	台班	394.00
1739	磨砖机	功率 4(kW)	台班	23.21
1740	混凝土输送泵车	输送量 20(m^3/h)	台班	821.00
1741	门式起重机	提升质量 10(t)	台班	447.00
1742	型钢剪断机	剪断宽度 500(mm)	台班	82.19
1743	剪板机	厚度×宽度 20×4000(mm)	台班	208.00
1744	型钢矫正机	厚度×宽度 60×800(mm)	台班	67.49
1745	刨边机	加工长度 9000(mm)	台班	289.00
1746	摇臂钻床	钻孔直径 25(mm)	台班	8.51

续表

序号	材料名称	型号规格	单位	单价(元)
1747	钢板校正机		台班	122.00
1748	履带式起重机	提升质量 300(t)	台班	6589.00
1749	汽车式起重机	提升质量 500(t)	台班	14240.00
1750	刀盘式水力出土泥水平衡盾构掘进机	直径 7000(mm)	台班	7020.00
1751	轴流通风机	功率 100(kW)	台班	452.00
1752	电动单级离心清水泵	出口直径 200(mm)	台班	93.34
1753	电瓶车	牵引质量 10(t)	台班	219.00
1754	刀盘式干出土土压平衡盾构掘进机	直径 7000(mm)	台班	6688.00
1755	土压平衡矩形盾构机	11830×7270	台班	22949.00
1756	污水泵	出口直径 200(mm)	台班	288.00
1757	平板拖车组	装载质量 8(t)	台班	666.00
1758	电瓶车	牵引质量 25(t)	台班	292.00
1759	盾构同步压浆泵	D2.1m×7m	台班	565.00
1760	门式起重机	提升质量 5(t)	台班	357.00
1761	轴流通风机	功率 7.5(kW)	台班	45.40
1762	双锥反转出料混凝土搅拌机	出料容量 350(L)	台班	192.00
1763	工业锅炉	蒸发量 1(t/h)	台班	1015.00
1764	平板拖车组	装载质量 40(t)	台班	1071.00
1765	组合烘箱		台班	134.00
1766	龙门刨床	刨削宽度×长度 1000×3000(mm)	台班	160.00
1767	板料校平机	厚度×宽度 16×2000(mm)	台班	896.00
1768	牛头刨床	刨削长度 650(mm)	台班	30.54
1769	卷板机	板厚×宽度 20×2500(mm)	台班	84.13
1770	立式油压千斤顶	起重量 100(t)	台班	10.22
1771	门式起重机	提升质量 30(t)	台班	693.00
1772	气割设备		台班	37.35
1773	手电动葫芦		台班	9.33
1774	履带式起重机	提升质量 5(t)	台班	477.00
1775	半自动割刀		台班	8.69
1776	分离式油压千斤顶	起重量 50(t)	台班	8.91
1777	分离式油压千斤顶	起重量 10(t)	台班	8.81
1778	试压泵	压力 6(MPa)	台班	20.91
1779	氨压缩机	BAS-17 低	台班	122.00
1780	氨压缩机	BAS-12.5 高	台班	122.00
1781	盐水泵	10SH-6	台班	417.00
1782	轻便钻机	XJ-100	台班	219.00
1783	多点远距离测温系统	CW-500	台班	18.67
1784	矩形顶管附属设备	6900×4200	台班	2310.00
1785	油泵车		台班	112.00
1786	矩形顶管设备	6900×4200	台班	8569.00
1787	剪板机	厚度×宽度 40×3100(mm)	台班	375.00
1788	卷板机	板厚×宽度 2×1600(mm)	台班	39.05
1789	鼓风机	能力 18(m^3/min)	台班	41.62
1790	木工压刨床	刨削宽度 单面 600(mm)	台班	31.42
1791	剪板机	厚度×宽度 20×2500(mm)	台班	128.00
1792	轨道车	功率 210(kW)	台班	472.00

续表

序号	材 料 名 称	型 号 规 格	单位	单价(元)
1793	铺轨龙门架	25m	台班	558.00
1794	长轨压接焊作业线		台班	22222.00
1795	铺轨机组		台班	21247.00
1796	长轨铺轨机		台班	4716.00
1797	长轨运输平车		台班	171.00
1798	轨道式内燃起重机	16t	台班	567.00
1799	其他机械费		元	1.00
1800	长轨铝热焊机组		台班	343.00
1801	移动式焊轨机组		台班	5370.00
1802	长轨气压焊机组		台班	286.00
1803	汽油发电机组	功率 10(kW)	台班	270.00
1804	超声波探伤机	CTS - 22	台班	199.00
1805	钢轨拉伸机		台班	33.92
1806	柴油发电机组	功率 50(kW)	台班	668.00
1807	轨道平板吊车	16t	台班	216.00
1808	汽车式起重机	提升质量 16(t)	台班	875.00
1809	轨道平车	装载质量 30(t)	台班	208.00
1810	钢轮振动压路机	工作质量 12(t)	台班	693.00
1811	轮胎式装载机	斗容量 0.5(m^3)	台班	461.00
1812	液压起拔道机	15kW	台班	195.00
1813	液压捣固机	240 根/h	台班	110.00
1814	起拨道捣固车	工作能力 1100(m/h)	台班	5474.00
1815	配渣整形车	工作能力 1200(m/h)	台班	1626.00
1816	动力稳定车		台班	4563.00
1817	线路铺渣机		台班	3411.00
1818	内燃机车	≤210kW	台班	2059.00
1819	交流弧焊机	容量 21(kV·A)	台班	63.33
1820	刨床	≤650	台班	74.87
1821	四柱万能液压机	1000kN	台班	75.26
1822	汽车式起重机	提升质量 10(t)	台班	710.00
1823	柴油发电机	3kW	台班	53.00
1824	手提冲击钻		台班	84.69
1825	轨检小车		台班	113.00
1826	普通车床	工件直径×工件长度 400×2000(mm)	台班	49.85
1827	管子切断套丝机	直径 159(mm)	台班	21.59
1828	载货汽车	装载质量 12(t)	台班	587.00
1829	定向钻机非开挖铺管钻机	ST - 25 型	台班	1800.00
1830	定向钻机非开挖铺管钻机	ST - 35 型	台班	2263.00
1831	载重汽车	2.5t	台班	216.00
1832	钢材电动煨弯机	弯曲直径 500~1800(mm)	台班	63.74
1833	电焊机 (综合)		台班	115.00
1834	柴油叉车	15t	台班	548.00
1835	交流电焊机	容量(32kV·A)	台班	84.92
1836	水钻		台班	24.10
1837	钢轨接续线电弧钎焊机组		台班	211.00
1838	电动葫芦 - 双速	提升质量 10(t)	台班	82.38

续表

序号	材料名称	型号规格	单位	单价(元)
1839	电动葫芦-双速	提升质量 20(t)	台班	180.00
1840	电动葫芦-双速	提升质量 30(t)	台班	223.00
1841	载货汽车	装载质量 5(t)	台班	382.00
1842	叉式起重机	提升质量 5(t)	台班	409.00
1843	电气试验车		台班	1092.00
1844	液压升降机	提升高度 9(m)	台班	25.08
1845	液压弯管机	弯管能力 *D*60(mm)	台班	50.49
1846	弓锯床	锯料直径 250(mm)	台班	20.76
1847	电缆放线架		台班	185.00
1848	轨道平车	装载质量 60(t)	台班	347.00
1849	电气化立杆作业车		台班	1243.00
1850	电气化安装作业车		台班	933.00
1851	电气化钻孔作业车		台班	573.00
1852	电气化盘线车		台班	185.00
1853	电气化架线作业车		台班	1018.00
1854	接触网检测车		台班	2548.00
1855	电力机车		台班	1326.00
1856	扳边机	厚度×宽度 2×1500(mm)	台班	18.14
1857	联合冲剪机	板厚 16(mm)	台班	61.10
1858	台式砂轮机	ϕ250mm	台班	4.65
1859	直流弧焊机	功率 20(kW)	台班	78.72
1860	台式钻床	钻孔直径 16(mm)	台班	3.90
1861	吸尘器		台班	9.58
1862	自带吊机平板车	30t	台班	904.00
1863	载货汽车	装载质量 20(t)	台班	745.00
1864	起道器	10t	台班	1.81
1865	切割机	400 型	台班	13.54
1866	电焊条烘干箱	容量 60×50×75(cm^3)	台班	16.84
1867	光缆气流吹缆机		台班	282.00
1868	双绞线缆压接工具	788J1/788M1	台班	13.54
1869	砂轮切割机	ϕ350	台班	20.63
1870	振动剪		台班	2.44
1871	电动曲线锯		台班	4.99
1872	冲击钻		台班	39.93
1873	电动卷扬机-双筒快速	牵引力 50(kN)	台班	266.00
1874	载货汽车	装载质量 18(t)	台班	714.00
1875	电焊条烘干箱	容量 80×80×100(cm^3)	台班	40.59
1876	打磨机	ϕ100	台班	4.51
1877	摩擦压力机	压力 3000(kN)	台班	176.00
1878	电动修钎机		台班	111.00
1879	平板拖车组	装载质量 10(t)	台班	732.00
1880	砂轮切割机	ϕ400	台班	26.83
1881	交直流电焊机	ZXE1-500,43kV·A	台班	127.00
1882	抛光机		台班	14.46
1883	手提式冲击钻		台班	67.76
1884	手提式搅拌机		台班	8.27

续表

序号	材料名称	型号规格	单位	单价(元)
1885	行车	2t	台班	77.08
1886	潜水电钻	75 型	台班	117.00
1887	角磨机		台班	11.07
1888	电动单梁起重机	提升质量 5(t)	台班	195.00
1889	机械臂专用吊机		台班	92.12
1890	千斤顶	2t	台班	0.42
1891	千斤顶	5t	台班	0.66
1892	电动空气压缩机	排气量 0.3(m^3/min)	台班	25.61
1893	电动空气压缩机	排气量 9(m^3/min)	台班	347.00
1894	液压钻机	XU－100	台班	244.00
1895	汽车式起重机	提升质量 70(t)	台班	3004.00
1896	链条式混凝土切割机	ZSYK 型电动绳锯	台班	466.00
1897	履带式液压挖掘机带打拔桩机振动锤	BY－VH250	台班	1269.00
1898	履带式液压挖掘机带打拔桩机振动锤	BY－VH350	台班	1692.00
1899	履带式液压挖掘机带打拔桩机振动锤	BY－VH450	台班	2444.00
1900	轨道式柴油打桩机	冲击部分质量 0.8(t)	台班	416.00
1901	驳船	30t	台班	84.60
1902	简易打桩架		台班	58.70
1903	驳船	50t	台班	118.00
1904	木驳船	30t	t·d	3.29
1905	木驳船	60t	t·d	3.29
1906	木驳船	100t	t·d	3.29
1907	木驳船	120t	t·d	3.29
1908	普通车床	工件直径×工件长度 630×2000(mm)	台班	71.33
1909	电动弯管机	管径 108(mm)	台班	80.50
1910	柴油发电机组	功率 60(kW)	台班	679.00
1911	汽车式钻机	孔径 400(mm)	台班	758.00
1912	高架车	20m	台班	486.00
1913	射钉枪		台班	71.46
1914	数据采集系统		台班	205.00
1915	射流井点泵	最大抽吸深度 9.50(m)	台班	64.73
1916	工程钻机	SPJ－300	台班	425.00
1917	排放泥浆设备		台班	218.00
1918	真空泵	抽气速度 660(m^3/h)	台班	118.00
1919	污水泵	出口直径 70(mm)	台班	81.27
1920	全站仪		台班	49.03
1921	电子水准仪		台班	22.01
1922	光时域反射仪	HP8146A	台班	826.00
1923	电缆测试仪	JH5132	台班	10.42
1924	数字兆欧表	BM－206 1000MΩ	台班	14.22
1925	光功率计	GH－2491	台班	10.19
1926	光纤熔接机	AV33119 0.05db	台班	207.00
1927	光纤测试仪		台班	285.00
1928	视频分析仪		台班	129.00
1929	变压器直流电阻测试仪		台班	20.43
1930	数字万用表		台班	4.16